U0094580

读客®

轻学术文库

既严肃严谨又轻松好看的学术书

印第安帝国的覆灭

[英]马修·雷斯托尔 著

梁 鹏 译

文汇出版社

图书在版编目（CIP）数据

印第安帝国的覆灭 /（英）马修·雷斯托尔
(Matthew Restall) 著；梁鹏译. -- 上海 : 文汇出版
社，2024.1

ISBN 978-7-5496-4110-9

Ⅰ. ①印… Ⅱ. ①马… ②梁… Ⅲ. ①西班牙－侵略
－古代史－墨西哥 Ⅳ. ①K731.3

中国国家版本馆CIP数据核字(2023)第171365号

WHEN MONTEZUMA MET CORTÉS: The True Story of the Meeting that Changed History
Copyright© 2018 by Matthew Restall
Published by arrangement with Ecco, an imprint of HaperCollins Publishers.
Originally published by Yale University Press.
Simplified Chinese edition copyright ©2024 Dook Media Group Limited.
All rights reserved.

印第安帝国的覆灭

作　　者 / ［英］马修·雷斯托尔
译　　者 / 梁　鹏

责任编辑 / 甘　棠
特约编辑 / 周晓雁　　顾晨芸
封面设计 / 郝子卿　　王　晓

出版发行 / **文匯**出版社
　　　　　　上海市威海路 755 号
　　　　　　（邮政编码 200041）
经　　销 / 全国新华书店
印刷装订 / 天津联城印刷有限公司
版　　次 / 2024 年 1 月第 1 版
印　　次 / 2024 年 1 月第 1 次印刷
开　　本 / 710 mm×1000 mm　1/16
字　　数 / 454 千字
印　　张 / 33

ISBN 978-7-5496-4110-9
定　　价 / 129.90 元

插图1　原始文本：该图出现于科尔特斯于1520年写给西班牙国王的报告首版扉页，该报告也被称作"第二封信"，由雅各布·克伦伯格于1522年在塞维利亚首次出版。这份报告最近被称为"征服墨西哥的原始文本"。

插图2　文明、野蛮和自然：该图表现了波波卡特佩特火山和伊斯塔西瓦特尔火山喷发时，临危不惧的西班牙人和惊恐万分的阿兹特克人的形象。《美洲》（1670年英文版和1671年荷兰语版）中这版富有想象力的插图，在现代早期非常有名。

◀ 插图3　山谷：这幅绘制于19世纪的"1519年墨西哥山谷形势图"，展示了西班牙-特拉斯卡拉联军11月5—8日的行军路线：他们从查尔科（位于地图的右下角）出发，穿过阿约特钦科、奎特拉瓦克和伊斯塔帕拉帕，最后到达特诺奇蒂特兰城边缘的"会面"地点（图中被标记为"科尔特斯的营地"）。

▲ 插图4　震惊与敬畏：齐斯拉克基金会收藏的"征服墨西哥系列"作品，编号2，帆布油画，创作于17世纪晚期的墨西哥。最初标记为"科尔特斯到达韦拉克鲁斯并且受到蒙特祖马使臣的接待"，后改为"韦拉克鲁斯，2号作品"。

▶ 插图5　会面：齐斯拉克基金会收藏的"征服墨西哥系列"作品，编号3，帆布油画，创作于17世纪晚期的墨西哥。最初标记为"科尔特斯和蒙特祖马的会面"，后改为"墨西哥火山，3号作品"。

▶ 插图6　被石块击中：齐斯拉克基金会收藏的"征服墨西哥系列"作品，编号4，帆布油画，创作于17世纪晚期的墨西哥。标记为"蒙特祖马被他的人民投掷石块击中"。

▶ 插图7　征服：齐斯拉克基金会收藏的"征服墨西哥系列"作品，编号7，帆布油画，创作于17世纪晚期的墨西哥。最初标记为"征服特诺奇蒂特兰"，后改为"科尔特斯征服墨西哥，7号作品"。

Spanish Gratitude.
Cortes orders Motezuma to be Fetter'd.

T.II.   Fol. 20.

Entra Hernan Cortés triunfante
en Tlascala.

A. Rodrig.to del.   J. Garrido

▲ 插图8　西班牙人的感谢：《西班牙人的感谢，科尔特斯命人把蒙特祖马束缚起来》，是1741年的一幅英文插图，是现代早期常见的插图作品。图中，专横的大胡子科尔特斯将权杖指向穿着羽制服饰的蒙特祖马，后者的手腕则被另一个西班牙人给缚上了。插图的说明文字带有讽刺色彩，因为"束缚"这个词表现了西班牙人对已经投降了的蒙特祖马的背弃。

▲ 插图9　胜利入城：《埃尔南多·科尔特斯胜利进入特拉斯卡拉城》，出自索利斯《征服墨西哥史》（1798年出版于马德里的版本）。每一次对科尔特斯式入城的重述都会将"会面"定义为胜利入城。

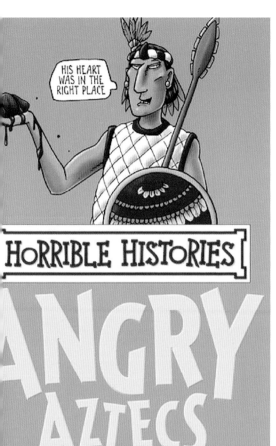

▲ 插图10 他的心脏在正确的位置：正如百万销量的"恐怖历史"系列丛书某一册封面所展现的，人们在拿阿兹特克文明及其被征服的历史开玩笑的时候，会将活人祭祀作为话题的核心。

▲ 插图11 活人祭祀：《墨西哥印第安人的活人祭祀》，表现的是特诺奇蒂特兰城内一座高度模式化和想象中的大神庙顶部发生的处决场景，这幅图首次出现于1601年，并在此后至今的无数出版作品中反复出现。当中奇特的建筑风格、长着兽角的魔鬼，以及邪恶的祭祀场景，让美索美洲文化给人一种极其险恶的感受。

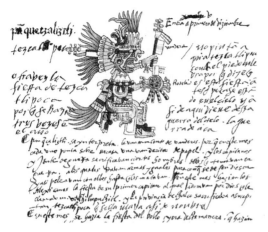

▲ 插图12　偶像崇拜：《威齐洛波契特里：墨西哥人的主神》，出自阿贝·普雷沃斯特出版于1754年的《航海简史》，这一版本中用活人心脏祭祀的威齐洛波契特里形象，出现在16世纪晚期到19世纪欧洲的许多出版物里。

▲ 插图13　神像：在《特莱里亚诺–雷曼西斯手抄本》里（上图），威齐洛波契特里代表了阿兹特克历法中的第十五个月，即"举旗月"。在由耶稣会修士胡安·德·托瓦尔于1585年左右编撰完成的《托瓦尔手抄本》里，刻画了蒙特祖马（中图）和威齐洛波契特里（下图）的形象，该抄本采用了许多原住民的资料，创造了关于阿兹特克历史的一个杂糅的视角（同一时期由萨阿贡、杜兰及其他修士撰写的著作也是如此）。

▲ 插图14　褶边羽毛：奥格尔比《美洲：新世界的准确描述》（1670年版）的卷首插图（左图）中，所有的美洲原住民都被绘制成穿着羽毛制品服饰的形象，"美洲"则表现为一位上身赤裸的、穿着标志性羽制短裙和头饰的女性形象；"墨西哥人的末代国王"蒙特祖马（右图）则被描绘成一位普通的、着羽制品的美洲原住民亲王战士形象。

▶ 插图15　一位尊贵的野蛮人：索利斯《征服墨西哥史》（意大利语版）里的蒙特祖马形象，以17世纪90年代寄往佛罗伦萨的肖像画为基础创作，图中的蒙特祖马年轻且富有男子气概，但是依然普通、着羽制品并且富有东方元素，并不具备威胁性。

▲ 插图16 动物园守护者：该图为萨阿贡《通史》（《佛罗伦萨手抄本》）中的一幅插图，图中用简单的鸟类和兽类、建筑和守护者的形象，表现了蒙特祖马的动物园复合体的构成。

◀ 插图17 描绘战争：图片展现了西班牙—阿兹特克战争的一些场景，出自索利斯《征服墨西哥史》（1733年的意大利语版）：阿兹特克使团顺从地献上礼物；西班牙人正炫耀大炮，同时一位阿兹特克艺术家将该场景绘制成图（之后献给蒙特祖马）；被阿兹特克战士砍下的马头；一只雄鹰抓着一个粗心大意的阿兹特克动物园守护者翱翔。

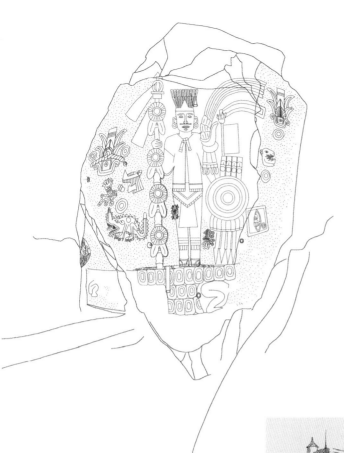

◀ 插图18 石刻画像：位于查普特佩克的蒙特祖马肖像画。肖像雕刻于1519年，18世纪50年代被西班牙总督下令毁坏。蒙特祖马父亲的肖像、阿萨亚卡特尔的肖像，以及至少三位前任君主的肖像都在西班牙殖民时期被蓄意毁坏。象征蒙特祖马名字的符号位于读者视角的肖像左侧（头部、羽毛头饰和演说时卷动的气流符号）。

Cortes outwits and takes leave of Velasquez.　P. 61.

▶ 插图19 科尔特斯以智取胜：《科尔特斯以智取胜，向委拉斯开兹告别》，道尔顿为维多利亚时期的年轻读者创作的《征服墨西哥和秘鲁故事集》中的一幅插图，描绘了科尔特斯欢快地向愤怒的委拉斯开兹总督脱帽致礼的场景。对年轻读者而言，科尔特斯是一位能够引起他们普遍共鸣的英雄反叛者（因为他只听命于更高层级的上帝和国王的权威）。

Renuncia Cortés el título de General que
le dio Velazq^z y el Pueblo le vuelve a elegir.

Ant Rod^z lo inv.   J. Rico lo grabo.

▲ 插图20　科尔特斯拒绝接受：《科尔特斯拒
绝接受委拉斯开兹给他的将军头衔，城中居
民通过选举再次授予他该职位》，这是安东
尼奥·罗德里格斯为索利斯著作1798年版本
所创作的一幅雕版画。画家想象中的环境布
置配备有地毯和斗篷，突出了正式、合法的
程序设置。这幅画遵循了传统叙事的逻辑，
无论是图片还是说明文字，对于普选的强
调，都是以科尔特斯为中心的。

Manda Cortés dar al traves
con las naves

Ant Rod^z lo inv.   J. Rico lo grabo.

▲ 插图21　科尔特斯下令：《科尔特斯下令将
船凿沉》，这是1798年罗德里格斯的另一幅
雕版画，在这个传奇般的（也是虚构的）时
刻，科尔特斯以统帅的姿态凝视着自己命令
的后果，并遥望着海平线，决心不完成征服
任务誓不返回。

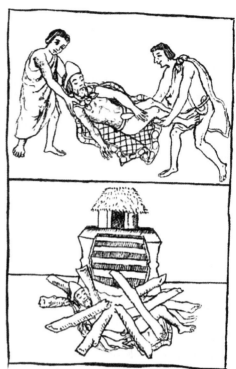

▶ 插图22 **火葬**：蒙特祖马和伊斯夸乌特钦被火化。这组插画出自萨阿贡的《通史》，展现了两个西班牙人将他们的尸体扔进湖里（左上），两个墨西卡人将蒙特祖马的尸体打捞出来，并将其火化（右上），伊斯夸乌特钦的尸体被移走，以不同的姿态被置放（右下）。

▲ 插图23　我控制了蒙特祖马：出自丹·阿布内特的《埃尔南多·科尔特斯与阿兹特克帝国的覆灭》，这一面向年轻读者的系列图画书，很好地抓住了诸多传统叙事的要素：聪明的科尔特斯控制了被动的蒙特祖马，乐于参与自己的操控；被胜利冲昏头脑的佩德罗·德·阿尔瓦拉多注定要破坏和平。

▶ 插图24　蒙特祖马交出权力：君主端坐在王位上，当着一位西班牙公证人和惊讶不已的阿兹特克贵族的面，向科尔特斯重复自己的投降讲话。按照传统叙事的说法，阿兹特克人恸哭。中间的一幅画展示了西班牙和阿兹特克军队交战的场景（1520年的奥图巴战役），但是最底下的图中，夸乌特莫克被俘——从而再次实现了蒙特祖马投降后的平衡状态。这些插图出自索利斯的《征服墨西哥史》（1733年意大利语版）。

▲ **插图25　马丁去哪儿了？**：这座纪念西班牙人与美索美洲人混血后代的雕塑最初于1982年竖立在科约阿坎，这个曾经的阿兹特克城邦，也是特诺奇蒂特兰陷落后科尔特斯部署指挥所的地方。持续不断的抗议使雕塑被迫转移到了一个不起眼的公园里（巧合的是这个地方与"会面"的发生地不远），因此很少有人发现它。小男孩马丁的塑像原本位于其父母（科尔特斯和马林钦）塑像的前方，后来被盗，至今下落不明（见左上小图）。

▶ **插图26　作为老者的征服者肖像画**：几乎所有的科尔特斯肖像画都是杜撰的或人们想象出来的，但是当中很多形象都来源于一幅早已失传的画作，画中这位侯爵虔诚地望着前方，很可能正双

膝跪地祈祷——如拉索·德拉维加所有颂扬征服者的作品（1588年、1594年和1601年）里使用的雕版画（左）那样，索利斯《历史》（1778年意大利语版）中的肖像画亦如此，后者调整了人物目光的方向（右）。

▲ 插图27　仁慈的科尔特斯：尼古拉斯–尤斯塔什·莫林的《费尔南·科尔特斯的仁慈》。该图是创作于19世纪早期巴黎的一系列描绘"征服墨西哥"的印刷作品中的一幅，画家在历史人物中穿插了许多虚构的人物形象。

▲ 插图28 一劳永逸：1520—1525年，发生在特诺奇蒂特兰城内的所有事件都被记录在《奥宾手抄本》的这一页上，这部用纳瓦特尔语书写的编年史，是一位受过教育的墨西卡人在16世纪晚期创作的。

◀ 插图29 家庭事务：出自《科兹卡钦手抄本》第二页，这是特诺奇蒂特兰早期殖民时代的一部手稿，图中蒙特祖马坐在靠背很高的宝座（tepotzoicpalli）上，他背后的山和仙人掌符号指代特诺奇蒂特兰——仙人掌的顶部是"伟大的特拉托阿尼"的法冠或阿兹特克王冠。坐在国王对面的是他的女儿唐娜·伊莎贝尔·蒙特祖马·特奎奇波，她的着装和父亲类似，头顶上的皇家头饰符号象征了她作为皇室主要继承人的地位（坐在她身后的兄弟唐·佩德罗·蒙特祖马·特拉卡科潘特里则不是）。

MARINA, ET AUTRES FEMMES DONNÉES A CORTEZ.

▲ 插图30 把谷物做成面包：《玛丽娜和其他女性被献给科尔特斯》，这幅画在18世纪诸多征服史文献中都出现过，当中展现了"塔巴斯科酋长（统治者）送给科尔特斯20个印第安女人，让她们为西班牙军队制作谷物面包"的场景（例如阿贝·普雷沃斯特在他1754年的《航海简史》中就曾使用过此图，本插图也是取自该书）。除了表现文明和野蛮的强烈对比，"印第安人"的天真无邪和这些女孩被迫为征服者提供的服务，也形成了残酷的对比。

▲ 插图31　理想中的墨西哥城：出自1692年一幅绘制于屏风（*biombo*）上的墨西哥城地图，这种日本风格的屏风在17世纪的墨西哥上流家庭中很受欢迎（帆布油画，213厘米×550厘米）。画中箭头所指的便是我们在本书尾声中提到的行进路线。

▲ 插图32　特诺奇蒂特兰万岁！：20世纪晚期，人们在"会面"（*El Encuentro*）的发生地竖起了一道混凝土碑进行标记，位置紧挨着基督医院的外墙。由于碑面经常被破坏和涂鸦（例如上图里意思就是"大屠杀！／特诺奇蒂特兰万岁！"），最近它被一幅展现会面场景的彩色瓷砖画代替。

特斯科科

伊斯塔帕拉帕

查尔科

伊斯塔西瓦特尔

韦霍钦戈

阿梅卡梅卡

波波卡特佩特

特拉斯卡拉

乔卢拉

墨西哥湾

特诺奇蒂特兰

维拉里卡·德·拉·韦拉克鲁斯

森波瓦兰

特拉斯卡拉

乌鲁亚

波通昌

玛雅诸王国

地图绘制区域

太平洋

85°　　　　　　　　80°　　　　　　　75°

30°

圣克里斯托瓦尔－
德拉哈瓦那

特立尼达

古巴

科苏梅尔岛

圣地亚哥

20°

25°

牙买加　　　海地岛

加勒比海

15°

洪都拉斯

85°　　　　　　　　80°　　　　　　　75°

阿兹特克帝国，1519
乔卢拉大致领地
1519年入侵路线
1520年逃亡路线
阿兹特克湖岸线，1519

0　100　200　　400

千米

投影：阿尔伯斯等面积圆锥
中央子午线：−87.5°
标准纬线：22.5°，10°

献给所有的卡塔利娜

图1 会面

这幅雕版画作是约翰·奥格尔比（John Ogilby）的伟大著作《美洲：新世界的准确描述》（*America: Being an Accurate Description of the New World*，简称《美洲》）初版第一章第一页的版头图片，该书于1670年在伦敦出版。原图并没有标题（"会面"是我个人所加），描绘的人物也没有名字，因为它只概括性地表现了美洲原住民、欧洲人的首领、军队和文化，以及可以预想到的文明和野蛮的和平会面。

前　言

征服墨西哥是历史上最重要的事件之一。

——安东尼奥·德·索利斯（Antonio de Solís）

《征服墨西哥史》（*History of the Conquest of Mexico*）

前言第一句，1724年英文版[1]

为什么我们说"征服墨西哥"是一个伟大的历史事件？这个问题有无数个答案。500年来，无数的作家和读者、编剧和观众、画家和电影创作者从西班牙征服者入侵阿兹特克帝国的故事中得到启发，并深深地为之着迷。对许多人而言，这一事件的伟大之处在于其背后有着丰富的宗教、政治和文化基础；对另一些人来说，这段历史之所以被一而再，再而三地重复，只不过在于它本身的戏剧性较强而已。

我的想法与上面的这两种说法正好相反——当然有我本人任性的成分在里面——我之所以写这本书，原因在于我觉得这段征服历史根本算不上伟大，或者至少不像过去的五个世纪里它被称颂得那样伟大。因此，本书并不是对陈词滥调的重复赘述。当然，故事本身还是要叙述的，但是本书的内容更侧重于为什么人们会把这件事情当成"历史上最伟大的事件之一"，以及这种认识是如何形成的——还有他们一直以来错得多离谱。我的这种看法大胆而自负，但却有着它自身的目的性。无论读者阁下是不是对阿兹特克及其征服者的故事一无所知，抑或是这一方面的专家，这本书都是为你量身打造的。因为我希望最终能够说服那些看完这本书的读者，让他们意识到：除了"最伟大的"这个形容词，还有其他的词汇，例如"里程碑式的却被误解的""戏剧性的同时也是被扭曲的""悲剧般的而非胜利的"等，更适合用来描绘这段历史。同时，由于我是在挑战"征服者"这个群体（以及和这个词联系最为紧密的那位著名的征服者首领）最为本质的内涵，因此我也在暗指上述词汇同样适用于描绘其他历史事件——即便不是"所有的历史事件"都适用。毕竟，西班牙人与阿兹特克人的遭遇是欧洲人入侵美洲这一大的历史事件中的核心篇章，并最终导致了世界历史的更迭，塑造了今日的世界。

不过在开始我的叙述之前，关于一些名词解释、背景介绍和关键历史的时间线介绍可能会对读者们有所助益。

本书中，我使用"阿兹特克人""墨西卡人""纳瓦人"来指代阿兹特克帝国内部的一些特定人群。有些学者用"三方联盟"（Triple Alliance）来指代这个帝国，目的是强调三个主要城邦国在帝国的诞生和维系过程中的作用，即特诺奇蒂特兰（Tenochtitlan，墨西哥城，帝国伟大的岛屿首都）、特斯科科（Tetzcoco，一个同样光彩夺目的湖畔城市）和特拉科潘（Tlacopan，它的规模稍小，但也很壮观），我也会使用这个短语（有时叫作"阿兹特克帝国三方联盟"）。附录部分有对于种族专有名词的深入解释，同时还附上了一张图表，旨在帮助那些更喜欢直观图表的人理解（我就是这类人中的一员）。

关于本书主角的名字，我沿用了自16世纪以来的用法，称呼其为"埃尔南多·科尔特斯"（Hernando Cortés），尽管叫"费尔南多"（Fernando）的说法更准确。他从来没被叫作"埃尔南"（Hernán），这是一个较为现代的译法（"科尔特斯"的叫法是情有可原的，这是16世纪中叶的英文译法）。尽管我在称呼西班牙的人名和地名的时候使用的是西班牙语的拼写方式［例如委拉斯开兹（Velázquez）］，但是我并没有在纳瓦特尔语名上加西班牙语发音符号［例如特诺奇蒂特兰（Tenochtitlán）和夸乌特莫克（Cuauhtémoc）在西班牙语里都有重音，但是英语里没有；它们的纳瓦特尔语发音也未能体现〕。

至于阿兹特克人的皇帝，我则尽可能准确地还原他的名号，例如 Moteuctzomatzin。但是为了方便读者阅读，我选择称呼其为"蒙特祖马"（Montezuma）。这是一个比较方便和为人熟知的简称（就跟"阿兹特克"一样），来源于16世纪后期（也可能更早）的西班牙语、英语和其他语言。它的一个早期变体是Moctezuma，这是现代西班牙语里比较传统的一种拼写形式，在英语里也被普遍接受。

第三个需要解释名字的人是马林钦（Malintzin）。这位科尔特斯侵略部队的女翻译最早的纳瓦特尔语名字并不为人所知，不过西班牙人最后把她改名为玛丽娜（Marina）。由于她的地位十分重要，因此她的名字不久就被加上了纳瓦特尔语中的尊称"钦"（-tzin）。在西班牙语中，她也得到了同样的待遇，即加上了"唐娜"（doña）的前缀。结果，她被称作"唐娜·玛丽娜"（doña Marina）、"马林钦"（Malintzin，因为纳瓦人倾向于把r的音发成l）和"玛琳切"（Malinche，即Malintzin的西班牙语化）。

我在附录里面罗列了西班牙—阿兹特克战争中16位主要的西班牙人和纳瓦人的简短传记，科尔特斯、蒙特祖马和马林钦只是其中的三位。在接下来的阅读中，当你遇到像卡卡马（Cacama）或者夸乌特莫克（Cuauhtemoc）一类的阿兹特克语名字，以及奥尔达斯（Ordaz）或者奥利德（Olid）一类的西班牙语名字时，你就能体会到附录中的这些人物小传的用处所在。我也创作了一个被我称为"王朝藤蔓"的家谱树（在附录中），用来展示在特诺奇蒂特兰和特斯科科城内的阿兹特克皇族各个分支之间的姻亲关系，以及他们后来与西班牙征服者之间的关系。

时间线

1428年

阿兹特克帝国三方联盟在墨西哥谷建立（中心位于特诺奇蒂特兰、特斯科科和特拉科潘）。

1440—1469年

蒙特祖马一世［蒙特苏马·伊尔维卡米纳（Moteuctzoma Ilhuicamina）］作为特诺奇蒂特兰"伟大的特拉托阿尼"（*huey tlahtoani*，即阿兹特克皇帝）统治时期。

1468年

蒙特祖马二世［蒙特苏马·索科约特辛（Moteuctzoma Xocoyotl）］诞生；蒙特祖马的父亲阿萨亚卡特尔（Axayacatl）在皇帝的位置上一直统治到1481年；他和两个兄弟领导着一支庞大的军队，直至1502年年轻的蒙特祖马登上皇位。

1481—1486年

蒙特祖马的叔叔提佐克（Tizco）统治时期。

1482—1492年

卡斯蒂利亚女王伊莎贝拉和阿拉贡国王费尔南多发动与摩尔人的格拉纳达王国之间的战争，布阿卜迪勒（Boabdil）国王投降。

1486年

蒙特祖马的叔叔、前任统治者阿维特索特尔（Ahuitzotl）被推选为"伟大的特拉托阿尼"。

1492—1493年

哥伦布第一次航行到达加勒比地区，之后返回欧洲。

1493—1496年

哥伦布第二次航行，在伊斯帕尼奥拉（Hispaniola，即今天的海地和多米尼加共和国）建立了西班牙在印度群岛的第一个殖民地。

1502年

9月15日，蒙特祖马被推选为"伟大的特拉托阿尼"。

1503—1509年

阿兹特克人在瓦哈卡（Oaxaca）和其他南部地区开展一系列征服战争。

1504年

时年19岁的埃尔南多·科尔特斯来到伊斯帕尼奥拉；伊莎贝拉女王去世（她那4岁的外孙查理，将会在1516年费尔南多国王去世后继承卡斯蒂利亚和阿拉贡的王位）。

1511年

西属印度群岛总督、哥伦布之子迭戈·科隆（Diego Colón）派迭戈·委拉斯开兹（Diego Velázquez）入侵并管理古巴。

1515年

特斯科科统治者内萨瓦尔皮利（Nezahualpilli）去世，卡卡马继位［他的哥哥伊希特利霍奇特尔（Ixtlilxochitl）发动叛乱］。

1517年

2月8日—4月20日，弗朗西斯科·埃尔南德斯·德·科尔多瓦（Francisco Hernández de Córdoba）率领西班牙远征队从古巴出发，沿尤卡坦海岸探险，并与玛雅军队交战。

1518年

5月3日—11月15日，胡安·德·格里哈尔瓦（Juan de Grijalva）率领西班牙远征队从古巴出发，在尤卡坦和墨西哥湾海岸探险，与原住民交流；10月23日，科尔特斯被任命为第三次远征的队长，任务是寻找格里哈尔瓦并继续探索。

1519年

2月10日，科尔特斯率领的远征队离开古巴，沿着科尔多瓦和格里哈尔瓦所走的海岸路线行进；马林钦在塔巴斯科（Tabasco）加入这支队伍。

4月21日，远征队在墨西哥湾海岸登陆，登陆地是圣胡安·德·乌鲁亚（San Juan de Ulúa），该地属于向阿兹特克帝国纳贡的地域。

5月，远征队建立了韦拉克鲁斯（Veracruz，三个同名城市中的第一个，在1521年的时候移到了另一个地点），科尔特斯被任命为领队。

6月3日—8月16日，远征队在森波瓦兰（Cempohuallan）安营；19岁的西班牙国王成为神圣罗马帝国皇帝查理五世。

7月26日，科尔特斯和其他领队派一艘船前往西班牙。

8月16日，西班牙-原住民联军开始往内陆进军。

9月2日，西班牙—特拉斯卡拉（Tlaxcallan）冲突开始。

9月23日，特拉斯卡拉人求和，西班牙人进入特拉斯卡拉地区。

10月10—11日，西班牙-特拉斯卡拉联军从特拉斯卡拉出发前往乔卢拉（Cholollan）。

10月14—18日，乔卢拉大屠杀。

10月25日，西班牙-特拉斯卡拉远征队出发前往特诺奇蒂特兰。

11月8日，科尔特斯与蒙特祖马"会面"。

11月14日，根据科尔特斯后来的说法，他在这一天囚禁了蒙特祖马（本书对此有讨论）。

1520年

4月20日（或者5月1日前），潘菲洛·德·纳瓦埃斯（Pánfilo de Narváez）率领的大批西班牙人队伍在圣胡安·德·乌鲁亚登陆。

5月16日，阿尔瓦拉多（Alvarado）在特诺奇蒂特兰的"干涸月"（Toxcatl）期间，率众屠杀阿兹特克贵族。

5月27—28日，科尔特斯的支持者在桑多瓦尔（Sandoval）的率领下到达纳瓦埃斯在森波瓦兰的营地，并且成功发动了攻击。

6月24日，扩充后的西班牙军队返回特诺奇蒂特兰。

6月28日、29日或30日，蒙特祖马被杀，与他一同被杀的还有三方联盟的其他"特拉托阿尼"（阿兹特克帝国三方联盟国王）。

6月30日或7月1日，即后来所称的"悲痛之夜"（Noche Triste），西班牙-特拉斯卡拉联军逃离特诺奇蒂特兰；将近1000名西班牙人和超过1000名特拉斯卡拉人被杀。

7月9日或10日，一系列的小范围冲突、战斗以及阿兹特克人的袭击，在奥图巴〔Otumba，靠近奥通潘（Otompan）〕之战时达到顶峰。

7月11日或12日，逃出来的幸存者到达特拉斯卡拉。

8月1日，西班牙人屠杀特佩亚卡克〔Tepeyacac，今特佩阿卡

（Tepeaca）〕当地的男人，妇女和儿童则沦为奴隶。

9月15日，蒙特祖马的弟弟奎特拉瓦（Cuitlahua）加冕，成为特诺奇蒂特兰的"伟大的特拉托阿尼"。

10月中旬至12月中旬，天花的传播导致特诺奇蒂特兰城内许多人死亡（包括死于12月4日的奎特拉瓦，有人声称死亡人数达到总人数的三分之一，甚至二分之一，本书对此有讨论）。

12月25—31日，西班牙人再次向墨西哥谷进军，于28日与伊希特利霍奇特尔会合，并于29日进入谷地，31日到达特斯科科。

1521年

1月下旬或者2月上旬，夸乌特莫克（Cuauhtemoc，蒙特祖马和奎特拉瓦的堂兄）被推选为特诺奇蒂特兰的第十一任"伟大的特拉托阿尼"。

2月，西班牙-特拉斯卡拉-特斯科科联军袭击了哈尔托坎（Xaltocan），随后袭击特拉科潘及其附庸国；特斯科科成为进攻特诺奇蒂特兰的坚实基地。

4月5—13日，联军袭击并且洗劫了亚乌特佩克（Yauhtepec）和库奥纳瓦克（Cuauhnahuac）[1]。

4月16—18日，联军在进攻霍奇米尔科（Xochimilco）的时候遭遇失败。

4月28日，特拉斯卡拉人建造的13艘双桅帆船在特斯科科湖下水。

5月10日，围困特诺奇蒂特兰城的行动开始；22日，特拉斯卡拉-特斯科科-西班牙联军的三支队伍，在征服者阿尔瓦拉多、奥利德（Olid）和桑多瓦尔的率领下，离开特斯科科并占据了包围岛屿城市的阵地；26日，城中的饮用水源被切断；31日，桑多瓦尔和奥利德在科约瓦坎（Coyohuacan）会合。

6月30日，西班牙-特拉斯卡拉联军在堤道战中失败，68名西班牙人

---

[1] 科尔特斯占领该地后，将其更名为库埃纳瓦卡（Cuernavaca）。——编者注（如无特殊说明，本书脚注皆为编者注）

被俘，并在大神庙上被处决。

7月，载着数百名西班牙人、战马和军火的船只在韦拉克鲁斯靠岸。

7月20—25日，特诺奇蒂特兰中心广场之战。

8月1日，西班牙-特拉斯卡拉-特斯科科联军进入特拉特洛尔科（Tlatelolco）中心广场，那里也是阿兹特克守城者的最后阵地。

8月13日，幸存下来的阿兹特克人投降，夸乌特莫克被俘。

8月13—17日，入侵者屠杀、强奸并奴役幸存者，洗劫这座城市。

1522年

10月15日，查理五世任命科尔特斯为新西班牙总督和总司令。

11月1日，科尔特斯的第一任西班牙人妻子唐娜·卡塔利娜·苏亚雷斯（doña Catalina Suárez）由于未知的原因在科约瓦坎去世；8日，科尔特斯所谓的"第二封信"在塞维利亚出版。

1523年

科尔特斯与牙买加总督弗朗西斯科·德·加雷（Francisco de Garay）达成协议，加雷获得帕努科（Pánuco，位于中墨西哥东北部地区）；12月，加雷死于科约瓦坎；佩德罗·德·阿尔瓦拉多率队前往危地马拉。

1524年

西班牙人开始在特诺奇蒂特兰中部定居；1月，克里斯托瓦尔·德·奥利德率队前往洪都拉斯，但是停在了中途的古巴；6月，最早的两位方济各会修士到达墨西哥；奥利德公开谴责科尔特斯的权威；10月，科尔特斯离开墨西哥前往洪都拉斯。

1525年

2月，跟1520年一样，被俘的三方联盟特拉托阿尼被杀；这一次，包括夸乌特莫克在内的三位国王是在科尔特斯的命令下在玛雅王国阿卡兰-蒂斯切尔（Acalan-Tixchel）的首都被绞死；唐·胡安·委拉斯开兹·特拉科钦［don Juan Velázquez Tlacotzin，他过去一直是蒙特祖马的"西乌阿科阿特莉"[1]（cihuacoatl），并且在1521年之后统治特诺奇蒂特兰］被任命为城市的总督；他在这一年的晚些时候去世，继任者是唐·安德烈斯·德·塔皮亚·莫泰尔奇乌钦（don Andrés de Tapia Motelchiuhtzin）。

1526年

6月25日，科尔特斯回到墨西哥，但是7月2日，西班牙王室官员路易斯·庞塞·德·莱昂（Luis Ponce de León）剥夺了科尔特斯的统治权，并且启动对他的弹劾程序，即行政调查（*residencia*），该过程一直延续到1545年。

1527年

西班牙王室官员艾斯特拉达（Estrada）禁止科尔特斯进入特诺奇蒂特兰。

1528年

4月，科尔特斯动身返回西班牙；12月，修士胡安·德·苏马拉加（Juan de Zumárraga）以墨西哥第一任主教的身份到来。

1529年

科尔特斯获得"谷地侯爵"（*Marqués del Valle*）的头衔，迎娶阿齐拉尔伯爵（Count of Aguilar）的女儿；努纽·贝尔特兰·德·古兹曼（Nuño Beltrán de Guzmán）被任命为新西班牙第一个审问院（Audiencia，行政与司法）主席。

---

[1] 本义是指阿兹特克信仰中的生育女神，此处指城市的主要统治者。

1530—1531年

特诺奇蒂特兰（原住民的墨西哥城）的特拉托阿尼和总督唐·安德烈斯·德·塔皮亚·莫泰尔奇乌钦在征服奇奇梅克斯（Chichimecs）的战斗中战死，继位者是唐·巴勃罗·特拉卡特库特利·索奇克恩钦（don Pablo Tlacatecuhtli Xochiquentzin，蒙特祖马的表弟），他的继任者是唐·迭戈·德·阿尔瓦拉多·瓦尼钦（don Diego de Alvarado Huanitzin，蒙特祖马的侄子），他一直统治到1541年；伊希特利霍奇特尔去世，他的三个弟弟后来依次继位，成为特斯科科的特拉托阿尼。

1530—1540年

科尔特斯居住在墨西哥的库埃纳瓦卡，依靠奴隶劳工维系着自己的家产，并且派出一系列远征队前往下加利福尼亚（Baja California）和太平洋。

1539年

第一本在美洲出版的书是一本用纳瓦特尔语写的教义问答集，出版地是墨西哥；特斯科科特拉托阿尼的兄弟唐·卡洛斯·奥梅托钦（don Carlos Ometochtzin）在墨西哥城被处以火刑。

1540—1547年

1540年科尔特斯返回西班牙；1541年，他加入查理五世进攻阿尔及尔的军队；1547年，科尔特斯在塞维利亚附近去世。

1794年

科尔特斯的遗骸（1629年从西班牙被带回）在墨西哥城基督医院（Hospital de Jesús）的新陵墓中重新下葬；陵墓在1823年被毁；遗骨被藏在医院的礼拜堂中，一直保存到今天。

目　录

图2 征服者抓住国王

这幅雕版画出现在贝尔纳尔·迪亚斯（Bernal Díaz）《征服新西班牙信史》
（*True History of the Conquest of New Spain*，1632年于马德里首次出版）的扉页。
该书的编辑来自施恩会（Mercedarian），因此这个版本突出地展现了给墨西哥原
住民施洗的修士（位于书名的右边）的地位，科尔特斯则位于书名的左边：他倚
靠着一张描绘着自己形象的盾牌，盾牌画面中的他在征服者队友的帮助下，正在
俘获蒙特祖马并抢夺他的王冠。

发　明

我本人声明且保证，这本书所记载的所有内容都是真实的。

——贝尔纳尔·迪亚斯，

《征服新西班牙信史》1632年版前言

在（诗歌）中，我既没有完全遵从真实的历史，也没有完全抛弃历史。我利用诗人的自由作了增添、改动或者删减，因为我认为这才是完善作品的最好方式。诗人的任务并不是还原真实的历史，而是表现一种历史的可能性。

——约翰·德莱顿（John Dryden），

《印第安皇帝》（The Indian Emperour），1667年版

我常常觉得历史本不应该如此沉闷，因为当中的大部分都是被创造出来的。

——简·奥斯汀关于"历史"的论述，1799年[1]

我们究竟如何才能知晓西班牙人占领阿兹特克帝国的时候到底发生了什么？关于这个"人类历史中最伟大的事件"之一，最为人所熟知的记载是贝尔纳尔·迪亚斯对征服过程那引人入胜的记录。世人一直称颂迪亚斯是一位具有出色文学素养的普通士兵。作为1519年墨西哥远征队的一员，这位"征服者队长"在书的前言中吹嘘自己"亲眼见证"了其所记录的事件。迪亚斯称自己的书为《征服新西班牙信史》，墨西哥知名小说家卡洛斯·富恩特斯（Carlos Fuentes）更是推崇其为拉美文学真正的奠基人。[2]

1632年《征服新西班牙信史》的初版扉页上，有一张征服战争的领导者埃尔南多·科尔特斯的全身像（见图2）。在这幅雕版画中，科尔特斯向读者展现了一幅戏剧化的景象，这一画面被印在了一张盾牌上。事实上，这位传奇的征服者的确给整个历史开启了一扇窗户，而盾牌上的这幅画只选择了一个瞬间将这段历史符号化——或者说，用一个符号为整个叙事开启了大门。

在这个瞬间，我们看到了一位征服者试图靠近一位坐在宝座上的国王，前者显然就是科尔特斯本人。尽管这位国王留着大胡子，面相和科尔特斯类似，也戴着一顶欧式的王冠，但是他却穿着兽皮制成的短裙。就如同王冠在当时的欧洲是君主的形象化和普世性的代表一样，兽皮短裙代表的则是美洲的"印第安人"。因此，这位国王很显然就是阿兹特克人的皇帝[1]蒙特祖马。在扉页底部的一张圆形盾牌（或者装饰板）上，则描绘着他的岛屿首都。

当科尔特斯接近蒙特祖马的时候，他把两只手都伸了过来：看样子，他想用左手抓住这位国王的王冠，用右手中一副准备好了的手铐铐住蒙特祖马的手腕。坐着的国王看上去很被动，没有任何想要抵抗的样子。但是这完全称不上是一次和平的"会面"。科尔特斯那进攻性的姿势，身后那三个全副武装的士兵，以及抓住王冠和国王本人这一极富象征性的动作，都表明了

---

[1] 指"伟大的特拉托阿尼"（*huey tlahtoani*），原书作者行文中将这一头衔译作"emperor"（皇帝）或"king"（国王）。

这次遭遇的暴力企图、非外交色彩，以及对王位不由分说地夺取。[3]

那么，是不是这块小小的雕版画就能为我们提供了解故事关键的可视化捷径呢？征服墨西哥这一史诗般的历史，同时也被认为是在更大范围内改变了世界的欧洲人发现、入侵和殖民美洲的历史现象，是不是可以浓缩成一个象征性的、粗鲁地抓住一位无辜国王的故事呢？或许这样是可以的：从15世纪到20世纪的世界历史，的确可以被简化成一个帝国遭到侵略、一位皇帝被抓走的雕版画作品。

但这样一幅情景也可能只是故事的开端而已。事实上，它也许仅仅是这部863页的著作扉页上的一条线索而已，并且还是一条带偏了的线索。因为当我们真正地进入这本书的内部，仔细地阅读迪亚斯的叙述，把他的内容与其他关于这一"伟大历史事件"的视觉和文字资料进行对比，上述那个简单的掠夺形象就会立刻瓦解。后来的历史学家休·托马斯（Hugh Thomas）评论说"有时贝尔纳尔·迪亚斯的记忆有误"，这是很典型的英国人的保守说法。墨西哥历史学家胡安·米拉莱斯（Juan Uiralles）为遍布在《征服新西班牙信史》中的前后不一致的内容甚至是明显的错误之处编了一个目录，并将其写成了篇幅长达一本书的研究，题目为《贝尔纳尔说谎了》（*Y Bernal Mintió*）。因为迪亚斯既不是统帅，也没有亲眼见证他所记叙的很多事件，因此常常都是依赖早前经历者的叙述（当中包括科尔特斯），而他声称这些叙述都是真实的。考虑到《征服新西班牙信史》中众多的"闪回、离题、重复、省略，以及煽风点火的段落"，克里斯蒂安·迪维尔热（Christian Duverger）认为，那些迪亚斯所声称自己亲眼见证的事情其实他几乎都没有见过，并且也没有做过任何记录；这位法国学者走得更远，他甚至认为这本书是科尔特斯本人所写，当时是16世纪40年代，已经退休的科尔特斯居住在西班牙的巴利亚多利德（Valladolid）。[4]

在《纽约时报》和《芝加哥星期日论坛报》（*Chicago Sunday Tribune*）上，关于迪亚斯《征服新西班牙信史》现代版本的评论认为，他的叙述是"有史以来最为可信的记录"，以及"最完整和最可信的征服编年史"。可如果事实刚好相反的话，即这本书完全不可信，也不完整，更不真实，那又会怎么样？对于我们会有什么影响？如果我们认同富恩特斯的话，认为迪亚斯的著作是拉美小说的基础，并且认可其是一部历史虚构作品，那么我们又将如何找到德莱顿所暗示的"历史的真相"呢？更不用说关于16世纪伟大事件的一些"可能性"了。正如一位历史学家最近的尖刻评论一样："历史学家解释事情为什么会发展成为最后的结果。不过既然我们已经知道结果是什么样的，这似乎就变成了简单地回顾过去，然后把节点串起来。但是存在这样一个问题：节点实在太多了。"[5]

我建议我们从头开始，回到过去，回溯曾经的节点。"每一个好的神秘故事都发生在三个层面，"一位备受推崇的神秘小说家曾这样说道，"事实上发生了什么，看上去发生了什么，以及侦探是如何搞清楚这两个问题的。"五个世纪前，西班牙人发动对中美洲原住民的征服运动并且留下数千页的文字，记录他们的所作所为。在当今的知识界，"亲眼见证"（*testigo ocular*）这个词常被人以怀疑的心态来审视，事实上也应当如此。但是这也并不意味着我们就可以良莠不分，把迪亚斯的资料当作谎言、虚构和发明而全盘否定。我们可以再次回到迪亚斯那里，回到科尔特斯本人的记录，回到西班牙人在16世纪以及随后的时间内所写的著作和编年史，回到阿兹特克人、其他中美洲人和他们的混血后代所撰写的记录，回到雕刻、绘画和抄本，以及如今依旧保存在塞维利亚和墨西哥城档案库中的数千页法律文书当中。通过对谎言、虚构和发明进行筛选，我们可以发掘出可能性和可能的历史事实，直至开始聚焦新的诠释和观点。[6]

为了重新开始，从新的角度接近这个被讲了无数遍的征服墨西哥的故事，我从胡安·德·库尔布（Juan de Courbes）那里寻找线索。这位法国雕刻师曾于17世纪20年代至30年代在马德里工作，并且创作了那件我们得以窥探1519年的墨西哥的最早作品（扉页上的那幅雕版画）。库尔布创作的这件微缩雕刻本质上展示的是两个历史上有名人物的遭遇。不管是从文学刻画还是从象征意义的角度来看，这一场景的准确性与否在今天已经不重要了（不过我们在后来也要回到这里）。重要的是，通过库尔布的创作，科尔特斯将他与蒙特祖马的相遇作为起始点展示给我们。

这次遭遇并不仅是一次会面，还是人类历史上最重要的会面之一——这是两个帝国、两个伟大文明不可逆转地走到一起的时刻。"如果说现代历史的诞生这一神秘的时刻是真实存在的话，那么它就发生在1519年11月8日。"一位历史学家曾如此说道；另一位历史学家则把科尔特斯进入帝国首都特诺奇蒂特兰城并且与蒙特祖马见面的那个上午称作"真正发现美洲的时刻"。在本书中，我将其称作"会面"（Meeting），并冠以大写字母M。[7]

"会面"只是故事最外面的一层。在第一章中，我们将以科尔特斯本人对会面的记叙为开端。有意思的是，他从未表示自己在11月8日夺走蒙特祖马的王冠或者铐住他，所谓的拘捕是后来发生的。与之相反的是，他形容"会面"是阿兹特克皇帝明智的投降。上述说法一直都占据主导地位，并且在五个世纪的时间内主导了世人对于科尔特斯、蒙特祖马以及征服墨西哥这一事件的看法。当科尔特斯本人对于会面的叙述这一层被剥离后，它所包裹的内里一层就展现了出来：这次会面是如何被记住、诠释和发明的；在那之下，传奇的科尔特斯，谜一样的蒙特祖马，糟糕、混乱、野蛮的侵略战争（此后，在扭曲的棱镜下其被视作"征服墨西哥"），这一切都被完整地暴露出来。我们用以描述事物的名称是至关重要的，"征服墨西哥"是一个非常片面的标签，它所对应的是胜利一方的叙述（在过去的五个世纪里都是这样），故而从现在开始我们应当称呼其为"西班牙—阿兹特克战争"（Spanish-Aztec War，1519—1521），或者在更大范围的冲突中，它是"西班牙—美索美洲战争"（Spanish-Mesoamerican War，1517—1550）的关键一环。（这些日期，包括"阿兹特克"和"美索美洲"这些名称，会随着我们叙述的推进而不断清晰。）

当我意识到为什么以及如何写一本关于拉美历史上被研究最多的主

题的著作时，我希望我能够拥有一个"通向大马士革之路"的时刻，因为这是一次鲁莽的冒险，而且肯定需要提前进行解释。事实却是，我经历过许多个这样的时刻，它们绵延在两个500年纪念日之间——1492年哥伦布登陆美洲纪念日，以及1517年西班牙人第一次与中美洲人进行接触的纪念日。上述的这些时刻，有一些发生在档案馆里（例如阅读征服者亲自记录或者口述的文件，它们数百年来都保留在西班牙塞维利亚无比卓越的皇家档案馆中）；也有一些发生在图书馆内［例如伦敦的不列颠图书馆，或者位于罗德岛的普罗维登斯（Providence）的约翰·卡特·布朗图书馆——其中收藏的珍贵书籍和手稿无与伦比］；也可能发生在与墨西哥、美国以及其他地方的研究征服时代的优秀学者的对话当中（这样的对话可能是面对面的形式，也可能是在完成本书过程中对于相关研究的一再品读的形式，它们散布于本书的尾注当中）；也可能在教室里（宾夕法尼亚州、伦敦、波哥大以及其他地方的学生在那里把我团团围住，迫使我再次思索自己得出的每一个猜测和结论）；或是在墨西哥城内（行走在特诺奇蒂特兰城曾经的街道和运河所在的地方，意识到蒙特祖马过去常常徜徉在我脚下的某块土地，例如他曾经的动物园当中）；也或者仅仅是在家中（在那里，我从慷慨的妻子那超凡的思想当中获益良多）。

结果，我一边研究一边写作，随着不断地开展讲座，写作的内容也不断增多；不过问题也在不停地涌现，并且常常是同样的问题。互联网上通过邮件传来的问题呈现爆炸式增长——这些问题或是来自新西兰的一个高中生，或是阿根廷的一位退休海军军官，或是巴塞罗那的一名邮递员，或是加拿大的一名博士候选人，甚至是加利福尼亚监狱里的一名罪犯，等等。我逐渐意识到许多问题本身就是错的，这些问题被提出的方式也是错的——不过并不是学生和发送邮件的人所提出的，而是学者、作家，以及我自己所提出的。[8]

因此，上述挑战应当是避免询问（更不用说回答）一个问题，即"为什么蒙特祖马和墨西哥人会如此迅速地被西班牙人征服？"（正如最近的一本书中所形容的那样）。与之相反的是，让我们首先接受这样的一个观点，即他们并不是"迅速地被征服"。接下来让我们探讨一下，为什么这个问题会以这种方式被提出来。我们不应该问——"为什么由数百人组成的一小支西班牙军队，能够摧毁数百万的墨西哥军队以及他们强大的军事神权政治？"——因为这不可避免地会引向下一句引言："这一直都是最大的历史谜题之一。"相反地，让我们重访和挑战这些通常的回答，诸如阿兹特克人"在心理上占劣势"，因为他们相信科尔特斯或者西班牙国王"拥有墨西哥王位的优先权"，抑或"他们仪式化的战斗方式在与欧洲人的战争中不相适应，因为后者只是想打赢，而不是想抓住献祭的俘虏；但是，在上百人与上千人的对决中，侵略者们所骑的马给予了他们决定性的优势"。[9]

上述引用来自四位作者，我故意在段落中没有列出他们的名字，因为我的目的并不是要批判他们（他们都写过我很崇敬的作品），而是为了表明，这样的句子反映出来的是一种普遍的观念——数百年来，成千上万的著作和文章、戏剧和电影都传递着这样的观点。它聚焦于一个深刻的主要问题，或者说是一个深刻的误导问题——这也是我想说服诸位相信的。接下来的章节中，我们将要多次遭遇这个问题。但是现在，我们来思考另外一个例子，我之所以选择这段文字，是因为这是一位知名学者的一篇获奖文章的华丽的开篇文字。

> 征服墨西哥之所以对我们来讲很重要，是因为它提出了一个痛苦的问题：一个杂牌的西班牙探险队，人数从来没有超过四百，究竟是如何在不到两年的时间内，在美洲印第安人自己的地盘上，打败这个强大政权的？究竟是西班牙人的原因，还是印第安人的原因，让这一几乎不可能的胜利变成了可能？[10]

战争的结果——不仅是1521年8月特诺奇蒂特兰城被焚毁，还包括接下来三个世纪西班牙的殖民统治，以及在现代墨西哥所留下的深刻而复杂的遗产——应该也会得到解释。但是，我们可以通过充分质疑上述推断以及其他的许多推断来获得新的理解。例如，蒙特祖马曾经投降，或者有美索美洲人把西班牙人的入侵视作合法的行径，这样的说法是有证据支撑的吗？过于强调阿兹特克人崇尚人祭，是不是扭曲了我们对于这个文明的看法？28个月的侵略真的是一场"迅速的"战争吗？为什么征服者的人数一直都被认为是数百人，但是实际上却有上千西班牙人参与过与阿兹特克人的战争？"主场作战"，或者在面对上千人的军队时，仅仅拥有数十匹马的西班牙人真的有优势吗？我们将侵略者称作"探险者"，将被侵略者称作"印第安人"，还将他们之间的战争称作"征服墨西哥"，这是不是使讨论充满了偏见，并偏向传统的解答？将征服过程视为令人信服的谜题（历史上最大的谜题之一），是不是导致我们不可避免地回到传统叙事（正如我给其贴上的标签一样）的"神话历史"（mythistory）中呢？

我认为是的，因此我拒绝用简单的叙述方式建构接下来的章节。那种叙述方式是一个陷阱，让作者和读者都同等地陷入传统的科尔特斯式的编年史中，让战争变成结局可以预测到的"征服墨西哥"。这种叙述也是整体统一的，把所有的反叙事都变成次要的事物，然后推到边缘的地位。不要担心，这个故事会被讲述，而且会被重复多次地讲述，当中的叙述片段会从故事中被抽离，被仔细检视，然后重新拼接。

但是也请注意本书并不是先前记录的大汇总，而是从另一个角度对故事的重新讲述。事实上，它是对从16世纪20年代开始到现在的一系列记录的重新评估；不仅是对征服的历史的检视，而且是对随后500年间发生的事件的重新检视；论证传统的"征服墨西哥"叙事是人类历史上最大的谎言之一，对其进行揭露需要我们进一步明确当时究竟发生了什么，以及为什么传统叙事会如此发展。

本书包含八个主题章节。前两章（第一部分）仔细剖析了"会面"以及西班牙—阿兹特克战争的历史，探寻历史是为什么以及怎样发展成为传统的叙事模式——它在极大程度上扭曲了16世纪早期发生的事件。第三、四章（第二部分）描述了几个世纪以来，人们是如何看待阿兹特克文明和蒙特祖马本人的。在我们如何能够以不一样的方式理解他们的文化、他们对外部入侵的回应、他们的皇帝，以及皇帝本人对于"会面"的观点这些问题上，西方人长期以来对于阿兹特克人的观点都与之背道而驰。

本书的最后两个部分试图探究科尔特斯神话，我们戳破神话的目的并不是将其妖魔化，而是让这个被刻意拔高了的征服者恢复其本来模样，并为其他的历史主要角色让路。其他的那些演员（他们当中既有西班牙人也有纳瓦人）能为我们提供从入侵开始到蒙特祖马之死（第三部分），以及到16世纪20年代及之后（第四部分）的具有启发性的不同视角。这些章节表明，在看待西班牙—阿兹特克战争的时候，通过传统叙事中被边缘化的人物的经历（例如古巴的泰诺人奴隶，或者各个种族的女性），我们是如何选择不同的节点，然后用不一样的方式把它们串起来的。我们也可以聚焦于故事中心的暴力和大规模奴役，它们是战争的突出特点，并且是如此的可怕，以至于连"侵略"和"战争"（更不用说"征服"）这些词都无法描述这个世界历史的分水岭时刻，而它却长期以来都被美化为"现代历史上最伟大的冒险故事"。[11]

因此，科尔特斯和蒙特祖马的新形象将会显现，并会颠覆传奇故事和传统叙事的套路。在想象中的著名人物的光环下，有一层层的事实显示出他们究竟是什么样的人。但是，更为重要的是，在故事的核心，我们能够看到，在那个纷乱的年代，出生并最终安葬在墨西哥的那些男男女女的观点和角色是什么样的。因此，1519年11月8日的"会面"只是故事的最外一层，它拥有众多的演员——其中最有名的那些演员所扮演的角色和传统赋予他们的角色非常不同。随着外层不断被剥离，以及本书被打开，我们得以用新的视角看待"会面"、科尔特斯和蒙特祖马、"征服墨西哥"、那个时代的西班牙人和阿兹特克人、继续存在的神话历史的传统叙事、伟大相遇的历史，以及历史本身最终极的本质和它的发明。

第一部分

谎言足够孕育观念，

观念最终带来事实。

——弗朗西斯·培根《论虚荣》，1612年

神话是意识形态创造的，

只有攻击意识形态本身，

才能让神话祛魅。

——奥克塔维奥·帕斯（Octavio Paz）[1]

图3　特诺奇蒂特兰想象图

该图的说明文字为德文，文中写道："大威尼斯有五座城门／每座城门都有一座桥／与陆地连接／在这五座一模一样的桥上／有许多吊桥／因此这座城市固若金汤。"这幅木版画是现存最早的欧洲人关于特诺奇蒂特兰的想象图（出自通讯 *Newe Zeitung* 的第5页与第7页，该通讯于1521年或1522年在奥格斯堡出版）。由于这幅图把阿兹特克首都彻底描绘成了一座中世纪的欧洲城市，因此几乎可以说是完全错误的。

| 第一章 |
神秘的友善

不要相信亲眼所见以外的东西。

——蒙特祖马对科尔特斯的告诫，据科尔特斯所说，1519年

［阿兹特克］帝国以一种神秘的友善态度来迎接他。

——莫里斯·罗登（Maurice Rowdon），1974年

埃尔南多·科尔特斯的一生无论在事实还是虚构史中，都是最狂野和具有冒险精神的，而且在他那奇妙的历史当中，所有著名的事件都是完全经过验证的。所有的事实都自带着一种重要的道德精神。

——约翰·阿博特（John Abbott），1856年

事实就是历史，无论有没有经过诠释。

——芭芭拉·塔奇曼（Barbara Tuchman），1964年

历史是你瞥见树叶间一位沐浴的缪斯。

——费利佩·费尔南德斯-阿梅斯托

（Felipe Fernández-Armesto），2014年[1]

想象一下，西班牙人第一次看到特诺奇蒂特兰城时的场景。

想象一下，这几百个西班牙人和他们的非洲奴隶，作为美洲人以外第一批看到这个伟大的阿兹特克首都的人，他们的感受如何。他们眼前是金碧辉煌、令人目眩神迷的场面。帝国的首都是一个漂浮在湖上的巨型岛屿城市，四周环绕着火山。它极有可能是人类历史上最令人震惊的自然和人工景观的完美结合。我们当中，有谁会不愿意亲眼看到这样的景致呢？第一批来访者一定会因被疑惑、怀疑和恐惧萦绕而不知所措。我们其他人当然也会如此。

这至少是在西班牙—阿兹特克战争摧毁特诺奇蒂特兰城之前，贯穿存世文字记录的三种情感反应。迭戈·德·奥尔达斯（Diego de Ordaz）是一位在战争中幸免于难、后来却淹死在大西洋中的征服者，也是来自"旧世界"的第一批看到"拥有伟大定居点的另一个世界，拥有很多高塔和一片海，湖中心有一座造型宏伟的城市"的人。奥尔达斯称，"他为自己眼前所见惊讶不已"，并且"事实上这让他开始感到恐惧和震惊"。贝尔纳尔·迪亚斯写道，这些征服者们并不确定"出现在我们眼前的场景是否真实"。据后来娶了蒙特祖马某个女儿的胡安·卡诺（Juan Cano）所说，这个地方"看起来是一件迷人的东西"，"人们很难相信它是真的，或者很难相信自己不是在做梦"。科尔特斯本人在给国王的信中写道："它神奇到让人很难相信的程度。"这个"伟大的特米西蒂坦（Temixtitan）城"——西班牙人最早如此称呼它——充满了"雄伟、奇怪又非凡的事物"，以至于"我们这些亲眼见证的人都无法用我们的想法来理解"。[2]

一个阿兹特克人关于西班牙人第一次到达峡谷的记录，捕捉到了征服者们身上的紧张的迷恋：

> *Mocuecueptivi, ommocuecueptivi, onteixnamictivi, ...*：他
> 们走路的时候不停地转身回头，面对着人群东张西望，往旁边
> 看，盯着房子和房子之间的所有地方，检查所有东西，抬头望
> 着屋顶。他们的狗也是，狗走在前面，用鼻子嗅着所有东西，
> 连续不断地喘气。[3]

　　大部分西班牙人都应该很熟悉塞维利亚城，这是新诞生的西班牙帝国的实际首都。在16世纪的头十年里，尽管塞维利亚已经是欧洲最大的城市之一，却也只有3.5万人口；特诺奇蒂特兰的规模是它的两倍，包括环绕在峡谷湖泊网四周的城镇在内——例如奥尔达斯穿过峡谷顶上的时候从山上看到的那些——阿兹特克大都市地区的人口总数是塞维利亚的十倍。正如一位方济各会修士在同一世纪晚些时候所想象的那样，"印第安人的数量是如此之多，以至于他们的村庄和道路看上去和蚁穴一样，这样的画面会让看到它的人心生敬仰，但也一定会向和科尔特斯一起的少数西班牙人心中注入可怕的恐惧心理"。[4]

　　科尔特斯称特诺奇蒂特兰城"跟塞维利亚和科尔多瓦一样大"，就我们所知的特诺奇蒂特兰来看，即使他指的是两个西班牙城市合并起来的面积，这样的评价也是站不住脚的。在特诺奇蒂特兰的运河和河道上往来的船只数量可能和西班牙最大城市的人口一样多。他估计该城市"主塔比塞维利亚大教堂的塔要高一些"，但这完全不足以形容在城市的中心广场上矗立的金字塔和双子庙的形态和规模。同样地，他声称城市的另一个主广场是"萨拉曼卡城广场的两倍大"，根本没有表现出这个整洁对称的城市让欧洲的中世纪城市看上去就像狭窄肮脏的贫民窟一样。

　　但是和欧洲城市的对比是不可避免的，科尔特斯和很多其他的欧洲人都进行过无数的对比，并且结果总是偏向特诺奇蒂特兰一边。科尔特斯

想象着这样一个城市可以有多么完美，如果它正是留给西班牙人的话。他告诉国王，很值得一提的是，城市的位置在湖心的岛上，它不仅让这个地方"非常美丽"，更使得征服者们能够创造一种与世隔绝的城市环境——西班牙人可以"和当地人分开居住，因为有一大片水域将两者隔绝开来"。[5]

大西洋的另一边发现了一个规模和工程在欧洲都前所未有的城市，这个消息迅速传播。目击者的观察混杂着传言，与欧洲城市不平等的对比夹杂着臆想的猜测。一份1521年晚期或者1522年早期出版于德国奥格斯堡的通讯，描写了两年前发现阿兹特克都城的"基督徒们"是如何称呼其为"大威尼斯"（Great Venice）的。这份通讯的匿名作者被连接特诺奇蒂特兰和湖岸的五条堤道吸引，这也是之前的一幅雕版画曾试图描绘的，它也成为存世的关于阿兹特克城市最早的插图（参见本章的标题页）。该篇通讯声称"大威尼斯"拥有"极其多的黄金、棉花、蜡，还有蜂蜜"，它本身以及环湖四周的城市都"被建造得很好"，"使用的是石灰和沙，屋顶都是纯银制的"。城内的居民都是"强壮的人"，他们"饲养犬类并且食用狗肉，狗是这片土地上唯一的动物"，同时"他们也食用很多的蜂蜜，以及新鲜的人肉"。[6]

受过教育的德国人并不是唯一被灌输如下引人入胜细节——这个新近发现的、奇妙的大都市里面的居民是食人族——的欧洲人。1525年秋，欧洲威尼斯城的议员们曾坐在一起，着迷地聆听关于这座城市的描述，这座城市跟他们的城市一样建在岛上，被运河连接起来。向他们描绘这座城市的人叫加斯帕罗·康塔里尼（Gasparo Contarini），他刚刚卸任西班牙国王、神圣罗马帝国皇帝查理五世（Carlos V）的大使一职。查理五世统治的这个帝国的扩张似乎永无止境，令人不安。

大使对议员们说："无论从面积、位置还是从精巧程度上来看，这座城市都是无与伦比的——它位于一个盐湖的中心，湖的周长约200英里。"这座城市也毗邻"一个淡水湖"，这些湖水"每天涨落两次，就跟在威尼斯一样"。不过和威尼斯不同的是，几条堤道将这座遥远的城市和湖岸连接在一起，"它的居民都是偶像崇拜者"，"他们会用人祭祀自己的偶像"，"他们还吃人，但不会吃所有人；他们只会吃在战斗中俘获的敌人"。[7]

到了1525年时，威尼斯的议员们能够获得关于这座城市的更为详尽的记载，记录者不是别人，正是科尔特斯本人。作为一个遥远的异教徒帝国和其首都的征服者，科尔特斯的名字响彻整个欧洲。就在前一年，一位威尼斯出版商刚售出科尔特斯写给西班牙国王的两封信的意大利语版本。这两封信，一封写于1520年的墨西哥，当时正处于西班牙—阿兹特克战争期间；另一封写于1522年，当时特诺奇蒂特兰的大部分地区已经被战争摧毁。这两封信在到达西班牙不久后就被公开出版。

1522年11月8日，"第一封信"（今天我们一般称其为"第二封信"）于塞维利亚付梓，当时距科尔特斯第一次踏足特诺奇蒂特兰已经过去了三年的时间。它的卷首插画（本书插图有收录，插图1）中有一个作为简介的加长标题，当中承诺这本书将会讲述一个新近发现的"名叫库卢阿（Culua）的非常富有、非常伟大的省份，它拥有很多大城市和令人惊叹的建筑，有着丰富的商业和财富，在这当中，最为精美绝伦和富有的城市，名叫蒂米西蒂坦（Timixtitan）"。[8]

科尔特斯的书信很快就销售一空，这也促使他的出版商哈科沃·克隆贝格（Jacobo Cromberger）在第二年迅速出版了"第三封信"。当这封信于1525年在威尼斯付梓之时，它已经有多个西班牙语版本，另有第二、第三、第四封信多种合集的拉丁语、德语和法语版本。科尔特斯对于发生在墨西哥的事件的记录是如此地受欢迎，以至于西班牙王室禁止其再版（以免征服者的名声威胁到国王的威信），但是禁令并未对这一系列书产生影响，在过去的五个世纪里，这些著作继续以多种语言的形式出版。历史上多次上演的讽刺事件之一就是，那些毁灭事物的人常常主导了我们对那些被毁事物的感知，而这正是对科尔特斯和他的"特米西蒂坦"的真实写照。

尽管科尔特斯用数页的篇幅描写了这座城市，但是克隆贝格和奥格斯堡通讯的出版商都清楚地知道，仅有这些是不够的。幸运的是，克隆贝格获得了一份手绘地图（看样子地图是和科尔特斯的原始信札一起从墨西哥寄过来的），地图上绘有一幅雕版画。不过这些附在1522年塞维利亚版本中的地图和雕版画的原版都已经佚失，但是1524年的拉丁语版本，以及随附于威尼斯版本的一些意大利语版本（第四章章前的那幅插图）最终保留了下来。[9]

结果是，这张地图在数个世纪的时间里都是神秘和令人着迷的题材。在某种意义上，它同这个被半摧毁的城市本身一样神奇——用艺术史学家芭芭拉·蒙迪（Barbara Mundy）的话来说，当时的欧洲人对这个"像珠宝一样镶嵌在蔚蓝色湖面的、令人印象深刻的大都市"十分仰慕。这张地图类似于某种混合的文化创作，它包含了雕刻师得以使用的来自三个源头的元素：第一种元素是中世纪的欧洲建筑，它们与奥格斯堡出版的雕版画中的主要建筑类似；第二种元素是伊斯兰建筑，正如1493年出版的《纽伦堡编年史》（Nuremberg Chronicle）中的插图所展现的那样——君士坦丁堡和耶路撒冷的清真寺和宣礼塔可能充当了科尔特斯笔下那些在阿兹特克城市中无所不在的"清真寺"的模板；第三种元素让这幅雕版画具备了制图规则和城市特征，这些在科尔特斯的"第二封信"中是没有的，因此只可能来自阿兹特克人（可能是阿兹特克人所制作的、如今已遗失的原始地图）。例如，地图当中，方形广场位于圆形城市当中，而城市位于圆形的湖当中的结构表现的是阿兹特克人对于城市概念的"理想化几何形态"。[10]

不仅地图的制图风格是杂糅的，它的各种细节也是如此——特诺奇蒂特兰在一个画幅内同时出现了两次，也即两个世界中。因此，这张地图能够迅速将我们带到"会面"和随后几个月的历史事件当中：当时的特诺奇蒂特兰是阿兹特克帝国的首都，但是已有了西班牙式的外表；"他们用于祭祀的神庙"（Templum ubi sacrificant）仍然矗立，但是上面已经竖立了一个小的十字架。在地图上，东边的地平线上，有一面尺寸过于庞大的哈布斯堡王朝的旗帜在飘扬。这幅地图试图传达给查理五世的信息很清楚：这里有一个充满神奇和财富的城市和帝国；它那腐朽的宗教内核（"祭祀"中心广场），使得一切征服这里并让它的居民改宗的行为都是正当的；这项事业已经开始（金字塔上的十字架），不久之后就将会完成（旗帜将从边缘移至中心位置）。

这张地图并不单单是对胜利做出的承诺，它的存在本身就是财富的象征；而且当时的欧洲，地图作为情报受到严格的控制和保护。科尔特斯告诉西班牙国王，蒙特祖马在被他控制的那几个月间，给了他"一块绘有整个（海峡）海岸的布"，这张地图肯定是纽伦堡出版商所收录的海岸手绘图的来源之一。这两张地图都被当作阿兹特克统治者臣服的证据。因此，纽伦堡地图就是西班牙人所发明的蒙特祖马投降的地图象征。[11]

但是蒙特祖马并没有投降，而且当这些原始地图跨越大西洋的时候，特诺奇蒂特兰尚未落入西班牙人手中。虽然当时蒙特祖马已经去世，但是这座城市一直都为他所拥有，这一点通过地图上的一个细节也能得到体现：地图上的17处铭文或者标签中（在纽伦堡版本中都是拉丁文），只提到了一个人的名字。这个人以 *D. Muteezuma* 的名义被提到了三次，即蒙特祖马陛下（Dominus, or Lord, Montezuma），阿兹特克帝国的皇帝。没有他，这个城市就不完整；缺了他，科尔特斯和他的西班牙人同伙是如何进入特诺奇蒂特兰的故事也不完整。尽管在公开场合他很少露面，但是在这个城市里他无处不在——他的头像被雕刻在纪念碑上，他的权力在宫廷内被唤起，他的名字被官员们引用，他的声名在每月一次从不中断的节庆中被传颂。在相遇发生的最初的那段时间——在后来发生的事件导致的混乱扭曲之前，在西班牙人和纳瓦人以不同的方式记住这些事件之前——所有人都知道这座城市、这个国家以及这个故事都属于蒙特祖马。的确，在科尔特斯的"第二封信"首版的扉页上面，这个征服者队长只被提到了一次，但是阿兹特克皇帝的名字则被提到了两次：一次是"在这个城市和行省中，有一位伟大的国王，名叫蒙特祖马（Muteeçuma）"；另一次是"详细地讲述了前述蒙特祖马的广阔领土，以及该疆域内的仪式和典礼"。[12]

※

在第一批西班牙人看到并且进入特诺奇蒂特兰的时候——尽管他们忧虑不安地接近这座城市的时候，由于害怕埋伏而不断地查看房顶和道路，并且四处张望——蒙特祖马主持的仪式和典礼即将进行。由于科尔特斯的"第二封信"是关于"会面"的最基本的记录，即原始文本，那么首先就让我们通过他的讲述走近这个具有重要意义的日子：1519年11月8日。

西班牙入侵者的美洲大陆之旅在六个月之前就开始了，起点是墨西哥湾沿岸。按照科尔特斯的说法，探险队之所以能够深入内陆，经历一系列令人困惑的外交和充满敌意的遭遇（包括几次正面交锋）而幸存，依靠的是他自己的本事和上帝的庇佑。事实上——我们稍后会详细地回顾——西班牙人之所以能够活下来，主要是依靠当地的美索美洲人（Mesoamerica，我们使用这个具有涵盖性质的术语来指代阿兹特克帝国内部和毗邻地区的多个族群的人）。因为这一地区的城邦并未系统性地消灭入侵者，而是以各种方式阻碍他们，试探他们或与他们结盟——所有这些都鼓励他们继续走向首都。

我们选取11月1日的这段旅程来描述，当时距离"会面"还有一周的时间。就在当天，幸存的300多个西班牙人从乔卢拉（Cholollan，即Cholula）城出发，准备翻越山头进入墨西哥谷，同行的原住民战士和搬运工的数量是他们的10倍多。乔卢拉距离特诺奇蒂特兰的直线距离大约只有50英里，但是步行的距离却远多了，主要是因为途中有两座火山，即伊斯塔西瓦特尔火山（Iztaccihuatl）和波波卡特佩特活火山（Popocatepetl）挡在中间。

西班牙人其实有好几条路可以走，但是看样子科尔特斯只知道其中的两条。一条路是蒙特祖马的使者们建议的，这是两条路中相对容易走的那条，都在两座火山的北部附近。但是科尔特斯怀疑阿兹特克人"一直都想给他们设置陷阱"，于是他选择了一条由"10个同伴"发现的路。在这里，科尔特斯并没有提到迭戈·德·奥尔达斯的名字，但是奥尔达斯正是这位征服者队长早前派遣出发勘探火山的那个人，他还"把很多雪和冰锥带下来给我们看"——事实上一场火山喷发正在进行当中。[13]

探险队的第一个晚上（11月1日）是在韦霍钦戈（Huexotzinco，即Huejotzingo）的"几个小村子"里度过的。当地人过得十分穷困，因为他们和特拉斯卡拉（Tlaxcallan，即Tlaxcala）结盟——这个城邦国是位于中墨西哥的阿兹特克人的主要敌人，于是"蒙特祖马用自己的领土把他们包围了起来"。第二天（11月2日），西班牙人和他们的盟友爬上了两座火山之间的山口位置。令人失望的是，科尔特斯并没有对这一时刻过多地着墨，而是在后来的"第二封信"当中表达了他对于山谷景色的惊叹。没有其他的征服者声称在11月2日的时候从山口处看到了城市和湖泊，可能是因为那一天天气寒冷且阴暗所致。无论情况如何，科尔特斯记录的重点是从平缓的斜坡进入峡谷较高的边缘后，这些入侵者们在那里找到了他们可以借宿的房子。现在，他们进入了阿兹特克帝国的腹地，对比很明显："有足够所有人吃的东西，所有的屋子都烧着很旺的火，以及很多用来烧火的木材。"

下午的时候，蒙特祖马的一队使者过来了，带队的这位大人"据称是蒙特祖马的兄弟"。按照科尔特斯的说法，这队人的目的是贿赂西班牙人，让他们返回海岸，他们给了科尔特斯"大约300个金比索"并且央求他们回头，因为"这片土地缺少食物，且前往首都的路况也不好"；另外，这座岛屿城市只能乘船抵达。另一方面，这位阿兹特克亲王"之后声称，我只需要说出我想要的东西，他们的主人蒙特祖马就将下令满足我的愿望"。这队使者随后离开，但是科尔特斯声称，这些人对来访者的热情透露出"他们计划在晚上对我们发动袭击"——他声称自己通过加强守卫挫败了这场阴谋。

科尔特斯对于与这位不知道姓名的亲王的会面,以及随后的这个夜晚的描述凸显了三个主题,这些主题贯穿于他对11月第一个星期的所有记录当中(事实上,也贯穿于他所描绘的两年战争的整个过程)。第一,科尔特斯相信蒙特祖马一直都想通过各种方式说服西班牙人掉转回头;第二,他认为自己定期收到原住民领袖表示臣服的声明,因此这默认了他在墨西哥存在的合法性;第三,他觉得原住民的探子无处不在,并且路上到处都设有埋伏。

这三个相互联系却也常常互相矛盾的主题,反映了他创作"第二封信"的目的,即将自身的入侵行为和暴力行径合法化。通过在纳瓦人身上展现投降和臣服的态度,科尔特斯便可将他们归为西班牙王室的臣民。这样的话,原住民的任何敌意行为就将被视为叛乱——这在西班牙人的意识里有着关键的合法性含义。这三个主题也反映出,科尔特斯与蒙特祖马使团之间缺乏沟通,西班牙人同样也未能了解蒙特祖马的战略意图。我们知道在1519年秋天,科尔特斯仰仗着两个翻译:一个是通晓西班牙语和尤卡坦玛雅语(Yucatec Mayan)的赫罗尼莫·德·阿吉拉尔(Gerónimo de Aguilar),另一个是马林钦(又名唐娜·玛丽娜或玛琳切),这是位会讲尤卡坦玛雅语方言和阿兹特克纳瓦特尔语(Nahuatl)的纳瓦女人。我们将在随后的章节中探讨关于翻译的角色、马林钦本人,以及蒙特祖马的神秘战略等重要的问题。不过到目前为止,科尔特斯在他的"第二封信"中只提到马林钦和阿吉拉尔一次——称赞他们10月份的时候在乔卢拉帮助他挫败了一起据称是阿兹特克人所为的阴谋活动。由此可见,他呈现给外界一个完全错误的印象,即他能够清楚无误并且直接地同这些不值得信任的原住民首领进行交流。[14]

11月3日,探险队缓慢地下山来到了阿梅卡梅卡(Amaquemecan,即Amecameca),这是一个居住着几千名阿兹特克人的城市。他们在这里再次得到了盛情款待，并"住在很大的房子里"，条件实在太好以至于他们在当地住了两个晚上。科尔特斯称，阿兹特克人再次对他们进行了贿赂［"大约40个女奴隶，3000个卡斯特亚诺金币（castellanos）和他们所需要的食物"］，位高权重的当地贵族还谄媚地向队长承诺说，蒙特祖马已经下令"为他们提供他们所需要的任何东西"。[15]

科尔特斯对原住民设埋伏的担忧从未停止。11月5日，探险队到达查尔科湖（Lake Chalco），该湖与特诺奇蒂特兰城四周的水系相连，不过他们却未能看到首都，因为他们的视线被伊斯塔帕拉帕（Ixtlapalapan）镇所在的那片土地所阻挡。他们似乎在查尔科过了一个夜晚（不过科尔特斯在书中将其省略了），之后在沿湖岸五英里的阿约特钦科（Ayotzinco，即Ayotzingo）过了一夜。该地区人口极为稠密——光是查尔科城的居民就有约一万——因此到处都是纳瓦人，而那些奇怪的外来者无疑会吸引他们的目光。但是充满恶意的科尔特斯看到的只是间谍和士兵，他深信"那里的人们想要通过和我们的战斗来检测自己的军队实力，只不过似乎他们想更为保险地完成这件事，意图在晚上趁我们毫无意识的时候抓住我们"。因此在11月6日晚上，科尔特斯命令守卫对任何试图靠近他们的当地人进行袭击，无论这些人是步行还是乘船靠近的。最终"到了破晓时分，他们当中有15～20人被我们抓住并杀死"。[16]

11月7日早上，卡卡马［更恰当的称谓是卡卡马钦（Cacamatzin）］，蒙特祖马的侄子、特斯科科之王（即"特拉托阿尼"）坐着轿子，带着大批随从过来了——科尔特斯只把他认作"一个大约25岁的年轻首领"。按照科尔特斯的叙述，卡卡马捎来的消息与之前和他对话的贵族一样自相矛盾。一方面，卡卡马提出带领科尔特斯去特诺奇蒂特兰拜见蒙特祖马，并且向西班牙人保证"我们将能从他的身上看到他为陛下效忠的意愿"——也就是说，蒙特祖马愿意向西班牙国王效忠。另一方面，卡卡马和他身边的阿兹特克大人们"持之以恒地"警告科尔特斯，让他终止自己的行程，因为这样"将花费西班牙人更多的精力"。跟以往一样，科尔特斯暗示阿兹特克人一如既往地不值得信任——虽然他们认可西班牙人的合法存在，但是却继续威胁他们。因此，科尔特斯的叙述听起来十分荒谬，就像是毫无逻辑的混乱辩护。事实上，在看完他对和蒙特祖马传奇会面的叙述后，上述作为前奏的内容也就能说得通了，此时距离他们的会面还有一天的时间。[17]

11月7日的整个旅途里，远征队都沿着湖岸前行，经过米斯奎克（Mixquic）城，走上了横亘整个湖的堤坝——查尔科湖正是在这条堤坝的大桥下面汇入霍奇米尔科湖。堤坝的中间是一座小岛，奎特拉瓦克（Cuitlahuac）城就坐落在那里。科尔特斯写道，这座城市"虽然很小，但却是迄今为止我们见过的最漂亮的，不但房子和塔楼建造得都很好，整座城市的基础本身就很不错，因为它完全镶嵌在水面上"。"吃饱喝足"之后，西班牙人继续沿着堤坝前行，最终到达了通向首都的那块半岛。半岛的尖端附近是伊斯塔帕拉帕，这是一个拥有大约1.5万人口的大城市，从湖岸一直延伸到特斯科科湖里面。科尔特斯再次详细记录了当地人及首领们"因为十分欢迎我"而给予的慷慨相赠，其中包括"三四千个卡斯特亚诺金币、一些女奴隶以及衣物"。他对伊斯塔帕拉帕的赞美之词也溢于言表（后来他对首都也是同样的态度），坚称城市治理者所住的房子"跟西班牙最好的房子一样"，还称赞"他们在石造建筑和木造建筑上的精巧做工"，并详细记载了精心建造的景观花园。[18]

伊斯塔帕拉帕面朝特诺奇蒂特兰，入侵者们因此终于可以近距离地欣赏这个伟大城市的景色。科尔特斯又一次把有关首都的描写内容放在了后面，但是其他人却记录下了自己对于此番风景的评论，其中最著名的评论来自贝尔纳尔·迪亚斯。在被后世经常引用的一个段落中，迪亚斯对从特诺奇蒂特兰到伊斯塔帕拉帕的景致大为惊叹，既感到好奇又着实惊愕，西班牙人"看到了他们之前从未听说过或者见过，甚至做梦都没梦到过的东西"，与此同时阿兹特克人则成群结队地来打量这些入侵者，"这一点儿也不奇怪，因为他们之前从未见过马，或者我们这般长相的人"。[19]

11月8日，好奇的阿兹特克人又大批地走出了家门看热闹，因为科尔特斯和他的西班牙–特拉斯卡拉联军离开了伊斯塔帕拉帕，踏上了通向特诺奇蒂特兰城的堤坝。科尔特斯写道：这条路十分宽阔，"足以让八名骑兵并排行进"。堤坝穿过三个城镇，每个城镇都有上千居民，它们的特点是"拥有很棒的建筑，无论是民房还是高塔（指的是金字塔）"，所有建筑"都在岸边，许多屋子都建在水面上"。入侵者们在一个重兵把守的门前停了下来，这道门与另外一条从湖的西岸延伸过来的堤坝相连接。延展的"会面"欢迎仪式正是以这里为起点的。[20]

会面仪式以"大约一千名那座城市的主要居民"的到来开始，他们每个人"都把一只手放在地上，并亲吻大地"。这个仪式持续了"大约一个小时"。门的那边是一座桥，"走过那座桥后，蒙特祖马大人便走出来欢迎我们，他的身后大约有200位贵族官员，他们都光着脚，穿着另类"，但是显然十分富有。"蒙特祖马和两位大人从街道的中心走过来，两只手被这两位大人分别从两边搀扶。"这两个人在过去的24小时都和科尔特斯见过面：一位是卡卡马，特斯科科的统治者、蒙特祖马的侄子；另一位是皇帝的弟弟奎特拉瓦〔更准确的叫法是奎特拉瓦钦（Cuitlahuatzin），请不要将其和奎特拉瓦克这座城市的名字混淆〕，他也是伊斯塔帕拉帕的统治者。他们搀扶着蒙特祖马的胳膊，"三个人的穿着都很醒目"。

科尔特斯随后简要地描述了他与蒙特祖马那失败的首次接触中的尴尬瞬间："见面的时候，我从马上下来，准备走过去和他单独拥抱，但是他身边的两个大人却用手制止了我，让我无法接触到他本人。"这三位阿兹特克国王随后"开始了亲吻大地的仪式"。在此之后，他们才一一向科尔特斯问候，随后200位贵族官员也都重复了一遍这个仪式。当轮到蒙特祖马的时候，科尔特斯抓住机会送给了这个皇帝"一串珍珠和钻石项链"，并"把项链戴在他的脖子上"。蒙特祖马很快回赠了礼物：当他们"沿着街道往前走的时候，他的一名侍从"拿过来两串镶着虾形黄金的项链，随后蒙特祖马将它们戴在了科尔特斯的脖子上。他们沿着街道继续前行，最后到达了"一个盛大华丽的居所"。皇帝"握着客人的手"将其带到正对着院子的一间大客厅的"一个非常豪华的宝座上"。随后，蒙特祖马离开了，但是不久就带着礼物回来——"金银制作的首饰、羽毛制品，以及多达五六千件的棉花织物"——随后坐在了科尔特斯旁边的一个宝座上。

皇帝随后发表了一番令人震惊的讲话，科尔特斯在一年后将这番话的内容写了下来，就像是他在当时就做了记录一样。科尔特斯用来介绍这一讲话的动词十分不同寻常，他没有使用decir（讲述）或者hablar（讲话）这两个词，也就是说，蒙特祖马并不是单纯地向他的访客说话或者讲演。与之相反，科尔特斯称讲话内容是正式的、合乎逻辑的、有理有据的交谈。在1522年和1523年出版的版本中，科尔特斯使用了ppuso eñsta manera（他这样提议）这一介绍性短语，在1528年的手稿中则是 prepuso en esta manera（他这样提议）；用现代西班牙语表述，则是 propuso en esta manera（他这样提议）。因此，蒙特祖马"建议"（suggested），或"提议"（proposed），或"以这种方式说服"（reasoned in this manner），又或"他做了如下提议"（he made the following proposition），也即这次讲话被当作一个提议，并且是有理论支撑的提议。[21]

作为一个自愿性质的投降协议，并且具有合法的逻辑支撑，蒙特祖马的讲话完美地契合了西班牙王室的要求，即相较于和原住民首领开战，入侵者的部队应当优先确保他们主动投降。西班牙人甚至有一个叫《须知》（Requerimiento，即英语中的Requirement）的官方条文，在与原住民首领的战斗打响之前经常被引用或者诵读。巴托洛梅·德·拉斯·卡萨斯（Bartolomé de Las Casas，我们会在后面经常提到这位多明我会修士）对此有过一番非常著名的评论，即自己对"这一仪式的荒诞性哭笑不得"。《须知》为原住民提供了两个选择：要么和平地臣服于国王和教会，要么被屠杀和奴役，因而"死亡和毁灭"在法理上"都是你们的错"（原住民都是这样被告知的）。西班牙人认为，在这一帝国仪式的幻想中，原住民的领袖们肯定会抓住机会自愿投降，接受符合合法性逻辑且与西班牙人的观念一致的那些条款——就如《须知》中所叙述的那样。[22]

然而，这一切从未发生过。不过在西班牙人的想象中，在1519年的特诺奇蒂特兰，却发生了这样的投降。如果西班牙人真的当着原住民的面宣读《须知》全文，就显得太荒诞不经了（拉斯·卡萨斯就曾被这一浮夸的行为所激怒）；同样地，如果蒙特祖马真的自愿通盘接受《须知》的法理原则，那这同样也是荒唐可笑的。但是正如人类学家帕哈·福尔德里（Paja Faudree）最近提出的，《须知》的受众并不是原住民，而是"其他欧洲国家、西班牙国内的批评者，最为关键的受众则是王室自身"。因此，蒙特祖马的讲话就和《须知》一样，是针对西班牙（主要是王室）观众而进行的西班牙式合法性仪式表演，目的是正式改变西班牙—阿兹特克的政治关系——当然是以西班牙人的角度进行的。[23]

科尔特斯（和他幸存下来的战友们）所杜撰的蒙特祖马的讲话，是值得整篇细读的：

> "很早以前，我们就已经从祖先们留下来的典籍中得知，我们以及生活在这片土地上的其他人，都不是土生土长的本地人，而是从远方迁来的外地人；我们同样也知道，祖先们将这些土地献给了一位已经回归故土的领袖，我们都是这位领袖的臣民。过了很长时间之后，这位领袖又回来了，但是他离开的时间是如此之长，以至于所有留下来的人都与当地的女人通婚，生下了孩子，并且建造了他们居住的村庄。当这位领袖想带着他们一同离开时，这些人却并不愿意走了，甚至不愿意承认他的领导者地位，于是领袖离开了。但是我们一直都相信，他的后代还会回来征服这片土地和作为属臣的我们，由于你来自太阳升起的地方，并且谈到了派你前来的那位伟大的阁下或国王，因此我们相信并且确定无疑地认为，他就是我们的天命之主——尤其是当你告诉我们他很早之前就知道我们的存

在。因此你有可能会确定我们会服从你，并且把你当作我们的主，而不是那个你提到的伟大的国王，无论怎样，这一点丝毫没有错误或者隐瞒。你可以在这片土地的各个地方——也就是我所统治的所有地方——发号施令，因为事实上所有人都应当服从你，我们所拥有的一切都供你驱使。因此，你就是在自己的土地上，在自己的家里面；你尽可以放松，从长途跋涉和我们所经历的战斗中解脱出来，好好休息。你从潘通昌（Puntunchan）[1]开始到这里，一路上发生的一切我都一清二楚，我也知道森坡阿兰（Cempoal）[2]和塔斯卡尔特卡尔（Tascaltecal）[3]的人也在你面前说了我很多坏话。除非你亲眼所见，其他的请你一概不要相信，尤其是你的敌人所告诉你的那些事情；我也知道他们告诉过你，我住在黄金建造的房子里面，屋子里面的地板和其他陈设也都是黄金的，因此我自己也成了神；还有其他种种。但是你看到的房子是用石头、石灰还有黏土砌成的。"随后，他掀开了衣服给我们看了一下他的身体，并跟我们说："看看我，我跟所有人一样拥有血肉之躯，我也是触手可及的普通人。"——他用双手抓着自己的胳膊和身体——"看到他们是怎么欺骗你的吧！我的祖父母的确是给我留下了一点黄金制品；只要你想要，我所有的东西都是你的。我会去其他的房子居住；我会在这里给你和你的人提供你们需要的任何物品，你们不会受到任何伤害，因为你住在自己的房子里，身处于自己的土地上。"24

科尔特斯称自己随后对上述讲话中的一部分作了回复，即"对我来

---

[1] 即波通昌（Potonchan）。

[2] "Cempoal"是森波瓦兰（Cempohuallan）的另一种拉丁化拼写。

[3] 即特拉斯卡拉。

说最高兴的那一部分，尤其是让他相信国王陛下就是他一直盼望的那个人"。之后，蒙特祖马离开，"会面"告一段落。在科尔特斯的讲述中，这段故事有点虎头蛇尾（至少当读者翻到这一页的时候是如此），因此结尾显得非常奇怪。在获得了相当多的"鸡肉、面包、水果还有其他必需品"后，科尔特斯和他的战友们"在那里度过了衣食无忧的六天"。问题在于，谁是主人、谁是客人仍是个未知数（直到现在对我们来说仍是如此）。

※

如果故事到这里结束——西班牙入侵者在热情好客的阿兹特克人那里度过了愉快的一周，然后回到海岸，把这些神奇的故事讲给在古巴和西班牙的朋友们听——就好了。当然，结果并不是这样，"会面"的重要性也在其中：科尔特斯和蒙特祖马见面的那一个时刻，被证明是人类过去的历史中最具里程碑意义的会面之一，并且永远地改变了人类的历史。

为什么这次"会面"会成为一座里程碑？一部分原因是历史和诸多会面之间存在着普遍的联系。历史上有连篇累牍的理论可以帮助我们在这里探讨这个话题。过去的一个多世纪里，历史学家们乐此不疲地争论历史，同时历史学家也成为被讨论的对象。让我们从这些讨论中走出来，思考这一点：历史就是相遇。过去的历史包含了各种各样的相遇——无论是简单的还是复杂的、和平的还是冲突的——正是这些相遇把人们带到了一起。于是，历史就跟一门学科一样，是关于所有相遇的"叙述"（narrative）的集合，但是这些叙述的集合是杂乱无章的——充斥着省略、编造和自相矛盾。人类的记忆普遍是不可靠的，"倾向于歪曲"。结果，传统叙事（我在本书中一直都是这么叫的）逐渐超越了其他叙事，无聊且一团乱麻的现实被塑造成了引人入胜的故事。英国历史学家E. H. 卡尔（E. H. Carr）在半个世纪前指出，如果没有诠释者，历史便不可能存在。

对于卡尔来说，历史是"历史学家和历史事实之间不断交互的过程"，因此"如果没有历史学家的存在，事实就是无生命的、无意义的"。我在这里想要指出的是，历史——过去所有相遇的集合——对于我们来说只有通过上述"不断交互的过程"才是存在的，也即那些声称的、表面上的事实和它们的历史学家之间的交互过程。[25]

但是这里所说的历史学家并不是单指现代的教授和作家，我指的是所有历史的见证者和记录者，他们的叙述和诠释让过去所有的相遇都留存于世。至于"会面"和围绕它所发生的系列事件，"历史学家们"的记录囊括了各类叙事，从科尔特斯本人的记录到笔者的这本书、法律文书中的所有评论、戏剧和诗歌中的各类评论，以及从最早的殖民地法律到科尔特斯、马林钦以及他们儿子的塑像（这些塑像在20世纪末的时候还在墨西哥城引发了争论，我们将在后面的一章中详细阐述）等，不一而足。

看起来，"你越是不断地转换看问题的角度，你所揭示的真相就越多"（出自费利佩·费尔南德斯-阿梅斯托），事实上这样的观点和历史被书写的时间一样长。然而，作为我们这个时代美洲研究最具创新性的历史学家之一，费尔南德斯-阿梅斯托重申这一点的做法是正确的。传统叙事获得了《圣经》般的韧性，科尔特斯胜利和蒙特祖马投降的说法一直都是征服者的福音书。就如卡尔在半个世纪前警告过的那样，不但破除"历史就是事实本身"这一迷信非常难，消除人们对于"特定历史就是特定事实的组合，并且这些特定历史最终组成了'真历史'"（再次戳中了迪亚斯）的迷信也非常难。关于西班牙人征服美洲的传统叙事一直尤为顽强，原因在于编年史（从科尔特斯到现代）拥有"本质上的说服力"——这是一种被它的主要研究者罗莱纳·阿多尔诺（Rolena Adorno）称为"占有论证法"（polemics of possession）的文学。因此，研究这些征服历史的历史学家们在最近几十年间发展出新的观点——重访那些老生常谈的文本、深入挖掘那些已经磨损不堪的资料、分析用美索美洲的语言写成的资料，所有这些努力都是试图创造一个我们所谓的"新征服历史"。[26]

　　然而，传统叙事就如同1521年特诺奇蒂特兰保卫战中阿兹特克人的反抗一样：白天的时候，进攻的一方会占领城市的某个部分，挨家挨户、一个街区一个街区地打仗；到了晚上，阿兹特克人则会把大部分的地方夺回来。同样地，尽管最近这段时间历史学家们针对传统叙事的多个方面都进行了解构，但是后者仍然坚守自己的阵地，甚至还俘获了新的领域，因为当代许多读者、听众和观众就如数个世纪以来一样，继续沉迷于其简化的连贯性和不可避免的高潮所带来的致幻效应。[27]

　　古老的特诺奇蒂特兰城被毁灭的悲剧并非源自传统叙事中那些整齐划一的胜利时刻，而是源自西班牙—阿兹特克战争的复杂性以及关于它的各类历史和形象的混杂。横亘在我们和那些过往发生的相遇之间的叙事和诠释，它们带来的混乱对于我们理解在此揭示的故事有着深刻的含义，因为其暗示关于科尔特斯和蒙特祖马"会面"的传统叙事是不真实的、被扭曲的，甚至是对于事件本身明显地夸大和虚构。那一天真实的会面肯定以不同的方式被见证、理解、解读、记忆和记录，这一切造就了一幅远比科尔特斯所描写的复杂得多的画面。西班牙的征服和控制、正统性和优越性、对事实和知情权的垄断，对上述因素的推广最终造成了其他的记忆、观念和现实的边缘化及沉寂。简而言之，把"会面"刻画成蒙特祖马投降的样子很可能一直都是个谎言。

　　这也就是为什么说"会面"是里程碑事件的一个特别的原因："征服墨西哥"的传统叙事，与对于科尔特斯和蒙特祖马的传统描绘一样，实际上都源自对"会面"的记录。如果我们重新思考"会面"，我们就可以重新思考它的主角和这场入侵战争。实际上，我们还可以由此重新思考整个美洲征服史和美洲早期殖民的历史。随着传统叙事的多米诺骨牌不断倒下，我们可以走得更远。

　　试想一下：西班牙征服者并不仅仅被看作像是"铭刻着征服者的基因"，而是那种"怀旧的幻觉"经常被扩展到包括"现代欧洲的"基因里。换句话说，西班牙的征服为其创造"第一个现代全球格局"提供了资本，随着领先地位不断从一个国家传递到另一个国家，西方世界的优势地位不断被确认。数个世纪以来，在大西洋的两边一直都有一个根深蒂固的猜测，即认为西班牙在16世纪的崛起和西方在现代社会的胜利并不仅仅是由一个偶然的链条联系起来的，而是相互印证、相互回应，每一方都在讲述同样的原始故事。传统的"征服墨西哥"的叙事方式之所以能够产生共鸣，是因为它是一种普世的叙事，即文明、信仰、理性、现实和进步的未来战胜了野蛮、偶像崇拜、迷信及倒退的过去。[28]

在人类历史上，这样的叙述可能会更为熟悉。因为它巩固且支持了在20世纪的最后几个十年，全世界上千万的人们所拥抱的多媒体寓言——《指环王》、《哈利·波特》和《星球大战》的书籍、电影和游戏就是例子。这些虚构宇宙的核心就是文明和野蛮、善与恶的冲突，用高度种族化的词汇进行设定（即便是种族的"他者"都是虚构的拟人化的物种），并且都用令人安心的胜利作为结束，难怪用传统方式叙事的"征服墨西哥"对于当代观众来说看上去是那么惊人地熟悉。[29]

因此，尽管科尔特斯和蒙特祖马在接下来的章节中将会一遍遍地出现，但是这并不是一本只关于他们的书。它涵盖的范围更大——像毒品一样盛行并在暗中到处存在的传统叙事，正是它将侵略、征服和不平等正当化，同时它关乎的东西也"小"——那些生活于征服年代的男男女女，他们的生命和故事被边缘化、被忘却，从来没有被讲述。他们之所以被囊括其中并不是叙述所需，而是因为他们作为工具，让我们能从无数新的角度拆解传统叙事和观察"征服墨西哥"。

图4　墨西哥投降

　　美国国会大厦穹顶的"美洲历史横饰带"（Frieze of American History）中的场景3（"科尔特斯和蒙特祖马在墨西哥城大神庙前"）和场景15（"美国军队进入墨西哥城"），由康斯坦丁·布伦米迪（Constantino Brumidi）于1859年设计。浮雕设计者把这两个历史事件作为"天定命观"的重要时刻，用和平性质的"胜利和投降"的形式展现，反映了19世纪美国社会认可有关"会面"的传统叙事论。这两个投降事件——1519年蒙特祖马的投降和1847年桑塔·安纳（Santa Anna）的投降——被用来互相论证彼此的合法性，并且都无可辩驳地构筑了"美洲的"历史。

| 第二章 |

不太大的吃惊

（随后）蒙特祖马本人出现了，他把一串镶嵌着珍珠的金色项链戴在了科尔特斯的脖子上，并且立刻引导他进入城内。他们在进城之后，来到了宫殿，蒙特祖马将科尔特斯安置在金色的宝座上，在所有同侪的见证下，将自己的权力交给西班牙的天主教陛下，而他们也全都毫不吃惊。

——奥格尔比的《美洲》，1670年出版

科尔特斯得意扬扬地进了城，
这个半球被西班牙帝国收入囊中。

——胡安·德·埃斯科伊基斯（Juan de Escoiquiz）的
史诗巨著《被征服的墨西哥：英雄诗篇》的最后几句
（*México Conquistada: Poema Heroyca*），1798年出版[1]

美国国会大厦的壁画上，蒙特祖马的头侧向一边，做了个手势，向科尔特斯投降。

这是一个具有划时代意义的时刻，但是即使你有能力去参访位于华盛顿特区的美国国会大厦，身处壮观的圆形大厅内，欣赏穹顶基座的"美洲历史横饰带"，你也可能错过阿兹特克皇帝的投降。因为横饰带高58英尺，而科尔特斯和蒙特祖马的会面只是19个场景中的一幅。

蒙特祖马投降画是当中很微妙的一幅：蒙特祖马是一种骄傲欢迎的姿态，并不是一副绝望的失败模样。然而这次会面的背景和衍生的结果是显而易见的。这个场景里全副武装的征服者昂首向前；阿兹特克人都被羽毛装饰着，没有武器，三位阿兹特克公主中的一位跪在地上。此外，这个场景是将"美洲"历史中的一系列标志性事件联系起来的纽带：从哥伦布第一次在这个半球登陆，到在加利福尼亚发现黄金（这位叫康斯坦丁·布伦米迪的意大利艺术家，在1859年进行了最初的设计）。布伦米迪创作的第三个场景，在第十五个场景当中出现了回应，后者描绘了美国军队于1847年占领墨西哥城的场景。对比是避免不了的：温菲尔德·斯科特（Winfield Scott）将军是科尔特斯，桑塔·安纳是蒙特祖马；发生在墨西哥城的两个投降场景相互回应、相互对照，彼此印证各自的合法性，代表了"美洲"历史进程中共鸣的时刻。

国会大厦圆形大厅的"美洲历史横饰带"展示了这样一个简单的事实，即当"会面"发生350年后，它仍然作为投降符号被铭记、被镌刻。文明的冲突、征服战争、旷日持久的殖民化过程全都黯然失色，消失在了一个简单的象征性时刻中。对于科尔特斯（和西方世界）而言，这个瞬间是尤如神助般的胜利；对于蒙特祖马（和美洲原住民）来说，它是一种自愿投降的行为，是对命运的接受。布伦米迪（意外地）为后来的艺术家们留下了更新美洲历史的空间，因此，今天最后的一幕场景描绘的是莱特兄弟和"飞机的诞生"。因为横饰带是环形的，所以威尔伯·莱特（Wilbur Wright）就在哥伦布的旁边，由一位寓意"美洲"的女性将两个人分开（20世纪时，哥伦布与莱特的对比经常出现。1969年，与这位热那亚航海家对比的对象则与时俱进般地改成了尼尔·阿姆斯特朗）。21世纪数百万前来国会大厦参观的人，一抬头就能看到几乎靠在一起的哥伦布和莱特兄弟，同时，当他们望向隔着圆形大厅的对面时，也能看到如同镜像般的另两对人物：科尔特斯和斯科特、蒙特祖马和桑塔·安纳。伟大历史事件的沉重分量、过往瞬间的注定结果、雕刻在石头上的事实，注定会给人们留下极为深刻的印象。[2]

然而，这一横饰带并非刻在石头上。它是一幅壁画，运用了纯灰色画法（grisaille），这种运用白色和褐色的壁画设计看上去就和真的石头一样。同样地，这一横饰带描绘的是历史上真实发生过的一系列会面事件，但是这些会面事件都被类型化了，并且相互并列，因而消解了它们的模糊性和复杂性，其目的是传递一个更伟大的信息。可见，横饰带所描绘的内容，就如同它本身的创作技巧一样，是完完全全艺术化的欺骗手段。我们可以放任自己被愚弄，接受蒙特祖马向科尔特斯投降是刻在石头上的事实；我们也完全可以睁开双眼，看清楚这个惊天谎言：经过了500多年，这个谎言仍像病毒一样通过无数本书、无数张图片流传于世。

布伦米迪把蒙特祖马向科尔特斯投降的场景重现于他的横饰带作品中，并不仅仅是因为这件事情发生过（实际上并没有），或者是因为他相信这件事发生过（他确实相信，他的同辈人也都这么认为）。这个场景之所以被囊括其中，是因为蒙特祖马的投降被看作是野蛮接受文明这一进程的重要例子，它是"美洲"历史链条中强有力的一环，反映了美利坚合众国是如何建设自身并促成自己在世界舞台上的合法地位的。

这看上去像可能是一次疯狂的跳跃——从16世纪的特诺奇蒂特兰到19世纪（和21世纪）的华盛顿特区——但是布伦米迪并不是唯一一个做出这种跳跃的人。当他还在世的时候，当美国和墨西哥逐渐拥有独立国家的身份并在此过程中走向战争的时候，西班牙人对墨西哥的征服还深刻地留存在他们的脑海中；美国的战士在从韦拉克鲁斯前往墨西哥城的行军途中，随身携带着威廉·普雷斯科特（William Prescott）的最新畅销书《墨西哥征服史》（*The Conquest of Mexico*），在与家人的通信中说，自己正追随着伟大的科尔特斯的脚步。[3]

有关美墨战争的窥视只是"征服墨西哥"这一成见的冰山一角。大西洋的两岸，这样的成见在500年的时间内都没有改观。我们面临的巨大挑战，是搞清楚这样一则小小的谎言究竟是如何发展得一发不可收拾，以及对人类历史上这样一个重要事件的扭曲解读是如何成为传统叙事（神话历史）的——它经历了500年的时间后，仍然如此紧密地环绕在我们周围：无论是历史书本，还是电视作品，抑或国会大厦圆形大厅的壁画都是如此。

※

休·科姆雷（Hugh Cholmley）爵士是一位英国军官和绅士，他成年后的大部分时间都在丹吉尔（Tangier）工作。这个英国人于1661年经葡萄牙来到摩洛哥这个港口城市，第二年休爵士开始在殖民地履职，并且在那里工作了20年。他曾在某个时刻得到了一批绘画，并且准备将这些画作寄到位于约克郡的祖居挂起来。这些画在那里悬挂了300多年，偶然会被客人们注意到。例如，其中一位维多利亚时代的访客就称其为"最为奇异和有价值的八幅西班牙古画。这些画作据说是丹吉尔的休·科姆雷爵士从一艘被俘获的荷兰战舰上缴获的"。[4]

我们可能永远都无法知道这些绘画作品的作者、创作地和创作动机，不过艺术史学家们却有理由相信，这些作品是在1660年之后的30年间在墨西哥创作的。委托者是一位总督，甚至有可能是西班牙国王卡洛斯二世（Carlos II）本人。因为这八幅画讲述了这位年轻国王最喜爱的故事之一，即充满荣耀的"征服墨西哥"的故事。无论如何，这些画作的目的地是西班牙，但它们却永远无法到达了。如果科姆雷家族关于"一艘被俘的荷兰战舰"的传说是真的，那么看样子，荷兰人是从一艘载着这些画作横跨大西洋的西班牙船上获得了它们，只不过这艘荷兰船最后又落到了英国人的手里——在休爵士于丹吉尔工作期间，发生过两次英荷战争。[5]

与此同时，卡洛斯二世正委托他的宫廷历史学家安东尼奥·德·索利斯撰写一部关于西班牙"征服墨西哥"的新著作。这本书于1684年在马德里出版，并且迅速成为畅销书。科姆雷的这八幅战利品画作与索利斯所讲述的征服史版本非常接近，以至于一些学者（包括我本人在内）都认为这些绘画创作于1684年至科姆雷去世的1689年之间，展现的正是索利斯的《历史》（Historia）一书。我现在猜测，在《历史》一书的手稿刚交付出版商的时候，这些作品就已经悬挂在休爵士位于约克郡的家中。上述两个事件之所以同时发生，是因为它们都极其依赖于在此之前数十年前就已经确立起来的有关征服历史的传统叙事（尤其是迪亚斯的著作在1632年首次出版，迪亚斯本人及其名字也出现在其中的两幅画中）。[6]

我们现在暂时将注意力转到科姆雷的画作上，因为它们提供的传统叙事中有一种令人着迷的表现方式，不过在此之前我们还是需要澄清这种叙事的核心因素和事件。尽管索利斯的观点是个很好的例子，他的《历史》一书也仅仅是从科尔特斯本人的叙述延伸到当前时代链条中的一环而已，但在当代，无论是严肃的历史著作，还是电视作品，这样的叙事都能通过各种可视化的媒介表现出来。[7]

让我们把传统叙事方式想象成为一个三幕剧。几个世纪以来，它一直被人们讲成一个由"发现"、"失去"和"光复"三部分组成的故事——这也遵循人类讲故事的基本逻辑结构（但这并非出自偶然，这一点我们很快就要讲到）。第一幕设置了场景并且介绍了出场阵容，包括最引人注目的英雄（科尔特斯）、反派人物（委拉斯开兹）以及悲剧英雄（蒙特祖马）。它从根本上讲是一个西班牙故事，以西班牙英雄的到来开场，但这也是一个失意者最终取得胜利的故事，即一小队征服者凭借超凡的勇气获得胜利，但是这队人马的英雄气概总是来自科尔特斯的领导。故事的叙述跟随英雄和他的同伴转移到了墨西哥，故事情节则在惊险刺激的"会面"时刻达到了高潮。在科尔特斯的领导下——这也是他通过"第二封信"所确立起来的观念，第一幕中充斥着各种暗示，表明这幕剧的高潮不仅是发现一个帝国，更是赢得至高无上的荣耀，而这幕剧的最后一个场景证实了这一点，也就是蒙特祖马向科尔特斯投降的场景。[8]

第二幕以巩固上述胜利开始。不过，按照戏剧的逻辑，此时主角应当立刻遇到挑战，但可以确定的是，这些挑战在不久之后就会瓦解。尽管科尔特斯为了西班牙国王实现了种种壮举，但是野蛮的阿兹特克人和委拉斯开兹给征服者们带来了灾难。尽管征服者们从特诺奇蒂特兰逃出生天，但是仍有数百名西班牙人在躲避阿兹特克战士的追捕中丧生。然而希望仍然存在：委拉斯开兹派来抓捕科尔特斯的军队倒戈，并且加入了后者的阵营，因此恶人的诡计未能得逞；坚忍不拔的幸存者们和他们的盟友找到了避难所，即特拉斯卡拉人。第二幕的结尾，科尔特斯向西班牙国王承诺，暂时失去的一切都将被他再次征服。

第三幕则囊括了科尔特斯"第三封信"中记录的事件。其中，与阿兹特克人战争的最后一年被呈现为科尔特斯那命中注定而又高超的收复壮举——当然都是以国王陛下的名义进行的。在准备了一年的时间且将一些原本臣服阿兹特克帝国的城邦变成了盟友后，西班牙人开始对特诺奇蒂特兰进行围城，并最终摧毁了它，俘虏了蒙特祖马的继承人夸乌特莫克。阿兹特克帝国被征服，并被重新命名为"新西班牙"。[9]

现在，让我们近距离观察科姆雷收藏的几幅画作，填补传统叙事的一些细节。［在美国国会图书馆里可以看到这八幅画的原作——帆布油画，这些绘画作为齐斯拉克（Kislak）藏品的一部分收藏在那里。齐斯拉克基金会于1999年购入这些作品，因此现在它们经常被称为"齐斯拉克绘画"。本书的插图中收录了其中四幅。］[10]

齐斯拉克帆布油画是一套连贯的叙事作品，其中大部分作品都是在一幅画框中展现了多个事件，就好像这个故事被分割成了八个章节一样。作品很好地展现了传统叙事的很多关键性的因素，例如科尔特斯是故事中的英雄人物，他的名字出现在这系列画作一半的标题中，此外，他的形象也出现在六幅画中，并且用数字"1"进行了标记。由于这些画作还介绍了另外三位队长，我们因此了解到这是一个英勇的征服者小队的故事。贡萨洛·德·桑多瓦尔（Gonzalo de Sandoval）、克里斯托瓦尔·德·奥利德、佩德罗·德·阿尔瓦拉多在这一系列作品中出现了五六次（和科尔特斯出现的频率一样），他们的头盔上也有数字标识。例如，在第一件作品（本书没有收录）中，这三个人骑在马上，挥舞着剑——遵循着巴洛克时期战争题材绘画的传统。这些队长连同画作上面出现的不知名的征服者们都是全副武装，挥舞着17世纪的旗帜。传统叙事中总是充斥着这种与时代不符的错误，把征服者们从被武装的殖民者变成一支由正规军组成的部队。[11]

让我们来专门看一下齐斯拉克绘画中编号为"2"的作品，它形象地展示了关于这场战争的传统叙事方式里的更多方面的内容。1519年4月下旬，科尔特斯的舰队停泊在前一次远征（胡安·德·格里哈尔瓦率队的那次）中发现的天然港，这个港口位于现在的韦拉克鲁斯海岸中部。接下来的三个月中发生的一系列事件都被收录进了传统叙事的框架内。在把科尔特斯塑造成天才将军的传奇故事中，这些都是最基本的内容。这些历史事件（按照传统叙事）如下：海岸部分是托托纳卡（Totonac）王国的土地，这个王国向阿兹特克纳贡。虽然托托纳卡人对外国人充满疑虑，但是科尔特斯最终成功地将他们变成了抗击阿兹特克的盟友，这也开创了一个先例，使得他在接下来的两年内，通过外交和战争两种手段系统性地瓦解掉了阿兹特克帝国。与此同时，通过与来自特诺奇蒂特兰的使者进行会面和交换礼品等一系列行为，他也与阿兹特克展开外交，非常狡猾地在帝国内部培育不和谐且恐慌的声音——这些声音从帝国的边缘逐渐蔓延到核心地带。

在这期间，由于见识到了这个帝国的富裕程度，科尔特斯决定不返回古巴向委拉斯开兹汇报，而是以西班牙国王的名义继续施压并征服阿兹特克人。他做了一系列非常明智的动作，如派一艘船载着阿兹特克的宝藏（蒙特祖马的礼物）和信件回到西班牙觐见国王；随后将舰队剩余的船只全部凿沉，这样他的手下就无法背叛他去投靠委拉斯开兹；他又鼓动自己那大约450人的队伍在海岸附近建造了一座小镇，并将其命名为维拉里卡·德·拉·韦拉克鲁斯（Villa Rica de la Vera Cruz）。他们选举出了一个市议会，根据科尔特斯的秘密计划，这些议会（council或者cabildo）的官员们会运用自己作为皇家官员拥有的新权力公开宣称委拉斯开兹的远征已经完成并且结束，同时任命科尔特斯为他们的总队长，率领他们为西班牙国王开展征服和殖民活动。

齐斯拉克2号绘画作品的主要场景中，充分展示了科尔特斯在面对艰难险阻时控制局势的卓越能力——在科尔特斯的指挥下，征服者们戏剧般地开展军事威慑行动。帆布画上到处都是长矛大炮，还有飞驰的马和船的桅杆。八艘船中的大部分都是重型三桅帆船（galleon，事实上在战争发生时人们还没有发明这种帆船），它们的炮眼都是敞开的。岸上，六台加农炮火力四射，六位骑兵正举着长矛列队奔驰；右边稍远处，半裸身体的原住民战士恐惧绝望地倒在地上。在所有的画作里，征服者们的重装武器与原住民战士的羽毛服饰都形成了鲜明对比，后者脸上的表情大多数也是警惕和错愕的。

在最左边，一支大型的阿兹特克使团正慷慨地将礼物交到科尔特斯的手中，后者在一个铺着白色布的桌子旁正襟危坐（由于画作经过了重新装裱，我们现在只能看到科尔特斯的双手和一只膝盖）。在传统叙事中，这些礼物都是来自蒙特祖马的贿赂，他当时正试图说服科尔特斯返回；聪明的征服者们将这些物品转化成带着另一种完全不同目的的贿赂。和科尔特斯坐在一起的还有其他西班牙征服者队长，马林钦也和他们在一起。这位是他的纳瓦特尔语翻译（关于她的姓名，我们在"前言"部分已经解释过，她的生平我们会在第八章中详加阐释）。早前，当科尔特斯的远征部队从尤卡坦半岛沿着海岸线来到韦拉克鲁斯的时候，玛雅人将她"赠给"科尔特斯，她会说纳瓦特尔语（阿兹特克人的语言）和尤卡坦玛雅语。在此之前，西班牙人在科苏梅尔岛（Cozumel）上救起了赫罗尼莫·德·阿吉拉尔。七年前他的船在尤卡坦海岸遇难，因此他也学会了玛雅语。阿吉拉尔和马林钦就这样组成了一个无价的翻译组合，传统叙事则将其归功于征服者的好运气（或者上帝的发明）以及科尔特斯的精明。[12]

因此，齐斯拉克2号作品的主旨是展现征服者神话历史的一个核心主题，即西班牙人的优越性，以及原住民对于这种优越性的感知甚至接受——他们将其当作某种超自然的，也可能是神圣且具有天意的东西。这样的故事想象——文明和野蛮的相遇及其不可避免的结果——很显然是"会面"的前期安排，这也难怪画家在3号作品中直接跳到那个时刻了。作为结果，发生在特拉斯卡拉边境地区的战斗和乔卢拉屠杀在这系列画作中都没有体现。这是一种避免争议的处理方式，并且经常在传统叙事中以一种很不自然的、前后矛盾的方式呈现（详情会在后续章节中展示）。与之相反的是，特拉斯卡拉的战士在3号作品中作为背景出现，他们是藏身在前进中的征服者队伍后的盟友。（如果真的要在这些绘画中寻找乔卢拉事件的回响的话，那就体现在蒙特祖马随从的不抵抗之中，这些人被描绘成高官和侍从，而不是战士的模样。迪亚斯、索利斯以及其他同类作者的读者们可能会因此知晓，正是屠杀迫使阿兹特克人和他们的皇帝最终臣服。）[13]

科尔特斯在3号作品中的姿势表现了"会面"中一个经常被重复提到的细节，即这位西班牙队长原本想拥抱蒙特祖马，但是被他的弟弟还有其他贵族们制止了（画中是皇帝本人用双手温柔地劝阻科尔特斯进一步地靠近）。这一肢体上的尴尬时刻可能真的发生过，并且也有它的作用：作为有着些许真实性的要素，它有助于说服观众相信整个事件的真实性，以及它在更广维度上的意义——蒙特祖马的投降，科尔特斯的胜利。

蒙特祖马的外形、容貌以及衣着则完全是欧式的猜测和想象——混合着"东方"和美洲"印第安"的视觉特征——但是画家也创造了一个辨识度很高的形象，其同样出现在4号画作的中心（收录于本书的插图中，插图6）。在内容繁杂的4号画作中，位于显著位置的是数十名穿着羽毛服装的阿兹特克战士，他们站在一堵墙的下面；墙的上方则是一群西班牙人，位于他们中间的是蒙特祖马。他的动作和上一幅画作相同，只不过这一次他是在向他的人民示意，以停止这场夺走了特诺奇蒂特兰的战斗。[14]

请注意齐斯拉克3号和4号作品的间隔，这里再次出现了情节的跳跃，也就是西班牙人（按照传统叙事）生活在特诺奇蒂特兰皇宫中的235天，他们正是通过皇帝本人实现了对帝国的实际控制——在科尔特斯的另一出精明谋划中，皇帝成了他的俘虏，但他同时也和皇帝本人发展出了亲密的友谊，并且最终说服他发表了一份正式臣服于西班牙国王的声明。然而，西班牙人和阿兹特克人关系的缓和却被佩德罗·德·阿尔瓦拉多打破，后者在阿兹特克人进行每月一次的宗教庆祝活动时对他们发动袭击，当时科尔特斯正在海岸地带抵御委拉斯开兹派来的远征军。科尔特斯只能返回特诺奇蒂特兰参加战斗。在第4号作品继续讲述这个故事的时候，之前那些难以驾驭的、野蛮的阿兹特克人已经抛弃了他们曾经备受推崇的领导者，全身心投入驱逐入侵者的战斗中。上面的文字写道："当发现自己被包围在宫殿当中时，西班牙人便让蒙特祖马出现在屋顶，从那里安抚他们（指阿兹特克民众），但是一个印第安人扔了一块石头，另一些人向他射箭，最终杀死了他。"

构成齐斯拉克绘画第二部分的四幅帆布画，内容着眼于传统叙事所强调的失去和收复、灾难和救赎的主题。5号和6号作品（本书插图没有收录）描绘了发生在1520年7月的两个瞬间，当时西班牙人极为英勇并且奇迹般地从阿兹特克人手中逃走，避免了全军覆没的命运。"悲痛之夜"（Noche Triste，这是西班牙人的叫法，即Tragic Night）被创作成一幅英雄的战斗画面，当中的奥利德、桑多瓦尔和阿尔瓦拉多骑在马背上，正回头盯着混战中的阿兹特克人和特拉斯卡拉战士。科尔特斯的身形较小，但是位于正中心的位置，采光很好，正在马背上挥舞手上的剑。在编号为5号和6号的作品中，科尔特斯也再次被标注上数字"1"，可见他是不可争辩的史诗主角。通过第6号作品对于奥图巴战役的刻画，科尔特斯的坚忍刚毅和英雄主义得到了进一步强调。在奥图巴，他将那些趁着夜色从特诺奇蒂特兰逃出来的幸存者们召集在一起，进行了英勇的最后一搏。在这幅画中，处在显眼位置的科尔特斯正将一把刀刺进阿兹特克战士的胸膛，背景中其他的西班牙人队长则正在力挽狂澜。

在最后的两幅作品中，牺牲和幸存为最后的胜利做好了准备。齐斯拉克7号作品又是一幅连续的叙述画，全名为《科尔特斯征服墨西哥，7号作品》（参见本书插图，插图7）。这幅画是对发生于1521年春夏之间事件的高度想象化重现，当时西班牙人和他们的原住民盟友对特诺奇蒂特兰开展了包围。作品中的地理位置是错误的，建筑也是荒诞的欧洲样式。这个城市连续数月的恐怖战争被压缩成一个光荣而生动的画面，其中更多描绘的是征服者们通过堤道进入城市的场景，而不是西班牙人的原住民盟军与阿兹特克守卫者的战斗。在传统叙事中，西班牙人取得了压倒性的胜利，他们的胜利不仅依靠不屈不挠的精神，还因为机智地运用了为了巩固对这座岛屿城市的围困而专门建造的双桅帆船（brigantine）。作为对应，这幅画的显要位置上有一艘双桅帆船。当然，制造这艘船的技术的先进程度与2号作品中的三桅帆船可谓异曲同工。特拉斯卡拉人、特斯科科还有其他的盟友（实际上他们的人数大约是西班牙人的200倍）都被浓缩成位于右侧远处角落里的小团体，他们被骑在马背上的西班牙人率领着，甚至都没有参加战斗。[15]

你可能会觉得这幅画就是终章了，但是这个故事还有一个尾声：在传统叙事中，蒙特祖马的投降被一再重复确认——有的是通过他对于投降的重述，有的是通过他安慰暴民时候的努力（这也最终葬送了他的生命，正如齐斯拉克第4号作品中所表现的那样），还有的是通过他的继任者的投降。因此，第8号作品展示了夸乌特莫克——他看上去和蒙特祖马一模一样——站在一条已经有三个征服者的小船上，任由自己被他们活捉，就好像是为了使后来对夸乌特莫克的折磨合法化一样——目的是找到失落宝藏的下落（这一事件在此并没有展现）。这幅作品还在阿兹特克的小船上画上了几块金条，作品的说明里解释道："墨西哥的末代国王'瓜特慕斯'[1]［Guatemoc（sic）］和手下乘坐独木舟逃走，船上装满了金银还有其他珠宝。"他被俘后，"结束了以西班牙国王阁下的名义对墨西哥的包围"。

无论我们是否通过齐斯拉克绘画来了解传统叙事的三幕剧，也无论我们会不会中止我们的怀疑，在科尔特斯、迪亚斯、索利斯或者普雷斯科特的历史小说带来的愉悦中缴械投降，这个故事的核心总归是"会面"。因此，如果我们要从不同的角度看待这个故事——将光荣的"征服墨西哥"的神话历史的传统叙事变成冷酷的现实和乱糟糟的西班牙—阿兹特克战争——那么很难避开这些问题：在过去的500年中，"会面"是如何被看待和解释的，以及"会面"为什么会被这样看待和解释。

※

从我们的角度来看，在没有飞机和智能手机的前现代世界里，信息的传递速度是极其慢的。来自美洲（"印度群岛"）的消息要花费数周甚至数月的时间才能到达欧洲，倘若遇到船只损坏或者失踪，文件因水火原因被毁坏，或者目击者去世等事件，信息的传递则要花上更长时间。然而，尽管如此，人们的语言却能够口口相传。故事会传播，信件会被复制和寄送，小册子可以被编纂和印刷。

正因如此，科尔特斯才能够以相当快的速度构建起他与蒙特祖马会面的故事，以及围绕"会面"发生的一系列事件。不过他的故事并不是最早传播到欧洲的。1521年3月，当西班牙人和他们的原住民盟友在特诺奇蒂特兰城外浴血奋战的时候，皮特·马特·德安吉拉［Peter Martyr（Pietro Martire）d'Anghiera］收到了两份来自古巴的西班牙定居者的信札的副

---

[1] 即夸乌特莫克，此处为其名字的不同西班牙语拼法。

本，信函中包括了对阿兹特克人以及他们的皇帝和首都的描写。跟同时代的其他人一样，皮特·马特制作了一些信件的副本。从15世纪90年代开始，关于印度群岛的消息就是这么传播的，早在1520年3月，描写西班牙人沿着尤卡坦和墨西哥海岸探险的小册子（当中就包括科尔特斯所率的队伍）就已经在纽伦堡和欧洲北部的其他城市出版。皮特·马特在西班牙读到这些出版物后不久，这些小册子就传到了德意志，然后被翻译、配上木刻版画作为插图，并再次出版。[16]

我们已经看到过一幅插图（在第一章的开篇），并且从一个小册子上面读到了一份摘录：题目为《关于西班牙人在1521年所发现的名为"尤卡坦"的土地的最新消息》（*Late News of the Land that the Spaniards Discovered in the Year 1521 Named Yucatan*）的通讯。这份通讯极有可能来自富格尔家族的通信系统，该家族总部虽然位于奥格斯堡，但是在西班牙极为活跃，尤其是在该国的经济首都塞维利亚。这份1521年晚期或者1522年早期出版于奥格斯堡的通讯，是迄今为止我们所知道的关于"会面"最早的出版记载。它还是很值得在这里全文引用的：

> 西班牙人的队长和大威尼斯之王"马多祖马"（Madozoma）握手言和，并且请求后者允许他和自己的手下参观这座城市。国王答应了，随后回到了城中。他告诉了自己的参谋关于西班牙队长的事情，并跟他们说，自己已经答应让这个基督徒进入这座城市，但是他的手下回答说，他们不会允许这样的事情发生，因为一旦允许这个基督徒进入，他会立刻夺走这座城市。于是他们把国王关了起来，这样他就无法允许基督徒入城了。随后国王让他的人民杀死他，因为他没有信守自己的承诺，同时让自己的儿子继承王位。他的人民按照国王的命令做了，并且拥立他的儿子为新的国王。[17]

在过去的五个世纪当中，这份关于"会面"的记载几乎被历史学家们彻底地忽略掉了。确实，它很容易被忽略。它的篇幅太短，以至于无法成为一篇令人信服的叙述；它的记载日期还很遥远（作者未知，用德语写就，并且和西班牙人的见证记录相反），而且很罕见（对于这个下令杀死自己的"马多祖马"的叙事转折也很独特，在其他关于征服者的记载中从未见到，有可能是借自一个中世纪的民间故事）。

但是这个极具概括性的记载却十分重要，原因有以下两个方面。一方面，作为描述西班牙人到达特诺奇蒂特兰的第一份出版物，它没有受到科尔特斯对事件记载的影响。它略去了任何关于投降的说法；蒙特祖马为什么会允许西班牙人入城的谜题，也因为他和科尔特斯"握手言和"的说法得以解释。另一方面，它提供了关于蒙特祖马被抓和最终死亡的主题的另一番说法，将叙述的细节压缩到一段话的篇幅，尽量让故事变得有意义。同样地，在随后的数十年和数百年间所写下的关于"会面"的数十种版本当中，它也是典型的一个。没有两种叙述是一模一样的——所有故事在细节上都有不同，要么省略了一些，要么就是增加或者发明了另一些——但是所有的叙述都想给"会面"以及围绕它所发生的一系列事件戴上真理之戒，讲述一个虽然奇妙但也符合逻辑且可信度高的故事，以期增加"一些确凿的细节，目的是给一个干瘪的、缺乏可信度的叙述一种艺术化的真实度"。[18]

蒙特祖马的投降作为一个关键性细节，虽然在最早的德语叙述中缺席，但却很迅速地潜入这个故事当中。这一转变发生在1522年，当时从"新世界"来的消息都是全新的。例如，在另一份出版于奥格斯堡的德语通讯中，神秘的"会面"最终以投降而不是和平的方式结束。在这个小册子里，"曼特图尼亚"（Mantetunia）皇帝做出了一个值得称赞的投降决定。这份记录当中并没有提到关于他的死亡或者战争的任何消息；他对西班牙人的回应被认为是正确且值得钦佩的，也顺理成章地消除了战争的可能。

当"曼特图尼亚"听说，这些人是被整个世界上最有权势的王所派来的时候，他非常尊敬地接待了他们，并且顺从地臣服于西班牙国王陛下。他告诉这些人，他们这么做是由于从他们祖辈那里流传下来的预言。预言称，有一天，这个世界的王会找到他们，并且带着那些远古时代曾经住在这片土地上的人找到他们，而他们则是那些人的后代。[19]

非常重要的是，这份通讯出版于1522年末，差不多在科尔特斯的"第二封信"出版的两个月后——虽然在西班牙出版，但是出版商却是一个德国人。就在当月，一个叫安德烈·卡尔沃（Andrea Calvo）的意大利出版商和书商在米兰出版了一本小书，其中包含了科尔特斯的"第二封信"的摘录，这是卡尔沃本人草草翻译的。摘录几乎全部聚焦于对特诺奇蒂特兰城和蒙特祖马（"Moralchie"，这样的称呼足够奇怪）的描写上，高潮是科尔特斯发表的那足以令人震惊的声明："这个伟大国王的臣民……在我以至高无上的西班牙国王的名义发号施令时任我差遣。"卡尔沃随后用一段话——这段话虽然出自他的笔下，但却是以科尔特斯的口吻写的——结束这本书，他在其中试图解释这件不太可能发生的事情（在这里也值得全文引述）：

这位伟大的国王和其他新西班牙的居民如此平和地接受西班牙国王成为他们的主人，最主要的原因是他们声称自己不是这个国家的原住民，而是从东方来的一位国王的后代。这个国王曾经征服了这个国家，留下自己的人守卫然后离开。过了一段时间之后，他回来了，结果发现他手下的人都和这个国家的女人组成了家庭，也不再愿意听从他的命令。他因此不得不离开，但是发狠话说将会率领一支庞大的军队回来，到那时，如果这些人再不自愿臣服的话，他们将会被武力征服。从此以后，这些先人和他们的后代们都生活在传说中的王将要到来的恐惧当中。如今，当看到国王陛下的队长正在以一种相似的方式统率他们的时候，他们也就切切实实地相信西班牙国王就是他们的主人，并且——感谢上帝——此人并没有率大军前来消灭他们，而是用爱善待他们，因此他们自愿臣服于国王陛下。[20]

1522年早期的记载和同年12月的两份记载的不同之处是非常显著的。科尔特斯将"会面"视作投降的观点迅速开始扎根。五个世纪过去了，这种观点仍然扎根在世人的脑海中，并且茂盛地生长着。

※

通过引用基督再临的教义，卡尔沃极富创造性地想把科尔特斯对"投降"（我们现在给这个词加上引号）的不可思议的解释变得切实可信，也因此将科尔特斯的到来变成了对于墨西哥原住民的基督再临。为了试图让"投降"变得有意义，卡尔沃开启了一类文学和历史传统，而这一传统在500年的时间内统治了大西洋两岸的所有作者。为了能够在组成上述传统的数百种文本和画作中把握好方向，我定位了这当中的三类主题，并将它们命名为"预言"（Prophecy）、"懦夫"（Coward）和"埋伏"（Ambush）。

有证据表明，在战争结束后的最初几十年中，很多人对于"会面"的认识并不同于科尔特斯的谎言，而是将其视作一场血腥侵略中的短暂瞬间。也就是说，战争就是战争而已，没有其他的意义。这种观念的印记还残留在关于特拉特洛尔科的记载当中，特拉特洛尔科是这座岛屿首都的一部分，首都包围战的最后一役就在那里打响；其在巴托洛梅修士的记录中也有体现，他是少有的几个既公开谴责"投降"是不道德的虚构，也亲自写下了许多文字记录的西班牙人，他的很多作品都流传了下来（我们随后会看到关于特拉特洛尔科和这位多明我会修士的记录文字）。尽管如此，在16世纪的下半叶，伴随着1522年弗朗西斯科·洛佩兹·德·戈马拉（Francisco López de Gómara）创作的关于科尔特斯的传记的热销，以及极具影响力的墨西哥方济各会修士们的创作〔尤其是门迭塔（Mendieta）、莫托利尼亚（Motolinía）和萨阿贡（Sahagún）〕，科尔特斯那有关"会面"的记载越来越深入人心。与此同时，原住民的看法则经历了一番变化过程：从单纯的关于战争的记忆，逐渐发展成通过基督教的角度对西班牙人的到来进行复杂的阐述。因此，关于"会面"的观念很少见质疑"投降"的说法，而是试图通过"预言"、"懦夫"和"埋伏"等近似的主题对其进行解释。[21]

"预言"主题是科尔特斯著作的中心思想，并且直到今天都是占据主导地位的主题。科尔特斯、戈马拉、迪亚斯、埃雷拉（Herrera）、索利斯等每个征服者和皇家编年史家都在抄袭前人的记录，他们的早期记录都将"投降"描绘成交织在一起的三个时刻：蒙特祖马皇帝先是在当天发表了欢迎和投降的讲话；之后蒙特祖马被科尔特斯囚禁；蒙特祖马当着阿兹特克贵族的面声泪俱下地又一次发表了投降讲话，西班牙人作了现场见证。我们会在本书后面谈到（所谓的）皇帝被抓以及第二次发表投降讲话的段落；不过目前，我们应当注意在传统叙事中，这次"抓捕"（seizure）是"软性的拘捕"（soft arrest），而事实上这也是蒙特祖马默许的，他的两次投降声明也解释了这一点。反过来，上述讲话也因为下述关键性的声明得以解释，即蒙特祖马认为西班牙人的到来是与长久以来的预言相一致的，并且是可以预见的。另外一些版本的说法内容更为丰富，其中声称蒙特祖马作了冗长的讲话（就跟之前我们读到的科尔特斯的版本一样），科尔特斯也作了很长篇幅的答复。还有一些版本则直接跳到那些关键的因素上，包括蒙特祖马期盼西班牙人的到来，迎接他们入城，并且完全遵从预言所说的那样向西班牙国王效忠。[22]

16世纪时，"预言说"最受两个相互交织的群体的欢迎，也经由他们不断发展演化。这两个群体中的一批是方济各会修士，他们让纳瓦人皈依了基督教，随后教育这些人中的精英阶层，同时也愿意照顾他们新的教众；另外一批人则是这些皈依了基督教且受过教育的纳瓦人。让人目眩神迷的征服者历史就是出自这样的文化熔炉当中。人们最熟知的故事就是贝尔纳迪诺·德·萨阿贡（Bernardino de Sahagún）修士与来自特拉特洛尔科的"多达8～10个"受过教育的纳瓦人合作的故事，最后的成果是形成了十二卷本关于纳瓦人文化和历史的研究著作，今天被称为《佛罗伦萨手抄本》（Florentine Codex）。尽管该书的第一份草稿写于1555年的特拉特洛尔科，但是流传至今的最早的手稿是1580年的版本。它完全可以被称作"一份特拉特洛尔科−方济各记录"（A Tlatelolca-Franciscan account）。尽管这是我所说的半原住民的（quasi-indigenous）文献来源的一个例子〔一位秘鲁学者则把这一安第斯山脉的同类称作"类本地人的"（nativelike）〕，但是将《佛罗伦萨手抄本》当作原住民的或者本土文献来源的说法则是以误导的方式全盘掩盖了它的宗教属性和复杂的合著关系。《佛罗伦萨手抄本》版本的故事着重强调了上述预言，不但认为它是蒙特祖马将帝国拱手相让的原因，而且实实在在地把它作为西班牙人征服成功的根本原因。[23]

多明我会修士迭戈·杜兰（Diego Durán）的著作《历史》（Historia）里，也有对于这一预言的解释，他的作品吸收了16世纪70年代特诺奇蒂特兰纳瓦人的资料。他在这份记录中也提到，唐·费尔南多·德·阿尔瓦·伊希特利霍奇特尔（don Fernando de Alva Ixtlilxochitl）曾专门著述宣扬他的高曾祖父，即特斯科科的特拉托阿尼伊希特利霍奇特尔，在战争中扮演的角色。伊希特利霍奇特尔坚持认为这些预言或者预兆没有影响到蒙特祖马，但是他的臣民们逐渐"把他们祖先的这些预言当作真的，即这片土地将会成为太阳之子的财产"（他从戈马拉那里学到了这个词）。因此，在蒙特祖马的宫廷内部关于如何迎接科尔特斯的争论是无关紧要的，因为"结果是命中注定好了的"。[24]

　　回到1522年的米兰，卡尔沃将基督再临当成了一个诠释的摹本。一旦方济各会修士和其他修士开始在墨西哥传教，不同时代的纳瓦人便开始有了相同的联系。确实，我们很难避免下这样的结论，即方济各会修士和纳瓦人是故意利用这个千禧年的模式来重构墨西哥的古典和近代历史的——这既是一个将纳瓦人历史基督化的过程，也是基督教纳瓦化的过程。关于这种文化的相互作用，有一个很棒的例子能够很好地揭示纳瓦人是如何利用预言的主题来理解征服历史的。它就是一部创作于16世纪末的纳瓦特尔语戏剧《三王记》（*The Three Kings*）。

　　这是一部有关基督显灵（Epiphany）的戏剧，内容聚焦在当东方三博士来到耶路撒冷宣布基督降临的时候，耶路撒冷的希律王对于这三个人的反应上。基于故事创作的时间，它的情节很直白地让人联想到"会面"：古老的预言预示一个新国王的到来，从东方来的三个陌生人以及随后出现的彗星和其他征兆让蒙特祖马变得焦躁不安。希律王迎接三博士时的讲话也让人联想起蒙特祖马对科尔特斯的讲话："请走上来，来到你的家，你的城市（altepetl）。走进来。饭菜自便，因为这里就是你自己的家。"接着希律王经历了一番改变，一如蒙特祖马在关于征服的传统叙事中所表现的那样。他威胁和羞辱他的祭司，也因为统治权受到威胁而变得愤怒〔"难道我不是王吗？"（*Cuix amo nitlatohuani*）〕和不安（"我要晕过去了！"）。这个故事来源于《圣经》（《马太福音》第2章，希律王变得不安和愤怒）。换句话说，16世纪的纳瓦人并没有通过他们对于"会面"和蒙特祖马的记忆来看待希律王和三博士的故事，与此相反，"会面"和蒙特祖马是通过类似这样的《圣经》故事的视角被想象和重新创造的。这个剧本就跟《佛罗伦萨手抄本》之类的半原住民记录一样，在关于1519年究竟发生了什么事情的问题上能够为我们提供的信息不多，但是却提供了一个很好的观察视角，即让我们了解原住民的后代们是如何用基督教重写和理解过去的。

　　尽管希律王并没有像蒙特祖马那样突然死亡，《三王记》含糊其词的目的是保留西班牙—阿兹特克战争的回声：这部剧里，在传统叙事里蒙特祖马消失的那个时间点上，原来只代表蒙特祖马本人的希律王变成了抵御侵略者的阿兹特克人的代言人。随后暴力降临，博士们离开了城市（正如西班牙人在"悲痛之夜"逃离特诺奇蒂特兰一样）。但是归根结底，这是一个显圣故事，因此最根本的对比是基督的降生和他来到墨西哥。东方三博士乍看像是首批前来的西班牙人的替身，最终他们却变成了拥抱全新和真正的信仰的纳瓦人贵族。和蒙特祖马一样，希律王的动机和反制行动最终因为预言中的幸运的基督降临而土崩瓦解。[25]

在整个16世纪，预言主题都用一些细节进行了修饰，它们被后来的作家们利用起来，为故事增添了戏剧化的味道。例如，40年后，当征服者老兵弗朗西斯科·德·阿齐拉尔再次回忆战争时，他便成了第一批补充说明的人之一，他说阿兹特克人相信"这些大胡子和全副武装的人"是预言中的人。自此以后，这一"事实"便一再出现，一个简洁有力的例子便体现于刘易斯·福克·托马斯（Lewis Foulk Thomas）的作品里。此人在1857年创作的戏剧《征服者科尔特斯》（*Cortez, the Conqueror*）中，借蒙特祖马之口说了以下几句话：

> 哦！那么，可叹！这些古老的预言。
> 它确实宣告了我们种族的衰落，
> 来自东部海洋的大胡子白人，
> 将近实现。[26]

另一个细节也被加到了预言故事当中，到了20世纪，这个细节甚至发展成为故事的最主要特征，那就是蒙特祖马相信科尔特斯是羽蛇神奎查尔科亚特尔（Quetzalcoatl）显灵，后者正是传说中注定要回来并统治他们的阿兹特克神明。然而，科尔特斯在关于"会面"的记录里面，乃至其他任何的著作中都没有关于羽蛇神的记载，他也没有宣称自己被当成一个回归的神灵。但是在整个美索美洲，关于羽蛇神的神话传说丰富而繁杂，在基督化的影响下，它也开始逐渐依附于以投降为基础的预言主题。我们会在下一章继续讨论羽蛇神，这里我们只需要知道，大部分的学者都认为羽蛇神回归是"后征服时代对原住民传统的再加工"〔语出羽蛇神研究专家大卫·卡拉斯科（Davíd Carrasco）〕，证据表明这样的加工发生在蒙特祖马死后以及战争结束之后。27

尽管如此，这个故事最终变成了关于"会面"的神话历史的中心。在胡安·德·埃斯科伊基斯创作于1798年的《英雄诗篇》（"heroic poem"）[1]中，蒙特祖马对科尔特斯说："我被说服了／那个派你前来的王／是令人生畏的／广阔的墨西哥帝国的创造者／羽蛇神的直系后代。"他还说："当你来到这个国家的时候，就意味着绝无差错的羽蛇神预言最终实现。"19世纪时，"征服墨西哥"是一个极为热门的主题。在一个典型的用预言主题阐释，并且将"会面"演绎成"投降"的作品中，"有几滴眼泪从蒙特祖马的眼角滑落"，因为他接受了"我们祖先的预言"已经成真，他也不得不"顺从地"将"我的王国献给"科尔特斯的国王。这个为西班牙人量身定做的预言，宣称会有从东方来的人，"与我们的风俗和习惯都不同，将成为我们国家的新主人"。"天空中的迹象"证实了西班牙人就是"我们一直寻找的人"。毕竟，蒙特祖马和他的前辈"都只是作为羽蛇神（我们的神和合法的君主）的总督来统治这些国家"。28

在科尔特斯所记录的蒙特祖马的讲话中并没有提到羽蛇神，但是这样的事实却未能阻止现代的作者们将这一元素添加进去。正如传统叙事中最新的一种说法所声称的那样："显然，蒙特祖马正在重新讲述羽蛇神的故事。"另一方面，其他人则将整个预言故事看作墨西哥命运的隐喻，其中，蒙特祖马的信念比他统治下的所有人民的信念和认可更为次

---

[1] 即《被征服的墨西哥：英雄诗篇》。

要。在墨西哥诗人和剧作家萨尔瓦多·诺沃（Salvador Novo）的戏剧对话中，科尔特斯的原住民翻译马林钦（剧中被叫作玛琳切）向19世纪墨西哥的法国皇后卡洛塔（Carlota）解释征服战争，但是做出象征性的投降表示的是玛琳切，而不是蒙特祖马。

> 玛琳切：（她的人民）过去几代人都在等待羽蛇神的回归。
>
> 卡洛塔：他们相信羽蛇神跟随科尔特斯回来了。
>
> 玛琳切：羽蛇神以科尔特斯为化身回来了。至少对于我来说是这样的。[29]

换句话说，玛琳切所代表的是墨西哥，而"科尔特斯–羽蛇神"是她的神，她除了拱手投降之外没有其他选择。

如果回到16世纪中期，我们会发现预言神话的信念力量是不断扩张的——不仅蒙特祖马相信科尔特斯是羽蛇神，而且阿兹特克人也把西班牙人当成神。弗朗西斯科·德·阿齐拉尔和《新西班牙编年史》（*Chronicle of New Spain*）的作者弗朗西斯科·塞万提斯·德·萨拉萨尔（Francisco Cervantes de Salazar）都提到，当西班牙人进入特诺奇蒂特兰城的时候，一些阿兹特克平民说："这些来自太阳升起地方的人一定是神。"一些老人，还有熟悉当地传说和语言的人说："这些人肯定就是那些曾经统治过我们的人民和土地的人。"在埃雷拉那本1601年的著作中，他们"叹气说道，他们一定是那些被派过来统治我们和我们土地的人，因为他们是如此之少，却如此强大，以至于击败了这么多人"。这样一来，投降就是不可避免的，并且早在它发生前，早在蒙特祖马发表讲话前，这次投降就已经被阿兹特克的老人们所接受了。[30]

到了18世纪，苏格兰人威廉·罗伯逊（William Robertson）的畅销书包含了这样的情节，即大街上的阿兹特克人都认为征服者们是"神祇"，而当蒙特祖马向科尔特斯致欢迎词的时候，其中心内容是预言中的亲人的回归，这些人和他们是相同祖先的后代，拥有"执政"的合法权力。这反映了早期嵌入传统叙事的预言主题中的另一个细节：用格雷戈里奥·加西亚（Gregorio García）修士的话来说，阿兹特克人"和埃尔南多·科尔特斯先生拥有同样的血统，这是蒙特祖马（Moteçuma）告诉他的"。无疑，正如近期一部重复传统叙事的作品中所写的那样，"蒙特祖马很高兴将科尔特斯和西班牙人当作羽蛇神的后代"。[31]

人们一直都是通过所处的时代滤镜解读征服历史（这里可以回想一下布伦米迪的壁画），一直以来，这也的确是投降和预言主题的最终归宿之一：到来、欢迎、和平间歇及战争风暴来临前的投降讲话。非常令人心酸的是，墨西哥作家弗朗西斯科·蒙特尔德（Francisco Monterde）在其1945年创作的作品中也抱持这样的观念。这一幸运而和平的"会面"确实在墨西哥产生了很大影响，毕竟这个国家在1910年革命爆发之后见证了数代人的暴力，世界其他地区也同样因为战争四分五裂。"投降"叙事所体现的一种终将被毁灭的和平，也给征服的悲剧性和胜利结局做好了准备。这一点与16世纪晚期本土民众关于"会面"的看法并没有什么不同，因为对于经历了数十年战争和致命传染病的幸存者而言，关于和平的承诺看上去有很大的诱惑力。同时，蒙特尔德的确从《佛罗伦萨手抄本》中借用了"特拉特洛尔科-方济各"的表达方式——蒙特祖马说："预言称，你将会来到你的城市，你将会回到她的怀抱，现在预言真实地发生了。欢迎你；歇歇吧。我们的主人已经来到了他的土地上。"科尔特斯回答说："放心吧，阁下；我们都爱戴您。"[32]

无论如何，一直以来在对于"会面"的刻画中，"对蒙特祖马普遍的爱"并没有占据中心位置。与之相反的是，"懦弱"构成了上述描写的第二个主题，蒙特祖马投降的原因也被归咎于他的性格弱点和作为统治者的失败。他的懦弱也同样解释了最终他为何会沦为西班牙人的阶下囚，以及他为何未能阻止接下来的阿兹特克起义、抵抗，乃至他死后持续数年之久的战争。因此，蒙特祖马在"会面"时"当着所有贵族的面，十分令人震惊地将自己的权力拱手交给了西班牙的天主教国王"——出自1670年奥格尔比关于这一事件的记载。这些"贵族"对蒙特祖马"非常不满",因为"他没有经过任何的抵抗或者考量,就让一帮陌生人在他统治的全部土地上作威作福。因为他的软弱和优柔寡断,他现在成了一个囚徒,就跟一个普通的罪犯一样,尽管他在之前统治过如此神圣的领土"。在这份记录里,没有投降的讲话,也没有提到任何的预言,更没有试图让这个"软弱的"皇帝和奥格尔比在书中其他地方所描绘的那个勇士形象对应起来;蒙特祖马只是突然间变得胆怯,然后交出了自己的王位。[33]

在接下来的两章中,我们会详细谈到蒙特祖马,以及在他死后的数个世纪内,人们想象和误解他的种种方式。不过我们可以在这里简单地提一下,"懦夫蒙特祖马"(Montezuma the Coward)这样的概念是如何被发明出来,以及为何延续至今的,尤其是这一形象在20世纪的蓬勃发展,让作为"投降"的"会面"的神秘历史更加盛行不衰。

早期西班牙人的记录,以及这些记录所衍生的传统叙事,使用了很多有关"投降"中蒙特祖马的角色的论据。其中一个是简单、循环的逻辑,主要是基于对"投降"事实的全盘接受:蒙特祖马没有经过战争就把自己的帝国拱手相让,因此,他一定是由于过于迷信预言的力量而变得怯懦和软弱。也正是因为他的软弱和怯懦,所以他放弃了自己的帝国。另一个论据则把蒙特祖马卑鄙的性格作为科尔特斯英雄形象的衬托:塞普尔韦达(Sepúlveda)是第一个在公开出版物中归纳总结出这一二元对比的人,即将"高贵的、英勇的科尔特斯"和"胆怯的、懦弱的蒙特祖马"进行比较。对于科尔特斯的传记作者和征服史的叙述者来说,这样的对比是不可避免的,从戈马拉("怯懦的小人")到普雷斯科特,乃至到现在都是如此。然而,对于这个皇帝的负面描写的主要原因是为了颂扬科尔特斯,强调他在面对蒙特祖马时的坚毅和力量;"懦夫蒙特祖马"则很好地解释了"投降"的原因,但是它也只是"征服墨西哥"的传统叙事的副产品,后者作为科尔特斯的英雄主义和技艺的产物,带有上帝的指引和干预。正因如此，"懦夫蒙特祖马"对于解释"投降"是很重要的，但是在对整个征服历史的阐释中居于次要地位。[34]

要是我们在西班牙人的记载里找到不贬损蒙特祖马的记载，这并不奇怪。但是更令人惊讶且有趣的是，在16世纪，纳瓦人的记录里发现了"懦夫蒙特祖马"的记载。关于西班牙—阿兹特克战争，纳瓦人并没有专门的著述或者记载，甚至没有一个可以称得上"阿兹特克记载"的东西。但是在战争结束后的一个世纪里，出现了一些纳瓦人的手稿，当中讲述的故事采用了作者及其家乡的观点——也使得我们能够从特拉特洛尔科（例如特拉特洛尔科–方济各《佛罗伦萨手抄本》）、特斯科科（混血纳瓦贵族费尔南多·德·阿尔瓦·伊希特利霍奇特尔的记录）、特拉斯卡拉等地方的记录来谈论征服历史。在他们的记录和爱国视角下，蒙特祖马的形象也并没有改观。

阿尔瓦·伊希特利霍奇特尔并没有辱骂蒙特祖马，但是他也确实记录了皇帝被杀的那一天，"墨西卡人（The Mexica）都在辱骂他，称他是一个懦夫，是祖国的敌人"。这不见得就是特斯科科人的观点，因为伊希特利霍奇特尔在这里大量引用了戈马拉的话，不过这也的确呼应了出现在《佛罗伦萨手抄本》中的极为关键的特拉特洛尔科一方的观点。书中写道，当侵略者在1519年逼近的时候，蒙特祖马"非常害怕"，"他看起来都要晕过去了；越来越担心和不安……他非常害怕和震惊"。尽管早期的特拉特洛尔科文献可以想见地将错误归咎于特诺奇人（Tenochca）——这个岛上位于特诺奇蒂特兰一边的墨西卡民众，他们在1521年包围战中最早落入侵略者的手中——但是这些文献并没有像后来的记录中那样将蒙特祖马当作替罪羊。例如，一部1545年左右用纳瓦特尔语创作的特拉特洛尔科文献完全忽略了蒙特祖马，其声称在战争发生之前，夸乌特莫克（敬称为"夸乌特莫克钦"）就已经成为特拉特洛尔科地区的特拉托阿尼了：

> 西班牙人到来的时候，夸乌特莫克钦在特拉特洛尔科的王

位上已经坐了四年的时间，战争也是从他那里展开的。战争结束的时候，特诺奇蒂特兰已经没有特拉托阿尼了。只有一个叫墨西卡特尔·寇佐洛尔蒂克（Mexicatl Cozoololtic）的侏儒和他的一些朋友在掌权——就跟他的名字所暗示的那样，这个人的小腿和球一样圆。

这份手稿的关注点是夸乌特莫克的命运，他在战争结束四年后被科尔特斯绞死，罪责则当然归结到了忽然崛起的特诺奇侏儒墨西卡特尔身上。可能你会辩称，墨西卡特尔的叛徒行径看上去像是蒙特祖马投降的比喻，但是我认为，它更像是特诺奇人不可靠和不合法的比喻。[35]

特拉斯卡拉人的记载也同样充满偏袒和地方主义。例如，混血的特拉斯卡拉人迭戈·穆尼奥斯·卡马戈（Diego Muñoz Camargo）在1592年的时候撰写了一部《特拉斯卡拉史》（*Historia de Tlaxcala*），其中写到特拉斯卡拉人最早皈依基督，其他纳瓦人族群只有在看到阿兹特克人被打败了之后，才有可能改变信仰。在这个以特拉斯卡拉为中心视角的记述中，"会面"之所以变成"投降"，是因为特拉斯卡拉人通过"我们的西班牙人和特拉斯卡拉的人民"以"乔卢拉大捷"成功地让蒙特祖马感到了害怕。因此，在乔卢拉"大捷"几天后，"科尔特斯队长得到了伟大的领主和国王蒙特祖马（Moctheuzomatzin），以及所有墨西哥贵族的热烈欢迎"。阿兹特克的统治者是"伟大的"，但是在面对西班牙人和已经基督化了的特拉斯卡拉人的道德力量时，仍旧是虚弱的。[36]

不管是出于宣传某个纳瓦人的城邦国的目的，还是源自科尔特斯的天才构想，用"懦夫蒙特祖马"来解释"会面"的做法已经出现在许多经不起推敲的论述当中。例如，意大利旅行作家杰梅利（Gemelli）就和奥格尔比、蒙塔努斯（Montanus）以及他之前的很多人一样，都试图在书中解释阿兹特克皇帝在西班牙人到来的时候为何轻易被"吓坏"，也都很牵强地将其归咎于皇帝本人突然显现的弱点。在杰梅利1699年的作品中，蒙特祖马认为既然"已经无法阻止这个恶魔了",他可以把"非做不可的事情当成心甘情愿的样子",欢迎征服者来到特诺奇蒂特兰。在这个版本的故事中,蒙特祖马从一个大胆的统治者迅速变成了悲剧中的热情演员,他甚至变得幼稚化——或者女性化,同时具有女性的角色特征和行为。例如,他很容易被骗,从而沦为了阶下囚,当科尔特斯要求他"向卡斯蒂利亚的国王效忠"时,他照做了,同时"眼睛里面含着泪花"。(对一个统治者来说,这可能是软弱的表现或者是不合时宜的情感;但另一方面也有可能反映出一种中世纪伊比利亚地区的观念,即贵族的眼泪是一个重大行动的承诺象征,不过杰梅利身上可能已经丧失了这样的敏锐性。)[37]

蒙特祖马的懦弱,以及此后其被捕、下狱,并不只是像"投降"说法这样的"发明"(我们会在后面的章节讨论),也在事实上增加了"投降"的荒谬性(从逻辑上讲,每个说法都会导致另一个说法变成累赘)。然而,由于它在传统叙事中被一再地重复,因此,诗人、剧作家和其他人也都试图将被捕加以曲解,从而符合"会面"变成"投降"的解释。对此,关于第三个主题,也即"埋伏",我们会转向聪明的西班牙诗人加布里埃尔·拉索·德拉维加(Gabriel Lasso de la Vega)的描写并从他的作品中寻找答案。

在拉索的史诗《墨西卡人》(*Mexicana*)[他1594年的作品,是《英勇的科尔特斯》(*Valiant Cortés*)的加长版]中,他在描写"会面"开始的情形时,借用了科尔特斯-戈马拉传统叙事中的一些细节,包括赠送项链以及被制止的同皇帝的拥抱等("从没有人得到过这种许可")。但是他所强调的是皇帝随从队伍的宏伟以及"会面"的盛况,这样一个史诗般的瞬间很契合史诗的文法。正如诗篇的副标题所宣告的那样,这是"蒙特祖马皇帝和他的朝廷对科尔特斯的盛大欢迎"。蒙特祖马是"战无不胜的,尊贵的",而且是"伟大的和强大的"。第一次会面的时候,并没有所谓的投降。蒙特祖马将奢侈的礼品和宫殿般的住处赐给了他的客人,他在科尔特斯搬入新住处之后并没有回来发表投降的讲话。与之相反,拉索用"九个西班牙人"死在海岸的番外故事结束了这首诗。故事的转变发生在第二篇章当中，题为《科尔特斯囚禁蒙特祖马皇帝》。通过一次无情但又英勇的行动，科尔特斯的局面发生了逆转。蒙特祖马的讲话是愤愤不平的，但是他已经被哄骗，并且成功地中了埋伏。[38]

拉索注意到了传统叙事里众多矛盾中的一处：如果蒙特祖马真的投降了，那为什么科尔特斯需要抓住他并给他戴上镣铐呢？戈马拉将抓捕行动形容成大师手笔的大胆行动——"自从人类历史上有皇帝以来，在抓捕蒙特祖马这一行动上，从来都没有人可以和埃尔南多·科尔特斯相提并论——从古希腊到古罗马，直至现在都没有：如此强大的皇帝，在他自己的家中，在一个警备森严的宫殿里，被不到450人的西班牙人及其盟友捉住了。"从那以后，作家们要么抄袭戈马拉，要么回应他，也有的通过强调"投降"而掩盖关于囚禁故事的矛盾之处，即把这个桥段硬塞到皇帝的两个投降讲话之间——迪亚斯《征服新西班牙信史》的扉页插图即体现了这种手法，当中的科尔特斯试图给蒙特祖马戴上镣铐，后者被动地端坐着的姿态则暗示抓捕行为不过是他本人"投降"的确认表示。拉索的解决方法是将"会面"描述成"埋伏"，这对不太同情征服者的新教作家尤其具有吸引力。例如，在早期的英文著作里，蒙特祖马的投降被看作一个理所应当的既定事实，随后囚禁皇帝的行动被表现成一个无端的战争行动，以及毫无荣誉感的西班牙人忘恩负义的例子。一些18世纪出版的书中所体现的关于埋伏的想象版本中（包括本书的插图所收录的一些），标题很讽刺地被冠以"西班牙人的感谢"。[39]

自拉索的《英勇的科尔特斯》之后，"会面"的盛况和情形成为许多诗人和剧作家不可抵挡的创作源泉。跟拉索一样，刘易斯·福克·托马斯也不想用投降的讲话玷污这个时刻，因为讲话会削弱皇家招待的高贵性和叙事的逻辑性。一部少有人知，也确实在各个方面都乏善可陈的美国剧作同样强调了皇帝是如何想要欢迎侵略者的：

用最高等级的方式

如同我们公认的、尊贵的宾客

和我们作为皇家东道主的尊严

然而，如同拉索的诗作一样，只有蒙特祖马最终覆灭，"会面"才是有意义的。在托马斯的剧作中，阿兹特克统治者之所以不抵抗，是因为他相信西班牙人的到来"是我们的祖先已经预言了很久的"，而西班牙人则把"会面"中和平的和煞费苦心的欢迎看作他们征服计划的完美掩护。当意识到蒙特祖马认为西班牙人的存在只是暂时的之后，科尔特斯和阿尔瓦拉多彼此窃窃私语道：让他"驱逐我们吧——如果他能做到的话"。[40]

你可能会猜想像托马斯和约翰·阿博特这样的信奉新教的美国作家会毫不含糊地接受"埋伏"主题，因为其与西班牙人的背叛（或者"感激"）是一脉相承的［阿博特于1856年创作了传记《科尔特斯》（Cortez），后来收录于他的《历史缔造者》（Makers of History）系列著作中］。他们的确继承了对西班牙殖民主义持负面态度的观点——这一观点在新教的世界中流传了数个世纪，并在20世纪的时候获得了"黑色传说"（Black Legend）的绰号。阿博特在委拉斯开兹暴力征服古巴的历史里看到了一个关于道德的故事，当时他自己的国家刚刚入侵了古巴："上帝并没有向那些通过下作方式取得胜利的地区微笑。但愿美国能够接受这样的警告，即她所有的财产都应当通过有尊严的方式取得。"但是阿博特也已经吸收了普雷斯科特的观点，采用了西班牙人的记录作为信源。不过，虽然他略过了蒙特祖马的投降讲话，但是他也让蒙特祖马向科尔特斯忏悔道："他忧虑，西班牙人是传统和预言里所预示的征服者，被宣称将要推翻墨西哥人的政府。""会面"以蒙特祖马"友好的欢迎"和"极为热情好客"开始，却因为西班牙人的"智慧、勇气和残忍"转变成了"无与伦比的"胜利，他们借此让"君王和人民几乎全都臣服于他们的统治之下"。如此这般用"预言"和"埋伏"的"调料"乱炖出来的令人反胃的成果——加上"黑色传说"的调味，却在接下来的一个世纪当中，成为让"会面"变成"投降"的典型案例。[41]

上述的这些主题在长达数个世纪的时间里，都在尽力让"'会面'变成'投降'"这个谜题变得有意义，但是在所有这些主题之下，有一个一触即发的伟大问题：为什么要一直坚持科尔特斯的谎言和上述神话历史？在我们拾起散布在这个章节中的各种线索并且系统性地回答上述问题之前，让我们花一点儿时间停留在"埋伏"主题的转折上。正是这个转折颠覆了主题，并且让蒙特祖马成了一个骗子。

例如，在一个不知名的英国作家W. H. 迪尔沃思（W. H. Dilworth）有关征服历史的记载中（1759年首次出版），皇帝在"会面"上的讲话是作者的想象、索利斯的记录以及其他西班牙编年史的杂糅。其中有迹象显示蒙特祖马已经处在投降的边缘：他对科尔特斯"深情的敬意"做了回应，并且承认"我们相信你所臣服的伟大亲王就是羽蛇神的后代"。但是迪尔沃思笔下的蒙特祖马却一点儿都不幼稚、无知或者消极。他告诉科尔特斯他已经意识到西班牙人并不是上帝，而是"跟其他的人一样"；并且，他们的马是"个头大一些的鹿，被驯养且受过训练"；他们的枪是"通过压缩气体发射的金属管"。更有甚者，他认为这些"羽蛇神"的后代并不是过来施行统治的，而是"规范我们的法律，改革我们的政府"——就好像这些西班牙人并不是入侵者，而是政治顾问一样。[42]

科尔特斯则回答称，西班牙人"比你的臣民更为聪明，因为他们出生的环境有着更大的影响力"，不过他也称自己只是国王的使者，并且向蒙特祖马保证，"国王想要成为你的朋友和盟友"。阿兹特克皇帝接受了这一"盟约和友谊"，不久签署了一份"贸易和联盟条约"，并且随后"自愿承认了他对作为羽蛇神后代的西班牙国王的隶属身份"。然而，这里捕捉到了一个关键的细节。因为在迪尔沃思的书中，蒙特祖马"整个交易的全部目的就是加快客人的离开，他本人却没有任何意愿想要在未来履行臣服条款"。简而言之，皇帝是在玩一场精心准备的外交游戏，这当中，他的所谓"投降"，是在傲慢的入侵者面前放置的一个重复的、摇摇晃晃的诱饵。[43]

还有一些其他版本的叙述和著作，也将蒙特祖马的投降看成伪装和迷惑侵略者的诱饵。一个早期的例子出现在一份由两座纳瓦人城市的首领所撰写的文件中，这份文件的创作时间很有可能是16世纪晚期，但是却被错误地声称写于1519年，并且于1526年被科尔特斯签发。在这个版本里，西班牙人和他们的原住民盟友出现在特诺奇蒂特兰城的原因是"伟大的蒙特祖马的邪恶计划：他让我们作为客人来到这里，却对我们报以虚情假意"，目的在于出其不意地发起攻击。类似地，在近期的一部重复传统叙事论调的著作中，蒙特祖马奉神的旨意"鼓动西班牙人放松警惕"，科尔特斯被自己的"好运气"震惊，因为皇帝"事实上交出了自己王国的钥匙"。但没有人走得更远——如果"投降"是圈套的话，难道它不会削弱关于狡诈的科尔特斯和蹒跚的蒙特祖马的传统观点吗？但是，如果要给"埋伏"主题翻案的话，那么有关谁掌控主导权的猜想也将转变，因为它本身即是研究"会面"究竟发生了什么的有趣的线索。[44]

※

科尔特斯和他手下的征服者们进入特诺奇蒂特兰城是一场令人兴奋的胜利。在经历了与狡猾的原住民战士数周的战斗后，疲惫负伤的西班牙人都如释重负。外面的乡村和城市里面的街道都"充满了数不清的印第安人"，呼喊着"他们主要节日"的呼号，打着手势，同用来"欢迎和祝福新盟友"的声音一样响亮。这场热情的欢迎之后是慷慨的盛宴，侵略者们下榻在"一些非常漂亮的房子和宫殿之中"，他们在那里听到了"带着礼貌和感情"承认西班牙国王合法统治权力的讲话。[45]

尽管这听起来像是对于"会面"当天西班牙人进入特诺奇蒂特兰城的场景的典型想象，但是实际上它出自西班牙人在进入特拉斯卡拉城时的描述，发生在他们到达特诺奇蒂特兰城两个月之前。"新盟友"是特拉斯卡拉人。当然，这次会面也不是我们所指的"会面"。不过，对于这次胜利入城的研究能够帮助我们回答这个问题，即从"会面"到"投降"的神话历史是如何迅速生根，并且在接下来的500年时间内持续发展的。

发生在特拉斯卡拉的历史片段，开启了西班牙和欧洲胜利入城文化的主题，这也是对于上述一系列问题的第一个的回答（对此，我提供了八个回答）。

在对西班牙征服历史的传统叙事中，与特拉斯卡拉人的战争与和平预示了后来与阿兹特克人的战争——但结果却有不同。因为不久之后，前征服时代的特拉斯卡拉被西班牙人和特拉斯卡拉人归类为"议员"（*los Senadores*）治理下的"共和国"（*República*），科尔特斯的胜利入城也就令人联想起攻克罗马。在描绘这一时刻的典型画作中（本书插图收录了一幅），特拉斯卡拉人都身着古罗马人的宽外袍，他们的建筑也更像是意大利式而非美索美洲式的。科尔特斯进军特拉斯卡拉的行动也预示了他进入特诺奇蒂特兰城；"议员"们纷纷出来欢迎西班牙人，就如同蒙特祖马和他的贵族们所做的那样。但是进入特拉斯卡拉城标志着永久和平和基督教化的开始，进入特诺奇蒂特兰城却要导致一场漫长的战争。作为未来由议员们统治的盟友，特拉斯卡拉人是"好的印第安人"，他们与嗜血的、难以驯服的阿兹特克人形成了鲜明的对比。［贝尔纳多·德·巴尔加斯·马丘卡（Bernardo de Vargas Machuca），这位恶毒且充满了偏见的征服者，将"受人尊敬的、礼貌的、勇敢的"特拉斯卡拉人视为例外。］[46]

于是，胜利进入特拉斯卡拉城就成了后来特诺奇蒂特兰发生的悲剧的慰藉。作为一个进城后带来永久积极后果的例子，它以关联性的方式让向阿兹特克首都的进军获得了合法性。它的意义，以及它在后来的几个世纪中逐渐发展成为一个更为伟大的、更令人兴奋和不含糊的时刻，事实上远远超越其本身，这同时也是它与范围更广的西班牙城市主义和胜利入城文化的联系。西班牙文明是根深蒂固的城市文明，占据财产和胜利进入城市是非常响亮且具有意义的时刻。根植于数个世纪的中世纪传统——其本身要追溯到古罗马时代，西班牙人一直都期待被打败的君主在城门前举行一个正式的投降仪式，随后再以胜利者的姿态入城，接受民众的夹道欢迎。这一传统在1492年得以强化，当年的西班牙天主教双王——费尔南多和伊莎贝拉在格拉纳达城门外接受了布阿卜迪勒的投降。布阿卜迪勒是伊比利亚半岛上最后一个穆斯林王国的末代君主，因此，征服格拉纳达对西班牙人来说具有强烈的政治和宗教意义。我并没有找到任何证据证明亲历"会面"的征服者参与过1492年的格拉纳达战役，但是很多人的父母和亲属却肯定参加过——其中就包括了科尔特斯的父亲马丁（Martín）。

科尔特斯将会继续进行一系列针对特诺奇蒂特兰城（西班牙人则把这座城市叫作墨西哥城）的入城行动。其中的每一次行动都被用来强化第一次抵达是胜利入城这一意识，每一次都被用来重申"会面"是"投降"的说法。正如后来的西班牙人在记录的时候夸大了1519年进入特拉斯卡拉城的情况一样，他们也同样想象1526年进入墨西哥-特诺奇蒂特兰城，是另一场胜利；他"回到墨西哥，在那里收获了当地居民的欢乐游行，同样的场景只有他们的一位皇帝享受过"。胡安·德·埃斯科伊基斯以对征服战争的描写结束了长达数千页的《英雄诗篇》，诗中写道："科尔特斯胜利入城，西班牙帝国加入了这个半球。"这里他所特指的即1521年8月13日特诺奇蒂特兰的陷落，但是更广泛意义上的所指则是起初的胜利入城。[47]

8月13日恰好是圣伊波利特节（St. Hippolyte），这个节日在16世纪的墨西哥迅速发展成为一年一度对于"会面"场景的再现。正如迭戈·巴拉德斯（Diego Valadés）在1579年所写的那样："为了纪念这次事件和愉快的胜利"，每年都会举行节日和"庄严的祈祷"。庆祝活动的核心是从中央广场出发到圣伊波利特"大神庙"的游行，后者建立在城市的边缘，据称也是"悲痛之夜"事件中西班牙人伤亡数量最多的地方。宗教权威和民政当局代表都会从广场出发，然后回到各自所属的建筑当中——大主教回到教堂，总督和审问院主席回到各自的政府办公地——从而仪式性地进入城市，并重申西班牙人的统治地位。每年度的游行都特别指向1520年的战败和1521年的胜利时刻。进入城市的巡游也是对1519年11月8日西班牙人第一次入城的一种仪式性重演，但并不是像实际情况那样模棱两可，而是像其后来所声称的幸运的胜利一样。[48]

那么，为什么科尔特斯的谎言能够像事实一般存在了这么长时间？关于这个宏大问题的第一个回答是欧洲文化中的胜利入城传统。这样的文化传统也将我们引向第二个回答，即谎言第一次被记录下来时的可怖情形。将"会面"塑造成"投降"肇始于1520年10月30日，科尔特斯在那一天坐下来，用笔墨向西班牙的年轻国王查理五世描述过去14个月所发生的事件。不过，科尔特斯不仅记录了他对于战争中所发生事件的记忆，还使用了所有西班牙人所共有的一个文化参考点——胜利入城，而且将"会面"进行了重新想象，让其成为胜利入城事件，以及这个故事中里程碑式的时刻。

在创作写给国王的"第二封信"时，科尔特斯的境遇极为凄惨。他领导的战役是一场灾难，大部分从古巴开始追随他的西班牙人都已经阵亡。在援兵尚未到达的情况下（尴尬的是，派人前来增援的正是他的敌人委拉斯开兹总督），西班牙人的数量急剧减少，以至于不得不匆忙撤离到加勒比海地区。这个伟大的岛屿城市不仅没有失守，也从来没有被占领，所谓的夺取完全是幌子。连续数月在特诺奇蒂特兰中心地区受限制的居住，并没有让西班牙人获得城市的控制权，反而让这些来自山谷以外的入侵者遭遇了暴力驱逐。现在的幸存者比以往更依赖他们的特拉斯卡拉盟友。科尔特斯和其他的队长们面对着致命的敌人：西边的特诺奇蒂特兰，东面的古巴。他们没有其他选择，只能编造出一个胜利的故事，寄希望于打败阿兹特克人，能够让他们的其他西班牙敌人们知难而退。

"第二封信"是科尔特斯的杜撰，因此它的内容——无论是作为亲眼见证还是政治诡计——都归结于科尔特斯本人。但是我们要理所当然地避免将整个"会面"故事都归功于他，否则就会轻易地掉进他所宣扬的天才传奇的陷阱。显然，将"会面"视作"投降"的同时，把1520年的战争看作平定叛乱，并将随后的任务看作收复曾经的战利品的行动，是很有吸引力的，也是极具慰藉且能够提升士气的做法。它将一场充斥着残暴和混乱的战争变成一种更为简单且高尚的叙事。早在科尔特斯将其写下来之前，这种叙事就已经在幸存的西班牙人当中流传开来了。到1520年10月时，西班牙人一定已经开始非常深情地集体回忆"会面"。作为"回忆之地"（lieu de mémoire，一个能触发有意义的回忆的地方），特诺奇蒂特兰城对征服者们来说是一个极其复杂的地方，对于那些历经了战争第二阶段后得以幸存的人来说更是如此。基于西班牙人随后在特诺奇蒂特兰的经历——以"悲痛之夜"中大部分西班牙人被屠杀为顶点，他们当然会用乐观的眼光看待1519年11月的那一周，即他们得到蒙特祖马欢迎和款待的那段日子。

"投降"叙事被发明出来之时的严峻形势，反过来也引导我们找到问题的第三个答案，即1520年10月时，从将当时还在进行中的战争合法化的需要中，催生了随后将战争结果合法化的需要，其持续了数十年乃至数个世纪。许多战争中发生的事情在战争结束之后得到审视。在16世纪三四十年代，科尔特斯的政治地位开始下降，在大量的私人诉讼和皇家调查里，他在战争中的所作所为被放在显微镜下检视。但是如果你想从数千页法律文书（保存在塞维利亚的皇家档案中）里，找到关于谴责蒙特祖马"投降"的说法是纯属虚构的句子，那你就白费工夫了。在律师和王室官员面前作证的征服者们都不愿意触碰这一话题；官员们也没有兴趣公然询问"投降"是不是谎言。它就在那里，存在于背景当中，就如同一个一直被相信和接受，但却鲜有人去直接确认和讨论的事情。[49]

我已经在16世纪的文件和书籍中连续搜寻很多年，希望能够知道战争结束后的墨西哥的一两代人是如何讨论"会面"的。大部分的资料都是只言片语，不过有几份更为详尽且有辩护意味的资料值得在这里引述。其一是参加过西班牙—阿兹特克战争的老兵鲁伊·冈萨雷斯（Ruy González）

于1553年写给查理五世的一封信。这位上了年纪的征服者被拉斯·卡萨斯的《西印度毁灭述略》（*Very Brief Account of the Destruction of the Indies*）激怒，这本书于前一年在塞维利亚出版，此时已经在墨西哥城流传开来。冈萨雷斯当时是该城的一位监护人（encomendero，监护人接受原住民的纳贡和劳动），同时也是城市的前议员。这位主教怎么敢"将我们这些征服者称为暴君和强盗，说我们不配称为基督徒"，还说"我们非法地来到这里"，并且"使得人们对西班牙国王统治（的合法性）产生怀疑"！[50]

冈萨雷斯援引四项理由来证明"西班牙国王统治新世界的正当名义"，并且"让那些背后的诽谤者们（murmuradores）闭嘴"。第一个理由便是征服者们是带着国王和教皇的授权来的；另一个就是"这些人"（墨西哥原住民）是"搞偶像崇拜的"食人族和"肮脏的鸡奸者"（这个常见的对原住民的指责和对征服者的辩护，我们将会在后面详细叙述）。另外两个理由则是用"投降"作为合法化的重复说法。蒙特祖马"不是一个合法的统治者"，因为他从哥哥那里篡夺了皇位，"破坏了祖先制定的协议"（与特斯科科和特拉科潘的三方联盟），他施行暴政并且奴役自己的臣民。作为结果，"这片土地的贵族们都站在我们这一边"，愿意加入科尔特斯和西班牙人的队伍，因为这些人能够"让他们从囚禁和被奴役中解放出来"。冈萨雷斯因此认为蒙特祖马不具合法性，也无视他的投降；与此相反，"投降"适用于"所有本地人，他们自愿为西班牙国王服务；他们提出了要求，我们则对其正式批准"。[51]

你能够想象到冈萨雷斯和他的老兵战友们围坐在晚餐桌旁，诅咒拉斯·卡萨斯和其他"背后诽谤的人"，并且用这些措词讨论"投降"及其重要性的样子。同样的谈话在1589年胡安·苏亚雷斯·佩拉尔塔（Juan Suárez de Peralta）所著的一本书中也有所体现。佩拉尔塔1537年出生于墨西哥城，是科尔特斯第一任妻子（佩拉尔塔的姨母后来称，她被科尔特斯谋杀了）的外甥。佩拉尔塔坚称，科尔特斯在"第二封信"中记录的，同时也在戈马拉的传记中重复出现的投降讲话是真实的：

> （蒙特祖马）说过那些话，和那些年老的印第安人们所详细叙述的一样——我也是从他们那里听到这些话的，也跟某些征服者们所说的一样，尤其是我的姐夫阿隆索·德·维亚努埃瓦·托德西利亚斯（Alonso de Villanueva Tordesillas）。他当时是谷地侯爵（科尔特斯）的政府秘书——作为维亚努埃瓦·德拉·塞雷纳（Villanueva de la Serena）本地人，他是如此的优秀、尊贵且受人尊敬，你完全可以相信他。[52]

你可能会形成这样一种强烈的印象，即佩拉尔塔只是从他的姐夫那里听到了这个故事——它的真实性和西班牙早期的现代法律体系一样，更多的是基于社会种族地位，而非合理的或者确凿的证据。至于他姐夫的资料来源——"年老的印第安人"，佩拉尔塔则没有告诉我们任何关于他们的信息，也没提及他们可能是从哪里获得的这些信息。佩拉尔塔在此重述的投降讲话在某种意义上是科尔特斯-戈马拉叙事的虚构版本，用古老的预言和阿兹特克人相信征服者是神灵的说法来完善。

拉斯·卡萨斯是唯一一个愿意公开质疑"投降"故事的人，因为他愿意质疑侵略的合法性，探究这段故事背后的根本原因。这位修士讲述了他和科尔特斯在墨西哥城的好几次对话。在其中一次对话中，拉斯·卡萨斯说自己斥责征服者毫无缘由地袭击蒙特祖马并且将他囚禁——继而夺走了他的国家。科尔特斯回答说："一个不从前门进来的人就是贼和强盗。"（*Qui non intrat per ostium fur est et latro.*）这看上去的确是科尔特斯的风格——拿战争开玩笑，并且他通过心不在焉地自比耶稣基督，又开了这个修士的玩笑（那句话出自《圣经·约翰福音》第10章）。[53]

拉斯·卡萨斯对于征服者的不道德和傲慢行径的愤慨是很典型的。贼、强盗、骗子，这恰恰都是拉斯·卡萨斯针对科尔特斯的指责——无论是当面对质，抑或在著作中谴责后者的贪婪和欺骗，拉斯·卡萨斯都理直气壮。并且在1547年，当科尔特斯的遗体还躺在棺椁中时，拉斯·卡萨斯就已经准备与西班牙那些为征服者辩护的人正面交锋。数年之间，萨拉曼卡和巴利亚多利德的大学举办了一系列的辩论，当中以1550—1551年召开的一次特别议会（或委员会）为高潮［其间，拉斯·卡萨斯花了五天时间用拉丁语大声朗读了他那长达550页的《辩解论》（*Argumentum apologiae*）］。一些征服者老兵也在现场，如贝尔纳尔·迪亚斯（至少他声称如此），还有一些如戈马拉一样的小人物［他当时正奋笔疾书关于科尔特斯的圣徒传记，不久之后以《墨西哥征服记》（*La Conquista de México*）的名义出版］；而这两个人都不会预见到自己的作品在接下来的一个世纪中对征服者神话历史起到的巨大助推作用。参加这些辩论的还有皇家历史学家，如前征服者行政官（conquistador-administrator）贡萨洛·费尔南德斯·德·奥维耶多（Gonzalo Fernández de Oviedo，拉斯·卡萨斯曾称此人是"印第安人最强大的敌人"）、胡安·希内斯·德·塞普尔韦达（Juan Ginés de Sepúlveda，"征服事业的智识名誉领袖"）。[54]

经年累月辩论的结果是拉斯·卡萨斯取得了道德上的胜利，这既体现在限制征服者行为的法律上，也表现在一部现在已经绝版的书中，即1552年的《西印度毁灭述略》。拉斯·卡萨斯行动的成果，就是永久确立了征服必须要有合法性的原则——无论是在大的方面，还是在具体的入侵行动和领土诉求上。但实际上，这并不意味着西班牙的殖民地后来就被主教和修士管理——尽管这也是拉斯·卡萨斯所希望的；这意味着征服者们必须遵守特定的法律程序从而让自己的行为合法化，避免被敌人或者王室官员抓到把柄，或者被剥夺他们对所获得的省份的高油水、高声望的统治。许多新世界的《须知》读物连同与之相关的西班牙当局的仪式化表演，如蒙特祖马那被编造出来的投降讲话，都完成了它们的使命，无论它们本身看上去多么荒谬不堪。征服者们也相继被授予了"安定"和"居住"的许可权［也因此享有"先遣官"（*adelantado*）的头衔，这个词的字面意思是"先遣之人"，经过许可的入侵者〕。不过，如果他们能在这场由他们肇始的战争，以及16世纪早期美洲的征服者与西班牙王室官员之间的内讧中幸免，那么他们在西班牙国内被数十年的法律诉讼和争端妖魔化的风险就越高，而另一方却获得了统治"先遣官"们耗费数载所征服的土地的权力。

因此，合法化的概念是有关征服和殖民的一切讨论的战场。在这个意义上，塞普尔韦达赢得了辩论。因为讨论的主题已经不再是原住民的人权，而是如何定义针对他们的"正义战争"——如果排除西班牙国王对"新世界"的"统治权"的"疑虑"（语出鲁伊·冈萨雷斯）。一次接着一次的征服行动，就像是暴力垫脚石，带着这些入侵者和他们的致命行囊跨过整个半球。争论事件也随之不断累积起来。从16世纪20年代到40年代，针对科尔特斯过分使用暴力的指控一直在增加，但是在面对征服者们犯下的新暴行时——如在米却肯（Michoacán）、危地马拉、尤卡坦东南部、秘鲁、墨西哥发生的故事，看上去却越来越不令人震惊。尤其是连关于如何对待原住民国王和统治者的故事，都包含了连篇累牍的折磨和谋杀的情节。是的，夸乌特莫克遭遇了同样的命运，他在1521年受尽折磨，在1525年被绞死，蒙特祖马本人也可能遭遇谋杀（正如我们可以预见的）。但是没有任何其他的征服者能够再造一个和"会面"一样的投降故事，因此，保留让"会面"变为"投降"的故事，并且让其继续存在下去变得异常重要：不仅对墨西哥这个地方是这样，对于整个西班牙在美洲的征服和殖民事业来说也是如此。它是殖民事业合法化最关键的寓言。[55]

以上便是西班牙语世界中宣传的传统叙事。到萨拉曼卡大讨论的时候，关于具体征服事件的一系列关键版本都已经被印成书籍，首要的就是被看作"投降"的"会面"，其中最有名的当属科尔特斯和奥维耶多的记录了。戈马拉的版本不久也将出版，接下来的一个世纪还有埃雷拉、迪亚斯、索利斯的著作不断强化这一叙事，这种趋势一直持续到18世纪。但是还需要一个回答（我们八个回答中的第四个）来解释，为何从19世纪到20世纪间，同样的叙事在英语、法语、荷兰语以及数十种语言中会不断被重复，并且在绘画、诗歌、演出和戏剧当中持续存在。这个回答便是确认偏误（confirmation bias），一个我们从现代心理学中借来的词汇。

18世纪的法国人阿贝·普雷沃斯特（Abbé Prévost）的说法看起来一针见血。他指出，西班牙人关于蒙特祖马讲话的叙述充满了"技艺和精巧"，而来源却是"基本上高度可疑"的。然而，让这位历史学家兼修道院院长高兴的是，"它们看上去不尽相同，但它们与所有历史学家的记录都很相似，因此又获得了某种程度的真实性，而这些历史学家的记录肯定也出自同一个源头"。普雷沃斯特是对的，他在18世纪50年代掌握的所有材料之所以相似，是因为事实上它们都出自同一个源头——科尔特斯所发明的投降讲话。然而，这位聪明的修道院院长终究受时代所限，没有继续探究讲话的真实性，而是提出了相反的结论。随后，他也只是简单地重复了索利斯发明的版本——在普雷沃斯特的那个年代，索利斯的记录是科尔特斯所述版本最知名的继承者。[56]

换句话说，蒙特祖马的投降故事被重复的次数如此之多，以至于它逐渐获得了真实的表象，这也是那些声明被一再讲述、一再付梓的意图。一个又一个世纪后，传记学家和历史学家们都只重复同样的故事，每个新的版本都不过是同一个树干上伸出的分枝而已。16世纪的戈马拉和迪亚斯、17世纪的索利斯、18世纪的罗伯逊和19世纪的普雷斯科特——没有任何人有能力或意愿像一个现代历史学家一样，致力于重构一个对过去的客观、平衡的（有些人会说是玩世不恭的）看法。我们也不应该这样要求他们。与之相反的是，他们依靠自己的信念和偏见，为被看作"投降"的"会面"主题增加了些许的变化，其中戈马拉受到科尔特斯的雇用，索利斯受到国王的委派，罗伯逊受到了反天主教和反西班牙的"黑色传说"的影响。

甚至更多与我们时代更近的历史学家都没能逃脱这棵树的阴影——尽管他们将"会面"和"征服"的主题置于严苛的学术研究和国际讨论之

下，相关的著作也越来越丰富，但是这些研究全都是从科尔特斯的信件衍生而来的无数分枝而已。的确，有些人认为科尔特斯的著作完全是虚构出来的，蒙特祖马的讲话是"伪造"的。但无论是书籍、互联网，还是电影等大多数当代作品，都只不过是将"会面"作为"投降"这一主题的无尽重复的变体而已。[57]

正如伊丽莎白时代的散文家弗朗西斯·培根所说的那样，观念"形成了事实基础"，一旦形成，"它就会把其他任何东西全都吸收过来支持和赞同它"。"被接受的观点"的重量就和那个看上去"可接受的"观点一样。或者，我们引用一个时代更近的评论家（同时也是研究殖民时期的墨西哥的一位历史学家）詹姆斯·洛克哈特（James Lockhart）的话，他曾经评论说，学者们都臣服于被他嘲讽的那种"保存历史学家能量的法则"。因此，历史学家倾向于首先寻找"最容易的（也是最为虚假的）来源"。在这个例子里，这些来源便是征服者和编年史家的记录——以传统叙事为基础，进而通过证实偏见来提供"事实"。[58]

与证实偏见相关的是另一个潜意识的因素（这也是我在前几页所提问题的其中一个答案）。这个因素便是"征服墨西哥"传统叙事的结构，称其为潜意识因素的原因在于它具有熟悉性和可预测性，这些特性能吸引我们（也因此是有意义的事情），同时我们在潜意识中并没有意识到其根基深厚的吸引力。具体而言，征服历史不但本身是一个极好的奇谈故事，而且它的核心要素也让它能够利用古典叙事的能量和逻辑。之所以称之为古典叙述，是因为它可以追溯到亚里士多德生活的年代。但是今天的文学理论家也将其简称为五阶段模型（five-stage model），即A/B/-A/-B/A。[59]

如果运用到我们的故事当中，那么：A就是平衡的起始阶段（教皇将"新世界"授予西班牙国王，科尔特斯作为上帝和王室的代表之一，他的任务只是去宣称拥有这片土地）；B是平衡被打破（西班牙人遭遇抵抗）；-A是意识到上述破坏（西班牙人意识到自己入侵了一个强大的中央集权的国家，他们将所有的破坏都归咎于它）；-B是尝试修复上述破坏（西班牙人试图组建联盟，以便最终去往蒙特祖马和特诺奇蒂特兰城那里）；最后的A是平衡的重构（蒙特祖马的投降）。这个故事的剩余部分是对B/-A/-B/A阶段的重复：西班牙人遭遇到了挫折，建立起联盟，通过打败阿兹特克人和对特诺奇蒂特兰城的恢复，重新建立起平衡。

这可以说是科尔特斯得以建构叙事的唯一方式，也是后来的叙述者和编年史家们能够看到的唯一（或者最为可能）的方式。因为这就是西方世界的"传统叙事"结构，并且深深地印刻在中世纪欧洲人的头脑中，一直贯穿到现代社会早期。到了19世纪和20世纪，从小说到电影，随着讲述故事的新媒介竞相出现，上述叙事获得了新的生命力。"征服墨西哥"的传统叙事简直就是依据现代讲故事的方式量身定做的，当中有英雄、恶人和悲剧英雄，还有一个模棱两可的浪漫主题——通过改造，可以适应更加现代的主旨（过去的两个世纪中，有关科尔特斯和马林钦关系的作品不断涌现）。无论我们是将其看作三幕剧还是五阶段叙事，它那"成功—失败—恢复"的结构在无数戏剧中都被呼应——无论是莎士比亚的悲剧，还是好莱坞的浪漫喜剧。

与此同时（我们回到16世纪来探寻第六个答案），在墨西哥的原住民贵族当中，一个相似的叙事也在不断滋长，并且被不断地重复确认——但是其原因却和那些以西班牙人和其他欧洲人为基础的叙述完全不同。殖民体系的建立，让一套新的关于奖赏和特权的政治文化从西班牙来到了墨西哥。由于声称根深蒂固和始终不渝地忠心于教会与王室、上帝与国王，对于寻求奖励的本土的统治者、政权和城镇来说是至关重要的（例如免于纳贡，继续享有传统称号的权利，以及拥有对于国家土地的控制权等）。结果，这一关于投降的神话历史就传遍了整个美索美洲。在数个世纪的时间内，从曾经的阿兹特克帝国，再向南进入尤卡坦和危地马拉的玛雅区域，这些统治者家族和前城邦国、城镇都声称，他们迅速、平和地皈依了基督教，并且认可西班牙国王的合法统治。有些人说的是事实，但还有很多人忽略甚至隐瞒了他们曾经对外来侵略的抵抗。[60]

那一更广泛意义上的投降神话历史，给予了这一更为具体的"蒙特祖马向科尔特斯投降"的神话历史以结构上的支持和文化上的确认。谁最乐意拥抱和维持"投降"故事呢？答案是蒙特祖马自己的亲属和他的后代们。尽管在战争中损失惨重，阿兹特克王室仍作为一个统治王朝继续存在（尽管只是在当地），并且成功地用策略和协商的方式维系了其长达好几代人的地位（大量的法律文书的副本记录了自16世纪早期至20世纪，这个家族的成员如何努力维护他们的财产和地位）。有无数例子表明，阿兹特克王朝的成员一贯声称，蒙特祖马是自愿交出统治权的。这当中，可能最为人熟知的例子就是他的女儿特奎奇波奇钦［Tecuichpochtzin，即唐娜·伊莎贝尔·蒙特祖马·特奎奇波（Clonã Isabel Moctezuma Tecuichpo）］，以及她的第六任（也是最后一任）丈夫、征服者胡安·卡诺，他将蒙特祖马提升到了基督教殉教者（Christian martyr）的地位，即其从一开始就欢迎科尔特斯，渴望皈依，并且"为了效忠西班牙国王"而死，其中的论据很清楚。用卡诺的话来说："向（阿兹特克）皇族示好和你的皇家良知是相称的，尤其是对伊莎贝尔女士的示好，因为她是蒙特祖马的继承人，并且自愿臣服于西班牙国王，接受其册封。"我们会在后面的一章中谈到伊莎贝尔，这里我们转向另一位阿兹特克贵族，他叫唐·巴勃罗·纳萨雷奥（Don Pablo Nazareo），是蒙特祖马的一位姻亲侄子。[61]

西班牙—阿兹特克战争时期，纳萨雷奥还是一个孩子。他在战争结束后在特拉特洛尔科（原是这座岛屿首都的一部分，后来逐渐演变成为今天的墨西哥城）的学院里接受了方济各会修士们的教育。由于掌握三种语言——纳瓦特尔语、西班牙语和拉丁语（他后来成了拉丁语教师），纳萨雷奥用拉丁语写了一系列寄给西班牙国王的信，以他自己、妻子以及岳父（纳萨雷奥在其岳父晚年时一直照顾他）的名义请求获得特权。这位老人便是蒙特祖马的兄弟唐·胡安·阿萨亚卡特尔（或者阿萨亚卡）；纳萨雷奥的妻子是蒙特祖马的一个侄女，受洗的唐娜·玛丽亚·阿萨亚卡·奥塞洛希特钦（Dlonã María Axayaca Oceloxochitzin）。信中，纳萨雷奥用很多种方式重复声明，不仅蒙特祖马和他的兄弟向科尔特斯投降，而且唐·胡安在战争全程中的效忠，使得西班牙征服者的最终胜利成为可能。例如，他写道：

> 我们的祖先蒙特祖马大人，和我们的父亲、蒙特祖马的兄弟胡安·阿萨亚卡无疑最早支持了第一批来到西印度群岛地区的西班牙人，他们谦卑的灵魂带着最虔诚的敬意臣服于国王陛下，并且通过（科尔特斯）队长，向神圣的天主教皇帝阁下献上了无尽的财物、大量的礼物以及数不清的用纯金打造的武器——这些与其说是证据，更不如说是明确的信号，显示出他们认同全能上帝的统治，就如同羊群追随牧羊人一样。[62]

如果说蒙特祖马的投降对唐·巴勃罗·纳萨雷奥而言具有重大的意义，这样的说法一点儿也不夸张。蒙特祖马的投降是假的，但是他数代的亲属和子嗣们都屈膝声称这是基本事实——这两个事例充分告诉我们神话历史在墨西哥历史中所占的地位，而后者自1519年才真正开始。像纳萨雷奥和唐娜·伊莎贝尔·蒙特祖马这样的纳瓦人，他们将蒙特祖马的投降用作法律和政治的策略，但是我们很难怪罪他们。毕竟他们都是基督徒，并且也肯定愿意相信蒙特祖马去世的时候也是基督徒。对他们来说，"投降"不是谎言，而是让他们的新世界变得有意义的神圣时刻。

蒙特祖马则是这一问题的下一个答案——但不是他本人，而是他那500年的后世。在他死后的第一个百年，这位皇帝的声名遭到摧毁和践踏，目的是为西班牙的入侵和征服提供合法性和解释。我们之前已经了解了"懦夫蒙特祖马"，并且会在下一章中讨论他被暗杀的细节，所以我们在这里讲西班牙人和纳瓦人的记录就足够了：这些记录把蒙特祖马描绘成"迷信、抑郁、软弱和胆小的人"，一个单向度的统治者，"一个无法克服强加在自己头上的命运的人"。鉴于科尔特斯和他的倡导者们发明了蒙特祖马的"投降"，阿兹特克的战败归咎于皇帝成了西班牙人对于征服战争胜利的传统解释之一，这样看来就很讽刺了。而当这些解释——上帝的意志、科尔特斯的天才、欧洲的优越性——在当代社会不再受到欢迎时，那么人们就将更多注意力放在了科尔特斯被指控的失败上面。[63]

随着关于这场战争的半原住民记录不断出现，另一种层面的讽刺也被加了进来——这些著作中，最重要的当属萨阿贡的《通史》（*Historia General*，也就是通常说的《佛罗伦萨手抄本》），其中的纳瓦特尔语文本经过翻译后也逐渐为世人所知。我们已经知道，《佛罗伦萨手抄本》中关于征服的记录是16世纪晚期的特拉特洛尔科-方济各叙事，然而20世纪的大部分时间内，它却被误认为是货真价实的阿兹特克乃至于"印第安人"关于征服史的观点，它甚至记录了蒙特祖马"投降"讲话的纳瓦特尔语版本，给其增添真实性的语言外衣，并且赋予这个传统叙事的核心一部分新的生命。那些对阿兹特克人不抱同情的作者们，利用《佛罗伦萨手抄本》对蒙特祖马的声誉发动了比以往更甚的攻击（大部分在英语世界，自19世纪80年代开始的一个世纪里）；不过，甚至连那些对蒙特祖马抱有同情的人都倾向于维系"投降"的神话历史，他们认为这不是皇帝软弱的结果，而是因为他根深蒂固的对于阿兹特克预言传统的信念（即预言主题，不过是以一种更为迷信的形式）。[64]

而公认的支持蒙特祖马的浪潮发端于墨西哥，虽然这在当地的民众中只取得了零星的支持，但是在全世界的学术圈内获得了广泛认可。然而，一场全面的为蒙特祖马恢复名誉的行动却仍然没有出现，并且在将"会面"转变成为"蒙特祖马的投降"的神话历史没有被打破的情况下，这种行动也不可能出现。蒙特祖马可能永远无法就他死后受到的性格和名誉上的诋毁展开复仇，原因很简单，因为夸乌特莫克逐渐成为阿兹特克英雄角色的更好的候选人——尤其是在墨西哥。例如，20世纪最后的几十年中，墨西哥的教科书仍然根据传统叙事来描写蒙特祖马，如他因为西班牙人的到来而受到惊吓，并当科尔特斯到达特诺奇蒂特兰城后立刻向其臣服；

而夸乌特莫克对围城的抵抗只获得了些许关注。然而，在21世纪的教科书中，尽管"蒙特祖马的投降"仍然被当作事实，但是已经被弱化，而夸乌特莫克获得了英雄的待遇；墨西哥的学生们被告知，他是"你们的国父"（*fundador de tu patria*）。[65]

对于第八个，同时也是最后一个答案，我们要转向另一个民族英雄——斯科特将军——不过要通过拿破仑来了解他。

※

当法国皇帝拿破仑·波拿巴为1808年入侵西班牙做准备时，他委托意大利作曲家加斯帕雷·斯蓬蒂尼（Gaspare Spontini）创作了一幕歌剧，主题是"征服墨西哥"。这和科尔特斯征服墨西哥有着异曲同工之妙：拿破仑是这个故事中的英雄科尔特斯，西班牙则是他的墨西哥。这部名为《费尔南·科尔特斯》（*Fernand Cortez*）的歌剧甚至虚构了一个科尔特斯的兄弟角色，名叫阿尔瓦罗（Alvaro），他被阿兹特克人捉住，在被献祭之前得到解救。1809年11月，当这部歌剧在巴黎首演时，拿破仑的哥哥已经成为西班牙的新国王约瑟夫一世，法国人的庞大军队也已经占领了这个半岛。

通过将阿兹特克皇帝和他被俘的事实隐藏在幕后的方式，斯蓬蒂尼使原本不甚协调的西班牙蒙特祖马向法国科尔特斯投降的桥段变得顺理成章。据说这部作品因为浮夸的音乐和17匹活马的使用，让巴黎的观众大饱眼福［埃克托·柏辽兹（Hector Berlioz）认为其极富启发性，并将其视作现代音乐史中的重要作品］。然而，对于两次侵略之间相似性的其他讽刺（例如，1809年早些时候，上千名西班牙士兵在科尔特斯的家乡麦德林（Medellín）城外惨遭屠杀；他童年时代的故乡也同样伤亡惨重）和其荒谬性（例如，魔鬼般的阿兹特克祭司成为邪恶的西班牙宗教裁判所的替身），批评家们却难以消化。这部作品在那一年年底前就取消了演出。

斯蓬蒂尼的歌剧沉寂了，拿破仑的战争也同样走上下坡路。跟蒙特祖马的投降一样，他的胜利也被证明是虚幻且转瞬即逝的。西班牙人的抵抗运动逐渐发展成为游击战争，暴力行为不断上升，英国人开始出动军队，战争持续了五年的时间，直至1814年法国人最终从伊比利亚半岛撤军。但是作曲家和剧作家们〔艾蒂安·德·茹伊（Étienne de Jouy）和约瑟夫–阿尔方斯·埃斯梅纳尔（Joseph-Alphonse Esménard）〕仍然不屈不挠，他们修改了歌剧，将蒙特祖马从一个幕后人物提升为第二主角，地位仅次于"科尔特斯"本人。在1817年的重演中，"墨西哥人的国王"是一个甘愿与自己的帝国共存亡的无能君主——但是在之后却很轻易地被说服，接受了科尔特斯的"友谊"，并且为他与一个虚构的蒙特祖马的侄子的浪漫结盟送上祝福。当大幕落下的时候，合唱团高唱："多么荣耀和希望的一天！"（*O jour de gloire et espérance!*）

与最初的富有宣传意味的版本不同的是，这一版引发了巨大的轰动。从1817年首演开始，它便成为巴黎歌剧院的常规剧目，直至1830年，重演了218次。相较于严肃的战争现实——无论是拿破仑在西班牙的战争还是科尔特斯在墨西哥的战争，观众们更为感兴趣的还是传统的科尔特斯叙事中那令人舒适的浪漫主义，以及最为关键的神话历史时刻，即蒙特祖马臣服于文明那充满希望和荣耀的天赐进军。最重要的是，关于征服的罗曼史迎合了时代精神。马林钦（或者一个虚构的阿兹特克公主）从一个边缘而应景的角色变成了中心角色，无论是在关于科尔特斯和征服战争的历史和戏剧中，还是在关于她本人的文学作品中都是如此。在歌剧"征服墨西哥"系列的伟大历程中——由五个欧洲国家创作，从1733年安东尼奥·维瓦尔第（Antonio Vivaldi）的《蒙特祖马》到1848年伊格纳西奥·奥维赫罗（Ignacio Ovejero）的《埃尔南·科尔特斯》（*Hernán Cortés*）——这个故事逐渐被浪漫化，马林钦式的角色也逐渐变得重要。与斯蓬蒂尼同时代的一个巴黎人尼古拉斯–尤斯塔什·莫林（Nicolas-Eustache Maurin），他受奥维赫罗的《埃尔南·科尔特斯》和乔瓦尼·帕契尼（Giovanni

Pacini)的《艳蜂鸟》(Amazilia, 1825年于那不勒斯首演)启发,创作了一系列广受欢迎的印制作品——这也是浪漫时代发展过程中,马林钦产业在艺术和文学领域的一个早期的例子。[66]

如果斯蓬蒂尼修改过的歌剧版本引发了轰动,那么普雷斯科特的《墨西哥征服史》引发的轰动效应更大;不过在他的例子中,同时代的历史事件帮了大忙。刚开始的时候这本书只取得了不大不小的成功,但是美国总统波尔克(Polk)下令进攻墨西哥的时候,它的销量暴增。在美国国内,大部分人可能已经忘记了美墨战争;美国人制定的反对移民的政策,目的是将这些人阻挡在过去曾属于他们的土地之外,但是政策的推动者和支持者们似乎已经无法体会其中的讽刺。而在墨西哥,美国的侵略战争并不是一个遥远的记忆。近期的一份关于当代人对西班牙征服的态度的研究中,墨西哥人和墨西哥裔美国人倾向于"强调西班牙征服中的暴力、1848年一半领土的丧失以及今天美国边境地区的暴力之间的关系"。[67]

1848年并不是墨西哥最后一次遭到侵略。拿破仑的侄子、法国皇帝拿破仑三世,于1861年加入了由西班牙和英国组成的进入墨西哥的索债远征军,并在不久后将其转变成为征服战争。拿破仑最终将一位奥地利大公推上了墨西哥的皇位,也就是马克西米利安一世(Maximilian I),但是他的皇位只维持了三年时间。直至1867年马克西米利安被处决,他统治下的这个国家从未停止抵抗它最后的征服者。1862年5月5日,墨西哥人在普埃布拉(Puebla)大败法国军队,今天的墨西哥裔美国人仍在纪念这个节日〔即"五月五日节"(Cinco de Mayo)〕,目的是在这样的一个国家内庆祝他们的"墨西哥属性"——这个国家在征服墨西哥后,造就了一个想要将墨西哥人排除在外的帝国;它的海军陆战队队员依旧高唱胜利的歌曲《蒙特祖马的大厅》(我们将在不久之后谈到这首歌)。胜利与悲剧的重叠,将帝国和民族、过去和现在联系在一起,似乎总是能够追溯到1519年11月特诺奇蒂特兰城的某一天。

因此,"征服墨西哥"的故事是"记忆的交汇处"(lieu de mémoire),

这个由记忆和意义构筑的地方，拥有更广泛的地理维度和更深层次的时间维度。我们接近这一主题的方法无穷无尽，但是，不管我们的向导是唐娜·伊莎贝尔·蒙特祖马和巴勃罗·纳萨雷奥、布伦米迪和斯科特将军，抑或是拿破仑和斯蓬蒂尼，我们可以越来越清晰地看到，"征服墨西哥"的传统叙事甚至从不是关乎西班牙—阿兹特克战争的。"征服"并不是一系列简单的历史事件，而是一个鲜活的核心：在过去的几个世纪当中，它一再被重置，以便"服务于官方的、地区的和个人的目的"，被"个人、社区和国家"利用和重新发明，以便重新定义当代的实践。[68]

处于这个经常被利用的叙事的核心的，是一个被想象的瞬间，即蒙特祖马向科尔特斯投降。它在各类书籍和绘画中一直存在和发展的原因，并不是因为它真的发生过，而是有太多的人因为各种各样的原因相信它发生过，或者需要它发生过。对于（以及作为）一个被发明的事件，"作为投降的会面"告诉了我们过去500年间人类社会太多的故事。

第二部分

Tlein ticmotenehuilia aquin tlatohuani...

Cuix amo nitlatohuani Cuix amo nitlatocati

Cuix ye onipoliuh Cuix ye Onimic

Cuix ye onitlan Cuix acmo nicmati

你在说什么？谁是王（特拉托阿尼）？……

难道我不是王吗？难道我不是主人吗？

难道我已经被打败了吗？难道我已经死了吗？

我已经完蛋了吗？我已经没有清醒的意识了吗？

——语出希律王，源自17世纪的纳瓦特尔语戏剧《三王记》[1]

图5　野兽之王

第八、第九、第十代阿兹特克国王画像，出自杰梅利1699年《世界环游记》（*A Voyage Round the World*，1704年英文版）。当杰梅利在墨西哥城的时候，他有机会接触到许多的手稿，包括那些在伟大的墨西哥学者唐·卡洛斯·西古恩扎–贡戈拉（don Carlos Sigüenza y Góngora）图书馆中的手稿。由于这些手稿的抄写历史可以追溯到阿兹特克时期，这些画像在风格上属于欧洲现代早期，但是其中的元素则是由美索美洲艺术传统改造而来的。虽然杰梅利得以获得殖民时代原住民的手抄本，但是他并没有停止强调阿兹特克王权和宗教的撒旦属性。

第三章

社交礼仪和可怕的仪式

他那残暴天性的每一次脉动，都让位于恐惧和虚弱。

——索利斯《征服墨西哥史》，1724年托马斯·汤森译本

人们会不由自主地感觉到蒙特祖马是一头野兽，他将俘虏献祭的行为是一场仪式性的谋杀……（然而）当得知上帝想要降临墨西哥城的时候，他被敬畏之情所压倒。

——莫里斯·科利斯（Maurice Collis），1954年

我愿意顺应您的国王的要求，同他建立起友情；我很高兴废除食人肉的习俗，因为这是他所憎恶的。

——蒙特祖马的投降讲话，出自埃斯科伊基斯
《被征服的墨西哥：英雄诗篇》，1798年版

当然，精致的教养和极致的野蛮之间的距离，从来都没有这么近过。

——威廉·普雷斯科特，1843年

> 欧洲人——从第一批亲眼见到墨西卡社会的西班牙征服
> 者，到我们这些渴望见到墨西哥社会的人——一直对墨西卡世
> 界中那个令人不安的差距感到困惑：一方面是他们高雅的礼仪
> 及挑剔的社交和艺术感，另一方面则是大规模的杀戮和肢解，
> 即在社交礼仪和可怕的仪式之间。
>
> ——因加·克兰狄能（Inga Clendinnen），1991年[1]

阿兹特克10位国王的名字当中，都包含有一个数字编码。如果我们将他们名字当中的每个词都用数字代替，那么这些国王的名字就缩减成了一系列的数字代号。其中，第一代国王阿卡马皮奇特利（Acamapichtli）就是56，两代蒙特祖马都是84，末代皇帝夸乌特莫克则是77。把这10个数字加起来，则"总数就是666，也即兽名数目"。换句话说，总体上阿兹特克君主政体就是撒旦的代表——"圣约翰所描述的恶魔"。[2]

17世纪90年代晚期，杰梅利在访问墨西哥城的时候阐述了这个数理智慧。当这位从律师转变为探险家（一些人称他是梵蒂冈的间谍）的那不勒斯人结束五年的环球之旅后返回意大利，他出版了一部关于自己见闻的详细记录。他的这部六卷本著作在18世纪的时候出版了意大利文、法文和英文等多个版本。后世普遍认为杰梅利的故事过度虚构（例如，他声称埃及人和美洲的原住民都是"来自亚特兰蒂斯岛"难民的后代），甚至是完全编造的（他的旅行后来启发了一部畅销的幻想游记，即儒勒·凡尔纳的《八十天环游地球》）。但是杰梅利的旅行本身并不是他想象出来的，他遇到的人以及这些人告诉他的事情也不是他编造的。他甚至有机会接触唐·卡洛斯·西古恩扎-贡戈拉那令人难以置信的图书馆和说教队伍（didactic company）——当杰梅利造访的时候，这位极富名望的墨西哥博学家虽然年迈，但仍然在世。也就是说，杰梅利的观点在当时并不是稀奇古怪的，它们是主流观点，并且这本书的成功也巩固了这些观点的主流地位。[3]

　　因此，当数代欧洲人读到一些人认为古代的阿兹特克的国王都是信魔者（证据就在数字当中）这样的说法时，他们便认可了数个世纪以来在西班牙、墨西哥和其他地方，以各种方式流传下来的这种说法。当杰梅利写道，诸如蒙特祖马一类的阿兹特克皇帝会定期举行"可恶的献祭仪式"，他们会亲自"打开"受害者的"胸腔，即刻取出他们的心脏，并在它们还在跳动的时候就扔到偶像的面前"，他只不过是将众人的共识加以总结而已。并且杰梅利还记录了新西班牙的"印第安人本质上胆小怕事，但同时又极其残忍"，"他们是优秀的贼、骗子和冒名顶替者"，他们缺少"荣誉感（因为他们总是相互劫掠，此外还和自己的母亲与姐妹乱伦）"，他也只不过是在重复和强化关于美洲"印第安人"差异性的轻蔑观念，这样的观念可以追溯到哥伦布时代。[4]

　　上述这些看法，也只是现代早期大西洋世界中，对美洲原住民文化和历史带有偏见的认知和误解旋涡中的一部分。无论过去还是现在，处于旋涡中心的一直都是阿兹特克人。尽管今天人们鲜少把阿兹特克文明看作邪恶的存在，但人们用以观察这一文明的视角一直都是所谓的活人祭祀，甚至是在孩子们的幽默书当中［例如畅销书"恐怖历史"（*Horrible Histories*）系列，其中一册封面收录在本书插图当中，插图9］，阿兹特克人也是"愤怒"的，因为这是一个押头韵的关联，能引起各类读者的共鸣。蒙特祖马就在这样的一种背景下存在了五个世纪，其死后长期被给予负面的评价。为了给蒙特祖马小小地复仇，同时也为了解开"会面"的谜题，我们必须要探索究竟阿兹特克人是如何以及为什么变得"愤怒"，为什么蒙特祖马会在死后遭遇不公平对待，以及人们如何从不同的视角观察阿兹特克人。[5]

※

　　1492年前的数个世纪里，欧洲人都相信在这个世界上的一个偏远地区，居住着奇怪的异种人类，他们中的一些人非常伟大，另一些人则很恐怖。例如老普林尼的《博物史》（*Natural History*）和约翰·曼德维尔（John Mandeville）爵士的《曼德维尔游记》（*Travels*）都混合着现实和幻想，这两本著作尽管分别写于1世纪和14世纪，但是在16世纪仍然广受欢迎。欧洲人来到美洲的时候，都期待着能找到奇特的人种及异域文化体验。他们也常常认为自己真的发现了这些。

15世纪90年代，欧洲流传着这样的说法，即哥伦布发现了居住着食人族的群岛（这些人每天都吃人肉），还有一个岛上都是巨人，另一个岛上则居住的都是女战士。在荒诞不经的传统故事流传的同时，新的故事也在不断发展。即便欧洲人已经和原住民一起生活了数十年，他们的期待也丝毫没有减弱，因为每一次新的发现都会带来关于野蛮的故事，来自新世界的信札和报告里的确切记载中也混杂着精彩传说。当迭戈·委拉斯开兹向科尔特斯签发前往墨西哥的航行命令时，委拉斯开兹已经在加勒比地区生活了25年（自跟随哥伦布第二次航行以来），但是他并没有见过巨人。然而，他仍然命令科尔特斯证实这些报告的真实性，即"有的人长着宽大的耳朵，还有的人的脸像狗一样"，并且找到"亚马孙女战士在哪儿"。[6]

尽管寻找异族和巨人族的行动还要在美洲持续数十年，但"印第安人"阴森可怕的形象已经被创造了出来。早在15世纪90年代，哥伦布和他的同伙还有继任者们就已经在加勒比地区建构了一个持续很久的食人族传说["食人族"（Cannibalism）这个词正是从"加勒比"（Caribbean）而来]。驱动他们的是这样一种观念，即奴役食人族是很正当的行为，1503年颁发的西班牙王室法律也支持这样的观点（不过是以从前的法规为基础）。西班牙人将这些所谓的食人族称作"caribes"（"这是一个用来把自由人变成奴隶的词汇"，来自拉斯·卡萨斯），并且也期待（某些人希望）能在美洲大陆找到这些人。分别出版于1520年和1521年的胡安·迪亚斯（Juan Díaz）和皮特·马特·德安吉拉的著作，以西班牙人声称的

1518年格里哈尔瓦远征尤卡坦和墨西哥海岸的所见所闻为基础，催生了有关原住民沉溺于偶像崇拜、献祭杀戮和食人的形象，并且被后来的数代人不断重复。这种情况就像是但丁的《神曲·地狱篇》转变成了一种现世的"印第安人"地狱。[7]

欧洲人对美洲地狱般可怖的想象，源于西班牙人在墨西哥发现了一个高度发达的宗教世界并因此备受刺激。这个世界有完整的庙宇和雕塑、祭司和仪式，除非简单地将其归为魔鬼的作品并加以谴责，否则所有的一切都将难以被人们理解。没过多久，大西洋两岸的欧洲人便开始构想阿兹特克人的宗教，其核心是三个相互联系的元素：公开处决（自16世纪开始直到今天都是以"活人献祭"为特点）、惯常的食人行为，以及崇拜巨大的、撒旦般的"偶像"。与之关联的则是一系列负面的刻板印象，有的时候专门针对阿兹特克人，有的时候则是对美索美洲人整体的污蔑：他们有鸡奸行为，放荡、酗酒、不诚实，并且易盲从。

例如，"某个匿名征服者"在自己所描述的"新西班牙的某些方面"（Some Aspects of New Spain，1566年意大利语首版的书名为*Relatione*）中声称，在某些地区，人们"崇拜男人两腿之间的部位"，他们还非常嗜酒，甚至会在实在喝不下的时候用酒灌肠；阿兹特克男人撒尿的时候是坐着的，女人则是站着的。不过这本书的核心是关于野蛮的三要素。阿兹特克人"非常热衷于献祭，把他们的心脏和鲜血"献给他们的"偶像"，因为那些被魔鬼掌控的偶像让这些盲从的原住民相信，前者只吃人的心脏。有关食人的指控不可避免地出现了，既针对古代的墨西哥人——"他们的族群间曾经有规模巨大的战争，彼此之间存在巨大的差异，所有在战争中被俘的人都会被吃掉或者沦为奴隶"，甚至还包括他们16世纪的后裔，这些人"是你在战争中会遇到的最冷酷的敌人，因为不管是面对兄弟、亲属还是朋友，他们都毫不留情，他们甚至会杀死那些长得好看的女人，然后将其吃掉"。这本书最后总结道：

> 新西班牙的所有人，包括临近地区在内，都吃人肉，并且
> 将其当作世界上最珍贵的食物，以至于他们经常会发动战争，
> 冒着自己的生命危险杀人然后吃掉他们；并且正如我之前所说
> 的，他们大部分人都是鸡奸者和酒鬼。[8]

今天的人们倾向于将这些刻板印象看作愚蠢的说法，或者认为它出现在一个未经修饰的盲从的年代——现代的种族主义就是诞生于此。然而，不管这些刻板印象的说法具体如何，它总是和活人祭祀还有食人这两个主题有关，并且还会利用这些指控为数个世纪以来的征服和殖民行径辩护。

还有这样一个例子，1554年，两个西班牙人在墨西哥城内闲逛并用拉丁语交谈。他们之间的对话是虚构的，但是却准确地反映了人们对于阿兹特克人的普遍看法，这种看法也迅速在殖民地扎下根来（就跟在欧洲一样）。当他们徜徉在这座在西班牙人入侵前就是城市仪式中心的广场时，一个西班牙人指出某个地点是"男男女女作为贡品被献祭给偶像的地方……就像是在一个屠宰店一样"，这场"看似不可思议的"恐怖事件"几乎每个月"都会发生，夺走了"千千万万"的生命。另一个西班牙人则回答说：

> 噢，这些印第安人，大部分受惠于西班牙人的到来。西
> 班牙人将他们从之前的悲惨命运中解脱出来，获得了现在的幸
> 福；让他们摆脱了之前的奴役生活，获得了真正的自由！[9]

阿兹特克人的宗教形象越是可怕和邪恶，对墨西哥原住民的拯救就越是彻底，随之而来的征服和镇压就越正义。正如对食人行为的指责被用来为加勒比地区原住民所受的奴役辩护一样，对诸如阿兹特克人之类的内陆"印第安人"的征服和殖民行为，也通过指控"偶像崇拜"、鸡奸和食人而变得正义且合法。

"因为这些地方的本地人把自己的心思和精力都放在培植和崇拜邪恶的偶像上，"1520年12月，在进攻特诺奇蒂特兰城之前，科尔特斯在特拉斯卡拉城外对着集合的入侵队伍这样说，"你们最主要的使命和任务就是把这些地方的人民同他们的邪神崇拜分割开来。"这并不是科尔特斯本人神话般的虔诚的反映（这一点我们会在后面的章节中详细阐述），而是人为捏造的为征服行动辩护的法律链条中的一个细小但是意义重大的部分。1522年10月，当查理五世任命科尔特斯为"新西班牙总督和总队长"时，他还颁布了一系列的法令，其中包括授予墨西哥征服者的一系列特权。这些文件中，四分之一篇幅是令人震惊的王室确认书，即如今那些关于食人献祭的指控不仅确保了西班牙人发动入侵的合法性，而且剥夺了幸存者获得自由的权利。它值得我们在此长篇引用。查理五世表示，因为

（他）收到了很多报告称，这片土地的首领、贵族和其他人都把很多当地人当作奴隶，他们通过相互之间的战争俘虏或者容留了这些奴隶；他们会将这些奴隶中的大部分人吃掉、杀掉，或者献祭给他们的偶像；因此，这也让我们有权解救（rescatar）这些印第安人奴隶。如果我因此授予这些定居者们……解救印第安人奴隶并将他们变成这些定居者们的奴隶的许可和权力……那么这将有助于定居者们，也会让那些印第安人奴隶们获益。[10]

西班牙的神学家和官员们在16世纪的大部分时间里都在讨论这些问题。不过，即便以拉斯·卡萨斯为代表的其中一方，看上去已经证实"印第安人"在法律上并不注定是"天生的奴隶"这样的说法，但是对数百万美洲原住民的征服和殖民已经在很久之前就成为一个既定事实，而且其中的意识形态原理已经深入人心。诸如多明我会修士弗朗西斯科·德·维多利亚（Francisco de Vitoria）或者皇家编年史家胡安·希内斯·德·塞普尔

韦达之类的人，都用长篇累牍的拉丁语和西班牙语文献向世人证明，为什么对原住民发动的战争是"正义的"，以及这些"正义的战争"是什么样的。但是他们的论述显然被西班牙人和其他欧洲人利用了，进而演变成了简单的几句话：征服行动让无辜者免于被"献祭"或者被吃掉的命运，基督教化解决了一切问题。对此，塞普尔韦达本人的概括足够简洁："仅仅因为（印第安人）不遵守自然法并且崇拜偶像这一原因，他们就可以被征服，并且经受惩罚。"[11]

加斯帕尔·德·维拉格拉（Gaspar de Villagrá）那部首次出版于1610年的描述西班牙征服历程的史诗中写道：

> 近一百年前，
> 墨西哥城的每一年都有，
> 超过一万个灵魂，
> 作为祭品，被投入可怕的地狱中。

而在作为对比的光明的当下，这位诗人兼征服者声称，这些满足的基督徒"印第安人"已经忘掉了黑暗的过去，就好像"愉快的春天里，树木和植物们都会忘记冬日的严寒一样"。[12]

作为中墨西哥地区基督教化的先驱，方济各会修士站在细化和传播上述观念的前线，但是几个世纪以来，各种类型的作者都在发展和传播这一观念——不管是修士还是西班牙人。他们并没有把入侵之前就存在于墨西哥的宗教仪式表述为昏暗的或者虔诚的仪式，而是将它形容成了撒旦般的残忍和杀戮，重点则常常放在能体现恐怖规模的数字上。阿兹特克人信奉的神灵数量超过两千个（这个数字出自迭戈·巴拉德斯和其他方济各会修士），它们的"偶像"都需要通过极端的暴力行为来被膜拜。巴拉德斯声称，有1.5万～2万人被定期献祭，并且阿兹特克人在一次和特拉斯卡拉人的战争后，献祭了7.6万俘虏——"这当然是一个令人悲痛和惋惜的场景"。方济各会修士胡安·德·苏马拉加声称，每年都有2万人被献祭，这是一个后世经常引用的数字，但在几十年的时间中却变成了2万个儿童；这个数字又碰巧和苏马拉加成为墨西哥第一任主教后的一两年内毁掉的"偶像"或者宗教雕塑的确切数字一样。到了16世纪晚期，人们已经普遍"得知"，1486年阿维特索特尔皇帝的加冕仪式上，有8.04万名受害者不间断地被献祭。[13]

了解这些有关阿兹特克历史"事实"的不仅仅只有西班牙语、意大利语和拉丁语读者，英语和荷兰语读者们也通过两部分别出版于1670年（奥格尔比版）和1671年（蒙塔努斯版）的《美洲》的纲要了解到，在阿兹特克人的"邪恶宗教"中，他们每年要向"他们那邪恶的神明维奇洛波契特里（Vitzilopuchtli）[1]"献祭数万人，"他们随后会在一个庄严的宴会上吃掉这些人的血肉"。然而，阿兹特克的臣民们并不认同这样的宗教，他们越来越"憎恶"他们"特别的宗教"，因为其"残忍地屠戮人民"。上述英国和荷兰作家总结道：这也回应了早前西班牙人的论点，即"这也是他们如此容易接受罗马宗教的主要原因"。[14]

这些书中的插图向人们展示了一起阿兹特克大屠杀的可怕印象。其中的一些为许多人所熟知，并产生了极大的影响，也被人们一次次地印刷和传阅。一个绝佳的例子就是《墨西哥印第安人的活人祭祀》（*Human Sacrifices of the Indians of Mexico*），数个世纪以来许多不同语言的历史著作中都曾收录这张图片。与这类画面主题相关的变体形式包括：一位阿兹特克祭司把一个活人的心脏举在空中，而这个心脏是刚刚从一个被献祭的受害者身体里取出来的（本书中收录的许多幅插图都有展示）。在这些画面给我们传递的信息中，关于绘制这些插图的欧洲人和基督教化了的墨西哥原住民的部分，远比这些插图告诉我们的关于阿兹特克人的信息要多：这是一个关键点，因为"世人所知道的有关阿兹特克活人祭祀的信息，很

---

[1] 即后文提到的阿兹特克战神威齐洛波契特里（Huizilopochtli）。

多都来自这样的图片"。[15]

关于阿兹特克历史更为客观和开阔的视角相继出现。从16世纪开始，人们主要以一种希腊–罗马式的观点看待阿兹特克人的万神殿，它刚开始的时候只是被诸如科尔特斯或拉斯·卡萨斯这样的人随口说说，但是后来却被某些方济各会修士们详细地传述起来［最著名的要数巴拉德斯和胡安·德·托尔克马达（Juan de Torquemada），后者是墨西哥早期教会中的另一位编年史家］，并且经常出现在那些早已经被毁掉的"偶像"的画像中。尽管方济各会修士们仍强调阿兹特克宗教中血淋淋的恶魔崇拜，经典类比法仍然鼓励发展更为积极的类比；1680年，当西古恩扎–贡戈拉受命设计新总督进入墨西哥城的凯旋门时，他选择将11位阿兹特克皇帝和神明威齐洛波契特里的形象置于经典角色的位置。这些形象都以前帝国本土艺术家的画作为基础，当中的每一个阿兹特克人形象都和一位模范统治者的英雄品质联系在一起。[16]

西古恩扎–贡戈拉的选择暗含着墨西哥爱国主义中的一种——尤其是其中的一种观点认为，正是由于拥有阿兹特克的历史，墨西哥才成为西班牙帝国广袤领土中最为独特和耀眼的明星。类似的观点自18世纪开始在墨西哥陆续出现，并且延续到当下。1790年，在墨西哥城中心广场的建设过程中发掘出了两块巨石：一块是地母神科亚特利库埃（Coatlicue）的雕像，另一块是著名的历法石。从此以后，墨西哥人开始为这个曾被殖民主义诽谤和埋葬的文明而着迷。天文学家安东尼奥·德·莱昂–伽马（Antonio de León y Gama）就曾思考，也许阿兹特克人并不是"易怒的和头脑简单的"。他在一部关于这些石头的书中声称"美洲的印第安人在艺术和科学方面拥有很高的造诣"。不久之后，一位多明我会修士塞尔万多·特蕾莎·德·米尔（Servando Teresa de Mier）在总督和大主教面前进行了一次布道，内容则是赞颂阿兹特克文明的美德。这个建立在托尔特克人（Toltecs）成就基础上的文明，是伟大的墨西哥而非西班牙殖民政权的基础。结果，西班牙当局将特蕾莎·德·米尔抓了起来，开除了他的教籍，并将其流放。[17]

　　然而，这些行动并不足以恢复阿兹特克人的名誉。地母神的雕像出土后不久就被重新埋葬，其地点是该城一座大学建筑的走廊下面。如果阿兹特克的历史无法被埋葬，那么可以将其丑化。早在数十年前，总督就下令毁掉自1519年起就保留在查普特佩克（Chapultepec）岩石上的蒙特祖马头像。此外，特蕾莎·德·米尔那极具革命性的布道也并没有按照阿兹特克人的标准来评价他们；与之相反的是，他将功绩都归结到圣徒托马斯的身上，并称托马斯曾在上一个千禧年造访托尔特克人，并且教化他们，最后他被奉为神圣统治者羽蛇神，活在阿兹特克人的记忆当中。[18]

　　事实证明，方济各会修士们的偏见和有色眼镜并没有那么容易被消除。数个世纪以来，这种偏见在恶性生长，以至于很少有人意识到其根源所在（还有很多人，尤其是新教徒作者会完全否认其存在）。墨西哥以外的情形更是如此。在欧洲和美洲，18世纪晚期和19世纪的学生都是通过德国教育学者约阿希姆·坎佩（Joachim Campe）的著作来学习关于阿兹特克人的知识的。尽管坎佩的书是针对"儿童和年轻人"而作［这一点在他那部《科尔特斯：或者是发现墨西哥》（*Cortes: or, the Discovery of Mexico*）的副标题中已经有说明］，但其中关于早期美洲的叙述，仍然将阿兹特克人的宗教描写成"野蛮的迷信"和仪式化暴行的恶果。

　　这些书跟早期的儿童文学形式一样，都是父亲给一群孩子讲述故事。于是在《发现美洲》（*The Discovery of America*）中，一个虚构的父亲向他的年轻听众们描述阿兹特克人献祭心脏的仪式。那些被取出了心脏的身体从金字塔的阶梯上被抛给下方等待的民众，这些民众则把尸体"带回家，和他们的朋友一起把尸体吃掉"，在讲述这些内容的时候，他根本没有忽略任何细节。书中的这位父亲询问道："我的孩子们，难道这不是非常恐怖的吗？那么，接下来请听更为可怕的事情吧！"然后他就详细叙述了阿兹特克的祭司将受害者活生生地剥皮的过程。坎佩试图利用教育手法来灌输两个世纪后的文明和殖民的道德课程；与之形成对比的是，两个世纪后，在《愤怒的阿兹特克人》（*Angry Aztecs*）中，特里·迪瑞（Terry Deary）则使用幽默的形式激发了人们对于历史的兴趣。但是这两者都体现了一种在读者心目中持久存在的对阿兹特克人特有的刻板印象——哪怕在最年轻的读者当中也是如此。[19]

阿兹特克习俗中另一个长久以来让人们着迷的东西则是方济各会修士在16世纪时所玩弄的数字游戏。从那以后，历代的作者们都用自己的主张来争论每年究竟有几万人被献祭。这也促使英国人约翰·兰金（John Ranking）在1827年时思考，这个数字究竟是2万（苏马拉加的说法）、5万（戈马拉的说法），还是5万～10万（拉斯·卡萨斯的说法），以及蒙特祖马加冕仪式上被献祭的3万人是不是典型的加冕仪式献祭人数。虽然兰金因为其声称蒙古人曾在13世纪的时候骑着大象入侵美洲而遭到人们的嘲弄，但是他执着地量化阿兹特克"暴行"而非质疑这一行为是否存在，使得他跻身今日研究的主流。他甚至非常确凿地记录到，一些西班牙人估计特诺奇蒂特兰城人口只有6万人的说法是合理的，然而他并没有追问，同样是在这个城市中，每年有数万人被处决的说法是否合理。[20]

一个世纪后，同样目光短浅的数字游戏仍在上演。舍伯恩·库克（Sherburne Cook），这位人口统计史的先驱学者在一篇发表于1946年的文章中分析了大规模活人献祭的数理逻辑——这篇文章在此后的数十年中被无数人当作权威引用。库克对于这些说法的西班牙源头漠不关心，而是采用了一种科学推定的方法，即测量祭祀用的石板并且计算切割的次数。他得出的结论是，如果阿兹特克祭司能在15秒钟内取出一颗心脏，那么一支阿兹特克的祭司队伍的确可以在四天内献祭88 320人。[21]

随着现代学术学科成型，阿兹特克文化的捍卫者（或者那些想要客观研究该文化的人）发现，当面对那些下定决心要把阿兹特克归入西方文明的低等位阶的人时，捍卫者的声音经常被盖住。比如，威廉·普雷斯科特的《墨西哥征服史》对于19世纪40年代后的数代人而言是一个巨大的冲击，它尽管受制于自身的修正主义立场——它的绝大多数内容仍然以科尔特斯、戈马拉和迪亚斯的传统叙述为基础——但仍然表示阿兹特克人创造了一个真正的文明。普雷斯科特也因此遭到了严厉的谴责。例如，路易斯·H. 摩根（Lewis H. Morgan）称这本书为"一部狡诈精细的寓言"。作为律师兼政客（他最后成为纽约州参议员），摩根也是现代人类学的奠基人之一，他的那部"富有影响力的"《古代社会》（*Ancient Society*）坚定地将阿兹特克人归为半开化的一类（介于野蛮和文明之间）。他坚持认为，"当美洲被发现的时候，这里没有国家也没有文明"，这里"只有一个种族的印第安人，即红种人"。对于普雷斯科特来说，阿兹特克人呈现的是一种悖论，因为食人行为是一场精英的"盛宴"，"以艺术的方式准备"，并且"从端庄礼貌的文明生活"展开。此时，普雷斯科特所说的"精致和极端的野蛮"非常不和谐地靠坐在一起。但是对于摩根来说，这当中不存在任何悖论："蒙特祖马的晚餐"只不过是野蛮的"印第安人"简单的"日常饮食"而已。[22]

摩根坚持认为，将阿兹特克人和其他"印第安人"当作文明人的说法是"对印第安人的夸张描述，也是对我们自己的欺骗"，这当然是极为可笑的。但是，将"印第安人"作为不文明的人夸张描述，对他们热衷于人祭和吃人的行为表示道德上的愤慨，持这种态度的人远不止摩根一个。这个延续了数个世纪的古老主题也被诸如约翰·阿博特一类的作家所抓住，此人既是新英格兰的一位牧师，也是诸多说教型传记的作者。在他的那本《历史缔造者：科尔特斯》（这本书首次出版于1856年，但是一直到20世纪都很畅销）中，科尔特斯邂逅的那些玛雅人都是号叫的野蛮人，他们那"恐怖的娱乐活动"就是"午夜狂欢"的食人行为，而阿兹特克人则会定期通过他们那可怖的活人献祭仪式，食用"可怜的受害者的血肉"。[23]

阿兹特克人的上述特征在过去数百年间被极其广泛地传播。如果读者在那些针对大众的读物里面发现上述描绘，这一点儿也不奇怪。不管是剧本、小说还是历史教科书，这些作品都试图依靠夸张的叙述、生动的图片甚至是哗众取宠的噱头获得成功。到了现代社会，从漫画到图像小说，从电视纪录片到视频游戏，这些新媒体中对于阿兹特克人的夸张描述也是不足为怪的。不过令人吃惊的则是这样的观点在学术出版物中存在的时间也如此之长：评判阿兹特克人"向他们的神进行可怕的献祭"，一直都是一个根深蒂固的主流视角，甚至在国际学术圈也是如此。我接下来的一系列引用并不是想要单独列出某些学者或者作家——恰恰相反，我是想借此一窥这一漫长而有力的评价的形成过程（"可怕的献祭"是从1928年开始的说法）。[24]

　　阿兹特克墨西哥帝国之所以有如此的组织架构，"是为了得到尽可能多的人类心脏，以便维系那些看不见的力量，以及因此而来的心灵抚慰"（1955年）。阿兹特克贵族统治的两个基石便是"活人祭祀和有条不紊的纳贡"（1966年）。阿兹特克贵族发展出一种"恐怖统治"，"死亡潜伏在任何地方"，在蒙特祖马的统治下，"祭祀的引擎以一种疯狂的速度稳步推进"，每年有数万个婴儿从"啜泣的母亲"的怀中被强行拽走，"当拥有好胃口的统治者们能够坐下来品尝这些平民的血肉时，非人化的象征就能够实现"（1967年）。阿兹特克的祭司是事实上的屠夫，因为他们"可以被合法地描述成国家支持的体制中一个仪式化的刽子手，而这个体制是适应生产和分配数量可观的动物蛋白质的——以人肉的形式"（1977年）。在阿兹特克的早期历史中，他们"就因为野蛮的名声而在那些更为文明的邻居之间出名"，因为他们的战士是墨西哥"最为嗜血之人"（1984年）。"阿兹特克人最为臭名昭著的活动之一"就是"在祭祀仪式中进行大规模的杀戮行为"（1991年）。"垂头丧气的俘虏队伍肯定是特诺奇蒂特兰城中司空见惯的场景"，因为"活人祭祀是阿兹特克宗教的核心"（2008年）——"可能是所有人的命运，是将原住民体制凝聚在一起的关键"，"宗教信仰的血色基石"；"暴力，包括威胁使用暴力，在印第安-墨西哥地区十分流行"，因此，在蒙特祖马的加冕仪式上，俘虏们排着队沿着金字塔的台阶走向祭台，"鲜血，这一献给诸神的祭品，沿着祭台滴落，洒满了台阶，此时关于死亡的狂欢和对政治地位提升的庆祝仍在继续"（2015年）[25]。

这也难怪"关于阿兹特克人的生活中，没有任何主题能够引发比活人祭祀更多的争议和疑惑了"，阿兹特克研究的主要学者大卫·卡拉斯科曾尖锐地指出了这一点。卡拉斯科是那些试图带着更少的偏见且更为客观地看待阿兹特克文明的学者之一。他们的努力可以总结为以下三条论据线索。[26]

关于第一条线索，我曾在这一章的开头暗示过：将阿兹特克人的生活归结为杀戮和食人仪式的所谓推定证据是另一个确认偏误的例子。就跟"将'会面'当作投降"的故事一样，原始的谎言或者夸张的说法因为被当成事实不断重复叙述，最后真的成为"事实"，这其中也受到了对阿兹特克人的偏见的鼓动。征服者和方济各会修士、神学家和编年史家，他们都想将西班牙人入侵、征服、殖民以及强迫改宗运动的方方面面合法化，他们不断重复类似的对阿兹特克人的污蔑，次数如此之多以至于这些污蔑最后变成了"事实"。几代人之后，扭曲和谎言逐渐深入人心，没有人质疑这些看法，乃至于原住民的精英阶层，基于他们对于萨阿贡那伟大的《通史》一书的贡献，看上去也逐渐相信了这些说法（毕竟他们现在也已经是基督徒）。当贝尔纳尔·迪亚斯关于入侵的记载在1632年最终出版的时候，因为其中有据称是以亲眼见证者的所见所闻为基础的对于这些仪式的骇人听闻的描写，所以谎言就变得更为"真实"。索利斯、罗伯逊和普雷斯科特的那些畅销历史作品将上述说法不断重复，并且在几个世纪内传递给了全世界的各地读者。到了现代社会，当萨阿贡的《通史》一书被世人发现并付梓之时，其中记载的同样扭曲的历史，因为细节很丰富并且使用纳瓦特尔语写就，所以赋予上述16世纪的偏见一个全新的、极具真实性的伪装。

第二种更为客观地看待阿兹特克人的方法，是采用一种比较的视角——在我看来，这是一条更具说服力的论据线。在一个"种族灭绝的世纪"，也即有1.87亿人在政治暴力中被杀、"杀戮行为远甚于历史上的任何时期"的年代中，谴责阿兹特克人的暴行难道不是一个非常刺眼的讽刺行为吗？我们甚至不需要把观察的时间转向20世纪来比较阿兹特克文明和西方文明，只用欧洲人在15世纪和16世纪的例子就足以说明问题（包括西班牙—阿兹特克战争中的暴行，我们会在随后的章节中继续讨论）。因此，那些以16世纪西班牙文献来源为基础的现代评论，反射出了讽刺、伪善和种族优越感的两个层次，这样的对比非常明显。正因如此，人们在很久之前就开始周期性地做这样的对比，例如在1955年的时候，法国人类学家雅克·苏斯特尔（Jacques Soustelle）就写道：

> 在罗马帝国的巅峰时期，罗马人在角斗场内为了自身的娱乐而挥洒的鲜血远比阿兹特克人在他们的偶像面前流的血要多。尽管西班牙人如此真诚地被本地祭司的残忍触动，却仍然带着清晰的意识屠杀本地人，或是烧死，或是肢解，或是折磨。我们这些人会为了古老的墨西哥境内的血腥仪式故事而感到震惊，却也在我们生活的时代亲眼见证了文明国家是如何系统性地开展针对数百万人的灭绝行径，以及制造出了能够在一秒钟内消灭比阿兹特克人祭祀数量多一百倍受害者的武器。[27]

这些大胆的对比运用了各种可疑的论证技巧，不过数个世纪以来大众都倾向于将其忽视。其中一种技巧是分类的运用，它也深深地嵌入我们谈论阿兹特克人的方式当中：我们发动宗教战争并且处决俘虏，阿兹特克人则在"偶像"面前进行"人祭"。正如蒙田在著名的散文《论食人部落》（"On Cannibals"）中所评论的那样，"每个人都把不符合自己习惯的东西称为野蛮"。当阿兹特克的俘虏在特诺奇蒂特兰城的大神庙前被处决的时候，在同一世纪中，基督徒们也在火刑柱上活活烧死自己的同类。在两种情形当中，男男女女都因为政治或者宗教的原因以仪式化的方式被公开处决。阿兹特克人肯定非常清楚这一相同点。1539年，已经皈依了基督的特斯科科统治者唐·卡洛斯·奥梅托钦因为暗中进行"偶像崇拜"而遭到苏马拉加（此人先前是西班牙的猎巫者，后来成为墨西哥的第一任主教）的谴责，随后在广场的柱子上被活活烧死——广场的位置刚好是曾经的大神庙矗立的地方。不过当然了，当时以及在此之后没有人会将奥梅托钦被杀的仪式称作"人祭"。通过有效地利用不同的分类，上述事件的相似性被掩盖，这使得我们能够强调那些存在于实践和理论当中的诸多不同，从那里到忽视的斜坡只有小小的一步。[28]

举两个迥然不同的阿兹特克研究作为例子。北美人类学家马文·哈里斯（Marvin Harris）不加辨别地吸收了源自16世纪诸如迪亚斯、杜兰和萨阿贡的那些关于阿兹特克历史的负面描写，将这个帝国称为"食人王国"。至于有关西班牙—阿兹特克暴力文化的对比，他的处理方式是在全书的开篇给予轻描淡写的叙述（在一本1977年出版的畅销书中）：征服者们发现"阿兹特克人进行系统性的人祭活动"时应该不会感到吃惊，因为他们自己也会"敲断人们的骨头，将人五马分尸，将那些被指控施行巫术的女人绑在火刑柱上活活烧死"。然而，根据哈里斯的说法，这些人对于"他们在墨西哥所发现的事情"毫无准备，原因不仅是阿兹特克人的做法不同，也因为这些行为更恶劣。"这个世界上没有其他任何地方能产生一种国家支持的宗教，它的艺术、建筑和仪式都被暴力、腐朽、死亡和疾病所主宰。"[29]

16世纪西班牙人修辞艺术引发的反响不可谓不令人吃惊。西班牙国内也有一些声音，谴责征服者对于原住民"闻所未闻的残暴行径和施加给他们的折磨"［阿隆索·德·佐里塔（Alonso de Zorita）法官］，以及西班牙入侵者带来的"破坏和残暴、屠杀和毁灭"（拉斯·卡萨斯），这些对征服行为表示歉意的人们只是简单地罗列了对比。征服者作家巴尔加斯·马丘卡写道："在我和很多其他人看来，除了竭尽全力描绘印第安人的残忍，没有必要再进行更多的描写了。"这种修辞上的伎俩简单直白，但是却被成功地重复了数个世纪。[30]

对阿兹特克人抱有更为同情的心态的是因加·克兰狄能，她关于阿兹特克文化的优美描写是以萨阿贡的《通史》为基础的，这也是20世纪有关这一主题的研究中，内容最复杂精细、受众最广的。她也注意到，在欧洲数个世纪以来都有大批民众亲眼见证公开行刑中的"高明的折磨和惩戒性残害"。但是之后，她却用一种娴熟的手法忽略了上述对比之间的关联，理由是公开行刑"是相对而言不那么常见的，也处在日常生活的边缘地位"，受害者"在某种程度上看上去也是咎由自取"；相反的是，"墨西哥的受害者们则是纯粹的受害者"。克兰狄能的论述意图表明，阿兹特克人的行刑方式并不比西方人更为可怖，当然仅仅是通过一种不同的文化背景视野进行审视。不过由于她有意忽略了这些对比性质的段落，并且将很多篇幅都用来描绘"献祭性质的"仪式，表明她这极富影响力的研究也逃脱不掉对于阿兹特克宗教的厌恶——这种厌恶也同样充斥于其著作的来源之中，即萨阿贡的《通史》一书。[31]

阿兹特克人公开行刑的故事可能是诸多"令人战栗"的故事中的一个（正如克兰狄能所说的那样）。不过，又有哪种以国家强制力为支撑的暴力或者公开行刑不会让人感到害怕呢？即便是在最危言耸听的方济各会或者多明我会修士们的笔下，阿兹特克人的杀戮也不比宗教裁判所中的折磨、西属美洲殖民时代旷日持久的公开处决，乃至于拉斯·卡萨斯《西印度毁灭述略》中的记载更难理解。不管人们如何忽略或者无视这样的对比，也无法改变这样的事实，即西方世界因为政治和宗教目的进行仪式化的公开杀戮传统，始终比阿兹特克人的祭祀习俗更为长久和致命。正如卡拉斯科所说的那样："尽管在西方人的眼中，阿兹特克人是这个世界上最残酷的祭祀者，但是没有任何确切的考古证据或者文献资料能证明他们在祭祀仪式上杀死的人比其他文明的要多。"[32]

这也将我们带回有关阿兹特克文明的证据和内容的话题上来，同时也是通过另一种方式看待有关阿兹特克人的成见。上面的两种论断都没有说阿兹特克人从未公开处决罪犯，用卡拉斯科的话来说："阿兹特克人进行活人祭祀的事实是毋庸置疑的，但是很明显西班牙史学家们夸大了这些祭祀的数量和目的，以作为他们合法化征服印第安人并对他们疯狂施暴行为的战略。"玛雅考古学家伊丽莎白·格雷厄姆（Elizabeth Graham）则走得更远，她指出不管是在阿兹特克语还是玛雅语中，都没有可以翻译成"祭祀"的词汇，这个概念更是西班牙人引入美索美洲的，行刑的发生是"战争的一部分"，而非"基于神祇的需要"。美索美洲的战争混合着"经济利益和普世正义的目的"，直到今天也是如此（这里可以参考我们所处的21世纪，西方国家在中东挑起的漫长战争背后有着复杂的经济和意识形态方面的正当性理由）。[33]

那么，我们究竟要如何透过西班牙文献的扭曲滤镜，看明白阿兹特克人的处决仪式——把"活人祭祀"（当这个带有偏向性的词汇被用于阿兹特克人身上的时候，应当加上双引号）看作战争过程中的杀伐，而不带任何评论性的夸张。

一个具有启发性并且引人入胜的新证据来源便是大神庙本身。当它在16世纪20年代被摧毁的时候，没有任何资料得以幸存，数个世纪以来大神庙都深埋于地下，然而大神庙却正是几乎所有的处决和大部分所谓的大规模祭祀仪式的发生地。1978年，墨西哥考古学家们开始发掘大神庙的地基，即双子神庙所在的金字塔和它周边的建筑。这一工程在爱德华多·马托斯·蒙特祖马（Eduardo Matos Moctezuma）的领导下持续了40年，逐渐揭示了这样的事实，即大神庙经历过七次重建，数代阿兹特克祭司在献祭仪式中掩埋的超过126个坑窖也得以留存至今。坑窖里面的东西是一种意想不到的时间胶囊，我们会在下一个章节中回过头来详细看它们。至于现在，那些所谓阿兹特克残暴制度下数万名受害者的遗骸呢？或者说，如果我们相信这个帝国是"一个吃人肉的王国"，受害者们都被阿兹特克人带回家中吃掉了，那么后来迪亚斯声称看到过的大神庙对面广场上"不计其数"的头颅去哪里了呢？[34]

考古学家也的确发掘出两块大型的刻石，上面的画面或多或少和征服者们关于俘虏在石头上被处决的描述相符。他们也发现了仪式上使用的刀，大部分都是用燧石制作的，尽管埋藏多年，这些刀的雕刻和装饰仍然很精良。此外，考古学家在一些建筑物的地面以及一些祭台和雕塑残片上面找到了人血的残留痕迹。他们还发现了126具人类的遗骸，其中有42名儿童。这些儿童都遭受过疾病的折磨，最后被割喉。人们还找到了47个成年人的头骨，它们散落在不同时期的数个祭祀坑中。

但是这些成年人都没有被砍头。至于迪亚斯笔下那些被凿孔穿起来放在架子上的头颅，截至2015年只发现了3个（在将近40年的发掘中只找到3个）。人们不止10次在大神庙的地板下面发现了许多精心装饰的脸部面具。2015年，考古学家们发现了两个头骨架中较大的那一个——"大骷髅头骨塔"（*huey tzompantli*），它证实了头骨的数字（不过不是数百个，更不用说数千个了）还没有石制的浮雕头骨的数量多。此外，这些仪式用刀看上去都没有使用过，它们只是象征性的祭品而已。考古学家在特奥蒂瓦坎（Teotihuacan）发现的人类遗骸数量比在特诺奇蒂特兰城里的更多（特奥蒂瓦坎是位于特诺奇蒂特兰北边的壮丽遗址，其鼎盛时期比阿兹特克人早了1000年）。至于那些据称是在1486年的某四天中被献祭的8万名战俘，"在发掘过程中发现的证据只有这一数字的不到1%"；另一方面，苏马拉加想象中在西班牙人入侵前的一个世纪中有将近200万儿童被处决，而大神庙中的发掘证据只显示了该数字的0.0021%。[35]

因此，当普雷斯科特声称阿兹特克活人祭祀的庞大规模难以置信时（"在被诅咒的祭台上被献祭的受害者数量之多，连最不审慎的信徒也会动摇信仰"），他完全不知道自己说的话是不准确的：这些数字不值得相信，因为它们本身就是巨大的谎言。如果我们愿意过滤和打破数个世纪以来阿兹特克人作为嗜血的食人族及残暴仪式的热衷者的形象，那么这背后一个迥然不同的画面就会呈现在我们面前。[36]

正如在一幅清晰的现代早期的西班牙文化画卷中，苏马拉加和塞万提斯、科尔特斯和拉斯·卡萨斯、宗教裁判所折磨人的传统和人们在诗歌与油画上取得的成就等诸如此类的元素会平衡一样，一幅更为清晰的阿兹特克文明图卷中也会出现。它包含阿兹特克诗歌和"花歌"（xochicuicatl），阿兹特克羽毛制品那无与伦比的美丽，阿兹特克人美学感知力的复杂，覆盖女童和男童的教育体系，培养出历史学家、法官、政府部长和神职人员的文学和法律文化，有序建造完成的诸如特诺奇蒂特兰和特斯科科这样的城市——它们都是都市工程、建筑和谐性和组织创造力方面的杰作。征服者所留下的遗产之一，就是我们试图通过他们对于活人祭祀和食人说法的病态痴迷，来观察这些阿兹特克城市。然而特诺奇蒂特兰并不是一个充满厄运和死亡的黑暗之地，而是节日和家庭的欢乐之所。

阿兹特克人是更广泛意义上美索美洲文明传统的继承者。他们在雕塑和绘画、语言艺术、城市设计中所取得的成就，都是对这一传统令人印象深刻的展现，完全不逊于玛雅、米斯特克（Mixtec）和其他美索美洲文化。在这个稳定扩张的帝国的岛屿首都和城市当中，国王和商人、战士和奴隶、僧人和农民、羽制品手艺人和养鸟人、祭司和抄写员在"一个高度分层、极度仪式化且富足的都市社会"中和平共处，西班牙人的入侵可能阻止了阿兹特克人"在物质、社会和智力层面取得更高级的伟大成就"。但是他们在1520年前已经取得了卓越的成就，并且在接下来的几个世纪内启发了很多奇迹和研究成果的诞生。[37]

※

为了能够描绘一幅更为清晰的且带有更少偏见的阿兹特克文明画卷，让我们先多花费一点儿时间研究阿兹特克人所尊崇的几位神明。研究其中一位叫威齐洛波契特里的神明能帮我们弄明白西方人对阿兹特克人的看法是如何被扭曲的，研究另一位叫奎查尔科亚特尔的神明则能够将我们带回蒙特祖马和科尔特斯"会面"的那个年代。

威齐洛波契特里经常被称作战神、庇护神，以及阿兹特克人的主神（由于发音复杂，征服者们很快就将这一名字改成了Huichilobos、Ochilobos以及Orchilobos）。在阿兹特克帝国陷落后的数个世纪里，这个神灵"逐渐成为阿兹特克宗教的缩影，甚至在更大范围内成了阿兹特克文明的象征"。由于威齐洛波契特里经常在文献或者雕刻中被描绘成一个阴暗可怖的、作为人祭对象的神灵形象，他也成了西方人眼中阿兹特克的象征。直到今天，普罗大众对于阿兹特克人的印象，基本上源于这个神明的形象和神话，即便大众连威齐洛波契特里的名字都说不出，或者不知道任何阿兹特克神明。那么这个神话人物是如何起源的呢？[38]

简而言之，是欧洲人创造了他。这一发明的源头看起来出自科尔特斯写给国王的"第二封信"。他在信中写道，阿兹特克神庙中的偶像比真人要大一些，由混合人类血液的生面团制成。当科尔特斯的"第二封信"在西班牙出版的时候，西班牙王室中有关西印度群岛的编年史学家皮特·马特在自己的书中重复了上述描写，并且还编造了这些人血来自儿童这样的细节。征服者安德烈斯·德·塔皮亚那充满想象力的入侵战争见闻记录写于16世纪40年代，他在其中添油加醋地称这些血液来自"童男童女"。没有任何证据能表明面团中混有人的血液，更不用说还是儿童的鲜血了（我们稍后会简要地解释生面团的制作过程和制作目的），但是这种论调却在几个世纪以来的许多书籍中被当作事实一再重复。到了17世纪，这个故事又发展成了另外一个版本，即西班牙征服者进入特诺奇蒂特兰城时，阿兹特克人给科尔特斯和其他西班牙人的面包当中也秘密地混入了人血。[39]

塔皮亚还描述道，这些神祇的石刻雕像戴有项链和配饰，上面都是蛇、金子做的人类心脏以及头颅。由于这些描述符合1790年和1933年在墨西哥城地下发现的两座雕像［地母神"科亚特利库埃"和另一个神"约洛特利库"（Yolotlicue）］的形象，可见塔皮亚在他后来的回忆中把他的

"偶像"搞混了。不仅仅是阿兹特克人的雕像被搞混了——当中还夹杂着征服者们的想象，科尔特斯（还有贝尔纳尔·迪亚斯）所描绘的其参观的神庙实际上也并不是位于特诺奇蒂特兰城中心的大神庙，而是位于临近的特拉特洛尔科。[40]

塔皮亚的作品并没有出版，但是戈马拉读过，他对这些原材料进行了加工，创造了一个想象中矗立在大神庙中的阴暗可怖、浑身镶嵌着珠宝的威齐洛波契特里形象。戈马拉的那个半虚构且混杂的威齐洛波契特里形象被史学家和教士们一再地重复（诸如门迭塔和托尔克马达这样的方济各会修士们尤其喜欢用儿童鲜血献祭的细节），甚至连拉斯·卡萨斯也基本上认同这样的说法，尽管他对征服者们抱有强烈的批评。贝尔纳尔·迪亚斯坚称自己的著作是为了更正戈马拉的错误之处，但是他却抄袭了戈马拉的版本。[41]

与此同时，在墨西哥发展出了另一个稍显不同的对于"偶像"的西班牙式描述。这个版本很有可能发端于16世纪晚期的原住民精英群体之中，以口述或者早已失传的手抄本形式流传，现存的关于此描写的最早记录是迭戈·杜兰修士的《新西班牙西印度群岛的历史》（*History of the Indies of New Spain*）。一位名叫胡安·德·托瓦尔（Juan de Tovar）的耶稣会修士抄录了这些描述，杜兰和托瓦尔在他们的书中收录了关于这位神祇的画像（托瓦尔的画像收录在本书的插图当中，插图13）。这两位的著作在近数个世纪内都未公之于世，但是另一位名叫何塞·德·阿科斯塔（José de Acosta）的耶稣会修士在他的《西印度群岛道德和自然史》（*Moral and Natural History of the Indies*）中抄录了托瓦尔的描写。1590年，阿科斯塔的书首次出版，很快成为国际畅销书，并且迅速被翻译成另外六种欧洲语言出版。[42]

阿科斯塔对威齐洛波契特里的描写在数个世纪的时间内进入了许多有关美洲历史的畅销书当中——从西奥多·德·布莱（Theodore de Bry）的"美洲"系列书到索利斯的《历史》，不一而足。有些作者将阿科斯塔的版本和戈马拉的版本混杂在一起，重点则经常放在那些更为可怖的元素之上。例如，奥格尔比的那本极富影响力的著作，和它的荷兰版孪生著作一起，不厌其烦地给读者灌输各种阿兹特克人祭祀、吃人的习俗，以及阿兹特克偶像的那些耸人听闻的故事，包括像山羊怪一样身形巨大且长着吸血鬼一般的脸的威齐洛波契特里。因此，哪怕真实的原住民元素已然被纳入杜兰-托瓦尔的描写，哪怕他们采用了第一批征服者的著作资料，这些内容在欧洲化的叙事当中都被扭曲或遗失了。艺术史家伊丽莎白·布恩（Elizabeth Boone）在一部具有重大意义的研究著作中总结道："征服战争后的数个世纪内，威齐洛波契特里成了一个新的异教神和魔鬼偶像。"[43]

所有的这些描述都导向一个问题：威齐洛波契特里真正的样子究竟是怎么样的？这位神的石像没有存世（除了塔皮亚的描述），但是在早期殖民时代的手抄本中有一些描写和画作记录了其形象。这些想象画和西班牙入侵之前的那些石像上的绘画类似，典型的例子就是《特莱里亚诺-雷曼西斯手抄本》（Telleriano-Remensis Codex，收录于我们的插图中，插图13）里的形象以及一个叫作"特奥卡利"（Teocalli）的石头宝座靠背上的画面。在上述以及其他类似的例子中，艺术家们不只绘制或者雕刻了那些欧洲人想象中阿兹特克人所崇拜的"偶像"。这些绘画不仅包含神本人或者是穿戴整齐的供奉神祇的祭司，在某种程度上还包含了另外两种元素。那些装饰性的元素，如苍鹭和绿咬鹃的羽毛，一个蜂鸟头制成的头盔，脸部和身体上呈带状喷涂的颜料，一副冒烟的盾等其他东西，都能让人想起神祇的各种特征，它们象征了神性、尊贵和至高无上的权力。[44]

上述神性元素中，只有一样是威齐洛波契特里独有的，即蜂鸟（纳瓦特尔语中称作"huitzilin"），其余的神性元素在另外的阿兹特克神身上都能找到。此外，一些从16世纪流传至今的关于威齐洛波契特里的描绘或者画作所表现的并不是这个神本身，而是供奉神的祭司或者统治者。例如在《修洛特尔手抄本》（Codex Xolotl）中，阿兹特克国王奇马尔波波卡

（Chimalpopoca，1417—1427年在位）的形象就配备了各种神的元素——从涂着条纹状颜料的脸，到苍鹭和绿咬鹃羽毛的头饰，以及蜂鸟头盔。这并不太像是神的人格化，因为画作中借用了神的无上力量，通过与神祇的连接投射出一种权威性——在关于威齐洛波契特里的神话中，这位神和阿兹特克国家的诞生密切相关［据说正是威齐洛波契特里带领阿兹特克人的祖先从神秘的家乡阿兹特兰（Aztlan）来到这座岛屿上，并建起了特诺奇蒂特兰］。类似的联系也体现在"特奥卡利"的雕刻当中，其中蒙特祖马和神灵面容相对，都在"谈论"战争，他们嘴边流出的火和水的象征符号代表的是战争。[45]

阿兹特克人指代威齐洛波契特里的最后一个方面是值得解释的，即我们早前提到过的西班牙人想象中混合了被献祭的儿童鲜血的生面团。事实上，藜属面团（tzoalli）是用研磨后的地苋菜种子和仙人掌汁液制成的。这些东西用来在阿兹特克历法第十五月（Panquetzaliztli，意为"旗帜的升起"或旗帜）的节日庆典上呈现威齐洛波契特里的形象，还装饰了很多神的元素（羽毛、蜂鸟装饰、颜料条带以及其他），然后被人抬着穿越城市的街道，安放在大神庙当中，最后在庆典的最高潮被打碎并被吃掉。[46]

殖民时代那些史料，诸如萨阿贡的《通史》当中对藜属面团的描写和刻画，或多或少都准确地反映出它的真实用途。不过与此同时，从阿兹特克神灵到欧洲人想象中的邪神的演变过程，也出现在方济各会修士和其他西班牙人的著作当中。这种转变甚至在萨阿贡的《通史》中也有体现：第一卷中描绘的威齐洛波契特里面团塑像和其他手抄本中的侧身像十分相似，但是到了多年后编纂的第十二卷里，传统的配饰和侧身角度都不见了，取而代之的则是一个双腿分开站着的异教神的正面视图，这完全就是此后数个世纪的欧洲书籍中那个邪恶偶像的先导形象。阿兹特克文化中的神灵威齐洛波契特里形象的肖像学研究和含义已经被诸多学者广泛讨论，关于这一点我们还可以轻易地写出更多内容。但是重点是非常明晰的：阿兹特克人自身所展现的威齐洛波契特里的形象，和侵略战争之后形成的异教邪神形象相去甚远。[47]

　　尽管和威齐洛波契特里联系在一起的献祭仪式一直都是阿兹特克文化中最受欢迎的场景，但是威齐洛波契特里的光芒却在20世纪前后被另外一个神所掩盖——奎查尔科亚特尔，即羽蛇神，"对大部分人来说最典型的阿兹特克神"。相较于威齐洛波契特里在后入侵时代的历史，奎查尔科亚特尔在现代社会的发展变化十分不同，并且更为复杂。但是结果却是一样的：这些故事大部分都是欧洲人捏造的，基本上都是出于特定的政治、宗教和文化目的，最终导致原始的阿兹特克神祇留存下来的形象和意义被稀释和掩盖，变得很难察觉。[48]

　　我们目前比较明确的是，古代墨西哥民间历史中有一位传奇的图拉（Tula，该城邦国曾在特奥蒂瓦坎衰落后及阿兹特克人崛起前统治中墨西哥）统治者，这个人名叫托皮尔钦·奎查尔科亚特尔（Topiltzin Quetzalcoatl）。托皮尔钦事实上是一个称谓（在纳瓦特尔语中，"to"的意思是"我们的"，"pilli"的意思是"贵族"，"tzin"作为讲话的一部分，是传递尊敬的意思，因此，整个词的意思是"我们尊贵的大人"，或者很口语的说法是"先生"），这个称谓很可能为多个统治者所使用，因此，托皮尔钦·奎查尔科亚特尔可能是由多个历史人物杂糅而成的一个传奇形象，与之相关的还有很多民间传说。对我们而言，这些故事中的某些说法是非常重要的：由于政治冲突或者宗教分歧，托皮尔钦·奎查尔科亚特尔被迫离开图拉，其他版本的故事中他并没有死亡或者消失，而是可能跨过了加勒比海。最后一个细节很可能是在西班牙人入侵后加上去的，成为这个故事一个更为扭曲的地方：这个传奇的人物或者人神，注定有一天会回来。[49]

　　奎查尔科亚特尔的众多形象之一是人神，因为他有时会和一个名叫奎查尔科亚特尔的神明合体或者被其附身——后者本身则是一个神灵的集群，包括雨和富饶之神，以及一位名叫埃赫卡特尔（Ehecatl）的风神。因此，这个名叫奎查尔科亚特尔的神是阿兹特克万神殿中的一部分，与乔卢拉城的联系尤为紧密（乔卢拉在超过一千年的时间内都是一个朝圣之地，这里有世界上最大的金字塔，这座城市是献给奎查尔科亚特尔的）。与此同时，在西班牙人入侵的头几十年中，两个全然不相关的概念开始在墨西哥和欧洲流传：一种说法是在科尔特斯撰写关于“会面”的著作时通过蒙特祖马之口传递出来的，即阿兹特克人相信这片土地的古代统治者的后代会在将来的某一天返回，并索回他们的国家；另一种说法最早出自杜兰的笔下，即认为圣托马斯曾在古代到达过墨西哥并在那里布道。[50]

到了16世纪晚期，上述第一种说法和奎查尔科亚特尔归来的故事混杂在一起。非常重要的一点是，将这两个故事连接在一起的不是征服者们；科尔特斯在16世纪20年代和30年代的作品中从来没有提到过奎查尔科亚特尔，戈马拉则是因为塔皮亚的原因提到了奎查尔科亚特尔，塔皮亚只是指出奎查尔科亚特尔是乔卢拉的人神缔造者——他穿着一件带红十字的白袍，禁止了活人祭祀。尽管在16世纪40年代之前，这个神已经初步出现了基督教化倾向，但是直到几十年后萨阿贡编撰那本《通史》时，曾经的统治者归来的传说才和奎查尔科亚特尔的回归融为一体（“他们说他依然活着，并且将会回来重新统治……并且当唐·费尔南多·科尔特斯到来的时候，他们以为科尔特斯就是奎查尔科亚特尔。”）。[51]

蒙特祖马以为科尔特斯是威齐洛波契特里的说法早前就在流传。1540年，门多萨总督在寄给西班牙的兄弟的信中就曾复述了这个传言；但是到了16世纪下半叶的时候，方济各会修士和被他们教化了的原住民在撰写《通史》的时候，把奎查尔科亚特尔作为了一个更好的候选者；殖民时代早期的原住民精英阶层选择奎查尔科亚特尔这个注定要回归的人神的目的非常明显：这样的形象能让基督教更为本土化，将基督教与墨西哥文化的过去和现在连接起来，借以将“征服”重塑成为一件注定的和幸运的事情，而不是一个无法解释的悲剧。[52]

到了17世纪，圣托马斯曾经造访过墨西哥的说法也开始混入不断发展中的关于奎查尔科亚特尔究竟是何方神圣的传说和理解当中。有关这种说法的第一次完整阐述出自西古恩扎-贡戈拉的散文，这篇文章虽未出版，但是在写就之后的一个世纪内却广泛流传——这时圣托马斯-奎查尔科亚特尔的神话已经在诸如洛伦佐·博图里尼（Lorenzo Boturini）、方济各会修士哈维尔·克拉维杰罗（Javier Clavigero）以及备受争议的特蕾莎·德·米尔等作家或者教士们的口中达到了顶峰。圣徒版的奎查尔科亚特尔是一位善良的统治者，他废除了活人祭祀和食人行为，宣扬一神论，预言了西班牙人的征服并且承诺将会归来。这个被重新发明的奎查尔科亚特尔形象蕴含着非常强烈的爱国主义意味，而且也是其得以在20世纪的墨西哥复活的基础。在原住民主义（indigenismo，一种墨西哥后革命时代的政治和文化运动，主要目的是寻求复兴国家的原住民遗产）盛行的年代，奎查尔科亚特尔成了"文学复兴"的对象，不断出现在诗歌、剧作和绘画等作品当中。[53]

这个现代版本的奎查尔科亚特尔形象存在了很长时间，其副作用之一，便是使被萨阿贡捏造出来的这个传奇的奎查尔科亚特尔形象以及所谓阿兹特克人回归的统治者传说，同假想中蒙特祖马的投降演讲之间的联系长期纠缠不清。奎查尔科亚特尔的形象越是基督化，他在墨西哥文化圣殿中的形象越是善良并为人们所祝福，这种被捏造出来的联系所赖以生存的土壤就更加深厚。最终，其产生的效果并没有让阿兹特克文化得以恢复（因为这一神祇依旧是野蛮而嗜血的），恰恰相反的是，阿兹特克向科尔特斯和基督教投降及臣服这种叙事情节，强化了后两者对于阿兹特克的"拯救"，也让"会面"的神话历史能继续被维系。

西班牙人、欧洲人、现代墨西哥人重新创造了奎查尔科亚特尔的形象，使之成为一个耶稣一样的人物；同时重塑威齐洛波契特里，使之成为一个撒旦般的人物形象——这一系列行为杂糅后的效果，便是重塑了阿兹特克宗教和文化，以便让西班牙人的入侵成为一个可以预见的、合法化的行为。这两位神祇，其中一位展现了在撒旦的控制下，阿兹特克人把活人祭祀和食人行为置于他们文化的核心地位，他们需要从野蛮和诅咒中被拯救出来；另一位则体现出，上帝已经预示了阿兹特克人将被拯救，这种说法的基础是圣托马斯－奎查尔科亚特尔之间的联系，而科尔特斯让这种说法最终站住了脚。解开这一人造的、想象中的谜题的最后一把钥匙，则是蒙特祖马认定科尔特斯的身份是奎查尔科亚特尔，这导致了他那令人费解的投降及天意般的打开特诺奇蒂特兰大门的行为，并且最终把一场在各方面都站不住脚的入侵行径转化成了在道德上无可指责的实现上帝意愿的行为。

※

蒙特祖马曾是秘鲁印加帝国皇帝手下的一位军事将领。

无论阿兹特克和印加帝国是否相隔万里，或者是不是知晓彼此的存在，这些都不重要。在蒙特祖马去世一个半世纪后，这些细节都没有让伦敦的剧作家们感到困扰。在1664年首演于伦敦的戏剧《印第安女王》（*The Indian-Queen*）中，约翰·德莱顿和他的姐夫罗伯特·霍华德（Robert Howard）爵士共同进行了创作，蒙特祖马在其中作为一名效忠于印加皇帝的将军出现。这部简短的五幕悲剧后来被改编成一部半歌剧（semi-opera），作曲家是亨利·普赛尔（Henry Purcell）。这部歌剧便以此种形式从1695年演绎至今（普赛尔那令人满足的巴洛克式曲调中和了诗人笔下阴谋的荒谬程度）。[54]

富有娱乐性质的、想象中的蒙特祖马是这部剧的中心和英雄人物。当他还是一位年轻的秘鲁将军的时候，就在战争中击败了墨西哥人；但是随后，当墨西哥人扭转时局并最终战胜了秘鲁的印加人时，蒙特祖马选择换边站队。人们发现，他的主要目的是迎娶印加帝国的公主奥拉齐亚（Orazia）——同时要面对公主父亲的反对，来自情敌阿卡西斯（Acacis，墨西哥王后之子）的竞争，以及王后本人对蒙特祖马的占有欲。

可见，这部剧是一个关于合法性的皇室爱情故事，浪漫只是王权的一个比喻而已：谁有权统治？谁有权爱或者娶一个人？这样的一个普世性的主题本来应该以欧洲作为背景。不过，在把这个戏剧植入极具异域色彩的古代美洲背景的同时，霍华德和德莱顿还将普罗大众喜闻乐见的乱伦和人祭主题植入其中——这些元素长久以来都被欧洲人认为是普遍存在于"印第安人"生活中的。把美洲原住民文化、地点和历史人物进行扼要的处理，相当于把秘鲁人和墨西哥人混为一谈，把他们的帝国看作相邻的国家：墨西哥那"篡权的印第安女王"名叫森波阿拉（Zempolla），她的将军（同时也是秘密情人）叫特拉斯卡拉（Traxcalla）。上述说法之所以成为可能，原因在于这部演绎了150年之久的欧洲戏剧将类似于蒙特祖马的历史人物简化为刻板印象和象征符号。

德莱顿很快又回到了这些主题当中，他在没有他姐夫的参与下撰写了《印第安皇帝》。不论如今对续作的普遍看法如何，这一剧作的篇幅更长、质量更佳，而且更为成功。它于1665年在伦敦的德鲁里巷（Drury Lane）首演，当时就引发了巨大反响，并且成为文学史上著名的富有创造性的英雄悲剧音乐作品。[55]

在历史准确度方面，相较于《印第安女王》，德莱顿的第二部剧作更为严肃。例如其中已经没有印加人的身影，蒙特祖马统治墨西哥，后者遭受了科尔特斯率领的西班牙人的入侵。续集故事发生在20年后，蒙特祖马成为其中唯一幸存的角色（不过印第安女王森波阿拉的孩子们也起到了作用）。一次德莱顿在向观众解释两部剧作之间联系的时候，他称续集是关于征服蒙特祖马的"繁荣帝国"的故事，不过他"并没有完全照搬历史或者全然颠覆历史"。[56]

德莱顿作为诗人自由发挥的地方包括让皮萨罗（Pizarro）成为科尔特斯在墨西哥的"指挥官"之一，他还给所有的阿兹特克角色都取了明确的非美洲原住民姓名，例如奥德马尔（Odmar）和阿利贝奇（Alibech）。他的主题再次回到了统治的合法性和爱情上来（看起来，鱼和熊掌无法兼得：蒙特祖马选择了爱情，并最终殉情；科尔特斯选择了权力，并赢得了墨西哥）。尽管该剧的情节以及角色与"历史真相"的差异比德莱顿想让观众们相信的还要大，不过它仍然抓住了前现代社会（甚至于现代社会）对于"西班牙征服"以及事件当中的主角（尤其是蒙特祖马）的感知中最重要的那些方面。

在《印第安皇帝》中，主题人物是那位我们至今都知晓的充满冲突且极富争议的统治者，这两个特点在过去的五个世纪都伴随在他左右。不过，德莱顿从一开始就宣布他注定会是"一位伟大和荣耀的亲王"，他坚决保卫自己的帝国，面对折磨的时候顽强不屈。他那"与帝国共存亡"的荣誉感很好地与早期现代观众产生共鸣：当对错误宽宏大量的科尔特斯，向这位落败的皇帝提出妥协的提议时（"大人，千万不要气馁，除了战无不胜的西班牙，有谁知道／你是不是可以东山再起呢？"），蒙特祖马回答道：

> "不，西班牙人，要知道，那些为帝国而生之人；
>
> "活得时间更短，值得被胜利者嘲讽；
>
> "国王和他们的王室成员只有一种宿命；
>
> "权力就是他们的生命，当权力不复存在之时，他们的命运也就到头了。"
>
> 这位骄傲的阿兹特克人举起自己的剑，然后继续说道：
>
> "——不要再称呼生命了；
>
> "因为现在这是我最不能忍受的折磨：
>
> "我不会接受贿赂而忍受活着，我宁愿死去
>
> "我不愿接受你那错误的仁慈。
>
> "我是你的奴隶，并且我已习惯活得像个奴隶了；
>
> "当苦痛消失时，羞耻感就会接踵而至：
>
> "但是只要他——（他的剑）——在我的手上，我就是国王，
>
> "除了死神，它不会臣服于任何人：

> "你可以把它绑起来，可以征服我，
>
> "但是它始终是我的，而它最终将赐予我自由（刺死自己）。"[57]

就这样，蒙特祖马成了一位烈士。他坚称自己是为了王位而献身，也是为了帝国本身殉道（对于德莱顿和他的观众们来说，王室殉道的观念无疑是1649年英格兰国王查理一世被处决的回声）。他没有选择和科尔特斯一起统治人们，也没有率领手下的臣民走向一场快乐的流亡（这些人将会享有"爱和自由"），因为对他来说，有一条原则比幸存的臣民们更为重要。

这条原则非常浪漫——他的自我牺牲事实上是为了内心的爱。他临终时说的那句"永别了，阿尔梅里亚（*Almeria*）"，让人想起了那个作为情节驱动力的五角恋：蒙特祖马喜欢阿尔梅里亚（已故"印第安女王"的女儿），后者则深爱着科尔特斯，科尔特斯爱的人却是西达里亚（*Cydaria*，蒙特祖马的女儿），但是西达里亚已经被许配给了奥贝兰（*Orbellan*，"印第安女王"的儿子）。德莱顿笔下的蒙特祖马无疑是这个故事中的悲剧英雄，但他也是那个在故事的结尾草率投降的皇帝。[58]

西班牙人重构了阿兹特克人的历史和宗教，甚至重塑了他们崇拜的神灵，目的是让"征服运动"合法化，并且在道德上站住脚。在这座"充满了借代、类推和影射且极不稳定的大厦"当中，蒙特祖马居于中心地位。尽管信奉新教的欧洲人和美国人会谴责这些西班牙征服者，但是他们对于阿兹特克人和悲剧性的、注定失败的蒙特祖马的看法，注定来源于那个被西班牙人重构的历史版本。无论是在英格兰还是西班牙，抑或是墨西哥，蒙特祖马向科尔特斯和平且自愿地投降——或者说他以皇帝的身份草率地放弃抵抗——不仅重要，还是他做过的最重要的事情，是他的传记当中最具决定性的因素。[59]

但是问题就出在此处，蒙特祖马没有向科尔特斯投降。他的上述行为既缺乏可信度，也和16世纪早期留存至今的那些有关他作为统治者的图片资料证据不吻合；事实上，自愿放弃自己帝国的皇帝形象也和食人族统治者的形象非常不符。在过去的五个世纪里，蒙特祖马的形象已经发展成为一个极为矛盾的客体——尽管一直被重复，但却从来没有解决。萨阿贡声称，蒙特祖马本人无疑参与了祭祀仪式，但是当他听到关于西班牙人的描写时，他"害怕到颤抖，近乎昏厥"，这种说法也被现代作家们一再地重复。墨西哥儿童作家赫里贝托·弗里亚斯（Heriberto Frías）在1925年时写道："这位可悲而又著名的蒙特祖马·索科约钦（Moctezuma Xocoyotzin）背负着双重诅咒，一部分是战功卓著的伟大将军，另一部分是诡计多端的大祭司、令人生厌的神职人员。"英国外交官兼历史学家莫里斯·科利斯在1954年时忏悔道："人们都会情不自禁地觉得，蒙特祖马是一个恶魔，他将俘虏献祭的行为是仪式化的杀戮行径。"然而同样是这个恶魔，却迅速地相信科尔特斯是归来的奎查尔科亚特尔，并且在预料到自己即将和神灵会面的时候，"内心充满了敬畏"。这里，这位悲哀的著名皇帝被描绘成了一个胆怯的连环杀手的形象。[60]

在蒙特祖马死后的数十年乃至数百年间，关于他的解读和绘画变得如此的符号化和老套，以至于他的形象不再需要依附于历史事实了。作为一名形象被泛化的"印第安"亲王，他可以被任意艺术家、剧作家或者历史学家以任何方式创作和描绘——正如德莱顿以娱乐的方式所证明的那样，同时这一点也反映在现代早期的那些雕版肖像画中（其中的一些收录在本书的插图中）。结果，前现代和后现代的蒙特祖马形象与那个死于1520年的蒙特祖马早已相去甚远。

为了更好地理解前述多种形象的蒙特祖马——这位在死后出现了多张面孔的皇帝，让我们继续深入观察。上述内容都不应当被视作相互割裂的文字或者视觉形象，而是一种以令人费解且相互矛盾的方式穿梭于巨大的蒙特祖马形象丛林之间的信息流。蒙特祖马的恶魔形象已经被介绍过，这主要是早已被多次讨论的拟人化的阿兹特克刻板印象。这是一位食人族的皇帝，一位暗夜之王，"现在和将来都以活人血肉为生"。他也"献祭"儿童，但是更愿意将他们"杀死后拿来装点自己的餐桌"。这个版本的蒙特祖马不仅统治着这个被偶像崇拜、活人祭祀和食人行为所定义的文化和王国，还被树立成典型，亲自挖取活人的心脏，这也在字面意义上弄脏了自己的双手。然而从萨阿贡到科利斯，从戈马拉到兰金，他们所描述的形象中的大部分都将其他因素混杂到上述特征当中，最终导致了各类矛盾的产生。[61]

另一个同这一恶魔形象混杂在一起且显得非常不自然的是"伟人蒙特祖马"的形象。这一形象发端于这位皇帝的统治年代（1502—1520年间），既体现在投射在他的臣民身上的王权统治上，也体现在这场入侵战争的幸存者所留下的纪念画像上。这一形象与真实的蒙特祖马（这位排除万难以统治一个帝国的统治者）最为接近。然而，这位历史上的蒙特祖马却被噤声，原因是他遭遇了两个版本形象的双重入侵，分别是科尔特斯的信函中那个两面三刀并投降敌人的蒙特祖马，以及戈马拉著作中那个懦弱和胆小的蒙特祖马。而直到16世纪晚期的时候，"伟人蒙特祖马"的形象才重新出现，并且是以一种令人吃惊的（以及可预见的自相矛盾的）方式出现在令人吃惊的地点。

例如，西班牙诗人加布里埃尔·拉索·德拉维加致力于宣扬科尔特斯的传奇功绩，其中最著名的要数他创作的两篇史诗。但是对于拉索来说，蒙特祖马并不是很多西班牙人著作中科尔特斯的反面形象；恰恰相反，他是一位伟大的统治者，管辖的是一个令人惊叹的王国，同时也是一个史诗般的强有力且不屈不挠的人物，这些也都和诗人行文的特点相符。拉索的立场是，"印第安"皇帝越是伟大，则战胜他的人也更为伟大。事实上，在拉索写于1594年的《墨西卡人》一书后附的一则短文中，作者也清楚地表明了这一点。

在这篇文章中，名为赫罗尼莫·拉米雷斯（Gerónimo Ramirez）的作者坚持认为"新西班牙地区的印第安人不是好战之人，但他们也不是懦夫，或者头脑简单的无知之人，完全没有任何生存的本领或者技巧"。他们远不是"内心脆弱的娘娘腔（有些人这样说）"，而是"非常擅长制造武器"并且"战斗的时候非常勇敢"的一类人。否认"印第安人勇敢坚毅的精神"就是"消解科尔特斯征服他们的功绩"。至于"那个令人咋舌的伟大人物——墨西哥之王蒙特祖马"，美洲历史上没有任何其他统治者能够"与他治下王国的伟大程度相媲美，无论是在臣民的数量还是财富的丰富程度上都只能望而却步"。只有特拉斯卡拉人那穷凶极恶的抵抗才可以说是"一定程度上消解了这个至高无上的国王的权力"。[62]

17世纪和18世纪的"伟人蒙特祖马"形象与"恶魔蒙特祖马"的形象常发生不同程度的脱节。在蒙塔努斯和奥格尔比的《美洲》当中，他是一个真正的模范君主。他统治的疆土非常广阔，原因在于"他在战争中的英勇和成功"，但与此同时他也是"一个聪明且善良的亲王，对于手下的臣民公正、善良和贴心"。他唯一的污点便是对于"撒旦信仰"的执着与狂热。[63]

"伟人蒙特祖马"在当代一个非常鲜活的例子便是墨西哥律师和历史学家伊格纳西奥·罗梅罗瓦尔加斯·伊图尔比德（Ignacio Romerovargas Iturbide）出版于1964年的同名著作（尽管这本书只在墨西哥出版，并且早已绝版，但是直到21世纪仍然在墨西哥的网络上拥有巨大反响）。罗梅罗瓦尔加斯想把蒙特祖马塑造成一个能够启发现代追随者的模范政治家。他是一位"伟大的改革家和教育家"，并且是"同时代世界上唯一一个要求全社会所有成员都要接受教育的统治者"。他把帝国的土地分配给那些服务社会、成就很高的人。他建立了一座伟大的医院和孤儿院。他的那个住满了侏儒、白化病者和畸形人的宫殿是一个国家级的人道救助设施，而不是"如西班牙人所说的，满足统治者对于病态人群好奇心的宫殿。西班牙人嘴上对于慈善行为大谈特谈，但是对慈善的本质却知之甚少，并且从来不付诸实践"。他在洪灾或饥荒的时候会开仓放粮。他建立的法律体系只有法国大革命之后欧洲建立的法律体系才能与之相提并论。他保护贸易，并且在帝国内部维系和平。由于他本人"深厚的艺术气质"，他把特诺奇蒂特兰打造成了一件巨大的艺术作品，一件工程和建筑领域的杰作。他拥有的权力令人畏惧，但也"深受人们的爱戴，甚至达到了敬仰的程度"，他之所以有时看起来较为残忍，是因为他对于正义的过分追求。[64]

这个令人惊叹的想象中的帝王是如何与西班牙人笔下那个残酷的懦夫达成一致的呢？罗梅罗瓦尔加斯本人提出了这个问题，并且在回答的时候准确地指出了西班牙人对阿兹特克人的大量负面描述，这些观念也导致了他们对于统治者形象的污名化。因此，他拒绝承认那一恶魔化的形象。不过他无法拒绝奎查尔科亚特尔回归的传说，这也导致其诉诸"惊恐不安的蒙特祖马"（这是我给另外一种蒙特祖马形象所贴的标签）形象的说法。跟之前许多人的做法类似，罗梅罗瓦尔加斯笔下的皇帝形象在面临西班牙人入侵时产生了一个巨大的转变。由于相信这些外来者是一位"遥远的国王"派来的，这位"高尚人物"和"民族英雄"就让他们进入城市，但是当他"令人意外地被抓住和下狱"时，他无法忍受被捕后"肉体和精神上的折磨"，最后被"折磨到没有丝毫反抗之力"。罗梅罗瓦尔加斯热衷于宣扬这位落难皇帝的殉道事迹，但是和入侵前蒙特祖马的伟大事迹相比，此时的他更像是一个可悲的殉道者。[65]

和其他自相矛盾的形象信息流一样，"伟人般的"和"惊恐不安的"蒙特祖马这个相互交融的形象出现于现代社会早些时候。当塞普尔韦达在1543年用"胆小的和懦弱的"这样的词形容蒙特祖马时，这位皇帝投降的故事就已经被作为事实建构出来，紧随其后的便是对所谓的"懦弱的蒙特祖马"的鄙夷。[66]"惊恐不安的蒙特祖马"是一个容易被攻击的靶子和方便的替罪羊。在萨阿贡和杜兰各自所著的作品当中，阿兹特克人在战争中的失败都被非常直接地归咎于蒙特祖马，尤其是他本人的恐惧——他的迷信、忧郁、软弱和懦夫般的行为。这种利用重新想象出来的蒙特祖马的形象解释征服战争的简洁方式，显然无论是在纳瓦人还是在方济各会修士之间都是具有压倒性优势的观点（这在萨阿贡的书中也有阐明）。蒙特祖马是模范"特拉托阿尼"的对立面：身为武士国王却没能领导自己的军队；作为一位"伟大的演讲者"却没怎么说话。杜兰在书中则把这种解释进一步推进，为蒙特祖马一世和蒙特祖马二世发明了两个互为镜像的人格形象——1440—1469年在位的那位皇帝开启了帝国的扩张，而1502—1520年在位的这位皇帝则导致了帝国的瓦解。[67]

萨阿贡和杜兰虚构的历史就这样定格，并且作为历史事实而存在。一个世纪之后的杰梅利则把"蒙特祖马"翻译成了"智慧的君主"，因为他是"严肃的、庄重的人，一个话不多的人，一个谨慎小心的人，这让人们对他既尊敬又害怕"。然而，当面对占星学家所称的"某些巨大灾难"将会发生的不祥预兆时，这位皇帝很快开始"忏悔"，消极地等待"自己的覆灭之日，造就这一切的则是来自东方的太阳之子们"。在有关这一主题的另一部作品当中［约瑟夫·玛丽亚·瓦卡·德·古兹曼（Joseph María Vaca de Guzmán）于1778年创作的英雄史诗］，这位"可怕的蒙特祖马"并不为自己的人民所爱戴，而是"最为傲慢的国王"（几乎是一个伟大的恶魔），而当"伟大的科尔特斯"出现在地平线上的时候，这位皇帝则毫无意外地迅速陷入"精神上的死气沉沉"。同样地，兰金也描绘了一个热爱战争且嗜血的蒙特祖马形象，这位皇帝竖立起了一块"比例极其巨大的石头"以应对活人祭祀的增加，最开始的便是在他加冕仪式上的12 210个受害者；然而，同样也是这个人在接受皇位的时候被自己的感情击溃，他的加冕仪式三次"被眼泪所中断"，并且当17年后见到科尔特斯的时候"因为他（自己的）迷信和恐惧而极度困惑"。杰梅利、瓦卡·德·古兹曼、兰金和罗梅罗瓦尔加斯笔下的皇帝，以及这期间无数其他作品中诠释的皇帝形象，无论其被自己的臣民所惧怕还是爱戴（或者两种情感皆有），都会在面对预言中的厄运的时候被彻底击溃。[68]

讽刺的是，尽管奎查尔科亚特尔神话在20世纪再次流行，那些对阿兹特克人抱有同情心的作家们的行为却导致科尔特斯有关投降的谎言得以维系。于是，在对阿兹特克文化进行本土化观察的条件下，关于科尔特斯胜利和蒙特祖马失败的传统叙事得以强化而非削弱。20世纪，"惊恐不安的蒙特祖马"形象越来越多地在出版物中出现。法国历史学家让·德斯科拉（Jean Descola）提供了一个对传统叙事方式稍加改进的版本，在他写于20世纪50年代、名为《埃尔南·科尔特斯；或者白人上帝的回归》的书中，科尔特斯的天赋和令人惊叹的命运（跟多数人一样，这一部分都是基于科尔特斯本人和戈马拉的著作）因为远古的预言、令人恐惧的预兆以及奎查尔科亚特尔的神话信仰而被强化。墨西哥耶稣会修士和学者埃斯特万·帕洛梅拉（Esteban Palomera）也是如此，这位从20世纪40年代至80年代一直研究16世纪方济各会修士迭戈·巴拉德斯和玛雅历史的学者得出结论，他认为奎查尔科亚特尔神话"充满了宿命论的预兆，塑造了（古代）墨西哥人的宗教灵魂，尤其是蒙特祖马的迷信精神"。巴拉德斯那本1579年的著作是帕洛梅拉的研究主体，但是其中没有提到奎查尔科亚特尔–蒙特祖马神话；帕洛梅拉只不过是阐述了他所在的那个时代的传统观点而已。[69]

进入21世纪，各类宣扬"惊恐不安的蒙特祖马"的论著更加甚嚣尘上，互联网上关于这些著作的各种语言的评论更是加剧了上述观点的传播。正如关于"会面"的预言性质诠释所展示的那样（参见上一章内容），阿兹特克帝国失败的原因被一再地归咎于蒙特祖马的"迷信"、"幻觉"及其幼稚的"宿命论"。他变得"盲目"，"被预言击溃，变得越发困惑和犹豫不决"；他单纯地被"吓坏了"。[70]

在蒙特祖马死后的这几个世纪里，上述三种人格形象不断发展演化，互相之间也碰撞交织，形成了关于这位皇帝的一套复杂的神话体系，那么他在画作中是如何被演绎的呢？这位恶魔般的、伟大的以及惊恐不安的皇帝究竟长什么样？殖民时代早期关于这位皇帝的画作，倾向于沿袭西班牙人入侵后幸存下来的画像风格：艺术家们并不在他的信仰方面着墨，而是描绘他的地位和权力，即他作为皇帝的身份本质。在其中的一些画作中

（以及本书的插图中所收录的一些画作里），可能有"伟大的蒙特祖马"这一人格形象的回声。在后来的画作中，尤其是到了19世纪和20世纪，有关"会面"或者科尔特斯俘获皇帝的画作里，他被描绘成垂头丧气的、低头认输的模样。尽管如此，在蒙特祖马死后五个世纪的画像中，有一个占据首要地位的主题元素，几乎出现在所有的画作中，即羽毛。那么我们要讲的最后一个人格形象便是"穿羽制品的蒙特祖马"。[71]

使用羽毛作为一种标志来指代美洲原住民是普遍存在的做法。1493年3月，哥伦布自他的首次美洲之行返航，翌年在意大利波吉亚皇宫的一幅壁画中就已经出现了美洲"印第安人"，他们是戴着羽毛饰品的裸体奴隶。显然，此时的欧洲人已经自发地采用这个服饰符号（或者衣不蔽体）指代这一外族人或"他者"，这一点也不让人感到惊奇。长久以来，羽制品服饰一直都和土耳其人或者其他"东方的"族群联系在一起。正如他们想在美洲寻找到畸形人、野蛮的习俗、恐怖的偶像和预料中的令人难以置信的故事一样，他们猜测这些"印第安人"穿着羽毛制品，甚至经常赤身露体。随后他们发现，许多美洲的原住民族群也喜欢鸟类的羽毛，并且创造了令人目眩神迷的羽制品文化——从阿兹特克人到巴西的图皮人（Tupí）都是如此，他们脑海中的固有偏见也因此不断被强化。到了17世纪的时候，羽毛已经成了"印第安人"形象的专属符号，就如同现代智能手机应用程序的图标一样。[72]

因此，羽毛的作用就变得很简单，并且被到处使用——地图、雕刻、绘画和塑像等，不一而足。一个人为设计但是却非常典型的例子便是奥格尔比的《美洲》一书的卷首插画（收录于本书插图中，插图14）："美洲"这个词作为书名包含在图中，但图中"印第安人"身上大量的羽毛使得这个词显得多余。与此同时，正如欧洲人所观察的那样，羽毛也被用以表现"印第安人"之间的差异：相较于穿着羽毛短裙或者戴着羽毛脚饰的印第安人，只插着一根羽毛头饰的人则更为野蛮或者地位更为低下，而浑身都是羽制品装饰的印第安人则表明其是一位统治者。

德·布莱1601年的著作《美洲游记》（*Peregrinationes in Americam*）的卷首插图里面，收录了一个隐约可辨认的蒙特祖马形象，并且毫无疑问，在那个时代，蒙特祖马是画面当中身着羽毛数量最多的那位。欧洲样式的蒙特祖马头像首次付梓是1584年，出自法国人安德烈·特维特（André Thevet）之手。特维特在画中赋予了主人公经典的装扮和复杂的眼神，以体现矛盾性，而这样的矛盾早就深深地嵌入关于这位皇帝的各种描绘当中——既体现在特维特的作品里（其中，这位皇帝是"哲人般的、富有美德的、误入歧途的甚至是恶魔般的"，正如一份近期的研究成果发现的那样），也反映在更广泛的文学界中。除了能体现"邪恶的、伟大的和惊恐不安的蒙特祖马"的痕迹，特维特的画像也体现了"穿羽制品的蒙特祖马"的特点——除了头上和矛上装饰的羽毛，这位皇帝的手正指向一个制作精美的羽毛盾牌，似乎是为了让人注意到它的象征意义和自己身为国王所拥有的权力一样。[73]

特维特版本的画像被广泛使用了多个世纪，有的时候是原封不动地借用，有的时候也会进行修改，用来展现这一类画像常常所表现的各种相互矛盾的叙述的不同组合。在奥格尔比和蒙塔努斯的版本中，蒙特祖马的穿着只有羽制品，那身经典的武士亲王的装束则不见了。"惊恐不安的蒙特祖马"在这里体现得不多，我们可以想象奥格尔比的英文读者能够嗅到一些悲剧的、野蛮的味道，蒙特祖马是"荣耀的亲王"，同时也是"高贵的野蛮人"——德莱顿在几年前就已将这一形象推上了戏剧舞台。

另一幅变体作品则是一位墨西哥艺术家创作的彩色全身像，这幅画于17世纪90年代被寄给科西莫·德·美第奇（至今仍悬挂在佛罗伦萨的美第奇家族珍宝库当中）。这幅画后来以雕版的形式被复制，并以这种方式出现在很多作品当中，包括索利斯的《征服墨西哥史》的意大利文版本（比如本书插图中所收录的那幅）。这张图给人的印象则是一个尊贵的、野蛮的统治者形象（即"伟大的蒙特祖马"的线索），但是除了那根矛，这位皇帝的男子气概在某种程度上被削弱了（让人联想起"惊恐不安的蒙特祖马"）。无论如何，他都是那个穿羽制品的蒙特祖马，这种形象去除了任何意义的借喻，使得其能够代表一切，或者什么都体现不了。就好像墨西哥城地铁"蒙特祖马"站中那幅只有羽制品头饰的壁画一样，蒙特祖马成了一个符号，已经不再是单独的个体。他是一位拥有多种人格形象的亲王，但是这些人格彼此之间充满矛盾，以至其最终被瓦解并消失殆尽后，只留下了一个印第安人的符号，一个普通的蛮族亲王的形象——这种形象，甚至可以是一位率领印加军队打仗的阿兹特克将军。[74]

※

"当我年轻并且四处流浪的时候，我曾经和蒙特祖马聊过天。"这是一首19世纪和20世纪初在英国水手之间流传的小调开篇的句子（它流传开来的时间可能在更早的一两个世纪之前）。"现在，蒙特祖马跟我说：'吉姆，我的朋友，我希望你能走向大海。你要把你见过的所有人都狠揍一顿，因为他们都有可能是我的敌人。'这就是蒙特祖马跟我说的话，也是他的原话。"[75]通过把蒙特祖马简化成一个普通的远古的君王，一个刻板的形象，他成了流行歌曲中一个合适的话题。正如在流行歌曲中亨利八世的卖点是其拥有六个老婆，蒙特祖马的卖点则是他作为统治者那重要的和充满悲剧色彩的死亡。

征服者们乐于宣扬两件事：一是蒙特祖马自愿将自己的帝国拱手相让，二是他们以非常快的速度摧毁了这个帝国——16世纪20年代早期的科尔特斯常常描述自己已经"征服并定居"在整个新西班牙。但是摧毁阿兹特克人和他们的皇帝实际上是一个漫长的过程，这一点不仅体现在西班牙人的殖民进程上（和科尔特斯所说的刚好相反，这一进程持续了数十年甚至数个世纪），也体现在对阿兹特克文明及其统治者（这位在1519年11月欢迎入侵者到来的皇帝）的刻板印象的稳步而广泛的构建和描述过程里。最为重要的是，将"会面"理解成为"蒙特祖马的投降"也因为上述观念的形成而被固化和加强。[76]

2009年，在大英博物馆举办的名为"蒙特祖马：阿兹特克统治者"的展览当中，组织者写道："今天的蒙特祖马已经是一个矛盾的、少有人关注的形象"，尽管"他的名字仍然能让人联想起一系列熟悉的事物"。虽然他们所指的只是墨西哥，但是这句话所适用的范围显然更加广泛。英国水手们的歌曲已经暗示了，在向敌人复仇的道路上，这位皇帝需要帮助；而蒙特祖马的名声所受到伤害的最终标志可能是，如今大部分人将蒙特祖马的名字和一个根本不是源自墨西哥或者西班牙的词联系在一起，即"蒙特祖马的复仇"（Montezuma's Revenge），这个词实际上和英国殖民者在印度及大英帝国的其他地方所遭遇的痢疾相联[1]。随后"蒙特祖马的复仇"也成了电子游戏和过山车的名称，它最初的意义也已经丧失了不少。那么，为了让这位皇帝实现自己的复仇，同时也为了让我们对"会面"有全新的理解，我们现在尝试用新的角度审视蒙特祖马。[77]

---

[1]　"蒙特祖马的复仇"是英语中对"旅行者腹泻"这种常见病症的俗称。

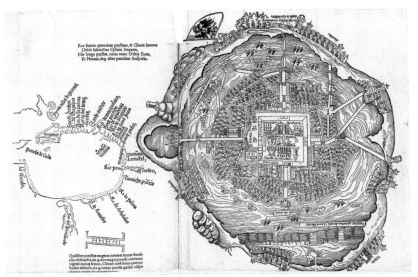

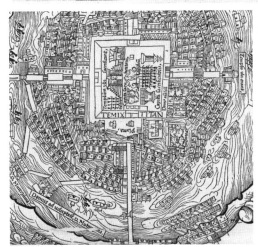

图6 城市

1524年出版的科尔特斯的"第二封信"拉丁文版本中的特诺奇蒂特兰地图，出版于纽伦堡。说明文字则是意大利文，出自1525年的威尼斯版本。一些手绘版本的地图也保存到了今天。这幅地图是形态和内容相结合的产物，也是阿兹特克原版地图的欧洲化版本。地图中左边的那个更小的圆形空间指的是墨西哥湾，同样也是欧洲人对从蒙特祖马手中获得的那幅布画的再加工。放大的细节图则调整了方向，以便上方能够指向正北。被放得更大的那幅细节图使用的则是原来的方向，描绘的是蒙特祖马的动物园。

| 第四章 |

帝国在他的手中

他们一致决定投票给他，称赞其成熟、品德高尚、十分慷慨、拥有不可战胜的精神，并且具有一个优秀统治者身上应有的一切美德；他的建议和决定总是对的，尤其是在战争事务中，他所下达的命令和采取的行动全都展现了其不可战胜的精神。

——迭戈·杜兰修士关于1502年蒙特祖马被推举为皇帝的记载，

出自其本人1581年的著作《新西班牙西印度群岛的历史》

蒙特祖马发现自己坐在他和他的祖辈们从来没有掌控过的皇位上。整个帝国都在他的手中。鉴于他所拥有的巨大权力，他认为自己不可能被任何人战胜，哪怕这个世界上最伟大的统治者也不能。

——唐·费尔南多·德·阿尔瓦·伊希特利霍奇特尔，

《第十三种关系》（*Thirteenth Relation*），1614年出版

他的故事，有可能是这个世界上的诗歌中所呈现过的最伟

大的一个。

——约翰·德莱顿，在1655年上演的《印第安皇帝》

的献词中如此指代蒙特祖马[1]

这可能是人类制图史上最漂亮的地图之一，也是最为重要和最为神秘莫测的地图之一——在一个独一无二且无比壮观的城市被摧毁的前夜，这是其仅存的一张地图，而且到目前为止，没人知道它的作者是谁。

这幅地图时常被荒唐地误认为是科尔特斯所作，其最早的版本似乎是早已失传的1522年版——在塞维利亚制作，作为征服者科尔特斯致国王的"第二封信"（我们在第一章中已经讨论过）第一版的附件。它很可能是由一位西班牙雕版画家根据墨西哥寄过来的草稿和信中的细节合并而成。因此，最早的墨西哥绘图者一定是原住民，且极有可能是一位对特诺奇蒂特兰城非常熟悉的阿兹特克人。但是塞维利亚的雕版画家从未见过阿兹特克的首都，也没见过任何墨西哥的建筑，于是他的润色和加工造就了一个大都市混合体——这一点也能从该地图存世的最早版本中看出来。[2]

这幅地图抓住了出版商、作家和读者的想象，并且五个世纪以来一直如此。这一今天为人们熟知的"纽伦堡地图"，在诞生后被不断复印和改编，开启了属于自己的生命。它伴随用法文、荷兰文和意大利文出版的探险及征服著作，在德国、英国、西班牙和墨西哥境内出版。图中的细节不断地被去除或增加，湖中的岛屿被移动，大小和方位也发生了变化。在有些版本的地图中，只有一个方形的湖；而在另一些版本中，堤道变成了桥，堤坝成了塔楼上的细绳；还有个版本的地图中，湖中的岛屿多达八个，所有岛屿上面都有城市建筑，且都由堤道联通。随着时间的推移，地图中的建筑越来越趋近欧式风格，特诺奇蒂特兰城的中心也逐渐失去了最初版本中的细节。[3]

尽管这个地图演变的故事复杂且引人入胜，但是关于城市的一些关键细节还是被保留了下来。其中的一个细节，在我看来对于理解蒙特祖马至关重要。实际上，我认为这一点是了解他的世界观、了解他是一个什么样的人，以及明白为什么他会如此对待西班牙人的到来的关键因素。这个细节曾是城市的一部分，毁于1521年，但是在数个世纪以来它都为人们所铭记，它就是蒙特祖马的动物园。

在纽伦堡地图中，坐落于"特米西蒂坦"中心广场内的，是那些符合欧洲人惯常想象要素的建筑：金字塔和"他们进行献祭仪式的神庙"；头骨架，一些头骨轮廓上还带着头发，都被标注为"被献祭的人头"（*Capita sacrificatorum*）；还有一座无头的、略微中性的雕像，被称为"石头偶像"（*Idol Lapideum*）。但是在纽伦堡地图的模式化城市的边缘出现了另一个标注："蒙特祖马的花园"，旁边还有"蒙特祖马的行宫"。毗邻中心广场的是"蒙特祖马的宫殿"，附近的一个建筑则被标注为"动物之家"（*Domus animalium*，在意大利文版本中则为*Casa de li animali*）。因此，这幅地图给人们这样一种印象：这个城市和它的统治者并不只关心暴力和死亡，还关注愉悦和生活。透过这一在地理和建筑意义上与真实情况相去甚远的想象中的地图，我们有没有可能借由它对于城市的描绘，抓住这个被蒙特祖马控制的世界中那些具有启发性的、实质性的东西呢？[4]

※

回答当然是响亮的"是"。我相信，在如何看待这位皇帝、他的帝国以及他对于征服者到来的反应方面，蒙特祖马的宫殿、花园和动物园建筑群是一把钥匙，能够解锁新的角度。这把钥匙一直以来就在我们面前（例如纽伦堡地图），但是我们却看不到它的重要性，也不懂得它如何让"会面"变得有意义。基于这个原因，我们值得在动物园身上多花一些时间进行研究。

阿兹特克皇帝的宫殿、花园和动物园如此广阔，错落有致，精心的维护使得它们的美妙让人印象深刻，而且在外国人看来充满了奇特的异域情调，因此，它们立刻引起了欧洲人的兴趣。16世纪20年代在欧洲城市中流传最早的关于阿兹特克的信件和手册中，就刻意强调了上述奇观。例如，在一封看上去写于1522年11月，并且很可能于同年年底在奥格斯堡以德文出版的通讯中，对"曼特图尼亚"（Mantetunia，即蒙特祖马）的动物园有如下的描写：

> 这位曼特图尼亚有很多面积广大的漂亮宫殿，宫殿的大门有70～90英尺宽，走廊的布局像迷宫一样，徜徉于其中的人们很难找到出口，有的时候甚至会走丢。这片土地盛产黄金、珍珠和宝石，宫殿里面拥有巨大的宝藏。这里有很多我们从来没见过的美丽花园，还有我们不知道的珍奇树木和水果，还有一个非常漂亮且稀有的动物园，当中有许多珍奇异兽，以及这个国家的动物，如老虎、狮子、美洲豹、熊、野猪、蜥蜴，还有一些和当地人同属一个族群但是身体畸形的人类，男女都有，用来供当地人观赏。上述动物和人类会分开居住。[5]

这份通讯一定出自那些和新世界返航的船只一起到达的书信，比如1521年11月皇家法官阿隆索·德·苏亚索（Alonso de Zuazo）写于古巴的一封。苏亚索本人从未涉足墨西哥，但是他却见过科尔特斯于1520年寄回西班牙的战利品，并且他显然与几位在特诺奇蒂特兰被攻陷之前就身处其中的征服者交流过——这其中就有迭戈·德·奥尔达斯和阿隆索·德·阿维拉（Alonso de Ávila）。因此，他对于前述动物园的概述，能够反映出早年流传的种种细节。

蒙特祖马拥有一套专门用来展示的房子，里面有各种各样的野生动物，包括老虎、熊、狮子、野猪、蝰蛇、响尾蛇、蟾蜍、青蛙，以及其他不同种类的蛇类和鸟类，甚至还有蠕虫。每种生物都被分门别类地放置在专属的地盘或者笼子里，并有专人负责给它们投喂食物，照护它们的各种生活所需。他还豢养了一些畸形人，例如侏儒和驼背者，只有一只胳膊或只有一条腿的人，还有其他一些生下来就是畸形的种族（民族）。[6]

苏亚索还记载了一些常见的关于阿兹特克人的偏见（他们都不信神，他们都是食人族、鸡奸者，每天都会用活人献祭），以及荒诞故事（有一个地方居住着巨人，证据就是奥尔达斯带回西班牙的一块巨型骨头；还有一块区域是由一名叫"白银女士"的人统治着）。但是关于动物园的描绘多多少少和早前的各类记载相符——从最早的（科尔特斯的"第二封信"和安德烈斯·德·塔皮亚）的记载，到16世纪那些混杂了原住民群体记忆及方济各会和多明我会修士版本的早期记录。那么，蒙特祖马的动物园到底是真实存在的，还是只是一个传说呢（套用墨西哥长期以来讨论的术语来说）？[7]

征服历史当然充满了荒诞故事和流传已久的传说。毕竟，这本书是建立在我本人这样的论断上，即征服历史的关键要素——蒙特祖马的投降是众多故事中最为荒诞的一个。但是对于阿兹特克动物园重复的记录和提及并不意味着其是被发明出来的，也并不意味着其中有政治或者宗教的因素。殖民时期及现代的记录，肯定都带有一定的夸张、发明和诸多的想象——尤其是我们接下来会谈到的，动物园和普遍存在的活人献祭主题之间的联系，但是我看不到任何质疑动物园存在的理由。事实上，除了早前殖民时期关于它的记录，还有两个相关的证据来源：一个是1519—1524年科尔特斯和其他征服者寄回西班牙的赃物、战利品、礼品和献贡；另一个就是考古学家在特诺奇蒂特兰祭祀中心的地底下发现的上千个被埋藏的物件。[8]

所有这些证据开启了一扇极具启发性且引人入胜的窗户，它通向的是阿兹特克人的生活和蒙特祖马的朝堂，并且为我们提供了理解"会面"全新而重要的方式。我建议我们通过三种不同的方式从这扇窗户朝外看。第一种方式强调组织和分类：这些动物园是如何成为一个更大范围的皇家动植物及其他物品收藏的一部分——我们可以称其为动物园收藏建筑群。第二种方式是分析采集、维护和观察：这个动物园收藏建筑群是如何被建立起来的，以及这些收藏和蒙特祖马本人、他的群臣，以及在园中工作的这些人之间的关系。第三种看待动物园收藏建筑群的方式是思考其表征和意义：所有这些动物、植物以及人类，还有其他东西如何反映阿兹特克人的宇宙观，或是他们对于帝国和宇宙的观点。这似乎能够把我们从科尔特斯第一次遇到蒙特祖马的那一天带离出来，此举的确可以通过令人惊讶的方式来刷新我们对于上述事件的认知。

殖民时代对于动物园的不同记载，使得我们想要了解阿兹特克人的分类依据变得十分困难。纽伦堡地图显示，这个动物收藏建筑群有两层组织：相互分离的宫殿或者建筑物（在地图中和西班牙语的记载中都被简单地称呼为"房子"），其中有独立的笼子、房间，或者是为不同生物准备的带有围墙的空间（正如苏亚索提及的，以及地图上所显示的那样）。殖民时代的作家们过去常常试图分门别类地描述这个动物收藏建筑群，然而，他们要么滥用自己的想象，要么以混淆各种分类的方式结束这个话题。（例如，戈马拉将鸟类分成两类，一类是用来获取羽毛的，另一类是用来狩猎的；但是到了后一个章节，分类依据又变成了野猫、其他动物、畸形人。）奥格尔比沿用了150年前的描述，将这个动物收藏建筑群标注为蒙特祖马的"神奇花园房间"，并且做了如下三种分类：

> 国王在特诺奇蒂特兰城内有三座伟大建筑，就耗资和独特的建筑形态而言，它们的雄伟程度是无与伦比的。第一座就

是"畸形人的居所";第二座是所有鸟类和禽类的"笼舍"（Aviary），这是一个空间很大的开放宫殿，屋顶是一张大网，四周是大理石长廊；第三座是"野兽洞穴"，它被分割为数个独立的空间，里面饲养着狮子、老虎、狼、狐狸，还有其他四足动物。[9]

通过我本人对于这些"神奇花园房间"的研究，我确定了七种生物和七种物品的分类。上述分类会在接下来的篇幅当中零散地展示出来，但是动物园的收藏多样且复杂，足够支持任何数目的分类及重点。

我们从植物讲起，阿兹特克人根据它们所在的花园和宫殿的不同做了一些子分类。正如纳瓦人后来告诉萨阿贡的那样，"花园被布置"，以及很多花因为它们的"多样性和芬芳"而被照料（按照索利斯的说法）。不过索利斯和其他人宣称，更为重要的是草药园地，蒙特祖马的医生会对草药的特性进行研究，并免费将其应用于病患照顾体系——一种阿兹特克的全民医疗，目的是满足皇帝"关心群臣健康"的徒劳的义务感。[10]

随后是爬行动物。阿兹特克人使用了大号的"桶"、"壶"或者"罐"，而非现代爬行动物居所中惯常可见的玻璃。其中有"尾巴上有听上去像铃铛一样的东西的毒蛇"，而且据迪亚斯称，当"蛇发出嗞嗞声响时，狮子和老虎咆哮时，狼和狐狸嗥叫时，声音十分可怕，就像是在地狱里面一样"。索利斯总结道，爬行动物之家"不太可能"是"印第安人"的发明，它被编造出来的作用是"代表暴君的残暴性格"——尽管他也增加了其中所饲养的各种蛇类的细节，"甚至还有鳄鱼"。[11]

鸟类占据了上述分类中的两种。阿兹特克人是尽心尽力的鸟类学家，他们把大型的鸟舍叫作"托托卡利"（totocalli，也就是纳瓦特尔语中的"鸟笼"）。奥格尔比想象出了一个独立的大型鸟舍，屋顶和四壁都用"大理石长廊"装饰。我们也看到，戈马拉声称阿兹特克人将羽毛鲜艳的鸟类和猛禽分开饲养。索利斯认为一些鸟类的饲养价值是"获取羽毛，或是听它们唱歌"，而"海兽"则在单独的注有咸水或者淡水的"池子"中被饲养。纽伦堡地图中出现了五到六个单独的鸟类区域。因此，看样子这个饲养鲜艳羽毛鸟类的大型鸟舍被分成了一系列的鸟笼和场地，同时也有很多鸟类的饲养价值是供人听歌和观赏，但是最主要的目的还是获得羽毛——它们因为"价值连城"才被精心收集，最后用在"布料、绘画和装饰上面"。除了鹅、棕鹭、白鹈鹕，还有"鹤和乌鸦，许多鹦鹉和金刚鹦鹉，还有一类奇特的大型鸟类，他们将其视为野鸡"。科尔特斯后来承认，在围攻特诺奇蒂特兰期间，他故意摧毁了这些鸟舍。在放火烧掉了18个月前蒙特祖马招待入侵者的宫殿后，科尔特斯转向

> 宫殿附近的其他建筑——尽管它们看上去有些小，但是更漂亮，更精致；蒙特祖马将他的土地上能够找到的所有品种的鸟都饲养在这里。尽管我对此感到十分悲伤，但我还是决定将它们焚毁，因为这样会让敌人更为痛苦；他们也的确表现得非常悲伤，他们那些来自湖岸城市的盟友也是如此。[12]

猛禽和其他羽毛鲜艳的鸟类被分开饲养，这样做的原因是显而易见的。这些鸟包括"猎鹰、食雀鹰、鸢、秃鹫、苍鹰，以及九种或十种隼，还有其他各种各样的鹰类，其中有50种比我们的金雕体形还要大"（绘制《佛罗伦萨手抄本》的艺术家也出示了一份类似的清单，在本书的插图中有所展示）。根据托里比奥·德·贝纳文特（Toribio de Benavente）修士（他取了一个纳瓦特尔语名字叫莫托利尼亚）的说法，也即他在动物园被毁后不久的记录可知，蒙特祖马的鹰"的确能够配得上皇室的招牌，因为它们的体形极其庞大"；它们尽管被困在笼子里，但是能吃掉整只火鸡，并且被人尊敬地对待，就好像它们是"狮子或者其他野兽一样"。索利斯记载，他的一个消息源称"这些鹰隼一顿能吃掉一整只绵羊"，但是他认为这种说法过于夸张。因为阿兹特克墨西哥时代并没有绵羊，可能正是出

于这个原因，索利斯著作的意大利文版本出版时，插画家将绵羊替换成了一个被鹰用爪子抓住的惊愕的、穿着羽毛衣服的阿兹特克人（有可能是人们想象中的一位粗心的饲养员）。[13]

剩下的种类就是前面提到的苏亚索所描写的那些；用索利斯的话讲，"狮子、老虎、熊还有其他所有新西班牙特有的野兽"。根据迪亚斯的记述，有"老虎和两种狮子，其中一种是他们叫作豺的狼，还有狐狸及其他小型的肉食动物"。戈马拉写道："简而言之，没有哪种四脚动物是这里没有的。"[14]

因为殖民时代的记载都只是简单重复同样的野生动物的名单，那么我们暂且从另一个角度寻找考古学证据，那便是阿兹特克的大神庙工程。最近，人们在阿兹特克人收集并以仪式方式埋藏物品的126个（数量还在增加）贮藏处中发现了与动物园有关的直接证据（墨西哥的一份报纸更是为此在2014年发表了一篇文章，题为《蒙特祖马的动物园不是传说》）。一个贮藏处发现了9000块以上的动物骨头，大部分属于墨西哥灰狼；另一些贮藏处也发现了狼的骨头。迄今为止，人们已经鉴定出20多具狼身，其中有几具骨架保存完整。大神庙区域地下埋藏的骨头中，不但动物的骨头数量超出了人类的，光是狼骨头的数量都能和人类骨头相提并论。墨西哥狼现在属于灰狼下面的一个濒危属种，它们在阿兹特克时代生活于墨西哥北部；16世纪的手稿中有一些（可能有很多）关于丛林狼的描述，现在想来指的应该就是这种狼，即灰狼属种里面最小的一类。[15]

在考古学家们发现的这些狼中，至少有一匹患有关节炎且发育不良，它应当不可能活到被埋葬时的年纪，除非它被捕后受到了照料。大部分狼骨所在的位置都在动物园建筑群内部或附近，再考虑到殖民时代的记录将狼放在"野兽"一类当中，因此，上述事实非常有力地表明，至少这些狼中的一些曾经生活在蒙特祖马和他的先辈的动物园中。

动物园中的其他活物还包括了人类。一类是畸形人——"形态骇人的男人和女人，一些跛子，另一些是侏儒或者驼背者"（按照塔皮亚的话说）。莫托利尼亚声称，阿兹特克朝堂中承担"服侍"工作的都是"侏儒和矮小的驼背人"，他们"都在童年时期就被故意弄断骨头或者使骨头错位，最后成为这个样子"。根据索利斯的说法，很多父母受此启发，用这种方式将自己的孩子弄成残废，因为"丑八怪"宫殿和"怪物"宫殿中有地方能够收留这些"自然的错误"，他们会在那里接受训练，得到食物。现代墨西哥历史学家深化了上述解释，他们认为毫无慈悲心的西班牙人猜测蒙特祖马是出于"负面的好奇心"才保留了这个畸形人宫殿。事实上，蒙特祖马的动机是"人道主义的"（有位历史学家如此认为），这个宫殿存在的目的是"让国家能够直接照料他们"。[16]

女人——最后一类的活物——生活在专为皇帝设计的宫殿中或者带有围墙的居所中。这并不意味着阿兹特克社会中，女人被当成动物来对待，更不代表蒙特祖马将她们看作动物园里的生物。除了性别角色（这一点在全世界都一样），妇女在阿兹特克文化中拥有相当高的地位。但征服者和西班牙的编年史家们在描述蒙特祖马的妻子和嫔妃们居住的宫殿时，给人的感觉是，女人仿佛是皇室的一类财产。殖民时代的记录称，蒙特祖马会迎娶那些最忠诚的朝臣的女儿，尽管这更像是一种战略结盟和政治控制的手段，而非皇帝的个人喜好；皇室在一夫多妻制上的实践是维护帝国结构的根本之一，关于这一主题，近期阿兹特克学者罗斯·哈西格（Ross Hassig）甚至写了一本书（他认为，妇女是"阿兹特克历史中的暗物质"）。我认为，这些女性的身份，以及她们居住在不同的居所内的事实，使得将她们视作动物园收藏建筑群组成部分的想法十分合理。对于我们的目的来说，很关键的一点是要理解——正如阿兹特克人所构想的那样——动物园中的收藏包含人类，人类也可以被收藏。[17]

在纽伦堡地图上，城市边缘的建筑被标注的名称为"蒙特祖马陛下的享乐殿"（*Domus ad uoluptase D. Muteezuma*）。征服者们声称，这座宫殿里面的女人数量令人震惊，不久这个数字就变成了1000，并且连同那个被捏造出来的人祭数字一起被重复了数个世纪。埃雷拉在1601年对其的描述是极为典型的（也是从戈马拉那里抄过来的）：在这个宫殿里，"只有很少的男人；但是有1000个女人；尽管有人说数字达到3000，但只有把贵妇、侍女和奴隶都算上才有可能得到这个数字"。埃雷拉也提到了关于蒙特祖马子嗣众多的细节，这一点也被许多人重复；用奥格尔比的话来说："他同样沉溺于女色，但是他只会倾心于他的妻妾，据说他曾同时拥有超过150个子女。"[18]

不管我们以何种方式对蒙特祖马的动物园建筑群中的活物进行分类，这里显然包含了数百种植物和动物，还有上千名人类（一些是收藏建筑群的组成部分，更多的则是其中的工作人员），这也为我们提供了一个引人入胜的观察宫廷和皇城生活的角度。如果加上蒙特祖马收藏的那些无生命的物件，我们则会更为惊叹——这些细节可以从殖民时代的记载、征服者的赃物和战利品清单以及考古学证据里一探究竟。

其中一个例子是布料和衣物。科尔特斯声称，蒙特祖马每天要穿四套衣服，"所有衣服都必须是新的，并且之后不会再穿"。不管这种说法是否夸张，皇帝的衣柜似乎一定是皇室收藏的重要组成部分——这一点，通过科尔特斯寄往西班牙的、满载着礼物和战利品的船里面那些令人惊叹的衣服便可得到证明。[19]

第一支船队于1519年7月从韦拉克鲁斯出发，装载了大约180件物品，其中很多送给了科尔特斯和在近海下锚的一艘船上的其他队长。这一大批珍宝被委托给弗朗西斯科·德·蒙特霍（Francisco de Montejo）和阿隆索·埃尔南德斯·德·波多黎各卡雷罗（Alonso Hernández de Puertocarrero）看管，但是他们却无视科尔特斯的意愿，在古巴停靠以炫耀战利品，之后才前往西班牙。这批货物于11月5日在塞维利亚被清点。因此，在特诺奇蒂特兰"会面"的当天，塞维利亚城内的上层西班牙人很有可能就已经看到了蒙特祖马大量收藏的各类布料、羽毛制品和珠宝样品，并且令他们一饱眼福。随后，这些战利品和来自墨西哥湾的一批托托纳卡人一道，在数个西班牙城市被展示，最后往北到达布鲁塞尔。[20]

第二支船队装载的时间在攻陷特诺奇蒂特兰城之后，并于1522年5月从当地出发；它实际上包括了3艘船，2艘是献给国王的，另外1艘上的物品将根据详细的指示被分发给13所教堂、23名教会和帝国官员。然而没有一艘船到达西班牙——船队遭到了法国海盗让·弗罗林（Jean Florin）的劫持，这让科尔特斯"气愤不已"，但是一些货物清单还是留存了下来。其中一份载明战利品总数为116件，几乎都是羽毛制品。其中许多应当都是从阿兹特克战士那里夺来的，或者是蒙特祖马在城中的收藏。因此，羽毛和羽毛制品在皇室收藏的物品当中占据了重要部分。在所有的记录当中，它们都是价值连城且光彩夺目的。1519年11月，当一批羽毛头饰到达塞维利亚时，奥维耶多都感觉要窒息了："需要领会的东西实在太多了。"[21]

羽毛制品和衣物（很多都是使用过的），以及另一类收藏物品——盔甲和武器重叠在一起。阿兹特克人的盾牌经常使用羽毛制品做装饰，这些实物在1519年和1522年运输的货物中都能看到。考虑到西班牙人为了掠夺蒙特祖马的珍藏而发动了残暴的战争，那么蒙特祖马的盔甲引发西班牙人的想象也就不足为奇了。从科尔特斯开始的数代人对于武器的描绘，都被索利斯进行加工，最后形成了他书中那个可以制造、维护和展示多种武器的武器库——它由两栋建筑组成。这些武器的艺术水准和精美程度，充分反映出"武士亲王"蒙特祖马的"富裕"和"天才"。[22]

阿兹特克的皇帝们同样会收藏被我们称为艺术品的东西，而且的确有数百甚至上千件前述的艺术品，散落于当代世界的各种艺术博物馆中。这些物品中有两类是雕塑作品，是"石材切割者，制作绿色石材马赛克的工人，木材切割工"在动物园收藏建筑群中的工坊内制造出来的；还有一些金属制的珠宝制品和雕刻工艺品。科尔特斯、塔皮亚和戈马拉都曾提到过用价值连城的金属制成的小件"雕刻作品"，一些雕刻工艺品"用金银打造得如此逼真，世界上没有其他铁匠能够做得更好了"。萨阿贡描述过这些皇帝的"金银匠和铜匠"，多年以后杰梅利记录自己曾经在墨西哥城内读过并且听说，蒙特祖马饲养了"各种各样的鸟类和野兽，分别建造了盛有咸水和淡水的池子，用以饲养海鱼和淡水鱼类。如果有哪种物种是他得不到的，那他就会用金子做一个这样的物种以观赏"。也就是说，与这个由鲜活生物组成的动物园并列的，还有一个充满非生物的动物园，里面拥有帝国所有生物的代表形象。[23]

蒙特祖马也喜欢藏书。他的图书馆里面一定收藏着上百份卷轴画和折页簿，但是大部分都毁于战争及数个世纪的西班牙殖民统治，留下的遗产便是早期的殖民地法律。被称为"特拉库约"（tlacuilloque，tlacuillo的复数）的艺术家使用一种象形文字系统来绘画，这些人"从不缺乏，这一职业由父亲传给儿子，而且很受尊敬"。正如托瓦尔后来对一位耶稣会修士讲的那样，阿兹特克艺术家"用图形和象形文字来作画"，因此可以"随心所欲地画"。迪亚斯称他们为"技艺精湛的（sublimados）画家"。当西班牙人于1519年到达墨西哥湾地区时，有一队"特拉库约"迅速把这群西班牙人及其携带的物品画在卷轴上，并送到了特诺奇蒂特兰城。（本书插图17"描绘战争"中的一幅就是对上述场景的描绘。）

图书馆里面同样有阿兹特克的历史文献，以编年方式排列。这些年复一年对于历史事件的记录给人一种中立的印象，且都是简单事实的罗列，尽管早期阿兹特克的历史主要是起源和迁徙神话，但是后期的历史则高度党派化和政治化，也预示着帝国的辉煌崛起。蒙特祖马的图书馆（"一座包含他所有藏书的伟大宫殿"）也包含了纳贡的清单，详细注明了所有臣服的城市和帝国的省份上供给皇帝的物品明细。当然，在早期殖民时代的记录中，以上描述中有些经历了被发明和重新发明的过程，但是也能大致让我们看到这座失落的图书馆曾经的模样。[24]

其中两份最著名的贡品清单，即我们熟知的《门多萨手抄本》（Codex Mendoza）和《贡品清单》（Matrícula de Tributos），清单中详细记录了每个省份进贡的羽毛、价值连城的宝石和金属、美洲豹皮，还有成袋的可可豆，以及贝壳——大部分都是来自产于帝国太平洋海岸的锡瓦特兰

（Cihuatlan）的未经加工的海菊蛤贝。纳贡清单以及大神庙附近的贡品贮藏处里面都有贝壳，这一点证明它们是皇室收藏的一部分，有未经加工的，也有经过雕琢后的艺术成品。15世纪70年代大神庙扩张建设时期，有11个供奉贮藏坑埋藏于地下，其中，分层摆放着贝壳以及其他来自海洋的物品（如珊瑚、鱼类还有其他海洋生物的骨骼），用以代表地下的宇宙分层。这些物品同水的关系也让它们和雨神（Tlaloc）联系起来，后者是雨水和肥沃之神，也是大神庙祭祀诸神中的一位（雨神的雕像也同样出现了上述贮藏坑群中）。征服者和编年史家们对贝壳以及相关的物品视而不见（它们对西班牙人来说价值不大）。但是它们对阿兹特克人有着极高的象征意义，因为它们反映出这样的信念，即蒙特祖马像统治大地一样统治着海洋，那么他的动物园也应当包括来自这些水域的物件和生物。[25]

我可以用更多篇幅对蒙特祖马那数不尽的收藏物品进行分类、罗列和详细描述，而重点是：他是一位收藏家。更为重要的是，他是一位非凡的皇家收藏家，也是人类历史上最伟大的收藏家之一，收藏活动在他的皇帝身份中占据核心地位。那他是如何做的呢？这座动物园收藏建筑群是怎样建造和维护的？它与周围城市中的人民之间的关系又如何？

"在父辈和祖辈的宝藏当中，的确有银子、金子、羽毛、武器，还有其他物品，"蒙特祖马告诉科尔特斯，"这些宝藏从很早以前一直保存到现在，是历任君主的惯例。"这段话的真实性十分可疑（它出自戈马拉，他和科尔特斯都想让这话从阿兹特克皇帝的嘴里说出来，设计这段话的目的是引起他们国家的国王查理五世的注意）。但是其中暗示皇室收藏起源于15世纪乃至更早时候，这一点却是准确的，也可以通过大神庙周围层层埋藏的物品得以证实。蒙特祖马既没有从零开始进行他的动物园收藏，也没有创造这个概念。他是从祖辈那里继承而来的，并且还与湖对岸特斯科科的特拉托阿尼竞争攀比；臣服于蒙特祖马的一个重要的城邦国的统治者内萨瓦尔科约特尔（Nezahualcoyotl），也拥有自己的动物园收藏建筑群（按照他的后代的说法）。[26]

跟当时的其他收藏一样，阿兹特克皇家收藏也一定是从小规模开始，然后逐渐发展起来的；就如同帝国一样，这些收藏本是帝国的产物和反映，它们也经历了动态的增长，最后连同动物和物品一起被蒙特祖马继承。历史学家阿马拉·索拉里（Amara Solari）鉴定出七种获得藏品的机制，我也在这里简要复述（使用七种分组方式是我们的发明，阿兹特克人通常认为是四种或者八种）。所有机制中，居于首位的是战争的战利品（包括从战败方的城市神庙中取得的宗教雕塑或者物品），以及称臣的城市一年四次带到特诺奇蒂特兰城的贡物，包括大量的动物（含鸟类）、毛皮、羽毛、布料、宝石以及其他物品。杜兰称，纳贡的目的是展示阿兹特克国家的伟大和权力，因此附属城市的人民就会因为阿兹特克的"伟大"，以及"他们能够随心所欲地得到他们想要的东西"而感到震撼。纳贡向民众证明，阿兹特克人是万物之主，蒙特祖马就像是"太阳一般，用他的光和热温暖你，他是最伟大的万物之主"。[27]

商人和使者也通过两种方式带来了物品，即商业贸易和外事交换。帝国的长距离贸易者被称为"波赫特卡"（pochteca），在阿兹特克社会中是一个人数众多且声望很高的群体。他们穿梭于一个密集的贸易路线网之中，这个网络在西班牙人入侵之前已经发展了数百年，并且此后继续存在了数个世纪。波赫特卡做生意既是为了自己，也是为了服务皇帝和他的朝臣，因此，他们一直为首都的大型市场和皇家动物园收藏馆提供商品。如萨阿贡在他的《通史》当中所详述的那样（《佛罗伦萨手抄本》当中有一本书专门讲述"波赫特卡"），商人有时候也充当使者的角色，或者作为他们的同伴。我们早前提到的发生于1519年的著名的船上货物交换，就是墨西哥长期存在的外交礼品赠送的例子。[28]

其他获取收藏物品机制以蒙特祖马直接参与其中为特点。专门的手工艺制造工场在城市当中持续存在，其中的一些很明显位于宫殿建筑群的范围内，因此，它们生产的产品中有一部分将会直接纳入皇帝的收藏。帝国范围内小规模的收藏馆也会被皇帝征收。例如，杜兰曾经讲述过一个故事，蒙特祖马一世将位于墨西哥湾沿岸奎特拉西特拉（Cuetlaxtla）的一个花园中的植物全部征收，移植到位于瓦斯特佩克（Huaxtepec）的皇室育苗基地里面——迪亚斯称那里的花园是"我一生中见过的最棒的公园"。最终，皇帝的古怪性格起了很大作用，因为他会将"任何让他一时兴起的东西"收入囊中。这话出自莫托利尼亚，他也声称：

> 　　一个值得信任的西班牙人在蒙特祖马面前时，看到了一只空中飞行的食雀鹰，它让皇帝一时兴起。为了在西班牙人面前展示自己的伟大，蒙特祖马下令让人把这只食雀鹰捉住并送给他；无数人抱着极大的热情前去捕捉这只食雀鹰，最后它被捉住并且带到了皇帝面前。

他也有可能亲自猎鸟，纳瓦人信使告诉萨阿贡，阿兹特克皇帝"愉悦自己"的方式之一是"用一只捕鸟网（*tlatlapechmatlauia*）去捉鸟"。[29]

一旦它们这些各色各样的生命体或者非生命体被收集上来，都会被安置在动物园收藏建筑群中对应的位置；其中的一些会一直留在那里，另外一些则会被当作祭品埋藏起来（从精美的用于仪式的工艺刀，到数个世纪后被发现的狼的骨架，都是如此）。纽伦堡地图给人的印象是，动物园收藏建筑群的位置临近并且环绕城市的仪式中心，殖民时代的记录和考古发现都支持了这一点（只有植物园不建在岛上，而在湖岸边）。这些收藏中的一部分有可能就置于蒙特祖马的宫殿建筑群范围内，动物园紧靠东边，鸟舍、军械库和图书馆靠近西边。按照塔皮亚和戈马拉的说法，在蒙特祖马前往鸟舍必经的房间内，放置着"金盘和金条、宝石和雕刻的物件"，还有"金子、银子以及绿宝石"。[30]

因此，一方面，动物园收藏建筑群可以说是一个精英空间网络，它专属于蒙特祖马和他的家族，坐落于城市心脏地带——这里是专门用以举行宗教仪式、进行政治统治和皇室生活的地方。据科尔特斯说，蒙特祖马尤其痴迷于赏鸟;一些鸟舍和动物园中应该会有长廊或者"能够招待(皇帝)和他所有朝臣的场地",比如他们可以在那里观赏猛禽,享受"狩猎的消遣"。[31]

另一方面,数百甚至数千技师与工人负责建造和维护这些空间,制造这些手工艺品,以及照顾这些动物。鸟类和动物的笼子都很庞大,设计得很精巧("用很厚的木材制造的超大的笼子,这些木头切割得很好,并最终被拼接在一起"),这些都引发殖民时代的作者们留下专门的评论,这些评论也同样篇幅众多且结构精巧。在纳瓦特尔语里面,动物园管理员被称为"特夸皮西奎"(tequanpixque),按照萨阿贡的线人的说法,这些人的数量不计其数。科尔特斯称,光是这些鸟舍"就让大约300个精通疾病知识的人有了工作"。[32]

这也把我们带到了观察动物园收藏建筑群的最后一种方式:这些动物、鸟类、植物、人类和物品是如何反映出阿兹特克人的宇宙观,或者他们看待帝国和宇宙的视角的?这个动物园究竟意味着什么?

对于这个问题,征服者和其他西班牙人有一个相对简单的、类似三重奏的回答。首先,动物园收藏建筑群在整体上意味着财富;它也证实了阿兹特克帝国能够让它的入侵者和殖民者变得富有。这样的观点也反映在西班牙人对于收藏的描绘上——他们将重点放在贵金属上(和小型的石头雕像以及羽毛盾牌不同,这些东西在欧洲具有直接且可替代的价值),并且经常作为市场和市场货物描述的一部分。综合起来,这些庞大的市场和巨型的动物园收藏建筑群不仅是这片土地富有的证据,同时也证明这里有一个将财富集中于首都城市的运转良好的机制——这是殖民地的理想基础。[33]

西班牙人的另一个解释是,这个动物园,尤其是野生动物园是阿兹特克人极端邪恶野蛮的另一个证据——因为动物园可以与阿兹特克人用活人祭祀和吃人的刻板印象联系起来。早期殖民时代,关于动物园使用人肉投喂的说法很少,但是迪亚斯引用了戈马拉关于动物园里那犹如地狱般声音的评论，并且增加了"用受祭的印第安人尸体投喂动物"的细节。但是就跟其他许多关于阿兹特克人的"事实"一样，这个细节在数百年内不断流传，到了19世纪已经变成了一幅动物园的肖像画，动物园建筑的神奇完全被以下可怕的"事实"冲淡了：园中的"蛇与野兽"都以"祭祀用的人肉"为食，蛇吐信的嘶嘶声、野兽的嚎叫声让这个动物园看上去像是"地狱和恶魔逗留的地方"——就跟另外一个动物园建筑群的附属建筑一样，"的的确确是一个华丽的小礼拜堂"，到了晚上"恶魔会在那里和蒙特祖马见面"。关于恶魔的细节描写已经从有关阿兹特克的讨论中消失，但是吃人的动物园传说仍在继续流传。[34]

西班牙人的第三个解释是，动物园收藏建筑群的辉煌和组织是蒙特祖马本人好大喜功的体现。换句话说，它是"国王们的传统"（戈马拉的记录），或者说（按照索利斯的记载），动物园是"一个很早以前就确立起来的传统，通过任何一个亲王拥有的野兽数量，来评估其所有者的威严"。这个解释与我对于动物园真实功能的想法很接近。但是这个观点在发展过程中有个小插曲，这段令人着迷又十分讽刺的插曲，也值得我们在这里进行简短的介绍。尽管中世纪的欧洲君主也会饲养用来狩猎的动物和猛禽，以及维系军火库和宝藏，但是事实上他们并没有建造大型动物园和收藏馆的习惯。直到蒙特祖马的动物园收藏被发现和被掠夺，以及其中的物品和对其的描述在欧洲流传开来之后，欧洲才逐渐形成了建造大型动物园和收藏馆的传统。[35]

中世纪的欧洲王公和主教们也会收藏圣迹宝物，作为"神圣权威累积的标志"（和阿兹特克收藏的功能相似）。但是从16世纪中期开始，上述收藏实践的对象开始转向代表现实世界的实物，更侧重于世俗化而非神圣化。这种新的收藏文化属于广义上的欧洲文化发展的一部分，并且传播到所有能够负担得起这类收藏品的社会阶层，"艺术馆"（*Kunstkammern*）与"珍宝馆"（*Wunderkammern*）概念的流行最终导致美术馆和博物馆的兴起。这些现象出现的原因包括信仰的变化（宗教改革和对于圣迹的质疑），以及欧洲海外帝国的兴盛。[36]

但是另一个补充因素虽然经常被忽视，却是关键且讽刺的，即那些成船被运往西班牙和其他哈布斯堡王朝地区（包括西属尼德兰、意大利部分地区和奥地利）的物品的文化影响。这些物品大多是来自蒙特祖马宫殿的外交礼品、战利品和赃物。因此，16世纪欧洲王室收藏的变化受到了这两方面的影响：阿兹特克皇家收藏的发现，以及它们被查理五世部分挪用。自16世纪20年代开始，哈布斯堡收藏品开始发展成为对于王室所兼并的帝国的展示，一如蒙特祖马的收藏是对于他的帝国的展示一样，这些收藏品中甚至有一些完全一样的物品。

甚至还有一种更深层次的扭曲：在所有16世纪20年代送到欧洲的物品箱子当中（光是科尔特斯本人在1522—1529年间就发出了至少七艘货船），那些取自蒙特祖马的收藏馆和墨西哥其他地区的物品，与那些西班牙人委托原住民手艺人制造的物品混在了一起。例如，科尔特斯称，他在特诺奇蒂特兰城与蒙特祖马共处的数月间，"获取了"数件"物品"（如珠宝、十字架、碗），这些东西都是皇帝当时"用金子打造的"，而查理五世后来以"皇家五一税"（Royal Fifth，即在征服战争中所获得的每一件有价值的物品，都必须向西班牙国王缴纳五分之一价值的税）的名义取得这些物品。甚至在科尔特斯的远征队到达墨西哥之前，上千件来自西班牙的物品就已经进入了阿兹特克帝国——它们是格里哈尔瓦或其他人与阿兹特克人开展礼品交换及生意往来的结果，其中一些肯定成了蒙特祖马的收藏，并且给后来又流传到西班牙人手中的物品赋予了灵感。戈马拉和拉斯·卡萨斯称，1519年蒙特祖马的使臣们送给科尔特斯的礼物，最初是为格里哈尔瓦准备的。换句话说，从最早接触的时刻起，西班牙人和阿兹特克人的物质文化就开始相互影响——其中一个方面便是，蒙特祖马动物园收藏建筑群的概念和实物播下了早期欧洲现代收藏文化的种子。[37]

蒙特祖马的动物园和欧洲动物园的发展之间的联系并不直接，甚至可以说很少。一部分原因是动物园和其中生活着的动物在1521年被故意摧

毁了，另一部分原因则是想把幸存的动物装船运回欧洲也不是一件容易的
事情（这和收藏中那些被洗劫的非生命物品不一样），征服者们想把园中
的动物用船运走，但是"很多都死了"（这一点科尔特斯也承认）。在接
下来的几个世纪中，关于动物园的描写越来越少，其出现的频率也越来越
低。与此同时，动物园在特诺奇蒂特兰的地图上出现的次数也越发少了。
尽管这当中也有例外［例如拉穆西奥地图（Ramusio Map）］，但是现代
早期地图的总体趋势是对动物园进行模棱两可的描绘，但是不做标注（例
如1564年的一个法文版本），之后它便和花园重合在一起（例如1580年的
一个意大利文版本或者1634年印于法兰克福的一个版本），最后的结果是
动物园和花园一起消失了（参见1754年的一幅图片，这也是后来经常被翻
印的版本）。现代早期著作中收录的特诺奇蒂特兰的舆图（或者视野较高
的鸟瞰图）都倾向于注明"享乐宫和花园"，但是不标注动物园。甚至到
了20世纪晚期，当阿兹特克研究蓬勃发展并成为一个独立的学术研究领域
后，人们仍没有给予动物园和鸟舍以考古学上的关注（在照亮阿兹特克的
历史上，它们的潜在功能远小于大神庙，同时也很难为早期殖民地教堂和
其他建筑的摧毁找到合理化的解释）。唯一一本写到蒙特祖马动物园的书
是一本儿童读物。[38]

　　因此，在16世纪的观察家眼中，蒙特祖马的动物园是一个令人震惊
的新鲜事物，因为他们没有任何参照体系可以用来理解蒙特祖马建造动物
园的目的和意义。在当时的欧洲没有任何与之类似的事物，甚至在接下来
的几个世纪也不会有。正如罗梅罗瓦尔加斯·伊图尔比德观察到的那样，
通过"早于达尔文之前三个世纪下令建造动物公园"，蒙特祖马看上去远
远超越了他所处的那个时代。事实上，随着非生命体收藏的发展，阿兹特
克动物园建筑群要远远早于现代动物园的发展，这也暗示它有可能是一种
基础性的先例。在早期现代欧洲，有关它的描述肯定影响了皇家动物园的
发展——其中最著名的就是路易十四位于凡尔赛的宫殿和花园建筑群，就
吸收了阿兹特克动物园中的因素。当然，现代动物园的阿兹特克缘起很快

就被忘却了，这个概念被视为欧洲的发明创造。宫廷动物园在18世纪开始发展成为一系列公共的城市公园，其中最早的城市公园出现在维也纳（自1752年开始）。之后，自19世纪早期开始（最早是1793年从巴黎发端），动物园开始在欧洲国家的首都普遍开放，而且传播到了北美，标志是1859年费城动物园的建立（它将"美洲第一个动物园"的标签贴在自己身上，绝口不提蒙特祖马的动物园）。随着1924年查普特佩克动物园的开放，这个概念最终回到了墨西哥城。[39]

※

1527年，科尔特斯给父亲寄过去一只老虎。跟随这只很可能是豹猫的动物一起的还有一封信，信的开头是这么说的：

> 父亲大人：在我的居所内，它逐渐长大，从一只特别小的老虎（*un tigre*），变成了我所见过的最漂亮的动物。除了外形好看，它还很温顺，它在房间里面自由走动，坐在桌子上吃饭；因此，我认为它在船上会非常安全，并且将会逃脱像其他动物那样死亡的命运。我恳求仁慈的您将它献给国王陛下，事实上，它应当是可以作为献礼的战利品。[40]

我们要用这个珍贵的历史细节资料做什么呢？难道它只是一件奇闻逸事而已吗？历史学家们当然觉得它没有什么特别的，尽管这封信在西班牙的历史档案中得以幸存，并且还曾经出版过。

事实上，我认为科尔特斯的老虎故事极具意义，它的重要性在于老虎和帝国的关系。尽管更明显也更有趣的是它和欧洲殖民掠夺的关联，但是我认为它和阿兹特克的动物收藏的关联更为重要。科尔特斯养这只虎的原因是蒙特祖马养虎；他想将虎送给查理五世，因为阿兹特克皇帝会获取这类动物作为他的权力和尊贵身份的象征。于是，这只跨海的豹猫带我们找到了蒙特祖马收藏动物的意义。因为动物园就是一个令人震惊的关于帝国的宣言。

将本地与国外的物件，以及帝国内外的生物和工艺品悉数收藏，巩固且支撑了阿兹特克对于世界、他们的帝国以及帝国的统治者的理解。动物园收藏建筑群使得蒙特祖马能够发展并维护"他自己以及作为半神存在的阿兹特克统治者的形象"（用索拉里的话来说）。自然物品反映了帝国的地理和生态范畴，工艺品则代表了政治领域。阿兹特克人收藏、组织和分类的方法，连同他们的完美主义冲动一道（阿尔瓦·伊希特利霍奇特尔和其他编年史家们都强调动物园中"不会缺少"任何一种类别），显露出他们意欲了解和控制世界的野心。[41]

于是，通过他的动物园收藏建筑群，蒙特祖马可以获得普世的学识，这是最终极的收藏品。这也使得他在自己的臣民中显得独一无二，足够让他直接跻身神祇行列，因为只有造物的众神以及他们的创造物的统治者可以拥有普世的学识。也正因如此，对于蒙特祖马来说，将这些新近的西班牙人收藏起来，是了解他们的必要方式。而这些人却只到达帝国的边缘地带，这使得蒙特祖马的普世知识变得不完整。通过接收他们——而不是向他们投降或者将他们屠戮，他能够学习和了解他们，也据此重拾其帝国知识的完整性和普遍性。

蒙特祖马动物园收藏建筑群使"他在阿兹特克社会阶级顶端和已知世界的中心的位置"合法化。皇帝的居所位于特诺奇蒂特兰的中心是具有高度象征意义的。大神庙是已知世界及蒙特祖马所知道和统治的世界的地理中心。它纵向地代表了这个世界：巨型金字塔象征地球，它顶部的双子庙象征天堂，基座以及下面的祭祀层象征地下世界。但是大神庙从横向角度来看也是世界的中心：把它的金字塔想象成池塘中一个石头平台的入口（或者用阿兹特克神话中的比喻来说，嘴里叼着一条蛇的鹰站在仙人掌的位置上）；池塘中的第一圈涟漪是特诺奇蒂特兰城的中心，当中有举办仪式的区域、神庙、宫殿和动物园；第二圈涟漪是岛屿城市本身；接下来分别是墨西哥盆地和阿兹特克帝国，然后是以海洋为界的美索美洲其他地区。[42]

蒙特祖马能够在神殿上从高处俯瞰他的城市和真正的世界中心。岛屿城市的西边不远处，跨过堤道且能够俯视湖泊的一个地势较低的小山上，坐落着查普特佩克城（也是今天动物园的所在地）。蒙特祖马在查普特佩克继承了一座宫殿建筑群，当中有精心设计的花园、动物园和鸟舍，还有浴池，所有这些都围绕着一口泉建造——在大约一个世纪的时间里，这口泉通过一座双通道引水渠，为特诺奇蒂特兰城提供淡水。蒙特祖马不仅喜欢在查普特佩克居住，而且他看上去还大力拓展了整个建筑群的范围，包括在1507年重修了水渠。1519年，征服者已经踏上了他的帝国的土地，他则让自己的形象永远留在了这座小山上。他让人在岩石上雕刻出自己的肖像，整个岩画高达六英尺，其中还展示有特诺奇蒂特兰和帝国核心土地的画面。面对着太阳升起的方向，站立在饮用水源头的旁边，石头上的蒙特祖马形象"在概念上"和大神庙以及神庙的双保护神（太阳神和雨神）相联系。在蒙特祖马之前，至少有四位皇帝也在山上雕刻了自己的画像（其中包括与其同名的第一代蒙特祖马），而蒙特祖马也通过把自己的肖像刻在这些人旁边的方式，永久地宣告王朝统治的合法性。[43]

令人惊奇的是，尽管受损严重，这幅画像还是保存了下来。仅这一个理由就让它显得很重要，因为"它有可能是阿兹特克最后的纪念碑"。同时，基于这一画像所能够告诉我们的关于符号化的皇帝形象、他的自我形象以及他投射给人民的形象等信息，它也显得非常重要。哪怕代表他的名字的象形符号是极具欺骗性的、看上去十分简单的一组图形元素，都能传递一套高度复杂的隐喻。象形符号同时表示了蒙特祖马的名字及其作为最高统治者、世界的中心和太阳本尊的地位。在查普特佩克岩刻与大多数留存至今的姓名岩刻中都藏有一个演说时卷动的气流符号——让人想起蒙特祖马作为特拉托阿尼（要知道这个词的字面意思是"演讲者"）的身份，还有他的名声，当他的名字被人谈起时，他的名声就已经传遍了整个帝国。在查普特佩克就和在特诺奇蒂特兰一样，皇帝将自己作为一个独立的英勇之人，家族的精英代表以及王权象征的地位展示给自己的臣民——而所有这些都发生在西班牙人踏足他的帝国之后。[44]

蒙特祖马是第一个将自己姓名的象形图案变成"神圣王权标志"的阿兹特克统治者，因此，这个象形图案的确反映了他将自己的地位提升到宇宙层次这一新高度的努力。上述雄心勃勃的政治推广主义反过来也反映出他作为统治者的记录，当工匠们雕刻查普特佩克岩刻画的时候，他已经统治了他的帝国17年，时年52岁，据说当时距离他将自己的城市和帝国拱手交给一小支外国军队的时间不过数月。然而，尽管关于蒙特祖马统治的历史资料因为殖民时期的文化渗透而变得稀少且扭曲，但是石刻肖像给予人们的印象还是压倒性的，这也让蒙特祖马后期那种投降敌人的懦夫形象显得矛盾且难以置信。[45]

蒙特祖马是阿卡马皮奇特利的直系后代，这位王朝的创始人在14世纪60年代成为特拉托阿尼。根据早期殖民时期的一些记录，这个头衔自第四任统治者伊兹科阿图（Itzcoatl）开始被提升为"伟大的特拉托阿尼"（huey tlahtoani，即"伟大的演讲者"，历史学家常常将这两个头衔翻译为"王"和"皇帝"，我在本书中也是这么做的）。"伟大的特拉托阿尼"是从上一任统治者的亲属中选出来的，通过一个由阿兹特克贵族和皇族成员组成的议会进行选举，后者包括特拉科潘和特斯科科的统治者（帝国三方联盟中地位较低的成员）。在实践中，兄弟在继承的位阶上高于儿子，因为每一代人都想尽可能长久地把持权力。例如，蒙特祖马的父亲和两个叔叔在他之前掌权，在他被杀之后，继承皇位的人则是他的弟弟奎特拉瓦。换句话说，皇位并不是像欧洲君主制那样自动传给长子；亲王在被选中之前必须要证明自己的能力，而（按照杜兰的说法）蒙特祖马"因为自己的勇敢和英雄事迹"被选中的时候，已经年满35岁。[46]

当然，关于蒙特祖马即位和加冕的记录都写于西班牙殖民统治时期，因此，我们无法确定哪些细节是被捏造的或是被扭曲的。据载，1502年蒙特祖马是经一致推选继承了叔叔的皇位。有可能他是在继承时选择了"愤怒之王"蒙特祖马（Moteuctzoma，"Angry Lord"）的称号；但可能性更大的情况是，他将曾祖父的名字"伊尔维卡米纳"改成了蒙特祖马，借以更深层地巩固其继承的合法性。一个小型的授衔仪式随即举行，连续四天的公开加冕庆祝活动直到战争结束后的第二年夏天才举行。这让蒙特祖马有机会领导一场战役并且带着战俘归来，这些人将会在即将举行的加冕仪式中被处决。为了纪念这次事件，阿兹特克人将一块石头的六个面都进行了雕刻；石头被放置在广场上，将事件发生的当天和地球诞生的那一天联系起来，展现着蒙特祖马统治世界的神圣头衔。[47]

蒙特祖马统治后期发生的事件中，许多都有特别的意义，其中之一就是邀请没有向其加冕仪式致敬的八位城邦国的统治者（其中一些城市后来被其征服，例如乔卢拉；另外一些城市，如特拉斯卡拉直到1519年仍处于独立状态）。据说这种做法史无前例。无论如何他们都参加了仪式，并且收获了礼品和热情的接待，在处决战俘的时候得到了致幻蘑菇，并且在城市中心举行的庆典高潮中戴着面具跳舞。如果这件逸事是真的，那就意味着新皇帝十分了解如何高效地通过外交和武力威胁两种方式来施展权力，而非仅仅诉诸残暴的武力。（1519年和1520年在城中受到类似热情接待的征服者们，肯定听过这个故事，要么是从东道主那里，要么是从陪同他们的特拉斯卡拉官员那里。毫不意外的是，对于蒙特祖马传递的信息，西班牙人的反应迥然不同，这一点我们将会在接下来的章节中看到。）[48]

先于蒙特祖马统治帝国的两位皇帝叔叔，第一位名叫提佐克。据说提佐克短暂的六年统治期终结于他本人的非自然死亡（1486年）；而根据殖民时期的记载，他对打仗和扩张领土毫无兴趣，最终因此被毒杀。不管这个故事真实与否，它显示出在16世纪，阿兹特克人对于王权的理解包含着这样的意识，即一位特拉托阿尼可以是软弱且缺乏战斗精神的；同时，这样的一位统治者也可以从王位上被除去。然而，尽管有提佐克的先例，尽管关于蒙特祖马对西班牙入侵的回应的解释伴有贬低的意味，但是在1519年之前，殖民地的记载中从未有将蒙特祖马刻画成提佐克一般形象的描写。恰恰相反，不仅殖民地的记载中几乎一致强调蒙特祖马个人在战争中的英勇，其中的一些记载甚至还夸大了他强悍的形象（例如，有些记录称在他的统领下，阿兹特克人的战争甚至打到了尼加拉瓜）。[49]

在成为"伟大的特拉托阿尼"的17年间，蒙特祖马的帝国也面临着诸多自然灾害和人为阴谋的威胁。其中有3年的饥荒、3次地震、1次暴雪肆虐的寒冬。他的对外征战中，有大约三分之一针对的是那些不愿意给阿兹特克纳贡的城市或省份。然而最终他不仅稳坐帝王的宝座，他的帝国也存续下来并且持续扩张。早期的殖民记录，例如《门多萨手抄本》和《贡品清单》中都列举了数量惊人的被打败并最终纳入帝国版图的城邦国。特拉斯卡拉继续保持自治，但是蒙特祖马缩小了它的领土，将其对外联系的通道限制在海岸地带，并用众多阿兹特克的附属城邦包围它，"不断收紧套索"。与此同时，特诺奇蒂特兰在三方联盟中的统治地位不断加强，特斯科科逐渐变成一个次要的伙伴，位居第二，特拉科潘则居于第三位阶（我们之后可以看到，这一点在1520—1521年的战争发展过程就显现出了）。[50]

通过以上事迹，蒙特祖马向世人证明，他和那位同名且好战的曾祖父一样，是一个值得结盟的对象。他的帝国扩张记录印证了他在公共纪念碑和公共仪式上的形象，由他的姓名符号所推动且精心策划的对至高无上又神秘莫测的统治权的要求，并不是徒有其表。他对于收集动物、物品和知识的热衷，并未妨碍他发挥开疆拓土、收纳贡赋的能力，而是在事实上起到了促进作用。他不是一个胆小孤僻的学究型动物管理员，而是一个无所畏惧的大师级收藏家，一个英勇且爱好动物学的帝国主义者。换句话说，这位皇帝是完美的。[51]

※

关于"会面"发生之前的六个月中，身处特诺奇蒂特兰的蒙特祖马正在考虑什么，以及正在做什么，我们了解得十分有限。但是可以想见的是，对于正在一步步靠近帝国首都的征服者们来说，皇帝的想法和意图是他们不断揣测的对象。战争结束之后，随着将"会面"描写成"投降"的叙述方式以及把蒙特祖马当成替罪羊的说法占据上风，上述的那些猜测也受到了影响。因此，1519年蒙特祖马那令人难以捉摸的行为，在更晚的时候被当作其精神崩溃的证据。到了16世纪晚期，这时蒙特祖马更是被坚定地描绘成犹豫不决的、瘫痪的、惊慌失措的形象，并且因为他的迷信而遭受了致命一击：一系列征兆预示了帝国的末日，作为羽蛇神的科尔特斯则是这一劫数的使者。[52]

尽管后来对于蒙特祖马行为的重新解释适应了"投降"故事的需要，人们依旧能够在征服者的记载里面找到对蒙特祖马的战略感到疑惑的声音。例如，阿齐拉尔采用了标准说法，即因为西班牙人将与特拉斯卡拉人战斗到他们答应结盟为止，蒙特祖马"想到队长（科尔特斯）正在前往他那伟大的城市的路上，于是感到十分恐惧惊愕"。因此，蒙特祖马派遣一系列使者带着礼物前去同前进中的征服者队伍会面的行为，就被解释成其想要贿赂他们，好让西班牙人能够掉头回去（这一点在本书插图17"描绘战争"中有暗示）。这一针对蒙特祖马向阿齐拉尔、科尔特斯以及其他人赠送礼物的做法的解释是如此荒谬，直到今天还有人在重复，哪怕相反的结论——皇帝试图用和平的方式诱惑外来者进入他的城市——看上去更符合逻辑。阿齐拉尔本人似乎意识到了这种说法并不太能站得住脚，同时也记载说"很明显，一路上驻扎有一支规模很大的蒙特祖马的军队，但是我们只听说过，从来没有亲眼看到"，不过他并没有对此进行解释。[53]

同样地，塔皮亚也声称有一支军队尾随着他们，还说这支军队可以"非常快地摧毁"他们，"将战争结束"。塔皮亚的说法看上去同时指代对特拉斯卡拉人的前期侵略和西班牙–特拉斯卡拉人的联合侵略：

> 我询问蒙特祖马和他的一些队长们，既然周围有这么多敌人，为什么他们不在一天之内消灭这些人；他们回答说："我们的确很容易这么做。不过那样的话我们就没有地方来训练我们的年轻人，除了在距离这里很远的地方；并且我们也希望身边总是有人能够用来向上帝献祭。"[54]

即便对于这段是否发生在塔皮亚和蒙特祖马之间的对话，我们半信半疑，但这也暗示着在战争期间，西班牙人能够意识到皇帝并没有因为恐惧而无所作为，事实上蒙特祖马掌控着局势，并且有着自己的战略。这段对话同样显示，当西班牙人逐渐靠近的时候，他们对于蒙特祖马的战略并不是很清楚，这也引发了他们的担心和猜测；并且，尽管如此，这队人之所以能够一路到达特诺奇蒂特兰城，似乎只是因为这是蒙特祖马允许的。

确实如此，一旦我们停下来思考关于蒙特祖马的战略的各类证据，并且意识到这些证据与将"会面"看作"投降"的说法是如此不相适应的时候，他对于形势的把握就变得更为清晰了。罗斯·哈西格的观点很有说服力，他认为1519年蒙特祖马之所以选择不对西班牙人发动袭击，是因为他想在发动全面战争之前从这些人身上多学点东西，也因为他想确保对于帝国东部地区那些已经称臣的城邦国的控制，当时这些地区由于入侵的原因而变得不稳定。而且，由于粮食收获需要劳动力，能够发动战争的时间限于每年12月到次年4月，因此就算是1519年的秋天，有一支影子部队一直跟随着这些入侵者，那也更可能是规模适中的军队，而非阿齐拉尔笔下那支"很大规模的军队"。[55]

我赞同哈西格的分析，而且我认为如果联系到蒙特祖马对收藏的热衷，上述分析更有道理。就像一只玩弄老鼠的猫一样，皇帝在数个月的时间内一直在观察、测试、玩弄和研究西班牙人，甚至在他能够亲眼见到这些人之前，他就已经收集到了有关他们的记录和图片。他对这些"卡西蒂尔特卡人（Caxtilteca，来自卡斯蒂利亚的人）"非常着迷。他的目的既不是杀了这些人，也不是把这些新来者赶走，而是迷惑他们，让他们变弱，然后将他们吸引过来——这样他们就可以被收藏了。蒙特祖马并不害怕这些西班牙人，他当时正在猎捕他们。[56]

从短期来看，这一策略奏效了。皇帝和平地接收了这些陌生的新来者，把他们安置在毗邻皇家动物园收藏建筑群的建筑中，事实上他把他们纳入了他的收藏当中。但是他没办法将"卡西蒂尔特卡人"作为新奇玩意儿或者新鲜的研究对象长时间地关在动物园收藏建筑群中，因为这些人的数量太多，而且十分危险和野蛮（更不用说还有一队特拉斯卡拉战士陪着他们）。那么蒙特祖马的长期计划会是什么呢？

我们可能永远无法知道，尽管众多关于接下来几个月（从"会面"当天到蒙特祖马死亡的235天）的特诺奇蒂特兰的记载暗示了很多种可能性。我们会在接下来的章节中讨论这一点，现在让我们只考虑其中一种可能性，并且提出一个引人入胜的、根植于生与死的季节性循环以及城市庆祝的理论。

与16世纪的西班牙人还有今天的我们一样，阿兹特克人的生活也被一系列的月份打上了标记，每个月份都有独特的活动和节日，一年一轮回。在阿兹特克人的历法中，一年有18个月，每个月20天。这个360天的周期叫作"太阳历"或"季节历"（*xihuitl*，即纳瓦特尔语中的"年"），剩下的5天叫作"置闰"（*nemontemi*），用来填补一个完整的太阳年。每个月都有自己的公众节日，例如，第十一月（Ochpaniztli，意为"清扫道路"，即"扫路月"）及其节日献给了一位掌管性别和生育的女神；人们庆祝节日时的穿着和装饰会与这位女神有关，其中最显眼的就是象征清理和打扫的扫把。

"会面"和西班牙人第一次进入特诺奇蒂特兰城的时间临近第十四月（Quecholli，意为"金刚鹦鹉"或者"珍贵羽毛"，即"珍贵羽毛月"，是献给狩猎之神的月份）的末尾。接下来的一个月，也是征服者们在城中完整见证的月份，是第十五月（"举旗月"）。该月的节日是一年中的大事件，这一节日献给威齐洛波契特里。它也是一年中四个献贡月份的最后一个，向帝国称臣的城市或者省份会将食物、奢侈品和其他献贡物品送往首都。其他的献贡月还有第十一月（秋季）和第六月（Etzalqualiztli，意为"食豆黍粥"，即"食豆黍粥月"，早夏时节），而一年中的首个献贡月是第二月（Tlacaxipehualiztli，意为"剥人皮"，即"剥人皮月"），我猜想这个节日对于我们的故事有着很重要的意义。[57]

很容易想象蒙特祖马和他的朝臣都意识到，随着"卡西蒂尔特卡人"在城中安顿下来，狩猎之月即将结束。"珍贵羽毛月"的节日庆祝中，最有特色的是几场仪式性的猎鹿活动，仪式最后，人们会把鹿肉带进城市，甚至还有将一名打扮成鹿模样的战士处决的仪式。这里有一些人是通过精心设计的围猎被带进城中的，同他们一起到来的还有可以骑乘的身形巨大的鹿（阿兹特克人和其他纳瓦人把这些马叫作"可以载人的鹿"）。同样地，这个城市的统治者和战士当然也不会忘记，当12月战争季开始的时候，他们在城中已经拥有了这些外国战士——这些全副武装的客人不久便耗尽了他们的热情。的确，随着时间的流逝和"剥人皮月"的接近（对应我们的历法是3月左右），阿兹特克人一定会想到，他们的西班牙客人可以在节日庆典中扮演一个特殊的角色，而这个主意，蒙特祖马和他更为强硬的同伙们在先前的"珍贵羽毛月"中肯定都已经想过。因为"剥人皮月"意味着战争季的最高潮时节，为了庆祝阿兹特克的赫赫战绩，特诺奇蒂特兰会变成一个仪式化且戏剧化的战场——也会同真正的敌方战士决斗，并以阿兹特克一方绝对的胜利而变得圆满。[58]

每年，在"剥人皮月"和之前一个月加起来的40天内，在帝国战争中被俘虏的战士会被带到首都。在那里，他们会经历一系列的仪式化的公开表演，包括和抓住他们的阿兹特克战士一起跳舞。并且最终，随着他们的头发被削去、身上被涂满红色的条纹，以及得到新的名字，他们被处决。

这并不是在欧洲战场上时有发生的对战俘的无差别屠杀 [我们立刻会想到阿金库尔战役（Agincourt）]，而是仪式化的对胜利的再现，目的是展现对战败一方的尊重——并且在精神上将他们转变成神圣的献祭品。

在某个时候（一些记录里说是这个月末），一名战俘和俘虏他的人会在广场上一起喝龙舌兰酒（龙舌兰酒是用龙舌兰汁发酵后制成的，今天的墨西哥仍然在喝这种酒），他们随后进行了一场角斗士表演。如果战俘打败了俘虏他的人和接下来的另外三个战士，那么他将获得自由。但是他的脚踝或者手腕却被绑在一个石头平台上，人们给他一根用羽毛装饰的棍棒来抵御镶嵌着锋利的黑曜石刃的棍棒。在"剥人皮月"的战斗表演中，阿兹特克人总是获胜的一方。

处决的形式是，先将战俘的心脏迅速挖出来，然后将尸体送往城市附近的神庙剥皮（即"Tlacaxipehualiztli"一词中的"xipehua"）。那些曾抓住这些已被处决的战俘的阿兹特克人，将会穿着他们被剥下来的人皮，挨家挨户地炫耀自己的成就，加入同其他战士的模拟战斗（奖品是火鸡），在中心广场跳舞，在蒙特祖马的宫殿前接受皇帝的礼物和公开的赞赏。

穿人皮的仪式让抓捕者和战俘合为一体，都被称为"被剥皮之人"（xipe；这个节日的神是Xipe Totec，即"我们的剥皮之神"）。在庆祝战士勇气的仪式中，抓捕者获得了被捕者的生命本质或者能量。节日结束时，被剥下来的人皮因腐烂而被取下来，此时伴随着春之花的出现，抓捕俘虏者进行仪式化的沐浴——就像是一穗新鲜的玉米从干枯的外皮中露出头一样，抓捕者将作为一个重生的、被祝福的战士的形象出现。[59]

然而并没有直接的证据证明，蒙特祖马或者其他阿兹特克贵族统治者计划或者希望把他们的西班牙客人变成"剥人皮"节日中的非自愿参与者。但是，如果说他们没有想过以此作为一种可能的——甚至是偶然的、恰当的、神圣安排的——解决西班牙人问题的方法，那这也显得有些不可思议。如果这样的想法曾真的存在过的话，那么"会面"之后的235天即将结束时，外交关系的崩溃一定让他们受到冲击，但是也仅限于袭击、抓捕和处决的时间层面上。因为在最后，阿兹特克人在城中杀掉数百西班牙人（大约占入城部队的一半），并且在大神庙金字塔顶处决大批西班牙人的时间是6月份，也正好是阿兹克特历法中的"食豆黍粥月"期间。

那时，曾是演说家、皇帝、收藏家的蒙特祖马已经死了。他没有活着见证自己剩下的收藏被劫掠，他的动物园被烧成灰烬，他的城市像个巨大的祭品一样被焚毁。就像他的美洲豹、狼和豹猫一样，西班牙人作为蒙特祖马的其中一种收藏，也没法被驯服。他们把自己的驯兽员囚禁起来，侮辱并抛弃了他，并且让后代对他做了最为残暴的事情——谋杀了他的人格，把这位伟大的收藏家变成了一个懦弱的俘虏。

第三部分

什么？

他们真的在谋划让人们

不再劫掠西印度群岛？

——撒旦，指的是圣弗朗西斯和圣多米尼克，迈克尔·德·卡瓦哈尔（Michael de Carvajal），《印第安人在死亡法庭上的申诉》，1577年

古代伟大的赫拉克勒斯，做过那么多神圣的事情

才最终战胜了他的苦痛。

但是科尔特斯却首屈一指，

他通过更为高尚的行为把"大力神"赫拉克勒斯比了下去，

是一位更伟大的旅行者。

虽然他没有赫拉克勒斯那么强壮，但是也跨越了陆地和海洋

让对手俯首称臣；

更为重要的是，让他承认了唯一的真神。

——安德烈·特维特，《费迪南德·科尔特斯的一生》，1676年，英文版

他跳着舞，穿过这片水域过来

科尔特斯，科尔特斯

真是一个杀手啊

——尼尔·杨，《杀手科尔特斯》，1975年[1]

图7 征服者是如何发现的

此图为拉斯·卡萨斯的《西印度毁灭述略》1697年法文版本的卷首插图，后被重新命名为"西班牙人发现西印度群岛"。其标题中的"发现"象征着西班牙人夺走土地财富、强迫原住民劳动：在图片远处的位置，可以看到妇女遭到劫掠，男人在地上挨打；在图片前面的位置，可以看到掌握主动权的科尔特斯正在和显得被动的蒙特祖马会面——这个例子表明，即使是在一部批评征服者的文本中，"会面"也被展示为投降和服从的情形。

第五章

最伟大的事业

心灵手巧的人啊，在精神上超越了其他所有人，生来就是为了最伟大的事业服务。

——弗朗西斯科·塞万提斯·德·萨拉萨尔的
《对话》中一位角色对科尔特斯宫殿的赞美之词，1554年

他不久便厌倦了学术生活，因为和他热情的、不甘平凡的天性不符。

——威廉·罗伯逊，1777年

正如一位意大利诗人在一首十四行诗中非常有道理地说道："种子在这里落下，我在这里采摘果实。"（*Qui esparge il seme et qui recogle il fructo.*）这句话的意思是：一些人播种，另一些人摘果。

——语出贡萨洛·费尔南德斯·德·奥维耶多，1535年，
指的是委拉斯开兹和科尔特斯[1]

埃尔南多·科尔特斯出生的时候就是上帝选择的伟大之人。这一点，至少是赫罗尼莫·德·门迭塔（Gerónimo de Mendieta）得出来的结论。

16世纪90年代，当这位方济各会修士端坐在墨西哥城的修道院中，开始着手撰写他眼中的阿兹特克人精神征服史的时候，他受到了1485年发生的、看上去仿佛是偶然发生的三个事件的冲击。因为他忽然意识到，这些事情根本就不是偶然发生的。就在那一年，萨克森的一位日耳曼女性生下了马丁·路德，注定要"让很多有信仰的人臣服于魔鬼的旗帜下"。与此同时，在大西洋的另一边，在特诺奇蒂特兰城，阿兹特克祭祀在新的主神庙落成庆典上，用80 400人做了献祭。但是上帝有办法抚慰"如此多魂灵的呼喊和流淌的鲜血，还有造物者受到的创伤"。这个神圣的回应就是科尔特斯的降生，他将会把"众多的在数不清的年岁里生活在撒旦控制下的人们"带到教会的怀抱。[2]

事实上，路德和科尔特斯都不是1485年出生的。这位德意志人的出生时间是1483年，而科尔特斯的出生时间大概是1484年。献给阿兹特克战神威齐洛波契特里的新神庙，它的落成时间也不是1485年，而且举行庆典的时间应该是1487年。此外，来自门迭塔本人还有其他（诸如我们之前看到的）方济各会修士的那个活人献祭数字——80 400人，今天看来也是一种巨大的夸张，但是我们这里指出并不是为了纠正门迭塔的错误；恰恰相反，他下论断时所依据的可疑的事实基础，只能让人们开始关注围绕在科尔特斯前半生的传说迷雾。

门迭塔并不是第一个（也不是最后一个）对科尔特斯的降生和早年经历天意般的不一致进行想象的人，这样的想法在诗人加布里埃尔·拉索·德拉维加的作品付梓时，可能就已经在西班牙语世界广泛流传了。在科尔特斯家族的资助下，拉索于1588年在马德里出版了名为《英勇的科尔特斯》的伟大史诗作品；1594年在篇幅扩充后的第二版中，包含了声称墨西哥原住民过去一直都处于失明状态的句子：

全能的耶稣没有给予任何的消息，

这个人就诞生在世上，

和那个与教会作对的、可怕而又残忍的怪物路德，他们的

出生年份相同。

不论是不是拉索创造出来的，到了16世纪末时，科尔特斯是上帝给予的、作为路德的解药的这一说法，已经成为被捏造出来的征服者传奇的组成部分。在称颂科尔特斯式征服者的史诗故事中，安东尼奥·德·萨维德拉（Antonio de Saavedra）对于想象中天意般的巧合进行了提炼，并且写道："当路德在德意志出生／科尔特斯也在同一天诞生于西班牙。"不久之后，托尔克马达为了解决日期的问题，将科尔特斯的出生时间移到了1483年。类似的发明在整个18世纪不断在编年史和诗歌中出现，包括有人声称这两个人不仅出生于同一年，还出生于同一天。[3]

将科尔特斯视作从出生起就注定是伟大的人，这一做法已经永远地扭曲了关于他早年经历的真实记录——事实上，这一结论对于他的整个人生和征服历史也适用。从16世纪到20世纪，作为"征服墨西哥"记录的一部分，人物传记在本质上都是圣徒传记式的。所有人都把1519年之前的年份想象成伟人的准备阶段，年轻的科尔特斯是一位初生的、充满能量的天才，他急切地想在这个世界崭露头角。

这个基调最初是由戈马拉设定的。《征服墨西哥》（*Conquesf of Mexico*）的创作始于这位年迈征服者最后的岁月，其受到科尔特斯的儿子（唐·马丁）的资助，这部作品也成为科尔特斯传说的基础。难道说与科尔特斯的直接接触真的就能够让戈马拉拥有重要的原始资料，听闻有启示作用的奇闻秘事，以及具备观察科尔特斯的独到眼光吗？数个世纪以来，戈马拉的读者一直都预设他的书拥有上述品质特征，都被他那"清晰的、自然的散文"风格和一些批判性的评价（例如，对于科尔特斯如何对待阿兹特克末代皇帝夸乌特莫克）所鼓励。事实上，戈马拉已经很清楚地

表明，他的书并不是一份客观、精确的描述，而是对记叙对象的赞颂。拉斯·卡萨斯坚持说，戈马拉是科尔特斯的随从（criado）和私人历史学家，并且"他只写科尔特斯让他写的东西"（尽管看上去更像是他写了那些唐·马丁让他写的东西）。[4]

在戈马拉的书中，我们发现了贯穿后续几乎所有关于科尔特斯早年人生记录的三个关键特征。第一个特征是幸运的命运（这一点在后来方济各会修士的笔下得到了充分的发展）。就拿戈马拉让年轻的科尔特斯从与死神的三次斗争经历中活下来的这一例子来说，第一次，童年时的科尔特斯染上重疾后，他因为乳母的虔诚而得救；第二次，作为一个寻欢作乐的青年，科尔特斯在被抓到和有夫之妇偷情后，因为女方母亲的干预，最终从暴力而愤怒的丈夫手中逃了出来；第三次，科尔特斯第一次乘船穿过大西洋时就遭遇了海难，当时正值耶稣受难日，一只鸽子出现了——"作为上帝送来的吉兆和奇迹"，正是这只鸟引导这艘迷失方向的船和绝望的乘客来到伊斯帕尼奥拉，并在复活节当天到达加勒比岛。

全书中诸如这三个瞬间的细节性记录很少，但是戈马拉构建了一个贯穿全书的模式，大致呼应了同样鲜为人知的耶稣基督的早年人生：作为一个人，科尔特斯也有缺点，但他是被祝福的人，并且因为有着更为崇高的使命而被上帝通过各种方式赦免。[5]

第二个传统的科尔特斯式传记的特征，在戈马拉的奠基之作中也十分显著，即将年轻的科尔特斯塑造成一个不得志的天才，不耐烦地等待着他注定要登上的英雄舞台。他在萨拉曼卡学习两年法律后就放弃了，"因为对学习感到厌烦和后悔"，这"让他的父母压力巨大且十分生气"，并且作为一个西班牙少年，"他爱喧闹，傲慢自大，并且喜欢武器"。但是在戈马拉的讲述中，这是因为科尔特斯的能力和野心过于强大，以至于他的祖国都已经无法容纳得下他。因为"他非常聪明并且擅长任何事物"（在1578年的英文版本中的表述是"足智多才"），于是"他决定追随自己的内心，远走高飞"。他选择去西印度群岛而不是意大利，原因在于他似乎认识伊斯帕尼奥拉的新总督尼古拉斯·德·奥万多（Nicolás de Ovando），并且听说新西班牙有"很多金子"。在早期的英文译本中，科尔特斯"是一个非常不快乐的小伙子，但同时他品格高尚，爱好骑士精神，也正因如此他决定去海外冒险"。在另外一个法文版本中对科尔特斯有着如此形容："他的本性是炙热的、急躁的、多变的、对武器非常沉迷的"，"因此他的天才更像是注定要从事更为高尚的以及与战争相关的事业，通过口头或者笔头投身到法律辩论中去"。[6]

随着数个世纪以来，关于征服墨西哥和科尔特斯生平的著作越来越多，上述传记的主题也在不断地被复制和重述。16世纪60年代，塞万提斯·德·萨拉萨尔在他的《新西班牙编年史》的开篇中说道："上帝选择了埃尔南多·科尔特斯和他的同伴，共同作为开启如此伟大事业的工具。"他不但借用了戈马拉一知半解的早期逸事，而且增加了一些扭曲历史的成分，因此，在他的记述中，科尔特斯"非常有天赋"，在萨拉曼卡学习了两年之后就退学，只用了两年的时间就完全掌握了语法——尽管这并非事实。[7]

类似的著作让这些主题从整个17世纪（最著名的要数迪亚斯和索利斯的编年史）一直延续到18世纪，当时罗伯逊把这些主题都融入了他最畅销的《美洲史》（History of America，它的销售纪录直到19世纪40年代普雷斯科特的作品出版后才被打破）中。罗伯逊还特意强调了科尔特斯与生俱来却又缺乏耐心的军事才能，因此，在他的论述中，这位年轻的西班牙人从大学辍学是因为学生生活与"他那热切的和躁动的天赋"是不相称的。尽管他沉溺于"积极的运动和军事练习"，他变得"非常鲁莽、专横和放荡"，他的父亲将他作为"一位全副武装的探险家派到海外"。[8]

以前几个世纪中西班牙编年史家的作品作为基础，罗伯逊创作了自己的著作，但是他在书中却没有提供任何关于科尔特斯在伊斯帕尼奥拉的细节。他只是告诉读者，当伊斯帕尼奥拉的殖民生活无法"满足科尔特斯的野心"时，科尔特斯就加入了迭戈·委拉斯开兹远征古巴的队伍中。罗伯逊随后掩饰了"科尔特斯和委拉斯开兹的几次暴力争执",称"它们都是由琐事引起的,不值得记录"。罗伯逊将关注点聚焦在描写一个骚动不安的年轻人如何在成长中变得稳重和成熟,并且最终成为一个"常胜的"和"在军事训练上拥有超群能力的"审慎和得体的男人。在罗伯逊的书中也没有论述科尔特斯在古巴生活的任何细节,只有一个结论:"这是卓越的天才所特有的,即他在这个岛上获得了信心和支配人类思想的艺术。"[9]

这也把我们引向关于科尔特斯早年生活的传记的第三个特征:如何处理时间问题。科尔特斯到达加勒比时大约19岁或者20岁,离开古巴时是34岁,在63岁时去世。因此,他去墨西哥远征之前的时间就占据了他人生的一半以上,也占了他成年时间的很大一部分。但是,在戈马拉的书中只有不到2%的篇幅是关于墨西哥之前的。几个世纪以来,历史学家们非但没有挖掘出更多(或者更为可信的)关于科尔特斯早年时光的信息,反而提供的资料越来越少。一些人(例如弗朗西斯科·塞万提斯·德·萨拉萨尔在16世纪60年代的作品)对戈马拉的故事进行了简化;另一些人(如诗人拉索·德拉维加和萨维德拉)直接跳到科尔特斯离开古巴的时间点,因此都或多或少地采用了科尔特斯给国王信中的叙述作为依据。科尔特斯越是成为典型的征服者代表和传奇的阿兹特克征服者,他前往墨西哥前的人生(以及真正的科尔特斯)就越是消失殆尽。

例如,罗伯逊在叙述科尔特斯在伊斯帕尼奥拉的七年生活时,只用了两句话:这位年轻的西班牙人于1504年来到这里,"受雇于总督,在几个体面而获利丰厚的地点工作。然而,这些并不能满足他的野心",于是他选择在1511年离开此地,前往古巴。在古巴的八年时间也就仅占据了几页的篇幅,但是关于西班牙—阿兹特克战争的两年时间就有128页的叙述。一个更为极端的例子是特维特所写的简短传记,其中关于加勒比的日子是这样描写的:科尔特斯,"时年19岁,1504年出发前往印度群岛,登上了来自帕洛斯–德莫格尔的阿隆索·祖因特罗(Alonso Zuintero)的船,这艘船载着科尔特斯和另外四个人,连同货物一起前往西方。科尔特斯在那里发现了墨西哥王国"——他立刻着手将其征服。[10]

考虑到特维特的传记只有几页的篇幅，我们也可以原谅其将科尔特斯在加勒比长达15年的经历全部省略的做法。罗伯逊不合理的谋篇布局也是同样可以被理解的：因为他的叙述对象是西班牙—阿兹特克战争。尽管这些作家都秉持对于科尔特斯生平的扭曲观点，但是他们也只不过是巨大误解链上的一环，继承和传递着神话叙述及被遗漏的事实。然而，将伊斯帕尼奥拉和古巴作为科尔特斯从西班牙到墨西哥旅途中短暂停留的站点，这一误导性的印象自然而然地引发了这样的疑问：在加勒比长达15年的时间内，科尔特斯究竟做了什么？[11]

※

事实证明济慈错了。尽管这位英国诗人在他的十四行诗里面声称，"顽强的科尔特斯""用鹰一般的眼睛盯着太平洋——他的所有手下 / 带着大胆的猜测，面面相觑—— / 安静地，在达连湾（Darien）的一座山峰上"，但事实并非如此。最早看到这片海域的非美洲原住民是瓦斯科·努涅斯·德·巴尔博亚（Vasco Núñez de Balboa）和他的非洲奴隶，时间是1513年。济慈看上去是把罗伯逊的作品和他关于巴尔博亚第一次看到太平洋以及科尔特斯第一次看到特诺奇蒂特兰的记载混到了一起，也可能是这位诗人故意将这两个时刻合为一体。毕竟，"顽强的科尔特斯"是具有符号象征性意义的征服者，是被自己所发现的事物震惊的欧洲人原型；对于济慈来说，他符合上述表达的需要。[12]

然而，对于我们来说，科尔特斯是不是从来没有踏足——更不用说是不是旧世界第一个踏足——"达连湾的一座山峰"并不重要。重要的是，科尔特斯生活在这里的15年间，在整个加勒比海，包括当中的岛屿和附近的大陆海岸线地区，西班牙人的活动从未停止——而这位还处于青年时代的征服者在其中起到的作用并不大。的确，证据显示他只参与了其中一次探险远征或者征服活动，即入侵古巴。

但这并不是说科尔特斯不积极。他在伊斯帕尼奥拉和古巴都有一定数量的本地臣民。这种被称作"监护征赋制"（encomienda）的特权，要求土地上的民众义务向监护人提供劳动，并将属地的产品作为贡赋上缴。[13]"监护征赋制"并不是土地授予，但是监护人经常会对附近的土地提出诉求，就跟加勒比地区早年时代的情形一样。尽管监护征赋制并不包括将村民变为奴隶的内容，但是村民们还是经常被作为奴隶对待。因此，科尔特斯就和其他西班牙定居者一样，利用监护征赋制为自己建起了一座畜牧场，并且将"属于他的"泰诺人（Taínos）派去寻找贵金属（尤其是沙金）。他可以识文断字（这一点通过他后来写给国王的信可以证明），并且作为政府公证员在阿祖亚（Azúa）工作了几年时间。阿祖亚是伊斯帕尼奥拉的圣多明哥（Santo Domingo）附近一个很小的西班牙人定居点。后来在古巴，他似乎担任过一段时间迭戈·委拉斯开兹的秘书（即总督的私人公证员）。当时他和一名泰诺女子住在一起，并将她施洗后取名为莱昂诺尔·皮萨罗［Leonor Pizarro，我们随后将会看到，他们生了一个女儿，并为其取名卡塔利娜（Catalina），对其非常怜爱］。

1511年委拉斯开兹领导的西班牙入侵古巴的活动，当然也有科尔特斯的参与，但是并不清楚他究竟参与了多少次战斗。他可能参与了一些，但是入侵的队伍中大约有330位西班牙人，而且他们几乎没有遇到太多的抵抗［最大的阻力来自泰诺人领袖哈土依（Hatuey），此人是从伊斯帕尼奥拉逃出来的，他后来被捉住并被烧死］。一位匿名的作家在16世纪50年代声称，科尔特斯在事实上指挥了征服古巴的行动，而委拉斯开兹"因为肥胖"并没有做什么。这样的论调显然带有戈马拉式的党派偏见的味道，并且没有任何档案证据的佐证。[14]

上述所有活动中，科尔特斯只是加勒比时代早期一个普通而典型的西班牙定居者，没有任何迹象表明他非常的"坐立不安"和"雄心勃勃"。他没有发动任何一场单独的远征活动。相对于领导他人，他更多的是跟随他人，更为甚之，他跟随的步伐也不是太远。15年间，西班牙人发动的所有搜寻、劫掠或者意图占领其他岛屿或者环加勒比地区陆地部分的战役，他一次都没有参与。沿着哥伦比亚和中美洲的海岸进行探索，并同原住民战士们战斗的反倒是阿隆索·德·奥赫达（Alonso de Ojeda）和迭戈·德·尼库埃萨（Diego de Nicuesa），而非科尔特斯（有人说科尔特斯原本应当参与此次远征，但是因为腿伤或是梅毒发作未能成行）。在诸如达连湾这样的地区，与巴尔博亚和佩德拉里亚斯·德·阿维拉（Pedrarias de Ávila）并肩进行探索和战斗的人是弗朗西斯科·皮萨罗（Francisco Pizarro），而非科尔特斯。发现了佛罗里达并征服了波多黎各和牙买加的人是胡安·庞塞·德·莱昂（Juan Ponce de León）和胡安·德·埃斯基维尔（Juan de Esquivel）。最早发现墨西哥海岸线的是胡安·迪亚斯·德·索利斯（Juan Díaz de Solís）和维森特·亚内兹·平松（Vicente Yáñez Pinzón）。以上这些活动的主角都不是科尔特斯，包括1517年发现尤卡坦和墨西哥大陆，1518年领导第二次前往上述地区远征活动的人也不是科尔特斯。数个世纪以来，典型的关于这些早期探险和征服活动的扭曲印象，来源于那幅被选来作为《美洲旅行者》（*The American Traveller*）插图的图片。而在这部涵盖了西班牙人从15世纪90年代开始到1518年在加勒比地区活动的著作中，科尔特斯只在长达300页篇幅的末尾才出现，但是他的头像却紧随标题页之后。[15]

当科尔特斯的传说和他在殖民地的早年故事出现不一致的情况时，一些作者就会简单地臆想科尔特斯那时正在某处参加战斗；有人认为委拉斯开兹之所以挑选科尔特斯，是因为当时"他已经帮助其征服了今天的尼加拉瓜地区"，这是上述臆想历史的一个典型例子。甚至莫里斯·科利斯——他于1954年出版的《科尔特斯和蒙特祖马》一书基本上沿袭戈马拉、索利斯和罗伯逊等人写作的关于科尔特斯的"圣徒传记"——发现了一个危险的情况，即科尔特斯在加勒比的生活是稀松平常的。科利斯一方面坚持认为科尔特斯是"军事天才和伟大的实干家"，另一方面他也在思考为什么当时科尔特斯在岛上的朋友们似乎都没有注意到，甚至都没有想过把他们的所见所闻记录下来。他想知道科尔特斯究竟是不是"没有意识到自身的潜能"，并且发问道："为什么他愿意花费15年的时间蛰居在古巴这座小岛，仅满足于享乐和发财？"对于这个问题，科利斯给出了一个很牵强的回答："我们只能猜测他正在等待时机。"但是这显然回避了一个很明显的结论事实，即科尔特斯之所以在伊斯帕尼奥拉和古巴的生活很平凡，是因为他原本就是一个资质平平的普通人。[16]

为科尔特斯在加勒比的传奇故事祛魅是有原因的。传统叙事者在大力宣扬科尔特斯传奇故事的时候，都故意隐瞒或是贬低了早期其他西班牙人的事迹。这些人包括巴斯克老兵胡安·奥丘拉·德·埃雷哈尔德（Juan Ochola de Elejalde），他参与了征服伊斯帕尼奥拉、波多黎各和古巴的战役，并且在整个西班牙征服阿兹特克的战争中都以队长的身份参加战斗。除此之外，他还参加了血腥的特万特佩克（Tehuantepec）战役，后来被授予特许，得到了纳瓦人的土地，并且拥有原住民和非洲奴隶。这些人中还包括阿尔瓦拉多兄弟。当然，除了臭名昭著的佩德罗，这些西班牙人还包括戈麦兹（Gómez）、贡萨洛、豪尔赫（Jorge）和胡安，他们都是在1510—1517年间来到加勒比岛屿参与战争，后来在墨西哥、危地马拉以及其他地方的征服活动中扮演领导者的角色——这也为他们赢得了暴力或残忍的恶名。此外，上述西班牙人还包括那些跟随哥伦布航行的、最早穿越大西洋的一批人。比较典型的是迭戈·贝穆德兹（Diego Bermúdez），他在哥伦布的第一次远航（1492年）中担任领航员，也参与了后来对佛罗里达和几个加勒比岛屿的远征，最后死于西班牙征服阿兹特克的战役中［百慕大（Bermuda）以他兄弟的名字命名，此人同样也是一位领航员］。还有一个叫桑丘·德·索普尔达（Sancho de Sopuerta）的人，他是哥伦布最后一次航行（1502年）队伍中的一员，在伊斯帕尼奥拉和古巴参与过与泰诺人的战斗；后来他与格里哈尔瓦远征探险，差点因为在"悲痛之夜"以及特诺奇蒂特兰城包围战中负伤而死掉（当然这些都是出自他本人的生动描述）；他和他的纳瓦人妻子在16世纪20年代就生活在这个城市之中。[17]

上述这些人对于我们理解西班牙—阿兹特克的战争至关重要。作为与原住民战斗经验丰富的老兵，他们自身的经验和期待在一定程度上塑造了这场战争。这些拥有更高军衔的老兵，以及那些拥有众多资源并且将资源投入自身部队的西班牙人，所能够带来的不仅是队长的身份，还有装备精良的骑兵，以及老兵们相互信任且忠诚的同志情谊。他们不愿意唯命是从，更愿意为了攫取更多利益和维护自己的投资而进行小团体行动。此外，所有参与加勒比战争的老兵们，无论军衔和地位如何，也已习惯用两种方式与原住民互动，将其征服并获利：一种是暴力行为，通常是以极端的方式，往往针对的是那些手无寸铁的原住民；另一种是猎奴行动（slave-raiding），且规模越大越理想。

暴力、奴役以及开采金矿的超负荷工作，造成了16世纪第一个10年内泰诺人口的急剧减少，随之而来的则是长达10年的加勒比猎奴行动，范围从佛罗里达一直延伸到南美洲北部海岸。岛屿上的原住民口几近灭绝，成千上万的原住民沦为奴隶；屠杀、妻离子散和缺衣少食，使得同时代的原住民数量减少了数十万人（而根据拉斯·卡萨斯和一些当代学者的估计，这一数字可能是数百万）。1518年，天花病毒传播到该地区，导致猎奴许可证的颁发数量急剧上升。针对围猎"印第安人"的"收成"逐渐减少的局面，加勒比地区的西班牙人转而开始向这块新的未开发的大陆内部寻找机会。在这样的背景下，1518年数百人决定加入科尔特斯的队伍，并于1519年和1520年背叛委拉斯开兹或者于1520年和1521年参加战斗，也就不是那么令人意外的事情了。[18]

普遍存在的征服者之间的派系斗争，习以为常的针对原住民的暴力行动以及对原住民的集中奴役，这三个主题构成了本章以及接下来的章节所要探讨的主要内容，我们也将用多种方式对这些主题进行讨论。当我们回顾完1520—1521年间发生的各类事件，并进入16世纪20年代以及后来的历史时，这些主题将有助于我们弄清征服战争的残酷事实。同时，它们也能够让我们看穿此前传统叙事中关于科尔特斯掌控的神话故事的本质：在这个令人目眩神迷的虚构故事中，科尔特斯将军是一位卓越的指挥家，匍匐在他脚下的是由诸多演奏家组成的大型交响乐团，而正是他带领众人奏响了征服运动最后的胜利乐章。然而，历史的真实曲调则更加阴暗。

带着这样的目的，让我们把注意力转移到迭戈·委拉斯开兹以及他与科尔特斯的关系上。他们的关系不仅演变成征服部队核心的派系斗争，并且比这支部队、征服战争和历史事件的主角们存在的时间更久。

※

在古巴的某一个晚上，科尔特斯和迭戈·委拉斯开兹曾在一张床上入睡——至少戈马拉是这么说的。在他所讲述的故事版本中，两人关系的破裂是源于一个叫卡塔利娜·苏亚雷斯的西班牙女人。科尔特斯最先引诱了这个女人，但是却又不愿意娶她（她的人生后来也不幸福），于是委拉斯开兹把他锁了起来。不过科尔特斯最终设法脱逃，并且在委拉斯开兹宿营的一所农场内找到了这位总督。"当看到科尔特斯全副武装的样子时，委拉斯开兹十分恐惧；他请求科尔特斯和自己共进晚餐，共同休憩，不想引起别人的怀疑。"科尔特斯回应道，他只是想知道总督指控他的罪名究竟是什么；他坚称总督仍旧是他的"朋友和仆人"。在戈马拉的记叙里，"他们随后像朋友一样握手并畅谈良久，最后一起躺在了一张床上睡觉。这一情形在第二天早上被迭戈·德·奥雷亚纳（Diego de Orellana）看到，而他当时正打算向总督报告科尔特斯是如何逃脱的"。[19]

这个故事拥有某种令人难以抗拒的电影般的魅力。它也捕捉到了科尔特斯那正处于形成期的富有传奇色彩的人格特征的几个关键要素——他极具魅力和说服力，喜欢冒险的同时又很残暴。这也正是戈马拉写这则逸事的初衷，他在这一章节的结尾处评论说："正是类似的危险和困境，为这位世间最优秀的人铺就了幸运之路。"从此以后，编年史家和历史学家们就都对此深信不疑。例如，萨尔瓦多·马达里亚加（Salvador Madariaga）在1942年出版的科尔特斯传记中就引用了上述故事，借以表现这位征服者"取胜的方式"是如何塑造了他的人生："他被赋予并结合了两种最具价值同时也是最为罕见的品质：决心和智慧。"[20]

在上述的故事里，委拉斯开兹的角色同样十分重要，通常在描绘科尔特斯和征服者的传统叙事中，古巴总督的角色占据了相当大的篇幅。两人的关系基本上是这个样子：1518年，委拉斯开兹挑选科尔特斯率领一支探险队深入后来的墨西哥地区；但是在科尔特斯离开古巴前，这位总督却改变了主意，而科尔特斯最终还是率队出发，并且在整个征服阿兹特克帝国的过程中都无视委拉斯开兹的权威。因此，1522年当科尔特斯被任命为新王国的总督时，他将"征服墨西哥"的功劳悉数归于自己名下，全然不顾委拉斯开兹发起的一场协调一致的法律运动。因此，上述故事也预示了一场复杂的冲突，即愤怒的委拉斯开兹被胜利的科尔特斯蒙骗，前者受到引诱和敌人同床共枕——在字面意义上确实如此。[21]

跟许许多多的征服者历史一样，科尔特斯和戈马拉共同创立了有关迭戈·德·委拉斯开兹的历史叙事。按照戈马拉的说法，委拉斯开兹既"贪婪"又"极其娘娘腔"（意思是他受女性的影响非常大，以至于本人都变得很女性化）；他脾气暴躁且复仇心重，经常"对科尔特斯发脾气"或者"愤怒相向"。与此形成鲜明对比的是，在戈马拉的叙述中，科尔特斯在和这位古巴总督打交道的整个过程中都显得冷静、自信，甚至看起来无所不能；他身处正义的地位，并且注定会取得胜利。换句话说，委拉斯开兹是科尔特斯的陪衬，是科尔特斯的反面，在整个故事里扮演着恶人的角色。他展现出与科尔特斯截然相反的性格特点，目的是突出科尔特斯本人的人格魅力——而后随着蒙特祖马的出现，委拉斯开兹的地位逐渐被取代。[22]

当然，这个故事还有另一面。巴托洛梅·德·拉斯·卡萨斯那些年正居住在古巴，并且和委拉斯开兹、科尔特斯都认识（他后来在墨西哥认识了科尔特斯）。拉斯·卡萨斯在《印第安人史》（*Historia de las Indias*）中写下了自己的版本，这本书直到1875年才出版（那个时候，戈马拉的著作已经被翻译成多种语言、出版了数十个版本，并且已经流传了几个世纪）。但是我们可以坦率地比较这两个版本，最终会发现修士对戈马拉虚伪记载的愤慨更有说服力。按照他的说法，科尔特斯是总督不忠实的秘书，他被发现盗取文书用以投诉总督。委拉斯开兹非常愤怒，下令逮捕科尔特斯，并且威胁要将他绞死，但是过了几天之后前者就冷静了下来，并决定将其释放（"但是他不愿意像过去一样，接纳他作为自己的秘书"）。戈马拉的版本是"一个巨大的谎言，任何一个理性的人都能够轻易地看到这一点"。毕竟，"委拉斯开兹是整座岛屿的总督"，而科尔特斯在当时不过是

> 一个普通人（*hombre particular*）而已，更不要说是他的密友和秘书了。委拉斯开兹无论是下令把他抓住，还是下令把他绞死，原本都可以这么做的，不管这样是不是公正。所以戈马拉怎么可以说，他很多天都不想和他说话，甚至全副武装地回来质问他，究竟对自己有什么不满。他们后来成为朋友，手拉着手，当天夜晚的时候还睡到了一张床上呢！

此外，拉斯·卡萨斯还写道："我在那些日子里（也可能是事发后不久）所看到的科尔特斯，是一个非常恭敬（*bajo*）且谦虚的人。他和委拉斯开兹可能会帮助的那些最卑微的朋友（*chico más criado*）一个样。"科尔特斯非常幸运地被赦免，因为他知道总督任何时刻都要求被尊重，"除非是举止非常绅士（*muy caballero*）的人，否则没有人会当着他的面坐下"。如果委拉斯开兹

> 从科尔特斯那里觉察到一丁点的骄傲和放肆，他就会把他绞

死，或者至少将他从这片土地上流放，把他丢到一个他此生都无法抬起头来的地方。戈马拉怎么能够把那些事情都安在他的老师科尔特斯的头上——在当时，这些事情是你清醒的时候都不敢想象会发生的，更不用说睡觉的时候梦到了。

至于委拉斯开兹，他那肥胖且拥有坏脾气的丑角形象只在后来的后科尔特斯宣传时代才出现。就连以不容忍征服者的残暴无情而闻名的拉斯·卡萨斯也这样评价古巴总督：

> 他的举止非常绅士，也因此具有亲和力；他的确开始发胖，但却不怎么影响他的高贵举止；他深谋远虑，当人们认为他有些迟钝（*grueso*）的时候，实际上是被他欺骗了……当和人交谈的时候，他非常的和蔼可亲（*humano*）……当事出必要或者他发怒的时候，在他面前的人都会吓得直打哆嗦，并且他总是希望人们对他抱有完全的尊敬。[23]

委拉斯开兹属于来到美洲的第一代西班牙人。由于他是来自奎利亚尔（Cuéllar）的卡斯蒂利亚贵族，后来他被人们叫作迭戈·委拉斯开兹·德·奎利亚尔，还有一个原因是需要将其与17世纪的著名画家迭戈·委拉斯开兹区别开来（两人并没有亲属关系）。15世纪80年代费尔南多和伊莎贝拉进攻格拉纳达的穆斯林王国时，他可能是一位参战的年轻老兵，因此也可能亲眼见证过格拉纳达国王在城门前向天主教双王投降的仪式——如果他当时真的在场，那么他缺席"会面"的事实看上去就有些讽刺了，因为在"会面"被重塑为"投降"的过程中，1492年西班牙在格拉纳达的胜利是其参考的原型之一。

1493年，委拉斯开兹加入哥伦布第二次横穿大西洋的旅行，随后几年里他表现得比哥伦布更好。从早期加勒比地区的政治旋涡中成功上岸后，委拉斯开兹开始依附哥伦布的兄弟巴托洛梅，后来则依附于伊斯帕尼奥拉总督尼古拉斯·德·奥万多修士。他表现得和其他所有征服者一样，用毫不留情的暴力对待岛上的原住民。对伊斯帕尼奥拉岛上的泰诺女王阿纳卡奥娜（Anacaona）及其跟随者的屠杀，主要是他的"功劳"。他指挥着西班牙人以决绝的残暴手段征服了古巴，同样，烧死哈土依也是他的手笔（科尔特斯是见证者之一）。1516年，当三位杰罗姆修会的修士作为委员接手伊斯帕尼奥拉的时候——他们负责所有西班牙的殖民地，但是事实上非常无能——委拉斯开兹是西印度群岛无可争辩的最有权势之人。1517年，发生了两件让他的地位更加稳固的事情。第一件事，年轻的国王查理来到西班牙继承王位，在随后的宫廷人事变动中，来自布尔戈斯（Burgos）的主教胡安·罗德里格斯·德·丰塞卡（Juan Rodríguez de Fonseca）重获圣心，而他过去则一直都是费尔南多国王在西印度群岛事务上的主要顾问，而且还是委拉斯开兹的姑父。第二件事，委拉斯开兹派去探测临近古巴的一座大岛海岸的探险队返回了，他们带回的是关于一片富饶而适合居住的新土地的诱人证据。[24]

当然，这个"岛屿"就是尤卡坦半岛，它的海岸线一直通向墨西哥。这支探险队的队长是弗朗西斯科·埃尔南德斯·德·科尔多瓦，他们的任务是探险，但更多的是劫掠和奴役"岛屿"上的"印第安人"（就像我们看到的那样，这些所谓的探险家也是奴役者）。他和两位同伙提供了三艘船。尽管他们"发现了尤卡坦"，但是他们遭到了当地玛雅人激烈的抵抗。关于这一次探险，戈马拉所说的一句话概括得非常恰当：尽管埃尔南德斯·德·科尔多瓦"此次的探险除了伤口之外什么都没有带回来"——他本人不久也为此死在了古巴——"但是他确实带回来一个消息，他称这片土地盛产黄金和白银，那里的人们都丰衣足食"。而科尔特斯既没有关系也没有资金，既不主动也没有声望，根本无法成为埃尔南德斯·德·科尔多瓦探险队的一员。[25]

的确，科尔特斯不仅没有参与1517年的探险，而且当委拉斯开兹为此次以及随后的一次前往尤卡坦的探险选择领队的时候，他都不在考虑的人选当中。为什么呢？也许是因为他过于普通，没有领导经历，资质平平，以及——尤其是——不值得信任。当然，委拉斯开兹也有可供选择的家族成员，例如他28岁的侄子胡安·德·格里哈尔瓦就被任命为1518年探险的领队。格里哈尔瓦的奋斗精神已经得到了充分的证明，这一点不仅体现在1511年征服古巴的过程中，还可以从其1517年前往特立尼达展开的奴役行动中看出来（当时埃尔南德斯·德·科尔多瓦在尤卡坦海岸受了致命伤）。与此同时，科尔特斯在古巴享受着舒适和安全的生活，甚至没有被要求加入1518年的队伍当中。

其他的卡斯蒂利亚下级贵族（次贵群体）的确和格里哈尔瓦一起：佩德罗·德·阿尔瓦拉多、阿隆索·德·阿维拉和弗朗西斯科·德·蒙特霍都是以队长的名义出发的；除了总督和他的侄子，他们是远征活动最主要的赞助者。这些人会继续作为队长带领部队入侵墨西哥，并在16世纪20年代和30年代将征服战争的火烧到玛雅诸王国。到了1518年时，跟相对不活跃的科尔特斯相比，他们已经参与了更多的远征活动，比如蒙特霍和佩德拉里亚斯·德·阿维拉探索巴拿马并在那里并肩战斗。那些参与了1518年远征活动的其他人也继续加入了墨西哥的战争：格里哈尔瓦的专职神父，同时也是此次远征的见证者和记录者的胡安·迪亚斯修士便是其中之一；公证人迭戈·德·戈多伊（Diego de Godoy）也在其中；贝尔纳尔·迪亚斯也是其中之一；还有一人是贝尔纳迪诺·巴斯克斯·德·塔皮亚（Bernardino Vásquez de Tapia），他后来在西班牙—阿兹特克战争中以队长的身份扮演着领导角色，并且作为墨西哥城的奠基者和议员，一直活到了16世纪50年代。[26]

科尔特斯显然缺席了一场他后来非常嗤之以鼻的远征，并且指责格里哈尔瓦返回古巴的时候"什么都没能做成"。戈马拉称，格里哈尔瓦是如此的可悲，以至于当其手下的一些人反对返回古巴的时候，"他落了泪"。他还声称，委拉斯开兹对于格里哈尔瓦没能发现一块新的殖民地非常失望，这位总督很后悔"派一个傻瓜（*bobo*）做了队长"，但是这种说法并不真实。恰恰相反，格里哈尔瓦完全按照指示所做，他的任务并不是去定居或者征服。当国王授予委拉斯开兹新发现土地的"先遣官"称号后，后者的确想要这么做；在埃尔南德斯·德·科尔多瓦开启远征的前夕，总督就已经派遣使者带着他的请求前往伊斯帕尼奥拉和西班牙。[27]

回顾晚些年那些支持科尔特斯的带着扭曲滤镜的评论，可以看出一个非常明显的事实——格里哈尔瓦的探险因人员、发现和收集到的知识，以及其所打下的基础而具有重大意义。他们的四条船所绘制的尤卡坦海岸线——当时仍被认为是一座岛屿——比埃尔南德斯·德·科尔多瓦绘制的要长，同时他们也对墨西哥湾的海岸线进行了探索。他们尝试与托托纳卡人、尤卡坦人和琼塔尔玛雅人（Chontal Maya）交流——既有通过交换物品的方式，也有通过战争的方式。尽管西班牙人在1518年时并不知道，但是此时他们已经和墨西哥大陆，还有那些说纳瓦特尔语的人，以及阿兹特克帝国都有过了第一次的接触。

在海岸线上有一个被西班牙人叫作乌鲁亚（Ulúa）的地方，当地的阿兹特克臣民试着告诉来访者关于"Culhúa"的情况——这个名字在阿兹特克帝国内外都被广泛使用。西班牙人虽然误解了（这个地方的名字），但是他们抓住了一点，即一个面积广阔且富有的王国就在附近，这些"岛屿"中的一些或者全部可能会组成一片大陆。正如胡安·迪亚斯修士所记录的那样，在这里生活的人们"住在石头房子里面，拥有法律和制度，并且拥有具有司法功能的公共场所"。他们拥有精美的衣物、黄金、丰富的食物，并且在许多方面"技艺精湛"（*ingeniosa*）。即便是对格里哈尔瓦的态度比科尔特斯还要粗鲁的戈马拉，也列出了350件在其探险过程中通过贸易或者盗窃方式所获得的手工艺品。格里哈尔瓦根本不是什么都没做，他发现了一个文明以及一个可能存在的帝国，绘制了从古巴到这些地方的航线，和居住在帝国入口处之一的人民（托托纳卡人）建立了友好关系，甚至开创了和当地人沟通的先例（格里哈尔瓦使用了很多翻译，包括两个能说两种语言的人，他的这一行为远早于科尔特斯后来归功于自己身上的双翻译系统）。反过来，当时的蒙特祖马也知道了这些外国人，以及他们的船只、武器和意图。大幕已经拉开，两个帝国的冲突已经无法避免，但是科尔特斯和这些一点关系都没有。[28]

当格里哈尔瓦的远征队到达岛上的消息传来（当时格里哈尔瓦本人尚未回来）的时候，古巴岛上被政治运动所消耗的西班牙人小群体里，委拉斯开兹正在试图说服一些人领导进行第三次远征。据说巴尔塔萨·贝穆德兹（Baltasar Bermúdez）拒绝出资，而总督原本想让探险队的队长们承担大部分的资金（戈马拉诽谤称，委拉斯开兹"一点儿都不愿意花钱，他非常的贪婪"）。委拉斯开兹的两个亲属安东尼奥和贝尔纳迪诺，以及瓦斯科·波卡洛（Vasco Porcallo）都在这次远征人选的考虑范围内。关于这一时刻的传统叙事是这样描写的，即尽管"这些人都拥有非凡的勇气和毋庸置疑的资质"（出自1741年的英文版本），但是委拉斯开兹"想要的是一个能够对其完全忠诚的人"。也就是说，总督很难找到一个既能够率领征服者队伍，同时又能将队伍带回并向其报告的人。换句话说，委拉斯开兹想要寻找的是这样一个人：他既能够完成任务，又不过于野心勃勃，以至背叛委拉斯开兹，并为自己开拓出一块行省。按照索利斯的说法，委拉斯开兹寻找的是"一个有热情，但精神贫乏的人"。[29]

与科尔特斯在墨西哥之前的人生细节一样，关于这一时刻的描写也被后见之明所玷污。因为从戈马拉，到索利斯，再到马达里亚加，所有的历史学家都把科尔特斯描写成一个既热情又有精神的人，所以传统叙事的逻辑就要求委拉斯开兹寻找一个不如他的人。由于委拉斯开兹已经预见到了背叛，因此科尔特斯的胜利看上去是命中注定的。也正是由于委拉斯开兹寻找的是一个平庸的人，那么科尔特斯的成功看上去就是正义的。

所有的这些都掩盖了三个紧紧缠绕在一起的事实。第一，来自大陆的物资和详尽的信息将总督置于一种棘手的境地；任何一个西班牙人只要是获得了入侵和定居的许可，哪怕只是探索和劫掠的许可，就会尽可能地早些行动。对于委拉斯开兹来说，形势就如同手中的细沙一样根本抓不住。第二，这些探险活动是危险且昂贵的，因此那些能够负担并且愿意提供船只的人不可避免地会成为探险队中的领导者，无论他们与委拉斯开兹关系远近，或者是否深受其信任。第三，大部分曾经陪同过埃尔南德斯·德·科尔多瓦或格里哈尔瓦（抑或是两个都陪同过）且拥有地位或者财富的人，都会相应地扮演主导角色——例如阿尔瓦拉多兄弟、蒙特霍、阿隆索·德·阿维拉和弗朗西斯科·马尔多纳多（Francisco Maldonado）。这一点对于那些位阶较低的人同样适用，他们在早期探险中的经验使得其有可能被选中——例如既是领航员也是船主（*maestro*）的胡安·阿尔瓦雷斯（Juan Álvarez），领航员胡安·德·卡马绍（Juan de Camacho），还有马丁·巴斯克斯（Martín Vásquez，他后来成为蒙特祖马所谓的护卫之一，并且把他的泰诺妻子从古巴带到墨西哥）、阿隆索·德·奥赫达（他虽然在跟随格里哈尔瓦的探险时失去了一只眼睛，但是后来又活了半个世纪）、胡安·鲁伊斯（Juan Ruiz）、多明哥·马丁（Domingo Martín），以及其他很多人。[30]除了上述因素，还有亲属关系、西班牙同乡关系、岛上商业活动中的伙伴和依附关系，这样每条船上人员的团伙化就成为不可避免的趋势——或者至少更像是一个有机组合的过程，而非传统叙事中暗指的是由总督选择的。

根据以上可知，科尔特斯作为探险队的领导者出现，恰恰是因为他缺少了许多品质，他是最终妥协后选出的候选人。委拉斯开兹所犯下的错误，是因为他低估了科尔特斯表里不一的程度——他看上去也几乎立刻认识到了他的错误。在16世纪极其危险的西印度群岛世界里，科尔特斯首先是一个幸存者，这一幸存者的身份也让他非常不值得信任。

试想这幅经过修正的委拉斯开兹和科尔特斯的画像是准确的，那么我们要如何调整新视角，使其与接下来发生的事件保持一致呢？在传统叙事中，科尔特斯带着胜利和荣耀扬帆至墨西哥，而古巴总督则在接下来的五年内不断地谴责并密谋反对自己的前秘书，直到1524年，他的愤怒和失望将他带进坟墓。那么我们应该如何以不同的观点看待这个故事呢？我建议，我们用三种方式来调整自己的视角，即通过三个不同的棱镜来观察这些事件：一是科尔特斯和委拉斯开兹的不和；二是小团伙和派系所扮演的角色；三是西班牙政治体系的本质。

※

人们历来都是通过被扭曲的科尔特斯的神话来观察科尔特斯与委拉斯开兹之间的争执的，而这一冲突的作用是创造出一个邪恶的委拉斯开兹，他是作为冉冉升起的英雄科尔特斯的陪衬——这位总督最终被"狭隘的嫉妒"以及对"科尔特斯超凡人格"的恐惧所吞噬。[31]但是，我们将这两人间的敌意看作一个逐渐变得激烈和残酷的不和局面会更好：这种不和局面往往是暴力的——是濒临引发内战的程度，并且多年以来都因为家族和支持者的派系斗争而维系着。

上述冲突虽然没有在1519年爆发，但是却存在于整个16世纪20年代，并影响了这10年间所发生的事件。为了详细探究其缘由，我们需要暂时跳过这里的故事。这场冲突在流言、信件和诉讼中一直没能平息，其中委拉斯开兹一派在早期因为拥有丰塞卡主教以及宫廷的关系而占上风，但是科尔特斯一派则在后来充分利用了迅速发展的科尔特斯传奇的平台。但这场冲突也是一场让许多人丧命的暴力战争，原因往往是科尔特斯的判断失误以及恶意维护他的感知领域。

这支队伍在墨西哥湾海岸的最初几个月中，大部分时间都消耗在派系斗争和协调上（我们不久就会谈到这些）。最早从墨西哥发往西班牙的报告完全都是源于科尔特斯和委拉斯开兹的不和。7月1日，另一艘船从古巴来到韦拉克鲁斯，随船而来的还有委拉斯开兹的一个消息，即他已经被授予"先遣官"头衔，从而获许在大陆定居（也因此将会是所有已征服的土地的总督）。在这个月剩下的时间里，征服者队伍都在酝酿着如何回复。

7月26日，阿隆索·波多黎各卡雷罗和弗朗西斯科·德·蒙特霍带着写给国王和官员的信前往西班牙（他们也带着首批大量货物，包括黄金、珠宝和其他奢侈品，这一点我们在前一章节中提到过），但是政治上的阴谋诡计和两面三刀的行径阻碍了他们的道路。尽管这些信件中的内容都是极其反对委拉斯开兹的，但蒙特霍权衡之后，还是在古巴做了一次计划外的停留，并在那里将计划送给西班牙国王的蒙特祖马的财宝展示给自己的朋友看。消息很快传到了委拉斯开兹那里，于是他派了一艘船过去拦截他们。蒙特霍和波多黎各卡雷罗当然也预见到了这一点，因为他们选择从一条不寻常的路线驶入了大西洋。

与此同时，在韦拉克鲁斯，派系斗争变得越发暴力。随着给国王的信件和财宝驶向西班牙，科尔特斯一派就开始对委拉斯开兹派系中异常坚定的一伙展开了行动，他们当中的两个人——胡安·埃斯库德罗（Juan Escudero）和迭戈·切尔梅尼奥（Diego Cermeño）被绞死。在古巴，总督派出一位使者（贡萨洛·德·古兹曼）前往西班牙，意欲说服国王相信科尔特斯是个叛徒，并且应该实施抓捕，而他本人则已经开始聚集一支庞大的入侵队伍准备前往墨西哥展开行动。这支队伍由潘菲洛·德·纳瓦埃斯率领，人数是科尔特斯最开始率领的两倍。伊斯帕尼奥拉岛上的西班牙王室官员听到这个消息后，派出卢卡斯·巴斯克斯·德·艾利翁（Lucas Vásquez de Ayllón）想要阻止他们，但没想到的是巴斯克斯却选择加入纳瓦埃斯的队伍。

蒙特霍和波多黎各卡雷罗在11月初的时候到达了塞维利亚（当时留下来的征服者们正在前往墨西哥谷，距离"会面"不过几天的时间）。不幸的是，委拉斯开兹的神父贝尼托·马丁当时正在城中（正是他成功地为委拉斯开兹带来了"先遣官"请愿）。神父说服海关官员将船只和蒙特祖马的财宝扣押，迫使蒙特霍和波多黎各卡雷罗在拜见国王的时候没办法带上财宝。科尔特斯的父亲马丁也加入了其中，他们为了见到国王甚至追到了巴塞罗那，但是最终却发现国王已经启程前往布尔戈斯；他们一直到次年的3月份，也就是离开韦拉克鲁斯的七个月后才在托德西利亚斯（Tordesillas）追上了国王的脚步，但却发现被丰塞卡主教以及委拉斯开兹的代理人古兹曼捷足先登。与此同时，在大西洋的另一边，由纳瓦埃斯率领的多达1100人的队伍已经离开了古巴，正在前往墨西哥。

由于拼上了上千西班牙人的性命，故而这次的赌注非常高昂。然而，这两边的队伍并非因为原则或者信念问题而分裂，他们当中也没有所谓对科尔特斯或者委拉斯开兹特别忠诚的人——如果冲突真的发生，他们只会忠诚于自己的小团体，以及靠着对于哪一条路将会通向财富和地位的直觉做选择（这一条甚至适用于查理五世）。因此，随着春季的到来，委拉斯开兹发现他想让科尔特斯被宣布为叛徒并被逮捕或杀死的想法均受到了阻拦。因为此时的查理已经着迷于科尔特斯有关蒙特祖马财宝的报告，并且想要让人从塞维利亚带给他。尽管据说丰塞卡将其中的一些藏了起来，但是剩下的也足够让国王延迟他的审判。事实上，只要科尔特斯和追随他的人能够提供更多的财富，国王就愿意给他们一个机会。与纳瓦埃斯同行的那帮人多多少少也持同样的态度；与传统叙事中的说法相反，说服纳瓦埃斯队伍成员加入科尔特斯的不是因为后者的才华，而是因为他们听到了那些住在特诺奇蒂特兰城已经半年的人讲述的关于这个地方的故事。

委拉斯开兹的目的并不是向科尔特斯提供增援，尽管在事实上造成了上述结果。委拉斯开兹让特诺奇蒂特兰城内的西班牙武装的数量增加了四倍（至少），一些西班牙人从"悲痛之夜"中幸存由此成为可能。这一讽刺事件，连同一年后特诺奇蒂特兰城的陷落，可能是压垮委拉斯开兹一派的最后一根稻草。然而，无论是委拉斯开兹还是丰塞卡，抑或是他们的盟友们都没有准备放弃。在特诺奇蒂特兰沦陷后的几个月内，一位皇家特使（克里斯托瓦尔·德·塔皮亚）从伊斯帕尼奥拉来到墨西哥，他获得了接手这片新土地的授权（如果他坚持的话，也许还能将科尔特斯逮捕）。那些参与过1521年围困战的队长们并没有让这样的事情发生，他们在海岸边和塔皮亚见面，然后把他打发走了。

委拉斯开兹没有气馁，而是在古巴集结了另外一支远征队，这支队伍由牙买加总督弗朗西斯科·德·加雷和格里哈尔瓦率领。但他们直到1523年时才靠岸，那个时候来自西班牙的特使已经带来了王室文件，确认了科尔特斯的墨西哥总督地位，并且动摇了加雷在新殖民地的合法性（他当时的意图是兼并阿兹特克帝国东北部的帕努科）。跟之前的纳瓦埃斯以及塔皮亚一样，相对于内战，加雷对于获利更为丰厚的谈判更加感兴趣，特诺奇蒂特兰城内的科尔特斯一派也是如此——他们在城内热情地接待了这位牙买加总督。然而，当加雷在科尔特斯的住所用完圣诞节晚餐后病逝时，有关肮脏斗争的流言四起——"传言称科尔特斯为阻止加雷成为政府管理者的一员，把他毒死了。"就如奥格尔比后来写的那样，"因为人们逐渐看出，科尔特斯的野心使得一山不容二虎"。[32]

然而，更大范围内的派系斗争仍然存在，科尔特斯写给国王的信（1522年的第三封和1524年的第四封）不仅篇幅越来越长，而且充满了对敌人的咆哮指责——针对的人不仅有委拉斯开兹和纳瓦埃斯，还有塔皮亚和加雷，甚至年迈的迭戈·科隆和丰塞卡也包括在内。科尔特斯指责的语气，以及不断增长的对于科尔特斯以多种方式滥用自己权力的反向指控，都被丰塞卡加以利用（一小部分"悲痛之夜"的幸存者于1520年回到古巴，他们指证科尔特斯下令屠杀和奴役"印第安人"，还鼓励原住民盟友之间食人的残忍行径，并且偷偷留下了那些原本应当与其他征服者以及国王共享的金子）。在科尔特斯成功的顶峰，即他被委任为总督的时刻，国王同样任命了四位王室官员协助他（事实上是监视他）。丰塞卡和委拉斯开兹都逝世于1524年，但就在同一年，上述由国王指派的四位官员也到达了墨西哥，并且立刻开始着手削弱科尔特斯在墨西哥曾享有的特权。[33]

与此同时，委拉斯开兹也给科尔特斯留下了另外一份离别礼物。克里斯托瓦尔·德·奥利德是为数不多的经历了整个西班牙—阿兹特克战争后仍然活着，并且忠诚于科尔特斯一派的一位队长。他于1524年1月出发，准备为科尔特斯征服洪都拉斯，但是当他途中在古巴停留的时候，委拉斯开兹成功将其策反。奥利德通过暴力的方式占领了洪都拉斯，并拒绝将其交给科尔特斯。科尔特斯向国王咆哮道，他"正在考虑派人前去逮捕迭戈·委拉斯开兹"，以便"铲除（源自）这个人的所有邪恶的根源，这样其他的枝条就会枯萎掉"。受此警醒，皇家官员派出了一位法官（庞塞·德·莱昂）前往墨西哥，并启动对科尔特斯行为的全方位调查。与此同时，由于奥利德捉住了那个原本由科尔特斯派来抓捕他的人，于是科尔特斯决定亲自前往洪都拉斯——这是一场时间长久且毫无意义的远征，耗费了无数资源和生命。由于科尔特斯的缺席，特诺奇蒂特兰城里的西班牙人分裂成了两个暴力团伙，支持科尔特斯一派的首领、科尔特斯的表兄罗德里戈·德·帕斯（Rodrigo de Paz）被另一派抓了起来并且折磨致死。1526年科尔特斯从洪都拉斯返回之前，支持他的那一派通过反击重新掌权，但是没过几天庞塞·德·莱昂就来到了这座城市，并且立刻取消了科尔特斯的总督职务。委拉斯开兹赢得了另一轮的争斗。在经历了充满艰辛的18个月后，科尔特斯动身返回西班牙。他再也不会以任何身份统治新西班牙了。正如伟大的西班牙历史学家约翰·艾略特（John Elliott）爵士所说的那样，"丰塞卡的触手伸出了自己的坟墓之外"。[34]

然而争斗却并未平息。那些与科尔特斯和委拉斯开兹在某种程度上有关联的家族或者派系成员，继续在法庭上斗争了几十年。科尔特斯的父母写于16世纪20年代的书信一直流传到了今天，其中显示出他们积极准备着发动一场针对委拉斯开兹、纳瓦埃斯、加雷和他们盟友一派的政治和法律战争。这些信件不过是冰山一角，其他因派系争斗而起的诉讼和官司的法律文书，篇幅往往长达数千页之多（这些还只是留存到今天的文件而已）。

总而言之，这已经远远不是一场两个男人之间简单而短暂的争斗，不再以一个人取得完全的胜利而告终，它已经成为两个派系之间无休止的政治消耗战。[35]

在上述两个大的派系内部还有无数的小团体，它们组成了所有的征服者队伍，以及西班牙在西印度群岛殖民地中的早期定居者群体。在征服者的世界中，个人行动几乎是不可能的。在原住民看来，征服者们"没有领袖，他们的吃穿用度、交流方式就像是兄弟一样"，这样的解读并非是基于平等主义，而是基于一种非正式的群体主义。他们的等级制度并非是社会意义上的，而是军事上的（在西印度群岛并没有正规的军队）。征服者队伍的成员能够活下来并获得繁荣——或者死亡——是因为他们对于派系的忠诚，甚至当派系成员相互背叛的时候（这样的事情经常发生），常常会有另外的团体或者派系介入其中。六个例子足够说明（正如这几个章节中所体现的那些派系的细节一样）。[36]

我们怎么知道在西班牙—阿兹特克战争的征服者中谁组成了特定的阵营和派系？在某些情况下，姓氏和家乡能够提供一些证据。因为近亲一同前往西印度群岛是一个普遍现象，因此，派系就会产生于这些兄弟群体或者家族成员之间。超过两千名参加战争的人中，到处都能看到兄弟、父子、叔侄和表亲等此类的关系。除了家庭成员，还有无数带有血亲或者姻亲关系的同乡，我们能够很明显地看出他们将会形成自己的派系。其他的例子还包括我们之前已经提到过的阿尔瓦拉多五兄弟，莫哈拉兹（Monjaraz）三兄弟和来自阿拉尼斯（Alanís）的安达卢西亚村庄的四个同乡（他们使用阿拉尼斯作为姓氏，并且可能都是亲属），还有阿尔瓦雷斯（Alvarez）五兄弟和他们的表亲弗朗西斯科·德·特拉萨斯（Francisco de Terrazas，五兄弟中的一个死于征服波多黎各的过程中，但是其余四个人和他们的表亲在墨西哥征战，后者是一名队长）。

当然还有其他的线索。贝尔纳尔·迪亚斯在他所记述的关于战争记录的结尾部分，给数十位征服者写了简短的传记——为一些人写了一段文字，另一些人只有简短的一句话。历史学家约翰·弗里茨·施瓦勒（John Fritz Schwaller）将其和近期发现的"第一封信"（1519年从韦拉克鲁斯发出寄给国王）上的签名群组进行了交叉比对。其相关性证实了诸如以莫哈拉兹和阿尔瓦雷斯兄弟为核心的帮派的存在，并且还暗示了其他成员的存在［例如，阿尔瓦雷斯兄弟可能和卡瓦哈尔兄弟、阿拉米诺斯（Alaminos）帮派走得很近］。交叉比对的结果还揭示了其他帮派的存在，例如有一个帮派是以三个拥有马匹的人为核心：巴斯克斯·德·塔皮亚（Vásquez de Tapia）、弗朗西斯科·多纳尔（Francisco Donal）和克里斯托弗·奥尔蒂斯（Cristóbal Ortiz）。另有一个帮派是以三名队长为核心，他们是罗德里戈·德·卡斯塔涅达（Rodrigo de Castañeda）、弗朗西斯科·德·格拉纳达（Francisco de Granada）和"独眼"奥赫达（Ojeda el tuerto，他在参加格里哈尔瓦远征的过程中被玛雅人的箭射中，并为此失去了一只眼睛）。巴斯克人也同样形成了一个松散的帮派，核心成员是四个来自比斯开（Biscay）的同乡，他们分别是佩德罗·比斯凯诺［Pedro Vizcaíno，他是一个弩手，战后定居在恰帕斯（Chiapas）］、克里斯托瓦尔·罗德里格斯（Cristóbal Rodríguez）、马丁以及胡安·拉莫斯·德·拉雷斯（Juan Ramos de Lares）兄弟。在这个小队中［来自吉普斯夸（Guipuzcoa）地区］最著名的巴斯克人是奥乔亚·德·埃莱哈尔德（Ochoa de Elejalde）。[37]

还有一个帮派的成员是被迪亚斯和其他人称作"老家伙"（*viejos*）的一些老兵，他们这些"老家伙"指的是安德烈斯·德·帕雷德斯（Andrés de Paredes）、桑托斯·埃尔南德斯（Santos Hernández）和洛伦佐·苏亚雷斯（Lorenzo Suárez），他们在征服古巴的过程中并肩作战。尽管帕雷德斯死于墨西哥战争，但同姓的另外四个兄弟仍然加入了这个队伍（并且有可能是"老家伙"帕雷德斯的团伙）。"老家伙"苏亚雷斯因为谋杀他的西班牙妻子而臭名昭著（关于他的更多信息我们会在后面讲述）。埃尔南德斯［根据迪亚斯的说法，他的绰号是"好老家伙"（*Buen Viejo*）］参加过的征服者队伍可能比他同时代的任何西班牙人都要多。不过这也存在疑问之处：从1502年开始他就参加了遍及加勒比地区的各种战役，并在西班牙—阿兹特克战争中活了下来，还参加了从帕努科到危地马拉的入侵战争，最后死于1558年左右，当时的他已经70多岁或者

80多岁。

在战争中活下来的人最有可能出现在档案的记录当中，尤其是那些活到16世纪30年代的人，那些曾在大规模的针对科尔特斯的弹劾调查中作证的人更是如此。这些人所陈述的话对于帮派和团体的内部关系也提供了更多的线索。本身围绕在科尔特斯身边的各种盘根错节的关系就十分复杂，但是科尔特斯也跟队伍中的其他人一样，也是由亲属关系或者同乡关系组成的团体或者帮派的一员：波多黎各卡雷罗是麦德林人，也是科尔特斯父亲一系的远房表亲；迭戈·皮萨罗是科尔特斯母亲一系的亲戚，他是一位忠诚的队长，后来在战争的后半段中战死；年轻的阿隆索·德·蒙罗伊（Alonso de Monroy）也死于战争后期，他在科尔特斯的作品中也出现过，很可能也是一位亲属。

这个团伙最著名的成员可能就是贡萨洛·德·桑多瓦尔了，他是科尔特斯的麦德林同乡，并在1517年（当时他20岁左右）到达古巴时找到了科尔特斯。他对科尔特斯一直都非常忠诚，并且价值无法估量。同时，1961年出版的关于其生平的题为《永远的队长》（*The Constant Captain*）的传记也反映了他在传统叙事中的声誉。他在1528年与科尔特斯和安德烈斯·德·塔皮亚返回西班牙的途中染病，尚未到达塞维利亚之时，便在路边的一家旅馆中离世（迪亚斯虚构了一个有三个征服者在场的临终告别的场景，但实际上科尔特斯并未停留，而是选择继续赶路，仅留下桑多瓦尔被旅馆老板劫掠后孤独地死去）。[38]

我们可以用安德烈斯·德·塔皮亚的例子来说明帮派的忠诚有多复杂。他和委拉斯开兹是姻亲关系，并且很有可能是作为家族（或者帮派）成员来到西印度群岛的古巴投靠委拉斯开兹。但是他也认识麦德林的科尔特斯家族，并且自从加入了科尔特斯的队伍之后，就成为一个坚定不移地忠诚于他的人——也可能和其他人一样，出于对自身的利益以及和桑多瓦尔的友谊的考虑。塔皮亚和其他几个人一起在墨西哥组成了一个松散的委拉斯开兹帮派，并且在战争期间和之后变化无常的帮派斗争中幸存了下来。奥利德也是一个游离的委拉斯开兹派，他的青年时代是在古巴的总督府中度过的；在战争过程中，他逐渐发现加入科尔特斯一派更加符合自己的利益，后来成为这一派主要的几名队长之一，并且一直到1524年前没有再投靠另一方。弗朗西斯科·德·蒙特霍也是属于总督的那一派，但是他在两派之间玩弄权术的功夫比被砍头的奥利德更为厉害，并且最终他当上了总督（尽管这花费了数十年，并且以无数人的鲜血为代价）。[39]

委拉斯开兹一派的核心人物，在韦拉克鲁斯数个月的帮派争吵中被忠诚于科尔特斯的人抓住（在传统叙事中，他们是被科尔特斯"逮捕"的），这些人是：胡安·委拉斯开兹·德·雷昂，他是总督的一位来自奎利亚尔的同乡亲戚，也是一个声名在外的好打架的结巴；贡萨洛·德·翁布里亚（Gonzalo de Umbria）；迭戈·德·奥尔达斯；胡安·迪亚斯，他是一个修士；还有一个名叫埃斯科瓦尔（Escobar）的总督的小听差，以及佩德罗·埃斯库德罗（Pedro Escudero），他曾经在古巴担任治安官，1515年的时候在总督的命令下将科尔特斯下狱。很明显科尔特斯对他很是记恨，因为后来袋鼠法庭[1]判处两个人绞刑以及翁布里亚被砍脚时，只有埃斯库德罗被处决了。虽然还有几个水手被施以鞭刑，但是其他人过了几天就被释放了，这可能是支持科尔特斯的一派人和奥尔达斯谈判的结果——他后来在整个战争中都担任着一个合格的队长的角色。[40]

科尔特斯和委拉斯开兹两派之间的冲突，在某种程度上体现了一个更大的体系，即王室-征服者关系的复杂版本。从另一个角度看，科尔特斯与委拉斯开兹的不和只是三角关系的一角，另外两角分别是派系中的忠诚至上，以及复杂的庇护和奖赏体系——它构成了西班牙王室体系的骨架；众多的官员、定居者和征服者（并不仅仅是最有名的那一批）则是附着在骨骼上的血肉。这个国家的力量来源则是各种亲属和同乡关系，以及支撑商业投资及征服者团伙的联系。尽管其只是一个松散的王国的集合，

---

[1] 指非正规的法庭。

以卡斯蒂利亚为主导，以西班牙为起源。在这个体系中间畅游并不是一件容易的事情。的确，它最具挑战性的地方在于对维系等级制度、确保精英阶层延续的直觉——尤其是君主体制。

长期熟知这一制度的艾略特曾经评论道，科尔特斯虽然是"根据规则来玩游戏，但是规则是由西班牙国王制定的"。最终他成为"一个失望并且幻想破灭的人"，因为"他忽视了最重要的事实：那些制定规则的人最有可能在最后一轮赢得比赛"。[41]

我也认同这一观点，西班牙王室注定将会赢得在墨西哥的长期战争的胜利，正如在秘鲁以及美洲的其他地方一样，毕竟，整个体系都是属于王室的。但是如果我们想象科尔特斯可能赢得了比赛，他因为没有胜利而怨恨，以及他的幻想破灭（如果是真的话）也是有依据的，那么我们忽视了上述事实的重要性。科尔特斯把这个游戏玩得很好（他很擅长话语艺术），但是没有达到特别好的程度（他背叛、欺骗和撒谎的速度非常快）。他作为征服者的队长的才能受到了限制（对于墨西哥发生的事件有其他的解释，我们马上将会看到），他受到诓骗，希望能保留在墨西哥的统治权，甚至能够被任命为总督。在他人生的最后20年中，他拥有相当大的权力和相当多的财富，这一点他当然也清楚。他看上去也真诚地相信，国王神圣的权力是体制的源泉（就跟大部分西班牙人相信的一样），同时他也相信这一明显的事实：上帝和教皇交给了西班牙王室这样一个任务——将新世界带入基督教文明的序列。换句话说，如果我们相信科尔特斯神话的话，那么他的失望看上去就很符合逻辑；然而，如果我们更为现实地仅仅将他看作一个具有生存和欺骗天赋的普通队长的话，那么他做得远比我们能够期待的要好。如果我们意识到这只是一个国王的游戏，虽然科尔特斯完全参与其中，但是他只不过是众多玩家中的一个，那么想要看穿科尔特斯叙事背后的扭曲和过分简化就变得更加容易了。

科尔特斯写给国王的最后一封请求信是极具启发意义的，这封信写于1544年的巴利亚多利德。这位60岁的侯爵写道：

　　神圣的天主教帝国陛下：我原想自己在年轻时候的努力能够为自己换取年迈时候的一些休息，然而我已经40年没有好好睡过觉，吃得也是马马虎虎或者说非常糟糕，而且时刻准备着武器，将自己置于危险之中，一直将自己的全部人生和财富用来服侍上帝，在我们这个半球最遥远的角落里把羊群赶入围栏之中……

　　他继续按照这样的方式写了好几页，哀叹自己是如何"在没有任何人的帮助下"，以及面对"像水蛭一样吸食了我如此多血液的模仿者和贪婪者"的障碍时，还取得了如此的成就。"在陛下的司库面前为我自己辩护，变得比从敌人手中争夺土地还要难"，最终这让他变得穷困潦倒，负债累累，成了事实上的流浪汉，因此"不得不需要在年迈的时候还要继续工作，没有休息，直到死去"。不过以上所有这些"都不是陛下的错"，因为他"如此的宽宏大量和强大"，并且曾在过去慷慨地敬重过科尔特斯。（国王的首相在请愿书的末尾潦草地写道："不需要回复。"）[42]

　　从现代眼光来看，这封信可以看作来自失望的、遭到冷落的侍臣那带着恳求语气的抗议；普雷斯科特觉得它"非常感人"，是一个令人心酸的提醒，即"很可能对他而言是值得的"。或者也可以将此判定为可怜的和阿谀奉承的，徘徊在拿腔作势和自我哀怜之间。事实上，它包含了上述所有分析，但是这些分析都没有说到点子上。如果我们从庇护体系的角度进行解读，就能看出这份文件是一位征服者老兵从头到尾使用传统的请愿语言，使用和他的同僚相同的修辞技巧——玩的是国王的游戏。换句话说，他使用的是那些可以预见的、非原创性的、毫无特色的且无效的（并且经常如此）方式。[43]

　　而这正是本章所要引出的关键问题。如果我们接受科尔特斯不是这场游戏的主导者，而只是其中的一个玩家这一论断的话（有的时候会赢，有的时候会输），我们就能够更好地理解西班牙—阿兹特克战争。因此，他并不是"公认的那种精于算计、理性和掌控的典型"。"掌控"这个词几个世纪以来都被用来描述他的行动，不仅他的圣徒传记作者这样使用，那些看似追求客观的人也这样用。后者被他写给国王的信中那些比喻式的节奏所吸引，从而相信他那虚假声称的、高超的掌控。这个科尔特斯式的掌控神话有着致命的副作用：它让科尔特斯吹嘘的"上帝通过我所完成的作品是如此的伟大和令人惊叹"这一论断有了保质期；它让科尔特斯拥有独到见解并且有能力实施自己的想法这样的观念大行其道；它也暗示着西班牙和原住民队长以及其他所有首领的功绩都是无谓的；最重要的是，它忽视了战争中的混乱所扮演的角色，也有助于否认战争本身的存在，并将其变成一个"经过充分算计的军事和政治练习"，即某个个人的伟大成就。[44]

事实上，这些决定都是由无数个人做出的——如特拉斯卡拉的希科滕卡特尔（Xicotencatl），特斯科科的伊希特利霍奇特尔，佩德罗·德·阿尔瓦拉多，巴斯克斯·德·塔皮亚和奥尔达斯——甚至还有贵族议会、队长群体、派系和团伙等。而且，这些决定经常都是快速的反应，而不是深思熟虑的战略实施，并且被战争的混乱和不可预测性，以及回应其他群体倡议的需要所抵消——不管他们是西班牙人还是原住民，也不管他们是当地人还是别的地方来的人。尤其是纳瓦人领袖所扮演的角色比传统叙事中的更具有决定性，他们比科尔特斯更接近于掌控状态——甚至在局部时刻都是如此。

至于远见这一点，无论科尔特斯还是其他队长都没有独到的眼光，而是和大部分西班牙人的期待保持一致，即认为和原住民的战争是不可避免的，战争将导致原住民被大规模奴役、性剥削、强迫改宗，成为隶属于监护征赋制的城市或乡村的和平居民；侵略者们会变得富有，成为委托监护地的城市所有者，并享有王室授予的职位和特权。而对于那些在侵略战争中幸存下来的少数人来说，这些期待或多或少地都将会在未来实现。

※

在安提瓜-德拉·韦拉克鲁斯（Antigua de la Veracruz）这个狭小的沿海小镇里（人口为900人），科尔特斯站在那里，胳膊挽着"玛琳切"，眺望着墨西哥湾。这是一幅画在玛琳切酒店（Hotel Malinche）外墙上的壁画，玛琳切酒店是一个朴素的旅馆，主要接待的是偶尔会造访"科尔特斯之路"（Ruta de Cortés）的游客。这里是1519年4月22日科尔特斯远征队第一次登陆的地点，也是神话创作开始的地方，以及两种历史——传统叙事和混乱、黑暗的事实——交汇的地方。[45]

尽管不知道壁画的创作者心中是怎么想的，但是我们能够想象到她受到了哪些传统叙事因素的启发。可能她采用的是奥罗斯科（Orozco）有关科尔特斯和玛琳切的描绘（位于墨西哥城中一个由修道院改造的大学的楼梯井里）的更为浪漫的版本，并且将奥罗斯科版本中征服者胳膊展现的那种强占有欲的姿势进行了柔化处理，从而传递出一种更为温和的信息：韦拉克鲁斯是为情人准备的；也有可能这对情人眼光是伤感的，因为他们预见到未来当西班牙人扬帆返回西班牙的时候，并没有带上自己的翻译纳瓦人，而是带上了他们的儿子，而他后来再也没见过自己的母亲；还有可能是，他们并没有盯着船帆将要再次起航的地方，而是它们最近起航和抛锚的地方——在科尔特斯下令将其摧毁之前。因此，这是对已经失去的东西以及其所包含的意味的注视。

那个神话般的举动——将船烧掉，很戏剧化但是是虚构的——是科尔特斯传奇三重奏的最后一段：发生在4月22日远征队登陆墨西哥海岸之后，并且在传统叙事中，这一举动让他远征特诺奇蒂特兰城的成功成为可能。三重奏中的第一段是用外交手段操纵了当地的首领和阿兹特克的使者，使得科尔特斯进军内陆的补给和联盟得到进一步的保障；第二段是科尔特斯建立了一个小城，当地的新官员选举他作为他们的领袖，这样便打破了与委拉斯开兹的联系——这一法律上的策略常常归功于科尔特斯；

第三段，即将船烧掉的举动，则完善了这一三重奏，形成了一个令人信服且一以贯之的以科尔特斯为中心的故事，不仅将他置于所有事件的英雄中心，还将他作为事件的掌控者。

但是这一胜利的三重奏仍然是历史虚构，是发明、省略和扭曲的结合体。科尔特斯并没有掌控局势，无论在韦拉克鲁斯，还是在随后的几个月内。

这些都是最基本的事实。当远征队在4月22日登陆的时候，此时距离出发时间已经过去两个半月。（这支由11艘船组成的队伍只是沿着1517年和1518年的探险所绘制的尤卡坦海岸路线行进，并与玛雅部落发生了周期性的冲突；其间损失了一艘船，一些西班牙人被杀，几十人受伤；在科苏梅尔岛救起海难的幸存者赫罗尼莫·德·阿吉拉尔，并且得到了一些原住民奴隶，其中包括后来被称为马林钦的纳瓦女孩。）从远征队船队靠岸，再到他们向内陆进发，中间相隔了四个月的时间。在此期间，一些西班牙人因伤死亡，其中至少有一个人因为征服者队伍内部的冲突被绞死，有几个人返回了西班牙，另外还有大约70人从古巴前来加入，其间还发生了无数的矛盾与冲突。他们进行了一系列的探索性远征，都是沿着现在的韦拉克鲁斯海岸地区，既有陆上的也有海上的。远征队还建立了三个城镇（但是没有完全建好），其中两个都以这一充满希望的名字命名［如维拉里卡·德·拉·韦拉克鲁斯（Villa Rica de la Vera Cruz，"富裕的真十字架城"，因为4月22日是耶稣受难日）］。托托纳卡的森波瓦兰（森波阿拉）城改名为塞维利亚，但是这个新名字并没有一直使用下去。西班牙人与当地的两个群体——纳瓦人和托托纳卡人——以及阿兹特克的使者们进行了密集的交往，而且几乎是同时开始的。

蒙特祖马派出的第一个使团到达的时间是复活节，距离船队登陆不到两天的时间。使团的迅速到达是一个线索，这暴露出科尔特斯声称操纵当地政治完全是个谎言。阿兹特克领导层一路都在追踪远征队的行程，从后者由玛雅领地进入阿兹特克帝国的范围开始。（蒙特祖马很有可能自

1517年起就知道了西班牙人的存在，这一时间甚至可以提前至1513年。）复活节的外交会面并不是科尔特斯，也不是任何其他西班牙人开启的；相反，这一会面是由阿兹特克人所决定的，他们带来了蒙特祖马的礼物，不仅提供了食物和水，还收集了有关"卡西蒂尔特卡人"远征的详细信息。[46]

根据一些文献记载，阿兹特克人曾邀请西班牙人造访特诺奇蒂特兰，但是却被拒绝。这看上去是合理的。从复活节会面到特诺奇蒂特兰的会面之间，蒙特祖马的策略一贯是符合收藏者心理的——派遣携带礼物的使者，尽可能学习新知识，利用忠诚的属臣和地方城镇测试这些新来者，并且慢慢引诱他们来到自己的首都。如果西班牙人拥有坚定的指挥官，团结一致，意志坚决，同时了解当地的情况，那么他们可能就会接受这个邀请。然而，同科尔特斯以及他的传记作者们所声称的截然不同，这支队伍不具备上述任何一点特质。

内部分裂严重，领导者软弱且犹豫不决，没有坚定的目标，对周遭的情况一无所知等问题使得这支队伍只能任由原住民摆布。蒙特祖马派出的使团并不是唯一一个造访此地的。另一支使团同样造访了这些"卡西蒂尔特卡人"位于乌鲁亚（后来改名为韦拉克鲁斯）的饱受蚊虫侵袭的营地。这支使团来自一个说托托纳卡语的以森波瓦兰为中心的城邦国，那是一个连接海岸和内陆的中等规模的城市。6月下旬，在托托纳卡人的邀请下，远征队放弃了已经破败不堪的首个被称为韦拉克鲁斯的城镇，将营地转移到了森波瓦兰。由此上演了一出复杂的政治博弈，主角是三方：托托纳卡领导层、西班牙的队长们以及阿兹特克官员们。

在传统叙事中，科尔特斯是游戏大师，他利用托托纳卡人对阿兹特克主人的憎恶而锻造了一支军事联盟，也让托托纳卡人向西班牙王室俯首称臣，并且开始让他们改宗，从而信仰基督教。与此同时，科尔特斯继续向蒙特祖马确认他们之间的友谊，他虽然当着托托纳卡人的面抓住阿兹特克的贡赋收集者（tribute-collector），但是随后秘密将他们带到西班牙人的船上并释放他们。不过，杜撰科尔特斯这种两面三刀行为的目的是掩盖这样的事实，即西班牙人根本无法跟上阿兹特克–托托纳卡的政治姿态和谈判。西班牙队长们对美索美洲各个群体之间的历史渊源一无所知，并且阿兹特克帝国是一个距离、实力和财富等信息都未知的模糊实体。其中语言和文化的隔阂巨大，需要翻译四种语言。尽管马林钦正在学习西班牙语，并且托托纳卡人中间也有纳瓦特尔语翻译，但这支队伍最开始的交流体系是这样的：队长们和阿吉拉尔说西班牙语，然后后者再把这些话用尤卡坦玛雅语翻译给马林钦，马林钦再转译成纳瓦特尔语，而在森波瓦兰这样的地方，则再由其他译者翻译成当地的语言，例如托托纳卡语。

当西班牙人还在黑暗中摸索的时候，托托纳卡领导层和阿兹特克的官员们则属于同一个世界，他们可以谈论这些危险且无知的外来者，并且商讨出一个对于双方都有潜在利益的结果。托托纳卡人与入侵者建立了一个松散的联盟，但这与科尔特斯所声称的投降具有本质的不同。他们成功地阻止了这些客人利用他们的热情而在森波瓦兰赖着不走的行为，鼓励他们沿着海岸继续前往小城奎亚威兹特兰（Quiahuiztlan），西班牙人也在那里再次建立起了韦拉克鲁斯。到了8月，除了一小部分的西班牙人继续在那里留守，大部分的西班牙人开始朝着内陆的特诺奇蒂特兰城进发——陪同他们的有托托纳卡战士，这些人可以向森波瓦兰送回报告，并且在发生冲突时倒向最有把握赢得胜利的一方。从阿兹特克人的角度来看，他们成功地阻止了一场全面的地区叛乱，同时并不需要派出任何军队，还成功地吸引了这些入侵者来到蒙特祖马的身边。那么，8月时，这支西班牙–托托纳卡武装队员究竟是要去哪里？他们为什么要去那里？我们马上就能看到这一答案，同样这一答案可以反映出，是原住民而非西班牙人持续扮演着主导者的角色。

与此同时，当西班牙人正在费尽心力地理解原住民的动机和地区政治时，他们自身还在相互残杀。在这四个月的时间内，当队伍中的无数派别（"等待中的征服者"）不断地洗牌并且转换位置的时候，持续不断的争吵、愤怒的谈判和周期性的暴力一直在上演着。争论的焦点几乎涵盖所有方面——他们要去哪里，谁应当成为领导者，如何更好地获得食物和黄金，赃物如何分配，以及当承诺已经做出并且兑现后如何确保获得王室的奖赏等。不过其中的一个问题差点把这些人分裂成两派，即他们应当回到古巴，还是应该继续往内陆进发。返回的话就意味着他们遵从了委拉斯开兹的命令，这样也就维持了对于他以及国王的忠诚；留下来则意味着违背古巴总督的命令，他们需要一个备选的战略以确保对于总督的不忠不会构成对国王的不忠。不过两个派别区分的边界并不清晰，因为随着小规模的派系不断变化，整个队伍的前景也起伏不定，当中的队员不停地变换阵营。[47]

几个星期乃至几个月过去了，这支队伍几乎没有离开过海湾沿岸，征服者之间的争吵和迟疑不决的混乱现实则被传统叙事所偷偷掩盖，并且换成了一个惊人的科尔特斯-戈马拉的谎言：科尔特斯说服这支队伍建造一个城市，并且选举出一个市议会（ *cabildo* ）；这一议会随后宣布委拉斯开兹委任的远征活动已经结束，同时议会以国王的名义组建了一支新的远征军，任命科尔特斯作为他们的总队长（几乎所有的插画家都无法抵挡这个杜撰出来的戏剧化时刻，其中一个例子附在本书插图中）。事实是如此清晰，以至于贝尔纳尔·迪亚斯都脱口而出：这个计划是所有队长中占主导地位的那队人所策划出来的。迪亚斯迫不及待地把自己置于这队人的核心位置，而这很显然是不可能的。不过在此过程中，他也理所当然地提到了许多参与策划活动的队长们——波多黎各卡雷罗、奥利德、阿维拉、埃斯卡兰特（Escalante）、卢戈（Lugo）以及阿尔瓦拉多五兄弟。

在接下来的六个月内，他们至少撰写和签署了六份文件，并且将它们寄往西班牙，这也从侧面反映了队长内部的核心派别是有一份清晰的日程安排和承诺的。第一份文件是6月20日写于乌鲁亚岛上的请愿书（直到近期才被发现藏在塞维利亚的皇家档案当中），其中清楚地表明波多黎各卡雷罗、蒙特霍、奥利德、佩德罗·德·阿尔瓦拉多、阿隆索·德·马丁以及阿隆索·德·格拉多（Alonso de Grado）是这个新城市（当时还是想象中的）的六位议员；弗朗西斯科·阿尔瓦雷斯·奇科（Francisco Alvarez Chico）是该市的代理市长，佩德罗的兄弟贡萨洛是第一个签字的——随后是几乎所有队员的签名（文件上现存318个签名，因为文件受损而遗失的签名大概有100个甚至更多）。另一份文件写于两个星期之后，文件中显示波多黎各卡雷罗和蒙特霍被任命为这支队伍在西班牙的利益代表，签名的有阿维拉、奥利德、格拉多、巴斯克斯·德·塔皮亚、桑多瓦尔和迭戈·德·戈多伊。第三份信件上有波多黎各卡雷罗、蒙特霍、阿维拉和格拉多的签名，这封信写于一周之后，并且讲述了截至当时的远征历程（这个版本的叙事中，委拉斯开兹受到贪婪和个人利益的驱使，与之相反的是，科尔特斯和队员的愿望是效忠西班牙王室）。[48]

这些队长组成了一个队伍松散的领导层，他们决定在夏季结束的时候向内陆进发。他们在寄往西班牙的文件中使用了非常清晰的语言——在这些声明中，几乎所有队伍成员都捎带了自己的期望。例如，在第一份声明中，他们要求国王和他的母亲胡安娜王后——

> 不要把来自这个地区的任何责任或者其他类型的利益让给迭戈·委拉斯开兹，使得他受益，或者直接授予他，不仅是因为身处这里的我们将会因此受到伤害和偏见，同时也因为我们显然（已经）定居在这里，以国王陛下的名义选举了一位法官，并且还将这片土地献给了国王陛下——迭戈·委拉斯开兹将会采用所有可能的方式，竭尽所能且不遗余力地伤害与之有关系的人；如果他来到这个地区，没有人会逃脱受到伤害和驱逐的命运，因为这里的人们不愿意按照他的命令行事，而更愿意像封臣一样听命于国王陛下……

其他写于那个夏天的文件，同样一以贯之地毫不讳言他们之间的派系冲突，并且公开表示对于西班牙王室的忠诚——采用的形式则是集体效忠于一支应当——并且他们也希望将会——授权给科尔特斯而不是委拉斯开兹的队伍。这些记录完全都是他们所声称的那样（并不是编造，或者是科尔特斯代笔），正如科尔特斯的父亲唐·马丁一年后写给国王的西印度事务委员会的一封信中所说的那样，"大约有400个人……已经建立起一座城市……他们当中选举并且任命了市长（alcalde）、管理人员（regidor）和其他议员，并且提名埃尔南多·科尔特斯作为这片土地的总督和长官"。虽然唐·马丁的书信中派系倾向非常明显，但是上述声明却让我们捕捉到了一个简单的事实。[49]

至于科尔特斯本人在上述计划中模棱两可的参与程度，迪亚斯非常好地将其表达了出来（尽管也存在常有的在语气和叙述方面的冲突）。他看上去似乎认可队长们需要科尔特斯作为总队长的这一说法（因为委拉斯开兹已经任命了他，这样就将这个计划潜在的叛乱色彩降到了最低），同时科尔特斯反过来并不反对自己被队长们再次任命："科尔特斯同意这个主意，尽管他假装需要更多的请求；正如一句老话说的那样：'你需要恳求我做那个我想要做的事情。'"[50]

拉斯·卡萨斯也看出了在传统叙事中所存在的不符合常理的谎言，跟迪亚斯一样，暗示了显而易见的事实（尽管事实上他一直致力于将科尔特斯妖魔化成一个非法的领导者）。谈及这起发端于古巴的针对委拉斯开兹的叛乱时，这位修士问道：

> 作为科尔特斯叛乱团伙的参与者，这些船长们怎么可以免于追究？阿隆索·埃尔南德斯·波多黎各卡雷罗、弗朗西斯科·德·蒙特霍、阿隆索·德·阿维拉、佩德罗·德·阿尔瓦拉多、胡安·巴斯克斯，以及迭戈·德·奥尔达斯都是被委拉斯开兹任命为船长的，如果说他们对科尔特斯的谋划毫不知情是不可能的……这些船长们声称毫不知晓科尔特斯的欺骗，这一点很难让人信服。[51]

换句话说，大部分船长和他们派系的成员都认为，委拉斯开兹的委任限制了他们征服、获利以及获得奖赏的能力。没有任何理由或者证据能够将功劳全部或者大部分都放在科尔特斯身上。正如奥格尔比所说的那样：

> 他们发现自己正在经历一场既丰富又有益的探险。由于他们在战争中取得的成功和胜利，他们已经在这个国家收获了诸多的赃物和利益，而且他们还和这个国家的诸多本地人和本地群体结成了联盟。因此，几乎在一开始就通过了一个普遍的共识，即宣布放弃他们的委任，独立于委拉斯开兹，并声称立刻为了西班牙国王而采取行动。[52]

在传统叙事中，第三个也是最后一个反映科尔特斯神话式掌控的时刻，发生在波多黎各卡雷罗和蒙特霍起航前往西班牙与科尔特斯领导的队伍动身前往内地之间。科尔特斯声称："我想出了一个办法，假装这些船都不适合远航，并且把这些船弄搁浅，这样所有人就都失去了离开的希望。"他害怕有些人会"起来对付我"，因为他们被这片土地上众多的原住民以及"西班牙人的数量如此之少"而搞得不知所措，同时也是因为很多人是"委拉斯开兹的依附者或者是他的朋友"。科尔特斯在愚弄了数百名西班牙人的同时，也让数十只船组成的船队搁浅，这一想法也是可疑的。根据我们待会就要阐述的那些充分的理由，显然是一队船长们决定将船只搁浅和解体，而跟大部分的情形一样，科尔特斯将这个功劳记在了自己的身上。[53]

如果不是传记作者和编年史家们如此夸张地吹嘘这个时刻的话，那么它也只不过是一个无伤大雅的谎言而已。但是到了19世纪40年代，普雷斯科特说道："科尔特斯亲手摧毁自己的船队，对于这个伟大的人物来说，这可能是他一生中最令人称道的章节了。"他甚至做了数十个与古代希腊人或者罗马人的英雄事迹的类比，并且随着时间的推移，科尔特斯的英勇形象变得更为高大。戈马拉提到了科尔特斯的一次讲话，是针对那些"不愿意在那个富裕的国家中发动战争的人"的嘲讽，后来被迪亚斯改写，变成了科尔特斯将这个瞬间同"罗马人的英雄作为"的对比。这一讲话接下来在几个世纪的时间内不断演化，变成了一场鼓舞人心的演讲，以便能够和跨越卢比孔河这一里程碑相提并论。"尤利乌斯·恺撒投下赌注，跨过了卢比孔河。这条小河是罗马人的荣耀。你们征服了一整片海洋。"在歌剧《蒙特祖马》（*Montezuma*）中，一个"英雄的、无法阻挡的"科尔特斯这样向他的战士们唱道。在加利西亚知识分子何塞·菲尔盖拉·巴尔韦德（José Filgueira Valverde）那令人生厌的散文中，"队长的话在将近熄灭的木材灰烬上，重新点燃了胜利和贪婪的火焰"；集结的征服者们"都感觉自己是历史的黏土，将被一双极度强壮的英雄之手塑造"。正如一位历史学家评论的那样："在埃尔南多·科尔特斯的一生中，从来没有其他片段能够获得如此多的关注，或者成为如此多狂热者创作的对象。"[54]

事实是，在这个从小山丘转变为大山的主题上，存在着一整套的文学体系，从史诗到学术文章不一而足，这也不由得让我们对整个传统叙事和依附于它的文学体系提出质疑。的确，如今它唯一引起我们注意的理由，是历史上最有可能真实发生的事件和科尔特斯神话历史所衍生的故事之间的差别。跨过这道鸿沟可以让我们将这片人为放大的拼图塞进我们逐渐显现的关于1519年入侵的新图画中。

首先让我们明确一下科尔特斯并没有做过的那些事，他没有放火烧掉自己的船队。和在我之前的许多人观察到的很多情形一样，这个细节是在16世纪晚期时加进去的，但是这个故事会一直流传到现在，在于它呼应了罗马皇帝尤利安在底格里斯河烧船的故事，因为"烧船"（boat burning）很好地押了头韵〔同时包含"胆大"（bold）和"勇敢"（brave）〕，同时也因为它唤起了一个令人难以阻挡的视觉效果〔曾影响了《来自卡斯蒂利亚的队长》（*Captain from Castile*），其中描绘海湾上漂浮的船队燃烧的情景时，熊熊大火点燃了整个夜晚］。他也并没有把自己的船凿沉，之后集合愤怒的船员，用激动人心的讲话来为自己的行动辩护，尽管这个故事被数个世纪的编年史作家所重复；事实上，他没有理由要去惹那么多麻烦，而且要是把船凿沉的话，想要把有价值的东西从上面拿下来就更难了。[55]

事实上，并非科尔特斯一个人做出了摧毁整个船队的明智决定——为了让剩下的四百多人除了跟随他赢得胜利，别无他法。恰恰相反，和委拉斯开兹做出的决定一样，他和其他队长一起做了这个决定，他们意识到，由于剩下的这些船已经在海上停泊了六个月（同时缺乏维护和修缮船只的一系列用品），船体已经开始腐烂。因为一直处于抛锚状态，这些船会逐渐开始下沉，船上的那些有价值的东西也就会丢失。如果让这些船搁浅或者停在沙滩上——这比将它们凿沉或者在海湾里烧毁要容易得多——船帆、装具、绳索、渔具、钉子还有其他金属附件都能被卸下来留存。他们做了这件事，然后把装备以及60～100个人留在了韦拉克鲁斯，胡安·德·埃斯卡兰特是这些人的队长。把这些有价值的装备留下来并不是一个有远见的行为，而只是一个常识。第二年春天，当波多黎各卡雷罗和蒙特霍在拉科鲁尼亚（La Coruña）接受问询的时候，他们作证说由于船长和船员认为船身在腐化，因此他们提议搁浅在滩头。甚至连塔皮亚——他在其他方面沿袭了戈马拉编造的科尔特斯聪明过人的说法——也承认有多个船长在当时报告说"他们的船已经无法航行"；迪亚斯尽管错误地声称虽然所有的大船都被摧毁，但是小船留了下来，仍坚持说这样的做法是"根据我们全部的知识，而不是历史学家戈马拉（悄悄）说的那样"。[56]

对于搁浅船只的这一行为有抱怨的声音吗？自然会有。这个队伍中的人会因为任何事情而吵架。科尔特斯和委拉斯开兹之间矛盾的不断发展使得上述的争吵不断恶化。上述决定的做出以及实施是背着很多船长进行的，很多拥有船只所有权的船长害怕自己无法得到全额赔偿（他们当中有三个人后来起诉科尔特斯，认为科尔特斯从船上拿下来的那些设备的价值应该归自己所有）。但是那些留在韦拉克鲁斯的人们并没有因此受困，状况最好的一艘船仍停泊着。此外，就如同我们已经看到的那样，在整个入侵活动和战争期间，从古巴和伊斯帕尼奥拉到韦拉克鲁斯有稳定的船只往来，和西班牙的往来也同样如此。没有任何队长能够知道，包括科尔特斯在内，从这些船上被抢救下来的装备最后会被造成小船和双桅帆船，用来围攻特诺奇蒂特兰。

跨越卢比孔河，自断后路，继续前往特诺奇蒂特兰或者走向失败，这些都是非常戏剧化并且令人回味的情节——同时也因为狡猾的、诱人的、恺撒式的科尔特斯一场激动人心的演讲而变得圆满。但这完全是虚构，跟烧船一样都是捏造的事实。

回到科尔特斯最初关于这些船只的声明，我们现在可以看出它是如何混合了真实、半真实和谎言，而这是他写给国王所有信件的本质（从更大范围看，整个讲述战争的传统叙事都是如此）：他的确"把船搁浅了"，但是这个决定并不是他一个人做出的；这个决定也不是精巧地"由人所设计的"，而是极其具有争议性质的；这些船"不适合在海上服役"并不是一个"借口"，而是基于它们当时的状态所做的评估。

以上就是科尔特斯和戈马拉对于韦拉克鲁斯海岸上四个月时间内整个混乱情形的编造过程，混杂了回忆、真实的报告、半真半假的信息以及全然的捏造，把四个月时间内对于所有西班牙和原住民主角的操纵都归结到科尔特斯身上，把他变成超人般的傀儡操纵者，并且把其他所有人都变成了容易上当的、怯懦的、被动的傻子。最近的一个例子是在历史频道播放的《征服者》（Conquerors）系列中有关"科尔特斯"一集的叙述，其中表示"征服者的历史上（不仅是'征服墨西哥'的历史，而是世界历史上的所有征服者史）最胆大的行为之一"便是科尔特斯放火烧船的行为："如今，他手下所有战士的选择只剩下赢得胜利或者死亡，而赢得胜利则依靠一个人的领导力、外交手段、大胆和欺骗，这就是征服者埃尔南多·科尔特斯。"[57]

传统叙事让科尔特斯变成了一个马基雅维利式的人物，甚至还暗示他真的就是按照马基雅维利的《君主论》（当时还未出版）行事的。传统叙事的贩卖者一遍又一遍地重复着这个环形的故事：科尔特斯之所以能在韦拉克鲁斯取得胜利是因为他拥有天赋，是英雄，甚至和上帝一样，而证明他拥有这些品质的证据则是他在海岸地带——以及后来的内陆地区——获得了胜利。就跟蒙特祖马的投降是虚构的一样，它会是"一个华丽的不合情理的概念，只不过相信的人太多了"。[58]

图8 一个悲哀的结局

维多利亚时代的报社编辑威廉·道尔顿（William Dalton）兼职写作探险小说和历史作品，他的冒险故事鼓舞了一代又一代的少年。这幅名为《蒙特祖马之死》的想象画来自《科尔特斯和皮萨罗：征服墨西哥和秘鲁的故事，当中有西班牙人在新世界早期探险故事的速写。为了青年一代而再次讲述》（*Cortes and Pizarro: The Stories of the Conquests of Mexico and Peru, with a Sketch of the Early Adventures of the Spaniards in the New World. Re-Told for Youth*），这本书于1862年出版。它展现了皇帝之死的叙事主题——被征服者创造，又在数个世纪的时间内被不断重复——西班牙入侵者们没有引发这场悲剧，而是为皇帝之死哀悼；他们试图保护蒙特祖马免遭自己人民的毒手，他们非常关心皇帝的致命伤，甚至极为悲痛。

第六章

主要的劫掠者

蒙特祖马本人已经投降了，并将自己的人民交给科尔特斯处置，但是在他臣服之后，费迪南德听说这个国家内部有一个秘密的起义，便将他用镣铐锁了起来，这一行为激怒了"野蛮人"，他们愤怒地冲进了蒙特祖马被囚禁的宫殿（不管究竟是要将他从遭受的屈辱中解救出来，还是被他对科尔特斯的顺从而惹怒），并且将巨大的石块扔向了自己的皇帝（尽管所有西班牙人都尽全力驱赶他们），他们借此悲惨地杀死了他，把他的脑浆都砸了出来。

——安德烈·特维特《费迪南德·科尔特斯的一生》，

1676年，英文版

难道蒙特祖马皇帝真的如此快地学会了我们的语言，以至于他能够理解这个主要劫掠者（primer salteador）的条款，即那些要求他将自己整个国家和整个帝国投降的条款吗？难道上述协议不是在双方都相互理解的情况下才能生效的吗？

——巴托洛梅·德·拉斯·卡萨斯，1561年一个神秘的集合从一开始就把他们团结到了一起：他们想要相互理解、相互解密。

——恩里克·克劳泽（Enrique Krauze）

2010年关于科尔特斯和蒙特祖马的论述[1]

谁杀死了蒙特祖马？随着有关他死亡的消息传遍特诺奇蒂特兰，这个问题一定会被西班牙人和阿兹特克人谈论到——并且在接下来的数周以及许多年中，成为其他美索美洲人和欧洲人的谈资。的确，直到今天，萦绕在"征服墨西哥"传统叙事周围的迷雾仍然让这个问题继续存在，并且让问题的答案变得扑朔迷离。阿兹特克皇帝在1520年6月横死，这一点是非常清楚的。但是他究竟是怎么死的？死于谁之手呢？

历史一直都不缺乏关于这一问题的各种理论和戏剧化处理，皇帝之死也启发了很多戏剧、歌剧和电影中的场景甚至整部作品。数个世纪以来，作家和作曲家们都被传统叙事戏剧性的推力所吸引，也一直因叙事的前后矛盾而惊奇——其中一个很受欢迎的片段就是皇帝之死，这当中充满了神秘（类似于侦探小说？）和模棱两可（究竟是高尚的还是下流的？）。[2]

为了探索这个瞬间，我们必须跳进这场时长28个月的侵略战争的正中间点。全方位的、公开的西班牙—阿兹特克战争已经在几个星期前爆发（在14个月的冷战共存之后），屠杀也将会持续14个月的时间。到（1520年）6月的最后一个星期，西班牙人被围困在位于特诺奇蒂特兰城中心广场一侧的阿萨亚卡特尔宫殿建筑群内（当时被科尔特斯称为"碉堡"）。征服者——大概有1500人——的人数是战争进行到目前为止数量最多的，和他们一起的还有数千名特拉斯卡拉战士（确切数字不详），还有人数未知的非洲及泰诺奴隶和用人。但是阿兹特克战士和城市的居民将他们包围，并且看起来拼命要将他们消灭殆尽——在很大程度上，阿兹特克战士将会在数天之内实现这个目标。

为了了解接下来发生了什么事情，通过各种互相矛盾的声明和结论，我将关于蒙特祖马死亡的记录分别组成了五个版本的故事。第一个版本也是传统叙事最经常讲述的故事，毫不令人意外地被发现写于科尔特斯的"第二封信"中。考虑到他对于6月战争的描写非常细致——几乎是每天且逐项地记录——科尔特斯对于皇帝结局的总结就显得过于敷衍了事：

> 蒙特祖马在当时还是个囚犯，和他一起的还有他的一个儿子和从一开始就被囚禁的大臣，他被带到碉堡的屋顶上，这样便可以和这些民众的首领对话，并且让他们结束战争。我把他带了出来，当他来到碉堡外面的栏杆位置，想要和在那里作战的人民说话的时候，他自己的人民将一块石头扔到了他的脑袋上，他的伤势非常严重，三天后就死了。[3]

这些句子里面没有任何对于谋杀的指责。蒙特祖马致死原因显然是阿兹特克人的投掷物，但是语句在暗示这是一次偶然事件，因此判决结果是过失杀人（读者可能会想起插图中的齐斯拉克4号绘画）。这个不追究任何人责任（可能除了那些难以控制的阿兹特克暴徒，甚至蒙特祖马自己）的矛盾的版本，被戈马拉和奥维耶多抄袭，此后又被重复了许多个世纪。有一个例子足以说明：在一部17世纪的英文著作中这样描述，皇帝意图命令"他的属下从宫殿的一扇窗户撤退"，但是"考虑到这样会很容易被看到或者听到，于是（他）去了一扇更高的窗户那里，但是不幸的是，当他朝外看的时候，他被一块石头击中，他于三天后死去"。[4]

故事的第二个版本选取了同样的元素，但是意图和归责则更为清晰：阿兹特克的"叛乱者"是故意杀人犯。这个版本的解释第一次出现在16世纪下半叶，来源于同样半原住民的材料（例如早已遗失的所谓的《编年史X》），其中将蒙特祖马视为阿兹特克（确切来说是墨西卡）失败的替罪羊。在这个17世纪时占主导地位的版本中，墨西卡人试图杀死蒙特祖马的时候，还极度羞辱了这个懦弱的、被囚禁的皇帝。例如，在索利斯的著作中这么记述：科尔特斯和蒙特祖马达成一致意见，皇帝将会说服"叛乱者"放下武器，在此之后西班牙人就会离开城市。但是叛乱者未被说服，且投掷石块，并开始谩骂，称蒙特祖马是"该骂的懦弱蛋，女气的懦夫，卑鄙的人，可耻的囚犯，敌人的囚徒"。尽管有两名征服者在保护蒙特祖马，但他还是被两支箭和一块石头狠狠地击中了。[5]

越是将罪责归咎到阿兹特克人的头上，西班牙人的罪责和烦扰就会越轻。例如在埃斯科伊基斯的史诗中，西班牙人想要阻止这块"不幸的石头"，随后救治皇帝的伤口并且试图挽救他的性命，而且最终想用皈依的方式拯救他的灵魂。显而易见的是，他们崇高的努力最终没有取得任何效果。蒙特祖马的灵魂"无可挽回地堕入地狱"，但这并不是征服者们的错，而是反叛的阿兹特克暴徒和蒙特祖马本人的原因，他一直到最后都固执地坚持迷信。[6]

同样地，罗伯逊也很典型，他清楚表明谁应当为蒙特祖马的死亡负责。在他1777年的著作中，阿兹特克人习惯了将蒙特祖马尊为"神祇"，"卑躬屈膝地"聆听他的讲话。但是由于不赞同他的话，他们不久就任由弓箭"肆无忌惮"地飞舞，以至于西班牙人还没有来得及保护皇帝，"两支箭射中了这个不幸的君主，一块石头砸到他的太阳穴上，并把他绊倒在地"。西班牙人把他移到了"他的住所里面，科尔特斯赶紧到那里去安慰他的不幸，但是这位不幸的君主已经能够感知到自己的堕落"。他愤怒地"不屑于在这最后的羞辱中存活，以及并不愿意延长这一耻辱的人生"，他扯下自己的绷带，拒绝"任何喂食"，以至于"不久就终结了自己悲惨的日子，并且鄙视地拒绝了西班牙人想要他拥抱基督教信仰的请求"。[7]

这暗示蒙特祖马的死在某种程度上也归咎于他本人，无论是他想要在一群充满敌意的、手持武器的民众面前讲话的鲁莽行为，还是拒绝食物和医疗救助，而这些都构成并演变为这个故事的第三个版本：自杀。我们已经在德莱顿所写的《印第安皇帝》中看到了对于上述版本的隐喻式的改编，其中蒙特祖马将自己刺死，宁愿殉难也不愿意成为科尔特斯的统治傀儡。但是故事肯定要回到16世纪，例如塞万提斯·德·萨拉萨尔写道，皇帝更想去死，他"不愿意吃东西或者接受治疗"。在这个想象中的死亡场景中，蒙特祖马向科尔特斯呼喊道，扔向他的石头"把他的心击成了碎片"，科尔特斯则回答说实际上"你没有受致命伤，你正死于绝望和不满"。这是埃雷拉和迪亚斯选择的版本——后者以相似的情节想象与记录，帮助第三个故事版本一直流传到今天。[8]

第四个版本则保留了阿兹特克人扔的石头是导致皇帝死亡的主要原因这一说法，但是增加了一个新的暗杀者：夸乌特莫克。这项指控在过去的数个世纪内都有图文资料。例如，在17世纪的一份描写皇帝"被自己的人民用石头砸死"的画作中（齐斯拉克4号绘画），虽然没有标注夸乌特莫克的名字，但是他有可能就是那个看上去领导民众袭击并且朝着蒙特祖马大吼的阿兹特克人——头戴着一个显眼的羽毛冠，也是唯一一个执剑的阿兹特克人。手无寸铁的蒙特祖马因为白袍修士奥尔梅多而引人注目，前者跟耶稣一样，遭到自己人的背叛，是一个正在殉道的烈士。的确，这个场景和《耶稣受难记》中"戴荆冠的耶稣"场景的相似程度——其中彼拉多将被捕的和已经定罪的耶稣暴露在充满仇恨的暴徒面前，这在15世纪和16世纪是一个越来越受到欢迎的场景——让人们不由得停下来思考，在蒙特祖马被石头砸死的故事当中究竟还存在多少后人编造的成分。[9]

将蒙特祖马描写成一个基督教的受难者，可能是"蒙特祖马死后"这一创作主题中的一个微妙且较小的流派，但是这种描述一直存在。一个现实的例子就是一部诞生于20世纪90年代的讲述这个故事的歌剧，歌剧名为《蒙特祖马》。当阿兹特克暴徒在夸乌特莫克的怂恿下，斥责蒙特祖马和马林钦是叛徒的时候，蒙特祖马使用了这个预言神话来为自己的投降行为辩护。但是夸乌特莫克嘲讽地唱道："他正在为那些白皮的强盗、他的主人做辩护。"并且阿兹特克人齐声吟唱道："杀死他！"尽管在这个歌剧版本中，蒙特祖马并没有真正地改宗，但是夸乌特莫克却仍然召集暴徒将致命的石块投向他，还向他射箭，并且高唱："他是基督徒！杀死他！"
蒙特祖马当场死亡，阿兹特克人齐声唱道："夸乌特莫克皇帝万岁！"歌
剧结束。[10]

这个故事的第五个也是最后一个版本，是唯一一版认为阿兹特克人
无罪的，并且坚定地将责任明确地归结到科尔特斯或其他西班牙队长。
有的时候它也被称为"印第安人的版本"。这个版本事实上可以追溯到
16世纪，而且并不仅仅是一个简单的原住民版本，甚至算不上半原住民版
本。在半原住民资料《拉米雷斯手抄本》（Codex Ramírez）中，蒙特祖
马和其他被俘的阿兹特克王室成员都被西班牙人刺死，阿科斯塔修士和杜
兰修士都采用了这个版本。耶稣会修士托瓦尔提到了一个奇怪的细节，
"那些人选择那样说的目的是不让伤口被看见，他们把剑刺进了他的身体
下方（parte baja）"，这也被伊希特利霍奇特尔重复提到［弗朗西斯·麦
克纳特（Francis Macuutt）将其翻译成"他的臀部"］。不管详细程度如
何，很明确的一点是，在事件发生几十年后，一直流传着一个征服者把剑
刺进蒙特祖马臀部的故事［毫无疑问，就如比利时学者米歇尔·格劳利希
（Michel Graulich）所指出的，这一点看上去符合皇帝习以为常的鸡奸行
为］——这个令人反感的象征，显示出了蒙特祖马的声誉在几个世纪之间
如何被深深地改变。在其他的著作中，西班牙人把这个被俘的皇帝打死，
或者"打得他脑浆都出来了"；在一个半原住民的版本中，"当西班牙人
趁着夜色从城市里逃走时"，蒙特祖马和卡卡马（特斯科科的特拉托阿
尼）都被掐死。因此，在《蒙特祖马手抄本》（Codex Moctezuma）中，蒙
特祖马出现在阳台上的形象通常表现为他被一个西班牙人掐死或者刺死。[11]

这一完全认定谋杀是西班牙人所为的故事版本一直都只是一种小众
的说法，直到19世纪才逐渐在墨西哥成为主流。到了1892年，阿尔弗雷
多·查韦罗（Alfredo Chavero）宣布"没有证据能够确定蒙特祖马是被石
头砸死的，但是有充足证据表明，是科尔特斯下令将他处死的"。半个多
世纪以后，当墨西哥历史学家伊格纳西奥·罗梅罗瓦尔加斯·伊图尔比德

评论说蒙特祖马"是被西班牙人谋杀"时，他只不过是在表达一个这片曾属于蒙特祖马的土地上的一个普遍的认知而已。[12]

这个故事还有最后一个问题：皇帝的尸体最后怎么样了？西班牙人的著作中很少关注这个话题，只是沿袭了科尔特斯的论调（他说"印第安囚犯们"将尸体带走了，"我不知道他们怎么处置的"）。但是半原住民的著作却提供了揭示真相的细节。按照《佛罗伦萨手抄本》的说法，皇帝的尸体被带到了科普尔科（Copulco）并在那里火化。科普尔科是"新火庆典"（New Fire Ceremony）的祭司们生活的地方。因为，这个仪式每隔52年才举行一次，而蒙特祖马死的时候刚好52岁，因此这有可能被认为是在一场艰难的战争之后用仪式鼓舞阿兹特克重生或者复苏的方式（这也引发了关于蒙特祖马生日的问题，即是不是人们在他死后调整了日期，以便给了他52年的生命？）。在《图德拉手抄本》（Codex Tudela）中，祭司们吃掉了蒙特祖马的骨灰，这既是敬畏的标志，也是重生和延续的仪式。同时在《夸奥蒂特兰年鉴》（Annals of Cuauhtitlan）的记载中，尸体在火化之前被依次运送到了四个方位的城镇上。这些版本有可能并不是当地人对于这次事件的记忆，而更像是早期殖民者对于皇帝的葬礼可能或者应当如何举行的看法。但是不管怎么说，它们仍然始终如一地传递了一个关键点：皇帝的葬礼是一种仪式性的尊敬和敬畏，他的尸体并没有被谋杀他的人不敬地处置。[13]

关于已经接受基督教的纳瓦人在几十年后如何理解这场葬礼，可能存在着另一个转变。墨西哥艺术史家戴安娜·马加洛尼（Diana Magaloni）指出，在《佛罗伦萨手抄本》中出现的那幅两个墨西卡人将蒙特祖马的尸体从湖中捞出来（西班牙人把尸体扔到了那里）的插图效仿了"下十字架"（the Descent from the Cross）中的意象（这幅图收录在本书插图"火葬"系列中，插图22）。这个主题在中世纪晚期和现代早期的欧洲宗教艺术中很受欢迎，展现了耶稣从十字架上被抬下来时被人怀抱着的场景，这一画面在16世纪的墨西哥教堂中也很普遍。插图也展现了皇帝的尸体以同样的姿势被火化的场景〔相反的是，另外一幅图中，被谋杀的特拉特洛尔科统治者伊斯夸乌特钦（Itzquauhtzin）的尸体被一只独木舟载着，并采用更为传统的纳瓦特捆绑姿势火化。〕。将蒙特祖马充当战争失败的替罪羊的墨西卡人，会强调他下葬时耶稣一般的敬意吗？这个推测性的且很有说服力的观点表现了一种对于皇帝的根深蒂固的记忆：他从来没有被自己的人民所斥责——更不用说被谋杀了。[14]

在这些关于蒙特祖马死亡的相互矛盾的说法和指责之间，所有作证或者提供观点的人——无论是西班牙人还是半原住民——都一以贯之地采用一套同样的说辞：他们没有杀他；他们对他的死亡感到悲伤；他们很迅速地指出了杀人凶手；不过他们也很愿意将战争的结果归咎到他的身上，认为他是一个软弱的领导者。这实质上就是将蒙特祖马本人变成了归责的一方。直到如今，他被谋杀的谜题仍然没有得到解决（直至本章的末尾），因为只有当我们明白了为什么这个谜题和它那众多的互相矛盾的记录会从一开始就存在的原因后，上述问题的答案才会有意义。毕竟，世人很少质疑西班牙人在伊斯帕尼奥拉将泰诺统治者哈土依活埋、在秘鲁将印加帝国皇帝阿塔瓦尔帕（Atahuallpa）绞死以及在哥伦比亚将穆伊斯卡统治者萨吉帕（Sagipa）折磨致死的说法。[15]那么在墨西哥究竟发生了什么事情，以致出现了这样一个更为模糊的结果呢？

为了回答这个问题，我们就应当从我们遗落的地方重新开始讲述侵略故事——1519年8月的墨西哥湾海岸——并在之后用与传统叙事截然不同的视角讲述西班牙—阿兹特克战争，直到10个月之后的蒙特祖马之死。

※

夸乌波波卡特尔（Quauhpopocatl）是一位阿兹特克贵族，是一位来自特诺奇蒂特兰的墨西卡人。他的名字更恰当的写法是夸乌波波卡钦（Quauhpopocatzin），因为加上"-tzin"这一后缀更能够反映他的社会阶层。他本人是皇室的远亲，妻子是第二位阿兹特克国王维齐利维特尔（Huitzilihuitl，1391—1415年在位）的曾孙女。1519年的夏天，当入侵的外国人行进在海湾沿岸的来回航线上，与当地人作战且相互厮杀的时候，因为夸乌波波卡特尔非常受蒙特祖马的重视和信任，所以他被皇帝派遣来到海岸地带与这些外国人见面。

夸乌波波卡特尔遵从蒙特祖马的命令，在韦拉克鲁斯欢迎这些入侵者，随后

> 一路带领、指导并且保护侯爵（科尔特斯）和基督徒（西班牙人），直到他们进入墨西哥城，他一路上使用了各种方法，并且极度敏锐，防止沿途城镇的人因为被基督徒的到来惊扰而想要杀死他们。

以上至少是夸乌波波卡特尔的儿子的说法。战争发生的时候，他的儿子还是个孩子，亲眼见证了西班牙人在特诺奇蒂特兰逗留的235天，以及父亲战死的那个"悲痛之夜"的战斗。这个孩子在城市围困战中幸存下来，并且看到了他的哥哥——此人后来继承了科约瓦坎（科约阿坎）的王位——跟随科尔特斯领导的远征队前往洪都拉斯后就再也没有回来，跟他哥哥一起的还有400名当地战士。到了1526年，彼时的孩子已经长大，而且使用了一个基督-纳瓦混合体的名字，即唐·胡安·德·古兹曼·伊兹特洛林奇（don Juan de Guzmán Itztlolinqui），他自己则承担起科约瓦坎的统治职务。直到1569年去世之前，他一直是当地的统治者。为了巩固当地统治权惊人的连续性，当时已经是墨西卡皇室成员的唐·胡安，与阿兹特克王朝特斯科科一系联姻——他的妻子是唐娜·门西亚·德拉·克鲁兹（doña Mencia de la Cruz），她是内萨瓦尔皮利（1472—1515年在位）的众多孙女之一——跟他的皇室先祖世世代代的行为如出一辙。

唐·胡安·德·古兹曼·伊兹特洛林奇是前阿兹特克中心地带的纳

瓦城镇的三个统治者之一，曾在1540—1541年的米克斯顿（Mixton）战争期间与门多萨总督一同征战（这是一场向北针对"叛乱的"奇奇梅卡人的战争，这是漫长的西班牙入侵时代另一场暴力事件）。1551年，查理五世将自己的战衣赐给了伊兹特洛林奇，让他同时成为西班牙贵族和纳瓦特贵族。五年后，13名纳瓦皇室和贵族成员联名向查理五世写信，"谦卑地请求"他"任命恰帕斯主教巴托洛梅·德·拉斯·卡萨斯修士作为他们的保护者（Protector）"——这是西属美洲行省的一个官方司法职位——"使我们免受来自西班牙人的不公和虐待，因为他们和我们现在都已经居住在一起，不分彼此"，而伊兹特洛林奇正是这些成员之一。[16]

显然，在新西班牙早期，伊兹特洛林奇是一位成功的阿兹特克政治家；不过上述人物刻画存在着少量的时代错误（"阿兹特克"作为一个帝国实体在1521年终结，而当伊兹特洛林奇成为自己家乡统治者的时候，"新西班牙"只在名义上存在了），但是这也表现出他在西班牙—阿兹特克帝国体系（也即他生活时代的墨西哥）中穿梭自如的能力。他从墨西哥第一代的方济各会修士那里学会了用西班牙文和拉丁文写作，并且熟练掌握了新的法律体系。他受到过很好的教育，见多识广而且人脉广泛。

这样的背景有助于我们解读伊兹特洛林奇1536年在特诺奇蒂特兰／墨西哥城提交的40页简报。这份向国王宣读的文件强调了唐·胡安的父亲夸乌波波卡特尔所做的牺牲和贡献（例如我们之前引述过的），以此作为国王命令当地的西班牙人不再将科约瓦坎人"当作奴隶"一样对待的正当理由。伊兹特洛林奇展示出对于纳瓦特演讲传统和那个时代西班牙人请愿语言的娴熟掌握，他表示尽管他的属臣都是忠诚的基督徒，但是仍被人"踢打，用棍子揍，被投入监狱，被戴上锁链，就像是世界上最坏的囚犯一样"。他们的贡赋负担是如此沉重，以至于人们都逃到了深山之中，他们在那里无法接受基督教的圣事。[17]

因此，伊兹特洛林奇对于战争中这一时刻的简要叙述——我们马上就要转向这个时刻（1519年8—11月，从韦拉克鲁斯到特诺奇蒂特兰的行进）——是为一个特别的政治议题服务的。伊兹特洛林奇的目标和他选择的战略并非个例，遍布美索美洲的城镇和贵族世家（从纳瓦人到玛雅人）都在战争后宣称，自己从一开始就欢迎和帮助这些基督徒入侵者（这一点我们在第二章已经讲过）。因为证据表明这一点在很多情形下都是不真实的，所以无视伊兹特洛林奇的说法是很诱人的。的确，历史学家们已经那样做了。

不过，我却建议我们从伊兹特洛林奇那里学习一些东西，因为这么几个原因。第一，西班牙征服者和编年史家们支持传统叙事的记录也同样带有党派色彩或是在政治议题驱动下所产生的；他们拥有重复性和可获得性的优势，但是缺乏客观性（或是我们能看到的可信度）。第二，毫无疑问的是，阿兹特克人一直在海岸追踪西班牙人的船队，并且从西班牙人登陆开始就有多个阿兹特克使团前往会见、观察和陪同这支队伍。此类接触在数十个西班牙人和原住民的文献中都被提及，同时还有蒙特祖马赠送礼物等很详细的证据（书面的和实物的都有）。但是，其中留下的阿兹特克使者的名字却很不连贯且不完整，夸乌波波卡特尔的名字没有任何理由不出现在这些人当中——完成或者协助蒙特祖马交代给他的任务。有些资料中表示卡卡马（特斯科科之王）前往东部同西班牙人见面，这个故事和伊兹特洛林奇的完全契合。特斯科科编年史家阿尔瓦·伊希特利霍奇特尔声称事实上是和他同名的人（卡卡马的兄弟之一）完成了这次出行——并且最远到达了韦拉克鲁斯。[18]

第三，伊兹特洛林奇还带来了见证者证实他自己的故事。尽管他们有显而易见的理由支持自己的特拉托阿尼，但是他们提供的细节还是值得我们注意。例如佩德罗·特立兰钦（Pedro Tlilantzin）作证说，他自己走了从特诺奇蒂特兰到韦拉克鲁斯的一半路程，在前往首都的路上加入了夸乌波波卡特尔的队伍中，并且"他知道他们在墨西哥城内不会有任何凶险或者威胁，因为他亲眼所见"。佩德罗·阿腾培内卡特尔（Pedro Atenpenecatl）补充说他本人和父亲一起走了这段路，最远到达了阿梅卡梅卡（Amaquemecan，即Amecameca），"这里位于韦拉克鲁斯和这座城市的中间"，因此，他看到了夸乌波波卡特尔是如何"引导基督徒行走在路况良好的路途上，并且一路保护他们，直到将他们安全带到这座城市"。安德烈斯·梅卡特卡（Andrés Mecateca）说，当蒙特祖马的信使过来叫他前往特诺奇蒂特兰的时候，他和夸乌波波卡特尔正在科约瓦坎（为特拉托阿尼服务）；他们被告知将食物带给西班牙人，并且引导他们进入这座城市；他们照做了，并且在阿梅卡梅卡赶上了这拨人。马丁·威伊特科钦（Martín Hueytecotzin）在被召唤觐见蒙特祖马的时候，也正和夸乌波波卡特尔在一起，不过他补充了另外一个细节，即他们从科约瓦坎带了"很多花朵"，用来"铺在皇帝前面的地上"。最后，唐·迭戈·奎特科特（Don Diego Cuitecotle）说他在蒙特祖马和夸乌波波卡特尔交谈的时候在场，夸乌波波卡特尔后来要求奎特科特乘坐独木舟返回科约瓦坎去拿"他的毯子"，之后两人需要在湖边会合，并且一同欢迎基督徒；奎特科特认为他们是在查尔科遇见科尔特斯，后者认可夸乌波波卡特尔的地位，并送给他"一串珍珠项链"。[19]

　　显然这并不是一个我们可以完整消化的故事，就像任何此类回忆一样，无论这些回忆是卡斯蒂利亚人的，还是科约瓦坎纳瓦人的。我们不知道有关毯子和鲜花的细节有多少可信度，抑或只是纯粹的想象；究竟夸乌波波卡特尔带领手下远赴韦拉克鲁斯，还是只到达查尔科附近。尽管如此，我仍然认为伊兹特洛林奇的故事为我们提供了关于真实事件（和没有发生的事件）的一瞥。蒙特祖马和阿兹特克人以一种明智且务实的方式回应了科尔特斯的到来。他们既没有害怕，也没有被迷信的预言所吞没。他们既不把西班牙人当作神，也不把他们看作种族上的异类，甚至对于这些新来者的感知就类种族角度而言——使用迄今都未知的语言、习俗和物质文化——都因为纳瓦世界"城邦国"实体占主导而被削弱。西班牙人（他们经常称呼自己为卡斯蒂利亚人）的"城邦国"是"卡西蒂兰"（*Caxtillan*），因此，他们就是"卡西蒂尔特卡人"，而科尔特斯则是他们的特拉托阿尼（作为capitán的意义）。阿兹特克领导层从一开始就寻求接触、交流和沟通；他们想要理解"卡西蒂尔特卡人"的意图，无论是他们的强项和弱点，还是他们伤害或者帮助阿兹特克帝国的能力。因此，当入侵者们被问询和被测试，并且被一连串的礼物引诱到进入首都的过程中，夸乌波波卡特尔代表了那些将消息带回特诺奇蒂特兰城的阿兹特克人员（如果不是数百名的话）之一。[20]

传统叙事则为我们讲述了一个不同的故事——的确，另有三个关于行军前往特诺奇蒂特兰的故事版本，每个版本都和其他版本一样充满误导。可以预见的是，科尔特斯的版本将他自己置于全盘掌控的地位，一个接一个地赢得原住民盟友，最早是托托纳卡人，然后是特拉斯卡拉人。最初特拉斯卡拉人的敌意，以及一场持续了18天的战争的爆发都被轻描淡写地称为是西班牙人的胜利，以及赢得另一个盟友的前兆。

随着《佛罗伦萨手稿》中特拉特洛尔科-方济各版本的日渐流行（它在19世纪晚期开始出版和翻译），科尔特斯的这一版本在主导了数个世纪后获得助力，传播力增强。这个变体版本想象了早前描述过的犹豫不决的、不知所措的蒙特祖马，作为关于皇帝的三重奏式的虚构概念：八个征兆预示了入侵以及阿兹特克的失败，蒙特祖马的反应，以及"会面"时候的投降。尽管这有点损害科尔特斯的掌控力（因为蒙特祖马的虚弱让科尔特斯的胜利看上去变得更容易），这两个版本看上去显然是可以匹配的。

第三个版本是特拉斯卡拉人书写的，其中的18天战争被弱化甚至被抹去了，目的是强调特拉斯卡拉人在西班牙人的远征和基督教事业中是最早的也是最重要的改宗者。在这个版本中，特拉斯卡拉人首领和战士将西班牙人的队伍从乔卢拉的埋伏，"悲痛之夜"的全军覆没，以及1520年夏天的永久撤退中拯救出来；特诺奇蒂特兰城的陷落，以及新西班牙新信仰的传播正是因为特拉斯卡拉人才成为可能。

我们不可能接受特拉斯卡拉人的一家之言，一如我们不能接受科尔特斯的神话历史，但是这一个版本也包含了一个事实的关键核心——就跟伊兹特洛林奇的故事一样。因为如果我们把科尔特斯的掌控力和原住民的掌控力进行比较，那么很明显后者的掌控能力会更大些。科尔特斯会从他后来所吹嘘的完全控制地位上被直接转移：首先被那些能够自主决定在哪里打仗以及什么时候打仗的队长们；其次，被下述事实，即他的队伍都被迫需要对阿兹特克和特拉斯卡拉领导层的主动出击做出反应。正如一位历史学家所记录的那样："前往墨西哥的毫无休息的行军给人留下了深刻的印象，直到一个人询问，究竟科尔特斯到了那里想做什么。"[21]

阿兹特克人的谋划下的第一个针对"卡西蒂尔特卡人"的主要测试，就是通过森波瓦兰的托托纳卡人所设置的一个陷阱——他们将这支队伍径直引到了特拉斯卡拉人的领土范围。经过两周的长途跋涉，这支队伍又累又饿，被直接带到了特拉斯卡拉人东边的防御城墙那里。托托纳卡使者兼向导想要获得的是一个友好的欢迎仪式；与之相反，他们将征服者们带到了特拉斯卡拉，后者随后开始了一系列的埋伏和大规模的袭击行动。托托纳卡人两面下注，希望通过把征服者们送到西边与两个区域性的强权（阿兹特克人或特拉斯卡拉人）或者其中的一个强权作战，从而能够获得更多的自治权。他们肯定算计着阿兹特克人最有可能赢，因此，他们就按照阿兹特克人的意愿行事——因为帝国将会从每一个特拉斯卡拉人战士和征服者的死亡中获益，也会从双方变弱而获益。

18天的战争对于双方都是惩罚。特拉斯卡拉战士在黎明时分对西班牙人的营地发起攻击，袭击持续了一整天。到了晚上，西班牙队长们骑马冲到了附近的村庄，烧掉了房子，并且杀死了他们能够见到的所有人。第二天，这个模式再次重复。几天之后，特拉斯卡拉人派出一支50人左右的使团去商讨签署协议；根据科尔特斯的记载，他们当中的一个人在问询（换句话说是折磨）之下透露，虽然年迈的国王希科滕卡特尔真诚地希望和平，但是他的儿子（和国王使用相同的名字）却意欲欺骗西班牙人，让他们放松警惕。科尔特斯随后下令将这50名使者的每个人的手剁掉一只（或者至少他是这么声称的），随后特拉斯卡拉人的攻击及征服者对于没有武装的村庄的袭击继续进行。

特拉斯卡拉人战士都是训练有素且有组织的职业军人，"他们的技术是西班牙人迄今在美索美洲见过的最强的"——的确，在整个美洲都是。征服者在大部分情况下都只能进行防御作战，尽管他们的武器（尤其是铁剑）使得他们杀敌的数量相较于特拉斯卡拉人要更多，但是他们的人数仍然逐渐减少；到了第二个星期，他们已经失去了半数的马匹（剩下的全都受伤），五分之一的西班牙人战死或者受到了致命伤。这支队伍成员的数量已经低于随行人员——包括大约200名托托纳卡人，几百名泰诺奴隶，以及很多非洲和原住民奴隶或者仆人。他们在运送火炮、食物还有其他补给上起着至关重要的作用，但是随着补给的逐渐减少，他们就又变成了累赘。托托纳卡人自然开始逃回海岸地带，而泰诺人则遭受了巨大痛苦。在前往特拉斯卡拉人领土的行军过程中，他们已经开始因为寒冷和饥饿而死亡。队长们的战略（如果我们不把所有事情都归功到科尔特斯身上，那么我们就不应当责怪他一个人）——如果可以称得上是战略的话——成了一场灾难。如果特拉斯卡拉人继续这样攻击，那么这些入侵者很可能会被杀得只剩下一个人。

但是他们没有继续。依照美索美洲战争的规则和习俗，"卡西蒂尔特卡人"应当撤退，并且通过向特拉斯卡拉纳贡的方式寻求和平。但是由于缺乏这种选择权，西班牙人一直采取的是消耗战的方式，这对于当地的政权领导来说代价太高了。这个代价的线索可以从科尔特斯本人对于夜间袭击特拉斯卡拉人村庄的令人不寒而栗的描写中找到，他后来扬扬自得地向国王报告说，"我杀了很多人"。在一次黎明的突袭中，他来到了"另一个大型的镇子，根据我之前的考察，里面大约有两万间房子。因为我突然占领了这里，所以他们手无寸铁地冲了出来，女人和孩子光着身子在街上乱跑，我开始对他们进行伤害"。[22]

毫无疑问，特拉斯卡拉人决定不完全消灭这股入侵力量是个正确的决定。长远来看，这样的屠杀只能带来西班牙人的残酷报复，当时委拉斯开兹已经在古巴集结了一支规模更大的军队——尽管希科滕卡特尔和其他特拉斯卡拉人的统治者当时不可能知道。并且，从短期来看，很多特拉斯卡拉人的性命可以得到挽救。同时，如果"卡西蒂尔特卡人"和特拉斯卡拉人的战争对阿兹特克人有利的话——他们的做法，至少在一定程度上对后者有利——那么随后的和平则就远非如此。在西班牙队长们和特拉斯卡拉人商谈的那些日子里，阿兹特克使者要求队长们不要相信敌人（我们再次看到，很清楚，这支队伍在其行程的每一天都有阿兹特克人的陪伴）。但是蒙特祖马新提供的礼物和保证，与近在眼前的特拉斯卡拉立刻停火的承诺根本无法相提并论。9月23日，入侵者艰难地进入了城市，特拉斯卡拉人取得了控制权。

这支受伤严重的队伍在特拉斯卡拉度过了17天（差不多每打一天仗就休养一天）。几乎每个西班牙人都受过一定程度的伤，一些人康复了，一些人死掉了，最后西班牙人的整体数量减少到不足250人（数量只有他们离开古巴时的一半）。幸存者心灵一定受到了极大的创伤，而且十分害怕。能够体验到特拉斯卡拉人的热情而非敌意肯定让他们的情绪得到了缓和，因为特拉斯卡拉人知道，入侵者之所以对于东道主网开一面，是因为需要依靠他们提供食物和补给，获得有关阿兹特克的信息，以及与其形成结盟的队伍，以便接下来不论发生什么西班牙人都能获得保护。

如果从传统叙事的观点审视，那么为什么西班牙人不在特拉斯卡拉多停留一段时间就是一个谜题。同样地，接下来发生的那个令人震惊的事件也很难解释，即对相邻的纳瓦城市上千居民的大肆屠杀。就跟传统叙事的诸多时刻一样，神秘和无法解释的事件根深蒂固地存在于征服者和编年史家的伟大叙事中，以及关于科尔特斯掌控局面的神话历史中。如果我们不采用传统叙事的说法，考虑到征服者人数减少及其当时的精神状态，同时接受并不是科尔特斯和他的队长们，而是特拉斯卡拉人首领掌控局面的现实情况，那么乔卢拉大屠杀并不是那么神秘。

乔卢拉大屠杀的真实情况如下：10月10日，幸存的西班牙人和大约

6000名特拉斯卡拉人经过一天的长途跋涉来到乔卢拉。夜晚的时候他们在城市外围宿营，乔卢拉贵族在那里向他们发表了欢迎讲话，并且提供了食物。第二天，西班牙人进城［同行的还有森波瓦兰和特拉斯卡拉的搬运工，结盟的战士被要求继续待在城外］。他们在当地好吃好喝地被招待了两天，但是第三天的时候却只给他们提供了柴火和饮用水（根据西班牙人的说法）。科尔特斯也声称（也被其他的西班牙著作所回应），城市中出现了路障，并且挖了深坑，里面放置了尖锐的树桩用来刺死跌落的马匹，屋顶上还有（等待投掷的）石头桩，还有传言称附近藏有大规模的阿兹特克军队。几十年过后，西班牙人的记载中增加了这么一个据说是乔卢拉伏击计划证据的最终细节：一个当地的妇女将设置埋伏的消息告诉了马林钦，后者随之转告了科尔特斯。

到了16日或者17日时，大批乔卢拉搬运工聚集在城市的中心广场，他们要么是按照科尔特斯的吩咐，要么是为了西班牙人的离开做准备；那里看样子也聚集了数百名包括妇女和儿童在内的当地人，可能是想观看这些"卡西蒂尔特卡人"离开。突然间，征服者们开始带着佩剑冲入人群，开始屠杀当地人。全副武装的西班牙人封锁了广场的四个出口，并且杀死了所有想要逃离的人。与此同时，驻扎在城外的特拉斯卡拉人的军队开始拥入城内。接下来的几天（一名征服者称是四天），西班牙人和特拉斯卡拉人大肆屠杀、劫掠和放火。上千名乔卢拉人被杀，西班牙人则无人员死亡。

科尔特斯后来称自己前往乔卢拉的目的是寻找补给，但是乔卢拉不仅不在通往特诺奇蒂特兰城的路上，与特诺奇蒂特兰的距离比特拉斯卡拉本身还要远（需要绕道往南）。事实是，科尔特斯和他的队长同伙们都没有控制权：特拉斯卡拉人出于自己的政治目的把西班牙人带到乔卢拉，他们告诉西班牙队长们这里顺路，并且补给丰富。所谓的乔卢拉埋伏很可能是特拉斯卡拉人用来操纵西班牙人的伎俩——或者如阿尔瓦·伊希特利霍奇特尔后来所写的，是"特拉斯卡拉人和一些西班牙人的虚构"。西班牙人并不知道距离特拉斯卡拉更近的另一个城市韦霍钦戈同样补给丰富，而这就是症结之所在。

特拉斯卡拉是"好的印第安人"之城，是阿兹特克"坏的印第安人"的解药，前者的神话历史部分在于他们的政府体系被假定是不一样的——一个由议员管理的实质上的共和国。事实上，特拉斯卡拉的社会和政治组织形态同任何纳瓦"城邦国"都是一样的，本地的差异化也和阿兹特克内部的情况类似。特拉斯卡拉本身就是一个复杂的城邦国体系，由四个"城邦国"集合，每个国家都有自己的特拉托阿尼（其中希科滕卡特尔居于首位）；特诺奇蒂特兰也是一个复杂的"城邦国"，包括特诺奇蒂特兰本身（以及四个附属的邻国），以及在该岛北端的兄弟城邦国特拉特洛尔科（这个国家的特拉托阿尼则被特诺奇蒂特兰的"伟大的特拉托阿尼"降到了总督的级别）。

特拉斯卡拉和阿兹特克之间还有另一个相似点，这也是1519年发生的事件的一个核心。阿兹特克帝国是一个由不平等主体组成的三方联盟，特诺奇蒂特兰的地位高于特斯科科，而它们都比特拉科潘要强大（就如我们在下一章中将要看到的那样，这一不稳定的伙伴关系对于战争的结果产生了至关重要的影响）。特拉斯卡拉也是其自身区域三方联盟中占据支配地位的一方（我们姑且将其称为特拉斯卡拉三方联盟），其中地位较低的两方是韦霍钦戈和乔卢拉。在9月的18天战争中，韦霍钦戈战士和他们的特拉斯卡拉盟友一起与西班牙人作战，在10月时他们也行军到了乔卢拉；他们将继续和阿兹特克人作战，并且后来在其雄辩的请愿书中向西班牙国王表示，他们从一开始就拥抱西班牙人和基督教信仰。那么乔卢拉人如何呢？一两年之前，他们抛弃了特拉斯卡拉三方联盟，成为阿兹特克帝国的一个忠诚的属国。[23]

因此，进军和劫掠乔卢拉这座城市成了特拉斯卡拉人一个绝佳的实施计划，既能够检验和"卡西蒂尔特卡人"入侵者的联盟关系，又能够惩罚乔卢拉人另投门户的行为，还能在乔卢拉建立一个忠诚于特拉斯卡拉三方联盟的领导层。政治的浪潮不仅助力特拉斯卡拉成为一个地区领导者——他们比以往任何时候都更有实力抵御阿兹特克的蚕食——而且对希科滕卡特尔也有好处。他的国王同伴之一，一个叫麦克西克斯卡特尔（Maxixcatl）的特拉托阿尼长期以来都想取代年迈的希科滕卡特尔成为最为首要的统治者，但是他和转投阿兹特克人的乔卢拉领导者有关系，最后在10月的大屠杀中丧命。

在乔卢拉待了两个星期后，队伍继续前往韦霍钦戈下属的一个小城，并且从那里开始了火山之间的行军，随之进入墨西哥谷。幸存下来的西班牙人差不多只占远征队总人数的5%，除了幸存下来的泰诺奴隶、非洲奴隶和仆人、剩下的托托纳卡战士和随从，这支队伍的大部分人都是特拉斯卡拉三方联盟的战士和其他支持人员。当中还有女性——西班牙人、泰诺人、托托纳卡人和特拉斯卡拉人都有（我们会在后面的一章中专门谈到她们）。总而言之，有将近一万人的队伍正在挺进阿兹特克的心脏地带。

让我们暂时把特拉斯卡拉对他们新发现的形势的信心放在一边——尽管这完全是有理由的，并且让我们拒绝传统叙事中关于科尔特斯掌控局面的神话历史（队长们一直都在被特拉斯卡拉人和阿兹特克人推动和牵着鼻子走，看似属于他们的掌控都不过是错觉而已），忘掉"害怕者蒙特祖马"的兄弟神话吧（他的一些贵族可能会有担心，但是皇帝本人是很渴望见到"卡西蒂尔特卡人"的）。与之相反，让我们接受这一点，即在这个尚未展开的剧目中，所有的主角都很熟悉战争，所有人都感受到了可以预见的战争暴力及其带来的恐惧——或者刺激，他们知道战争正在降临。[24]

※

但是暴力并没有到来，至少目前没有。它还要继续蛰伏几个月，就像是蒙特祖马动物园里的野兽一样，周期性地威胁要破笼而出，它们的咆哮在征服者听起来"就像是地狱一样"。可能西班牙人感觉、推测、确信当最终的杀戮到来之时，它的样子肯定就像是从地狱里挣脱出来的一样。[25]

与此同时，数个月的行军和打仗、杀戮的回忆、对自身死亡的提醒，都要让位于一种荒诞的安逸与宁静。蒙特祖马十分欢迎科尔特斯和其他队长们，他向征服者们展现出一种令人难以置信和无法解释的热情好客。在西班牙—阿兹特克战争中（或多或少是这么长的时间，如果我们将蒙特祖马并不确定的死亡时间作为战争的终结点），"会面"开启了一个长达235天的间歇期。当然在这段时间内也发生过暴力冲突，甚至是在特诺奇蒂特兰城里面。但是间歇期相对来说是一段"虚假战争"或者"奇怪战争"（*drôle de guerre*）期——这个词往往用来形容第二次世界大战刚开始时那段天数差不多的时期，当时西欧没有开展任何大规模的军事行动。同样地，在我们的故事中235天的虚假战争即将结束的时候，西班牙人和阿兹特克人才开始着手主要的摧毁或者征服对方的行动。[26]

在这几个月期间，蒙特祖马和科尔特斯在一起的时间看起来非常多，两人大部分共处的地方都在特诺奇蒂特兰城中心相对僻静的皇家宫殿当中。你可能会联想到尤利乌斯·恺撒和克娄巴特拉（埃及艳后）在亚历山大港的数个月，这段时间影响了埃及和罗马历史发展的进程。这一插曲产生了一场臭名昭著的罗曼史，特诺奇蒂特兰的虚假战争也同样催生了一场政治浪漫史吗？

所有的这一切都让这一235天的间歇期听上去极其矛盾——既神秘又平淡，征服者们的记录也的确都聚焦于"会面"发生的前一年和蒙特祖马死后的第一年，刻意淡化和忽略了中间的时间（传统叙事中扭曲时间的典型做法）。一个极端的例子是巴斯克斯·德·塔皮亚，这一时期的大部分时间他都待在特诺奇蒂特兰，但是他却如此概括道："第二天，我们进入了墨西哥，然后在那里待了大约六个月。"这样简单的总结往往是带有欺骗性的，就如巴斯克斯·德·塔皮亚接下来说的话所反映的那样："那段时间发生了重要的事情（*grandes cosas*），为了不至于太啰唆，我在这里就不赘述了。"[27]

这的确是重要的事情，因为"会面"播下了一粒种子。或者说，有关"会面"的谎言播下了一粒种子，就像谎言将会催生一系列的谎言一样，已经成长为一棵由虚构和装饰组成的参天大树。队长们来到西班牙的目的，是完成征服者们在美洲已经做了的和将要继续做的事情——抓住统治者；通过威胁、有选择性的暴力和对财产的占有行为，发出征服的宣告。（在科尔特斯的"第二封信"中，他声称他已经在之前的一份报告中向国王告知了关于蒙特祖马的事情，"并且我向陛下保证会捉住他，不管是活捉还是杀死，抑或让他臣服于陛下的王冠之下"。）[28]

事实上，这样的结果是不可信的。被扣押的是西班牙人，并不是阿兹特克统治者；蒙特祖马已经收服了他们，而不是向他们投降。但是对占有行为进行合法化的表现，其受众不是原住民，而是西班牙人——从驻扎在城内的普通征服者士兵，到最终会阅读关于这些事件的报告的西班牙皇家官员。因此，在"会面"结束后不久，队长们就开始培育这粒将来会长成谎言之树的种子，我们可以从这棵树上看到三条主要的分支。

第一个分支就是皇帝被捕或被囚禁（这个行动在本书一开始就介绍了）。征服者提供的信息是含混不清甚至相互矛盾的，无论是抓捕发生的确切时间，蒙特祖马回应的内容，还是他随后被囚禁的地方，都是如此。这是因为，这个观念和"将会面看成投降"一样，都是完全的无稽之谈——极端的不合情理，这几个月特诺奇蒂特兰城中的生活也没有任何证据可以证明。如果蒙特祖马真的曾被囚禁的话，无论是被锁链囚禁，还是被软禁看守，那也应该是发生在他死亡前的数周或者数天之内。但是科尔特斯和其他人后来将"囚禁"的时间提前了：他们承认蒙特祖马一直在掌控着他的帝国，但是通过捏造他被抓捕的事实，他们可以塑造科尔特斯控制了蒙特祖马，进而控制了这个帝国的结论。这个故事只有在听众接受蒙特祖马卡通片模式的刻板印象时才得以成立：蒙特祖马是天真且顺从的，而科尔特斯是聪明且大胆的马基雅维利式人物（这一点在近期的"图像传记"中被充分说明，参见本书插图23）。那么这一时期根本不算是虚假战争，更接近于政治罗曼史，以及虚假的投降和抓捕（就让我们把这235天称作"虚假抓捕"时期吧）。[29]

这个隐喻性的"虚假抓捕"之树的第二个分支是科尔特斯在"第二封信"中所称的，蒙特祖马在"会面"时发表的投降讲话被他本人多次重申——他在事实上月复一月地保持投降的姿态。蒙特祖马第二次伟大的投降讲话非常有名，因为科尔特斯将它塑造成了一个让人难以抗拒的充满戏剧化的场景：一位双泪纵横的皇帝不仅向西班牙国王宣誓效忠，还说服阿兹特克贵族"承诺完成以国王陛下的名义要求他们所做的任何事情"（科尔特斯跟国王是这么说的），并且从此以后向西班牙国王"献上所有他们之前向蒙特祖马上交的贡赋和提供的服务"。就像是为了消除人们对于这一如此不合情理的事件的真实性的疑虑一样，科尔特斯还补充道："所有这些都是在公证人在场的情况下发生的，他在一份合适的文件中做了记录。"[30]

这个场景被重复、描绘和雕刻（我们的插图中包含了一个例子），并且被美化了几十次，这一点被包含在过去五个世纪的几乎每一份文献记录中。跟往常一样，戈马拉的语气是毋庸置疑的。例如在1578年的英文版本中，皇帝下令"他的所有贵族"臣服于"卡斯蒂利亚的国王"，因为他就是"我们多年来所盼望的国王"。蒙特祖马也补充道，至于征服者，"我们是他们的亲人"，他之后崩溃了，"抽泣、呜咽着，泪滴从他的眼中落下。现场的臣民们也开始痛哭流涕"。伊丽莎白时代戈马拉的读者们可能将阿兹特克人的眼泪看作臣服的标志，很有可能他们将这个场景解读为与这个时刻重要性相适应的情绪表达——就跟西班牙人做的那样。因为在这几个世纪的欧洲（以及可能的阿兹特克）文化中，哭泣一直都是和祈祷还有请愿联系在一起的，这一联系还包括从神圣的和世俗的领主那里请求和接受恩惠。[31]

在科尔特斯的记录中，这个场景发生在12月早期；随后，在经历了几个（不知道确切数字的）星期后，他很有可能就宗教信仰的问题与皇帝和阿兹特克的贵族们进行了商讨。虽然他承认自己不可能强制摧毁原住民的宗教"偶像"或者要求阿兹特克领导层改宗，但是他还是声称皇帝自己承认"在关于究竟应当信仰什么的问题上，我比他们更为了解，我也会跟他们解释并且让他们了解，他们应当去做我所认为的最好的事情"。〔澳大利亚修士兼历史学家弗朗西斯·布鲁克斯（Francis Brooks）在多年前曾经非常明智地详细分析了"虚假抓捕"，称其"可能是整封信中最为离奇的判决"。〕[32]

几个月后（可能过了一个月），科尔特斯再次报告了他和蒙特祖马多次交谈的情况，重点强调了他对于"矿藏"和"蒙特祖马的秘密"的了解程度。"蒙特祖马和这片土地上的所有原住民都是出于自愿地，而且非常高兴地"分享这些信息，"就像是他们从一开始（*ab initio*）就知道尊贵的陛下是他们的王和他们天然的君主"。除了上述声明，科尔特斯的"第二封信"充满了对于蒙特祖马的自愿从属和阿兹特克的谄媚奉承的暗示。后来的作者们则对上述情况不断加以重复和扩大，甚至从一开始就发明了很多新的场景。例如塞万提斯·德·萨拉萨尔将"虚假抓捕"变成了一段漫长的政治罗曼史，高潮是科尔特斯和濒死的蒙特祖马之间一场切中要害的终极对话，当时他们都流下了眼泪，并且表达了对对方的感情。皇帝（当时已经是前皇帝，并且成了查理五世的臣子）却再一次表达了归顺之意，以及对于西班牙人统治的认同，而且做了最后一次关于"西班牙帝国理论的正式表达"（仍然出自布鲁克斯的著作）。[33]

这个虚构的临终对话场景将我们引到了第三个比喻之树的分支：蒙特祖马对于西班牙人有着强烈的兴趣，以及他表面的冷静和亲切的举止（毕竟，他成功地让入侵者变得中立，并且将他们变成了被收藏的物种）都被入侵者想象成了爱意——这份爱意的对象总的来看应该是对征服者群体的，尤其是科尔特斯，以及对于自己成为国王属臣这一新的身份的热爱（一些人甚至在后来宣称，蒙特祖马愿意改宗基督教，但是科尔特斯却说他需要更进一步的指示）。

这种将两个人绑定在一起的"神秘的趋同"被戈马拉和后来的人大肆夸大（不仅用来表现科尔特斯的掌控力和吸引力，而且将其与蒙特祖马先天的自卑和被动性对比）。但是其他作家们抓住蒙特祖马具有斯德哥尔摩综合征这一看法，其热情程度可以和西班牙编年史家们媲美。例如，18世纪的迪尔沃思称，蒙特祖马变得"越来越喜欢"科尔特斯，在某个场合甚至带着"强烈的感情"拥抱了他。皇帝对于自己实质上被囚禁在城市中心的状况"非常满意"，甚至变得"一天比一天更喜欢"囚禁自己的那个人。当科尔特斯和纳瓦埃斯返回特诺奇蒂特兰的时候，蒙特祖马甚至"走到了宫廷外围和科尔特斯见面"——也呼应了几个月之前的"会面"场景——"他用一直无法自持的兴奋之情爱抚着他，这一点是不可能伪装出来的。"同样地，坎佩告诉自己的年轻读者，阿兹特克皇帝希望西班牙人快点回去，因此，当科尔特斯告诉他船只正在建造的时候，他兴奋不已，但也心醉神迷地喜欢着队长；当听到有关船只的消息时，"蒙特祖马无法掩饰自己对于这个期待中的回答的欣喜若狂，他扑倒在将军的脖子上，用爱抚将他包围"。[34]

在一个法文版本中，这种倾慕之情的流露则出现了反转，这个主题也变成了用以揶揄西班牙人的笑话："从那时起（科尔特斯）想成为他们的主人，刚开始他努力通过各种善意的方式以获得他们的支持，并且用自己礼貌和甜蜜的举止赢得了墨西哥（阿兹特克）的人心，他的确是如此的亲切和受爱戴，以至于人们都忘了他是一个西班牙人。"[35]但是总的来说，蒙特祖马在"虚假抓捕"期间的行为是影响他个性演变的主要因素；托尔克马达引用说，西古恩扎-贡戈拉强调"这位国王在卡斯蒂利亚人之间非常受欢迎和爱戴，他没有哪一天是不关心他人的"。或者按照20世纪加利西亚知识分子菲尔盖拉·巴尔韦德的话来说：

> 阿兹特克君主和西班牙队长在一起亲密生活的时光几乎都是快乐的，他们彼此展示好意和友谊的凭证。游戏的变幻无

常、一次次的狩猎、愉快的歌唱，以及被囚禁的国王那令人愉悦的幽默——他对护卫和仆人总是十分慷慨，使得这段时光富有生气和活力。[36]

正如另一位历史学家最近评论的那样，为了回应迪亚斯有关征服者和蒙特祖马嘲笑佩德罗·德·阿尔瓦拉多在玩阿兹特克的"托托洛奎"（*totoloque*）游戏时作弊的故事，蒙特祖马已经变成了"一位有着骑士浪漫精神的国王"。[37]

菲尔盖拉·巴尔韦德只不过是过去数个世纪以来的重复链条中的一环，征服者们作为蒙特祖马的客人，在首都有不同寻常的停留，他们将食物、美女，前往宫殿、市场和动物园的远足活动，狩猎还有玩游戏等回忆重新整理——这些回忆变成了皇帝快乐的囚禁生活的细节。蒙特祖马学习西班牙技术的证据被重构成了科尔特斯在奉承或者欺骗这位受人爱戴的皇帝；科尔特斯向蒙特祖马展示如何使用弓箭的行为，变成了他们一起游戏的一部分，而西班牙人为蒙特祖马建造的四艘40英尺的双桅帆船（之后被他用来进行狩猎航行）就变成了一个诡计。借此，"征服者们获得了关于这个湖泊的无价的信息"。[38]

无疑，阿兹特克人和西班牙人都把这些双桅帆船看作对他们有用的东西，反映了他们作为东道主和俘获者的地位，同时他们并不知道另一方对这些船——以及整个局势的看法，或对此加以否认。这种双面感知帮助他们创造了一些令人困惑的记录，例如巴斯克斯·德·塔皮亚关于"虚假抓捕"中的神秘"重要事件"的记录，这些事件因传统叙事中关于究竟谁掌权、谁被抓的本末倒置的记述而变得让人费解。

有关奎乌波波卡特钦［Cohualpopocatzin，或者奎乌波波卡（Qualpopoca）］和卡卡马（更合适的说法是卡卡马钦）的事件就是一个例子。奎乌波波卡是帝国东部地区的一个城市的特拉托阿尼，当时西班牙人还在那里维持着一个表面上的定居地（韦拉克鲁斯）。在235天的"虚假抓捕"早期，这位首领和他的一些贵族被捕，然后被带到了特诺奇蒂特兰进行公开的犬决（被西班牙獒犬撕咬之后被活活烧死）。科尔特斯声称这是对其在海岸地区杀害西班牙人的惩罚，由此支持他控制着帝国的谎言。但是有关奎乌波波卡究竟做了什么以及为什么这么做的细节，在科尔特斯和其他西班牙人的记载中是前后矛盾的，都难以令人信服。事实上，阿兹特克帝国的政治阴谋也在发挥着作用，并且超出了征服者（以及我们）的掌控范围。西班牙人亲眼看到的处决，在阿兹特克人看来只是这些西班牙人所谴责的"人祭"的变体而已，可能只是作为当月面向公众的庆祝活动的组成部分（同时对于蒙特祖马和他的贵族来说，则是一种令人目眩神迷的"卡西蒂尔特卡人"仪式性杀戮的展示）。[39]

卡卡马是特斯科科的首领。在11月早期的时候，他曾在自己统治区域的边界线附近和西班牙人见面，并且护送他们前往特诺奇蒂特兰。他不仅是蒙特祖马的侄子，还是帝国三方联盟之中位居第二的国王。按照科尔特斯和传统叙事的说法，卡卡马反对叔叔向科尔特斯投降，并且开始预谋联合联盟的第三位国王，即特拉科潘的国王一起策划针对西班牙人的袭击行动。科约瓦坎的夸乌波波卡特尔和伊斯塔帕拉帕的统治者也有可能卷入其中。科尔特斯随后声称，自己非常聪明地和蒙特祖马一起将这些人抓了起来，并且将他们带到了特诺奇蒂特兰，向科尔特斯而不是其他人效忠——科尔特斯还称自己随后用卡卡马的兄弟科瓦纳科赫（Coanacoch）代替了卡卡马的位置。（这个荒谬的说法成为数个世纪以来许多更大的事件的基础，例如"科尔特斯在这里另立了国王，用伟大的权力发号施令，仿佛他已经得到了整个墨西哥帝国一样"。）[40]

尽管西班牙人在城市中的出现可能是导致这一事件发生的一个因素，但是从更广泛的意义上来看——忽略科尔特斯带来的影响——是构成联盟的三位国王之间的权力斗争。由于联盟从来不是一个平等的关系，权力的平衡始终受到考验，同时通婚让皇室变成了一个不断向外延展的王朝（参见附录中的王朝家谱树），上述情况变得更为复杂。还有另外一个症结：

在特斯科科国王的位置上坐了43年后，伟大的内萨瓦尔皮利在西班牙人入侵的四年前去世了，身后留下了众多子嗣和继承争端，这一情形随着西班牙—阿兹特克战争的爆发也变得复杂起来。这些儿子中的六人后来成为特斯科科的王——第一任是卡卡马，随后是科阿纳科赫，接着是伊希特利霍奇特尔（他的角色在战争的最后半年至关重要）。总而言之，尽管西班牙人可能最终从阿兹特克帝国王朝内部和城邦国相互之间的政治争斗中获益，但是在1520年早期的几个月中，他们还全然不懂其中的复杂程度，更不用说加以控制了。

如果说蒙特祖马的投降是虚构的，他的被捕也是虚假的，那么为什么后期西班牙人不谴责这个谎言呢？当一些人在科尔特斯的弹劾调查中作证并批评他的时候，没人指责这种行为。正如麦克纳特所评论的那样，只有"全体一致的证词才能够将最大胆的鲁莽行径从历史寓言的范畴移走……他的构想令人目瞪口呆，其施行也是如此的令人难以置信"。事实上，有很多理由可以质疑上述证词，并且让"虚假抓捕"恢复为"寓言"。[41]

开始之时，我们必须考虑到，1519年从古巴扬帆出发的征服者们大部分都没有活到1520年，即便活了下来，也再没有踏足过蒙特祖马的特诺奇蒂特兰。而那些参加了"虚假抓捕"末期特诺奇蒂特兰战斗的人，大部分都是跟随纳瓦埃斯的，因此即便是战争的幸存者们，他们在进入特诺奇蒂特兰的时候，该城也已经处于战争的状态。简而言之，在这些数千打过仗的西班牙人当中，满足"虚假抓捕"期间已经在特诺奇蒂特兰城中并且能够在1521年幸存下来谈论战争这两个条件的，不足总数的10%。

此外，能够看到"会面"场景的人就更少了，而有可能听到西班牙队长们和蒙特祖马以及他的贵族们之间对话的人更是屈指可数。对于城中的大部分征服者来说，他们对于时下发生事件的信息和理解都来自队长们，以及派系内部的讨论。只要他们的现实需要得到了满足——大量的服务人员，包括原住民"妻子"和性奴隶，以及足够的食物，大量的贵金属和其他有价值的物品，还有不会再遭受到明显的突袭的威胁——那么就没什么理由来质疑官方的故事。

确实，任何在后来质疑"投降"并称之为"虚假抓捕"的西班牙人，都是冒着触犯叛国罪和欺君之罪（*lèse majestad*）风险的。就像布鲁克斯所记载的那样，即便是拉斯·卡萨斯也没有否认"西班牙统治的自然权利"。当时"蒙特祖马臣服的神话是如此地出名，以至于即便是在场的人也毫无疑问地接受了"（引用托马斯的话，尽管他对这些事所作的结论是"当然可能"而不是可能）。到了16世纪70年代，杜兰对于事实可以表现出真正的好奇，因为这几乎无关紧要；他发现"很难相信"那些有关蒙特祖马在"会面"后立刻被抓的资料，并且在此之后"被锁起来，头被东西套上，被他的酋长们扛在肩膀上"这样的描述，因为"我还没有碰到过一个向我承认这一点的西班牙人"。但是这样的怀疑太少且太晚，谎言已经在事实上被确立了起来。[42]

此外，还有数十名征服者把个人和政治前途都赌在所谓的抓捕蒙特祖马上——他们后来声称自己曾做过他的护卫。马丁·巴斯克斯就是其中一员，他后来因为在墨西哥城的家中主持纸牌游戏而为人所知，他和泰诺妻子住在一起。另一个是佩德罗·索利斯，他是桑多瓦尔团伙里的骑手，他称自己是护卫的头头，而胡安·委拉斯特兹也这么说。弗朗西斯科·弗洛雷斯（Francisco Flores）后来称他曾亲眼见证过蒙特祖马的一次投降讲话，并且很可能他在当时负责着守卫的工作；弓弩手佩德罗·洛佩兹（Pedro López）也是这么说的，他是"悲痛之夜"的幸存者之一，在逃跑的时候当马丁·德·甘博亚（Martín de Gamboa）的马严重受伤后，他就把它吃了。迪亚斯称，当洛佩兹跟他抱怨守卫工作，并且称呼蒙特祖马为"一条狗"的时候，科尔特斯就鞭打了他。迪亚斯也写道，另一个名叫特鲁希略（Trujillo）的护卫一直盯着皇帝看；蒙特祖马给了他一块金锭并且要他停下来，但是特鲁希略还是情不自禁地盯着他，最后导致他从护卫的队伍中被换了下来。[43]

事实上，"护卫"指的是那些轮换作为皇帝部分随从的征服者，在这里的城市居民看来，确实皇帝在忙着自己的事情。换句话讲，"卡西蒂尔特卡人"的代表团成员成了帝国守卫的一部分，是用来保护而不是囚禁皇帝的。这也强化了统治者的声望，同时也给予了他更多从"卡西蒂尔特卡人"身上学习的机会；反过来，他用自己的关心和赠予物品来庇护着他们（也就是征服者们后来吹嘘的珠宝和其他物品）。一名征服者"曾是蒙特祖马的护卫"，那么其名声在战争结束后的几年乃至几十年间不断提升，伴随着城市（它的财富！）及抓捕（皇帝的慷慨！）的传奇不断流传。没有人有理由想要承认抓捕是骗人的说法，也没有人会选择这种记忆。

尽管有这么多误记过去的理由，但是幸存下来的征服者们却通过很多方式，在事实上揭示了"虚假抓捕"的事实。在整个235天里，从一开始，不管是科尔特斯还是特诺奇蒂特兰城内其他的西班牙人，都没有向国王写信或者报告过，甚至都没有向城外的人写信详细叙述过他们对于这个城市和帝国的掌控。然而，他们却声称自己拥有纸和笔，可以用来证明蒙特祖马的投降。无论如何，阿兹特克人拥有书写材料。此外，还有大量其他的文件，在经历了那个动荡的、暴力的"虚假抓捕"的年代后依然流传下来。[44]

逃出城市后，征服者们开始坚称死掉的皇帝已经投降，并且被他们抓住了，但是他们提供的大量城市生活的细节表明，蒙特祖马显然还在自由地统治着那里——这些生活细节高度揭示了他们做了什么和没有做什么。所有上述这些描绘，从科尔特斯自己的著作，塔皮亚和阿齐拉尔的书，再到各种诉讼和调查中的证词，都给人一种强烈的印象，即这个城市和当局完全是正常运转的。早期的历史学家也承认，蒙特祖马"看上去是自由的"，而最近的历史学家们则观察到，即便是在科尔特斯、戈马拉和迪亚斯的权威著作里，"蒙特祖马也是异乎寻常的自由"；他是"一个自由的人，位于一个巨大的皇室中心，按照自己的习惯和惯例行动"。这个被我们所推定的囚犯，尽管处于六个征服者时刻"看守"之中，仍然可以自由地前往其他宫殿，可以前往神庙献祭，可以前往狩猎场，还可以带着"至少3000人"（科尔特斯自己的话）的随行队伍在城市内外自由地行动。他可以"接待远道而来的别国使者"以及前来献贡的使节，还可以自由地在"公开或者私下"讲话，同时，在他的"周围总是有很多贵族和地位尊贵的人"。[45]

同样地，市场也和往常一样继续，宗教仪式和节日同样如此。这些在征服者的记述中全都被提到过，这也预示了即将到来的变化——财富被他们占有，信仰被他们强加。同时他们心照不宣地，或者坦率地意识到，上述变化都还没有开始。科尔特斯声称他想要摧毁并且替代阿兹特克人的"偶像"，但即便是他和戈马拉也都承认，"现在还不是恰当的时候，他也没有必要的武装力量来将其意图付诸实施"。[46]

"卡西蒂尔特卡人"看上去几乎被无视了，甚至像是隐形了一样。即便他们肯定都站出来过，但他们都是微小的存在，大部分时间的活动都被限制在宏伟的阿萨亚卡特尔宫殿群当中。这是一座拥有60 000居民的城市，而不是一直以来误传的200 000人或更多人，这里还有其他居住在河岸边的诸多城镇中的数万居民。他们当中的很多人白天来到特诺奇蒂特兰城工作，开展贸易活动，让这个城市变得充实、喧嚣和有市井气，成为征服者们记忆中以及后续所描绘的那个熙熙攘攘的帝国都市。而西班牙人的总数不超过250人，还不到这个岛屿城市白天人口数量的0.25%。[47]

与此同时，针对这样一个运转自由且正常，而非全新管理体制下的城市，征服者们的描述中缺少与阿兹特克人民的个人接触。我们能够感受到西班牙人对于帝国宫廷和首都奢华那充满贪婪的惊愕之情，也能感受他们自我吹嘘时夹杂着的恐惧之意，但奇怪的是，除了蒙特祖马和他的随从，他们脱离了阿兹特克普通人。这个真实城市中随处可见的节日庆典和普通家庭生活对征服者来说是不可见的，或者是无法接触的，这也是他们作为被收藏的客人、不知情的动物园标本而被隔离起来的一个迹象，就跟皇帝一样，对于阿兹特克普通人来说也是遥不可及的。

当科尔特斯5月离开这个城市，与委拉斯开兹派来的纳瓦埃斯的队伍交锋的时候，蒙特祖马并没有派出士兵跟随（只派出了观察员）。毕竟那时他仍然是皇帝，阿兹特克士兵和谁作战、在哪里作战都是由他决定的。科尔特斯带着几个领头的队长和大部分的手下离开，留在特诺奇蒂特兰城内的西班牙人仅不到100人。由于他的离开，"虚假抓捕"中模棱两可的安排迅速发展成为公开的战争。在传统叙事中，这种转变并不是偶然：科尔特斯将"投降"坐实为文明对抗野蛮的胜利，但是其他人毁坏了它——鲁莽的阿尔瓦拉多、邪恶的委拉斯开兹和他的代理人纳瓦埃斯，好斗且迷信的阿兹特克人。但是事实上，为了终结蒙特祖马的收藏实验，两方中的一部分人都摩拳擦掌且蠢蠢欲动。

5月时就发生了三件事。我们目前还不能确定它们发生的先后顺序，以及它们在原因和结果上的确切关系，但是它们看上去都有足够的证据支持，并且每一件事情都加剧了其他事情的发生（如果不是直接原因的话）。第一件事情是庆祝"干涸月"。西班牙人是在"珍贵羽毛月"期间到达的，他们待的时间足够长，因此能够见证另外八个阿兹特克月份和相应的庆祝活动：其中两个月是献贡的日子，大部分的月份里都有仪式化的处决行动（"人祭"），如果蒙特祖马和他的政府中的任何人想要在"剥人皮月"（就跟我之前提到的那样）处决"卡西蒂尔特卡人"，那么对于皇帝客人的仪式化的使用却从未发生。但是也有一种可能是上述计划预备在"干涸月"实施，即"会面"开始后的第九个月，至少这是佩德罗·德·阿尔瓦拉多后来声称有人告诉自己的。[48]

第二件事情是战争。阿兹特克人和"卡西蒂尔特卡人"之间爆发了公开、持久的都市战争。后者只在战争开始的几个小时占据优势，当时他们穿过手无寸铁的庆祝人群，用剑进行大肆屠杀。在那之后，由于人数差距悬殊，他们在阿萨亚卡特尔宫殿群中躲藏了好几个星期。

第三件事情是蒙特祖马最终被抓了起来，他的政府中的所有高级官员和贵族也一同被俘。那个在"会面"过程中不允许科尔特斯触碰的皇帝，那个从那时起肯定就没有被人触碰的人，原本处于自由状态并且指挥着自己的政府，现在尝到了被禁锢的屈辱。

让我们把目光转向这三个事件的一个视角，它来自特拉特洛尔科，在16世纪中期用纳瓦特尔语写成。这是一部特诺奇蒂特兰姊妹城邦的编年史（或者说是对于每年发生事件的记录），其中包含了关于此次入侵战争的12页记录。第一年发生的事件仅仅简要地记录了半页，随后科尔特斯（他在这里的时候被叫作队长）

> 离开前往海岸；他留下了唐·佩德罗·阿尔瓦拉多，即托纳蒂乌（Tonatiuh）[1]。他随后询问蒙特祖马将要如何庆祝神的节日。蒙特祖马回答说："如何庆祝？准备好所有的东西，做就是了。"当托纳蒂乌下命令的时候，蒙特祖马已经被抓了起来，和他一起被抓的还有特拉特洛尔科的国王伊斯夸乌特钦。当时他们把阿科尔瓦坎（Acolhuacan）贵族内查瓦尔科钦（Neçahualquentzin）绞死在湖边的城墙上。第二个死掉的是名叫奎乌波波卡特钦的纳瓦特统治者。他们用箭射向他；还没来得及等他咽气，就将他活埋了。

在这个版本中，奎乌波波卡被烧死、蒙特祖马被抓，以及将其他阿兹特克贵族集中起来等事，都发生在5月，即"干涸月"开始的日子，这个时期的庆祝活动获得了计划发动袭击的阿尔瓦拉多的鼓动。编年史接着描写了庆祝者的服装，以及他们唱歌跳舞的场景，高潮部分则是发生在第二天的持续了三个小时的突然袭击（鼓手是最先受到攻击的目标，"他们被砍掉了双手和嘴唇"）。蒙特祖马和伊斯夸乌特钦试图阻止西班牙人。后来，暴力看上去平息了，20天后队长"毫无争议地"回到了这个城市，但"第二天我们追击他们的时候，到处都是呼喊声，战争也就这样打响了"。

---

[1] 唐·佩德罗·阿尔瓦拉多因为其外表而被阿兹特克人称为"托纳蒂乌"，即阿兹特克文化中的太阳神。

Tzinti yaoyotl [1]，战争开始了。在传统叙事中，至此，故事发展已经过半。但是在特拉特洛尔科编年史里，12页中有10页的篇幅都被用来描述这一时刻后的一年内所发生的战争和杀戮。在纳瓦特尔语和半原住民的资料中，有关时间信息的错乱和传统叙事中的非常不同，记述的重点和关注点都在蒙特祖马死后一年里的毁灭性的破坏和令人恐惧的死亡率，甚至随后几十年的长期战。

那么蒙特祖马的命运如何呢？有这样一个记述："在'2-燧石刀'（Two Flint knife）年，蒙特祖马死了；同年，特拉特洛尔科之王伊斯夸乌特钦也死了。"[49]

※

当我6岁的时候，我看到了蒙特祖马，我不记得确切的时刻，但是我知道它确切地发生过，因为我有摄影证据。这是一张老式的柯达照片，照片中的我站在阿兰胡埃斯（Aranjuez）皇家宫殿的花园里，在西班牙的阳光里眯着眼睛看着镜头。背景里有一排雕像，这些雕像在照片里清晰可见，现在根据石头上雕刻的铭文我知道，其中距离我最近的一座上面写着"蒙特祖马，墨西哥皇帝，死于1520年"（*Montezuma. Emper[ad]or de Mexico. M[uert]o A[ñ]o 1520*）。但上面没有任何关于这个皇帝是如何死去以及为什么死于1520年的线索，我怀疑，当时6岁的我的好奇心也仅仅止步于此了。[50]

不过现在，恰恰相反的是，我开始痴迷于研究蒙特祖马神秘死亡的问题，以及各种解释和设想的解决方式的重要意义。这就是我对于1520年6月那个致命的最后一周内所发生的事件的想法，同时也是将事实和传统叙事进行对比的原因。

在本章开头所述的有关蒙特祖马死亡的五种说法中，最后一种是指向

---

[1] 纳瓦特尔语，意为"战争开始了"。

西班牙人的。近期，墨西哥城的一个博物馆雇员（碰巧她的姓是"蒙特祖马"）在接受采访时讲述了上述结论的另一种变体。她说，在这个对她来讲很熟悉的故事中，"西班牙人杀死了蒙特祖马，用一根杆子刺穿他的身体，然后让他保持站立在阳台上的姿势，这样的姿势使得他看上去就跟活着的时候一样。之后他的人民向他投掷石块，因为他们以为他和征服者们站到了一起"。这看上去借用了关于1099年熙德[1]（El Cid）之死的种种传说（他死后被人用一根杆子固定在他的马上，以此来鼓舞士气低迷的军队），不过这也是一种想要鱼和熊掌兼得的方式：尽管谋杀是西班牙人实施的，但是他们和阿兹特克人都有谋杀的意图，并且都相信自己成功了。我当然相信这其中的一些说法是真实的。[51]

我并不怀疑蒙特祖马曾经出现在楼顶，但在战争升级、投掷物四处乱飞的时候，这样做无疑是将他置于危险之中。由于这个事件的大体事实被记录的次数过于频繁，以至于很难说它完全是伪造的，正如"会面"本身并不是虚构的一样（虚构的部分是其作为"投降"的意义）。我们并不知道他有没有讲话，或者是不是想要讲话，但如果他发表了讲话，那么西班牙人的编年史，以及后面的历史学家所记录的讲话内容及阿兹特克人的回答，则大部分都是想象出来的。我猜他是想和下面的某个人对话的，并且在此过程中碰巧被一块石头砸中。

也许这次受伤只是传言，不管伤口深浅如何，但对于想要迅速解决蒙特祖马和当地被俘皇室成员的西班牙队长们来说，都是一次天赐良机。因为这对于整个阿兹特克皇族或者统治阶层（*tlahtohcayotl*）来讲不啻为一次大屠杀。构成帝国三方联盟成员的三个城邦国之王，以及特拉特洛尔科的统治者都已经被处决：特斯科科的卡卡马（按照阿尔瓦·伊希特利霍奇特尔的说法，"被扎了45次"）、特拉科潘的特拉托阿尼以及特拉特洛尔科的伊斯夸乌特钦。这些人死亡的证据都十分充分，缺少伴随蒙特祖马

---

[1] 西班牙历史人物，卡斯蒂利亚军事领袖和民族英雄。

之死的那些争议和谜题。不过我们也不需要为这种大规模谋杀感到震惊，事实上，如果统治者没有被杀的话，我们才应当感到惊讶。征服者死亡的数量随着时间的推移不断增加，西班牙人的队长们越来越恐惧和绝望。蒙特祖马已经没有什么用处了，他可能受伤了，也可能拥有重拾领导权的能力，但不管怎样，让他活着已经成了一个毫无必要的冒险行为。当时，西班牙人的首要任务是屠杀敌人，然后逃离敌人的城市去往安全的地方。将被捕的皇室成员处决，然后将千疮百孔的尸体扔到阿兹特克暴徒群众之中，可能会增加他们成功的机会。那么，在战争的血腥和混乱中，几名队长（毕竟没有理由将责任都归咎到科尔特斯一个人身上）真的用剑杀死了皇帝和其他国王吗？[52]

在所有阿兹特克的国王被大规模处决的背景下，蒙特祖马被西班牙人处决是符合逻辑且可以预见的。他那可能遭受砸伤或者箭伤，或者他差点受伤的事实，都给了西班牙人将错误归结于阿兹特克人的思路。这也将我们引到蒙特祖马之死的这个谜题最为重要的部分上：西班牙人始终声称自己没有责任。如果征服者愿意承认他们处决了其他统治者，而且他们的确也承认在其他场合处决了原住民的领袖（从阿塔瓦尔帕和萨吉帕，到蒙特祖马的继任者夸乌特莫克，他们五年后在一个玛雅人的城镇里被科尔特斯绞死），那么他们为什么不承认同时杀害了蒙特祖马呢？为什么科尔特斯和队伍中的其他幸存者都否认这一点，为什么随后从传统叙事角度讲述这个故事的人还要继续在这一点上进行创作呢？确实，为什么要像迪亚斯那样，声称"科尔特斯及所有的队长和战士都洒下热泪，就像他们失去了父亲一样"（眼泪再一次让这个瞬间变得有意义）？这个想象中难以置信的细节，在接下来的两个世纪相继被克拉维杰罗和普雷斯科特重复（如果你相信的话，旁边就是麦克纳特的嘲笑）。在为征服者辩护、谴责认为科尔特斯有罪的"可怕的污蔑"时，这些作者并非孤军作战。那么到底为什么会这样？[53]

因为西班牙人谋杀蒙特祖马这一事实破坏了"投降"的价值。不妨试着将蒙特祖马的一生想象成一系列的多米诺骨牌，从"会面"一直排列到他去世的那一天。在传统叙事中，这些多米诺骨牌排列得非常整齐，将"会面"时的"投降"和征服者在其去世时挥泪的场景联系起来；中间则是对235天"虚假战争"的描述，它被当作西班牙人控制帝国以及皇帝友好地臣服于科尔特斯的基础。不管在哪一端触动骨牌，都会导致整副牌倒下，同时摧毁西班牙人入侵和所有后续行为的合法性。尽管后面几个世纪的作家并没有过分投入维系西班牙征服的合法性这一问题，但是他们仍然被传统叙事的逻辑所束缚。为什么"西班牙人会把一个给了他们如此多好处的国王给杀掉呢（正如一位作者所说的那样）"？[54]

按照传统叙事的观点，因为蒙特祖马已经投降，那么想要杀死他的人是阿兹特克人，并不是西班牙人。事实上，因为蒙特祖马没有想要投降，仅仅是西班牙人如此声称而已，那么想要杀死蒙特祖马——并且否认这个事实的人也正是他们。传统叙事将存在于混乱战争中的一个杀气腾腾的瞬间，转变成了一个在情节中清晰且明了的转折，而"科尔特斯以及所有的队长和士兵"自身则变成了受害者。上述"发明"那令人震惊的荒谬性是不可能一直被掩盖的，数个世纪以来它一直在传统叙事的模式中发酵。我们现在的挑战，并不是选边站队或者归结责任，更不是为了妖魔化科尔特斯，因为这样只会给予他原本所缺乏的掌控力，并且为他的传说添砖加瓦（我们将在下一章讨论这个话题）。准确地说，我们的挑战是重新调整叙述的方式，突出历史的无序以及多个主角的作用，以便读者能够更好地了解整个战争和它带来的结果。

于是，在本章结束之时，我们留下的是一个自相矛盾的画面。其中一部分画面中征服者抱着蒙特祖马的尸体哭泣；另一部分则是他们正在冷血地大肆屠杀，不停地将刀和剑刺向被禁锢着的、手无寸铁的阿兹特克首领们。第一幅画设定了战争后半段的传统叙事模式，其中科尔特斯将他的手下带到安全的地方，建立起一个正义的联盟，决定重新夺回帝国的首都。第二幅画则将我们引向一种针对大屠杀的更现实的理解，这也是墨西哥在接下来的一年将会遭遇的处境。

第四部分

现在还有哪些土地

未被赞颂上帝的鲜血浇灌——

我们最诚实的父母，

我们的儿女、仆人和兄弟

为对抗强盗和奸淫洒下的鲜血？

我们有能力保护哪位女儿、姐妹或妻子，

使她不被那邪恶无情的、

触碰什么便玷污什么的暴君

如妓女般驱使？

——迈克尔·德·卡瓦哈尔，《印第安人在死亡法庭上的申诉》，1557年

战争的历史和人类一样久远，

并且直达人们心中最为隐秘的地方，

在那里，自我消融着理性的目的，

骄傲占据统治地位，情绪是至高无上的统治者，

直觉是君主。

——约翰·基根，《战争史》，1993年[1]

图9 征服墨西哥

在胡安·德·埃斯科伊基斯的史诗《被征服的墨西哥：英雄诗篇》的扉页里，天使们在空中托举着一幅在18世纪广为流传的"胖版科尔特斯"头像；版画靠下方的位置，一位代表着西班牙的女王端坐在王座上，将《圣经》递给一位侍女。她的羽毛头冠及其虔诚的姿势，使其成为阿兹特克人或者"被征服的墨西哥"的代表。这幅雕版画的宗教主题——其中，征服活动具有文明战胜野蛮的合法性，上帝引导并谋划着这项事业，并命科尔特斯担任自己的使者——是有关征服的传统叙事的核心部分。埃斯科伊基斯的诗歌助力这一传统叙事延续下去（这部作品出版于1789年，距离科尔特斯的遗骨应总督之命重新安葬于一座大型墓园里只过了几年的时间）。

第七章

史诗级战士

他是一位史诗级战士（*el púgil épico*），为了自己的国王而战；他是神秘的十字军战士（*el cruzado místico*），为了自己的上帝而战；他是一位唐吉诃德式的勇士（*el galán quijote*），他深爱他的夫人。

——马修·索拉纳（Mateo Solana）论科尔特斯，1938年

和所有人一样，科尔特斯自然有自己的缺点。与索利斯的描述不同，他或许并不是一个精于政治的人，也不是一位思想家。

——索利斯，《征服墨西哥史》1704年法文版前言

与其说科尔特斯是一个人，不如说他是一个神话，该神话的每个方面一直被同时代的思想流派和意识形态对手们所争执。这令每个人都在思考着自己心目中的科尔特斯：半神或魔鬼，英雄或叛徒，印第安人的奴隶或保护者，现代的或封建的，一个贪婪的人或一位伟大的人。

——克里斯蒂安·迪维尔热，2005年

在上帝的援助之后，真正的援助是我们为他们提供的……因为西班牙人数量很少，补给很差，他们正在穿行一片自己所不熟悉的土地，不依靠我们的帮助，他们根本找不到路；我们无数次把他们从死亡的边缘拯救回来。

——城邦国霍奇米尔科的统治者，1563年[1]

在发生"会面"这一历史性事件的城市中，人们将如何庆祝"会面"的周年纪念日？新西班牙的总督给出了完美的答案。

"会面"发生的275年后，雷维拉格吉多（Revillagigedo）伯爵将科尔特斯的遗骸挖掘出来，重新埋在了当初阿兹特克皇帝欢迎这位传奇般的征服者的地方。通过在同一天、同一地点下葬的方式，科尔特斯在象征意义上再次成功进入了墨西哥。

当天是1794年11月8日。遗骸被放置在一个透明骨灰瓮里，盒盖上有一个铜制半身像。它被埋在基督医院教堂的一座墓园里面。这座过去曾是宫殿的建筑，今天依然矗立在那里，它是科尔特斯特意在"会面"发生的地点为自己建造的。随后几年，一个规模更大的行宫落成，这座宫殿变成了医院和宗教场所。王国的主要人物都见证了这个新的安葬仪式（除了总督，他在仪式举行的几个月前被召唤回了西班牙），并且聆听了塞尔万多·特蕾莎·德·米尔修士举行的一次布道。这位出生在墨西哥的年轻的多明我会修士是首都上空一颗冉冉升起的新星，他在11月8日的布道内容没有流传下来，不过，他很可能用文字为科尔特斯的胜利以及"会面"的宗教目的进行修饰，而且无疑会提到伟大的"历法石"（Calendar Stone）以及其他最近发掘出来并在城市中展示的那些阿兹特克纪念碑。

塞尔万多修士可能会用争议进行戏谑，但是绝对不可能说出过于富有争议的话，否则他早就被抓起来了——像他接下来的一个月的遭遇那样：瓜达卢佩圣母节（Virgin of Guadalupe）当天，他当着总督的面举行了一场至今都很有名的布道，一个星期之后他被抓。他被剥夺了博士学位以及布道的权利，并被墨西哥驱逐；他布道的讲稿也被烧毁，先前关于科尔特斯的布道内容很有可能同时被毁。尽管特蕾莎·德·米尔因为他对瓜达卢佩圣母、圣托马斯和胡安·迭戈（2002年被封圣）的评论——而不是他对科尔特斯的颂词——被流放，征服者遗骸的历史故事也再次证明，他一直都是争论和冲突的磁石。

尽管科尔特斯死在西班牙，遗体于1547年12月下葬于桑蒂蓬塞（Santiponce，位于塞维利亚城外），但在1567年，他的遗骸却被挖出并运往墨西哥。重新下葬的仪式原本被计划成一次大型而富有象征意义的事件，但在此时，科尔特斯的三个儿子却卷入了墨西哥城内一个试图推翻总督统治的不成熟的阴谋当中。在遗骸抵达墨西哥时，私生子唐·马丁（马林钦的儿子）遭受了残忍的折磨，并且仍在狱中；他的另外两个婚生子唐·马丁及其兄弟路易斯（Luís）则被流放到西班牙。科尔特斯的遗骸便被悄悄地下葬于特斯科科。他以胜利者的姿态重新进入墨西哥–特诺奇蒂特兰的时刻还需要继续等待。

这场等待持续了两代人的时间。1629年，当唐·马丁的孙子唐·佩德罗·科尔特斯（don Pedro Cortés）去世的时候，总督认为，在安葬他的墨西哥城方济各修道院内，也该埋葬其曾祖父的遗骨。终于，这位征服者来到了蒙特祖马的首都。不过，跟往常一样，出现了一个意外情况：唐·佩德罗去世的时候没有继承人；埃尔南多的血脉就此断绝，并且和他本人的遗骸葬在一起。

科尔特斯的遗体于1794年迁入了新的陵墓，在这前后几十年，他越发受到欢迎——这一点在文学和艺术作品中都有反映（我们不久之后就能看到）——在不久之后又会变成新的富有争议性的一章。卢卡斯·阿拉曼（Lucas Alamán）是一位著名的墨西哥科学家、历史学家和政治家，1823年，他在新近取得独立的墨西哥政府开始了他第一任部长职务的任期。在政治生活以外，他是一个同情君主制的人，并且一想到反西班牙的情绪会引发人们毁坏科尔特斯遗骸的举动就发怵。因此，同年，在科尔特斯陵墓被人砸烂后的不久，他偷偷地将骨灰瓮藏在基督医院的一根梁柱后面，并且对外散播消息，称墓穴被人砸开，科尔特斯的遗骸已经被秘密地运到了意大利。

阿拉曼从来没有公开揭示过自己做过的这些事情，但在1843年（他去世10年前），他向西班牙使馆提交了一份安葬记录，并且要求将这一文件继续保密一个世纪。毫无疑问，科尔特斯骨灰盒的位置在19世纪与20世纪两个世纪的大部分时间内都是一个谜——最近被西班牙的一份报纸称为"美洲最大的历史谜题之一"以及"围绕在埃尔南·科尔特斯周围最大的谜题"。西班牙的官员们遵从了阿拉曼的要求（或者不过是忘了这份文件），直到1946年，一位官员才将安葬记录公之于众。在这之前，人们找到了遗骸，将其移走，并声称这是已经长眠的"谷地侯爵"的遗骨。

如何处理这些遗骸引发了一场争论。一些人对于如何纪念当时声名狼藉的科尔特斯提供了各种建议，例如将骨头磨成灰，或者把它们扔进大西洋里。墨西哥官员希望继续保守秘密，便只是简单地将科尔特斯的遗骸移回了原本医院里的藏身角落中。这个策略奏效了。他的遗骨至今仍保存在那里，仅有一个简单的牌子标识："埃尔南·科尔特斯，1485—1547。"具体位置很模糊，并被限制拍摄，很少有游客光顾。[2]

在另一种纪念物（即公开雕塑）上，有关科尔特斯的历史记忆同样在一个世纪中经历了过山车般的坎坷遭遇。直到1890年，他的西班牙故乡麦德林才为其竖立起了一座雕像。征服者以好斗的姿态高高地站在基座上，全副武装，脚踩着一个阿兹特克"偶像"，目光往东越过这个小城，一直投向西印度群岛。看上去这个雕像既是为了纪念这个当地男孩的成功，也是纪念诸如埃斯科伊基斯和瓦卡·德·古兹曼在史诗中所颂扬的西班牙武装力量。讽刺的是，不到10年，西班牙帝国大部分的遗存都被一个年轻的国家接手，它不仅认可科尔特斯对蒙特祖马的胜利，而且在公共艺术上对其纪念——不是在一个小的市政建筑上，而是在首都的国会大厦之中。

2010年，麦德林塑像被人泼上了红色颜料。"匿名的市民们"留下了一张字条，谴责雕像是"法西斯主义者"和"对大屠杀残忍且傲慢的褒扬，对墨西哥人民的羞辱"。这些故意破坏的人反对科尔特斯站在被斩首的阿兹特克人头上。在一份回应声明中，麦德林市长指出了他们的错误，为他们"缺乏对历史的了解"而叹息，并辩护称，雕塑只是"对于这个城市儿女的致敬"而已。抗议者们还表示，红色染料非常具有意义，因为就在那天晚上，西班牙和墨西哥国家足球队在墨西哥城打了一场比赛〔西班牙队身着红色队服并且绰号叫"红色军团"（La Roja）〕。[3]

与此同时，1982年，墨西哥政府在科约阿坎竖立起一座雕像，但其目的并不是纪念科尔特斯，而是纪念"梅斯蒂索人"（mestizaje，西班牙人和美索美洲人的混血后代）。雕像描绘了征服者科尔特斯、马林钦和他们的儿子马丁，后者是一个赤裸的小男孩的形象〔在本书的插图中，这幅图名为"马丁去哪儿了？"（Where is Martín?）〕。一个世纪前，科尔特斯的形象已经以铜像的形式出现在了墨西哥城内的公共区域——"改革大道"（Paseo de la Reforma），但毫无疑问是作为负面的形象；雕塑本身描绘了夸乌特莫克的形象，科尔特斯只是以红色浮雕的形式出现在底座上，表现出抓捕和折磨阿兹特克皇帝的情态。与之相反的是，在1982年创作的这座雕塑中，科尔特斯已经不再是反英雄的形象，而是变成了国父。雕像激起了一阵喧闹。谴责、游行、损坏雕像等行为纷纷出现，小马丁的雕像也被人偷走。剩余的部分被移到了另一个公园一个隐秘的角落，就像科尔特斯骨灰瓮的藏身之处一样，直到今天都不为人所注意。马丁的雕像则再没被人发现。[4]

※

"关于科尔特斯的英勇和战无不胜的勇气，有很多可以说道的，仅就这一点就可以写一本大部头。"墨西哥最早的方济各会修士之一莫托利尼亚写下的这些话，比这位修士本人所能想见的还要富有远见。[5]

当莫托利尼亚写下这些预言的时候，科尔特斯还在世，戈马拉正忙于为一种文学传统奠基（将科尔特斯已公开的致国王的信件作为关键的建筑材料），该传统将以荣耀、命定的征服墨西哥为特点的西班牙—阿兹特克战争叙事，与征服者圣徒传记（一种崇拜英雄、塑造传奇的传记）般的一生结合在一起。虽然这个话题会周期性地受到追捧，但是其受欢迎程度已经深深地根植了五个世纪。想要根除这个传奇的尝试非常稀少，几乎所有的书都试图将其英雄化或者妖魔化，颂扬英雄或者谴责恶魔。就像他的遗骸一样，真实的科尔特斯要么被纪念陵墓的装饰物所掩盖，要么被藏在了一根柱子后面。与他那被人蓄意破坏的雕像一样，他被现世主义者的目光审视着，越来越少地被当成一个历史人物来理解。正如他的一位现代传记家所写的那样，科尔特斯很早以前就已经不再是一个人，而仅仅是"一个神话"。[6]

如果我们想要将这个传奇连根拔起，就要理解这个传奇的本质，弄明白科尔特斯是如何变成恺撒、摩西和英雄的，并且还要搞清楚"杀手科尔特斯"，这个反英雄形象是如何成为支撑科尔特斯神话的框架的第四面，然后完善而非打碎这个神话。

科尔特斯为自己的盾徽所选择的格言是"主的审判抓住了他们，他的力量使我的手臂变得强壮"（*Judicium Domini apprehendit eos, et fortitudo ejus corroboravit bracchium meum*）。这句话出自犹太历史学家提图斯·弗拉维乌斯·约瑟夫斯（Titus Flavius Josephus）关于围困耶路撒冷的一本书，它暗示科尔特斯已经包围并且夺取了第二个耶路撒冷。上述引用也反映出，科尔特斯信奉这个崇高的概念，即他在墨西哥的行动受到神的指引，他的角色是一名世界性的十字军战士。这也反映了西班牙的一个倾向，即将西班牙帝国的成绩与古希腊和罗马帝国进行类比，这在现代社会早期很普遍。[7]

到了16世纪40年代，几个特定的类比在西班牙人关于墨西哥战争的作品中变得很普遍，其中包括将耶路撒冷和特诺奇蒂特兰对比，以及将科尔特斯和尤利乌斯·恺撒对比。科尔特斯本人并没有如此宣称，毕竟他写信的目的是向国王展现自己永恒的忠诚——当时的西班牙国王作为神圣罗马帝国皇帝，是现世的恺撒。不过，在这位征服者的晚年，西班牙国内形成了一股支持科尔特斯、反对拉斯·卡萨斯的派别，他们当中的神职人员和知识分子指出了科尔特斯和恺撒的三个相似点：两人都是卓越的将军；两人都是独特的文学大家，留下了关于他们最伟大战役的详细记录（科尔特斯致国王的信、恺撒的《高卢战记》）；并且两人都有管理愿景，分别指引墨西哥和罗马世界进入新的纪元。[8]

戈马拉也在与古罗马的对比中大作文章。除了印制科尔特斯的盾徽，戈马拉坚称"论在西印度群岛发现财富的数量和速度"没有人可以与科尔特斯相提并论。科尔特斯的这位秘书兼圣徒传记作者热忱地写道：

> 他不但在战争中的许多功绩是新世界范围内最伟大的——这里不会对西印度的任何一个西班牙人存在偏见——而且效仿波利比乌斯将这些事迹记载下来，并采用萨鲁斯特（Salust）的方式将罗马的马吕斯（Marius）和西庇阿的故事汇集到一起。[9]

戈马拉轻佻地将科尔特斯与古希腊和罗马时代的伟大将军——以及他们的历史学家们——作类比，作为塑造一个堪称楷模的征服者形象的基石。与之形成对比的是，另一位著名的征服者弗朗西斯科·皮萨罗却被描绘成了一个文盲和卑鄙者，他对印加帝国的袭击不过是一伙儿贪婪的强盗带有劫掠性质的远征而已。这也让戈马拉能够更好地将科尔特斯擢升成一个高贵而虔诚的、受过教育的军人模范，而他入侵墨西哥的战争则是"一场善意和正义的战争"。戈马拉走得有点过远——他对征服秘鲁的批判导致他本人的著作《历史》在西班牙迅速被禁。不过到了20世纪末，这本书已经有了10种意大利文版本、9种法文版本，以及2种英文版本，这使得该书"受众如此广泛，以至于在大多数情况下它被默认为西班牙新世界的官方史"。[10]

这些类比并不仅仅限于尤利乌斯·恺撒——例如弗朗西斯科·塞万提斯·德·萨拉萨尔在1546年献给科尔特斯的颂歌之中，也将其比作亚历山大大帝和圣徒保罗——但是科尔特斯–恺撒的主题占据了主导，并且一直延续了几个世纪。加斯帕尔·德·维拉格拉在1610年代创作的一部关于西班牙人征服墨西哥的史诗中，多次将科尔特斯作为典范的征服者进行引用。在维拉格拉的记叙中，当科尔特斯在墨西哥西北部开展战役的努力遭到门多萨总督（当时他已经掌握了新西班牙的统治权）的反对时，这段冲突有一个经典的回应："对权力的贪婪，就跟爱一样，不允许任何对手的存在。就像恺撒和庞培因为对世界权力的野心而互相冲突一样，如今科尔特斯也遇到了他的对手。"相似地，墨西哥城的光辉灿烂和宗教虔诚都要

> 归功于这个踏足新世界的著名男人的高尚努力。随着时间的推移，他那杰出辉煌的成就，无疑会被视作和恺撒、庞培、亚瑟王、查理曼以及其他经受住时间考验的勇士所取得的成就一样伟大和令人崇敬。[11]

这个主题在迪亚斯（他也将自己比作尤利乌斯·恺撒）和索利斯撰写的历史中，同样十分显著——索利斯在著作的前言中宣称，"一旦考虑到他所克服的种种困难，他所参加的战斗，以及面对令人难以置信的占优数字仍然能够取得胜利，谁都不会认为他不如古代的任何一个英雄"。索利斯著作的不同语言版本，在一个世纪的时间内都是畅销书。与此同时，科尔特斯在西班牙语世界内外都被擢升为一种典范，一位现代的恺撒。例如，在《征服墨西哥史，其由著名的埃尔南·科尔特斯书写》（*History of the Conquest of Mexico, By the Celebrated Hernan Cortes*，1759年第一次出

版）中，W. H. 迪尔沃思想要提升和娱乐"不列颠的青年男女"。他声称
这本书包含"一个关于（科尔特斯的）所有胜利战争的翔实并且引人入胜
的细节"，其中的故事"充满了大将风范（Generalship），以及最为精致
的公民政策（Givil Policy）准则"。[12]

自迪尔沃思到普雷斯科特，再到现代作家们（他们的全部书籍都致力
于将科尔特斯与恺撒或者亚历山大进行对比），对于他们来说，将这位西
班牙人和古代将军们相联系时，结果总体上还不错——不管重点是在军事
后勤、政府视野，抑或道德合理性上。对于一位1938年的墨西哥传记作家
来说，尤利乌斯·恺撒比科尔特斯更为自私和利己；而这位西班牙人的行
动不仅是荣耀的，而且是合法的，是一位"史诗级战士"和"神秘的十字
军战士"，在他身上，年龄比个人野心体现得更为具体。[13]

其他的拉美知识分子则暗示科尔特斯"确是一位恺撒，但更像是恺
撒·博尔吉亚（Caesar Borgia），而非尤利乌斯·恺撒"——恺撒·博尔
吉亚，一位因马基雅维利的《君主论》而闻名的公爵——并且科尔特斯的
"政治眼光"和马基雅维利的相似度如此之高，以至于人们会觉得这位征
服者似乎阅读过《君主论》。这个场景是绝对不可能发生的，因为这部如
今已成为经典的政治学专著直到1532年才出版，正如文学界的学者们所认
为的。不过有些人辩称，马基雅维利的观点早在他的书出版之前就已经流
传，这使科尔特斯成为"实践中的西班牙人"，而马基雅维利则是"理论
上的意大利人"。[14]

根据科尔特斯传奇的逻辑，传统上，美索美洲人的政治不团结都被看
作这位征服者的"成果"，问题在于谁对他"分化统治"战略影响最大：
尤利乌斯·恺撒、恺撒·博尔吉亚还是马基雅维利，抑或是《圣经》。基
督教因素（索拉纳的"神秘的十字军战士"）不可避免地给了科尔特斯超
过其他任何影响（除了《圣经》）的道德优势。因此，从方济各会修士及
其他教士关于征服历程的最早记录开始，科尔特斯被擢升为一个虔诚版的
经典将军，比古代将军都要优秀，因为他拥有真正的信仰。[15]

"我并不想嘲笑罗马人的尊贵成就，"迭戈·巴拉德斯于1579年这样写道，因为他们征服并且组织了数量惊人的省份，"但是人们必须用最高级的赞扬，以及新奇的、令人目眩的词汇来称赞埃尔南多·科尔特斯与来到新世界的那些修士们所具备的前所未有的坚韧品质。"他将罗马帝国的财富和"已经落入我们之手的印第安人的财富对比，结论是我们的更为伟大"。但是对于巴拉德斯来说，这并不是规模的问题。科尔特斯的成就是宗教意义上的，因此，"科尔特斯如何为了造福民众而施行自己权力的标志"就是他和最早的修士们是怎样毁灭庙宇、驱逐祭司以及禁止"残忍的献祭"。这项事业的本质，同它的规模和速度一起，让其成为"最具英雄性的"。[16]

巴拉德斯是西班牙征服者和一位特拉斯卡拉妇女的儿子，也是第一个进入方济各会的梅斯蒂索人。因此，他的观点既属于被殖民化的特拉斯卡拉人，也属于方济各会。巴拉德斯是最早阐述下述这一虽属虚构却广为流传的观点的人，即特拉斯卡拉人是在科尔特斯的要求下最早接受洗礼并成为基督徒的墨西哥群体。[17]

另一位西班牙征服者和特拉斯卡拉女性所生的混血儿子迭戈·穆尼奥斯·卡马戈在构建"成为摩西的科尔特斯"这一神话的核心要素的过程中也做出了贡献。他在完成于1592年的《特拉斯卡拉史》一书中详细记录了一次会议，与会者是科尔特斯和特拉斯卡拉的四位统治者，会议可能发生于西班牙—阿兹特克战争期间（在反阿兹特克的力量重新集结的时候）。在会面中，科尔特斯做了一场实质上的布道，并承认他来到墨西哥的真实任务是传播真正的信仰。他声称，"我们称呼自己为基督徒"，即"这个世界唯一真神"的儿女。在解释完基督教义和仪式后，他要求这些统治者摧毁他们的"偶像"，接受洗礼，并且和他一起加入针对特诺奇蒂特兰的复仇战争中。这些统治者们随后劝说自己的臣民，他们全都为了一个大型的公开受洗仪式聚集在一起，科尔特斯和佩德罗·德·阿尔瓦拉多则充当教父的角色。[18]

这个事件几乎可以确定是虚构的。它有可能是在回应1520年征服者队长们和城市统治者们之间发生的真实对话，但是穆尼奥斯所描绘的这个场景是他的想象与特拉斯卡拉民俗历史的神话历史般的大混杂。然而，正同特诺奇蒂特兰的"会面"的神话历史一样，这种说法生根发芽了。因为它将特拉斯卡拉和科尔特斯都置于积极的角度，将其中一方提升为自愿接受基督教受洗的起点，另一方则是对话中起关键作用的人。这些特拉斯卡拉人是好的纳瓦人，他们追随了宗教理性以及他们智慧的首领，这与阿兹特克人和他们失败的统治者形成了鲜明的对比。在这个故事中，科尔特斯是和平缔造者，一位讲理而不是诉诸暴力的精神征服者，鼓励对话而不是强权。

方济各会将科尔特斯擢升为新世界的摩西，在他生前及去世后很长时期都是如此，这是基于三方面的原因。第一，墨西哥天主教会的十二位奠基人都来自方济各会，他们是1524年在科尔特斯的支持下到达的。第二，"十二人"（这也是他们后来的称呼）中的数位——包括他们的领导者马丁·德·瓦伦西亚（Martín de Valencia）修士、极具影响力的莫托利尼亚（托里比奥·德·贝纳文特修士）在内——对自己的使命还怀抱有千禧年信徒式的观点；他们的目的是让墨西哥原住民改宗，以使耶稣基督可以回归，这个神圣的使命因为科尔特斯而具有了可能性。第三，科尔特斯-方济各联盟因为16世纪30年代一场导致西属墨西哥分裂的政治阴谋而不断巩固。方济各会修士被迫在墨西哥与其他世俗教士和敌对派系竞争，尤其是多明我会，后者与第一批被派去统治新西班牙的皇家官员们站在一边。多明我会修士对科尔特斯颇有微词；方济各会修士则写就了赞扬他的叙事方式。[19]

赫罗尼莫·德·门迭塔修士是当时方济各会的成员之一。16世纪最后四分之一的时间里，他几乎都在特拉特洛尔科的方济各会修道院撰写《印第安教会史》（*Historia Eclesiástica Indiana*），特拉特洛尔科曾是阿兹特克首都的一部分，在门迭塔时期成了墨西哥城的纳瓦人社区。尽管门迭塔关于墨西哥传教史的书籍没有获得出版许可（因为其中过度的千禧年语调），但这本书仍反映了当时的观点，并且影响了后续的编年史和有关精神征服的记录。正如我们之前看到的那样，门迭塔认为马丁·路德和埃尔南多·科尔特斯在同一年出生，这也是上帝对西班牙人的安排的一部分。这一天命论因为活人祭祀的血腥狂欢而被强化——门迭塔认为人祭发生在同年的特诺奇蒂特兰。上帝对"如此多灵魂的呼喊"以及"如此多洒下的人血"的补偿就是科尔特斯，他被派往墨西哥，"就像前往埃及的一位新摩西一样"。[20]

"毫无疑问，"这位修士写道，"上帝特意选择了这位勇敢的队长埃尔南多·科尔特斯作为他的工具，而福音传道者通过这位代理人在新世界寻得门径。"19世纪门迭塔的编辑在空白处加印了一句话："科尔特斯被选为新的摩西，为印第安人带来自由。"而科尔特斯自出生开始就被授予了神圣使命的证据，体现在与路德的另一处微妙的同步：同一年，这位德意志异教徒"开始腐蚀福音"，这位西班牙队长开始"让那些从来没有听说过福音的人忠诚和真实地了解它"。同样，"上帝在他的心中下的伟大的决心"也不过是"确认科尔特斯被神选中去完成一个精神上如此高贵的使命"。[21]

几个世纪里，不同语言的作者们都在这位征服者的荣耀故事中编造科尔特斯献身宗教和上帝干预证据的故事线。这是史诗的材料：对出生在墨西哥的西班牙诗人安东尼奥·德·萨维德拉而言，科尔特斯是上帝聪慧的使者；对意大利诗人吉罗拉莫·韦基耶蒂（Girolamo Vecchietti）而言，他是"可怜的科尔特斯"（*il pietoso Cortese*）。他非常有效地带领原住民走向光明，以至于"现在新西班牙的印第安人向神父展现的尊敬及下跪的举动是'谷地侯爵'唐·费尔南多·科尔特斯教的，这也是一段愉快的记忆"（正如加西亚在1607年所写的那样）。[22]

在随后几个世纪的新教作者笔下，摩西的主题则偏向了稍有不同的东西上——"宗教狂热"，这是一位美国历史学家在1856年的说法——但是传奇故事的核心要素依旧保留着。接手墨西哥远征队的指挥权后，科尔特斯便怀着"坦诚、无畏和被蒙骗的热情"开始着手于履行"神圣的使命"。他的使命是"传播基督教的福音，推倒蒙特祖马大殿中的偶像，并在那里竖立起耶稣的十字架"。用另一位世纪之交不那么爱评头论足的历史学家的话来说，科尔特斯的"宗教虔诚"是"不应当被指摘的"。的确，他是一个事实上的圣人，"一个真正虔诚的人，一个具有烈士品德的人，他对领导一场神圣的远征、拯救迷失的灵魂的信念从来没有动摇"。后来的学者则没有这样阿谀奉承，他们表示科尔特斯和他的同伴"在宗教方面，不过是他们那个时代的产物而已"。不过还有很多人坚信科尔特斯的性格与目标的宗教性特点是第一位的，"对神圣的天主教信仰忠诚和深切的热忱"，没有其他的探险家或者征服者能与科尔特斯相提并论。[23]

Maxime Heroicum ——"最具英雄性的"，这是巴拉德斯在总结科尔特斯的军事和精神征服事业时所作的评语。从16世纪晚期开始，"英雄"这个词在描述科尔特斯的时候变得越来越受欢迎，并且和一系列用来定义他的英雄品质的词联系在一起，例如伟大、战无不胜、勇敢等。尽管有时候和宗教相关（作为英雄摩西），上述赞赏的目的经常是政治和爱国意义上的，是为了将科尔特斯升华成一个令人鼓舞的民族英雄的形象。英雄主题也在相近的征服著作——从戈马拉到马达里亚加——以及很多其他的著作中密集出现。例如维拉格拉曾在国王面前高呼，科尔特斯是"征服了整个世界"的英雄，这引发了这样一种见解，即"这个世界上没有任何东西可与人类的傲慢相提并论"；作为人类英雄（*homo heroicus*）的榜样，科尔特斯就是这样的人。

> 他所尝试的那些事情看上去都是为上帝单独保留的。尊敬的国王，你会看到，伟大的科尔特斯——"谷地侯爵"，在勇敢地面对海洋的危险后，烧毁了他的船队，下定决心要么征服要么死亡。这个人的探险精神同无法征服的欲望一同燃烧，他渴望的不只是发现另一个世界，而是如有可能的话，发现百余个世界……[24]

在现代早期的档案资料中，科尔特斯是一个英雄式的范本，但是这些内容都是重复出现的，一带而过，只是对他那爱国英雄的既定形象未经思考地点头肯定。阿谀科尔特斯、吹捧其传奇的一个更为自然和鲜活的媒介是史诗。最好的例子之一——无论从诗句的质量还是从数个世纪间的流传广度来说——便是加布里埃尔·拉索·德拉维加在1588年创作的《英勇的科尔特斯》，这首诗包含超过9000句赞扬"伟大的科尔特斯"的句子。六年之后的第二版的篇幅则是初版的两倍多。五年后，萨维德拉发起了挑战（他和拉索是好友）并出版了一部相似的编年史。《印第安朝圣者》（*El Peregrino Indiano*）使用了超过16 000个诗句宣扬科尔特斯的传奇，也同样建立起了"征服墨西哥"传统叙事的一个版本。[25]

现在，又轮到拉索·德拉维加创作了，而不到两年的时间，他就出版了《赞美三位名人的哀歌》（*Elogios en Loor de los Tres Famosos Varones*）——其中的一位就是科尔特斯，他被拿来与阿拉贡国王——"征服者"海梅一世（Jayme the Conquistador）进行对比。[26]拉索如此热衷于吹捧墨西哥征服者的传奇，既是受意识形态的驱动，也是一种谋生的需要；他受到科尔特斯家族的支持和资助。其中一位叫唐·赫罗尼莫·科尔特斯（don Gerónimo Cortés）的业余诗人，为拉索的《英勇的科尔特斯》和萨维德拉的《印第安朝圣者》都贡献了开篇的诗句。以下这个包含在前一部作品中的例子抓住了这种语调：既有赫罗尼莫的努力，也体现了其家族所资助的诗人那更为优雅的句子：

> 这些甜蜜声音
> 再次倾泻而出，
> 关于伟业与劳作，以及危险与勇气
> 我那不可战胜的祖父因此赢得了永久的声誉。[27]

"不可战胜的"是一个常用的形容词，萨维德拉和唐·赫罗尼莫都经常用到这个词，并且也经常出现在拉索·德拉维加三部圣徒传记对科尔特斯肖像的说明文字中（本书的插图也有收录）。"勇敢"也是一个很受欢迎的词——"勇敢的、伟大的绅士和基督徒"，"伟大和勇敢的绅士"——"名声"也是如此；科尔特斯经常被称为"最著名和最具冒险精神的队长"。毕竟，科尔特斯是"伟大的英雄"。[28]

作为一个受欢迎的爱国主题，尽管科尔特斯从未消失，但是这一科尔特斯神话经历了几次浪潮：一次在1600年前后的几十年间；另一次是在卡洛斯二世统治时期（1661—1700年），这位国王曾委托制作并且收藏关于"征服墨西哥"的书籍和绘画（索利斯就是他的皇家编年史家）；还有一次在18世纪晚期（高潮是科尔特斯遗骸重新被安葬以及胡安·德·埃斯科伊基斯《英雄诗篇》的出版——这些在本章开篇介绍过）。总的来说，最后一波浪潮可以从西班牙波旁王朝更有利可图且更为强大的帝国来解释，尤其是作为西班牙最新出版的《科尔特斯写给国王的信》［最引人注目的是墨西哥大主教洛伦扎纳（Lorenzana）1770年的版本］的结果。[29]

一个更大范围的文化背景则是史诗的逐渐流行，其中科尔特斯是一个传统且时髦的主题。例如在《埃尔南蒂娅》（Hernandia）当中，弗朗西斯科·鲁伊斯·德·莱昂（Francisco Ruiz de León）描写的主题从古希腊罗马文学一直延伸到征服墨西哥的传统叙事。诗歌的标题可能很简洁，但是内容却是长达383页的八行体（ottava rima）诗歌，这是意大利的一种诗歌形式，主要与英雄诗歌相关。尽管诗歌的标题显示其主题是科尔特斯，但是事实上这位征服者只是作为经典神话的一个形象，诗歌的主旨则是褒扬西班牙、真正的信仰以及英雄主义本身。通过将这三个元素具象化，科尔特斯在事实上被封神，被认作一个传奇的偶像，而不是一个可信的、历史的人物。[30]

在随后的几十年中，更多的西班牙诗人转向了同样的主题和诗歌体裁。他们中的两位使用了相同的主题与标题：《科尔特斯毁掉的那些船》（The Ships of Cortés Destroyed）。其中的一篇诗歌，一部致敬"伟大英雄"的六十节诗，还赢得过一年一度的皇家学院诗歌奖。这部作品中让人眼花缭乱的对西班牙荣耀的爱国主义庆祝，正如"新的熙德，西班牙的阿喀琉斯"这一句中所体现的那样，也让科尔特斯在墨西哥湾岸边摧毁船只的时刻成为一个象征，这个时刻让大西洋变成了西班牙胜利的"舞台"和"源泉"。"伟大的科尔特斯"也借此为西班牙带来了民族荣誉和全世界的敬畏。埃斯科伊基斯那赞扬"英勇的科尔特斯"的激动人心的诗句篇幅超过千页，《英雄诗篇》的开场白中宣扬了西班牙对"印第安人"的道德正直、合法性和慷慨的光辉记录。[31]

开场白中记载道，西班牙的殖民记录非常受欢迎，这一点与其他欧洲帝国的可怕名声形成了鲜明的对比，并且驳斥了拉斯·卡萨斯和他的外国门徒传播的谎言。反驳拉斯·卡萨斯并为西班牙的征服和殖民辩解，从塞普尔韦达和巴尔加斯·马丘卡开始就形成了一个传统，并且历经西班牙波旁王朝的史诗时期一直延续到20世纪早期（当时一位西班牙历史学家杜撰了"黑色传说"这个词）。然而，尽管有这一驳斥的传统，以及拉斯·卡萨斯《西印度毁灭述略》的经久不衰，新教世界还是一直都将科尔特斯描绘成英雄的形象。[32]

例如，对伊丽莎白时代戈马拉《征服者》一书的翻译者托马斯·尼古拉斯（Thomas Nicholas）来说，对科尔特斯"令人愉悦的和有价值的"开发是一个值得效仿的典范和先例。任何一个思考着发现与征服野心的英国人都可以从科尔特斯身上学习：

> 荣耀、名望和完美的幸福，只有经历了巨大的痛苦、旅行、冒险甚至遭遇生命危险之后才能得到。他们在这里能看到这位有价值的队长的智慧、礼貌、勇气以及谋略，以及服务国王的忠诚态度。[33]

尼古拉斯把科尔特斯当作一个存在于他的国民中的典范而非特例。

实际上，在他的那本《令人愉悦的西印度（如今被称为新西班牙）征服史》（*Pleasant Historie of the Conquest of the Weast India, now called new Spayne*）的介绍中，并没有任何内容预示后来"黑色传说"对在美洲的西班牙人的刻板印象（当时距离拉斯·卡萨斯《西印度毁灭述略》首个英文版本出版还有五年的时间，1588年的西班牙无敌舰队则是10年以后的事情了）。尼古拉斯不仅重复了他在戈马拉书中发现的对科尔特斯的赞誉，而且还表示，人们可以从西班牙人作为一个整体的那种坚韧不拔的意志中学点儿东西。他对西班牙人的描绘与后来的刻板印象完全相反，西班牙人非常忠诚于自己的国王和国家，充满"远征的热情"，因此才创造出一个"伟大的"和"令人惊奇"的帝国。尼古拉斯暗示，英国人应当嫉妒这些人，并且同他们竞争。[34]

一个半世纪后，另一本西班牙畅销作品（索利斯的《征服墨西哥史》）的英文译者给予西班牙人的成绩以相似的称赞，并且表示英国人应当对自己的对手心怀感激，因为"在新世界的发现和征服过程中，分量可观的财富让英格兰变得富有；在这位英雄（一位如此杰出的征服者）的纪行出版之际，这本书也成了代表我的国家表达感谢的作品"。[35]

在西方新教世界，科尔特斯一直都是作为一个英雄人物出现，这一点可以用一个简单的事实进行解释，即伟大的故事需要伟大的英雄。到了18世纪晚期，"征服墨西哥"已经成了一种预设好的叙事模式，其中的英雄是科尔特斯（尽管也有缺点，但总是取得胜利），蒙特祖马是那个注定的富有悲剧意味的半英雄，委拉斯开兹则是英雄的对立面。这个故事对西班牙诗人具有如此大的吸引力一点也不奇怪，毕竟他们一直都在等待一个能够带领他们走向成功的爱国主题，但这个主题对于浪漫时代的画家、诗人、作曲家和作家具有同样的吸引力。尤其是，由于这些浪漫主义者强调个人的情感反应，而不是启蒙时代的理性主义，他们发现马林钦是一个引人入胜的角色，并且为重新改编做好了准备。马林钦通过转变为女版蒙特祖马的方式成了故事的中心，即墨西哥原住民世界的代表：这个群体不因软弱和迷信而投降，而是因为难以抑制的浪漫和性吸引的情感。反过来，上述效应也将科尔特斯变成了一个坚毅的领导人，有着让女人难以抵挡的性吸引力，成了男子气概的象征，一个现代的英雄，一个"浪漫主义的恺撒"［正如墨西哥学者何塞·瓦斯康塞洛斯（José Vasconcelos）所称呼的那样］。[36]

举例来说，巴黎人是认可科尔特斯的浪漫英雄形象的，这一点可以从斯蓬蒂尼的歌剧《费尔南·科尔特斯》中看出来；同样地，那些看过尼古拉斯-尤斯塔什·莫林描绘"征服墨西哥"场景的雕版画作的欧洲人也认可这一点。在《费尔南·科尔特斯的仁慈》（收录在本书的插图中）中，西班牙队长是位原型式的浪漫英雄——崇尚武力却又宽宏大量，在战场和情场上都是常胜将军。作品的描述中写道，科尔特斯"骄傲地坐在宝座上"，它原本属于已经战败并被戴上镣铐的蒙特祖马，科尔特斯告诉这位被俘之人："你的帝国已经被摧毁，我是这里唯一的主人，你将遭遇那本应属于你的命运；若你胆敢反抗科尔特斯，你将丢掉性命。"但是蒙特祖马依然心怀希望，不过是以阿莱达（Alaïda）的形象——这是一位虚构的、普通的、面色苍白的印第安公主，与历史上的马林钦相去甚远，但是很符合那个时代的刻板印象。"你的心是高贵的，科尔特斯，"置身于这位失败的皇帝和他的那位西班牙刽子手之间，阿莱达如此说道，"它也将会是慷慨的，这个瞬间也将确定，这个我全身心给予爱的人，究竟是一位宽宏大量的英雄还是一位野蛮的战士。"[37]

问题悬而未决，它也应当如此。因为科尔特斯是宽宏大量的、男子气概的、野蛮的士兵——英雄，他诱惑了一个帝国，也创立了一个国家。从戈马拉的时代到莫林的时代，再到整个20世纪，"在所有的国民英雄中间"，科尔特斯一直都维持着他不可撼动的地位。在这几个世纪中，对于其英雄主义的夸张评价一直在增多而非消逝。对一些人来说，科尔特斯简直是终极的"英雄"；对另一些人来说，他那"内在的伟大"的光芒夺目耀眼。"征服是一件最为高级的事情，所有参与其中的人都是超人。"而科尔特斯正是超人，甚至当现代的历史学家和作家试图用一种理性的方式——认为他既是英雄也是恶人，"既有光明也有黑暗"（正如一位墨西哥传记家写的那样）——来评价科尔特斯的时候，他仍然是一位具有传奇色彩的人物，一个"真正卓越的"和"吸引人的角色"。为英雄崇拜辩解只不过给了这一传奇以现代性的支撑："如今，想要让我们认可科尔特斯和征服者这类人是不可能的，但是我们至少可以钦佩他们的勇气、足智多谋和力量。"[38]科尔特斯的雕塑和纪念碑有一段复杂的历史，但是在文本和图画中，他仍然和那些具有里程碑意义的事件保持着不可分割的联系，这些事件也经常归功于他。这一切也都让科尔特斯本人成为一个里程碑式的人物。

※

科尔特斯：他足够圆滑，能够诱惑整个帝国走向顺从。莫林的画作中这位风度翩翩的、帅气的、装扮时髦的、赢得无数女人欢心却又残忍无情的人，在公众的想象中存在了很长时间，并在1947年的好莱坞电影《常胜将军》（*Captain from Castile*）中，这个角色由恺撒·罗摩洛（Cesar Romero）来扮演。浪漫的圆满则保留在一个次要情节当中，这个情节并不包含罗摩洛所饰演的科尔特斯，就好像他的欲望太强烈，以至于不只是为单纯的爱情兴趣；在最后的场景中，他骑上马去追逐并夺取的是一个帝国。到了2015年，在西班牙电视剧《查理帝王》（*Carlos, Rey Emperador*）中，科尔特斯已经成了一个淫乱的猎捕者，一个大男子主义的自大狂，一个杀害妻子的恶徒。[39]

毫无疑问，科尔特斯的这两副面孔只是一枚硬币的两面而已，因为多数时候反英雄的传奇不过是他那浪漫的"恺撒-英雄"特点的修正而已，强调暴行多过大胆，残忍多过欺骗，抓捕多过诱惑。尤其是，若用历史的词汇来看，三种负面的认识根基创造了反英雄的科尔特斯：

科尔特斯–委拉斯开兹争端、"黑色传说"和墨西哥人的民族主义。

正如在本书前文中所展示的那样，科尔特斯和委拉斯开兹那复杂且在根本上冲突的关系贯穿及影响了他成年后的大部分时间。因为在科尔特斯人生最后的25年里，他陷入了大规模的法律和政治战争之中，这些战争都和委拉斯开兹以及在他死后的盟友直接关联。从16世纪20年代到40年代，这些人发起了针对科尔特斯的数十件私人诉讼，此外，还有诸多针对其行为的弹劾调查久拖不决。许多弹劾调查在科尔特斯死后不久就终止了，但是并没有作出清晰的判决（谋杀调查从没有发展到逮捕或者公开审判的程度，随着他的免职，对他在新西班牙总督位置上的评论变得越来越无关紧要，与此同时，西班牙王室则不断地以税收或者贷款的方式从他那里索取资金）。委拉斯开兹争端也因此处于大规模的法律–政治网络的中心，其中无数的影射、指控，以及强有力的免罪声明的缺席贯穿了数个世纪，留在了它们可能再次被提及的地方（这也使得他杀害妻子的场景不但可能在电视里上演，而且还受到观众的欢迎）。[40]

现代反英雄的科尔特斯的第二个根源，则是16世纪时对他的各种指责在数个世纪后的回光返照。在这位征服者生前和死后的数年间，拉斯·卡萨斯一直都是科尔特斯最为直言不讳的批评者之一（他们第一次在加勒比地区见面的时间是科尔特斯1504年到达后不久，随后的40年间，他们的人生轨迹在古巴、墨西哥和西班牙都有交集，有的时候这位修士也会私下和这位征服者见面）。但是他所写的那些严厉的谴责大部分都是西班牙文和拉丁文的手稿，直到19世纪晚期至20世纪的时候才陆续公开出版。新教作者在过去几个世纪中利用拉斯·卡萨斯将科尔特斯妖魔化，则完全是西班牙帝国的现代辩护者们的错误想象；讽刺的是，在这些辩护者们发明了"黑色传说"之后，多明我会的批评才成了现代科尔特斯黑色传说的一部分。反英雄可能是"枯燥的、过时的或者是极端错误的"，但是在一个世纪的时间内，它一直得到对过去文本和事件的现代解读的推动，其影响远超过对拉斯·卡萨斯作品的再发现——其中受到了一场强有力的运动的推动，这就是墨西哥的民族主义运动。[41]

对于伊格纳西奥·罗梅罗瓦尔加斯，这位20世纪中叶关于"伟人蒙特祖马"一说（Moctezuma the Magnificent）的墨西哥冠军来说，科尔特斯不过是一个"强盗"，他的"入侵……是一种野蛮行为，与公正的法律背道而驰，并且侵犯了人类文明的法律"。在这个时代，拉斯·卡萨斯被视为预示了现代人权运动的人物，蒙特祖马和夸乌特莫克被周期性地当成民族英雄，而一些人将科尔特斯视作当今的怪物和自大狂的某种先驱。[42]

过去的两个世纪，墨西哥人一直都致力于将征服和西班牙殖民主义纳入塑造民族认同的过程里。这个过程在政治上和文化上一直都是复杂的，直到现在仍在进行着，并且经过了数代知识分子精细复杂的术语的阐释——这些人物囊括了从卢卡斯·阿拉曼到何塞·瓦斯康塞洛斯，从尤拉莉亚·古兹曼（Eulalia Guzmán）到奥克塔维奥·帕斯（Octavio Paz）等诸多大家。一直以来，科尔特斯都被踢来踢去，经历了无数不同形式的谴责或者辩护，但是最终依旧保持着一个十分模棱两可的形象。甚至墨西哥革命当中的伟大壁画家们都给了他不同的待遇，从迭戈·里维拉（Diego Rivera）笔下丑陋的、罹患梅毒的科尔特斯，到何塞·克莱门特·奥罗斯科笔下堪比墨西哥创世叙述中的亚当的裸体科尔特斯。在科尔特斯诞辰500周年的时候，针对墨西哥人将这位征服者既当作侵略者又视为建国者的复杂感情，帕斯作了如下的评论："对科尔特斯的恨并不是对西班牙的恨。事实上它是对我们自身的憎恶。"正如另一位墨西哥学者所写的那样，科尔特斯"是一位非常具有争议性的人物"，因为"对墨西哥人而言，他代表了一种矛盾的情绪，一种带有破坏性的欧洲人的存在；但是他同时也是一位伟大的欧洲战士、征服者"。同样地，甚至在英语世界中，那些同情阿兹特克人多过征服者的学者，也不吝表达对这位"离经叛道的、娴熟的绅士和冒险家"的仰慕之意。[43]

换句话说，科尔特斯在现代社会已经发展成了一个不情愿却又残酷的令人钦佩的反英雄。正如弥尔顿《失乐园》中的撒旦或20世纪80年代电视剧《朱门恩怨》（*Dallas*）中的J. R. 尤因一样，他是一位十分吸引人的反英雄，是故事的中心，对其他角色的发展也非常必要，以至于吸引了我们主要的注意力；最终，我们喜欢上了恨他的感觉。

反英雄科尔特斯，一个现代的怪物，自然没有办法像恺撒、摩西或者民族英雄科尔特斯一样，成为一个令人信服的历史形象。在尼尔·杨的歌曲《杀手科尔特斯》当中，科尔特斯不过是毁灭阿兹特克田园诗般社会的媒介而已，就好像他是一件武器，而不是一个人（"多么优秀的杀手！"）。在这首歌创作的那个年代，科尔特斯已经长期和毁灭联系在一起，被广泛地当作失去的象征；这首歌的最后一句歌词实际上揭示出墨西哥的主题仅仅是比喻意义上的，蒙特祖马世界的失乐园指代的是尼尔·杨在感情破裂后所失去的浪漫天堂。[44]

尼尔·杨后来称这首歌在弗朗哥统治的西班牙被禁；1975年这位元首去世之后，收录了这首歌的唱片在该国发行，这首单曲的名字也被改为《科尔特斯，科尔特斯》（"Cortez, Cortez"）。科尔特斯传奇流传的时间已经足够长，长到足以产生不同种类的有关征服和失去的歌曲，这些歌曲构成了科尔特斯不同面孔之间的战场：浪漫的恺撒、民族英雄和致命的反英雄。在这个例子中，正如科尔特斯雕像在他的家乡所经历的故意破坏一样，原始战争的悲剧隐藏在现代主义的争吵和无意识的喜剧当中。

索奇克察尔·坎德拉里亚（Xochiquetzal Candelaria）于2011年发表的诗歌《科尔特斯与加农炮》（"Cortés and Cannon"）中的喜剧则更为黑暗，并且更为精巧地使用了科尔特斯传奇中的老故事线。其中的黑色传说科尔特斯残害并谋杀他人，并且看上去十分狂热地迷恋他那个最大的破坏性武器加农炮。但是他表达自己对"他所拥有的那个野战炮"的迷恋的方式，是抚摩、跳舞，并且命令"他手下的人躺在地上向那块铁器致敬"，把当地的托托纳卡人逗乐了，由此获得了他们的喜爱，当地人"大笑"并且相信他"疯狂地热爱这个他从船上拖出来的巨大而中空的东西"（参见第八章中的题记）。坎德拉里亚的诗歌颇为接近一个旧有的固定模式，即无辜的、易受骗的原住民注定要死在嗜血狂一般的征服者们的手上。但是在结尾的时候，这首诗抛出同性恋幽默的暗示，认为战争的暴力是完全缺乏荣誉和正义的体现，以及坎德拉里亚愿意想象一个真实的科尔特斯，等等，都精巧简明地暗示了一种看待这位旧有的反英雄的新方式。[45]

※

只要战场是科尔特斯——不仅是他的英雄或者反英雄地位，而是任何历史的或者追授的科尔特斯形象——这一冲突就不太可能让人更好地理解这场让他成名（或者臭名昭著）的战争。那么，如果没有科尔特斯阻碍我们的视线的话，我们可以如何看待这场战争呢？如果我们避开科尔特斯式的传统叙事，那么谁会是那位带领我们走近16世纪20年代这一历史事件的向导呢？

首先，我们可以从不同的地方切这块"临时的蛋糕"。在传统叙事里，1521年8月特诺奇蒂特兰的陷落是整个故事的高潮段落，大部分的著作要么在这里结束，要么将随后发生的事件（夸乌特莫克之死、科尔特斯的晚年、新西班牙的三个世纪）作为尾声。这个现象部分根源于西班牙王室的庇护体制，因为它让征服者有动机在发现和征服的过程中提早宣布成功，这些宣告是获得"先遣官"（官方入侵者）、总队长以及之后地方总督等一系列官职的基础。早期的成功，无论是如何虚构出来的，也将当地的抵抗行为重新归类为"在这个新近征服的省份所发生的叛乱"，这样便将对当地人民的奴役行动合法化。哥伦布早在1493年时就夸大了他的成功，西班牙征服者们将这种做法一直延续到了17世纪（我在其他地方将其称作"结束之谜"）。[46]

尽管将叙事蛋糕在1521年的位置切一刀的做法拥有起源自16世纪的根基和理由，但事实上这种做法在最近几个世纪才变得占据主流。例如普雷斯科特就是这么做的，脍炙人口的迪亚斯的《征服新西班牙信史》的现代版本也是这么做的（尽管其最初的手稿只延续到1568年）。与此同时，传统叙事的来源——以及那些以它们为基础的历史——倾向于把注意力过度集中于科尔特斯和他的队伍在入侵早期所做的事情上（1518—1520年）；戈马拉和普雷斯科特是其中的典型，他们著作的一半篇幅所记录的都是上述时间段发生的事件。以西班牙为中心视角的故事开始于科尔特斯离开古巴，以他夺取特诺奇蒂特兰城作为高潮。（可能我自己也跟着这一叙述，将西班牙—阿兹特克战争的时间定在了1519—1521年间。）[47]

那么，在确定如何分割时间节点的时候，我们还能使用哪些标准呢？我提议注意一系列相互之间联系紧密的决定因素：冲突是什么时候发展成为公开的战争的？当时双方各投入了全部的武装力量，甚至包括非战斗人员在内。战争是什么时候结束的？以及在原住民（和半原住民）的记录中，战争开始和结束的时间是什么时候？

显然，公开战争始于1520年5月，当时阿兹特克人首次开始了一场目标明确的摧毁入侵者的战役，而他们反过来也成了西班牙人清除的目标。特诺奇蒂特兰城内外公开的战争在第二年的8月结束，该城陷落——随着阿兹特克帝国不再是一个继续运转的政治实体，西班牙—阿兹特克战争也到此结束。但在16世纪40年代，在前阿兹特克帝国的内部以及国境线以外，针对纳瓦人、塔拉斯坎人（Tarascan）、玛雅人以及其他美索美洲人的战争仍在继续——从被西班牙命名为"新加利西亚"的中墨西哥西北部地区，到被称为尤卡坦和危地马拉的玛雅人地区。在这30年间，大多数参战者都是美索美洲当地人、入侵者和守护者。的确，成千上万的前阿兹特克战士——墨西卡人、特斯科科人、霍奇米尔科人、夸乌奎琼尔特卡人（Quauhquecholteca）以及其他人——包括特拉斯卡拉军队在内，往南北两个方向开进了很远的距离，设立新的帝国省份，并且在那里定居。但是帝国仍然还是不断地被纳入西班牙的版图，这样便可以将西班牙—美索美洲战争的时间定在1517—1550年间。[48]

半原住民的著作或多或少地支持这种时间节点的分割方法。这些作品的来源、体裁以及作者身份的判定都很复杂，很难得到精确结论，只能用一种从出现于阿兹特克心脏地带（特诺奇蒂特兰、特拉特洛尔科、特斯科科）的记录中所探测出的粗略的模式：对1520年5月公开战争爆发前的那段时间，这些记录所给予的关注非常少；大部分的篇幅记载的都是从此开始至1521年夏天之间的战争；还有很多的内容记录的是持续进行的暴力以及和入侵相关的发展动态，时间持续到16世纪20年代（甚至有时到更后面的时间）。因此，上述第一种叙事策略的目的是采用一种不那么以西班牙为中心的逻辑，也因此将一个1519—1521年的故事转变成了一个16世纪20年代的故事。[49]

我们可以采用的另一个叙事策略，则是简单地将科尔特斯从舞台的中心挪走（正如其他的征服者在他们写给国王的那些没有出版、大部分也没有被阅读的报告中所想要做的那样）。他名义上是在墨西哥发动战争的部队里一名资历较深的队长，以及随后的新西班牙省份的总督，我们没办法将他从这些位置上移开。但是如果我们将其他的西班牙人队长以及原住民首领置于那些受到他们领导和影响的事件的中心，那么16世纪20年代发生的事件就会清晰起来。在为什么"干涸月"大屠杀会逐渐归咎于佩德罗·德·阿尔瓦拉多这个问题中，我们可以知道很多东西；我猜测，如果当时科尔特斯也在城市的中心的话，那么人们可能会发明出一套不同的政治话语，一套支持科尔特斯的话语体系，就如用伏击失败的故事来为乔卢拉屠杀辩护一样。"干涸月"大屠杀并不是证明科尔特斯控制能力的孤例，它也可以一窥征服者制定决策的真实情况，即在这个过程中，像阿尔瓦拉多、奥利德、奥尔达斯、桑多瓦尔和巴斯克斯·德·塔皮亚这样的人物在队长及其追随者所组成的半自治性团伙中的行为和反应。[50]

一个很好的例子发生在1520年5月底，即他们与纳瓦埃斯以及他手下队伍的对峙，这个故事经常被看作科尔特斯的另一场"耀眼的胜利"。然而事实并非如此。这其中有很大的运气成分（冲突一开始的时候，一支箭射在了纳瓦埃斯的脸上，这也迫使他迅速向对方求和），正如科尔特斯与数千名原住民战士对峙时的情况一样。不过总的来说，桑多瓦尔成功地使用了那个原是科尔特斯擅长的战术——同时运用外交说服和暴力威胁——并且在5月的数个星期内，这两个阵营成员之间发生的数十次对话帮助了他。在这些对话中，这些新近到来的人都听说了特诺奇蒂特兰的富丽堂皇、阿兹特克人的富有、科尔特斯军队的和平进入及蒙特祖马那所谓的投降。关键的劝说人物是诸如巴托洛梅·德·乌萨格雷（Bartolomé de Usagre）这样的人。他是科尔特斯队伍里的一名炮手，他的兄弟迭戈也是一名炮手，后者自古巴开始跟随纳瓦埃斯。巴托洛梅走进了纳瓦埃斯的阵营（按照迪亚斯的说法，他还随身携带了一些金块），并且很快说服迭戈——以及他的派系——加入自己的队伍。这些亲属和战友们所许下的关于赃物和奴隶的承诺，比任何队长所做的都要有说服力。（巴托洛梅死于围城战中，迭戈加入了阿尔瓦拉多兄弟的阵营，前往危地马拉与玛雅人作战。）[51]

另一个更具说服力的例子，则是在1521年1—8月的战役中，不同派别的征服者和战士分别由谁领导这一简单明了的事实。传统叙事依赖的是如下的假设，即科尔特斯指挥所有人，策划了对墨西卡人的围困战，到处征战或指挥最后一刻的营救。事实上，科尔特斯本人所做的事情很少——如果有的话。确切地说，他一直都和奥利德、安德烈斯·德·塔皮亚、佩德罗·德·阿尔瓦拉多等人一起待在队长的团伙之中。桑多瓦尔单独行动，和佩德罗·德·伊尔西奥（Pedro de Ircio）、路易斯·马丁（Luís Marín）以及胡安·罗德里格斯·德·维拉富尔特（Juan Rodríguez de Villafuerte）等队长们一起，还同伊希特利霍奇特尔合作。在科尔特斯等人的尝试失败后，桑多瓦尔在从伊斯塔帕拉帕到查尔科的关键地区都取得了胜利，这很大程度上归功于他和特拉斯卡拉以及特斯科科领导层的更好合作。解决把拆解后的双桅帆船从特拉斯卡拉运到特斯科科的难题的人不是科尔特斯，而是桑多瓦尔和罗德里格斯·德·维拉富尔特——解决这一后勤挑战需要上述两方纳瓦人领导层的合作。这也足以说明，在最后的袭击中，当奥利德、阿尔瓦拉多、桑多瓦尔和其他人与特拉斯卡拉人、特斯科科人以及其他原住民盟友们并肩作战，沿着堤坝进入首都的时候，科尔特斯则相对安全地身处湖上的双桨帆船上——他假装在后方领导，就和虚构的"斗牛场"（Plaza-Toro）公爵一样（或者如阿尔瓦·伊希特利霍奇特尔所说的那样，科尔特斯证明了"人们常说，残忍的人都是懦夫"）。[52]

这场从1月持续到8月的战争耗费了相当长的时间，因为诸如桑多瓦尔和奥利德等队长并非一心服从于科尔特斯的号令，他们不过是松散地共事而已。战争的时间同样非常之短，因为战争的最终控制权掌握在那些懂得语言、地形、敌人，以及拥有绝大多数忠心战士的领导人手中。在整个战争期间，原住民的积极性都是决定性的。因此，特拉斯卡拉、特斯科科、特诺奇蒂特兰的领导人也都被认为是行动者（不仅仅是应对行动者），从诸如蒙特祖马、卡卡马、伊希特利霍奇特尔和希科滕卡特尔这样的统治者，到那些并不为多数人所知的纳瓦人都是如此，后者包括夸乌波波卡特尔和唐·胡安·阿萨亚卡特尔，他们所充当的角色我们才刚刚开始认清。

这也将我们引向了另一种叙事策略，用来跨越科尔特斯传说所设置的障碍：我们可以采用以城邦国为基础的原住民视角。事实上并没有所谓的原住民、当地人或者"印第安人"角度的说法，但是用当时王朝精英（例如特斯科科王朝）的眼光来看待这些事件，我们可以收获一些新的观点。有两个事实奠定了我们这部分故事和墨西哥混乱的16世纪20年代这一角度的基础：在阿兹特克帝国不平等的三方联盟中，特斯科科在第二顺位；当国王内萨瓦尔皮利于1515年去世时，在他那数量超过100的子女当中，有数十个儿子的母亲来自特诺奇蒂特兰皇室，因此都享有特斯科科王座的继承权。

特斯科科是位于其同名湖泊东岸的占据支配地位的城邦国。其中心地带土地肥沃、人口众多，从湖的东面一直延伸到山区，但这座城市的统辖及收取税贡的范围往东最远可以延伸到墨西哥湾沿岸。因此到了15世纪末，已经存在着一个"名副其实的特斯科科帝国"。帝国没办法向西延展，因为它被宽阔的湖泊所阻隔，湖泊的中央则是宝石般熠熠发光的特诺奇蒂特兰。在西班牙人入侵的一个世纪以前，一位名叫内萨瓦尔科约特尔的特斯科科贵族与这一岛屿城市的墨西卡人首领结盟，想要摧毁湖泊西岸的一个城邦国的支配地位。蹂躏了那座城市［阿斯卡波察尔科（Azcapotzalco）］后，战胜方成功地将它们的军事联盟转变成了一个权力共享的协议（特拉科潘，这个位于阿斯卡波察尔科南部的城市，控制了湖泊西部的领土，完成了上述三方结盟）。内萨瓦尔科约特尔成为特斯科科的国王，统治了半个世纪的时间，直到1472年去世（直到今天，这位诗歌王子依然以民间英雄和文化偶像的身份蜚声于墨西哥。）[53]

因此，特斯科科和特拉科潘是帝国重要的伙伴，既扮演特诺奇蒂特兰城粮仓的角色，即提供谷物和其他食物，也可成为帝国首都和域外敌人之间的缓冲地带（东边有特拉斯卡拉三方联盟，西边则是塔拉斯坎帝国），但毫无疑问特诺奇蒂特兰是占据主导地位的角色。它首选并且拿走了大部分的战利品，以及随后的加盟伙伴的贡赋。只有它的统治者可以自称"伟大的特拉托阿尼"（伟大的演讲者、皇帝）。内萨瓦尔皮利（1472—1515年在位）在娶妻的时候，尽可能选择和特诺奇蒂特兰皇帝——包括阿萨亚卡特尔（1469—1481年在位）、提佐克（1481—1586年在位）、阿维特索特尔（1486—1502年在位）以及蒙特祖马（1502—1520年在位）——亲属关系较近的人。

这当中藏着本故事的第一个转折。关于内萨瓦尔皮利妻子的身份、命运和子女的信息，不同文献来源提供的信息差别巨大，一些人称这位国王孕育了145个子女。不过共识是其中最重要的妻子都是墨西卡皇室成员，她们生了六七个儿子，这些王子们在1515年时都拥有特斯科科王座的合法继承权。随之而来的继承纠纷以及西班牙人到来的偶然时机，意味着这些儿子当中的八人（也有可能是九人或十人）将在接下来的30年中成为"特拉托阿尼"——刚好经历完所谓的"征服"时期（参见附录中的王朝家谱树）。

1515年，三位最有竞争力的王子分别是卡卡马（他的叔叔是蒙特祖马）与他的两位同父异母的兄弟科瓦纳科奇和伊希特利霍奇特尔（这两个人是同母亲兄弟，同时皇帝提佐克是他们的叔祖父）。不出意外地，卡卡马获得了蒙特祖马的支持，并且被宣布成为其父亲的继承人。不同的资料在关于蒙特祖马如何粗暴地贯彻自己的选择上的记载有所不同，不过它们在一点上是一致的，即卡卡马的兄弟伊希特利霍奇特尔拒绝接受这个选择。他逃离了特斯科科，聚集起支持者，并且在特斯科科领土的北部确立了松散的统治。这两个兄弟都没有足够的信心或能力摧毁对方，于是他们达成了一个协议：伊希特利霍奇特尔将统治北部，卡卡马统治中部和特斯科科城，科瓦纳科奇则获得南部的一块领土（目的可能是阻止其和两个占统治地位的兄弟中任何一方联手）。这种由不平等的三方组成的权力分享模式显然在阿兹特克世界也同时存在，并有许多先例。它同样也对蒙特祖马有利，可以肯定他曾插手其中；一个分裂却和平而物产丰富的特斯科科，能够帮助皇帝维系特诺奇蒂特兰在帝国联盟中的统治地位。[54]

这个协定原本可以维系很多年，但征服者的到来打破了它的稳定。我们知道，当西班牙人进入墨西哥谷的时候，卡卡马就和他们见过面，并带领他们来到了"会面"的地方，但人们并不清楚接下来发生了什么。按照传统叙事的说法，科尔特斯因为卡卡马反对蒙特祖马投降而将他囚禁，并将他的另一个兄弟奎奎兹卡特尔（Cuicuizcatl）推上了特斯科科的王位。来到特诺奇蒂特兰不到几个星期，科尔特斯就成了一个缔造国王的人，这是从科尔特斯抓住皇帝并且夺取帝国的谎言衍生出来的众多荒诞论断之一。甚至科尔特斯本人都已承认他对特斯科科没有任何控制权——他表示特斯科科人拒绝了奎奎兹卡特尔（他因此不得不继续待在特诺奇蒂特兰），并且选择了科瓦纳科奇（他在"悲痛之夜"逃回家的途中杀死了奎奎兹卡特尔）。事实上，卡卡马很可能继续坐在国王的位置上，直到在1520年6月与蒙特祖马一起遭到撤退中的西班牙人的毒手。与此同时，在数月的"虚假抓捕"期间，卡卡马、他的兄弟、蒙特祖马，几人之间显然存在着激烈的政治斗争。这些弄不明白发生了什么的西班牙队长们凭空想象出因果始末，并不时地展开猛烈攻击。阿尔瓦·伊希特利霍奇特尔（伊希特利霍奇特尔的玄孙）讲过一个听上去很真实的故事，他说卡卡马曾派一支由20名征服者组成的护卫队前往特斯科科取一件金质的礼物，但是疑神疑鬼的西班牙人杀死了这些随从的首领（他也是卡卡马的另一个兄弟）。[55]

不管这几个月真实的情况究竟如何，到1520年夏天，奎特拉瓦已经是特诺奇蒂特兰的皇帝，科瓦纳科奇则是特斯科科的国王。帝国的中心相对安全稳固——至少当时如此。当年下半年的时候，战争的主动权再次落入特拉斯卡拉人手中（尽管传统叙事一以贯之地宣称科尔特斯一直掌握着主导和控制权）；起初征服者的数量不断减少、损失惨重，不过之后便依靠着休养和重获补给重新站稳了脚跟，特拉斯卡拉人则还能扩大自己的领土范围，代价是牺牲阿兹特克帝国最东边的特斯科科区域。随着12月战争季的开始，特拉斯卡拉人的战争开始认真起来，并且有足够的信心挺进特斯科科的心脏地带。随着特拉斯卡拉三方联盟的重建，"卡西蒂尔特卡人"和特拉斯卡拉人的入侵武装得到了韦霍钦戈和乔卢拉的军队（那些在前一年的大屠杀中离开的人）的增援。12月29日，联合部队从山口下来进入墨西哥河谷地带。

1520年的最后一天，特斯科科城被攻占，其间没有遭遇任何抵抗。阿尔瓦拉多和奥利德爬上大金字塔顶，从塔顶俯瞰整座城市，这座面积比特诺奇蒂特兰还要大的城市几乎成了一座空城；这个城市人口数量和首都几乎差不多（60 000左右），它的居民正和国王科瓦纳科奇一起奔往特诺奇蒂特兰避难，独木舟铺满了湖面。西班牙人、特拉斯卡拉人与其他侵略者们洗劫了这座城市；所有留下来的男人都被屠杀，妇女要么被强奸，要么和自己的孩子一起沦为奴隶。[56]

随着科瓦纳科奇的离开，西班牙-特拉斯卡拉人成功地夺得了特斯科科，并且将逃亡国王的众多兄弟之一特科科尔（Tecocol）推上了王位——他接受洗礼后成了唐·费尔南多·科尔特斯·特科科尔钦。不过，是否能确认是同一个人？特科科尔在1月底的时候就死了，原因不明。学者哈西格认为在城市被洗劫后，根本没有足够时间和稳定的环境做出上述决定，因此"他登上王位是一个适时的虚构事件"。阿尔瓦·伊希特利霍奇特尔对想象中特科科尔短暂的统治轻描淡写：

> 所有人都同意让特科科尔钦成为他们的王，即便他是内萨瓦尔皮利的非合法继承子，因为在看清事情发展方向之前，他们是不敢提名一个合法继承子的。[57]

为了搞清楚这一点，我们必须重返12月29日的晚上，当时"卡西蒂尔特卡人"-特拉斯卡拉联军经过数天的山地行军后，已经在特斯科科的科特佩克（Coatepec）安营扎寨。到了晚上，队长们迎来了一位来访者：伊希特利霍奇特尔。这位卡卡马的反叛者兄弟，在西班牙人进入山谷后的14个月间一直维持着对于特斯科科北部领土的统治；他可以避开特斯科科和特诺奇蒂特兰求得生存，并且伺机行动。那天晚上，伊希特利霍奇特尔抓住了机会，不仅成了统治他父亲王国的全境之王，而且以牺牲墨西卡人的代价将其扩大——他们的统治者先后支持了他的两位兄弟卡卡马和科瓦纳科奇。在特拉斯卡拉人与其外国盟友的帮助下，他可以逆转山谷区域内的权力平衡，并且将他的特斯科科变成帝国的首都。即使这意味着将东部山区那些纳贡的城市割让给特拉斯卡拉三方联盟，那也不过是为了控制这个伟大的山谷而值得付出的代价。

我认为，在1521年发生的事件中，伊希特利霍奇特尔所扮演的角色被忽视或者弱化了。这点并不奇怪。传统叙事如奴隶般地臣服于科尔特斯的宣告，即他作为一个拥立国王的人，任命并控制了诸如伊希特利霍奇特尔一类的"印第安"统治者；夺取特斯科科并将其当作围困特诺奇蒂特兰的基地这一做法，在五个世纪以来都被视作科尔特斯的天才之举，而将原住民在其中的主动性排除在外。当谈及"印第安盟友"在其中做的贡献时，传统上总是特拉斯卡拉人获得巨星般的风采——他们被迪亚斯、普雷斯科特以及当时及随后的大多数历史学家们所称赞。特拉斯卡拉的官员和混血的历史学家们在整个殖民时期也取得了卓越的功绩：他们将特拉斯卡拉人擢升为改宗基督教的人，并且是让"征服"成为可能的关键盟友。而伊希特利霍奇特尔的玄孙的几本著作并不为学术圈以外的人们所知，并且经常由于书中存在严重的偏见而被忽视。[58]

事实上，阿尔瓦·伊希特利霍奇特尔的记录根本没有比支持科尔特斯的那些大部头作品中的偏见或者偏袒更多，并且可以说这些夸张的部分很容易被剥离，我们可以借此看到一幅足以揭露真相并更具说服力的图像。这一图像显示，在1521年的战争中，伊希特利霍奇特尔作为国王所领导的特斯科科人，他们同特拉斯卡拉人一样扮演着关键的角色——并且很有可能比后者的作用更为重要。关于他何时以及如何成为国王，不同的文献有着不同的说法，有可能是在1520年的夏天（就如我所猜想的那样）。不过可以确定，到1521年春天，他已经被西班牙人和特斯科科的臣民所认可，当时他的很多臣民已经从特诺奇蒂特兰返回家园，并且随着山谷中权力平衡的变化，这一过程还在继续。伊希特利霍奇特尔继续统治特斯科科直至1531年去世。（与此同时，科瓦纳科奇作为墨西卡人承认的特斯科科国王继续留在特诺奇蒂特兰，直到1521年他被西班牙人所俘，与他一同被俘的还有夸乌特莫克以及墨西卡人认可的特拉科潘国王。1525年，科尔特斯在玛雅人的领地将这三人全部绞死。）[59]

阿尔瓦·伊希特利霍奇特尔宣称他的祖辈曾在伊斯塔帕拉帕城外的战斗中俘获了一位伟大的墨西卡战士，同时举行仪式将其活活烧死，并以这种方式向科瓦纳科奇和夸乌特莫克传递信息。我们可以对上述说法持保留意见。但是这样的对战是阿兹特克战争的特点，并且能够帮助我们认清，这次冲突更多的是阿兹特克内战，而不是"西班牙征服"的一部分。此外，阿尔瓦·伊希特利霍奇特尔关于伊希特利霍奇特尔领导的那场巩固了特斯科科在山谷地带主导地位的战役的简要描写，听上去真实度很高：在打败了湖南岸的伊斯塔帕拉帕后，为防止墨西卡人将其作为进攻特斯科科的基地，伊希特利霍奇特尔随后率领60 000名特斯科科战士向北进发，同行的还有2000名特拉斯卡拉人和300个西班牙人。他们的目标是让帝国三方联盟中的第三个城邦国特拉科潘维持中立。联军在哈尔托坎击败了墨西卡人，这是一个位于湖北边小岛上的城邦国，接着横扫湖岸上的城镇，直指特拉科潘。"黎明时分，他们洗劫了这座城市，把所有可能的房屋和庙宇全部烧毁。"阿尔瓦·伊希特利霍奇特尔这样写道，并且在特拉科潘地区与墨西卡军队进行的为期一周的战斗中，也"尽可能多地杀人"。获胜的军队回到特斯科科，特拉斯卡拉人在那里"被获准离开，带着丰厚的战利品回到故乡，实现了他们的目的"。[60]

这场战役是根据当地的传统和先例进行的，无论是从时间（处于战争季）还是目的（两个城邦国联合起来限制另外两大区域性的权力，并且获取战利品）来看都是如此。不过西班牙人的文献以及传统叙事并不认同战争的真实情况，而是简单地将其变为完全由科尔特斯个人构思和指导的一场战役。而所谓的在山谷东部的城镇里赢得他们对于联盟事业的支持，也属于上述情况；事实上，这些都是特斯科科的属地，处在它们自己国王的领导之下。西班牙人的文献也沿袭了科尔特斯-戈马拉的说法，将征服者们在特斯科科的骚动归咎于纳瓦埃斯和委拉斯开兹的支持者，称赞科尔特斯绞死安东尼奥·德·瓦拉法尼亚（Antonio de Vallafaña）的大胆行为重拾了纪律；但事实显然是西班牙人推动特斯科科-特拉斯卡拉人行动议程的行为激起了帮派冲突，不过后来解决问题的是占主导的队长们，而非科尔特斯一个人。最终，由于特斯科科不愿继续和伊斯塔帕拉帕南部的查尔科湖沿岸的查尔科人打仗，这可能成了西班牙人动乱的源头之一；此前，桑多瓦尔试图联合西班牙骑兵和特拉斯卡拉战士，从而将联盟的控制范围延伸到那里，最后却是徒劳。其他的队长们也领导了针对南部城市的袭扰，造成了巨大的破坏，并且迫使那些没有被杀或者沦为奴隶的家庭逃离；不过，阿兹特克那些以独木舟为工具的战士不断返回战场，让战争变成了消耗战。

在传统叙事中，科尔特斯在1521年的上半年打了一场漂亮的战役，他逐渐控制了山谷地区，形成对特诺奇蒂特兰的包围之势。与这一叙事逻辑不相适应的挫折和事故则被解释成"印第安人"盟友的不可靠、阿兹特克人的嗜血以及巨大的后勤挑战等因素的后果。但是，如果从特斯科科一方的视角来看，战争展开的原因则更合理。特斯科科和他们的特拉斯卡拉人盟友是依照自己而非西班牙人的意愿来派遣部队。他们的目的并不是建立永久的领土控制，而是迫使某个城市接受特斯科科或者特拉斯卡拉作为主要的地区首都，并获得它们的贡赋——这也解释了为什么这场战役包含了数十次的劫掠和小规模的战斗，而同样的城市一次又一次地被征服者"夺取"。西班牙人想要把这些袭扰转变成针对特诺奇蒂特兰的集中进攻，但没能成功，同时也发现原住民战士更愿意带着战利品和战俘回家，而不是在某个地方长期逗留。这场战争中，没有任何一个士兵是正规军出身，尽管"卡西蒂尔特卡人"远离故土，投身于这项拥有半合法性的事业，但纳瓦人则期待当战争季节在4月结束的时候回家。

因此，战争本应在5月以和局收尾。如果西班牙人在这个时间点离开的话，这个地区就会在1521年剩下的时间内稳定下来，进入战后修复阶段，同时阿兹特克帝国解体，新兴政权将会巩固向其纳贡的地区：一个比以往任何时候更为强大的特拉斯卡拉三方联盟将出现；特诺奇蒂特兰的势力和范围都会缩小；特斯科科在伊希特利霍奇特尔的领导下统一。

但是西班牙人并没有离开，他们的数量不断增加——到了5月，他们的数量已经超过了700人，甚至在不断有人死亡的情况下，这个数字仍在8月增长至近千。这些人的数量已经大大超过了最初队伍幸存者的数量，并且他们急切地想要得到属于自己的奴隶和战利品。他们的马匹、火绳枪（那个年代的笨拙手枪）以及弩的数量都增加了。他们杀戮的意愿日益增长：伪装成惩罚反叛分子的洗劫和猎奴的次数激增。当希科滕卡特尔

（儿子）表达了不愿意在战争季结束后的5月继续打仗的想法时，一小撮西班牙队长和一些特斯科科贵族以及一名特拉斯卡拉对手［他名叫奇奇梅卡特乌克特利（Chichimecateuctli）］密谋，抓捕希科滕卡特尔并将他绞死。奇奇梅卡特乌克特利可能是这个阴谋的策划者，但他发现队长们很快就相信希科滕卡特尔是叛徒并因此杀死了他。至于特斯科科，这座城市已经变成了一个大型的战争营地，配备了新近建成的双桅帆船，这些船是为了正面攻击特诺奇蒂特兰而建造的。特斯科科人一定很清楚，夺回他们城市的唯一方法就是等待最后的袭击开始并且取得成功。特斯科科没有回头路。[61]

因此，特诺奇蒂特兰包围战可从两个方面看待：一方面，它是1515年开始的特斯科科继承权争端的戏剧性结局，结局是伊希特利霍奇特尔这个坚持到最后的兄弟胜利地重新统一了他的父亲曾经控制过的地区；另一方面，它也是旧的三方联盟的内部权力平衡的剧烈倾斜，特斯科科战胜了特诺奇蒂特兰，并将其挤到了第二的位置。特斯科科的胜利是浮士德式的讨价还价，西班牙人和特拉斯卡拉人则是一大一小的魔鬼，他们的真面目目前还未显现。

当然，战争本身对特斯科科城内的家庭生活而言是一次可怕的劫难。但是它的余波，即西班牙人所宣告的"征服"，并不是平和且静止的战前时期的彻底终止，而是一段混合了波动性和适应性的政治历史的延长。在这个问题上，需要的则是更深层次的适应性，其中最显著的要数宗教信仰的改变和政治结构的重塑。但是该城邦国的重要性是被新西班牙当局所认可的，后者将其选定为墨西哥谷仅有的四个城市中心之一，即"Ciudad"或者"City"。特斯科科的统治者家族继续按照传统的合法性模式施行统治，跟谷地内数代阿兹特克人的传统一样，先是一群兄弟继承王位，之后是儿子，继承的基础则是与特诺奇蒂特兰的墨西卡皇族的血缘关系。[62]

因此，当伊希特利霍奇特尔去世时，他的继承者是他的三位兄弟唐·豪尔赫·尤永钦（don Jorge Yoyontzin，在位至1533年）、唐·佩德罗·特特拉维维特奇钦（don Pedro Tetlahuehuetzquititzin，在位至1539年）以及唐·安东尼奥·皮门特尔·特拉乌伊托尔钦（don Antonio Pimentel Tlahuitoltzin，在位至1545年）；上述最后一位兄弟的侄子（同时也是科瓦纳科奇的儿子）唐·埃尔南多·皮门特尔·内萨瓦尔科约钦（don Hernando Pimentel Nezahualcoyotzin）后来以国王和总督的身份统治了20年的时间。因此，伊希特利霍奇特尔的战后统治标志着政治稳定的恢复，继承争端和1515—1521年的致命战争，则只是对从内萨瓦尔科约特尔到他的曾孙皮门特尔之间长达一个半世纪的稳定统治造成了时间相对短暂的破坏而已。自那以后，这个王朝会失去城市最高统治权，但在后来的几个世纪继续当着拥有土地的贵族。同样地，作为地区重要政权，特斯科科的衰落开始于16世纪末，是一个非常缓慢的过程。[63]

可见，特斯科科人对于战争的看法是非常关键并且具有启发性的。此外，我们还有最后一个可以用来观察这个怪物（关于科尔特斯控制的神话）的策略：我们可以用墨西卡人（特诺奇蒂特兰-特拉特洛尔科的居民）的视角观察16世纪20年代。从这个视角看，1520年，外国客人长时间在首都逗留，最终在5月对手无寸铁的庆祝"干涸月"节日的民众突然发动袭击，他们的世界由此被破坏了，又因随后的6月和7月那代价高昂但是令人称奇的胜利而拨乱反正。大部分的新来者都被杀死，其中的很多人都用仪式般的方式被处决，如此抓捕者和被捕者都能获得荣耀。在"扫路月"期间（开始时间是9月早期），一位新的皇帝奎特拉瓦即位，来自帝国各地的贡品按照既定时间被送往特诺奇蒂特兰。

但是平衡还有待被重建。东部已不再纳贡，因为那些曾属特斯科科控制的城市如今正在遭受特拉斯卡拉人-"卡西蒂尔特卡人"联军的攻击，或者转而效忠正在不断扩张的特拉斯卡拉三方联盟。不过也有可能在"伸展月"［Tititl，缩小东西的节日（Festival of Shrunken Things），第十六月］初，特斯科科一方将退出和特诺奇蒂特兰以及特拉科潘组成的三方联盟。可是这个正在缩小的帝国很难称得上是帝国了。到了"食豆黍粥月"（吃豆子节），供应短缺的已经不只是豆子；这个岛屿城市已经被敌人包围，它与其原先控制的世界隔绝了。到"亡者小宴月"（Miccailhuitontli，小亡灵节，第七月），尸体已经在街道上堆积得很高了；伴随着"亡者大宴月"（Huey Miccailhuitl，大亡灵节，第八月）的开始，这个大都市已经被洗劫，死人的尸体在火葬场燃为灰烬，幸存者沦为奴隶或难民。

以西班牙人和传统叙事的角度看，1521年8月标志着新西班牙的浴血诞生，以及三个世纪殖民统治的开始。正如1697年拉斯·卡萨斯在法文版《西印度毁灭述略》中所写的那样，"墨西哥"（Mexique）是"一个伟大帝国的名字，蒙特祖马是这个帝国的末代国王；费尔南多·科尔特斯在1519年进入这个帝国，抓住了那位亲王，随后征服了整个国家"。索利斯用数百页的篇幅记载了这场战争，却只用了一段话结束了整个故事：在"征服了首都之后"，这个已经陷落的帝国的贵族和"纳贡的亲王们"开始"向征服者致敬"；于是"在很短的时间内确立起了这个尊贵的君主政体，它值得'新西班牙'的名号"。[64]

对于征服者来说，当下的任务是维持地区的安定（pacificar）和人口繁衍（polar）。原住民都会被奴役，或者作为能提供劳动力的贡品分配给监护人（外来征服者会被授予对原住民的托管权，或被授予个人拥有海外殖民地中的部分土地及其原住民人口的特许，也称"监护征赋制"）。与"印第安人"正在进行中的冲突被定义为镇压"叛乱分子"。那些合作的"印第安盟友"（indios amigos，"印第安朋友"）——那些曾经为西班牙人的事业而战斗，现在皈依了基督教，并且按照新定居者的要求提供劳动和纳贡的人——被授予在当地自治的特权。这类人中最突出的就是特拉斯卡拉人。正如征服行动的辩护者巴尔加斯·马丘卡后来所说的，"唐·埃尔南多·科尔特斯在他们的帮助下进入并且得到了墨西哥……在此之后，新西班牙所有剩下的省份都在短时间内被这位'谷地侯爵'所征服"。[65]

　　索利斯的结束语因他对于战争的热情而过时——"一次激动人心的征服，一位最杰出的征服者，多少年才会出现这样一位，是历史中为数不多的典范之一！"——但是它的结尾仍然继续出现在今天的著作中。最近出版的一本针对年轻人的图画书（字面意义上的）就是其中的一个例子，这本书用卡通绘画和文字说明的方式熟练地捕捉到了传统叙事的精神。夸乌特莫克投降的时候，"科尔特斯很高兴"，因为"他打了胜仗"。但是"不幸的是，伟大的特诺奇蒂特兰城市成为废墟"，并且"荣耀的阿兹特克文明被摧毁"。然而，"科尔特斯在特诺奇蒂特兰的原址上建造了墨西哥城"。倒数第二张图片描绘了一个被毁掉的空城，最后一幅画中展现的则是一个拥有西班牙式建筑的院子。[66]

　　上述印象的三个元素——1521年8月结束的战争作为征服运动的尾声，一个被蓄意毁灭的城市与在原址上建造的全新城市之间的剧烈冲突，以及科尔特斯掌控一切——组成了传统叙事的基础，这些从本质上都是错误的。如果从其他的角度观察——事后诸葛的复盘法、历史证据的重量、原住民族群的记忆，16世纪20年代似乎具有特殊的意义。以特诺奇蒂特兰幸存的墨西卡人的特定视角来看，他们的世界并没有伴随帝国的终结而收缩，甚至反而是扩大了。视野扩大的例子包括1519年泰诺人、非洲人和西班牙人进入特诺奇蒂特兰；接下来的一年中，这些外国人带来了传染病的传播（最著名的当属10月左右暴发的天花疫情，杀死了包括奎特拉瓦在内的数千人），以及当地人得以获取新材质的物件（例如在1521年春季发生于霍奇米尔科的战斗中，西班牙人注意到墨西卡人已经把他们的刀用在了木制的长矛上，增加了致命的铁刃）。此外，在1521年战争末期的山谷内，墨西卡人以及其他纳瓦人还没有停止战斗；恰恰相反，他们以战士和殖民者的身份走了出去，向南及向北远至尤卡坦和危地马拉的玛雅诸王国境内。另一些人则远赴西班牙，其中一部分人作为阿兹特克贵族的代表，更多的则是作为奴隶（1528年有几艘船跨越了大西洋，船上载着蒙特祖马的两个儿子、三位特拉斯卡拉王子、特诺奇蒂特兰墨西卡统治者的一个儿子，以及三十多个纳瓦仆人和奴隶）。[67]

墨西卡人逐渐接触到的，并不只有西班牙人的宗教、文化和语言；年轻的贵族很快能够熟练掌握拉丁语，并且在特诺奇蒂特兰的特拉特洛尔科地区开办的学院里学习（这是新世界第一个欧式高等教育机构，一些人后来在那里授课）。对于西班牙人来说，特拉特洛尔科学院是一个新西班牙机构，但它的学生都是纳瓦人，对他们来讲，这是特诺奇蒂特兰战后时代的一所机构。

特诺奇蒂特兰的死亡成了一个神话，这个神话是1521年8月13日这一时间节点的切割所造就的。历史学家们或强调科尔特斯在1522年将城市区域在征服者之间进行了分割，或强调阿隆索·格拉西亚·布拉沃（Alonso Gracía Bravo）在1524年对中心网格（*traza*）进行的度量，又或者强调由于原住民被迫建造西班牙人的宫殿所引发的"第七次大瘟疫"（正如莫托利尼亚所称呼的那样），这些都构成了这个神话棺椁上的钉子。因为当特诺奇蒂特兰的大部分在当年的8月化为灰烬时——成了一个由废墟、尸体和饿得半死的幸存者所组成的人间炼狱，它既没有死亡也没有被抛弃。尽管由于战争和天花，阿兹特克人口数量减少，但是他们仍然继续留在都城的土地上。在早期的日子里，那些"病到无法离开的人"无疑会沿着堤道蹒跚而行，"他们如此单薄，面容蜡黄，浑身脏兮兮，并且散发恶臭，所有看到他们的人都会心生怜悯"（迪亚斯如此写道）。但是他们的目的是寻找食物，以及逃离这个被劫掠的城市——自乔卢拉大屠杀以来，西班牙人每次侵袭原住民的城市，都会大肆掠夺和奴役，并且为获得隐藏的宝藏的线索而折磨原住民。不到几个月，也可能几周的时间，墨西卡人重新回到了他们的邻里和家园、花园及奇南帕[1]（*chinampa*）当中——尽管西班牙人为了处决这些回归者，很有可能在中心广场立起了一座绞刑架。[68]

---

[1] 指湖滨菜园。

在围城战之前，科尔特斯想象这座城市非常适合建立隔离且安全的定居地——西班牙人居住在岛上，"印第安人"则居住在河岸的城镇里。但是16世纪20年代早期的实际情况则恰恰相反。1521年，征服者居住在岸边，其中的大部分人居住在特诺奇蒂特兰南部的科约瓦坎；讽刺的是，西班牙人不得不踏上一条他们曾在1519年11月走过的堤道，以便进入这个大部分已经遭到毁坏但他们还未能占领的城市。甚至当他们自1524年起陆续搬入新建筑时，他们的活动区域也仅限于中心网格内部——为西班牙行政大楼和房屋保留的网格状的中央区域——除了它的位置，其概念也是阿兹特克式的。教堂建造在神庙的地基之上，新的宫殿建立在旧宫殿的地址上，广场、街道还有运河都在原来的位置，阿兹特克的空间在地下或者"西班牙-阿兹特克空间"范围内继续存在着。[69]

城市的大部分地区继续保留着原本是单独的城邦国的五个阿兹特克社区。每个城邦国都留存下来，名字也只是被加上一个圣徒的名字作为前缀：北边是圣地亚哥·特拉特洛尔科（Santiago Tlatelolco）；在中心网格周围，组成了圣胡安·特诺奇蒂特兰（San Juan Tenochtitlan）的四个地区——圣玛丽亚·库埃波潘（Santa María Cuepopan）、圣塞巴斯蒂安·阿萨夸尔科（San Sebastián Atzacoalco）、圣巴勃罗·特奥潘（San Pablo Teopan）和圣胡安·莫约特兰（San Juan Moyotlan）。但是除了空间和政体、居民和社区的延续，可能最值得注意的便是阿兹特克王室统治惊人的延续了。

至少可以追溯到第一代蒙特祖马，此时阿兹特克皇帝就任命了一位高级别的官员为总督或者首相，头衔是"西乌阿科阿特莉"（cihuacoatl）；蒙特祖马的兄弟特拉卡埃尔（Tlacaelel），曾任他的西乌阿科阿特莉；特拉卡埃尔之孙特拉科钦（Tlacotzin）在"西乌阿科阿特莉"的位置上任职到第二代蒙特祖马时期。特拉科钦不仅在战争中活了下来，而且是在被围困的特诺奇蒂特兰城内幸存，并且在战争即将结束的几周内，充当墨西卡人和联军之间协调员的角色（根据科尔特斯的说法）。战后，他继续保留着"西乌阿科阿特莉"的头衔，由于夸乌特莫克已经是阶下囚，他事实上已经登上王位，并更名为唐·胡安·委拉斯开兹·特拉科钦（don Juan Velázquez Tlacotzin）。原住民的编年史和手抄本将他列入统治者的继承序列中，名列夸乌特莫克之后。在《奥宾手抄本》（Codex Aubin）中，他以统治者的身份出现在1523年的条目旁边（这个场景在本书插图中再现）；他的头上方是一个长着女性头的蛇形象（cihuatl的意思是"妇女"，coatl的意思是"蛇"）。"西乌阿科阿特莉"的传统职责看起来包含负责特诺奇蒂特兰自身的基础设施建设和运转，并且可以肯定的是特拉科钦在16世纪20年代早期就担负起这个职责。例如，他重新开启了大型的城市市场，并以自己的名字将其重新命名，这个地方恰好就在他自己（重建的）居所旁边。[70]

尽管特拉科钦已经成为原住民的特诺奇蒂特兰的实际统治者，他还是在1525年夸乌特莫克被处决之后，被同时代的西班牙政府任命为"总督"（gobernador）。他在夸乌特莫克死后不久即去世，当时他正在前往洪都拉斯的探险途中。科尔特斯随后任命唐·安德列斯·德·塔皮亚·莫泰尔奇乌钦为继任者，当时他也正陪同科尔特斯探险。莫泰尔奇乌钦"只是一个墨西卡鹰派贵族"［正如纳瓦编年史家奇马尔帕欣（Chimalpahin）后来评价的那样］，而不是阿兹特克王室成员。他统治的时间是16世纪20年代晚期，当时西班牙人的统治建立不久，由于征服者内部、征服者和第一波西班牙王室官员以及早期定居者之间肉眼可见的内部冲突，其统治效力大打折扣。1530年，莫泰尔奇乌钦作为远征队的领导者之一，在北部征服奇奇梅克斯的战斗中被杀。蒙特祖马的一位远房表弟唐·巴勃罗·特拉卡特库特利·索奇克恩钦也参加了这场战役，他后来获得了特诺奇蒂特兰的管理权。[71]

这也让城市的管理权与阿兹特克皇帝的直系血脉走得更近，并且随着唐·迭戈·德·阿尔瓦拉多·瓦尼钦（Diego de Alvarado Huanitzin）的履职，两者的关系更加紧密。作为阿萨亚卡特尔的孙子以及蒙特祖马的侄子，瓦尼钦得到了墨西卡人的认可，成了"伟大的特拉托阿尼"。在诸如《奥宾手抄本》一类的半原住民资料中，瓦尼钦被描绘成头戴*xiuhhuitzolli*——高级别官员的头饰，实际上就是阿兹特克的王冠——坐在高背的宝座之上的形象。瓦尼钦的形象并不只是表面上的延续，或者阿兹特克人怀旧的象征：他是按照阿兹特克的传统，从包括蒙特祖马两个在世的儿子在内的皇室成员中选择出来的；他的任命获得了门多萨总督的认可，后者与他的合作非常紧密，并且显然很大程度上仰赖他。[72]

瓦尼钦之后，墨西卡的统治权仍在阿兹特克旧皇室一脉的手上维持了数代人的时间，从提佐克和阿维特索特尔的孙子，到瓦尼钦的儿子和侄子，再到17世纪20年代传给他的一位曾孙——此人是1376年国王阿卡马皮奇特利的直系后代。王朝统治延续的时间比科尔特斯到来并离开的时间更为久远；1541年瓦尼钦去世的时候，他已经永远地离开了墨西哥。特诺奇蒂特兰的故事也不再是科尔特斯的故事了。那么，它曾经是否属于科尔特斯呢？

※

科尔特斯站在海滩之上，挥舞着手中的剑，朝着马丁·德·卡斯特罗（Martín de Castro）大声吼叫。他命令聚集在沙滩上的众多人马中的这位公证人把这些东西写下来。快写，他"大声地宣告"，你要写"我是最杰出的唐·费尔南多·科尔特斯大人，瓦哈卡谷地侯爵、代国王陛下掌管新西班牙和南海的总首领"；还有"我发现了这片土地，我带着自己的船和舰队来到这里，征服了这里并在此定居"。侯爵大声叫喊他"控制且拥有这块新发现的土地"，并且

> "将港口和海湾命名为圣克鲁兹港和圣克鲁兹湾"，还在海滩
> 上"从一个地方到另一个地方来回踱步，用剑砍那里的树，

命令站在那里的人们接受他以陛下的名义成为这些土地的总督"。[73]

在上述场景中看到一些可悲的堂吉诃德式的东西是很吸引人的。因为在传统的歌颂科尔特斯胜利的叙事当中，根本不可能有关于上述场景的位置。这一占领的仪式并不发生在入侵墨西哥时期，而是在1535年5月，在今天被称为下加利福尼亚半岛顶端的海滩上。尽管有很多关于发现和征服的谈论，但没有即将来临的文明，没有参与其中的使团，甚至没有几个将被奴役或者诱捕的毫无疑心的当地人。他们绘制了一幅小型地图，现在这幅地图与马丁·德·卡斯特罗关于这个瞬间的记录一起被收藏在塞维利亚的档案馆里。地图只展示了半岛的顶部，不长的海岸线延伸到边沿之处——就像科尔特斯的远征一样。[74]

除去他所有的头衔，他的船只和马匹，他的喊叫以及用剑砍树的行为，科尔特斯也可以被视作挑战风车的堂吉诃德。一周以后，他让远征队的传令员（public crier）在同一片海滩上大声诵读一份数年前的王室法令，这份1529年签发的法令授予科尔特斯"发现和征服任何新西班牙南海（墨西哥的太平洋海岸以外）上的岛屿，并在那里定居"的许可。他让公证人记录了诵读这一法令的过程。整个过程就像是科尔特斯对16年前韦拉克鲁斯海滩上的法律仪式的再次重复，只不过这一次，他已经控制不了自己的队伍了。不过还有另一个不同之处：附近没有任何城邦国。没有能够征服的地方，他甚至无法控制那些人们认为是由他所征服的土地。[75]

几天后，他向克里斯托瓦尔·德·奥尼亚特（Cristóbal de Oñate）去信（新加利西亚——中墨西哥西北部——的征服者，同时是这个地区接下来十年中大部分时间的总督），告诉他自己发现了"珍珠和渔场"，但是他直到发现了这些新土地的"秘密"之后，才给新西班牙总督（努纽·贝尔特兰·德·古兹曼）或者大主教（胡安·德·苏马拉加）写信。事实上，那里并没有什么秘密。1535年在半岛顶端建立起来的毫无价值的西班牙殖民地不到一年便被弃置，永久殖民地还要到60年之后才能建成，这个地方在数个世纪的时间内都是贫穷不堪的。[76]

无用的头衔、无意义的文书工作、毫无成果的远征，以及被从那个据称是由他征服但却被别人统治的王国流放的事实，这些组成了科尔特斯人生最后几十年的时光（1529—1547年），也被他的传记作者称为"自我征服"或者"没有权力的侯爵"时期。当然，嘲笑诸如发生在下加利福尼亚半岛海滩上的这些瞬间，自然也很容易对科尔特斯的神话造成沉重打击。但如果真要这么做，就是搞错重点了，因为我们的目的并不是把他从英雄变成反英雄，或者从传奇人物变成失意者，而是对他的例外论进行解构。在海滩上挥舞着剑、口述文件的科尔特斯并不是一个滑稽的形象，他是一个典型的征服者，所作所为与同时代西班牙人在美洲大陆之上和之外的行为并无二致。和其他的欧洲人一样，他们会宣告对任何探索过的土地的所有权，并且在征服、定居和统治前公示合法证书。大部分的远征都失败了，大部分人的宣告都没有任何结果；征服者或将要成为征服者的群体的死亡率非常高。将西班牙—阿兹特克战争从科尔特斯的传记，以及他那乏善可陈且通常不成功的参与征服的过程中移除掉，才是一切的重点。[77]

记叙征服和科尔特斯人生的传统叙事的作者们一直试图让他人生最后四分之一个世纪内的行动以及优先事项显得意义非凡。一个所谓有远见的领袖根本不关注自己取得的成绩，反而持续不断地被其他地区转移注意力，把数千人的性命消耗在诸如远征洪都拉斯这样毫无意义且代价高昂的行动上，这该如何解释？一个简单的办法是关注科尔特斯本身，因为他从没有放弃指责自己的宿敌和忘恩负义的朋友。一个更为复杂但是证据更充分的解释是——前提是接受科尔特斯的掌控是无稽之谈这一观点——他夺取阿兹特克帝国的说法和蒙特祖马投降的说法一样，都只是幻想而已；他不得不绝望地维持对新西班牙境内的西班牙人和更为广大的、摇摇欲坠的原住民国家及社区网络的表面上的控制。此外，如果我们接受了这样的观点，即科尔特斯真的开启了远征行动（而不是委拉斯开兹），依据国王无可争辩的授权发现新的土地，并且寻找到通向亚洲和香料群岛（Spice Islands）的航线，如果他有这样的远见的话，那么这种行动为的就不是西班牙而是他自身未来的荣耀。这样，一切谜团就都迎刃而解了。

这是一个老套的伊比利亚梦想，早在科尔特斯那一代人出生之前就已经流传许久，这个梦想让哥伦布坚持了一辈子，也在几十年的时间内激发了无数人的远航。所有在1521年扬帆探索美索美洲的队长们——到达特万特佩克的胡安·德尔瓦莱（Juan del Valle），发现瓦哈卡的佩德罗·德·阿尔瓦拉多，发现米却肯的奥利德，还有来到格雷罗（Guerrero）的佩德罗·阿尔瓦雷斯·奇科——都收到指令，要寻找一条从加勒比通向太平洋（当时称为"南海"）的路线。在找到这条路线之前，为了帮助寻找它，需要在太平洋沿岸建造一艘造船厂；为此，原住民奴隶和搬运工被迫搬运缆绳、索具和船锚，从韦拉克鲁斯开始，穿越中墨西哥一路来到扎卡图拉［Zacatula，今天的佩塔卡尔科（Petacalco），坐落在格雷罗州的太平洋沿岸］。科尔特斯在1522年5月写给国王的第三封信中报称已经有四艘船正在建造中。[78]

在蒙特祖马于特诺奇蒂特兰欢迎科尔特斯的那几周的同一时间，斐迪南·麦哲伦（Ferdinand Magellan）和塞巴斯蒂安·埃尔卡诺（Sebastián Elcano）正率队进行一场穿越海峡的探险，这个海峡后来以前述葡萄牙队长的名字命名。1519年11月28日，他们抵达太平洋，继续前往香料群岛或摩鹿加群岛［Moluccas，今称马鲁古群岛（Maluku），属印度尼西亚］以及菲律宾（麦哲伦正是在那里被杀）。1522年秋天，埃尔卡诺回到了西班牙，这促使国王命令科尔特斯停止现在的探险，同时开启了另一次探险［在约弗雷·加西亚·德·洛艾萨（Jofre García de Loaysa）的领导下］。该探险从西班牙出发，目的是改进麦哲伦-埃尔卡诺的航线。远征队最终在1525年出发，但在1526年夏季时被怀疑已经失踪；科尔特斯受命在太平洋上寻找幸存者。事实上，尽管洛艾萨本人和大部分的船员都葬身大海，但幸存者最终到达了摩鹿加群岛，一艘船甚至找到了位于特万特佩克的那座新建的西班牙造船厂。[79]

在发现这个挽救局面的机会后，科尔特斯组织了一场昂贵的跨太平洋的远征，领导者是他的一位表兄弟阿尔瓦罗·德·萨维德拉·塞隆（Alvaro de Saavedra Cerón）。科尔特斯希望能够负责将这些亚洲岛屿"尽收帝国的统治之下"，并且写道自己"深信，我们能够见证国王陛下在我们这个时代成为世界之王"。他给自己的表兄弟写了一封信，希望它被转递给中国的皇帝，告知他上帝已经在所有的基督教国王中"优先选择"了西班牙国王，"上帝希望他能够成为整个世界的皇帝"。（他还写了"10封拉丁文的信件，收信人名字的位置留白"，"因为拉丁语是世界上最为通用的语言"，"有可能犹太人都能够读懂"。）萨维德拉的船队在1527年7月出发，在随后的几年中杳无音讯。与此同时，1528年，科尔特斯在墨西哥的西班牙当局中仅剩的一点儿权力也遭到古兹曼领导的王室官员剥夺，科尔特斯的造船厂被接管，他本人也被召回西班牙。[80]

那么在此期间，萨维德拉的远征队究竟发生了什么？的确，船队最终到达了摩鹿加群岛，可他们却失去了所有的船只和大部分的船员。从墨西哥出发七年后，少数幸存者终于回到了西班牙。

回到西班牙后，满载战利品的科尔特斯一直想方设法地求见西班牙国王。最终，1529年7月6日，查理五世在巴塞罗那签署了四项授予科尔特斯特权的敕令（cédula）。头两个敕令仍然认可他为新西班牙的总督和总队长，还擢升他为瓦哈卡谷地侯爵。除了封爵令，他还被授予并确认拥有中墨西哥和瓦哈卡境内数量可观的土地，并在此施行监护征赋制。现在，在王室法令和事实两个方面上，他已经是一位极其富有和有权势的贵族。

但这项法令授予的权力并未能存在很久。同样在那个早晨，国王还签署了另外两项法令。表面上看，法令似乎仅仅是进一步提升了新侯爵的特权：其中一项任命他为南海（即太平洋）海岸和省份的总队长，另一项赐予他在墨西哥拥有更多用于狩猎的土地。但是在这两项法令中，新墨西哥总督的头衔不见了。他的头衔被撤销了，他的统治权已经消失，并且永远都不会再回来，封爵只是一个安慰性质的奖励。没有统治权的总队长头衔，相当于命令他出发为国王寻找新的土地，直到死亡为止，而把墨西哥拱手让给其他人。[81]

科尔特斯所拥有的大量财产，以及他在墨西哥和瓦哈卡占有的劳动力让他成了一个富人。1529年的文件授予他担任南海总指挥官的权力——事实上即统治太平洋，但是除了下加利福尼亚一片空荡荡的海滩外，文件没给他任何其他东西。那个由想象中的岛屿组成的王国距离他本人越来越远。由于古兹曼政府的骚扰（他因总督扣留了自己的船而同他打起了官司），他在太平洋扩张的可能性，既在墨西哥北部受到西班牙王室主权的限制，又在其他地方受到古兹曼和另一位宿敌潘菲洛·德·纳瓦埃斯的限制。此外，在不知道国王已经将摩鹿加群岛的一切权利都卖给了葡萄牙王室的情况下，科尔特斯建造并且装备了两艘新船。在科尔特斯另一位表兄弟迭戈·乌尔塔多·德·门多萨（Diego Hurtado de Mendoza）的率领下，远征队于1532年离开阿卡普尔科（Acapulco）。一艘船往北航行，最后在今天的纳亚里特（Nayarit）靠岸，所有船员都被屠杀殆尽，另一艘船则不知所终。

科尔特斯变得越来越偏执，之后又派出了埃尔南多·德·格里哈尔瓦（Hernando de Grijalva）领导的一支船队。虽然他们发现了半岛南部的一些岛屿，但是其中的一艘船又遭到古兹曼手下的扣押。随后科尔特斯亲自开始远征，全然不顾此时西班牙王室已经授权阿尔瓦拉多领导太平洋的探险。1536年，当秘鲁的皮萨罗远征军请求增援的消息传到墨西哥时，科尔特斯准备了几艘船，任命格里哈尔瓦为指挥官，并且命令其前往摩鹿加群岛而不是秘鲁。格里哈尔瓦差点就完成了任务，可当船队达到了吉尔伯特群岛（Gilbert Islands）时，船员弃船并将他杀死。科尔特斯仍在造船并准备太平洋远征。1539年，一支由三艘船组成的船队启程向北航行，返回时除了关于加利福尼亚海岸的描述之外，没有带回来任何东西。此后不久，科尔特斯回到西班牙，与此同时，另一支由五艘船组成的船队已经在阿卡普尔科进行远航准备。科尔特斯再也没有回到墨西哥，远征活动最终也被放弃。[82]

　　一位历史学家最近研究这些材料并发现，"欧洲的现代化开始于对利益的贪得无厌与对空间和未来的展望"。[83]如果从广泛意义上的16世纪欧洲的远征和扩张的角度看，上述观点也许正确，但是在更大的发展过程中，科尔特斯的角色则非常惨淡。他那衍生而来的以自我为中心的目的感导致原创性的或者有创造性的东西非常少。他在加勒比地区的15年间没有任何值得记载的成就，不过至少这些相对平静的时光也没有造成太大的损害。与之相反，在一段相似的时间段内，他在太平洋上的努力也没有取得什么成果——但是他耗尽了原住民劳动力，倾尽了正从战乱和传染病中恢复的原住民群体的资源，还让数百人葬身大海。除了浪费、悲剧和失败，他没有得到任何利益、回报或者结果。阿兹特克战争的胜利——"征服墨西哥"——并没有让科尔特斯从一个平庸之辈变成一个有远见的聪明人，却给了他这样的幻觉，让他以为自己一直都是这样的人。

　　科尔特斯本人当然对上述幻觉深信不疑。他在写给国王的信中萌生并且滋长了这种幻觉，到了16世纪40年代，他在与儿子唐·马丁和传记作者之一的戈马拉的对话中，这些幻觉更加膨胀。他在西班牙度过的生命最后几年所发生的一些事件中，这一点也表现得很明显。16世纪20年代晚期至30年代，他在墨西哥和太平洋的远征的失败都没能超越1541年他在一次地中海战役中的失败。当然，这次战役不是由科尔特斯领导的，战败的结果也不是他的错，但是他本人的狂妄自大已经赶得上查理五世和他的军队了。这场战役以西班牙袭击奥斯曼帝国在阿尔及尔的要塞开始，并且很快就陷入了麻烦：由于入侵的舰队被糟糕的天气分散开来，并因此严重受损，陆上进攻被迫停止，在两天的行军后撤回海岸线，避免了全军覆没的下场。据称，科尔特斯将这次撤退与西班牙人从特诺奇蒂特兰的撤离作类比，要求查理五世掉转回去进攻突尼斯，就像他当年聚集手下夺取阿兹特克首都一样。所幸他的请求被当作耳旁风，否则这位征服者老人就会在一个被围困的海外城市中死于非基督徒守卫者之手——尽管这很讽刺，却也可以说是合适的。[84]

纵观其身后五个世纪的时间，无论科尔特斯被看作摩西还是恺撒、英雄或是反英雄，两个核心的科尔特斯式的特征一直都存在着：非凡的和娴熟的。西班牙史诗作家瓦卡·德·古兹曼如此生动地描绘道：

> 如果你想要看到一种勇敢的精神，
> 那个给予了你的国家很多荣耀的，
> 一位时刻准备应对风险的、审慎的、
> 果断坚决的、大无畏的、
> 西班牙人的将军，
> 他的精神赢得了全世界的尊敬，
> 在伟大的科尔特斯身上你能看到这一切……[85]

然而，去除了他的卓越不凡和对事件的娴熟掌控能力这两方面的假定后，相互依存、互为解释的科尔特斯的英雄传奇与传统的"征服墨西哥"的叙事逻辑便全部崩塌。套用帕斯的话，为了祛魅，我们必须攻击滋生神话的意识形态。如果科尔特斯不再是一个卓越的、掌控一切的人，那么我们便会发现其他人物，发现另外的解释——一个全新的世界——打开了大门。

现在便是战争本身的问题了。将科尔特斯的个人传记从"征服墨西哥"的故事中剥离出来，然后抛弃这个词汇与它背后那举世瞩目且必将取胜的战役的内涵，我们得以看清西班牙—阿兹特克战争的本来面目，即一场持续两年以上的可怕冲突，其中充斥着对平民的屠杀与其他各种暴行，西班牙入侵者和美索美洲族群的死亡率超过三分之二（我们将在下一章详细讨论）。的确，当我们看穿战争那无法预知的混乱时，科尔特斯那卓越的、娴熟的形象就会变得荒诞可笑，其与现实相脱离，留给我们的是一个想象中战役的虚构的指挥官的形象。不过，如果从真实的战争范畴观察，科尔特斯的非凡之处便弱化为一个简单却足以揭露真相的事实：他活下来了。1519年扬帆前往墨西哥的西班牙人中，只有很小一部分人经历了整个西班牙—阿兹特克战争，从随后的探险和战争中幸存，并在西班牙安度晚年。（迪维尔热更是夸张地表示，"所有征服者中，他是唯一一个死在自己床上的人"。）近期一项关于卡内基勋章（Carnegie Medal）获得者的英雄主义的研究发现，"几乎没有一位英雄的第一驱动力不是为了自我保护"。科尔特斯最伟大的成就，也许便是实现了自保。[86]

图10 作为礼物的妇女

　　"科尔特斯接受唐娜·玛丽娜和其他女性奴隶作为他从塔巴斯科的酋长那里得到的礼物。"这幅作品出现在18世纪60年代于伦敦首次出版的《世界大观》（*A World Displayed*）中。画面中的细节反映了在那个时代已经长久存在的传统叙事中的典型形象，如科尔特斯傲慢的姿态，他那些全副武装的手下如同现代骑兵一样列队，以及仅穿着羽毛制品的"印第安人"，其中头戴羽冠者是当地的统治者（"酋长"）。但是这里有一些更为沉重的暗示，反映的是更为黑暗的主题，虽然这对16世纪的西班牙人或者18世纪的英语读者并不新鲜，但还是给了我们一个看待侵略战争的不同视角：贩卖少女作为性奴隶。

第八章

毫无仁慈，漫无目的

这一年，那些可能是蒙特祖马女儿的妓女们死了。基督徒说："带些女人过来，把你们的女儿带过来。"

——《奥宾手抄本》

我们自西班牙人处遭遇了很多的痛苦和虐待，因为他们在我们当中，我们也在他们当中。

——墨西哥谷13位皇室和贵族成员
在特拉科潘写给国王的信，1556年

战争让普通人做出可怕的事情。在外国的土地上，惊恐的士兵毫无仁慈、漫无目的地屠杀当地人。也许你会希望这种事情很罕见。可事实上，它每天都在发生。

——亚当·戈普尼克（Adam Gopnik），2015年

在科尔特斯砍掉一位信使的双手
并且将另一位信使踩在脚下之前；

在破坏和焚烧之前，

在某个瞬间，

也有惊叹和喜爱，

在科尔特斯绕着野战炮长长的炮筒

不寻常地跳舞的时候。

扼住它，他在嘴边轻声耳语，

然后将耳朵竖进黑暗之中。

　　——索奇克察尔·坎德拉里亚，《科尔特斯与加农炮》[1]

当科尔特斯站在自己妻子那余温尚存却全无生气的尸体前时，他一定清楚自己将受到谋杀罪的起诉。

在西班牙电视剧《查理帝王》的一集里，唐娜·卡塔利娜·苏亚雷斯发现丈夫科尔特斯正在他那崭新的墨西哥宫殿楼上的走廊里亲吻和抚摩马林钦。随之而来的争吵一直持续到卧室。科尔特斯要求得到她的尊敬。"我是你的丈夫，我是新西班牙的总督！"他咆哮道，"整个世界都在我的脚下，在这里我就是上帝，是神！"

"你是魔鬼！"卡塔利娜跟他吼道，"一个疯狂的魔鬼！"当她找到纸，威胁要给国王写一封谴责信的时候，科尔特斯扼住了她的喉咙。剧中的场景切换到楼下喧闹的晚餐聚会上，马林钦坐在那里，看起来忧心忡忡，接着镜头切回卧室——此时卡塔利娜已死在科尔特斯的双臂之间。[2]

考虑到电视剧的观众主要在西班牙语世界，将科尔特斯描绘成一个自大狂和凶犯——尤其是杀妻者——的形象一点儿都不令人吃惊，这不过是对那个大众普遍认为征服者有罪的说法（至少从19世纪就已经开始，尤其是在墨西哥）的确认而已。与我们之前已经看到的一样，科尔特斯的反英雄传奇尽管主要是一个现代社会的现象，但实际上一直在他的英雄传奇之下滋长，甚至在他生前就已经开始。尽管征服运动的领导角色是被同伴们强行赋予的，但是他还是用各种表里不一、贪婪和自以为是公然接受，把余生都用于同诉讼、官方调查及各种指责进行斗争——包括对他谋杀对手和王室官员的指控。因此，唐娜·卡塔利娜那事发突然并且目击者只有他本人的死亡难免引起各种怀疑。的确，1529年，关于他本人在此事件中是否有罪的疑问，由于唐娜·卡塔利娜的母亲所提交的一份诉讼的推动，成了王室大规模弹劾调查的正式组成部分（时间当然不是巧合）。从此以后，这起案件便成了一个谜团，成了不断开枝散叶的科尔特斯传奇之下一个不起眼的角落。[3]

那么科尔特斯是否真的有罪？这件事情真的无关紧要吗？

关于唐娜·卡塔利娜的死亡，王室调查的结果是默认科尔特斯无罪。这是因为原先的证据不足以支撑刑事犯罪的调查。一方面，包括赫罗尼莫·德·阿吉拉尔在内的一些证人坚持认为科尔特斯的罪过是明摆着的事实，也是公认的。卡塔利娜的几个仆人说，在女主人死后，他们发现了她脖子上的瘀痕，以及地板上一条被扯断的项链。另一方面，其他人证明卡塔利娜患有慢性病，经常眩晕，并且还有周期性的疼痛；她的侄子以及其他几个人说她死于子宫疾病（"*mal de madre*"）。[4]

现代的裁判也采用了两种方式。19世纪的时候，阿博特的观点仍占主流。该观点认为，上述指责是源自一个事实：她的死"很明显对科尔特斯来说是解脱，显然，符合他的意愿"，不过尽管"他犯下了很多很严重的错误"，这样的犯罪"是与他的性格不符的。历史对这一项指责的判决一直都没有被确切地证明"。但是时代更近些的历史学家们就没有这么慷慨了：

> 如果一个男人不畏惧折磨，相信女人的存在是为了方便男人，酗酒成性——并且可能之前就曾经威胁过他的妻子——那么他当然可能会因为妻子对他的不良行为喋喋不休而最终把她掐死。[5]

这使我们更接近我们所关心的事情了，因为我认为科尔特斯是否无辜并不重要。在谋杀蒙特祖马的事件里，关于凶手是谁，他们是否以及为何（如果确实有）撒谎，还有事情的矛头指向哪里，这些都有意义。但是在卡塔利娜的案件中，真正重要的则是这一被指控的谋杀里的细节、前因后果及其暗示，能够把我们带到哪里。

※

这一事件发生在科尔特斯当时还正在建设中的新宫殿里，宫殿位于科约瓦坎，这是一个位于特诺奇蒂特兰外部的城邦国，当其首都还在重建的过程中时，这个地方作为西班牙人的基地长达三年。唐娜·卡塔利娜死于1522年10月，即从古巴来到这里的三个月后。在得到特诺奇蒂特兰陷落的消息后，她不是唯一一个来到墨西哥的人。例如，她的用人陪她一起，还有她的家庭成员，而这些人所做的没有定论的证词让她的死亡至今成谜。

许多西班牙人都在调查中出面作证，其中一个人非常翔实的记录引起了现代历史学家的注意，当然这是有足够理由的。凶案发生的当晚，即万圣节晚餐期间，有人无意中听到唐娜·卡塔利娜和弗朗西斯科·德·索利斯交谈（这是战争期间的一位队长，也是阿维拉团伙的首要人物，以及一个坚定支持科尔特斯的人）。"你，索利斯，"唐娜·卡塔利娜说，"你不想雇用我的印第安人做那些我命令以外的事情，你也不让他们做我想做的事情。""但是，女士，雇用他们的人并不是我，"索利斯回答说，"你有特权（*merced*）雇用和指挥他们。"卡塔利娜则说："我向你保证，过不了多久，我就能够用我自己所有的资源做事，不需要听命于任何人。"这时，科尔特斯叫道："女士，如果是你的东西（*con lo vuestro*），那我什么都不会要（*yo no quiero nada*）！"[6]

被如此断然拒绝后，卡塔利娜上楼回到了自己的房间。科尔特斯话中的双关意非常清楚，人们可以想见当时征服者们开怀大笑的样子。按照上述证人的说法，其他拥有奴隶的女主人（*las otras dueñas*）也都笑了。这段对话的可信度存疑［毕竟，其他证人都表示卡塔利娜离席的原因是她感觉有恙，也有人说她当天早些时候已患病，也就是她在黑人征服者胡安·加里多（Juan Garrido）的一座果园里散步的时候］。不过，即便事实如此，也不过反映了当时的社会环境，即"印第安人"的所有权是一个席间常谈的话题，有关种族和性别的复杂权力等级存在于其中，男人（也可能会包括女人，但只可能是西班牙女人）会拿性和奴隶开玩笑。

对西班牙人而言，这些奴隶不过是战利品——不管他们是古巴的泰诺人还是墨西哥的纳瓦人。那天晚上在科约阿坎的宫殿里，这些寂寂无名的人数量未知，和他们一起的非洲和美索美洲的奴隶或者仆人的名字和数量今天也已同样不可考。不过当时在场的还有其他原住民，这让席间的谈话变得更加复杂。例如，在唐娜·卡塔利娜从古巴到来之前，另有一位女性已经先行抵达，在迎娶唐娜·卡塔利娜之前，科尔特斯就与一位泰诺女性在古巴同居了。科尔特斯为她起名为莱昂诺尔·皮萨罗（用的是他外祖母的名字），而她则是——到此前为止——科尔特斯唯一一个孩子的母亲，科尔特斯用自己母亲的名字给这个女儿起名：卡塔利娜·皮萨罗（Catalina Pizarro）。

据说科尔特斯对莱昂诺尔的迷恋使他不愿意和唐娜·卡塔利娜结婚（引诱她是一回事，结婚则是另一回事；他只有在委拉斯开兹强力干预——尽管后者是小卡塔利娜的教父——之后才答应婚事）。还有一种说法是，唐娜·卡塔利娜是在得知自己的丈夫已经派人来叫莱昂诺尔出发远行的消息后，才来到墨西哥（迪亚斯称，唐娜·卡塔利娜的到来是出乎所有人意料的）。尚不清楚莱昂诺尔有没有带着女儿一起，她在墨西哥究竟住了多久也是未知数。但是很有可能她就是那个曾经短暂地做过卡塔利娜的侍女，后来嫁给了征服者胡安·德·萨尔塞多（Juan de Salcedo）的莱昂诺尔·皮萨罗。半泰诺血统的卡塔利娜·皮萨罗比她的父亲活得久，后者在遗嘱中还惦记着她，并且表达了对她令人动容的深沉爱意（在同一份文件中，他剥夺了儿子路易斯的继承权，路易斯计划迎娶同自己父亲反目成仇的巴斯克斯·德·塔皮亚的外甥女）。科尔特斯承认他从财产中拿走了给予卡塔利娜作为嫁妆的那部分，并且要求好好补偿她。最终，这份嫁妆被唐娜·胡安娜·德·苏尼加（Juana de Zúñiga）——科尔特斯的第二任妻子，现在已经成了寡妇——拿走，她破坏了卡塔利娜与弗朗西斯科·德·加雷的儿子之间的婚姻，并且把她送到了西班牙的一座修道院。科尔特斯对半泰诺血统的卡塔利娜的爱，足以激怒他前后两任西班牙妻子。[7]

不出意外地，科约阿坎宫殿内的西班牙妇女和泰诺女子的数量都没有纳瓦女性多。她们是数量难以统计的仆人和奴隶，很多都被征服者当作性奴隶。唐娜·卡塔利娜的一位女仆安娜·罗德里格斯（Ana Rodríguez）声称，"唐·费尔南多跟这里的女人们到处献殷勤"——这让他的妻子"嫉妒"。巴斯克斯·德·塔皮亚后来称，在从古巴来到这里，到动身前往洪都拉斯前的这段时间，科尔特斯"睡过至少40个墨西哥女人"。另一位征服者说，科约阿坎宫殿里到处都是"这片土地上的首领们的女儿"。除去偏颇和夸张，安娜·罗德里格斯非常正确地提到了一个在战争期间及之后广泛流传的场景，其中有科尔特斯的参与，而唐娜·卡塔利娜被发现非常不快（并且，无疑是很常见的不愉快）。虽然当中有几名纳瓦妇女并非奴隶，而且身份高贵，但即便如此，她们仍然被迫参与其中，并因此怀孕。我们已经知道了这些细节。[8]

一位是蒙特祖马的长女特奎奇波奇钦，当时她已经受洗，改名为唐娜·伊莎贝尔·蒙特祖马·特奎奇波——"伊莎贝尔"的名字呼应了她的皇族地位（这在本书插图29中有所体现）。战争期间，还是小女孩的她就已被许配给父亲的两个继承人奎特拉瓦和夸乌特莫克。她从围城之战中幸存，在16世纪20年代时相继和数名征服者结婚。最早的两位是阿隆索·德·格拉多和佩德罗·加列戈（Pedro Gallego），这两位在结婚不久后就死了，不过她和胡安·卡诺结婚后生了五个儿女，两人的婚姻一直维持到她于1551年去世之前。特奎奇波拥有特拉科潘作为委托监护地，保留了贵族地位，并获得了持久的名声。17世纪90年代，当杰梅利访问墨西哥城的时候——当时的总督是蒙特祖马伯爵，是那位著名皇帝的后代，尽管主要还是西班牙贵族的后代——他曾如此评论那些自称阿兹特克皇族后代的人，尤其是"特奎奇波奇钦"（*Tecuhich potzin*）的孩子：大部分都是特奎奇波和卡诺的后代。[9]

但是唐娜·伊莎贝尔的其中一个孩子也是科尔特斯的，很明显是在科约阿坎宫殿中孕育的，当时她已经嫁给了加列戈（巴斯克斯·德·塔皮亚这样声称）。人们只能猜测关于这个孩子的情况，但是当这个孩子在1523年出生的时候，距离唐娜·卡塔利娜去世只有两个月左右。这个孩子受洗后取名莱昂诺尔·科尔特斯·蒙特祖马（Leonor Cortés Moctezuma），最后嫁给了一个西班牙人。[10]

另有一个"尽人皆知"的消息是，科尔特斯"睡过蒙特祖马的两个或三个女儿"；他还"保留"了一位——受洗后改名为唐娜·安娜——作为他在"虚假抓捕"期间的"女朋友"（*amiga*）；同一段时间内，他还让前者的一个亲妹或是表妹怀孕。有几个征服者称这个人是唐娜·弗朗西斯卡（doña Francisca），是卡卡马及其众多兄弟的妹妹，并且当西班牙人准备从特诺奇蒂特兰城杀出一条生路的时候（也即后世所谓"悲痛之夜"的前夜），阿兹特克贵族妇女遭到了奸淫——而且科尔特斯"抓住最后的机会强暴了特斯科科国王的妹妹"（用现代历史学家的话来说）。通过对多种指控文件的解读，似乎在1520年的上半年，科尔特斯和其他几位征服者挟持了蒙特祖马的至少两个女儿［后来改名为安娜和艾格尼丝（Inés）］以及卡卡马的两个姐妹或者女儿（后来改名为安娜和弗朗西斯卡）作为情妇，甚或后续强暴了她们。这些人都在"悲痛之夜"之前或者期间被杀，除了一位叫唐娜·安娜的特斯科科"公主"。她后来先后嫁给了两位征服者——佩罗·古铁雷斯（Pero Gutiérrez）和胡安·德·奎利亚尔（Juan de Cuéllar），可能是伊希特利霍奇特尔（她的叔叔或者哥哥）的安排。1522年时，唐娜·安娜也可能住在科约阿坎宫殿里。[11]

另一位住在科约阿坎的纳瓦女人，当时已为征服者的小圈子内的成员所熟知。早在唐娜·卡塔利娜到达墨西哥之前，她一定已经听说过这位熟知多种语言的"印第安"奴隶女孩——她以翻译官的角色为自己争取到了自由，以及那个尊称"唐娜·玛丽娜"（即纳瓦特尔语中的"马林钦"）。不过，在唐娜·卡塔利娜到来之前，她是否已经知道马林钦怀有身孕，而且孩子的父亲就是科尔特斯？我们不清楚这一点，也不知道马林钦是否还住在科尔特斯的宫殿里，以及她究竟什么时候生的孩子。但是她肯定生活在科约阿坎，并且在科尔特斯的居所出现过很长时间，她所怀的科尔特斯的儿子——科尔特斯用自己父亲的名字为他取名为马丁——也很有可能在卡塔利娜死之前不久就已经出生。[12]

在科尔特斯的弹劾案里，与性行为相关的证词无数，但是值得注意的是其中几乎没有提到马林钦。西班牙人更为关心的是唐娜·卡塔利娜的死因、科尔特斯与蒙特祖马的女儿们之间的关系，以及他声称的和那些彼此具有亲属关系的女人之间的性关系（"和表姐妹以及姐妹之间"，或者粗鲁地尝试引诱那个"他曾经在古巴就公然睡过的女人"的母亲）。当马林钦被提及时，大多是作为类似指控的一部分内容，例如，他在自己的房子里面"和一个当地妇女（*de la tierra*）玛丽娜同居，他和这个女人以及她的一个侄女一起生了好几个孩子"；他"淫荡地和蒙特祖马的两个女儿、翻译玛丽娜，还有玛丽娜的女儿睡在一起"，另外他还下令"把两三个印第安人吊死在科约阿坎住所内的一棵树上"，因为"这几个人和玛丽娜睡觉"。[13]

这些对我们有什么帮助？科尔特斯和马林钦的亲属有染的传言当然不可信（她本人在战争期间还是个少女）。这些指控反映了这样一个事实，即在那个时代，让西班牙人感到反感的是某种乱伦的行为，而不是奴役和虐待原住民女性——这些行径在战争期间与此后都非常普遍。至于绞死"印第安人"的说法，如果是真的，则反映了唐娜·卡塔利娜之死相关细节所催生的一个主题：16世纪20年代，"印第安人"是西班牙人的财产，可以被任意驱使或杀害，赠送或交易，圈养或侵犯——只要他们的"主人"愿意。如果我们把这个故事想象成科尔特斯对马林钦吃醋的浪漫故事，那就犯了大错。在他的遗嘱中，他根本没有提到过马林钦——同一份遗嘱当中，他表达了对女儿卡塔利娜和她的原住民母亲莱昂诺尔的爱意。（"她可能是科尔特斯的初恋"，一位历史学家如此猜测；可能也是他唯一爱过的人。）[14]

然而，几个世纪过去后，16世纪20年代关于性和奴隶的黑暗事实却变成了这样一段想象中的对话：

> 科尔特斯：我亲爱的、能言善辩的翻译，作为这些部落和我之间传声筒的翻译——让这双温柔的眼睛为我翻译爱情这个词。
>
> 玛丽娜：科尔特斯能够跟他那位可怜的翻译诉说爱情吗？
>
> 科尔特斯：啊呀，用我的灵魂！因为现在真的能感受得到。哦！我亲爱的猎物，你已经将我捕获！你已经不再是我的奴隶，因为我已经是你的了！
>
> 玛丽娜：我也是你的。
>
> 科尔特斯：我的爱，我的生命，我的快乐！
>
> 玛丽娜：哦！我亲爱的大人！[15]

当这位诗人——美国人刘易斯·福克·托马斯——在他为1857年创作的剧作《征服者科尔特斯》的重要桥段中加上热烈的浪漫情节时，科尔特斯和马林钦的这一传说中的情事已经成为众多作品和舞台剧的普遍话题。马林钦已被忽略了几个世纪（我们可以在被引用的1529年的评论中看到，征服者们已经认为，需要将"玛丽娜"定义为"一个当地人"或者"翻译"）。但是，从19世纪早期开始，几个版本的马林钦逐渐被创造出来。

　　第一个被想象出来的马林钦在三条文化主线相互交织时出现：浪漫主义文艺运动在西方的广泛传播；着迷于将科尔特斯当作合适的史诗和散文对象，以及在18世纪晚期发生的更新（正如我们之前看到的那样）；一个包含了19世纪理想女性刻板印象的传奇般的"唐娜·玛丽娜"的诞生。她"出身高贵，美丽大方，天资卓绝"，"充满深情，十分慷慨"。她的翻译工作"价值无限"，挽救了无数西班牙人的生命。而最为重要的是，"她是第一个皈依基督教的墨西哥人"。这位"卓尔不群的女性极其美丽动人"，并且拥有"征服人心的举止，内心温暖而且充满爱"。她很快就流利地掌握了西班牙语，并且"自认为是科尔特斯荣耀的妻子"——对这位征服者在进入"这个不神圣的同盟"时所犯下的重婚罪则毫无察觉。[16]

　　尤其是爱和忠诚的品质，让这位"玛丽娜"显得格外神圣。一天，她说道："能够成为我的主人科尔特斯的妻子，为他生一个儿子，这比让我统治整个新西班牙还要快乐。"这是20世纪初的一位拥有盎格鲁血统的美国牧师的说法，而过了几代人之后，一位墨西哥剧作家更是想象出了这段更加令人窒息的话："我梦见过他的黄金梦，他那孩子气和不知疲倦的有关财富和权力的梦。但是我爱抚他那鲜活的金色的头发。他的呼吸，他那活生生的躯体则是我的宝藏。"[17]

　　这些为马林钦创作各种文学形象的作家之中，少有人言及她的历史真实性。绝大多数人都把她想象成一个悲剧爱情或者浪漫悲剧中的形象或者隐喻。马林钦一直以来都作为一个虚拟的创造力宝库而存在，由于她收获的那些众多的关注——从19世纪晚期那些具有持久影响的角色［如埃利吉奥·安科纳（Eligio Ancona）和伊雷内奥·帕斯（Ireneo Paz）］，到20世纪对于西班牙文化十分重要的作家［像萨尔瓦多·诺沃和鲁道夫·乌西格利（Rodolfo Usigli）］，以及其他那些已经取得了国际影响力的人［像劳拉·埃斯基维尔（Laura Esquivel）和卡洛斯·富恩特斯］。

　　因此可以说，无论诗人、小说家、编剧和历史学家的意图有多么复杂，最终的效果是把西班牙—阿兹特克战争变成了一段浪漫的罗曼史。同样地，莫林所绘画作的时间也不会太早，因为其中有一个虚构的阿兹特克首领将他那位和马林钦一样的妹妹交给了科尔特斯，说明部分则是："科尔特斯接受了酋长的无价礼物，这也是将那些柔情蜜意融入这位墨西哥征服者的血腥胜利的第一天。"[18]

三种虚构的马林钦形象中的第二种出现在墨西哥，是对那种浪漫的、神化了的、粉饰了的形象的某种反应。这一"充满了贪欲、与人共谋的叛徒"形象最早出现在19世纪的戏剧和小说当中，并且在20世纪早期扎根进更深层的文化土壤中，当时的墨西哥西班牙语甚至创造了一个新词"malinchista"来指代变节者或者叛徒。第三种马林钦形象则是在对上述极度负面的形象的对抗中出现的，并因20世纪晚期女权主义者认为她不断地受到伤害（无论是在她生前，还是她在现代墨西哥的形象）而得到发展；这种强调后来将她的形象演变成了一个代理受害者——一个幸存者。[19]

在某种意义上，受害者／幸存者马林钦的形象与其他那些虚构形象一样，与历史上的马林钦相去甚远。作为一个"碎片化身份和多元文化主义的变形象征"，她更像是一种现代（或者后现代）焦虑的表达，而不是一个被阿兹特克世界所认可的形象。不过，从其他角度看，这位马林钦更能帮助我们避开那些在过去两个世纪中被虚构出来的各种"马林钦""玛丽娜"和"玛琳切"所造成的扭曲和误导。[20]

无论马林钦是被神圣化的唐娜·玛丽娜，还是恶魔般的玛琳切，她的传奇都会导向传奇的科尔特斯。无论好坏，"就像飞蛾扑火一样／她被他那耀眼的诱惑力所吸引"（1885年，一位二流诗人如此写道）。或者如阿博特所写的那样（1856年），她对科尔特斯"如此倾慕"的原因，是因为后者伟大的"能量、慷慨、无畏和热烈的性情"能够"点燃一位女性的爱"。因此，这里的问题便不再仅仅是作为传奇的科尔特斯，而是他作为一个传奇般的情场老手的不可抵挡的魅力（对于男性历史学家而言）。[21]

戈马拉和索利斯非常享受这种名声。迪亚斯甚至罗列了科尔特斯所有孩子和他们不同母亲的名字（休·托马斯以"科尔特斯的女人"的名义同样这么做了）。对阿博特而言，科尔特斯是个少年般"热烈的爱人"；他"极度轻视"唐娜·卡塔利娜的爱慕；他对热恋中的马林钦有着压倒性的吸引力。一位历史学家曾揣摩"在他和女性的关系中"，科尔特斯"展现出一种原始的、一夫多妻制的性情"。对其他人来说，这位征服者播撒自己种子的需要同样是一种原始的授权，是由繁荣新世界人口、造就"新的人种"的需要所决定的。他那"持续的肉体之爱……具有《圣经》经文的分量，在这节经文中，耶和华为族长的多子（多数乱伦的产物）祈福，因为这样能够让种族延续"。[22]

换句话说，"这位征服者对王国和女性施以的跳动的情欲（*lances amorosos*）"具有相当重要的意义。在几个世纪之间，情场老手科尔特斯逐渐发展成为由三部分组成的象征：一是男性气质主导和具有男子气概，恃强凌弱并且充满诱惑力，手握长剑征服人心；他也是象征性的国父，是在新世界培育新人种所需的男性繁殖力的首个榜样和象征；同时在西班牙征服和欧洲文明遭遇"印第安"文明的性别角度的审视中，男性化的基督教征服了女性化的异教徒。[23]

这当中存在的问题很多，但是有几个问题对我们很重要。最明显的便是科尔特斯的独特论这一说法再次丑陋地抬头。科尔特斯并不是唯一与多个族群的原住民女人保持多种性关系的征服者——这一点我们很快就会看到。此外，他那个住满女人的科约阿坎宫殿，无疑是继承了帝国衣钵的象征。当原住民的皇帝沦为阶下囚，他那特诺奇蒂特兰的宫殿被毁，活下来的皇室和贵族开始将重心转向那个貌似集中了帝国权力的新中心。这不仅意味着把宫殿填满女人——就好像蒙特祖马据称豢养了数千妻妾一样，而且还要尽可能多地保留同一类女性——蒙特祖马的女儿，夸乌特莫克的妻子，特诺奇蒂特兰和特斯科科的阿兹特克王朝的皇室女性成员。

无论是否知情，巴斯克斯·德·塔皮亚对科尔特斯的如下评论都是一针见血的，他说科尔特斯"在很多方面过得更像是一个异教徒而不是善良的基督徒，尤其是在他的家中有无数的女人"。也就是说，科尔特斯著名的情场老手的形象，并不是关于他本人，更多的是关于他作为普通征服者的形象（这场战争中的西班牙人都是这么做的），并且又自相矛盾地和他的地位有关：作为前统治者衣钵的继承者，他不得不充当"皇帝"模仿者的角色。[24]

然而，不管科尔特斯的"女人们"究竟只是被当作他拥有男性气概的证据，或是作为征服的比喻，有一个对女性与对墨西哥而言都十分关键的问题在这一过程中逐渐被边缘化、被忽视或者被粉饰起来，即有关赞同的问题。这就是矛盾之处。科尔特斯真的杀死了唐娜·卡塔利娜吗？我怀疑他只是非常生气地打了她，给她造成的身体伤害足以导致她疾病发作，继而死亡；现代社会对此的判决可能是过失杀人，当然这样的判决肯定让法官和陪审团如鲠在喉。但是过度关注谋杀的可能性，让我们偏离了这件事所暴露出的更引人入胜且更具有启发性的主题：战争内外，女性、西班牙人和原住民的角色和经历；无所不在的暴力的证据和回声；以及这两个主题那令人不安的交集。[25]

马林钦真的是科尔特斯另一个飞蛾扑火般的受害者吗？她究竟是一个挣扎着想要求生的奴隶，还是一个玩弄男性的虚伪之人？无论这个纳瓦女子有着如何不寻常和离奇的故事，如果把关注点只放在她一个人身上，我们就会犯下这样的错误，即忘记她个人经历的哪些方面，是其他数千名女性身上共同遭遇的。通过对马林钦（或唐娜·卡塔利娜，或莱昂诺尔·皮萨罗和特奎奇波）生活经历的管窥，我们能够得到有关科约阿坎宫殿以及其他征服者居所内的其他女性的什么结论呢？——西班牙人、泰诺人、纳瓦人，也有可能是托托纳卡人和非洲人；可能是妻子、妾室或者奴隶。由于人们所发动的战争，以及他们试图建立的新的政治制度，她们经历了什么，还将忍受什么？墨西哥究竟变成了什么模样？以至于我们可以思考科尔特斯是不是一个杀妻之人，却认为这个问题脱离重点，无关紧要。

研究一下那些记录马林钦第一次遇见科尔特斯的雕版画吧。这是征服故事里的另一次"会面"，并且和之前那次会面一样，都被浪漫化成了一种投降。尤其要注意在多个版本的马林钦形象被发明之前，那些18世纪常见的雕版画（一个例子参见本章开头，另一个则参见本书插图）。例如，在阿贝·普雷沃斯特1754年版本的《航行简史》（*Histoire Générale des Voyages*）中，在附加的文字间有着关于浪漫主义的些许期待：这位修道院院长认为，赐给他们"二十个印第安女人"用来做面包，只不过是"让他们接受的借口。因为可以确定，科尔特斯对这些女人中的一位很倾心，他为这个女人施洗，给她取名玛丽娜，把她变成自己的情妇。根据迪亚斯的说法，她貌若天仙，举止高尚"。[26]

然而，这幅画本身捕捉到了一些不同寻常的东西：画中有一群完全赤裸的少女被全副武装的男人控制，这些人将作为奴隶被瓜分；并且毫无疑问——要么在1519年，要么在1754年，要么在今天——她们都将成为性奴隶。这就是唐娜·卡塔利娜之死能够告诉我们的：在她的泰诺人和纳瓦人对手那里，在很多马林钦那里，在那些能够被西班牙人称作个人财产的"印第安人"那里，在和马林钦一起被"送给"征服者的其他十九个女孩那里，在数千名被迫沦为性奴隶的原住民少女那里，在数万个因为战争、疾病及经常被忽视的大规模奴役而四分五裂的家庭那里。

※

1548年春天，就在科尔特斯死后不到几个月，西班牙国王和神圣罗马帝国皇帝查理五世签发了一个不同寻常的法令。在秘书胡安·德·萨马诺（Juan de Sámano）超过两页的口述笔录中，国王对那些征服者所犯暴行几乎持谴责态度——拉斯·卡萨斯可能会因此感到骄傲（的确，这位修士与上述法令有很大的关系；他在前一年夏天回到了西班牙，并且在1548年早些时候请求国王下令手下官员施行1542年的法律，限制奴役原住民的行为）。[27]

法令针对的是新西班牙的皇家政府，查理五世在开头提到了针对科尔特斯的长达20年的调查——这个弹劾调查在早前几年已经慢慢沉寂。国王表示，"在那些针对他的各种各样的指控中"，有五项针对其征服期间大规模奴役"印第安人"的专门指控。国王说，由于"任何有良知和教育的人都不能把这些印第安人当成奴隶"，因此，他下令所有还幸存着的科尔特斯的奴隶"都获得自由，这一法令同样适用于他们的孩子，以及所有被当成奴隶的妇女的后代"。

这一法令在实质上是对科尔特斯进行的死后追责，不仅因为他奴役原住民，而且因为他在与攻占城市相伴发生的五次大屠杀中所扮演的角色。首先，根据弹劾文件中科尔特斯的说法，奥利德"和平地扣留了"奎乔拉克（Quecholac）城的所有人，并且将他们带到了当时在附近的特佩亚卡克城（也叫作特佩阿卡）的科尔特斯那里（这件事可能发生在1520年9月，即特佩阿卡城受到攻击的几天之后）。科尔特斯"把印第安人做了分类，将大约400个正值战斗年龄的男人全部杀掉，将剩下的约300名妇女和儿童都标记为奴隶"。

据称这一模式在后来又被重申和重复。当桑多瓦尔押送着那些搬运工将建造双桅帆船的木料从特拉斯卡拉运往特斯科科的时候，他穿过了卡尔普拉潘（Calpulalpan）城，"那里的人和平地投降"。但是投降并没有什么用，"他们中的许多被杀掉，很多人被抓住——当中也包括女人，然后被带到特斯科科"，"他们在那里被标记成奴隶然后卖掉"。法令还列举了第三和第四个例子。当科尔特斯赶赴库奥纳瓦克（即库埃纳瓦卡）和瓦斯特佩克省打仗的时候，不管当地人如何和平地投降，全都遭到屠杀，"另有超过500人沦为奴隶"。最后，"当前述唐·埃尔南多·科尔特斯继续攻打乔卢拉的时候"（这里，国王又跳回到了1519年），当地人和平地给予了他所需要的补给。但是当"大约4000名印第安人"在广场上聚集充当搬运工的时候，科尔特斯"无缘无故地下令西班牙人屠杀他们，许多人因此命丧黄泉，幸存者也沦为奴隶"。

这份文件对我们有什么用处呢？它出版过很多次，最早从1596年开始，却仍没有引起历史学家的注意。我们也应该因为它太过渺小、出现时间太晚而忽视它吗？或许是的。时隔30年再将这些暴行称为"没有任何正当理由而存在的坏行为"，无疑是没有意义的温和谴责。又或者，我们应当把这个法令仅仅看作对已知事件的确认？（在本书与此前许多书中都提到过这些事件，包括特佩阿卡、奎乔拉克和乔卢拉发生的事件。）也许如此。因为有很多补充的证据证明，这些屠杀和大规模奴役事件真实发生过。

事实上，1548年的法令在估算原住民受害者人数方面相当保守。当科尔特斯的弹劾调查中提及奎乔拉克人口减少时，他本人承认下令处死了500人。他的辩护理由是，这一行为是为了警告其他人，让他们不敢袭击在韦拉克鲁斯和特诺奇蒂特兰之间行进的西班牙人——那些支持科尔特斯的证人也重复了这一点。然而，巴斯克斯·德·塔皮亚却估算被屠人数为2000人，另有大约400名妇女儿童沦为奴隶。法令也没有提到几天前特佩阿卡城内人们的遭遇：在城外和西班牙-特拉斯卡拉联军的战斗中，大约有400名特佩阿卡战士被杀，随后则是联军对城市的野蛮洗劫。数百人被矛刺死，或是被西班牙人的训犬（*aperreados*）撕成碎片，或是在自己的家中惨遭屠戮，或者——如征服者迭戈·德·阿维拉所称——被从屋顶上扔下，丢给等在下面的特拉斯卡拉战士。阿维拉和其他几个征服者声称，特拉斯卡拉人会把特佩阿卡人吃掉（尽管科尔特斯在国王面前辩称这种屠杀是合法的，理由便是特佩阿卡"都是食人族"）。整个地区的数十个城市与村镇（一些人说是40个）被洗劫，数千人被杀，幸存者——包括数万名妇女和儿童——都成了奴隶。他们的脸上都被刻上字母G（即西班牙语中"战争"一词"guerra"）。有人抱怨说，征服者首领霸占了那些长相最好看的女人，只把那些"残花败柳"留给了其他西班牙人。[28]

关于这些透露暴力、强奸和奴役规模的细节以及归责的问题，我们稍后再讨论。现在，让我们跟随这些原住民幸存者，这些人见证过自己的家人被屠杀、被奴役，以及沦为西班牙人的财产后艰难求生。在1548年法令出台的那个时代，我们还可能找到他们当中幸存的人吗？答案是肯定的。

科尔特斯死后不久，数十件与他那冗长的遗嘱以及诸多财产（这和长久以来关于他"死于极度贫困和孤独"的说法完全相反）相关的诉讼和法律程序随即展开。在这些散落在西班牙和墨西哥档案馆中的文书里，有一份有关科尔特斯留在库埃纳瓦卡城内外的财产的异常详细的清单［如果用现代的方式打印出来有大约70页，其中只包括库埃纳瓦卡财产的一部分，不包括在墨西哥城、科约瓦坎、托卢卡（Toluca）山谷中的财产，以及在瓦哈卡的委托监护地等］。除了这些建筑、土地和小麦、丝绸和蔗糖制作设备，清单还列举了287个奴隶，其中有94个黑人，这些人大部分出生在非洲。作为对强迫劳动的暴力本质的提醒，用来规训奴隶的铁器也在清单当中，包括束带、颈圈、铁链，还有"一个带有四条铁链的用来关奴隶的笼子（*prisión*）"。[29]

其余193个奴隶都是"印第安人"。清单不但列举了他们的数量，也包含他们的姓名、年龄、出生地等信息。例如，"胡安·乌塞洛特［Juan Ucelote（Oçelote）］，印第安男性，埃卡特佩克人，50岁，相貌与此年龄大致相符"。这些奴隶的名单里拥有足够的细节，甚至能够给我们提供这些人本身的线索，每阅读一个条目就好像能够看见一个鬼魂一样。"伊莎贝尔·希瓦特勒希奇特尔［Isabel Siguaquesuchil（Cihuatlexochitl）］，印第安女性，特拉斯卡拉人，43岁。""胡安·希特尔（Juan Xitl），男性，瓦哈卡人，41岁，据说是个窑工。""塞西莉亚（Cecilia），印第安女性奴隶，被判20年，特佩西人，40岁。"还有一个看起来心酸且让人浮想联翩的条目："克里斯托瓦尔，新西班牙的印第安人，他说不知道自己的家乡在哪里，因为他在很小的时候就已经成了西班牙人的财产；（现在）约35岁。"[30]

西班牙—阿兹特克战争激战正酣的时候，这位克里斯托瓦尔可能不过6岁左右。因此，当他还是个孩子的时候，他就成了征服者的奴隶。1520年，那些属于科尔特斯位于库埃纳瓦卡的财产中的奴隶的平均年龄是11岁。战争最激烈的那一年，在特拉尔腾安格（Tlaltenango）和毗邻的蔗糖厂里的奴隶总共约有165个，年龄在6岁至31岁间，平均年龄18岁，绝大多数（93%）在22岁以下，这部分人的平均年龄是17岁。换句话说，在西班牙—阿兹特克战争及随后16世纪20年代遍及整个美索美洲的战争期间沦为奴隶的大部分人，都是原住民儿童和少年。

这些谷地侯爵领地上的幸存者——比科尔特斯本人活得时间更长——展示了儿童奴役的冰山一角。这些人的出生地非常多样化（193个奴隶来自不同的86个城镇），也反映了家庭和族群的迁移及破碎。他们也同样标记出很多场战役，尤其是战争中的很多次屠杀和奴役行动：特佩阿卡和乔卢拉；萨卡特佩克（Zacatepec）、伊祖卡尔（Izúcar）和瓦斯特佩克；瓦哈卡和危地马拉。战争中与入侵者结盟的那些城市也有很好的体现——尤其是特拉斯卡拉和特斯科科（分别有11%和7%，名单中最具代表性的城市）——这也提醒我们，迅速地欢迎和投降的谜题背后，藏着更为复杂的抵抗故事，这些儿童则为此付出了一生的代价。

这一现象在科尔特斯的传奇故事中则被过分淡化："他对于奴隶制的态度，与其说是赞同，不如说是容忍"，不久之后他"对奴役印第安人是否公平或者明智产生了怀疑"；他的确"过去曾经让当地人成为奴隶，但是（后来）似乎又觉得这种做法令人憎恶"。这些描述掩盖了一个可怕的事实。正如一位研究"印第安人被奴役历史"的主要历史学家安德烈斯·雷森德斯（Andrés Reséndez）近期观察到的那样，"科尔特斯不仅是墨西哥最富有的人，还是拥有印第安奴隶数量最多的人。并且无论科尔特斯做什么，其他人都会附和"。[31]

雷森德斯是正确的，不过我们需要对这一论断稍作调整，以便强调一下我们的关注对象：科尔特斯是最大的"印第安人"奴隶主，因为他是墨西哥最富有的定居者。所有的征服者都在蓄奴，这并不是从他那里得到的启发。不仅是奎乔拉克和特佩阿卡，在整个美洲的各个城镇，在科尔特斯来到西印度群岛的前后数代人的时间内，成年"印第安人"男性和他们的长辈都被屠杀，他们的妻子和孩子沦为奴隶。为什么会这样？

可以把解释想象成俄罗斯套娃（matryoshka）。最外层的套娃是早期现代世界的奴役历史——这个主题并不怎么站得上台面。科尔特斯的数千名原住民奴隶（巴斯克斯·德·塔皮亚称其数量超过2000），对西班牙人来说可能是一个特别大的数字，但是在整个加勒比、美索美洲、中美洲还有其他地区，单是16世纪早期就有超过50万的奴隶，科尔特斯的奴隶不过是其中非常小的一部分而已，要是再算上大西洋轨道的其他地方的奴隶数量，其占比就更少了。在我们这个现代世界，对非欧洲人实施的堪比大屠杀的杀戮和奴役造就了早期的现代起源。科尔特斯的时代仅仅是个开始。在接下来的几个世纪内，沦为奴隶的非洲人和美洲原住民的数量为1000万～2000万，还有数千万人背井离乡，被迫成为奴隶，他们要么死于传染病，要么遭受家破人亡的痛苦以及殖民主义和帝国扩张的残酷剥削。这些经历则是我们的世界得以建造的政治、经济和道德平台。[32]

蓄奴也不仅限于欧洲人和非洲人，1492年之前的美洲就已经有原住民奴隶。可以说，蓄奴在这个半球上已经存在了数个世纪，征服者们只是采用了一种更具毁灭性的蓄奴方式。然而，这里的关键词是"更具毁灭性"；16世纪的欧洲人扩大了原住民的蓄奴传统，施行了一种前所未有的错位模式。与此同时，他们利用先前已经在原住民族群中存在的奴隶制作为借口，为自己的蓄奴行为进行辩解（欧洲所有国家都用同样的理由为自己奴役非洲人的合法性辩解）。这远非简单的辩护，而是一个被大范围滥用的法律漏洞：西班牙人在那些所谓"被赎回的奴隶"（*esclavos de rescate*）的脸上标记上"R"，从此这些人的地位就无须进行更多解释，不用说这种做法的源头根本站不住脚。

这也让我们接近了第二个套娃，即美索美洲人被奴役的原因。因为西班牙人已经习惯了奴役北非人、西非人及卷入1480—1492年格拉纳达战争的穆斯林，因此，他们毫不犹豫地在加勒比地区奴役原住民——1492—1493年，受到西班牙王室资助的哥伦布第一次航行开始。相比于跨越大西洋从非洲购买和输送奴隶，在这些岛上"收割"原住民劳动力要便宜得多，由于西班牙人的探险、征服和奴役，加勒比人口实际上已经减少，这也促使征服队伍朝着更远处进发，包括（正如我们之前提到过的）美索美洲腹地。尽管那些对于西班牙人征服美洲更具批评性的作品倾向于将他们对于金子的贪婪作为探险最黑暗的驱动力，但是有太多证据表明，征服者们从加勒比来到墨西哥的首要目的是猎奴，而且在西班牙—阿兹特克战争期间及之后，他们在无数场合都是这么做的。迪亚斯也曾带有辩护性地承认：

> 如果墨西哥的印第安人和当地的居民起来反抗和杀死西班
> 牙人，并且当他们被和平地传唤了三次之后还不自首，而是选
> 择战争，那么我们就有权将他们变成奴隶，并且在他们的脸上
> 做标记，比如烙上"G"字。[33]

那么，为什么在我们关于16世纪美洲的观点里倾向于不把奴役原住民放在显著位置？更具体一些，为什么在"征服墨西哥"的传统叙事中，很少提到原住民奴隶呢？部分情况是由于原住民奴隶最终消亡，并被跨越半球的非洲奴隶所替代。（在哥伦布的早期航行中，非洲黑奴就已经被带到了美洲；一小部分具体数量未知的黑奴和自由人参加了西班牙—阿兹特克战争，当中最有名的就是胡安·加里多。）[34]

不过，这也是因为奴役"印第安人"的审慎性及合法性从一开始就饱受争议，几乎不断被调整，周期性地被完全禁止。因此，西班牙人倾向于捎带提及甚至完全避开不谈，因为这种做法已经成了一种不值一提的惯例，尽管——自相矛盾地——他们也都明白，如果不采用模糊的道德依据（偶像崇拜、鸡奸以及老生常谈的活人祭祀）或者法律依据（叛乱），蓄奴行为都是非法和应当禁止的。因此，16世纪及此后，当王室政策或多或少地宣布奴役"印第安人"行为非法时，其中永远存在着漏洞。这些漏洞并非只是允许特殊个例的小范围存在，而是真真切切地鼓励和促进了大规

模蓄奴行为的持续存在，尤其是在发生冲突或者欧洲扩张的地区。这在不同时代（有时持续了很多代的时间）几乎覆盖了美洲的各个角落，这也意味着没有任何一个地区能够成为"奴役的边缘地带"。16世纪20年代轮到了墨西哥，几十年后又轮到美索美洲地区。[35]

理论上——并再一次，依据王室政策——偏好的方式是，将原住民转化为基督徒，让他们在自己的故乡劳动，生产食物和贡物。迁移他们则会适得其反，因为"这与他们的天性是相悖的，因为他们的面色看上去很虚弱"，一份禁止运送"印第安人"到西班牙的王室法令如此说道。当他们死在欧洲的时候——从15世纪90年代的哥伦布时期，再到科尔特斯所处的1540年，数百名原住民被运到了欧洲，但是绝大多数都不幸死亡——"气候、环境和食物的变化"就成了过错方。但是这份法令是在1543年才发布的。[36]

此外，这份法令的颁布并不意味着遍布西班牙世界的"印第安人"奴隶立即获得掌控自己命运的权利，它只是意味着这些人拥有了在法庭上诉的权利，但是只有很少一部分人能够这么做，而这些人中有一小部分人获得了自由。那些大部分在战争期间还是儿童并沦为奴隶的原住民，在16世纪四五十年代（以及之后），为了自己的自由在西班牙和新西班牙（还有其他地方）提起的许多诉讼，对历史学家来说简直是一座金矿。在这些我们不知道当事人面孔，甚至姓名都遗失的数千个案件中，一些类似弗朗西斯科·曼努埃尔（Francisco Manuel，他的全名）这样的个体却十分鲜活地展现在我们眼前。1527年，当他还是小孩的时候，他位于太平洋沿岸的家乡［靠近今天的曼萨尼略（Manzanillo）］遭到了阿尔瓦罗·德·萨维德拉·塞隆（Alvaro de Saavedra Céron）的攻击（这是科尔特斯为了确保当地作为港口而实施的军事行动的一部分）。和西班牙—阿兹特克战争与此后旷日持久的战争中的惯例一样，城市被洗劫，男人被杀死，妇女和儿童沦为奴隶。这其中包括弗朗西斯科·曼努埃尔，他在一年之后登上一艘去西班牙的船，命中注定要在其青年时成为塞维利亚城内的一个仆人／奴隶（直到1552年，他逃到了马德里，提起了诉讼，并被合法地宣告获得自由）。[37]

然而，不管这些例子有多么引人入胜，它们都具有误导性。大多数的弗朗西斯科·曼努埃尔们都没能来到马德里，也未能被史书记录。与此同时，在1551年的墨西哥城，总督任命了一位律师巴托洛梅·梅尔加雷霍（Bartolomé Melgarejo）来负责解放这个王国的"印第安人"奴隶并让他们返回家乡。梅尔加雷霍写给国王的那些悲伤的、充满同情的信是能够让人清醒的读物。随着时间的逝去，他非常骄傲地计算了那些被解放的奴隶的总数，然而10年过去了，这个数字却刚刚超过3000——而奴隶的总数，在中墨西哥大约是10 000，在整个总督辖区则数以万计。他同样很痛快地承认，墨西哥官员强迫他尊重旧有的法律漏洞：脸上的标记（"G"或者"R"）战胜了法律程序，在北部和西部战争中数以万计的人被奴役，但这一行为被视为"公正的"，因为这些被侵略的人被定义成叛乱分子。最终，梅尔加雷霍声称，随着一年年过去，当地的司库拒绝向他支付薪水；因为"我没有办法为那些拥有奴隶的人承担律师的工作"，没有人雇用我，"因为他们对我怀有共同的敌意"，"我这份令人讨厌的工作"导致"我现在处于一个比被我解放的印第安人还要惨的境地"。[38]

与此同时，新的征服战争则意味着拥有更多在印第安人中间猎奴的机会，这些战役所带来的活人战利品刺激了整个西班牙殖民地的奴隶市场。可见，发生在加勒比和墨西哥两地的奴役原住民行动之间有着双重的联系：加勒比地区的奴役历史为征服者提供了范式和动机，而原住民奴隶则在岛屿和内陆之间被运输——这个行为是双向的。

战争期间，西班牙人将数百——也可能是数千——泰诺奴隶和仆人从加勒比带到了墨西哥（这些人大部分来自古巴，当然也有很多人在别的地方出生，沦为奴隶后才来到古巴）。这些离开古巴的西班牙人有许多抱怨。例如，曼努埃尔·德·罗哈斯（Manuel de Rojas）声称，"被西班牙人带上前往墨西哥的船队上的印第安人数量太多，导致岛上的人口数量骤减，并且遭到巨大损失"。情况变得越来越糟，西班牙人在岛上获得了"过多的'印第安人'封赏（*repartimientos*）"，"他们中有很多人前往新西班牙，带着许多仆人（*naborías*）和他们领地上的印第安人来，随后又把他们全部转卖"。[39]

没有任何证据证明这些泰诺奴隶或者仆人参加了战斗，或者被用作人肉盾牌。与之相反，这些人都是搬运工，他们建造了防御工事，搭建或者拆除营地；女人都是性奴隶，她们搬运东西、烹煮食物。许多人死于虐待。正如罗哈斯所言，他们也会被贩卖。迭戈·阿维拉声称，科尔特斯批准了"西班牙人出卖他们在战争期间一直带在身边的印第安人，用以换取鸡和其他东西"，并且"我看到和科尔特斯一起的很多人公然用这些印第安人交换物品"。上述声明的发布时间是1521年，地点是古巴，并且出现在一份显然是支持委拉斯开兹的法律简报之中，不过我怀疑阿维拉把一件所有征服者首领都认可的事情安在了科尔特斯的头上，而这反映的是泰诺族奴隶的普遍遭遇。[40]

这种对古巴原住民竭泽而渔的方式，并未影响委拉斯开兹和其他岛上的西班牙定居者继续盘剥剩下的人口。尽管一份西班牙王室法令禁止除委拉斯开兹之外的任何西班牙人拥有数量超过100的"印第安人"作为"仆人"（*personas de servicio*），但是1522年的一份调查显示，当年有3000名泰诺人被20个最著名的定居者瓜分，平均每人拥有166人；鉴于这些人中包括诸如纳瓦埃斯、瓦斯科·波卡洛·德·菲格罗亚（Vasco Porcallo de Figueroa），以及臭名昭著的蓄奴者胡安·博诺·德·克索（Juan Bono de Quexo）等墨西哥征服者，这些"仆人"中的许多人肯定都被运到了他们在墨西哥的住宅或者奴隶市场之中。[41]

随着16世纪20年代至40年代间美索美洲逐渐成为西属西印度群岛的组成部分——新西班牙的总督最终将墨西哥、中美洲、加勒比以及环加勒比地区包括到了一起——它也成为区域性的西班牙奴隶市场网络的核心部分。从美索美洲掳掠来的奴隶大部分被送到矿山、种植园或美索美洲的其他家族产业中，也有一部分被带到了加勒比群岛。西班牙人也几乎不费力掩盖自己通过将"印第安人"从一个省份卖到另一个省份的方式从事奴役行为的事实，这正是这门生意的本质。西班牙—阿兹特克战争之后，安德烈斯·德·塔皮亚正是靠此发了大财；他非常成功，以至于数十年后，当他已经年迈之时，仍然能够说服门多萨总督请求腓力亲王（Prince Philip）给他的儿子争取到了一个油水丰厚的教会职务，因为其家族领地收取的"贡赋"不够——因为"过去，他们把这个省份的太多当地人贩运到加勒比群岛上以及其他地方"。[42]

第三个套娃，对于墨西哥以及西班牙—阿兹特克战争来说，都更特殊。关于这一点，可以用一句能够引起人们好奇心的话来概括：蒙特祖马的遗失宝藏。在他们早期发回西班牙的报告中，科尔特斯和他的盟友们播下了一颗种子，后来它长成了一株有剧毒的野草。他们夸大了所获得的金、银以及其他"宝藏"——1519年在墨西哥湾地区策划行动的那几个月里，以及1520年说服纳瓦埃斯的队伍加入他们的时候。他们的夸张带来了众多后果。长达数十年的弹劾调查中的大部分内容和众多其他的诉讼和调查，都围绕着寻找蒙特祖马那迷失的宝藏展开。折磨夸乌特莫克和其他墨西卡人都是为了解开这个谜底（皇帝被捕后，西班牙人将他的双脚浸入滚烫的油中，之后将其点燃）。西班牙人之间也互相折磨和谋害（一个最臭名昭著的例子就是科尔特斯的表兄弟之一罗德里戈·德·帕斯被缓慢折磨致死）。与此关系最密切的约1000名参加了围城战并在战争中活下来的西班牙人对此怀抱的不切实际的期待最终变成了失望和愤怒，原住民因此受累。一般的征服者在1521年战争胜利后只被分到大约50比索的奖赏，那么奴役这些手无寸铁的原住民所获的潜在利润，对于他们而言便是很难抵挡的诱惑。[43]

作为解释的第四个套娃虽是最小的，却能将我们带回事情的最中心。西班牙—阿兹特克战争期间及之后，对原住民的奴役都是地方性的，因为被抓起来和做上标记的大部分都是妇女和儿童。反过来，这一情况的出现也有几个原因——这些解释也适用于整个奴役原住民的行动（并不仅仅针对墨西哥）。欧洲存在着一个贩卖原住民妇女和儿童作为家庭奴隶的市场（成年妇女的价格最高，其次分别是女孩和男孩，成年男人的价格最低）。正如西班牙人的定居点在美洲扩散和发展一样，这个市场也是如此。此外，相对于成年男性，妇女和儿童更容易被驯服、限制以及在脸上做标记。儿童也更容易被欺骗并与奴隶一起走——他们随后会成为获得薪水的仆人而非被强迫劳动的奴隶；或者他们像仆人一样工作，看上去是自由身，最后却发现自己像财产一样被变卖。从16世纪20年代至40年代，数百名被单独带到西班牙的纳瓦少年儿童遭遇了这些经历；通过这一多层欺骗体系，数千名美索美洲的儿童最终沦为在远离故土的田间劳作的成年奴隶。[44]

在16世纪早期的西属西印度群岛存在着一个交易原住民妇女和少女的市场，这些女性最终被买去充当妻子、妾室或者性奴。这些奴隶是构成征服者欲望和行动三重奏的重要元素。西班牙人认为这种来自"印第安人"的"慰藉"可能引发暴力；奴隶贸易和监护征赋制度（提供免费的货物和劳动）能够抑制原住民人口；原住民女性也能够满足征服者和定居者的需求——性、生育和家务。一位历史学家相当直白地评述道："在对美洲的剥削中，性是一个驱动因素。"[45]

在数十年的时间中，美洲的西班牙人世界都由男性占主导。理论上，数量不断增长的西班牙女性能够逐渐取代原住民妇女的上述角色，但是实际上，她们只是取代了后者的地位，原住民的角色与劳役依然延续。这种模式在加勒比群岛时期就已经成型。科尔特斯就是一个典型的例子，他在和墨西哥的纳瓦女子发生性关系之前，就已经在古巴和一位泰诺人组成了家庭。又如，迭戈·冈萨雷斯从西班牙—阿兹特克战争中幸存，但是他在古巴的泰诺妻子就没有那么幸运了，她死于难产。另一个例子是墨西哥战争时期的骑手马丁·巴斯克斯：他先前跟随佩德拉里亚斯·德·阿维拉在巴拿马作战，后来参与征服古巴的战争，并且在那里娶了一个泰诺女子。

他们生了四个孩子，1525年这位妻子在墨西哥城为他操持家务。（他拥有很多委托监护地和数不清的原住民奴隶，他用这些人来淘金；曾有一次他卖了50个原住民奴隶给自己的商业伙伴。）

"老家伙"团伙的成员之一洛伦佐·苏亚雷斯在加入探险队伍前往墨西哥期间，将自己的泰诺妻子和孩子留在了古巴。孩子对他来说还是很重要的，他在1527年时派阿隆索·波特尔（Alonso Botel）前往古巴寻找自己的儿子，并将他带到了墨西哥。苏亚雷斯同时娶了一位西班牙妻子，但是他用研磨玉米的石头杀了她（按照迪亚斯的说法，他是征服者中几位杀妻者之一）；他的这个行为也让自己获得了一个绰号"研磨石"（Grinding Stone），他因此被剥夺了委托监护地，这些委托监护地最后给了这位亡妻的儿子。作为自我惩罚的方式，他可能最终成为一位神父，也由此将一些纳瓦人以"偶像崇拜"的名义推上了宗教裁判所。[46]

还有很多征服者，他们与墨西哥本地妇女的关系要么介于强暴和婚姻之间，要么两者皆有。桑丘·德·索普尔达参加了伊斯帕尼奥拉和古巴的战争，随后与格里哈尔瓦一起追随科尔特斯来到墨西哥。他于1524年定居特诺奇蒂特兰，娶了貌似是原住民的安娜·古铁雷斯（Ana Gutiérrez）为妻，并且生了至少三个孩子。弗朗西斯科·德·格拉纳达也是一位参加了墨西哥和危地马拉战争的征服者老兵，他因为"悲痛之夜"的时候脸上中了一支箭而出名（桑托斯·埃尔南德斯则因为在战斗正酣之时将这支箭拔掉而出名）。格拉纳达也参与了特佩阿卡大屠杀和其他事件，并且拥有众多的原住民奴隶。尽管没有关于他娶妻的记载，但是他和不止一位纳瓦女子生了数量不明的孩子。胡安·塞德尼奥（Juan Sedeño）参加了墨西哥战争，后来在韦拉克鲁斯也与一个本地女人成家，后者改名为伊莎贝尔·塞德尼奥（Isabel Sedeño）；他被赐予了周边的西洛佩特克（Xilopetec）城作为委托监护地，但是由于当地人对其虐待行为的强烈不满和抱怨，这块委托监护地在1531年的时候被西班牙王室收回。[47]

另一位征服者弗朗西斯科·古铁雷斯（Francisco Gutiérrez）于1517年

来到西印度群岛，并于1520年加入了墨西哥战争，时间刚好在特佩阿卡大屠杀之后。尚不清楚他的妻子是西班牙人还是原住民，但是这位妻子在战争结束后去世，古铁雷斯又娶了一位纳瓦女子，并定居在特诺奇蒂特兰；到了16世纪50年代，古铁雷斯的10个子女中大部分都是他和这位原住民妻子所生。与他情况相似的胡安·加林戈（Juan Galingo）在墨西哥战争的第二阶段加入，也是在自己的西班牙妻子去世后娶了一位纳瓦女子。还有些人的情况相反，例如巴托洛梅·"科约特"·桑切斯（Bartolomé "Coyote" Sánchez），这位参加过西班牙—阿兹特克战争的老兵获得了科约特佩克（Coyotepec）作为委托监护地，并在16世纪20年代娶了一个纳瓦妻子；后者在16世纪40年代去世，之后他又娶了一位西班牙人。胡安·佩雷斯·德·阿特亚加（Juan Pérez de Arteaga）也是如此，他被称作佩雷斯·马林钦，因为他在战争期间充当马林钦的护卫（并且学会了一口流利的纳瓦特尔语），他娶了一位改名为安吉丽娜·佩雷斯（Angelina Pérez）的纳瓦女子并育有六个孩子。过了很多年，在这位妻子去世后，他娶了另一位征服者的女儿为妻。[48]

这些关系中存在婚姻、正式纳妾（在本地皇室和贵族的情形中）以及子女生育，因此为我们所知。这些看似"经过双方同意"的性关系与那庞大的非同意性关系的冰山相比，不过其中一角。这些为我们所知的把泰诺妻子留在古巴的征服者，每个人都还留下了数百位妾室、情妇以及强奸受害者。同样地，每一个出现在上述记录中的纳瓦女人——经常寂寂无闻，作为征服者的妻子或者孩子的母亲——的背后，肯定还有数量更多的在某种情况下短暂地与征服者产生关系的女人——包括那些非自愿的。

性奴役和强迫淫乱的证据在西班牙人的著作中以不经意的评论形式出现——它们篇幅虽小，却为那些不可否认但又经常被忽视的黑暗历史增加了信息。例如，塞万提斯·德·萨拉萨尔称，当科尔特斯在古巴的时候，他病得无法离开这座岛，因为"他的朋友说他患上了梅毒（las bubas），因为他总是拈花惹草（amigo de mujeres），而印第安女人感染梅毒的数量比西班牙女人多得多"——最后一句话揭示出西班牙人对待泰诺女性的态度，就像伤口上撒盐。还有一些来自档案资料的评论线索："当地人的嫉妒心很强，没有什么比占有他们的女人更能让他们痛苦的了。"这一评论出自科尔特斯给其前往亚洲的航行中的表兄弟的建议，但是科尔特斯对于亚洲人一无所知（这一点在他其他的信件中有更明显的体现），他脑子里面想的肯定是"印第安人"。[49]

迪亚斯也数十次地不经意间提到占有本地女性一事："好的印第安女人"（*buenas indias*）或者"漂亮的印第安女孩"（*hermosas y buenas indias*）两个词遍布他那长长的著作当中。这些引述从一个西班牙水手在战争期间让多个本地女人怀孕这一评论，到西班牙人关于"好的印第安女人"的六次争吵，不一而足；不过大部分的评论都仅仅记录道"我们占有了一些女人和女孩"。这些被虏获的女人的长相经常被提及，这也揭示了她们被抓捕的原因：在一次由桑多瓦尔率领的行动中，大部分的战斗都是查尔科人和特拉斯卡拉人进行的，原因是"我们的士兵……主要忙于抓捕一个漂亮的印第安人女孩（*una buena india*），以及得到更多的战利品"；他们回来的时候带回了"几个不错的印第安女人猎物"（迪亚斯在这里使用了"pieza"这个词，即英语中的"piece"或者"catch"，这是打猎或者猎奴时的一个用语，指获得价值很高的猎物或者收获颇丰）；"我们在这里得到了一些很好看的印第安女人和战利品"；有一次，他们突袭了"一个印第安人家庭，带走了3个印第安男人和2个女孩——在印第安人中算是漂亮的——以及1个老妇人"；一小队征服者攻击了一个小村庄，并且"得到了30只鸡，以及一种当地的西瓜……还有3个女人；我们过了一个丰盛的复活节"；战利品经常包含"很多印第安女人和孩子"；有时候他们抓的女孩的数量太多，以至于科尔特斯使用"巨量"（*montón*）这个词来形容收获。[50]

在洗劫并奴役了特佩阿卡和特斯科科之后，有抱怨的声音说，在正式瓜分战俘和给他们做标记的前一个晚上，西班牙人的队长为自己偷偷留下了"最漂亮的印第安女人"和"最好的猎物";还有些时候,"队长们会趁着夜晚,从那些等待标记的俘虏中,把长得好看的、漂亮的印第安女人挑出来"。迪亚斯声称,在此之后,征服者把那些他们在营地或者特拉斯卡拉人中抓到的"好看的印第安女人"藏起来,宣布她们是仆人,这样那些队长们就没法把她们据为己有了——要么留着,要么标记为奴隶,要么卖掉。迪亚斯承认,这些女孩中的一些和房获她们的征服者在一起待了几个月,而这样长的时间足以让征服者队伍知晓"谁对自己拥有的这些印第安女人和仆人好,谁对她们很差"。那些被虐待得最严重的妇女,会在即将被拍卖的时候"突然消失,再也找不到"。[51]

还有一些线索能在那些半原住民文献中找到。我们在本章开篇的时候曾经引述的《奥宾手抄本》中的那个句子,说的就是"悲痛之夜"期间,那些"被认为是蒙特祖马女儿的妓女们"之死,唤醒了如下的集体回忆,即西班牙人对性奴隶的需求究竟是如何把阿兹特克的姑娘们变成了妾室,并且歪曲了外交婚姻联盟的意图。这个句子特别提醒纳瓦读者最终的受害者都是"你们的女儿"(*mochpochuan*)。[52]

另有两份半原住民的资料包含了对这一段话的不同说法,描绘了特诺奇蒂特兰被围城者攻陷时,遍布城中的强暴和洗劫。在墨西卡人的记忆中,西班牙人对于两件事物的贪婪,在纳瓦人关于一次狩猎的描写中就能体现得出来:

> 每一条街上的西班牙人都在用武力进行掠夺。他们渴求的是金子,对珠宝、精美的羽毛和绿松石则毫不在意。对俘获的女人,他们会全身上下打量:从她们的生殖器,到身上的裙子;他们对男人也是如此,从遮羞布下面,再到嘴巴都是;他们会挑选出最美丽的黄皮肤的女人,并且将其带走。

在同样文本的西班牙语版本中,这段话被精简到直达要义的程度:

"他们只要金子和漂亮的女人。"但是在另一份纳瓦特尔语的文献中，并没有提到金子，而是将重点放到袭击本身上面："基督徒将妇女的全身上下都搜了一遍；他们把她们的裙子脱下，把整个身体都摸了一遍，从嘴巴到生殖器，再到头发。"[53]

西班牙人对原住民的反应少有评论，不过科尔特斯关于本地男性"嫉妒心很强"的抱怨也在其他文献中有所体现。例如，迪亚斯的书中描写了发生在洪都拉斯探险期间的一个案例，当时西班牙人袭击了一个城市的首领，当看到"他们的女人被掳走"时，这些首领派出使者携带"小件的金质首饰"，"祈求"科尔特斯归还这些俘虏。科尔特斯同意了，前提是首领们提供食物；当原住民首领按照他的要求做了之后，科尔特斯还是决定扣留其中的三个女人，于是"那个城市的所有印第安人"全都行动起来，使用"飞镖、石块和箭"袭击西班牙人的营地，伤了十几名西班牙人，"科尔特斯本人的脸部也受伤了"——人们猜测，迪亚斯认为这是科尔特斯应得的惩罚，才特意增加了这个细节。[54]

当然，在其他情况下，原住民首领出卖妇女甚至自己的家庭成员，用以和征服者达成条约，从而保护自己的城镇。迪亚斯的书中很惯常地描述了1519年，被称为"胖子酋长"（Fat Cacique）的原住民首领将自己的侄女和其他七位"全都是酋长们的女儿的印第安姑娘"献给征服者。这种笔调反映出，在征服者看来（很有可能对于当地贵族来说也是如此），如此分配本地少女的行为是稀松平常的事情。有关西班牙人反应的线索证实了我们的猜想：他们对女孩们穿戴的"金项圈和金耳环"很感兴趣，当"这些姑娘受洗之后，'胖子酋长'的侄女得名唐娜·卡塔利娜，她长相极为丑陋；她被人挽着手交给了科尔特斯，后者则假装很高兴地（con buen senblante）接受了她"。毫无疑问，这个场景被嘲讽了很多次（这位丑姑娘被送给了科尔特斯，而且还获得了和他的妻子一样的名字）；战争中的男人经常会拿性和当地女人开玩笑。人们可能会好奇，这位可怜的姑娘——笑话最终会是以她为对象——会不会知道为什么这些外国人会在她的周围嘲笑。[55]

所有这些资料和编年史中缺失的，则是这些年轻姑娘们所经历的恐惧——这一点，我们至多能够用想象来填补。特诺奇蒂特兰陷落的时候，"一些女人"通过"在脸上抹上泥巴，穿着十分破烂"的方式逃脱了被抓捕和沦为性奴隶的命运。但是为了能够描绘更广阔的场景，我们需要的不只是阿兹特克首都遭劫之后的一张快照，也不只是马林钦一个人的例子（从少女时代就沦为奴隶的她的个人经历，在某些方面可以说非常典型，但是在其他方面却并非如此）；恰恰相反，我们应当考虑的是其他十九名和她一起被送到西班牙营地的少女，以及"胖子酋长"的侄女和一起被"送给"同一批征服者的其他七名女孩，还有数千名其他"被赠送"或者被掳走的女孩，"一大批"被俘的姑娘们。她们被迫屈服于沦为性奴的命运，随着战争的发展而被带到帝国各处，同时随着暴力活动的不断升级，被这些莫名其妙的征服者们为满足自身的肉欲而蹂躏。

受害者数量众多，这些女孩和妇女的信息却很匮乏。因此，我们尽可能多地铭记这些个体，同时尝试着想象这场战争与其后续对她们意味着什么，就变得更为关键。即便是在我们掌握的信息中，也仅仅记录了1549年，玛丽亚·索科托（María Xocoto）41岁，在库埃纳瓦卡城中的一座糖厂为奴，容貌看上去也与年龄相称；她是库埃纳瓦卡本地人，在她12岁的时候，当西班牙–原住民联军横扫她的家乡、屠杀或者奴役她的家人的时候，她就可能已经被迫开始提供性服务了。[56]

※

莫托利尼亚称，新西班牙"各个地方的土著民众沦为奴隶的速度太快，他们像绵羊一样成群结队地被带到墨西哥城，以便被标记"。在关于科尔特斯的弹劾调查中，第39项针对他的指控说，他（在库埃纳瓦卡和瓦斯特佩克的时候）"同跟随他到这里的同伴一起杀了很多印第安人，并在之后把超过500个人标记成奴隶"。类似这样关于屠杀和奴役的证词，以及本章中所引述的许多其他内容，都给人们一种一连串数字的印象——成百上千，但是总数却是不明确的。任何对战争历史的探究都会触及人口规模问题，这一点在墨西哥的例子上尤其明显，因为在这里，大规模奴役和针对平民的屠杀必须和战争中的伤亡以及传染病的影响一起考虑进来——更不用说还有前哥伦布时期的人口水平、征服者的人数、战争期间原住民盟友的数量等问题。的确，在"征服墨西哥"的传统叙事中，众多神话历史主题中的一个，就是人数问题。[57]

征服者和其他西班牙人倾向于低估己方的数字，这样便为百万人的帝国被"少数的"西班牙人征服的谣言打下基础——征服行动是通过"少数孤立的西班牙人抗击强大且好战的种族"而实现的，"科尔特斯用数量很少的人和马匹取得了令人难以想象的成功"，"他和少数几个充满冒险精神的同伴一起"，成就了历史上"最伟大的功绩"，"打败了所有美洲帝国里面最为好战的一个"，并且"征服了一个高度发达、人口百万的种族"。出于同样的原因，原住民的数字被夸大，这也同科尔特斯和其他人夸大他们所发现的土地上的财富及所取得胜利的规模的做法如出一辙。这种夸大其词的做法在数个世纪间，以不同方式反复上演——从阿兹特克祭祀仪式上的受害者数字，再到和西班牙人结盟的特拉斯卡拉战士的数量；从特诺奇蒂特兰城内的人口，到战争期间天花的致死率等都是如此。[58]

毫无疑问的情况是，大约有450个西班牙人从古巴出发，于1519年2月到达科苏梅尔岛；同年11月，不到300个人（可能只有250人）走进了特诺奇蒂特兰城内。上述情况能够让幸存的"少数人"的成就，以及科尔特斯那所谓的军事才能变得更令人印象深刻吗？并非如此。1521年8月，在战争进入尾声、城市宣布投降之时，墨西哥谷中活着的西班牙人至少有980人，在整个墨西哥则有1000余人。那么征服者的数量究竟是如何波动的，这些真实的数字如何能够帮助我们改变对于战争的观点呢？

第一个事实是，相较于最初的450人，有更多的西班牙加入了战争当中。从科尔特斯离开古巴到战争结束这中间的30个月里，我估计至少有2600名西班牙人来到了墨西哥内陆，同时猜测真实的数字至少有3000人。西班牙人的数量在巅峰时期有1500人。科尔特斯和纳瓦埃斯随后带领他们走进了特诺奇蒂特兰的陷阱，即"悲痛之夜"，经过了一个月，这些人当中有1000人死亡。经过了之后的一年，总体数量开始回升，并且再次接近1500人，不过由于战斗减员，可能再也没能超过这一数字。当特诺奇蒂特兰被攻破之时，那些来到墨西哥的人中，几乎有三分之二都已死亡。如果我们将小部分在战争期间离开或者返回加勒比群岛的西班牙人计算在内（奥尔达斯就是其中之一），那么征服者的死亡率低于65%；但是如果来到墨西哥的西班牙人的真实数量比我所估计的2600人要多，那么死亡率则更接近70%。[59]

大部分的西班牙人都死于伤口引发的感染，受伤的原因则是美索美洲人使用了箭、短刀和镶嵌了黑曜石的木棍。但是也有数百人是在"悲痛之夜"的战斗中被活捉并且在仪式中被处决，此外，在1521年6月，阿兹特克守城者成功地赢得了围城战中的一轮胜利时，也有至少75名西班牙人遭遇了同样的命运。一小部分西班牙人则死于自己人的误伤。因此，这里的关键点不是几千西班牙人（而非几百人）打败了一个伟大的帝国，而是特拉斯卡拉、阿兹特克以及其他美索美洲地区的战士给入侵者造成了巨大的伤亡，让他们中三分之二的人都死于战争。这并不是一位杰出将军率领少数人取得令人震惊的胜利的故事，这是一场具有惩罚性质的、代价高昂的战争，其中西班牙人由于新来者的不断加入而多次幸免于失败的命运——更不用说他们还有数万原住民"盟友"了。如果科尔特斯真的是掌握一切的人，那么他每带领一个人所赢得的胜利，背后就有两个人迎接死亡。

这些看似不起眼却意义重大的点，来自对征服者人数的核查，而且影响到征服者在墨西哥站稳脚跟以及对当地人施加暴力的能力。例如，1520年4月与纳瓦埃斯一同到来的1100人的巨型队伍是常规模式的例外（在整个战争期间，增援都是以零散编队的方式前来，以有效且相对稳定的方式提供增援），他们还带来了额外的马匹、弩和火绳枪、子弹，以及其他补给。在西班牙人的胜利原因中，武器的重要性不是确凿的（有一部有关科尔特斯的电视纪录片，使用传统叙事描述现代军事的演变，其中声称科尔特斯的"秘密武器"是铁剑和弓弩、加农炮和火绳枪、獒和马——"当地人"认为它们是"龙"）。事实上，这些武器并没有提供特别大的防御优势，只是让他们获得了小型、紧密且强大的防御阵地。西班牙人的武器对打退原住民战士的进攻浪潮有用，但是这并不是征服的准则，并非小规模的西班牙人队伍所能取得的。不过，在西班牙人和原住民的增援到达之前，这是一条生存的准则；换句话说，这也是西班牙—阿兹特克战争的故事。[60]

所有的这些因素都决定了征服者们的心态，我们也会在后面讨论这一点。但是首先，原住民一方的数字问题究竟如何？20世纪的大部分时间内，人们都相信墨西哥原住民的数量在西班牙—阿兹特克战争爆发之前多达2500万人，其中居住在墨西哥谷的人数超过100万人（他们当中10万~20万人生活在特诺奇蒂特兰）；到1600年，该地区的原住民人口数可能低至100万人。这样算来，西班牙的征服和殖民在人口学上带来的冲击便是96%的人口损失，这是一场史无前例的人口学灾难。罪魁祸首一直以来都被认为是天花（正痘病毒的主要变种），到了1520年末时，病毒横扫了整个中墨西哥，在不到两个月的时间内杀死了包括特诺奇蒂特兰在内许多城镇将近半数的居民。[61]

这个数字一直以来都备受争议，学界曾对此展开了长达数十年的激烈争论，现在许多学者都接受了一个比较小的数字（但是在以大众为受众群体的书籍和纪录片中鲜有出现）。我们之前已经看到，岛屿城市特诺奇蒂特兰不可能承载超过10万人的居民数量，更有可能的数字是6万人左右，另有数万人居住在湖周围的其他城市里，而整个阿兹特克帝国以及墨西哥的人口数量可能是500万~1000万人。同样地，单凭莫托利尼亚在数十年后声称墨西哥城镇的人口数量在几个月间就减少了一半这点，我们不能确认这些数字属实。有关阿兹特克人战败的说法中占据主导地位的那个，即征服者们"奇迹般的胜利""在很大程度上是天花病毒的胜利"，则根本站不住脚。[62]

但是这也并不意味着我们就可以把西班牙人带来的疾病所造成的人口学影响忽略不计。因为仍然有很多强有力的证据证明，天花和其他疾病的传播在战争期间重创了美索美洲人，并且在80年间减少了90%的人口（从1000万人减少到100万人）也是令人十分震惊的。它的意义在于，我们必须认真研究关于天花的证据，以便能够准确看出它是如何影响战争进程的，尤其是它和其他因素联合起来的作用。具体而言，战争的结果大体上可以用如下方式解释，即天花因素交织着阿兹特克领导层和西班牙人的原住民盟友之间两败俱伤的冲突——后者同样受到了传染病的打击。正如哈西格所记载的那样，传染病给阿兹特克和联军领导层造成的死亡加速了常规战争模式的瓦解。我想要补充的是，这本身并没有加速阿兹特克人的失败，而是让战争变得更加旷日持久，导向也更为模糊。阿兹特克（当时的墨西卡）的领导层过渡中断，原住民联军的领导层也遭到打击，高死亡率为自命不凡者和暴发户们创造了机会，进而让原住民的政治图谱变得更加不稳定。总之，如果原住民人口的总数并没有往常想象的那样，战争开始时以及特诺奇蒂特兰遭到围困之时，作为防御方的墨西卡人的数量比之前猜测的少，以及因天花和其他疾病而死的人数也比曾经试想的要少，那么在战争的全部阶段，公开的屠杀、饥饿以及奴役造成的死亡人数比之前人们公认的要多。[63]

与此同时，所谓的"印第安盟友"的作用也被放大了。在这方面有一个说法曾经多次出现（甚至普雷斯科特也默许了这种说法），但必须在此重提，并且需为其补充一个关键性的因素。征服者普遍性地低估己方的规模，就像是"征服战争"不是他们的战争，而更像是和他们结盟的原住民战士和阿兹特克人以及——最终的——墨西卡人的战争似的。他们这样做的原因很明显，即那些以报告和证词为形式的信件，目的是作为他们的成功和牺牲的证据。但是西班牙人认为利用原住民战士残害同胞是不光彩的，因此，在他们的记录里，故意忽略了内讧中原住民战士的存在。例如，科尔特斯和纳瓦埃斯的冲突在传统叙事中被描绘成科尔特斯排除万难之后的另一个胜利的时刻，事实上却是纳瓦埃斯率领的近千名西班牙人和桑多瓦尔带来的1万个原住民战士之间的斗争。更加令人震惊的是，有说法称"佩德罗·德·阿尔瓦拉多在和弗朗西斯科·德·加雷的冲突中率领了5万个印第安人，并且在一个晚上杀死了300名基督徒"。[64]

这些数字很有可能被夸大了，但是要义却是明确的：原住民战士和原住民搬运工参与战争的程度，远比西班牙人的文献资料中所记载及现代历史学家们公认的要深得多。承认特拉斯卡拉人的军队扮演了关键角色还远远不够，自16世纪以来所形成的特拉斯卡拉人成功地实现了自身地位擢升的观点，只不过是忽视甚至是否认了其他城邦国在战争中所扮演的角色。毕竟，传统叙事并不承认特斯科科在和特拉斯卡拉三方联盟签署协议的过程中所扮演的角色，这已经是对战争事实的扭曲和整个联盟数量的低估。讽刺的是，戈马拉所写的被围困特诺奇蒂特兰城中的人数为2万人，很可能比较接近历史事实。我估计至少有那么多人。因此，在1521年时，来自数十个城邦和地区的原住民战士和那些与他们松散结盟的西班牙人的数量比例是200∶1；他们和墨西卡守城者的数量比例是4∶1或者5∶1。也难怪特拉斯卡拉-特斯科科领导的联军——而不是西班牙人——打败了墨西卡人。

将这一系列因素的发展结合起来，能帮助我们理解为什么西班牙—阿兹特克战争会变得如此暴力。在征服者到来之前，存在着两个战争的限制因素，也正是由于它们的存在，阻碍或者制约了中墨西哥全面战争的爆发。第一种因素是权力平衡，它发生在两个层面：特诺奇蒂特兰是帝国三方联盟内部的主导力量，但是特斯科科和特拉科潘的加入在某种程度上抵消了这种主导性并且阻碍了其滥用权力（王朝内部的通婚也在当中起到了帮助作用）；阿兹特克三方联盟在某种程度上也受制于特拉斯卡拉三方联盟。1519—1520年发生的事件逆转了这一大范围上的权力平衡，朝着有利于特拉斯卡拉人的方向发展——这也是该地区历史上的第一次。1521年的历史事件摧毁了阿兹特克帝国内部的平衡，让特斯科科人成了新的主宰力量。与此同时，特拉斯卡拉–特斯科科关系的修复，也放大了上述两层转变的效应。

西班牙人，包括他们的武器、他们带来的传染病、他们的泰诺奴隶和非洲奴隶的加入，使得上述转变的过程更为剧烈和混乱。此外，由于西班牙人偏向于参与全面战争（在意识形态上是正义的，目的是取得对方无条件的投降，平民则是合法的攻击目标），这也破坏了前哥伦布时代的第二个限制因素。与传统叙事中的阿兹特克人嗜血的名声相反，他们和其他的美索美洲人一样拥有相同的战争文化：战争只发生在战争季，受到行为准则的制约，强调个体战斗和仪式化的杀戮。〔阿兹特克人和特拉斯卡拉三方联盟甚至卷入所谓的"鲜花战争"（Flower Wars）当中，其中，混乱的无法预测的公开战争被近身肉搏和有商量余地的伤亡数字取代。〕和伊比利亚半岛的情况不同，墨西哥的乡村并没有散落着的各种城堡和有防御工事的城镇。总体而言，城镇和乡村人口都不需要生活在对突然袭击、屠杀和奴役的恐惧当中——直到1519年之前都是如此。因此，类似乔卢拉和特佩阿卡这样对屠杀毫无守备的地方蒙受了征服者们带来的巨大创伤。但是——对于这一点的强调是非常重要的——原住民战士也参与了这些屠杀，和他们参与特诺奇蒂特兰围城战的情形一样。也就是说，征服者给他们带来的教训是，过去的规则都已经不再适用了，西班牙人打开了全面战争的潘多拉魔盒。[65]

※

鲁伊·冈萨雷斯参加了对特佩阿卡的袭击战。他错过了乔卢拉和"干涸月"大屠杀——因为他在1520年才和纳瓦埃斯从古巴来到这里——但他经历了"悲痛之夜"（据说他当时拯救了很多同伴的性命）和奥通潘

（奥图巴）战争并从中幸存，最终还在特佩阿卡一展身手。他在那里"面对众多的危险和挑战，和印第安人对决了很多次"（用他盾徽上面的颂词来讲）。尽管他在特诺奇蒂特兰围困战中受伤，但他还是活了下来，并且以一位著名的征服者老兵的身份定居在这里。他还参加了米却肯和新加利西亚的战役。1525年，他得到了特诺奇蒂特兰城内的一座房子作为赏赐，并且在接下来的30年中不断地得到和失去财产，进入商业领域，从原住民缴纳的贡赋中获利，以及在早期墨西哥境内西班牙人之间的政治形势的变化中浮沉。1559年他去世的时候，是一个比较富有的市议员，并且在所有的文献记录中都是一个接近于"普通人"的征服者角色。[66]

当鲁伊·冈萨雷斯进入暮年之时，类似特佩阿卡大屠杀这样的记忆会让他困扰吗？我们无法知道这个问题真正的答案，但是我们知道的是，拉斯·卡萨斯1552年出版的《西印度毁灭述略》让他愤怒不已，以至于这本书出版不到几个月，他就向国王写了一封信，攻击这位修士，并且为西班牙的征服战争辩护（第二章中有引述）。其中的一段话和我们关心的事情——普通人在参战时候的心理状态——有很大联系，因此值得我们在这里长篇引述：

> 对这些王国的战争和征服，并不像某些无知的人一直以来所认为的那样扭曲和无意义。因为这些（土著）人都是野蛮人，是搞偶像崇拜的祭司，是杀害无辜人的刽子手，是食人族，是令人厌恶的邪恶的鸡奸者。如果有人想告诉我，这样那样的罪过应当得到战争以及失去王国的惩罚——此外，在战争中也有暴行、巨大的错误、值得注意的过度无序的行为和罪恶——那么我确实相信这一点。但是我们应当让那些犯下罪孽的人为此付出代价，而不是所有人；惩罚他们，而不是我们放弃自己通过艰苦付出及通过服务上帝和国王陛下所得到的那些东西。事实是，一旦发动了战争，尽管它可能是非常正义的，

并且是由那些笃信基督的人所领导的，但我并不认为会存在更少的无序行径，正如在法国、罗马以及其他地区发生的战争的情形一样。[67]

人们很可能会把这段话仅仅看作征服者使用种族主义（或者它在16世纪的表现）为战争的罪恶（他人所犯下的）辩护或者开脱的传统观点，在17世纪初，巴尔加斯·马丘卡光是为了这一论断就写了两本书。不过，我们也可以将镜头放大，将其看作士兵们普遍宣称的连带伤害是不可能避免的一个例子。当然了，上述两个方面在其中都有体现。但是如果我们仅仅止步于此，我们就接近于满足一个类似"黑色传说"的解释，就好像谴责他们作为行凶者，谴责他们让土著人沦为受害者的行径，就足够将那些征服者们盖棺定论一样。正如茨维坦·托多洛夫（Tzvetan Todorov）所说的那样："如果我们不必在一个充斥着牺牲的文明和屠杀的文明之间选择，情况将会是什么样子？"[68]

与之相反的是，我们可以在鲁伊·冈萨雷斯的辩护词中看到某种忏悔的成分，一瞥让西班牙—阿兹特克战争成为一场大屠杀的思维模式。他在两个方面走得比他所必需的还要更远。第一，在对那些与他一生中大部分时间都生活在一起的人的描述上——"这些人（*esta gente*）"——他用一个又一个的负面刻板印象抨击他们的野蛮状态，将他们的人性剥离，直到他们最终看起来比禽兽还要可怕，就好像饶恕他们的性命就是罪过一样。第二，他在最后一句话中使用的较为温和的词汇"无序"（*desordenes*），可能就是一次不屑一顾的忏悔；很多征服者只用简单的一个词指代其对于"印第安人"的屠杀，国王、王室顾问、现代历史学家、学生也都对此轻描淡写。但是，冈萨雷斯再一次地过分夸大，实际上承认了他参与到了一场充斥着暴行的战争当中。"暴行"（*atrocidad*）这个词并不在他那16世纪的词汇表中，但是他用的那些形容词都确定无疑地是对暴行的揭示：过分（*eçesivo*），巨大的疏忽（*grandes ynadvertençias*），显著的无序（*notables desordenes*），罪恶（*pecados*）。简而言之，他告诉我们的是：我们入侵了这些人的家园，并且对他们施加了暴行，不过我们完全可以这么做，因为这对我们还有其他人来说都是正义的，理由是他们没有人性，他们被我们归类成邪恶的类人物种；但是在某种程度上，我们也知道这样做是不对的。

冈萨雷斯想让我们看到每一个征服者身上的好与坏，他可能让事情变得困难，但是如果我们想要更好地理解为什么"征服"是一场如此致命和残酷的战争，那么这一点就显得至关重要。当然也有其他更容易的解释，这些也都能够很轻易地在文学作品中找到，但我们不愿止步于此。谴责所有的征服者都是坏人，就跟宣布所有的原住民都是好人一样轻巧；把某个人种整体塑造成行凶者，而把另一个人种塑造为受害者的行为本身就是一种种族主义，是再大的道德义愤都无法挽回的。人们也更容易将征服者分为两类。毕竟，人们想要相信，即使是在最为残酷的时候，也会有人选择不从事折磨、强暴或者杀戮的行为；那些接受了神圣的命令而做了上述行径的征服者，他们的目的是过上有怜悯心的生活，而不是腐朽堕落的；只有像佩德罗·德·阿尔瓦拉多那样的人才是终极的坏蛋。

最后一种解释实际上是把阿尔瓦拉多当成了余下的征服者或者他们中的大部分人的替罪羊，它也是传统叙事中最为常见的解释之一，甚至拉斯·卡萨斯也这样做了。在他的《西印度毁灭述略》中关于"暴君"和他们的暴行的陈词滥调里，似乎也是谴责所有的征服者，而不是对应当控诉的人指名道姓。事实上他做了相反的事情。由于他没办法谴责整个征服和殖民事业，因此他暗指"暴君"队长们是那些坏透的果子，摧毁了原本欣欣向荣的果园。另一个类似的对征服者的残忍的解释是——类似拉斯·卡萨斯的观点，也有点像"黑色传说"——大部分的征服者都是黑心苹果，这样就突出了那些例外之人的高尚。一直以来，人们都倾向于让"不变的队长"桑多瓦尔担任这个角色，就像阿齐拉尔和奥尔达斯一样。1826年的一部匿名的征服史小说《希科滕卡特尔》（*Xicoténcatl*）中，"真诚且无私的"奥尔达斯的角色就是用来强调他的同伴都是多么不道德的暴徒，纳瓦人或者"美洲人"则是镜子的另一面，都是正派的和可尊敬的人，奸诈的特拉斯卡拉叛徒则充当了坏果子的角色。[69]

关于如何解释征服者行为问题的第三个回答，则与我们的目标比较接近。这一解释看到了征服者身上因战争的结果而产生的道德挣扎。正如伟大的墨西哥知识分子、历史学家何塞·路易斯·马丁内斯（José Luis Martínez）曾经评价科尔特斯的那样："'悲痛之夜'过后，他被（阿兹特克）墨西哥激怒了；他逐渐变得严厉，并且最终变得残酷——成了一个非常严厉和残酷的人。"这当中确实存在着一些事实成分，并且的确适用于数百名"在美洲发了财的人"（indiano）——那些在西印度群岛打仗和定居的西班牙人。但是这种论述的危险之处在于，它很容易滑向古老的方济各会的立场，即更偏向于辩护而不是解释，其中的集大成者便是门迭塔。[70]

这位年迈的修士写到，"有些人在自己的作品中"把科尔特斯评价为"暴君"（他在这里引用了一位著名的多明我会修士的表述）。这位方济各会修士并没有否认这位队长的"荒淫无道"，而是从两个方面为其辩解。第一，科尔特斯没有其他选择，因为他被"数量如此之多，并且或明或暗的敌人"包围，但是"他的同伴（compañeros）却很少"（那些人"如此地贪恋黄金"）；第二，他需要考虑更大的善。因此，

> 尽管他本人对那些看上去并不公正的案子下达了死刑的判决——说："绞死这个，烧死那个，折磨这些和那些人！"——他们用两个词就提供了那些人的信息，关于谁要杀死西班牙人，谁密谋，谁反叛，谁策划，还有其他的很多事情；尽管很多时候他觉得这些（手段）并不是那么公正，但是他也不得不迎合（征服者）队伍和（土著）盟友，否则这些人就会与他反目成仇。[71]

文明教化的使命需要冷酷的暴力算计。这一扭曲的逻辑极为冷血且具有说服力，但是当中也包含着一个缺陷，这也在传统叙事中普遍存在：因为它假定科尔特斯能够掌控一切，有的时候靠着两害相权取其轻的方式维系。我认为事实正好相反：不管是科尔特斯还是其他西班牙队长或者原住民领导者都无法掌控整个军队、战役乃至战争的全局。正因如此，时时刻刻都有一大群人出于各种原因进行着冷酷的暴力算计。与此同时，一些暴力时刻是如此极端和具有破坏性，以至于看上去无法计算和解释。用罗伯逊对于乔卢拉大屠杀的描写举例，这部写于18世纪70年代的著作显然参考了他手上有的关于西班牙人的文献资料，也可能告诉我们些许他对于这样的历史瞬间是如何理解的：

> 街道上到处都是鲜血和尸体。那些容纳了撤退的祭司和一些土著上层人士的神庙现在都被点燃，于是这些人都在烈火中被烧成灰烬。这可怕的场景持续了两天的时间；在此期间，西班牙人都处于极具破坏性的暴怒之中，而其印第安盟友则进行无情的复仇，让那些可怜的印第安人尝尽了苦难。[72]

很多像罗伯逊、普雷斯科特和麦克纳特这样的新教作者，都乐于快速进入对这些全副武装的天主教徒的野蛮行径的描述，人们总看到他们用诸如"杀戮""无情的屠杀""毫无约束的暴行"等词汇，这些词在其他屠杀的描写中也出现过——自乔卢拉之后的数个世纪内，被屠杀的人口数字以指数方式上升。罗伯逊之前的那个世纪，荷兰法官胡果·格老秀斯（Hugo Grotius）就已经写了几部书，希冀欧洲统治者遵守国际战争法，因为他发现"在整个基督教世界"，人们"没有任何理由地"诉诸战争的速度非常之快，并且"一旦这些人拿起了武器，那么就不会敬畏任何人性或者神圣的法律，就好像一条简单的法令就可以释放出驱使人们从事各种犯罪行为的疯狂一样"。如果自罗伯逊至麦克纳特的这些作者从"征服墨西哥"的历史中看到了格老秀斯目睹"三十年战争"后做出的关于这类屠杀的预言，那么他们会如何看待发生在20世纪的人类暴行呢？[73]

例如，1968年3月16日，一支大约百人的美军队伍在美莱村射杀了404名手无寸铁的越南村民。这些美莱村受害者的尸体被丢进村中的一条沟内。受害者包括182名妇女和173名儿童——其中还有56名婴儿。一英里开外的美溪村，来自同一营另一个连的士兵屠杀了97名村民。一年半之后，这个故事震撼了所有美国媒体，促发了反战运动。连队中尉被推上军事法庭并被判处大规模屠杀罪，其他帮助掩盖屠杀的军官也受到了起诉。但是并没有任何人被判刑，也没有任何人进监狱——包括之前的那位中尉，受到软禁的他后来被尼克松总统释放，在本书创作时，他还生活在佐治亚州。

乔卢拉和美莱村发生的屠杀相隔了数个世纪，并且发生的情形也有很大不同，因此不太可能进行深入的比较，但是一些表面上的相似点是有启发性的。这两个事件都缺少结果或者问责，也没有一个令人满意的解释，最终让集体性的伤痕永久性地留了下来。尽管已经过去了数个世纪，"大屠杀的后遗症仍然留在大部人乔卢拉人的心中"。一位年轻的时候就嫁给了一个乔卢拉家族的特拉斯卡拉老人，最近叹息说"科尔特斯操纵"特拉斯卡拉人来到乔卢拉，"然后杀害我们的兄弟"；"因为我来自特拉斯卡拉，所有人都把我们叫作叛徒。""我们会原谅，但是不会忘记。"这是幸存者们常用的一句评价。最近一位叫范清公（Pham Thanh Cong）的记者采访一位美莱村村民的时候听到了同样的话，后者在屠杀发生的时候只有11岁，因为其藏在了母亲和3个姐姐的尸体下面才躲过一劫。进入美莱村的美军士兵们认为那里藏匿了越南共产党士兵，进入乔卢拉的征服者也相信一支敌军部队就藏在附近并与城中居民共谋。但是，当手无寸铁的家庭成员们惊恐地在村子中心和城市广场上聚集的时候，当美国士兵们扣动手中的扳机、西班牙人挥舞手中的剑的时候，上述信息是不是就变得越来越不清晰了呢？这些最为激烈的时刻——屠杀发生的每一刻都是最激烈的时刻，留给我们的只剩下令人不安的猜测。就像一位越南老兵对这次屠杀的评论一样，美军士兵和越南士兵彼此之间还犯下过其他的罪行："这种事情在战争中都会发生。"[74]

虽然这些解释也可能无法让我们满意——那些曾经在美莱村屠杀的士兵在访谈中也做出了类似可以预测且常规的对于战争迷雾的反思：我们很害怕，我们在为死去的战友复仇，我们只是听从命令，等等——但是它们还是能够帮助我们更好地了解在乔卢拉以及整个西班牙—阿兹特克战争期间究竟发生了什么。作为一场无意义且血腥的冲突，越南战争已经声名狼藉，但是西班牙—阿兹特克战争却在大众的想象中维系着荣耀冒险的光芒。然而事情并非如此。如果我们把发生在乔卢拉和特佩阿卡的屠杀看成战争行为的某种表现，就能够更好地看到充斥着以下瞬间的战争全貌——遭受创伤的战士因自己所亲历的和持续的恐惧而变得麻木，文明的民众遭受着各种难以想象的暴虐，以及一场又一场令人厌恶的暴力的爆发。

那么，那些曾经是"普通人"的征服者们怎么会最终参与，甚至创造了这样的瞬间呢？人们很容易拿阿尔瓦拉多五兄弟作为研究案例，但是他们热爱暴力和残忍的名声——尤其是贡萨洛和佩德罗——会把我们带回"坏果子"的论断上。那么就让我们举两个不怎么出名的例子。[75]

胡安·博诺·德·克索是巴斯克人，也是长期征战在西印度群岛地区的征服者。1502年，他作为哥伦布最后一次跨洋航行的水手来到这里，随后参加了对佛罗里达、波多黎各和古巴的远征；他在前述的两个岛上都有领地（其中住有原住民），并且在波多黎各还拥有矿场和大量的泰诺奴隶。作为一名娴熟的阴谋策划者和暗算家，他于1519年加入了反对委拉斯开兹的叛乱中，但是随后偷偷回到古巴，最终和纳瓦埃斯领导的支持委拉斯开兹的队伍再次回到墨西哥。他在"悲痛之夜"后活了下来，并且参与了后来发生在特佩阿卡的大屠杀（他后来以此指责特拉斯卡拉战士大规模的食人行为）。他在16世纪20年代继续参与了针对科尔特斯的阴谋，最终返回古巴定居。人们或许会得出这样一个印象，即他是一个贪得无厌的人，但与鲁伊·冈萨雷斯一样，仍不过是个普通的征服者。[76]

　　同样的评价也能用在哈辛托·"辛多"·德尔·波蒂略（Jacinto "Cindo" del Portillo）身上。他于1514年到达西印度群岛地区，并且似乎加入了埃尔南德斯·德·科尔多瓦以及格里哈尔瓦的远征队。他在西班牙—阿兹特克战争后活了下来，并且继续参加了16世纪20年代的数次战役，通过这些战争得到了500个原住民奴隶。他似乎把这些人用来开采金矿或者淘金，这些人因难以忍受过分的压迫而奋起反击。冲突发生后，他受伤严重，并且发誓称，如果上帝能够挽救他的性命，他将自愿放弃全世界范围内的财产；当他最终痊愈后，他加入了方济各会，给予名下所有奴隶自由，并且将自己的委托监护地交还西班牙王室。数十年中，修士"辛多"一直都是墨西哥城中方济各修道院的守门者之一，但是他仍然参加了征服和强迫改宗的征战——例如在1560年前后前往萨卡特卡斯——不是呼吁废除监护征赋制，而是将经此获得的收入用来建造教堂（正如他在1561年写给国王的信中所说的那样）。很多人包括波蒂略自己在内都怀疑在其从征服者老兵到修士的转变过程中，灵魂是否真的能够得到拯救（以及当他在迪奥斯港被一只毒蜘蛛咬伤，在他缓慢的死亡过程中，脑海中是否想过这些事情）。[77]

　　像贡萨洛、博诺和波蒂略这样的人，他们跟从或加入某支与其有亲属、同乡以及其他关系的队伍穿过墨西哥湾来到内陆，希望能够成为战争幸存者的一员（最终的比例只有三分之一），从而分割战利品和殖民地。这些人之间的效忠关系是根深蒂固的、复杂的且私人化的，他们会为了对方而杀人。（和传统叙事中的描写相反：更大范围上的效忠，例如对科尔特斯这样的队长的效忠，是转瞬即逝的、战略性的以及几乎都是偶然发生的。）

　　战争的前两年，征服者前来参战并努力活着。在围城战中，他们成为胜利的组成部分。那些残暴地对待岛上原住民的老兵们，和阿兹克特战争第一阶段中的幸存者走到了一起，他们当中几乎所有人都有过在自己家中屠杀"印第安人"的经历。在墨西哥，他们见证了大部分同伴的死亡——要么因伤口感染而缓慢地死亡，要么在仪式性的屠杀中非常迅速地死亡。

他们逐渐对大规模的杀戮变得冷酷，而来自加勒比群岛的补给供应速度太慢，也让他们有足够理由对"印第安人"造成大规模伤害。他们人数较少，武器也有限，尤其是缺乏加农炮和火绳枪，这都导致他们在对抗人数众多的原住民的战役中遭到挫败，精疲力竭。但是在面对手无寸铁的俘虏和平民时，这些制约因素便不存在了；在乔卢拉的广场与特佩阿卡城外的空地上，刀剑成了大规模屠杀中毫无风险的高效工具。

每一次屠杀都是对那些被杀害的西班牙人的报复行动。尽管杀害这支队伍里第一批西班牙人的凶手是玛雅人，但是对此的报复行动却针对托托纳卡人或纳瓦人，不过这无关紧要。同样无关紧要的是，对于特拉斯卡拉人杀害西班牙人的复仇行动算在了乔卢拉人身上，并且在此过程中特拉斯卡拉人成了西班牙人的盟友。特佩阿卡大屠杀则是对"悲痛之夜"的复仇，西班牙人的这场失利是很久之前由墨西卡人造成的，后者则早在战争中征服了特佩阿卡。由于战争带来的暴怒，这一切都显得无足轻重，复仇就是复仇，而且——毕竟——对于西班牙人来说，他们都是"印第安人"。

通过这个简单的事实我们能够找到解释战争中暴力原因的关键性拼图块。一位研究大屠杀的学者写道："战争，尤其是种族战争，都会导向残酷，并最终走向暴行。"西班牙人在美洲的征服一直以来都不被看作"种族战争"，因为当时尚不存在现代意义上的种族概念。西班牙人是种族中心主义的（ethnocentric），不是种族主义者（racist），他们视自己为基督徒和卡斯蒂利亚人或巴斯克人，在看待其他人时也同样使用族群、地域、宗教或者野蛮类型这些分类。然而，在我们的显微镜下，西班牙人是像贡萨洛、博诺以及波蒂略一样的人；这些人在西印度群岛地区的经历，导致他们在看待"印第安人"的时候，不仅仅用的是种族的分类方式，而且还是一种种族主义的视角。他们预料到在进攻原住民城镇和乡村的战斗中，当地人会在自己的家附近甚至家中被杀死，他们的女人和孩子则沦为奴隶。这些行为发生或者将会发生的原因，是他们把"印第安人"看成另外一个人种，或者类人种。[78]

这就是我们说的那些拼图块。第一，征服文化本身就是暴力的文化，西班牙人很快就用暴力对待彼此。但是他们根据一定的规则折磨或者杀害对方，这也让他们的暴力拥有了一副虚伪的合法外表［罗德里戈·德·帕斯被折磨致死、加西亚·德·列雷纳（García de Llerena）遭受折磨并被分尸就是16世纪20年代发生在墨西哥的典型例子］。第二，上述规则并不适用于"印第安人"。凭借着那些允许"印第安人"被入侵、征服、奴役的法律漏洞——这些人"崇拜偶像"、食人、嗜好"活人祭祀"，并且经常搞叛乱，他们同样也不受暴力行为规则的保护。如果像帕斯和列雷纳这样的人被折磨都是正当的，那么原住民也同样可以被屠杀和奴役。第三，西班牙的"在美洲发了财的人"中间逐渐发展起来的针对"印第安人"的初级阶段的种族主义态度，使得他们用大屠杀的方式为同伴的死亡复仇——即便疯狂的暴行和第四个因素的逻辑相悖。第四个因素则是，他们需要通过俘获和售卖这些奴隶维持战争。[79]

从"三十年战争"到第二次世界大战，再到越南战争，在战争中实施暴行的都是那些"对夺取别人的性命变得麻木，对自己一方的伤亡感到愤怒，对狡猾且看上去没有人性的敌人的顽强无比沮丧"的人。尽管背景与那些近期发生的冲突不同，毫无疑问的是，这些因素都适用于征服者本人和他们在西班牙—阿兹特克战争中不断增加的残暴记录，同时包括从1519年至16世纪40年代其在美索美洲犯下的暴行。[80]

我们还有最后一步没走完。我们必须思考的是那些包含以下要素的战斗：数小时惯常的屠杀，对平民的大屠杀，每一方都受自身经历驱使而犯下的暴行，内部的暴力斗争，对囚犯的大规模清洗，对整个村镇的屠戮或者奴役，无数家庭支离破碎，妇女被强暴或者被迫长期沦为性奴，末日般残酷的暴力袭击了中心地区且在随后持续数十年的浪潮中摧毁了一个又一个地区。所有这些的总和如此显著地表明"征服墨西哥"应当被看作一场战争——不是征服战争，不是短期战争，并且当然不可能是一场令人吃惊的闪电战，而是全面的和绝对的战争——而事实上它远不止这些。这意味着我们最好从种族灭绝战争的角度来理解它。

种族灭绝（Genocide）当然是一个富有深意与争议的词汇。一直以来，人们都在抵制将这个词用在北美原住民的灭绝上——尽管无数近期的研究成果增强了这种论述的关联性。作为一个联合国在20世纪40年代创造出来并给出官方定义的词汇，将其用在16世纪也犯了时代不同的错误。从定义上讲，种族灭绝所包含的那种国家政策，在五个世纪前的西班牙世界并不存在（当时，国家还是一种来自现代的遥远呐喊），并且尽管20世纪的暴行"经常会被指挥体系因素所容忍、宽恕或者心照不宣地（有时甚至清楚明白地）鼓励，它们并不代表官方政府的政策"。确实，在16世纪西印度群岛的案例中，那些行为极端暴虐的个人或者征服者队伍所寻求的更多的是镇压而非完全清除；他们的"政策"是获得奴隶和领地上的贡赋，即便他们用来实现这些目标的暴力手段的结果是荒谬的，并且很明显适得其反。[81]

那么，我在这里想说的是——是比喻意义而非绝对意义上的——西班牙人的侵略战争尽管并没有种族灭绝的意图，但是却产生了种族灭绝的效果。在这场事实上的西班牙—阿兹特克种族灭绝战争中，有一些小规模的种族灭绝瞬间。从一个城市到另一个城市——乔卢拉、特佩阿卡、奎乔拉克、库埃纳瓦卡，甚至到特诺奇蒂特兰城本身——与战士的杀戮相伴的，是对平民的大屠杀和奴役，以及对幸存者的流放，尤其是年轻的女性和儿童。对这些群体的袭击所造成的影响是灾难性的和永久的（事实上的种族屠杀），捎带着些许故意摧毁的意图（目的上的种族灭绝）。因为恰好察觉到存在着数以百万的美索美洲原住民，西班牙征服者的队长们愿意消灭某些特定的族群，因为他们知道还有很多其他人。这些群体的幸存者——纳瓦人和其他原住民经历了这些战争后，直到今天在文化和人口上都继续存在着——则帮助他们粉饰遮盖了上述小规模种族灭绝瞬间的事实。

即使我们接受了这样的概念，即西班牙的制度或政府政策并没有种族屠杀的意图，并且确实包含了旨在保护和鼓励原住民族群繁衍的法律，但不可否认的事实是，如果没有官方的默许，侵略战争是不可能达到种族灭绝的效果的。在16世纪西班牙关于新世界"印第安人"本质的讨论之下，存在这样一个假设，即直到国王做出最终决定之前，这些原住民不拥有任何权利。权利的限制和法律的漏洞，让西班牙人采取了相应的行动。杀死同胞的西班牙人将面临法律的惩罚（至少个人复仇是国家所禁止的），但是杀死或者奴役"印第安人"的西班牙人却可以免罪，只要受害者满足两个简单的条件：身份是"印第安人"，并且进行过抵抗。

16世纪20年代出现在墨西哥境内的种族屠杀因素，其影响是双重的。一方面，它标志着这个地区开始过渡到新西班牙和（并同时是）墨西哥共和国时代，其中还蕴含了墨西哥民族身份的强烈暗示（因为墨西哥人已经全面觉醒）。但是，另一方面，墨西哥并不是唯一一个这样的地区；恰恰相反的是，事实上（有时候则是蓄意的）具有种族屠杀效果的暴力和战争，标志着殖民时代的开始，并最终导致遍布西半球的民族国家的建立。

研究美国独立战争或者美洲革命的学者们已经指出，美国人一直都想把战争描绘成一场革命运动。它以高尚的理念为基础，而不是建立在危险和坚持错误的想法上，是一场暴力因素远少于其他革命形式的过渡。美国人在18世纪90年代的法国大革命以及20世纪的俄国革命期间进行了这种带有比较性的政治粉饰。它根植于对1776年美国独立战争及其后续历史事件的普遍性理解。西班牙—阿兹特克战争享受到了类似的洗白——不被定义成战争，而是被称作一次"进入"（*entrada*）、一次"平定"（*pacificación*），以及"征服墨西哥"。

当然，这两个案例都是神话、谎言，目的是让那些以暴行、大屠杀、蓄意杀人、强暴、奴役以及种种暴虐手段为特点的战争变得高尚和正义——简而言之，它们就是战争。

图11 作为熔炉的征服

温贝托·利蒙（Humberto Limón），《种族的熔炉》（1975年），油画，90cm×70cm。这幅画效仿的是起源于19世纪的墨西哥年历艺术的传统，其中将两座俯瞰山谷的巨大火山拟人化，特别表现了它们之间的浪漫（地平线上可以看到）；它也借助了一个同样神秘的、源自17世纪的传统，即通过浪漫的比喻看待"征服墨西哥"，要么专注于科尔特斯和马林钦，或者更宽泛地指向一个英雄的征服者和一位充满激情的"印第安公主"。而这个1519年11月发生的情景有所变化，因为利蒙描绘了一支游行队伍沿着堤道离开特诺奇蒂特兰，有可能是蒙特祖马离城前去会见科尔特斯。因此，此次"会面"，连同其间那挫败的拥抱及其注定失败的政治浪漫，被一个带有隐喻的、浸透着性占有意味的"会面"所取代——这其中，征服者是占据主动的角色，原住民则被表现成被动的女性形象，她那失去意识的举止意义含糊地表现出她被拯救或被劫持。这幅图非常好地反映了数个世纪以来包裹在西班牙—阿兹特克战争之外的多层次的理解和诠释，也使得战争期间发生的多次会面成为一个复杂和无法解决的现象。

蒙特祖马的大厅

阿尔瓦拉多：那么，这次让我们改进它；之后所有人向我保证——

希望今晚相见的我们能够再次相遇，

所有人都开心地"沉醉在蒙特祖马的大厅里"！

桑多瓦尔：所有人，把酒杯斟满！

所有人：敬蒙特祖马的大厅！

——《征服者科尔特斯》，1857年

我们不能相信那些只依靠别人的话进行创作的历史学家。想要证明这一点，可以用100个去听了同一场布道的人做例子，你会发现每个人都会用不同的方式向你重述这场布道。如果你去问1000名参加了同一场战争的人，你找不到对于当时究竟发生了什么这一问题能够达成一致意见的4个人。

——佩德罗·德·纳瓦拉（Pedro de Navarra），1567年

在很多情况下，真实的历史事件会转变成神话，神话本身

则通过仪式不断上演。

——爱德华多·马托斯·蒙特祖马，1987年

从他们那种遥远的角度看，那些人会陷入罗曼史的光环中，关于他们的行为，哪怕是最老套的编年史，读起来都更像是游吟诗人的故事，而不是对历史的清醒记录。

——麦克纳特，《费尔南多·科尔特斯》，1909年

一个故事永远都是从另一个故事的结尾而来。难道会有例外吗？生活的样貌从来不是扎着漂亮蝴蝶结的完整包装。

——苏·格拉夫顿（Sue Grafton），2011年[1]

国王在早前已经多次听到过这个故事。他的童年玩伴之一是马林钦的儿子马丁·科尔特斯，他在6岁的时候就被送到宫廷成为男侍，并且在19岁之前一直待在腓力亲王的随从队伍当中，直至参加1541年灾难性的阿尔及尔战争（他在那里再一次见到了自己的父亲）。因此，腓力十四年来都认识马丁。他一定多次被告知这个比他大的男孩是谁，以及他诞生于一场多么荣耀的征服战争当中。他也在学习拉丁语和希腊语，以及在背诵《熙德之歌》的间歇，从自己的导师和总督那里（后者非常偶然地与科尔特斯的第二任妻子有亲属关系）听说了西班牙征服西印度群岛进程的细节。16世纪40年代早期，少年腓力成为西班牙的摄政王，并在那里接见了科尔特斯和拉斯·卡萨斯及其他对西印度群岛事务拥有强烈观点的人。卡萨斯将《西印度毁灭述略》的手稿交给了他，因此，他很了解"征服墨西哥"的历史。[2]

然而，1562年时，阿隆索·德·佐里塔觉得有必要再次对"征服墨西哥"进行解释。正如这位皇家法官（*oidor*）从墨西哥写给腓力（当时已经

成为国王）的信中写的那样：

> 当队长唐·埃尔南多·科尔特斯和其他西班牙人来到这
> 片土地上的时候，蒙特祖马一知道他们的存在，就派人探访港
> 口、给他们送去食物和其他东西，以作为和平与友谊的象征。
> 他们一路上都按照他的命令行事，直到西班牙人到达这座城
> 市，蒙特祖马带领手下的所有人走出来，以和平的方式迎接他
> 们。作为和平的象征，蒙特祖马给了队长一条厚重的金项链，
> 将其戴在他在脖子上，并把他和其他西班牙人当作兄弟一样接
> 待，把他们安置在自己的宫殿中，十分友善地招待他们，直到
> 这些人扣留了他，为了得到他的金子、珠宝、价值连城的宝石
> 和其他数量繁多的珍宝，而蒙特祖马和他的人民并没有任何理
> 由让他们这样做。如果后来西班牙人被扔了出来，那是因为他
> 们囚禁了蒙特祖马，因为他们杀害了这些王国的统治者和主要
> 人物的儿子，以及其他在蒙特祖马被囚禁时和他一起待在宫殿
> 的平台上试图安慰他的人。执行这一切的凶手则是唐·佩德
> 罗·德·阿尔瓦拉多以及和他一起前来的西班牙人。[3]

佐里塔呈现给国王的是"作为会面的历史"的诠释方法。这位法官
暗示，新西班牙不仅起源于科尔特斯和蒙特祖马的会面，随后发生问题的
原因在于会面的走向出了问题——从"和平和友谊"变成了"杀戮和毁
灭"，而且没有"任何缘由"。此外，佐里塔也懂得这些包含了过去历史
的会面被铭记和复述的方式，反映了不同的政治议题和误解——随后那些
会面的扭曲和政治议题也是如此。结果就是事实和虚构、真实和杜撰之间
模糊的界限。这些模糊的边界不只是历史学家们需要探究的议题，它们就
是历史本身。

那么，佐里塔的任务是永远做不完的，他本人也知道这一点。可能

本书也是如此。因为它对"征服墨西哥"虚构历史的着墨和对西班牙—阿兹特克战争的事实（或者"真实"，正如我一直展示的那样）的探究一样多。为什么会这样？部分原因是我不得不非常详细地描述神话，这是为了揭露神话历史的真相，也是为了打破它。但是我对于传统叙事本身也同样感兴趣，因为它有长达500多年的保质期，从它自科尔特斯时期出生，到通过诗歌和歌剧发展，直至今天仍在大众的思想中存续，并且告诉我们，我们是如何保留和运用过去的。

"会面"并不仅仅发生在1519年11月8日。对于当时在场的人（卡斯蒂利亚人和巴斯克人，纳瓦人和托托纳卡人，泰诺人和非洲人），还有今天的我们来说，"会面"仅仅只是从那天开始。它过去曾是——现在也是—— 一场存在了500年的相遇，被那些占有它、赋予它意义、为他人重写和改写并将其变成符合自己要求的人所滋养。这就是整个西班牙入侵历史的真相，它被重塑和研究了好几个世纪，结果历史本身成了矛盾和相互冲突的声明的集合，也难怪传统叙事会一直延续，因为它为这一切混乱提供了通用的解决方法。但是这也意味着，研究西班牙—阿兹特克战争不可能离开研究传统的"征服墨西哥"的叙事方式。历史事件本身和长久以来关于它们的传统叙事方式就这样不可避免地纠缠在一起。

这两者并非完全不可分割。例如下面这段话，这是我特意从一个相对来说比较费解但是体量中等的传统叙事的代表（它讲述的是科尔特斯的历史，是一本科尔特斯的传记，由一位西班牙人1829年出版于爱丁堡）中截取的。其中科尔特斯的

一生因为如此独特和辉煌的行为而镀上了一层金，以至于有趣的骑士罗曼史都被用于关于他们的叙事中。他在韦拉克鲁斯将船队毁掉，迫使他的追随者在征服和死亡之间选择，他无畏地挺进墨西哥，在首都内部非常大胆地劫持蒙特祖马，击败纳瓦埃斯，他在奥通潘战役中的壮举，他在围困墨西哥时的宽宏大

量，都展现了一系列既引人注目又无与伦比的事件。[4]

如此这般，故事中的这个英雄的、无所不在的、无所不能的科尔特斯的线索便如此的显眼，以至于将其从故事中单独分离出来是不可能的。当我们加上上述线索，就会解开传统叙事的模式，这样就能够看清科尔特斯的一生确实是"骑士般的浪漫史"——就像是一般人想象中的和虚构中的那样，但并不被历史证据所支持。之所以他"征服墨西哥的行为所携带的浪漫氛围比清晰历史的成分要多"（一位现代历史学家曾这样热情地写道），原因不在于"征服"的内容，而是因为历史学家对它的包装。如果科尔特斯不再掌控这些事件，这些事件就不再属于他，或者就不再完整地发生过；他本人既没有摧毁自己的舰队、挟制蒙特祖马，也没有打败过纳瓦埃斯；那些船是出于实际原因被凿沉的，进入墨西哥的过程也是充满恐惧且漫无目的的，并且在围困特诺奇蒂特兰之前、期间和之后，他都没有任何所谓的宽宏大量之举。[5]

想要提取这条线索，做起来比说起来难。如果历史房间中的大猩猩是虚构出来的，那么科尔特斯则是"征服墨西哥"的大猩猩（他的名字出现在一本以批判科尔特斯为中心的书前几页的大部分篇幅中）。但是这件事情一定要完成，因为欧洲人对美洲的入侵不仅是全球历史最大的分水岭之一，也是"误传最严重的"历史事件之一。它并不仅仅是我们过去历史的一个转折点，由于对西班牙征服的正当性辩护和对西方崛起的赞扬之间的联系，"会面"的意义因500年来的错误描绘和极度的误解而被放大。[6]

因为上述最后一句话（或者最后一段），我们可能已经失去了这位优秀的西班牙法官。因此，让我们根据佐里塔的挑战，以他试图影响西班牙国王的勇气写就一个简短的、不包含科尔特斯的记录，当然我们拥有事后诸葛亮的优势，以及获取多重资料的便利条件，同时还有上百名历史学家的努力。这份记录的内容关于"当西班牙人来到这片土地的时候"究竟发生了什么。

※

此次"会面"发生在哥伦布踏上美洲土地27年加27天之后。在此期间，西班牙人已经航行过加勒比海和它在佛罗里达、中美洲以及南美北部海岸的边缘地带。他们探索并且发现了较小的殖民地。他们引进了牛，发现了金子，建立了教堂。但是最关键的是他们杀戮并强迫原住民离开家园，大范围地破坏了他们的生活，并且奴役了数万名当地人。对于那些在16世纪第一个十年的晚期加入前往尤卡坦海岸和墨西哥内陆探险的西班牙人来说，这些既是他们的经历，也是他们的期待，因为当时受到传染病和过度奴役的影响，西属加勒比地区的劳动力出现短缺。这些探险活动的组织者是迭戈·委拉斯开兹，他自1493年开始就身处印度群岛（这是西班牙人对美洲的叫法）了。[7]

这些远征队接到的命令是探险、贸易以及用适当的程序奴役当地人，但并不包括征服和定居，队伍相继于1517年、1518年和1519年出发。这些队伍由全副武装的定居者所组成，并不是正规的军队，他们被分为不同职责的步行人员和"队长"，后者则通过多种方式对队伍的组成进行了投资（购买船只和补给，带来马匹和依附他们的人员等）。1519年的队伍包含了450个西班牙人以及超过1000名的泰诺奴隶和仆人（大部分都是古巴人），还有少数非洲奴隶和仆人，一些非泰诺妇女，十几匹马和几头西班牙獒犬。这450人在后来1519—1521年的战争中，只占所有征服者人数的不到15%，大部分人都将在战争中死去。当他们刚抵达当时还属于阿兹特克帝国控制下的墨西哥湾沿岸时（位于今天的韦拉克鲁斯附近），这支队伍的队长们就爆发了连续四个月的争吵，主要是关于返回古巴，还是违背委拉斯开兹的命令重新组建一支只听命于西班牙国王（不久之后的查理五世）的队伍。

他们选择了后一种，于1519年8月开始往内陆进发，幸存者最终到达了位于阿兹特克帝国心脏地带的山谷和岛屿首都，并开启了长达两年的西班牙—阿兹特克战争。西班牙人对于上述战争的视角，也即我所称的传统叙事方式，已经在前面的章节内通过多种方式进行了展示。那么让我们使用贝尔纳尔·迪亚斯的话最后一次做总结（作为本书不太好的开始和结尾）。在他手稿的末尾，迪亚斯加上了第213章，但是这个章节在1632年的版本中被删掉了，直到19世纪的时候才出版，并且在几乎所有的现代版本中都不见踪影。迪亚斯将这章命名为"为什么如此多的印第安男男女女在新西班牙被标记为奴隶，以及我对此的声明"。[8]

迪亚斯在这章开头说，"某些修士"经常询问他这个问题，而他总是解释说国王授意在新西班牙开展奴役行为，以及这是委拉斯开兹的错，是他派出纳瓦埃斯为其"夺取这个国家"的。这两个在某种程度上互相矛盾的解释一方面揭示了战争的本来面目，另一方面展示了征服者自以为有必要进行的防御性的辩护。

随着迪亚斯继续解释，蒙特祖马已经将自己的帝国交给了西班牙人，并且自愿成为他们的囚徒。当纳瓦埃斯领导的队伍在海岸登陆的时候（这时距离从古巴来的第一批队伍来到这里已经过了差不多一年的时间），这片土地已经处于西班牙的合法统治之下。因此，当与阿兹特克人的战争爆发后，当地人的侵犯就构成了"一种叛乱"——在西班牙的法律制度下，叛乱分子是可以沦为奴隶的。因此，错误出在纳瓦埃斯身上，因为他所率领的队伍的到来迫使特诺奇蒂特兰的西班牙人把人数本就不多的队伍一分为二，一部分前往迎接新来者，剩下的则留在首都；后者只有80人，他们在阿尔瓦拉多的领导下，在一次阿兹特克的节日庆典中产生恐慌，袭击了庆祝的民众，点燃了当地居民的怒火。"叛乱"爆发了，阿兹特克人"杀害、献祭甚至吃掉了超过了862名西班牙人"。幸存者之所以能够胜利，原因只在于"上帝庇佑我们"，特拉斯卡拉人"像上帝和忠诚的朋友一样迎接我们"，增援也源源不断地从古巴、牙买加还有其他岛屿中赶来。

正是在这个时候，西班牙国王和王室官员"授予我们许可"，让我们可以"奴役墨西哥印第安人以及这些城市里起义反抗并且杀死西班牙人的当地人，并且在他们的脸上标记字母‘G’”。授予许可的原因一方面是因为叛乱；另一方面是他们从原住民市场找到了证据，其中这些奴隶"戴着项圈和绳索，情形比葡萄牙人对待几内亚的黑人要糟糕得多"。这些奴隶被"赎回"，这意味着他们的脸上被烙印上"R"，然后卖给了西班牙人。

西班牙人现在有了增援力量、当地的盟友以及王室法律的正当性辩护，他们重新夺得了这个曾经被阿兹特克叛军夺走的城市和帝国。在这个过程中，许多"印第安人"被标记为奴隶，但是无能、腐败和背叛的部分西班牙人导致了这次叛乱，于是不可避免地，帝国的收复导致了许多权力的滥用。迪亚斯本人也承认：

> 在奴役印第安人的过程中，当然犯了很大的错误，因为不是所有人都是善良的——反而有些人的性情是非常邪恶的（*de mala conçiençia*）。那个时候，很多来自卡斯蒂利亚和加勒比群岛的人是非常贫穷的，他们极其贪婪地获取财富和奴隶，因此，他们采用各种手段奴役自由人。

当然，迪亚斯不是拉斯·卡萨斯。他遵循了这个看上去非常卡萨斯式的模式：首先，他责怪西班牙官员们在16世纪20年代中期，趁着众多的征服者（包括迪亚斯在内）前往洪都拉斯探险的时候，接手了墨西哥的初始政权（他们"将许多不是奴隶的自由印第安人标记"，仅仅是因为利益使然）；其次，他又责怪那些邪恶的"酋长"或者原住民首领出卖自己的人民；最后，他讲了一个不太可能发生的故事，讲的是他和一个名叫贝尼托·洛佩兹（Benito López）的神父在夸察夸尔科斯（Coatzacoalcos）"打碎了标记奴隶的烙铁"以阻止奴隶法律被滥用。

迪亚斯自鸣得意地说："我们对完成了如此善举感到十分自豪！"如此自夸的背后，则是用一种正当且合法的轨迹来囊括整个奴役、屠杀和殖民事业。作为"一种善举",西班牙—阿兹特克战争以及后续,最终成为"征服墨西哥"的历史。[9]

与此同时,这个故事的另一面究竟是什么样子?正如前面章节里面所体现的那样,对于被征服者并没有一个单一的观点。好比如果我们把入侵看作一场混乱但集体的事业,可以更清楚地看明白西班牙人对侵略的观点一样,只要得到城邦国的授权,我们也同样可以获得原住民的经验——搞清楚诸如特拉斯拉卡、特斯科科和其他城邦国以及城镇的领导层,如何利用突如其来的"卡西蒂尔特卡人"的入侵,以他们的敌人和对手的利益为代价扩展自己的区域权力。

尽管特拉斯卡人在战争中的作用被西班牙人弱化,但是这在殖民时代的特拉斯卡拉作家笔下实现反转,并被现代历史学家着重强调,所以问题的关键不在这里。至于另一个老生常谈的观点认为,早期联盟反映了阿兹特克人的弱点,预示了他们不可避免的失败,这一观点也不是关键。在战争的最早阶段,对入侵者的抵抗行为是普遍存在的,甚至那些后来转变立场的原住民群体中也有抵抗行动。无数原住民群体像战士一样参战或者充当支援军,其中包括经常被忽视的从加勒比地区过来的泰诺人。尤其是战争的第二阶段,阿兹特克帝国三方联盟结构坍塌,特斯科科人的角色被证明比特拉斯卡拉人更为重要。与此同时,入侵带来的暴力破坏了墨西哥和整个美索美洲的稳定,主要在于两个因素的共同影响:传染病,以及迅速陷入全面战争并且可以说是事实上(尽管不是故意的)种族屠杀的形势——战斗伤亡、屠杀平民、奴役幸存者、毁灭家庭单元以及性掠夺等因素的综合影响所造成的种族灭绝的结果。

西班牙征服者和原住民战士所经历的种种暴行引发了更多的暴力事件,催生的征服文化导致了上述战争模式在美索美洲持续了整个16世纪40年代。前所未有的暴力和伤亡,促使各方在地区统治权上的激烈争夺;遍布帝国内外的暴力浪潮扩展了上述竞争,西班牙人在战争期间和战争之后稳定且持续地获得来自加勒比地区和西班牙的增援力量,由此得以建立起一个新的支配权。但是这种支配权是通过与活下来的本地贵族的合作建立起来的，于是，后者的"盟友"角色不仅在战争期间至关重要，在其后也是如此。美索美洲当地的首领们，既不应因为选择充当"盟友"而遭到非议，也不应因为误读了西班牙人存在的长期影响而被批评。战争中超过90%的参战人员是原住民，他们参战的目的既是为了守护家园，也是想利用战争的混乱来争取政治空间和地区自治权。类似希科滕卡特尔和伊希特利霍奇特尔这样的领导人则是基于现有的，以及看上去最符合他们地位和臣民安全的信息，做出了合理的决定。

蒙特祖马同样如此。他早在这些外国人到达首都数年前就已经知道他们的存在。他在1519年的时候就派遣队伍在海岸追踪，当西班牙人在4月份登上他的土地之时，一支使团立刻带着精心准备的、慷慨的欢迎仪式前去和他们见面。接下来的几个月里，他既对西班牙人进行测试（他肯定插手了将西班牙人引入特拉斯卡拉人的埋伏中的行动），同时也引诱他们前往自己的首都。西班牙–特拉斯卡拉联军一进入墨西哥谷，卡卡马（他是蒙特祖马的侄子，以及帝国三方联盟中排名第二的特斯科科的国王）就前去迎接他们并将他们带进特诺奇蒂特兰，不过走的并不是传统中阿兹特克皇帝们打胜仗后返回首都时的那条大道。那是一条从查普特佩克往东走的路线。与之相反的是，这些外国人被指引着从南边入城，并且受到了以蒙特祖马为首的所有阿兹特克王室和贵族所组成的队伍的欢迎。[10]

蒙特祖马的"引诱转向"（bait-and-switch）策略，目的是在削弱入侵者力量的同时将他们诱入帝国的中心，并且这一策略很高明地奏效了。西班牙人感到非常困惑，他们的失望和慌乱清晰地体现在信件和证词当中，尽管这些文献中还有自我激励的意图和语气。看上去他们甚至说服自己相信，他们的出现已经深深地动摇了蒙特祖马——尽管他们在前往帝国的腹地过程中行动缓慢，不断丧失队员，承受着战争的伤痛和其他艰难险阻。他们并没有意识到的是，蒙特祖马一点儿也不害怕他们，他正在猎捕这些人。

当然，征服者不可能知道皇帝是个收藏家。即便当他们成功地被猎捕、诱惑、陷入圈套，安置在城中心的一座舒适的建筑当中——毗邻许多其他建筑以及皇家动物园，他们也不可能知道究竟发生了什么。蒙特祖马也不可能试图跟这些西班牙人解释，他们是阿兹特克人观察和研究的对象，并将作为阿兹特克帝国权力新的写照而被庆祝；如果他们被证实过于野蛮，那么他们将被转移到神圣辖区地下早已存在的收藏区——可能在"剥皮月"庆祝典礼上被仪式性地处决，连同其他外国物品和异域生物的遗骸一同埋葬。

结果，蒙特祖马的最新收藏成了他的最后收藏。这些生物是如此的野蛮，乃至于攻击他们的看护者——但是从阿兹特克人的角度看，这些都没有降低蒙特祖马战略的逻辑和效力。这一战略成功了：这些征服者被收集了起来，并在一开始就成为动物园的补充；后来，大部分人也确实被转移到了神圣收藏当中。不过随后发生的这些事件开始对蒙特祖马、他的帝国和人民不利，但都是出于他所不能控制的因素：肆虐的旧世界传染病；美索美洲人或者"印第安人"缺乏共同的身份认同，以及不可避免的帝国内部和"联盟"之间权力的转换，而这种建立、破坏、重塑的体系已经在当地存在了数千年的时间；西班牙人从加勒比地区及西班牙本土持续地涌入。

那么，让我们回到"会面"的核心瞬间，即蒙特祖马的讲话上来。在皇帝收藏战略的背景下，这次讲话也拥有了不一样的意义。显然，他确实发表了讲话。同样清楚的一点是，这并不是一次投降讲话；但仍有证据表明，蒙特祖马的讲话包含了历史和文化的参考，并很有可能在某种意义上以让渡东道主利益的方式赋予宾客们一定的地位。16世纪的纳瓦戏剧《三王记》中，当希律王迎接东方三博士的时候，他使用了一种符合自己作为耶路撒冷之王地位的语言欢迎他们："来到你的家中，你的城邦国。进来。随便吃，因为你来到的是自己的家。"这些和蒙特祖马在"会面"时说的话一模一样。[11]

为了更好地理解说这些话的意图，我们需要跳到20年之后，也就是1541年。就在那一年，一位名叫杰罗姆·洛佩兹（Jerónimo López）的西班牙官员在墨西哥城给国王写了一封信，信中提到"每天都有越来越多的印第安人能说一口堪比西塞罗的优雅的拉丁语"。他注意到在城市的街上能够碰到使用拉丁语交谈的纳瓦贵族，于是充满热情地写道："要是能看到他们用拉丁语写的信件，知道他们交谈的内容，该是多么值得钦佩的事情。"西班牙人很自然地认为把"印第安人"转变成有文化的基督徒这件事是方济各会的功劳。在军事战争之后的文化战中，修士们理所当然地扮演了核心角色；作为美洲地区开办的第一所学校，特拉特洛尔科的圣克鲁兹学院培养了一两代拉丁化的纳瓦贵族（例如唐·巴勃罗·纳萨雷奥，我们在前面的章节中已经见过）。全美洲的第一个学院图书馆成立于1536年，其中的部分藏品今天还留存于加利福尼亚的旧金山，那些屏息凝神的学者们还能翻到曾经被阿兹特克贵族们打开过的书页。但是特拉特洛尔科的学院之所以能够迅速取得成功，并不仅仅是少数兢兢业业的修士的努力，还在于这里原本就已经存在并且一直存续的一种基础，包括本地知识分子的高等教育，象形和拼音文字，优雅的正式演讲以及宫廷演说。[12]

其中特别相关的是纳瓦特尔语言的一种关键特征。欧洲语言（如16世纪的西班牙语）中，适当地选择词汇和语法能够让演讲变得更为优雅，但是在纳瓦特尔语中，想要更为正式、优雅的演讲，则要通过改变几乎所有用词的方式实现。只有给名词、代词、介词还有许多形容词增加前缀或者后缀，以及改变动词词根，普通的演讲才可以变成特别恭敬的演讲。征服战争过去一个世纪后，一名在墨西哥研究纳瓦特尔语的西班牙人表示，这种效果"显著地提升了墨西哥语（纳瓦特尔语）的地位，甚至让它超过了欧洲的语言"。用恭敬的形式讲话是一种精巧、高级的艺术。它们的使用经常由演说者的地位来决定（所有的阿兹特克人在对蒙特祖马说话时都可能使用敬语），但是通常情况下这种方式的使用是由说话时的情形所决定的。[13]

敬语不能用来指代自己，甚至蒙特祖马本人也不会这么做，并且他的地位也决定了对他而言，在谈论自己的时候，保持态度谦逊是非常重要的，甚至还要更谦卑一些。但是这种优雅和谦逊的演说习俗不利于皇帝与一位有地位的来访者讲话，因此，蒙特祖马和卡斯蒂利亚的队长们的讲话越是谦逊，那么其影响就越能反映到皇帝本人身上。也就是说，蒙特祖马所讲内容的字面意思可能是讲话者在任何方面都比听众的地位卑微，但是讲话者的地位和他所使用的纳瓦特敬语却能够传递真实的信息——同时也是相反的信息，那就是事实上他本人的地位比讲话中展露得更高，也更为重要。这种倒置现象根植于纳瓦特尔语中，举个例子，"尊贵的"和"孩子"这两个词几乎相同，这也就允许一个地位尊贵的人使用最为谦逊的语言称呼自己为某个人的孩子，但是也同时向对方展示出自己的尊贵地位。

显然，对这种语言进行恰如其分的翻译几乎是不可能的。讲话者常常被迫说与真实意思相反的话。真实的意义蕴藏在对敬语的使用当中。去除这些翻译当中的细微差别，以及经过多重翻译的扭曲（阿吉拉尔–马林钦翻译体系），像蒙特祖马演讲这样的话语不仅不太可能被理解，其中的含义还很可能被完全颠倒过来。在这个例子当中，蒙特祖马讲话的真实意思并不是主动投降，而是接受西班牙人的投降。

※

请与我一同穿过特诺奇蒂特兰的街道，同时穿越"会面"当天的这座城市，穿越殖民时代中期的墨西哥城，来到今天的市中心。我们将会闲庭信步于一片奇异的区域，因为我们所造访的四个地点数千年来坐落于一片蔚为壮观的湖中心的一座小岛。尽管身处今天，我们仍需要及时回到过去——这也是我们任何时候都要做的事情之一，不管是在观看历史剧目、阅读历史小说，还是游览那些直到今天都闪耀光芒的历史人物所在地的时候。

　　我们从南部进入特诺奇蒂特兰城，与1519年11月8日入侵者们的方向一致（我们入城的地点和在城中的行进路线，如1692年一幅名为"理想中的墨西哥城"地图中的箭头所示，该图收录于本书的插图当中）。1519年时属于这座城市边缘地带的地方，到了17世纪，它们已经成为与湖岸相距几个街区的小广场。科尔特斯试图拥抱蒙特祖马的确切地点一直以来都是人们热议的话题，但是实际上候选地只有两个，而它们只隔着一个很小的街区。第一个地点靠近屏风地图中对角线运河的位置，今天仍是一个小广场，同时也是一个繁忙的城市交汇点，它的下面是一个地铁站，以及一个小型阿兹特克神庙的遗迹——虽然在地下，但可以通过广场上的天井看到。周围所见皆是五光十色的街景和熙熙攘攘的人群，充满现代墨西哥城的气息。阿兹特克的历史虽然还在那里，但确实已经深埋地下。[14]

　　另一个可能的"会面"地点距上述位置不过扔出一块石头的距离，事实上在11月8日的时候，可能有200多个西班牙人站在这两个相去仅一个小街区的地点。为了标记这个地点，科尔特斯建造了一个礼拜堂，礼拜堂位于一座服务西班牙定居者的医院附近。数个世纪以来它都以"基督医院"的名称闻名于世（我们之前已经介绍过），原始建筑至今仍然存世，并且作为一个医疗中心仍在运作，还成了美洲历史上持续使用时间最长的医院。西古恩扎-贡戈拉将其出版于1663年的介绍这所医院〔当时名叫"圣母受孕医院"（Hospital de la Immaculada Concepción de Nuestra Señora）〕的著作命名为"科尔特斯英雄般的虔诚"（*Piedad Heroyca de Don Fernando Cortés*）：似乎数代医务工作者的善行都反映在创立医院的征服者身上，也好比墨西哥人灵魂的拯救要归功于领导征服者队伍的这位队长一样，这两种事业都代表了某种治愈行为。[15]

　　但那是三个半世纪以前了。今天，"没有街道，没有雕塑，没有城市，仅仅有几个标记了他那旅程（加利福尼亚的'科尔特斯海'，火山之间的'科尔特斯山口'，库埃纳瓦卡的'科尔特斯宫'）的地名才敢提及这个被诅咒的名字"（克劳泽如此写道）。现在的基督医院，只在一种隐秘且近乎赔罪的意义上，才算是对科尔特斯和他"征服墨西哥"事业的致敬。这座古老的医院如今包裹在20世纪中期扩建的建筑当中，因此在大街上已经看不到历史上的核心部分。科尔特斯的遗骨就藏在礼拜堂中一个没有标记的地方，和一面内墙上不起眼的黄铜纪念牌分开放置。为1794年的陵墓所制作的小型半身像的副本，竖立在两座16世纪的内院之间，距离一幅以"会面"为内容的现代壁画很近；但是很少有人造访这个黑暗的、与外界隔绝的空间，它们对于那些每天上班的医院工作人员来说就跟不存在似的。最后还有一幅科尔特斯的油画像，它经常出现在各种场合（本书之前也介绍过）。这幅画挂在一间漂亮的建于殖民时代的房间内，里面还有同时期的家具和一些科尔特斯的其他画像，但是这个房间是上锁的私人办公室。[16]

然而，正因为这间屋子与世隔绝，这让它成了一个值得造访的地方。它被保存至今的原因不是因为它可以作为旅游景点，而是出于它本身的价值，它可以作为一扇通往16世纪的大门——这扇大门与相距一个街区之遥、位于地下的阿兹特克神庙的时间之门形成了显著的对比，但是这个房间却以另一种更加令人吃惊的方式唤醒了过去。过去那些有权进入这个房间的人中，有一些是1847年占领这座城市时的外国军队高级将领。其中之一是威廉·詹金斯·沃斯（William Jenkins Worth）将军，他对科尔特斯的画像非常着迷，以至于制作了一件副本，并将其作为礼物寄给了美国第一夫人。于是故事开始了，我猜测沃斯偷走了一幅殖民时期的原作。但是无论它是一件令人尊敬的副本还是一件战利品，这幅画作在波尔克政府的剩余时间内都悬挂在白宫内。1849年，莎拉·切尔德里斯·波尔克（Sarah Childress Polk）带着它来到自己家族的纳什维尔官邸中。这幅画挂在前厅一个非常显眼的位置，作为吞并墨西哥半数领土的提醒，这是她亡夫参与"墨西哥战争"的成果，这场战争（按照她的话来说）"名列这个国家历史上最重要的事件之一"（就在她将这幅画挂上的当天，她收到了沃斯死于霍乱的消息，她的丈夫一个月后也染病而死）。1891年莎拉·切尔德里斯·波尔克去世后，这幅画继续成为波尔克家产的一部分，今天的人们可以在田纳西州的哥伦比亚市"波尔克总统之家和博物馆"（President Polk Home and Museum）内观赏到这幅画作。[17]

　　基督医院的这间独立房间那堡垒一样的围墙之外，是繁忙的大街，还有一个纪念"会面"地点的混凝土碑。它那破碎的表面，以及不断有好事者周期性重写的文字，都已经消失殆尽（参见本书插图中的最后一幅）。尽管将"种族屠杀"用在西班牙—阿兹特克战争中是存在争议的（之前已经提到过），但是这种争议还是存在于这个词的两层意义当中。尽管存在疑问，但是只要战争仍然在被古老的"征服墨西哥"叙事所粉饰，那么它就仍然值得讨论。当我们试图在历史的不同时刻观察特诺奇蒂特兰或者说墨西哥城内的特定地点时，也请想象一下，对于医院礼拜堂墙上的那一幅名为《大屠杀！／特诺奇蒂特兰万岁！》的近代涂鸦，那些早期征服者或者说定居者作何感想。医院长达500年的存续，周期性出现的对于科尔特斯遗骸的争论，美国对墨西哥城的入侵和军事占领，沃斯炮制的科尔特斯肖像画副本至今悬挂在田纳西州……我猜测以上提到的所有历史细节当中，对征服者而言最不意外的细节当属纪念碑和涂鸦了。这当中自然需要进行解释（"种族灭绝"这个词在数个世纪间不存在于任何一种语言当中；对于16世纪30年代的西班牙人和纳瓦人而言，这个城市仍然是特诺奇蒂特兰或者"特米西蒂坦"，以及数个世纪以来对纳瓦人而言都是如此），但是抗议或者叛乱的举动也不会让他们感到吃惊；他们可能会猜想，这些都是他们曾发动的一场屠杀和奴役的战争中的人民的后代所为。[18]

　　如果说"会面"的两个地点是一个富有挑衅意味的提醒，体现了"征服墨西哥"为何既是遥远的历史，同时也是当代尚未解决的难题，那么它对于城市的中心广场，人们所熟知的索卡洛（zócalo，即宪法广场）同样适用。无论过去还是现在，这个广场距离标识"会面"的纪念碑（在我们的地图上是这样显示的，我们从广场的右上角进入广场角落里）只有几个街区。1519年11月的早晨，征服者——以及和他们一起过来的泰诺人、托托纳卡人、纳瓦人和非洲人，都在他们的阿兹特克东道主的指引下走过同样的街区。当他们进入阿兹特克广场的时候，他们的左边是阿萨亚卡特尔宫（卡斯蒂利亚人就是在那里度过了接下来的五个月），右边是蒙特祖马的宫殿。就在同样的地点，科尔特斯未来将会建造自己的宫殿，但是它不久之后便被西班牙王室占用，成为总督府。经历了多次重建（它在1692年的起义中大部分被毁掉，此时距离这张指引我们行进的地图的诞生不过几个月的时间；特诺奇蒂特兰保卫者的后代发动了起义，这会让征服者们感到吃惊吗？），现在它是墨西哥共和国的国家宫（Palacio Nacional）。[19]

宪法广场的角落边上，也有一条美国军队在1847年9月14日入城时走过的路——他们的队伍从韦拉克鲁斯出发行进的时候，一定能意识到自己正在重复当年征服者的脚步。这里，最终是"蒙特祖马的大厅"。

乔治·威尔金斯·肯德尔（George Wilkins Kendall）那本关于墨西哥和美国之间战争的经典著作，在战争结束后的几年出版，但是在此后数十年都有影响，其中描写温菲尔德·斯科特将军"进入墨西哥城"的内容，配有卡尔·内贝尔（Carl Nebel）绘制的关于宪法广场的平版画。这幅现在非常著名的图像是早前内贝尔另一幅画的摹本，令人震惊的是，其中还加上了美国军队填满广场的场景。肯德尔并没有明确地对这一场景与上次外国军队进入城市中心广场时的场景进行对比，因为他不需要这么做。同样地，他描绘的城市居民对于投降和美国占领的反应，也呼应了西班牙人的相关记载，即阿兹特克人在蒙特祖马可能投降之后发动了起义（这一点，也不会让16世纪20年代的征服者感到吃惊）。肯德尔感到气愤的是，尽管墨西哥人投降并且在总统府上面升起了"美国国旗"，这些"懦弱的居民"，尤其是城市中"最低等的渣滓"和数千"行尸走肉般的无业游民"还在参与"背信弃义的"和"懦夫般的"战争。不管最初的入侵是否具有合法性（他们确实会掩盖这个问题），蒙特祖马的投降讲话和桑塔·安纳的逃跑确认并且合法化了1519年西班牙人和1847年美国人的存在。蒙特祖马的大厅被侵占了，随后当地人的抵抗便成了非法的叛乱。[20]

　　在刘易斯·福克·托马斯的剧作《征服者科尔特斯》中，这两场入侵的联系体现得非常明显。这部出版于1857年的"五幕悲剧"（"也是作为'激动人心的马术表演'而准备的"），原本是献给密西西比将军兼议员约翰·奎特曼（John A. Quitman）的，因为他在"我们国家和墨西哥近期发生的战争中"展现了"高度的骑士风范"。托马斯说，这部剧是献给将军的，因为他的计谋"建立在同一片土地上发生的旧事件的基础上，正是在这里，你近期所做的巨大的贡献，让我们国家的名字和你的名字大放光芒"。这部剧中间有一个场景，四个征服者某一天晚上在位于"乔卢拉"的房子内吃喝。他们举杯庆祝即将来临的胜利进军，对话（本章在开头的时候引用过）以"蒙特祖马的大厅！"作为结尾。在笔记中，剧作家承认这个词有"时代错误"，并且"这些话是英雄圣哈辛托（San Jacinto）在一个值得纪念的时刻说的"，而山姆·休士顿（Sam Houston）将军，"这位具有预言精神的人，向我们的同胞预示并且指出了通往'蒙特祖马的大厅'的道路"。[21]

　　这个词一直延续到了20世纪，在普雷斯科特的《墨西哥征服史》被一代又一代的英文读者阅读的那几十年，当美国的扩张主义让他们把军队行进到曾经是（或者当时仍是）西班牙殖民地的土地上——从菲律宾，到加勒比海，再到中美洲；回到墨西哥，则是美国海军和海军陆战队在1914年占领韦拉克鲁斯。几年以后，海军陆战队的新军歌开头的几句词写道："从蒙特祖马的大厅／到的黎波里的海岸／我们为祖国而战／不管是在陆地还是在海上。"从那以后，这个词的特别引用就从更为广泛的关联意义中消失了（例如，它被用作一部1951年上映的电影名，这部电影是关于第二次世界大战时美军在一个日本岛屿上作战的故事；也被用作1990年一部关于海军"作战史"的游戏名称）。[22]

　　可以说，这个词所唤起的侵略战争的记忆，究竟是1519—1521年的那场战争还是1546—1549年的那场战争，并不是很重要。就跟"大屠杀！／

特诺奇蒂特兰万岁！"一样，这个词只是一个象征，唤起的是与当下有关的画面和观念。这些词的本意并不是用来揭示历史真相的钥匙，这也使得它们被置于写作、歌唱、雕刻等其他形式中，被用以表现"征服墨西哥"的长久传统。墨西哥—美国战争既是"被忘记的战争"，也是美国历史上最有争议的战争之一，因为它的性质正义与否始终难以界定。只要墨西哥和美国都还是民族国家，那么这场战争就不会远去；正如只要西班牙人、阿兹特克人和其他美索美洲人的后代继续一同生活在这片曾由蒙特祖马统治的土地上，西班牙人"征服墨西哥"的战争也不会远去。[23]

那么，站在特诺奇蒂特兰——或者说墨西哥城的宪法广场上，凝视那些看得见和看不见的历史层次（从地基裸露着的阿兹特克大神庙，到相继作为帝国、总督和国家宫殿的地方，再到人们举行游行或者抗议活动，跳舞或者死亡的大型开放空间），你会感到被魂灵包裹。大广场是一个能够产生宇宙共振的地方，一块延续数个世纪的节日和战斗、庆祝和冲突的磁石。这里聚集着各种幽灵，美索美洲人和阿兹特克人的，西班牙人和非洲人的，墨西哥人和美国人的。

现在，请站在大神庙的脚下，并在脑海中想象着往西走向蒙特祖马的动物园。这需要一定的想象力，因为大神庙只剩下一个考古遗址，那些人们会途经的头骨架和其他阿兹特克建筑已经被夷为平地，或者埋藏在教堂的地底下（更重要的是，通往动物园的路上并没有任何指示标志）。但是如果在教堂的前面绕过，就可以在广场腰部较低的位置，从一条街上走出宪法广场（这个地点在1692年的地图上被标记为一座石头喷泉，但是很早之前就被搬走了）。沿着这条在阿兹特克时代通向动物园的大街［它在殖民时代被称为"圣弗朗西斯科大街"（Calle San Francisco），今天则是一条步行商业街］往前直走，位于这条街的尽头的，是墨西哥城数量众多的街角之一，它的故事足以写成一本书。但是我们的视线焦点仍是我们今天能够从这个角落看到的众多建筑之一。在1692年的地图上，我们处在一个小公园的边上，这个公园靠近一条阿兹特克-西班牙水渠和圣伊莎贝尔修道院。水渠和修道院早已不在，如今修道院原址上矗立着的是美术宫（Palacio de Bellas Artes）。

这座漂亮的剧院建于1904—1934年，以其内部的装饰风艺术（Art Deco）和奥罗斯科、里维拉（Rivera）、西凯罗斯（Siqueiros）和塔马约（Tamayo）等重要艺术家的壁画著称，这里近期上演了安东尼奥·维瓦尔第的歌剧《蒙特祖马》。由于以下几个原因，这场演出值得被我们注意。首先，这次演出是这部歌剧第一次在蒙特祖马的领土上演出。尽管这部剧的剧本自维瓦尔第创作之时一直留存到今天（它出版于1733年），但是配乐已经失传了好几个世纪。直到2002年，它的配乐才在柏林的一间图书馆里被发现（当图书馆的藏书运回德国之后，它们曾经在第二次世界大战期间被掠夺并存放在基辅）。经历了一场图书馆为演出索取授权费用的法律争端后，配乐于2005年被公开；这部剧在美术宫首演的时间是2007年。

在墨西哥演出的时候，剧本和新发现的配乐都进行了改动，以便和时代及美术宫相适应，其中增加了一些纳瓦特尔语的歌词，以及前哥伦布时代的乐器。墨西哥小提琴家塞缪尔·马内斯·钱皮恩（Samuel Máynez Champion）在征询了备受尊敬的墨西哥历史学家阿尔弗雷多·洛佩兹·奥斯汀（Alfredo López Austin）和米格尔·莱昂–波蒂利亚（Miguel León-Portilla）的意见后，对情节进行了修改，弱化了歌剧原本的欢快结局，取而代之的则是给观众一个有关蒙特祖马悲剧之死的提醒。马内斯认为，因为原始剧本以索利斯的《征服墨西哥史》以及"虚构的和非常微不足道的浪漫史"情节为基础，所以是"荒谬的、废话连篇的悲喜闹剧"。事实上，1520年的特诺奇蒂特兰只不过是一个充满异域风情的背景而已，维瓦尔第和朱斯蒂（词作者）将其作为一出浪漫喜剧的背景，这是歌剧界的传统之一（就跟好莱坞电影一样）。这个荒谬情节的中心人物是一对虚构的恋人，科尔特斯的兄弟拉米罗（Ramiro），以及蒙特祖马的女儿特乌蒂勒（Teutile）。蒙特祖马反对这场恋情，但是他的妻子从中干预，不顾两人不对等的身份，让有情人终成眷属，并且以征服战争作为故事的背景。[24]

这部歌剧创作于威尼斯，目的是缓解维瓦尔第的财政状况，但是这并没有起到太大的帮助；他于八年后在维也纳因穷困而死。但是回想起来，作曲家对于主题的选择，以及"为了给征服墨西哥的血腥胜利增加些许甜蜜色彩"（这句话借用了一个世纪后莫林创作的一幅石版画中的文字说明）而虚构的爱情故事，也预示了在浪漫主义时代，人们的关注点从科尔特斯和蒙特祖马身上快速转移。维瓦尔第的歌剧不仅仅只是西班牙—阿兹特克战争的戏剧化长链（常常是荒谬的）中的一环：从《印第安皇帝》到《来自卡斯蒂利亚的队长》，它也是更广泛意义上对"会面"及其周遭历史事件的占用、扭曲和虚构的历史长链中的一环。

《蒙特祖马》已经在欧洲和美洲的多个城市上演，它在21世纪的复兴，以及墨西哥人对其情节的反应，都提醒我们"征服墨西哥"一直都是娱乐、争论、庆祝和冲突的主题。此外，这也因为它的故事和挪用，经常都和其他事情有关——关于重振一项事业（1733年的维瓦尔第），或者拯救一座图书馆（2002—2005年间的法律争端），或者放任这样的一种幻想，即西班牙的殖民扩张和浪漫有关——至少是作为一个浪漫的背景，大团圆的结局则可以被当作文明以愉悦的方式战胜野蛮的比喻。

在这座非凡的城市中，我们的时光之旅还有最后一站，就好像在这座拥有装饰风艺术的剧院内—— 一条阿兹特克-西班牙的水渠曾在此将淡水引入特诺奇蒂特兰——正在上演维瓦尔第那增加了纳瓦特尔语歌词的《蒙特祖马》这件事情还不够令人难以置信似的。从美术宫中走出来，经过川流不息的马路直直往西南走；在1692年的地图上，如果走出圣伊莎贝尔修道院，穿过街道，你就会进入一个由各种建筑和花园组成的建筑群，即圣弗朗西斯科修道院（也就是这条街的旧名）。

16世纪20年代，当新特诺奇蒂特兰城（它最终被叫作墨西哥城）从旧都城的废墟中涅槃重生的时候，西班牙人和纳瓦人返回街道和水渠间的城市街区，重建自己的家园。其中一队新的定居者是方济各会修士，尽管他们鼓吹贫穷，但是却拥有足够的财富和权力，获得了城中的一大片土地，用来建造他们的教堂和修道院。这一大片区域相当于四个城市街区，其中有淡水源，有运河，有湖泊，大体上相当于曾经蒙特祖马的动物园建筑群所处的位置。[25]

在这个皇帝的园丁和动物管理员种养花草、饲养鸟类的地方，修士的原住民奴隶也维护着果园和花园、鸡圈和鱼塘。在蒙特祖马研究自然界的地方，方济各会修士们思索着如何抹去蒙特祖马世界中的所有记忆。慢慢地，修道院地下那动物园里的鬼魂消失了。随后修道院自身也萎缩和消失了——墙壁和建筑被拆毁，土地被变卖或者被掠夺，19世纪时的一条街道横亘它的中心，在下一个世纪，它的一个角落处矗立起一座摩天大楼——拉丁美洲塔（Torre Latinoamericana）。这座拉美地区曾经最高的建筑，至今仍然能够为游客提供城市的鸟瞰景色——对于他们来说，蒙特祖马、他的动物园、他的帝国以及他们过去的种种，就像这座摩天大楼的地基一样，都已经深深地埋藏在特诺奇蒂特兰的地下。

致　谢

大部分的作品之所以能够成书，离不开很多人的帮助，本书也不例外。无数的作者和学生，学者和图书管理员，同事和朋友，带着众多具有挑战性问题的听众，以及拥有诸多有趣观察的邮件来信者，以上人群都为此书做了非常关键的贡献。对于那些因为我的疏忽，而没能收录到本页或者注释中的人，我感到非常抱歉。

本书的资料都翻译自纳瓦特尔语、西班牙语、法语、意大利语、德语和拉丁语。除了特别声明的，其余资料都是由我翻译的；不过，由于我并不完全熟练地掌握这些语言，我还获得了诸多同事的帮助，我也在相应的注释中向他们单独表示了谢意。他们的帮助充分显示了这部作品得以付梓的无数慷慨瞬间。

30年前，当我还是牛津大学的一名本科生时，我参加了一位优秀的年轻学者关于征服墨西哥的研讨会。其中关于科尔特斯写给国王的信件的介绍，现在也被证明，为我将来的事业和这本书的诞生播下了一颗种子。这位学者是Felipe Fernández-Armesto。如果Felipe就这个主题著书的话，肯定比我这本书写得好，但是无论如何他的影响已然浸润在这本书中。我将永远对他致以谢意。

创作这本书的这些年里，当阅读诸多学者的作品时，我发现自己一再转向一批相对而言人数不多，但在数十年的时间内产出了许多著作和文章的群体。这些人值得被单独提及，因为他们出版的作品中至少有五六部（某些情况下甚至有十几部）影响了我的思想，他们是（并非所有人的名字都包含在参考资料中）：Rolena Adorno、Elizabeth Hill Boone、Davíd Carrasco、Inga Clendinnen、J. H. Elliott、Felipe Fernández-Armesto（又一次地）、Ross Hassig、James Lockhart、José Luis Martínez、Eduardo Matos Moctezuma、Barbara Mundy、Susan Schroeder以及Hugh Thomas。

许多朋友和同事都极其慷慨地贡献出他们的时间，阅读本书的草稿、分章和早期版本，并与我分享他们的观点。他们包括Felipe、Susan Evans、Miguel Martínez、John Fritz Schwaller、Stuart Schwartz、Peter Villella和Louis Warren；尤其是Richard Conway、Kris Lane、Denise Oswald、Robin Restall、Amara Solari和Linda Williams。他们花费了许多时间，写了很多页反馈，向我提出了无价的鼓励和富有见解性的评论，以多种形式影响和改进了这本著作。这个项目也经由无数对话和交流思想的推动，包括Daniel Brunstetter、María Castañeda de la Paz、James Collins、Garrett Fagan（多年来与Garrett的交流和课堂讨论对我有显著的鼓励和影响）、Martha Few、Michael Francis、Jorge Gamboa、Enrique Gomáriz、Amy Greenberg、Ken Hirth、Ronnie Hsia、Mark Koschny、Enrique Krauze、Andrew Laird、Domingo Ledesma、Mark Lentz、Russ Lohse、Andrea Martínez、Iris Montero、Ian Mursell、Linda Newson、David Orique、David Orr、Michel Oudijk、Emma Restall、Kathryn Sampeck、Stuart Schwartz、Tatiana Seijas、Emily Solari、Ian Spradlin、Mark Thurner、Peter Villella、David Webster、Caroline Williams，以及其他一些我忘记列上姓名的人，我对此感到惭愧；还有一些和我在宾夕法尼亚州立大学共事的博士生，他们用了很多方式给我祝福，他们是Samantha Billing、Jana Byars、Laurent Cases、Scott Cave、Mark Christensen、

Spencer Delbridge、Scott Doebler、Jake Frederick、Kate Godfrey、Gerardo Gutiérrez、María Inclán、Emily Kate、Rebekah Martin、Megan McDonie、Ed Osowski、Robert Schwaller、Michael Tuttle和Christopher Valesey。

同样地，如果没有孜孜不倦且十分专业的，同时又无比和蔼的代理人Geri Thoma（Writers House），我那位极具天赋且老练的编辑Denise Oswald（Ecco and Harper Collins），以及Emma Janaskie和她在Ecco的同事们，这本书就不可能是现在这个样子，甚至都有可能不存在。我所设计的非常业余的图表和地图，正是由于出版社的专业编辑，还有我的同事Larry Gorenflo和Janet Purdy的帮助，才能变成现在的样子。

本书的出版同样还要感谢约翰·卡特·布朗图书馆令人称赞的专业人员（尤其是2013—2015年间，包括Valerie Andrews、Adelina Axelrod、Susan Danforth、Dennis Landis、John Minichiello、Susan Newbury、Maureen O'Donnell、Kim Nusco、Allison Rich、Neil Safier和Ken Ward）；档案和图书馆专业人员，例如旧金山市苏特罗图书馆（Sutro Library）的Angelica Illueca及其同事，萨克拉门托市加州州立图书馆（California State Library）的Gary Kurutz及其同事，普林斯顿大学高等研究院的Marcia Tucker及其同事，还有数十名来自AGI、AGN、BL、BnF和MQB的专业人士在过去的10年里对我的帮助。同样地，我对Arthur Dunkelman和齐斯拉克基金会、Chuck diGiacomantonio和美国国会历史学会（U.S. Capitol Historical Society）、Tom Price和波尔克之家及博物馆表示感谢。我还要感谢在2013—2017年间，为了这个项目而在下列大学或者学院所做的演讲的所有听众——布朗大学、乔治·华盛顿大学、加州大学欧文分校、伦敦大学学院、普林斯顿大学、犹他谷大学、范德堡大学和耶鲁大学，当然还有波哥大的那些学校——你们的评论和问题以数不胜数的形式给这本书以指导。

我那亲爱的父母、岳父母和女儿们（Clifford、Judy、Kathy、Mariela和Robin；Sophie、Isabel和Lucy）都给予我祝福，他们坚定地认为我所做的事情非常重要（一个可疑的观点），这带给我的兴奋是他们无法想象的。女儿们一直都是我的缪斯，她们的小妹妹Catalina给予这本书的启发，是我无法用语言表达的。

　　理所当然的，同样要感谢在写作过程中忍受着和我生活在一起的妻子。于我而言，Amara不仅应当因为她的坚持和忍耐得到我的感谢，还要因为她对于这一项目的智力发展和最终成熟所做的数不清的贡献获得褒扬。正如她是我个人幸福的优秀书写者一样，她在事实上也是这本书亲切而杰出的合著者。

宾夕法尼亚州立大学

2017年春季

| 附　录 |

语言和标签，人物和王朝

　　下面的这张图展示的是"阿兹特克人""墨西卡人""纳瓦人"这三者之间的重叠关系。阿兹特克人看上去像是一个18世纪发明出来的词。墨西卡（发音为"mesh-EE-ka"）指的是那些居住在特诺奇蒂特兰城或者墨西哥城（在纳瓦特尔语中，-co是表示位置的后缀，因此"Mexico"指的是"墨西卡人的地盘"）的人。但请注意墨西卡并不是一个明确的种族，他们属于一个范围更广的（并且存在至今的）纳瓦人

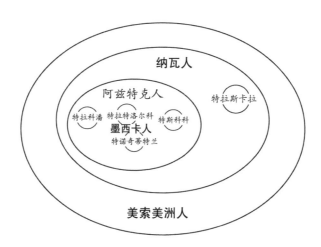

（发音为"NA-wahs"）族群，他们的语言曾经（现在也）是纳瓦特尔语，这种语言在墨西哥中南部的一些地区存在了数个世纪。

"美索美洲"这个叫法是学者发明的，指代的是涵盖墨西哥北部到中美洲的大文明区域，包含了纳瓦人、玛雅人和其他种族。因此，我会经常使用"美索美洲人"（Mesoamerican）这个词，规避那个易造成理解困难的词——"印第安人"（*Indian*）（除非是在翻译西班牙语"*Indio*"的时候，西班牙人用这个词来指代所有美洲原住民，因为刚开始的时候人们认为美洲距离亚洲很近，西班牙人就将他们称呼为"*las Indias*"，即"印度"，而这些人就是"印第安人"，这是一个无法摆脱的困境）。

但是美索美洲人在称呼自己的时候，并不会用"纳瓦人"、"玛雅人"或者其他任何我们所使用的种族名称。阿兹特克人的语言中也没有一个词恰好可以翻译成"阿兹特克帝国"。美索美洲人的身份认同是高度地域化的，和城邦国（纳瓦特尔语中的"*altepetl*"）联系在一起，甚至连"墨西卡"这个词也经常被用来特指特诺奇蒂特兰南部主导该区域的人——他们也被称为"特诺奇卡人"，以便和范围较小的特拉特洛尔科的"特拉特洛尔科人"相对应。纳瓦人在指代族群自我身份认同的时候，使用的意义最近的词是"*nican tlaca*"，意为"这里的人民"（或者"*i nican titlaca*"，即"我们这里的人民"）。从阿兹特克人征服的其他纳瓦人属臣到未被征服的民族，例如玛雅人，这些外人把阿兹特克人称为*Culua*和*Culhúa*。其所指代的是"城邦国"库尔瓦坎（Culhuacan），它刚好位于特诺奇蒂特兰的南部（今天属于墨西哥城的一部分）；在美索美洲的民间历史中，这个地方可能是阿兹特克人在建立特诺奇蒂特兰之前落脚的地方，但是这也可能是因为阿兹特克帝国的特斯科科人称自己为"*Acolhua*"。[1]

诸位可见，解释得越多，这个主题就变得越发的复杂。那么就请在脑海中记住，"阿兹特克"和其他熟悉的专有名词，都是复杂身份历史的简约表达方式。

上述说法对于Montezuma和Moctezuma这样的名字也同样适用。如同我在前言中提到的那样，尽管这些都是进入现代后最为常用的姓名形式，但是西班牙人和欧洲人早在16世纪的时候就已经开始使用。早期的文献中，还有一些其他的叫法在我的翻译中重现，如Muteeçuma。皇帝的真实名字叫作Moteuctzoma，但是在皇帝生活的时代，这个名词如果不加上敬语后缀"-tzin"（Moteuctzomatzin，读作"moh-teh-ook-tsoh-mah-tseen"），那是绝对不会被说出来的。在他死后，人们逐渐开始用第二个名字指代他，即Xocoyotl，敬语形式为Xocoyotzin（读作"shock-oy-ott-seen"，意思是"年轻者"，因为15世纪时还有一个统治者皇帝也叫蒙特祖马）。但是我们并不清楚在蒙特祖马生前，Xocoyotzin这个名字的使用频率如何——如果这个名字被用过的话。

蒙特祖马是本书所述西班牙—阿兹特克战争中经常提到的16个西班牙人和纳瓦人主角之一。以下是他们简短的个人传记：[2]

佩德罗·德·阿尔瓦拉多，生于1485年，在16世纪的第一个十年里定居西印度群岛地区。他是格里哈尔瓦和科尔特斯远征墨西哥的队伍中的队长之一，也是忠诚的科尔特斯派系一员，他的四个兄弟（贡萨洛、戈麦兹、豪尔赫还有胡安）也是。阿尔瓦拉多兄弟是一个强大的团伙，他们掌握的权力比通常意义上认为的更大，所做的决定也更多。佩德罗一直以来都被认为是1520年发生在特诺奇蒂特兰的"干涸月"大屠杀的负责人。我并不质疑他那残忍的名声，恰恰相反，在所有西班牙—阿兹特克战争（1519—1521年）中幸存下来的征服者里，他在这一方面是典型的而不是例外的一员。他领导了1521年参与围城的三支西班牙军队之一，后来参与了前往危地马拉高地和秘鲁北部的远征。他被授予一枚盾徽。他在1541年中墨西哥北部爆发的米克斯顿起义中战死。

卡卡马钦和**科瓦纳科奇钦**是特斯科科的特拉托阿尼内萨瓦尔皮利（Nezahualpilli）众多儿子中的两个，当他们的父亲于1515年去世的时候，他们和伊希特利霍奇特尔一起成为王位的主要竞争者（参见"王朝家谱树"）。由于卡卡马［"钦"（-tzin）是一个敬语后缀］拥有叔叔蒙特祖马的支持，他最终登上了王位。1519年11月，他与科尔特斯率领的征服者队伍在墨西哥谷边缘见面，并随后带领他们前往特诺奇蒂特兰城"会面"（本书中的一个专有名词）。他后来在围绕着"虚假抓捕"（参见第六章）的政治阴谋中被抓，随后在1520年6月被谋杀。西班牙人声称他策划了针对西班牙人和他叔叔的阴谋，和他一起被杀的还有另外两个三方联盟的特拉托阿尼（阿兹特克帝国国王）。科瓦纳科奇在他之后继承了特斯科科的王位，但是当他的哥哥伊希特利霍奇特尔和西班牙人在1520年的最后几天向这个城市进军的时候，科瓦纳科奇逃到了特诺奇蒂特兰。伊希特利霍奇特尔在围城的时候捉住了他，并且取代他成为特斯科科的统治者。1525年，在一个玛雅小城内，遵照科尔特斯的命令，科瓦纳科奇连同夸乌特莫克以及被俘的特拉科潘统治者一起被绞死——相当于1520年对于三方联盟国王集体屠杀的重演。

埃尔南多·科尔特斯，1485年出生于西班牙的麦德林，1504年或者1506年时移民到伊斯帕尼奥拉。他成了一个标志性的征服者，既是历史人物，也是传奇和神话。作为第三次远征墨西哥的领队，他在近五个世纪都被认为是"征服墨西哥"事业的一位英勇且卓越的缔造者，他也被称为奴隶主、杀手、杀妻者、大屠杀刽子手、叛徒、贪污者和窃贼。我在这里想要证明的是无论作为领袖还是战犯，他都是一个普通人。他担任新西班牙的第一任总队长和总督，但是在1528年时他被剥夺职务，从此以后再也没能在墨西哥担任任何高级行政职务。1529年，他获得"谷地侯爵"的头衔，被擢升为高级贵族；1530—1540年，他在运营着自己庞大的产业（让原住民奴隶为其工作）的同时在墨西哥迎击各种诉讼，后来他回到西班牙，并于1547年去世。

夸乌特莫克，更为恰当的称呼是夸乌特莫克钦，1500年出生。1521年1月或者2月，当时年纪尚轻的他就成为特诺奇蒂特兰的"伟大的特拉托阿尼"和阿兹特克帝国的皇帝——他的前任皇帝、蒙特祖马的兄弟之一奎特拉瓦（Cuitlahua，他也是夸乌特莫克的堂亲，参见"王朝家谱树"）死在前一年的12月（可能是死于天花）。由于帝国三方联盟中位列第二的城邦国特斯科科，已经在1520年的时候加入了西班牙-特拉斯卡拉联盟，夸乌特莫克便成为这个末路帝国唯一的统治者。他在首都领导墨西卡人坚持抵抗了六个月，后来于8月13日投降。科尔特斯和胡利安·德·阿尔德雷特（Julián de Alderete）残酷地折磨这位被俘的皇帝，为了得到有关特拉托阿尼藏匿的帝国宝藏的信息，他们烧掉了他的双脚。他被带入1524年远征洪都拉斯的队伍中，被牵连进一个据称是旧三方联盟幸存特拉托阿尼策划的阴谋当中；所有三位特拉托阿尼都在玛雅王国阿卡兰-蒂斯切尔的一座城市中被绞死。他在墨西哥逐渐被看作民族英雄（以蒙特祖马为代价）。1949年，在墨西哥格雷罗州的一座乡村教堂中发现了他的遗骨，这件事后来被证实是一起欺诈事件，引发了持续争论。

伊希特利霍奇特尔是内萨瓦尔皮利众多儿子中的一个，1515年，他拒绝接受由蒙特祖马支持的、任命其哥哥卡卡马为特斯科科新国王的决定（参见"王朝家谱树"）。他在1521年成为特斯科科实际的统治者，受洗后成为唐·费尔南多·科尔特斯·伊希特利霍奇特尔，并在16世纪20年代早期的某个时候被确认成为特拉托阿尼和总督，一直统治这里直到1531年他去世。在他的玄孙唐·费尔南多·德·阿尔瓦·伊希特利霍奇特尔所写的战争记录当中，他在1521年西班牙人夺取特诺奇蒂特兰城和随后前往美索美洲其他地区远征的行动中扮演了主要角色。

马林钦是在1519年时被玛雅城镇波通昌的统治者送给西班牙探险队的，当时她还是一个处于少女时期的奴隶。她是一个一直生活在玛雅人中间的纳瓦人，她既会说纳瓦特尔语，也会讲尤卡坦玛雅语，因此成为西班牙人的翻译之一。在战争的末期，她已经是主要的翻译，并且获得了敬称"唐娜"（doña）或者人名后缀"钦"（-tzin）。1522年，她为科尔特斯生了一个儿子，起名为"马丁"（Martín，他在1528年时被父亲带到西班牙，他在那里作为腓力亲王的侍从）。马林钦在1519年之前和1522年之后的生活少有人知晓，到了19世纪和20世纪，她被诸多文化和知识运动所利用，从浪漫主义到（墨西哥）革命，再到第二波和第三波女权主义浪潮，形成了一个复杂的"玛琳切"神话，同历史上的马林钦已经相去甚远（关于她的姓名我在前言中已经有过阐述）。

蒙特祖马生于1468年，他是阿萨亚卡特尔之子，在1502年成为阿兹特克帝国的"伟大的特拉托阿尼"（也是特诺奇蒂特兰城的第九任特拉托阿尼）。自他开始统治直至1520年6月去世，此时战争已经在他的首都爆发——他要么是被自己的属臣暗杀，要么被征服者谋杀，后一种说法更可信。证据显示他是一位强大且富有扩张精神的皇帝，不过他死后的名声却朝着相反的方向发展，也因此成了阿兹特克人战败的替罪羊。我认为，尽管西班牙人宣称蒙特祖马向他们投降，但是实际上他并没有投降，这也是本书的中心思想。战争之后，他那些活下来的子女以及他们的后代成了特诺奇蒂特兰和中墨西哥统治集团的核心成员（参见"王朝家谱树"）。（他的名字在之前也进行过阐释。）

潘菲洛·德·纳瓦埃斯是一位高个子的红发贵族，他来自奎利亚尔附近的一个小城，于1498年前后定居伊斯帕尼奥拉。他在西班牙人征服牙买加和古巴的战役中扮演了主要角色。在征服古巴的过程中，他主导了一次针对泰诺村民的屠杀，这遭到了著名的多明我会修士巴托洛梅·德·拉斯·卡萨斯的谴责，他写道，纳瓦埃斯以暴虐的嘴脸行事的时候，"就好像人是大理石所做的一样"。他因为两场失败而为人们熟知（可以说，这也让其成了一位典型的征服者）。第一次是1520年，他代表自己的长期盟友迭戈·德·委拉斯开兹，率领1100人前往墨西哥抓捕科尔特斯，并且接任当地征服者的指挥权，不过他的人员却加入了科尔特斯的队伍，一个月之后，这些人中的大部分都被阿兹特克人所杀；第二次是1527年，他率领一支队伍前往墨西哥湾北部海岸，但是最终却碰巧在佛罗里达登陆，只有阿尔瓦·卡韦萨·德·巴卡（Álvaro Cabeza de Vaca）及另外三四个人活了下来（不包括纳瓦埃斯），由此得以讲述他们的故事。

克里斯托瓦尔·德·奥利德，1488年出生于拜萨（Baeza），1518年在古巴登陆，刚好赶上时间加入科尔特斯领导的前往墨西哥的队伍，他参与了整场战争，并且活了下来。他并不是一个细致的人，他喜欢挥舞着自己的剑在原住民战士和军队中长驱直入（按照贝尔纳尔·迪亚斯的说法，他是一个如"赫克托耳"般的战斗勇士），他在科尔特斯和委拉斯开兹两派之间摇摆不定的笨拙行为最终导致了他的死亡。作为韦拉克鲁斯谋划的主要领导者之一，他是这个想象中的城市的一位议员；随后在1521年，他被发现与胡利安·德·阿尔德雷特（显然是背后参与折磨夸乌特莫克的人）合谋暗杀科尔特斯；他随后在米却肯作战，表面上以科尔特斯的名义率领一支远征队伍前往洪都拉斯，但是途中在古巴停留，并且和委拉斯开兹密谋，最终于1524年在洪都拉斯被两名效忠科尔特斯的人开膛破肚。

迭戈·德·奥尔达斯，莱昂人，1510年在西印度群岛地区登陆，当时已经32岁，身材高大，勇敢（迪亚斯的说法），留着黑色的短胡须，说话有一点儿结巴。他加入了几支远征队伍，包括征服古巴和墨西哥的队伍——他也是领队之一。他在登陆海岸的前几个星期还是一位忠诚的委拉斯开兹派，但当看到风向逆转后，便永久性地加入了科尔特斯一派（尽管在写给侄子的信中，他非常直率地批评了科尔特斯，最著名的评价是"侯爵的意识连一只狗都不如"）。1519年他越过波波卡特佩特火山朝着特诺奇蒂特兰进军，据说他曾经距离火山口的边缘不到两把矛的距离，因此他的盾徽上有一个火山的标识。他在特佩阿卡战役和屠杀中扮演了主要角色，并且在整个16世纪20年代都在当地拥有官职。1520年10月他回到西班牙一年，由此错过了围城战。他后来又曾两次回到西班牙（同时拥有来自数万墨西哥原住民的收入），直到1530年收到西班牙王室颁发的征服奥里诺科河（Orinoco River）地区的许可，然而当地的自然环境和原住民给他带来的麻烦，相对于他的西班牙对手而言有过之而无不及。这些政敌中，很有可能有一位在他1532年返回西班牙的途中将其毒死。

贡萨洛·德·桑多瓦尔是科尔特斯的麦德林同乡。他矮壮敦实（根据迪亚斯的说法），拥有栗色的头发和胡须，说话有一点儿咬舌，并且以骑术高超而著称。尽管非常年轻，他从韦拉克鲁斯的政治斗争中脱颖而出，成为主要的领导者之一；他是那个想象中的城市的六位议员之一，也是1520年说服纳瓦埃斯队伍的主要操盘手；在1521年夺取特诺奇蒂特兰的战役中，他（可以说）是特拉斯卡拉以及特斯科科军队的主要协调人。尽管他看上去与伊希特利霍奇特尔以及其他纳瓦领导人保持了融洽的外交关系，但是和他的征服者同伴一样，他也是一位掠夺者和奴隶主，并且参与了特佩阿卡大屠杀和1523年（他所指挥的）瓦斯特克（Huastec）战役。他在1524—1526年陪同科尔特斯前往洪都拉斯，随后于1528年返回西班牙——但在途中染病，还未到岸便病死。

特奎奇波奇钦，又名唐娜·伊莎贝尔·蒙特祖马·特奎奇波（参见"王朝家谱树"），由于她母亲一系的皇室血缘，以及她在战争后得以幸存，她成了蒙特祖马最为重要的女儿。她很有可能是在"虚假抓捕"（参见第八章）期间被蒙特祖马"送给"科尔特斯的，但是遭到拒绝（推测可能是因为她当时还是个孩子），她在"悲痛之夜"后继续留在特诺奇蒂特兰；她在那里被许配给了奎特拉瓦，并在他死后被许配给夸乌特莫克。经历战争之后，她相继嫁给了三位征服者：阿隆索·德·格拉多、佩德罗·加列戈和胡安·卡诺。与此同时，她还怀了科尔特斯的孩子（按照巴斯克斯·德·塔皮亚的说法，当时她还是加列戈的妻子）；他们的女儿莱昂诺尔出生于1523年，后来嫁给一个西班牙人。特奎奇波奇钦获得了阿兹特克帝国三方联盟之一的特拉科潘作为委托监护地（一种西班牙监护征赋制，可以广泛地获取劳动力和贡赋收入），并且获得了很多与她皇室继承权相关的其他特权和财产。她和卡诺生了五个孩子，后者也在宫廷中强烈地维护她的地位。她于1551年去世。

贝尔纳迪诺·巴斯克斯·德·塔皮亚出生在卡斯蒂利亚奥罗佩萨（Oropesa）地区一个名门家庭。他在青年时代曾和佩德拉里亚斯·德·阿维拉一起到过现在的巴拿马，和迭戈·委拉斯开兹参加过入侵古巴的战争。他在格里哈尔瓦的远征队伍中担任"皇家骑手"（*alférez real*）的重要职务，是西班牙—阿兹特克战争中的主要领导者，也是科尔特斯支持者群体中的核心成员，并于1519年时担任韦拉克鲁斯的议员。他在战争中活了下来，成为墨西哥城的议员——并且终身担任该职务，直至其1559年去世。他通过监护征赋制得到了许多获利丰厚的纳瓦城市，包括楚鲁巴斯科（Huitzilopochco，即Churubusco），以及特拉斯卡拉的一部分。16世纪20年代，他参加了帕努科和其他一些地方的战斗，并两次返回西班牙；1527年他曾在塞维利亚短暂下狱，原因是科尔特斯指责他侵吞财产。从此以后他对科尔特斯以及阿尔瓦拉多（他曾在战争中率领过此人所在的团伙）的敌意越发强烈。自1529年开始，这两人多次证明其犯罪，包括向西班牙王室隐瞒五一税（*quinto*，即20%的税款），非法奴役成千上万的原住民妇女、儿童，以及发起毫无缘由的屠杀（分别为由阿尔瓦拉多作证的"干涸月"屠杀，以及由科尔特斯作证的乔卢拉和特佩阿卡屠杀）。诸位不要将他和其他叫塔皮亚的人混淆（包括委拉斯开兹的亲戚安德列斯·德·塔皮亚，他后来成为科尔特斯的死忠，作了一些经常被引用的支持科尔特斯的夸张证词，以及1539年他写下了有关西班牙—阿兹特克战争上半段的内容）。

迭戈·委拉斯开兹出生于1465年，1493年跟随哥伦布的第二次航行来到新世界。他后来成为一名征服者，于1511—1514年入侵古巴岛并定居在那里，成为该岛（事实上的）总督。他是逐渐扩大的多次前往美索美洲内陆的征服行动的组织者和"先遣官"（手握征服许可之人），这些行动分别发生在1517年（埃尔南德斯·德·科尔多瓦率领）、1518年（格里哈尔瓦率领）、1519年（科尔特斯率领）和1520年（纳瓦埃斯率领）。1519年和1520年的两支队伍背叛了他，以及科尔特斯和他的帮派为了确保墨西哥统治权而发起了政治运动，由此引发了科尔特斯和委拉斯开兹支持者两派之间更深层的矛盾，一直延续到1524年委拉斯开兹死后。

希科滕卡特尔在1519年时还只是一位军事队长，以及特拉斯卡拉的王位继承人——当时西班牙人先是挑起战争，后来与他所在的城邦国达成协议。他的父亲也叫希科滕卡特尔，是特拉斯卡拉的特拉托阿尼，也是特拉斯卡拉–西班牙联盟的主要缔造者，其使得特拉斯卡拉人能够在1519—1521年的战争期间扩展在该区域的权力。希科滕卡特尔（又叫作"年轻者"或阿萨亚卡特尔）尽管在战争中扮演领导角色，但是对于和外国人之间的浮士德式讨价还价心存疑虑，据说在1521年春季的时候他试图将他的人从西班牙–特斯科科联盟中撤出。科尔特斯称此为阴谋，希科滕卡特尔也因此被绞死。他更像是特拉斯卡拉派系斗争的牺牲品。他在殖民时代的文献中被当作叛徒，但是今天被看作特拉斯卡拉和墨西哥的文化英雄。

关于特诺奇蒂特兰和特斯科科两地的阿兹特克王室家族之间的裙带和姻亲关系，以及他们中的一些人同西班牙征服者和定居者的关系，可参见后文的"王朝家谱树"。

这张图展示了特诺奇蒂特兰（由左至右）和特斯科科（由右至左）两个皇室家族的家族树。该图的目的是将西班牙—阿兹特克战争期间和之后历史中的三个中心现象加以诠释：两大家族之间不断扩大的通婚，创造了一个单一的阿兹特克王朝；战争期间和之后一个世纪，特诺奇蒂特兰和特斯科科王朝统治的延续；西班牙人（男性和女性分别用方形和圆形的"S"表示）逐渐融入王朝之中。请注意这一家谱树并不是绝对全面的（有数百位配偶和他们的孩子都不包含在当中）。

王朝家谱树

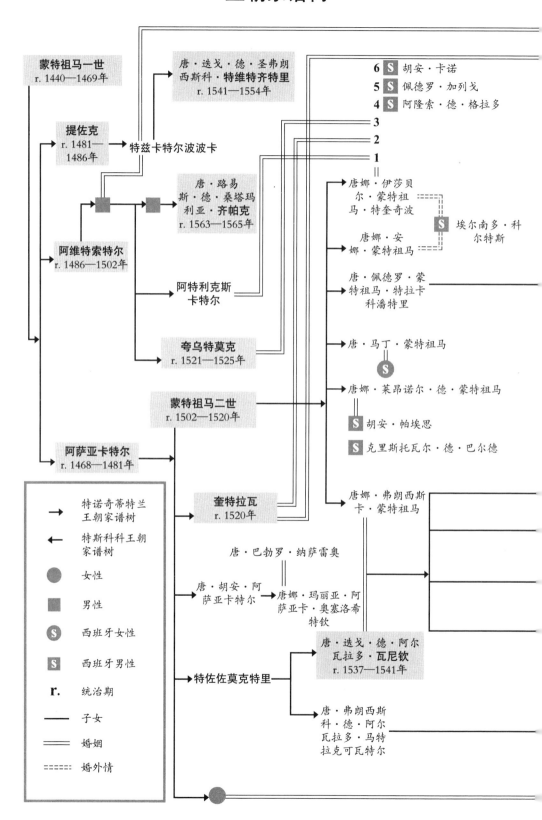

图例	
→	特诺奇蒂特兰王朝家谱树
←	特斯科科王朝家谱树
⬤	女性
■	男性
Ⓢ	西班牙女性
S	西班牙男性
r.	统治期
——	子女
═══	婚姻
═════	婚外情

蒙特祖马一世
r. 1440—1469年

提佐克
r. 1481—1486年

特兹卡特尔波波卡

唐·迭戈·德·圣弗朗西斯科·特维特齐特里
r. 1541—1554年

6 S 胡安·卡诺
5 S 佩德罗·加列戈
4 S 阿隆索·德·格拉多
3
2
1

阿维特索特尔
r. 1486—1502年

唐·路易斯·德·桑塔玛利亚·齐帕克
r. 1563—1565年

唐娜·伊莎贝尔·蒙特祖马·特奎奇波

S 埃尔南多·科尔特斯

唐娜·安娜·蒙特祖马

阿特利克斯卡特尔

唐·佩德罗·蒙特祖马·特拉卡科潘特里

夸乌特莫克
r. 1521—1525年

唐·马丁·蒙特祖马
S

蒙特祖马二世
r. 1502—1520年

唐娜·莱昂诺尔·德·蒙特祖马
⬤

S 胡安·帕埃思

S 克里斯托瓦尔·德·巴尔德

阿萨亚卡特尔
r. 1468—1481年

奎特拉瓦
r. 1520年

唐娜·弗朗西斯卡·蒙特祖马

唐·巴勃罗·纳萨雷奥

唐·胡安·阿萨亚卡特尔

唐娜·玛丽亚·阿萨亚卡·奥塞洛希特钦

唐·迭戈·德·阿尔瓦拉多·瓦尼钦
r. 1537—1541年

特佐佐莫克特里

唐·弗朗西斯科·德·阿尔瓦拉多·马特拉克可瓦特尔

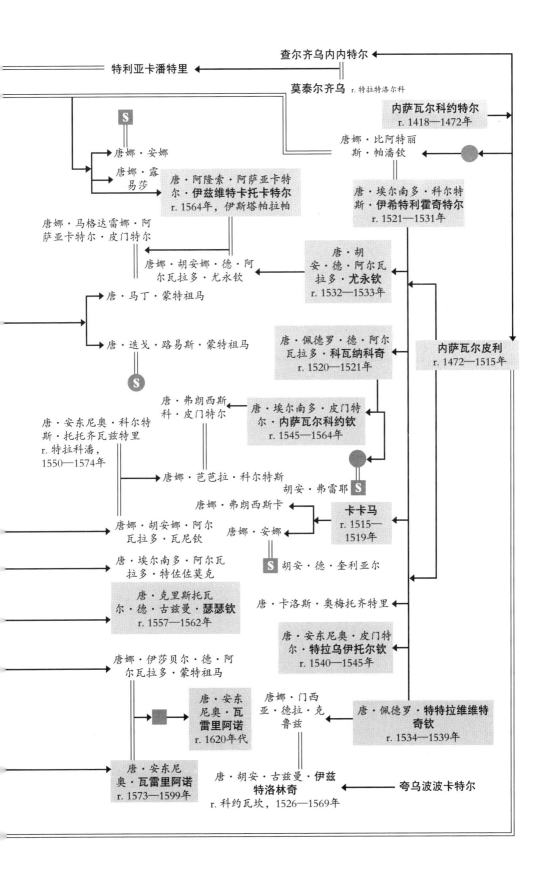

查尔齐乌内内特尔

特利亚卡潘特里

莫泰尔齐乌 r.特拉特洛尔科

内萨瓦尔科约特尔
r. 1418—1472年

唐娜·安娜

唐娜·露
易莎

唐·阿隆索·阿萨亚卡特
尔·伊兹维特卡托卡特尔
r. 1564年，伊斯塔帕拉帕

唐娜·比阿特丽
斯·帕潘钦

唐·埃尔南多·科尔特
斯·伊希特利霍奇特尔
r. 1521—1531年

唐娜·马格达雷娜·阿
萨亚卡特尔·皮门特尔

唐娜·胡安娜·德·阿
尔瓦拉多·尤永钦

唐·胡
安·德·阿尔瓦
拉多·尤永钦
r. 1532—1533年

唐·马丁·蒙特祖马

唐·迭戈·路易斯·蒙特祖马

唐·佩德罗·德·阿尔
瓦拉多·科瓦纳科奇
r. 1520—1521年

内萨瓦尔皮利
r. 1472—1515年

唐·安东尼奥·科尔特
斯·托托齐瓦兹特里
r.特拉科潘，
1550—1574年

唐·弗朗西斯
科·皮门特尔

唐·埃尔南多·皮门特
尔·内萨瓦尔科约钦
r. 1545—1564年

唐娜·芭芭拉·科尔特斯

唐娜·弗朗西斯卡

胡安·弗雷耶 S

唐娜·胡安娜·阿尔
瓦拉多·瓦尼钦

唐娜·安娜

卡卡马
r. 1515—
1519年

唐·埃尔南多·阿尔瓦
拉多·特佐佐莫克

胡安·德·奎利亚尔 S

唐·克里斯托瓦
尔·德·古兹曼·瑟瑟钦
r. 1557—1562年

唐·卡洛斯·奥梅托齐特里

唐·安东尼奥·皮门特
尔·特拉乌托托尔钦
r. 1540—1545年

唐娜·伊莎贝尔·德·阿
尔瓦拉多·蒙特祖马

唐·安东
尼奥·瓦
雷里阿诺
r. 1620年代

唐娜·门西
亚·德拉·克
鲁兹

唐·佩德罗·特特拉维维特
奇钦
r. 1534—1539年

唐·安东尼
奥·瓦雷里阿诺
r. 1573—1599年

唐·胡安·古兹曼·伊兹
特洛林奇
r. 科约瓦坎，1526—1569年

夸乌波波卡特尔

图片版权

第三章

插图10 他的心脏在正确的位置：Scholastic Inc. 提供

插图11 活人祭祀：布朗大学约翰·卡特·布朗图书馆提供

插图12 偶像崇拜：布朗大学约翰·卡特·布朗图书馆提供

插图13 神像：布朗大学约翰·卡特·布朗图书馆、法国国家图书馆（Bibliothèque national de France）提供

插图14 褶边羽毛：布朗大学约翰·卡特·布朗图书馆提供

插图15 一位尊贵的野蛮人：布朗大学约翰·卡特·布朗图书馆提供

第四章

插图16 动物园守护者：原件位于老楞佐图书馆（Biblioteca Medicea Laurenziana）

插图17 描绘战争：布朗大学约翰·卡特·布朗图书馆提供

插图18 石刻画像：原作者Patrick Hajovsky授权复制

第五章

插图19 科尔特斯以智取胜：耶鲁大学贝内克稀有书籍和手稿库提供

插图20 科尔特斯拒绝接受：耶鲁大学贝内克稀有书籍和手稿库提供

插图21 科尔特斯下令：耶鲁大学贝内克稀有书籍和手稿库提供

第六章

插图22 火葬：原件位于老楞佐图书馆

插图23 我控制了蒙特祖马：The Rosen Publishing Group授权复印

插图24 蒙特祖马交出权力：布朗大学约翰·卡特·布朗图书馆提供

第七章

插图25 马丁去哪儿了？（作者自摄）

内文章节前插图

第二章

图4 墨西哥投降：美国国会大厦壁画

第三章

图5 野兽之王：布朗大学约翰·卡特·布朗图书馆提供

第四章

图6 城市：布朗大学约翰·卡特·布朗图书馆提供

第五章

图7 征服者是如何发现的：布朗大学约翰·卡特·布朗图书馆提供

第六章

图8 一个悲哀的结局：耶鲁大学贝内克稀有书籍和手稿库（Beinecke Rare Book and Manuscript Library）提供

第七章

图9 征服墨西哥：布朗大学约翰·卡特·布朗图书馆提供

第八章

图10 作为礼物的妇女：布朗大学约翰·卡特·布朗图书馆提供

尾 声

图11 作为熔炉的征服：墨西哥索马亚博物馆（Museo Soumaya）提供复制版

尾　注

前　言

1. 索利斯《征服墨西哥史》前言部分，1724年版，译者托马斯·汤森（Thomas Townsend）。

序言　发明

1. 题词出处分别为：Díaz（1632：未编号的序言 f. 4v）；Dryden（1668 [1667]：未编号的序言，p. 26）；Catherine Morland在《诺桑觉寺》中所说的话（Austen 1818，但是最初写于1798—1799年；也曾被Carr作为开篇题词使用1961: 6）。

2. Díaz（1632：未编号的序言材料，p. ii）（原文用词为：*el Capitan Conquistador; testigo ocular; testigo de vista*）（also 1908, I: 3; 2005, I: 3）；Fuentes（1928—2012）写了各类Díaz的作品，从（1990: 72-77）到（2011: 25-44）。Guillermo Serés的评论，他是为了这部1620页的学术著作殚精竭虑的编辑（Díaz 2012），称其为"16世纪最伟大的西班牙语散文"（*la mejorprosa castellana del siglo XVI*）（Serés 2013）。

3. "征服者抓住国王"与序言的题页相对：这两个施恩会的人是阿方索·雷蒙（Alonso Remón）修士（编辑）和巴托洛梅·德·奥尔梅多（Bartolomé de Olmedo）修士（本书有相关叙述）。这本书后来的版本很少有再次收录扉页图片或者对其讨论。例如Díaz（1963），（1984），或者（2008）版本中没有收录；Delgado-Gomez（1992: 20），Restall（2003: 138），和Díaz（2005, II: 111）中有收录，但是并没有进行全面的探讨。

4. 863页的著作：迪亚斯的书目前有两个存世的版本：16世纪80年代的"危地马拉手稿"包含了863页的手写稿（Díaz 2005）；1632年的印刷版有508页（Díaz 1632; 2005; Carrasco in Díaz 2008: xxvi）。"有时"：托马斯对迪亚斯的评论（2003: xi）；Miralles（2008）。"闪回"：Duverger（2013: 17）。尽管我并不认为科尔特斯写了《征服新西班牙信史》，但是迪维尔热关于迪亚斯作者身份的质疑还是值得探讨的；我也确实怀疑原始的手稿是多个见证者的记录和证词的汇总，并经一位（或者多位）编辑之手变得前后一致。

5. 报纸的评论作为对迪亚斯的介绍（2003），也被Carrasco引用过（2008: xv）。"历史学家解释"：Menand（2015: 73）。这部关于阿兹特克人和征服者过往的引人入胜的虚构／事实记录，是一位小说家为孩子和年轻人写的"历史"，参见Frías（1899−1901) (also Bonilla Reyna and Lecouvey 2015)。

6. "每一个好的神秘故事"：Sue Grafton通过他书中角色Kinsey Millhone之口说出这些话，这本书是*W Is for Wasted*（New York: G. P. Putnam, 2013: 3）；我省略了"sleuth"和"figures"之间的那句话。亲眼见证：在迪亚斯的那个时代，亲历者的报告在定义上是准确的（"文艺复兴的观点执迷认为……亲眼见证的记录几乎是无可辩驳的真实的"，Goodwin 2015: 84），这种观念到了现代则是变成了对食品记录和DNA的执迷，以及——非常自相矛盾的——对于客观性概念的深刻怀疑（这是一个研究了很久的话题，有关其中的一篇引人入胜的研究，参见Fernández-Armesto 1997: 82−102）。有关迪亚斯坚持认为自己的亲眼见证比官方历史学家的研究更具说服力的说法，参见Adorno（1992）。当代学者认为像迪亚斯和阿齐拉尔这样的征服者的记录是带着"深深的客观性"（*subjetividad profunda*）所写的"完全的事实"（*la verdad pura*）的例子，参见Vásquez（1991: 11）。关于现代早期西班牙"士兵写作团体"中的迪亚斯，参见Martínez（2016）。

7. "现代历史"：Brooks（1995: 149）。"真正发现"：Thomas多次使用"真正发现"这个词（e.g., 1992）。

8. 这些往来邮件大部分都是对三本书的回复（Restall 1998、Restall 2003、Restall和 Solari 2011，以及后两部书的非英语版本）。本书部分基于2003年的版本，深入探索它的一些主题和思想；更正当中的一些论断，前提是现有的证据会引出不同的结论；同时也会专门关注中墨西哥研究的案例。本书也会提及其他的关于西班牙征服历史的研究，我计划在此之后撰写另一部关于西班牙入侵和征服玛雅历史的书籍。基于篇幅和关注点的考虑，关于横跨美洲的其他联系，我将留给其他学者进行阐述。

9. 分别是：Day（2008: 4）；Krauze（2010: 66）（一个数量只有几百人的西班牙军队，究竟是如何战胜数百万的墨西哥人以及他们强大的神权统治的？这一直都是历史的巨大谜团之一）。[*Cómo pudo un pequeño ejército de cientos de soldados castellanos doblegar a millones de mexicas y a su ponderosa teocracia militar? Éste ha sido uno de los grandes misterios de la historia*]; Wright (1993: 19); Keegan (1993: 338–39).

10. Clendinnen (1991b: 65 [2010 reprint: 49]).

11. Ballentine in Ixtlilxochitl (1969: ix).

第一部分

1. 题记来源分别为：培根（1973 [1612]: 158）；克劳泽（Krauze）引自帕斯（2010: 73）（*El mito nació de la ideología y solo la crítica a la ideología podrá disiparlo*）。

第一章　神秘的友善

1. 题记的出处分别是：科尔特斯的信，后续引用表示为CCR (1522: f. 10v; 1960: 52; 1971: 86) (*no creais mas de lo que por vuestros ojos veredes*); Rowdon (1974: 122); Abbott (1904 [1856]: unnumbered p. 7; italics in original); Tuchman (1981 [1964]: 25); Fernández-Armesto (2014: xxi)。尽管我为了方便读者而引用了多个科尔特斯书信的出版版本，所有科尔特斯"第二封信"的翻译都出自本人之手，来源则是1522年塞维利亚版本的原文和1528年Codex Vindobonensis的手稿，SN1600, ONB (also Cortés 1960 [1519–25])。

2. "惊讶不已"：阿齐拉尔（c.1560, in J. Díaz et al. 1988: 176 and Fuentes 1963: 145）作证阐述奥尔达斯跟他说的话（"这个新世界里面有众多的人口、高耸的尖塔、一片大海，海中间有一座造型雄伟的城市；他被自己眼前所见吓坏了；事实上则是既恐惧又害怕"）。请注意我在这里使用了多种不同的词汇，如grande和espanto，目的是表现开篇中的观点；但是像阿齐拉尔这样的征服者使用的词汇是非常有限的，通常我的翻译会更为接近原始的版本。"真实"：Díaz LXXXVII (1632: f. 64v; 1910, II: 37; 2008 [1632]: 157) (*q si aquello q veian, si era entre sueños*)。"迷人"：Cano in Martínez Baracs (2006: 50, 151–52) (*les parecía cosa de encantamiento y que no podían creer que fuese verdad sino que lo soñaban las cosas de México*)。请注意"迷人"这个词迪亚斯也曾使用（也经常被如此引用），但是他要么是从卡诺那里借用的，要么——这一点的可能性更大——这个词是被征服者广泛使用的（因为他们的想象力很有限）。"神奇"：CCR (1522: f. 12v; 1971 [1519–25]: 101–2; 1993 [1519–25]: 232) (*seran de tanta admiracion que no se podran creer... la grandeza, estrañas y maravillosas cosas desta grand cibdad de Temixtitan... los que aca con nuestros proprios ojos las veemos no las podemos con el entendimiento comprehender*)。

3. FC, XII: f. 22; Lockhart (1993: 108). 这段描写出自《佛罗伦萨手抄本》的第12卷，我们会在接下来的章节中多次提及并且讨论这部手稿。这段话中故意暗示征服者的行为举止和他们的狗相似，西班牙语版本中删去了这段话（op. cit.: 109）。

4. 人口：Rojas (2012: 50–54, 88–90); Evans (2013: 549); Luna (2014)。阿隆索·德·苏亚索（Alonso de Zuazo）在1521年的时候从古巴报告说，特诺奇蒂特兰拥有6万人口，特斯科科的人口数量则是其两倍（CDHM, I: 366）。6万这个数字在16世纪的时候被广泛引用，有的时候也被当作城市家庭的数量（e.g., *sesenta mil casas*; Jeronymo Girava Tarragonez in Apiano 1575: app. p. x），这也鼓励现代学者对人口数量进行更为夸张的估计。无名的征服者声称"大部分亲眼看过伟大的墨西哥特米斯蒂坦城的人都认为其拥有6万居民"（这里引述的是1550年的墨西哥城，但是却经常被错误地解读为表示的是前征服时期的城市）；事实上，面积大约14平方千米的特诺奇蒂特兰在1519年的时候可能确实容纳6万～8万居民（可能在1550年的时候也是如此）（CDHM, I: 391）。由于这座阿兹特克城市的地下不可能住人，因此，它的人口数量不可能超过现代的曼哈顿地区，所以以往那种认为特诺奇蒂特兰拥有50万甚至100万居民的说法不足为信（e.g., 从Abbott 1904 [1856]: 187到Soustelle 1964: 31–32和Vaillant 1966: 134），这一点Evans也已经指了出来（2013: 549）。

"蚁穴"：Mendieta (1870 [1596]: 175) (*tanto número de gente indiana, que los pueblos y caminos en lo mas de ellos no parecian sino hormigueros, cosa de admiración á quien lo veia y que debiera poner terrible terror á tan pocos españoles como los que Cortés consigo traia*)。

5. CCR (1522: f. 16v–17r; 1971 [1519–25]: 102–3, 105; 1993 [1519–25]: 233–34, 238) (*es tan grande la cibdad como Sevilla y Cordoba... la mas prencipal es mas alta que la torre de la iglesia mayor de Sevilla... tan grande como dos veces la plaza de la cibdad de Salamanca*)（请注意"*la plaza de*"在1522年、1523年和1528年MS的版本中都缺失，但是包含在马德里MS当中；参见1993: 234n275）。16世纪的时候，人们经常把特诺奇蒂特兰的广场和萨拉曼卡的广场比较，同样也拿它的"清真寺"塔和格拉纳达的塔楼、它的面积和塞维利亚以及科尔多瓦进行比较（e.g., Fernández de Oviedo 1959 [1535], IV: 44–45 [Ch. X]）。

6. 这份通讯的标题全文为*Newe Zeitung, von dem Lande, das die Spanier funden haben ym 1521 Iare genant Jucatan*；以上的引用以及第2页图片的说明都出自未编号的第5—6页。尽管是出自本人翻译，但要归功于Wagner（1929: 200），以及2014年1月和Wolfgang Gabbert的私人通信。1521年，一部相似的作品在巴塞尔出版——不过使用的是拉丁文，出版商是Peter Martyr d'Anghiera (De nuper sub D. Carolo repertis insulis)。

7. 本人对Bustamante的西班牙语版本（1986: 178）的翻译（*Esta ciudad es maravillosa por su tamaño, situación y artificios, puesta en mitad de un lago de... [etc.]*）。在威尼斯，特诺奇蒂特兰可以理解为一个令人着迷的流行话题，也出现在众多的出版物当中，例如Benedetto Bordone的*Isolario*，这是一部关于世界所有岛屿的导览，1528年在威尼斯首次出版（参见Gruzinski 2014: 55以及他引用的作品）。

8. CCR (1522: title page/frontispiece) (*haze relacio[n] de una gra[n]dissima provi[n]cia muy rica llamada Culua: e[n] la q[ua]l ay muy gra[n] des cuidades y de maravillosos edificios: y de gra[n]des tratos y riq[ue]zas. Entre las q[ua]les ay una mas maravillosa y rica q[ue]*

todas llamada Timixtita[n]）；参见图片（本书插图的第一页）。"原始文本"引用者为Adorno（2011: 43）。题目的开头是*Carta de relacio[n] e[n]biada a su S. majestad del e[m]perador n[uest]ro señor por el capita[n] general de la nueva [e]spaña: llamado ferna[n]do cortes*（《新西班牙总司令费尔南多·科尔特斯写给尊贵的皇帝陛下的书信报告》）。有关其他早期西班牙人对于这座城市的描写，参见戈马拉（1552: ff. 45v-49r; 1964: 156-67）（我们将会在接下来的章节中继续讨论这位作者和他的著作）。特诺奇蒂特兰作为一个失落的奇迹的主题一直在16—18世纪的历史著作中流传，William Robertson也勉强接受了这个主题的遗产；他并没有将这座阿兹特克城市和欧洲城市比较，但是也写到它的建造工程是"令人惊叹的"，其中国王和贵族居住的宫殿"可以用壮丽这个词来形容"——如果和"其他美洲发现的任何建筑进行比较的话"——并且这座城市是"新世界的骄傲，人类工业和艺术上最尊贵的丰碑，并且在建造的过程中并没有使用铁，也没有任何家畜的辅助"（1777, II: 54-55）。

9. 1524年"第二封信"的安特卫普版本看上去包含了这幅地图，但是这个版本没有流传下来（Pagden in CCR 1971 [1519-25]: lx）。

10. "蔚蓝色湖面"和"几何形态"：Mundy（1998: 11, 16）。关于纽伦堡地图有十几份研究资料，它们的篇幅和深度不一，自20世纪30年代开始出版（参见Boone史学研究概述2011: 42n1），但是近期的3篇研究文章代表了这份地图迄今为止的权威研究成果，分别是：Mundy（1998；概括版本参见Mundy 2011b）；Matos Moctezuma（2001）；Boone（2011）。按照Boone的观点（op. cit.: 38），这幅地图"代表了属于两个时空的特诺奇蒂特兰"；在Mundy的文章中（1998: 26），它"就像是一根纠缠在科尔特斯的意识形态计划和Culhua-Mexica［阿兹特克］范式之间的绳子"。Schreffler暗指其与《纽伦堡编年史》之间可能的联系（2011: 257-62）。结合早期欧洲的"印第安"城市地图讨论该地图，以及对于原住民的野蛮主义的理解，参见Davies（2016: 227-30, Ch. 7）。

11. CCR (1960: 57; 1971: 94) (*me trajeron figurada en un paño toda la costa*). 关于纽伦堡印制的海岸线地图，参见Boone（2011: 38-41）。我的分析大部分建立在Mundy的观点上（1998: 26-28）。

12. 他的声名：Hajovsky（2015: 11）。扉页：见本书插图；CCR (1522: frontispiece/ title page (*de la q[ua]l ciudad y provi[n]cia es rey un gra[n]disimo señor llamado Muteeçuma: do[n]de le acaeciero[n] al capita[n] y los españoles espa[n]tosas cosas de oyr. Cuenta largame[n]te del gra[n]dissimo señorio del dicho Muteeçuma y de sus ritos y cerimonias. y de como se sirve*)；原始文本参见本书插图。本页同样提到过一次"国王陛下"，即查理国王可能是肖像画中的君主（Schreffler 2016: 23-24对这一事实非常明确）。尽管我猜测这幅图也只是想表达一个普通的君主而已——取材于一位中世纪卡斯蒂利亚国王的画像（在早期的Cromberger出版物中有类似的肖像画），而这里则想要同时指代查理和蒙特祖马两位君主。

13. 本书插图中收录了一幅描绘西班牙人和阿兹特克人在波波卡特佩特火山和伊斯塔西瓦特尔火山之前场景的想象画，当中展示了两个有关联但是发生在不同时间的瞬间，一个在前一个在后。《美洲》中伴随的那段话描绘的是后面的瞬间，当中爬上了一座火山的10个西班牙人（除了两个人以外）都必须折返（但是另外两个人到达了"火沟"，并且"他们由于自身无畏的决心而获得了印第安人的钦佩"；Ogilby 1670: 85; Montanus 1671: 79）。前面的场景则是身着羽制品的原住民祈求傲慢的科尔特斯阻止火山爆发，但是旁边的文字并没有对其进行说明，也没有任何关于西班牙人入侵的文献记载支持这一说法。不过，欧洲人关于早期西班牙人和原住民遭遇的记载中，"无畏的"西班牙人和易上当的、迷信的"印第安人"的印象持续了几个世纪。戈马拉也重复记录说，爬上火山的行为是由10位不知名的西班牙人实现的；阿吉拉尔和迪亚斯则称奥尔达斯率领了这支队伍，迪亚斯表示"他带领两名手下战士和几位重要的Guaxoçingo（韦霍钦戈附近的一个纳瓦人城镇）人"（LXXVII; 1632: f.54v; 2005 [1632]: 189）（*llevó consigo dos de nuestros soldados y çiertos indios principales de Guaxoçingo*）。根据迪亚斯的说法LXXVIII（1908, I: 288），奥尔达斯被授予的盾徽上面描绘了一座冒烟的火山，但是我在AGI Patronato 150, 5, 1奥尔达斯举证中并没有找到任何线索〔在AGI Justicia 712（旧时的引用）以及Otte 1964中奥尔达斯1529年的书信中也没有找到佐证〕。11月1日和2日的事件描写参见CCR（1522: f. 9v-10r; 1971 [1519-23]: 78-80; 1993 [1519-25]: 198-202）（原始引述分别是：*quisiessen perseverar en nos hazer*

alguna burla... diez de mis compañeros... truxeron mucha nieve y caranbalos para que los viesemos... algunas aldeas... viven muy pobremente... el dicho Muteeçuma los tiene cercados con su tierra... para todos muy complidamente de comer y en todas las posadas muy grandes fuegos y mucha leña... me dixeron que era hermano de Muteeçuma... fasta tres mill pesos de oro... era tierra muy pobre de comida y que para yr a ella auia muy mal camino... que viesse todo lo que queria que Muteeçuma su señor me lo mandaria dar... nos podrian ofender aquella noche）。关于11月1日至8日的事件，近几年最好的概述之一参见Thomas（1993: 265–85）。

14. CCR (1522: f. 7r; 1971 [1519–23]: 73; 1993 [1519–25]: 192–93).

15. 11月3—6日的事件描写参见CCR（1522: f. 10; 1971 [1519–23]: 80–81; 1993 [1519–25]: 202–3）（原始引述分别是：*unas muy buenas casas... hasta xl esclauas y iii mill castellanos... todo lo necessario pa nra comida... me fiziessen proueer d todas las cosas necessarias... y assimismo quisieran alli prouar sus fuerças con nosotros: excepto que segun parescio quisieran fazerlo muy a su salvo: i tomarnos de noche descuydados... espias que venian por el agua en canoas como de otras q por la tierra abarauan a ver si hauia aparejo pa efecutar su voluntad amanescieron quasi quinze o veynte q las nras las auian tomado y muerto*）。一个"卡斯特亚诺金币"与一比索金子相同，是一个特指的金子数量单位〔在科尔特斯的那个年代，法律上相当于485个马拉维迪（maravedí）〕。很明显阿兹特克人并没有真的给科尔特斯金币（因为美索美洲人并不铸造金币，计量金子的方式也和欧洲人不同），因此，科尔特斯很可能是在向国王估算他收到的礼物的价值。他也有可能做了夸大，以便能够用他在这片土地上发现的财富数量给西班牙国王留下深刻印象。正如我们在后面的一个章节中所讨论的那样，这种做法后来也给科尔特斯带来了数十年的麻烦，因为西班牙王室对其行为的调查一再聚焦于这些所谓的金子的最终去向。

16. 参见本书插图中有关墨西哥谷的描绘图，该图1869年由芝加哥地图集出版商George F. Cram首次刊印，其中展示了西班牙-特拉斯卡拉联军在11月5—8日之间的行军路线，即从查尔科开始，途经阿约特钦科、奎特拉瓦克和伊斯塔帕拉帕到达特诺奇蒂特兰。Cram标注的"科尔特斯的营地"的地方并不是远征部队的营地，而是蒙特祖马1000人的先行使团迎接入侵者的一个门户。这幅地图有彩色和黑白多个版本，本书收录的版本出自约翰·阿博特1856年的科尔特斯传记的1904年印刷版（1904 [1856]: 190）。

17. 有关11月7日事件的描写参见CCR (1522: f. 10; 1971 [1519-23]: 81-83; 1993 [1519-25]: 203-6) (original quotes, in order: *un gran señor mancebo fasta xxv años... que alla nos veriamos y conosceria del la voluntad que al servicio de vra alteza tenia... ahincaron y purfiaron mucho... padesceria mucho trabajo y necessidad*)。

18. 这座小城今天被称作特拉瓦克（Tláhuac），并且是墨西哥城（联邦区）的16个区（delegaciones）之一；环绕城市周围的湖泊在很久以前就已经被排干（参见Candiani 2014）（这一段的引述来源：*una cibdad la mas hermosa aunque pequeña que fasta entonces habiamos visto assi de muy bien obradas casas y torres como de la buena orden que en el fundamento della habia por ser armada toda sobre agua... nos dieron bien de comer... me hizieron muy buen acogimiento... fasta iii mill o iiii mill castellanos y algunas esclauas y ropa... tan buenas como las mejores de España... bien labradas assi de obra de canteria como de carpinteria*）。

19. Díaz LXXXVII; LXXXVIII (1632: f. 64v, 65r; 1910, II: 39; 2005, I: 218-19, 220; 2008 [1632]: 156-57) (*ver cosas nunca oidas ni vistas, ni aun soñadas, como vimos... y no era cosa de maravillar porque jamas avian visto cavallos ni hombres como nosotros*).

20. CCR（1522: f. 11r; 1971 [1519-23]: 83; 1993 [1519-25]: 206-7）（原始引述：*que pueden ir por toda ella ocho de caballo a la par... muy buenos edificios de casas y torres... estan en la costa della y muchas casas dellas dentro en el agua*）。

21. Delgado Gómez (in Cortés 1993: 210) 暗指*propuso*（来自*proponer*）这个词原意遵从马德里MS，并不是*prepuso*（来自*preponer*，即"放在前面、优先位置"）。事实上，我认为科尔特斯是故意写成了*prepuso*，他的用意是表现讲话的正式性和法律意义。

22. 拉斯·卡萨斯援引自LCHI, Bk. 3, Ch. 58 (1971: 196)；他也在自己的《西印度毁灭述略》当中谴责了《须知》（2003 [1552]: 35-36）。关于《须知》的早期讨论，参见Restall（2003: 87, 94-95, 98, 105）；另参见Seed（1995）；Clayton（2012:

66-69）。Gruzinski（2014: 91）将蒙特祖马的投降讲话称作理想中的《须知》实践的"教科书式说明"。

23. Faudree（2015: quote on 459）；这篇文章认为《须知》是"表演性的"以及针对的是西班牙受众，这一重新思考非常重要，不过它并没有提及蒙特祖马的讲话，但是Faudree非常正确地表示，她的分析可能适用于其他西班牙文献在美洲的"合法化权力"（457）。我早先有关《须知》的思考（2003: 94）并没有超出拉斯·卡萨斯所作的"荒诞"评论范畴。一位研究拉斯·卡萨斯的学者Damian Costello在他尚未出版的著作中，得出了和Faudree非常相似的论断，我本人非常感谢他在和我就这一话题的交流中分享自己的观点（2016年10月至12月）。

24. CCR (1522: ff. 43v–44v; 1971 [1519–23]: 86–87; 1993 [1519–25]: 210–12). 波通昌（Potonchan）是一个琼塔尔玛雅（Chontal Maya）城镇，位于今天的塔巴斯科州（Tabasco state）；森波阿拉（Cempohuallan，即Cempoala）是一个托托纳卡首都，靠近墨西哥湾海岸，位于今天的韦拉克鲁斯州境内；Tascaltecal是特拉斯卡拉（Tlaxcallan）。

25. 换句话说，历史就是两个世界发生交汇的动态过程，相遇也改变了两个世界——这个自发产生的动态是建立在多个交汇点周围的。这一点和结构主义人类学家马歇尔·萨林斯（Marshall Sahlins）所谓的"结合结构"（the structure of the conjuncture）很相似（1985: xiii–xiv, 153）。另外参见Sewell（2005: 197–224）。关于本人"历史交汇理论"（Encounter Theory of History）更全面的解释，以及它从Sahlins（1985 et al.）、Sewell（2005）还有Altman（2008）那里获得的灵感，参见Restall（n.d.）。"歪曲"（"Warped"）：Fernández Armesto（2015: 168）。"事实"：Carr（1961: 30）。

26. Fernández-Armesto (2014: xxi); Carr (1961: 7–30); Díaz (1632); Miralles (2008); Duverger (2013); Adorno (2007; 2011: quote on 6). 一篇定义了新征服史（NCH）的简短文章出自Restall（2012）。这些专门聚焦于美索美洲，并且对于其在过去四分之一个世纪中的发展变化极富启发意义的新征服史例子，包括Lockhart（1993），Restall（1998; 2003），Wood（2003），Townsend（2006），Matthew和Oudijk（2007），Restall和Asselberg（2007），Schroeder（2010），Schwaller和

Nader（2014），以及Villella（2016）。

27. 我从拉马纳（Lamana）那里借用了"致幻效应"（narcotic effect）这个词
（Lamana, 2008: 33，内容是关于西班牙征服秘鲁的记录）。

28. "基因"：Gruzinski（2014: 68）。"格局"：Lamana（2008: 6）。

29. Seigel（2004: 436-38）非常动人地在这个更为广阔的论述上进行扩展（不过无论
是西班牙人的征服还是墨西哥都不曾落入她的范畴之中）。

第二章　不太大的吃惊

1. 题记来源分别为：Ogilby (1670: 86); Escoiquiz (1798, III: 337) (*Cortés entró triunfante,
y al Imperio / De España se agregó aquel emisferio*)。

2. 尽管浮雕是由布伦米迪在1859年的时候设计的，但是绘制的时间则要稍晚些——
在1878—1889年间经他本人和Filippo Costaggini之手。读者可以访问国会大厦的官
方网站http://aoc.gov/history-us-capitol-building获得"美洲历史横饰带"的历史信息
和高清图片；还可参见Hanson（2015-16: 2-10）和Restall（2016c）。关于哥伦布
和阿姆斯特朗的联系，参见Restall（2003: 2）。我非常感谢来自美国国会历史学会
（U.S. Capitol Historical Society）的William "Chuck" diGiacomantonio，感谢他和我
的沟通，以及为我提供的帮助。

3. Johannsen (1985: 150, 155, 246).

4. *Cholmley*（1787）是一部回忆录，大部分讲述的是休爵士的父亲（另一位休爵士）
在英国内战期间的功绩；其中包含了在丹吉尔的岁月，但是并没有提到任何关于墨
西哥画作的信息；以上信息参见Morris (1866, I: 14); Henning (1983, I: 62-63)。

5. 参见Jackson and Brienen (2003: 57-58); Brienen and Jackson (2008: 188, 204-5)。第二
次和第三次英荷战争分别发生于1665—1667年和1672—1674年。

6. Solís (1684 et al.); Brienen and Jackson (2008: 189); Restall (2008: 94, 100-2); Schreffler
(2008: 118-22).

7. 具体来说，这些来源包含了本书当中探讨过的总数超过一百的各类历史书籍、小
说、戏剧、诗歌和绘画以及一系列当代的教科书，还有电影和电视节目等（例如
2015年的西班牙电视剧《查理帝王》）。

8. 第一部以成书形式建构的"墨西哥征服史"是1522年弗朗西斯科·洛佩兹·德·戈马拉关于科尔特斯的传记；从此以后，所有冠以传记或者征服历史的书，绝大部分对故事的叙述都围绕着科尔特斯展开。例如，普雷斯科特在他的《墨西哥征服史》的开篇就宣称，他的"目的"是"展现征服的历程，以及完成了这段传奇事业的人的历史"，并且解释了他并没有用特诺奇蒂特兰城陷落作为叙事的结尾（如索利斯和其他人一样），而是继续"叙述到科尔特斯去世为止，因为他的军事生涯的发展变化可能会引发读者的兴趣"（1994 [1843]: 9, 3）。关于各种科尔特斯传记或者征服历史的引用，参见Restall（2016a）以及我在第三章和第四章中的注释。

9. 我在这里将Brooks对科尔特斯"第二封信"（1522年）的观点进行了引申，就像其是一部三幕戏剧一样（1995: 151–57）。

10. 就像是美国国会大厦圆形大厅中的横饰带壁画一样，齐斯拉克绘画也很容易在网上找到（彩色版），参见http:// loc.gov/exhibits/exploring-the-early-americas/conquest-of-mexico-paintings.html。

11. 关于不认可征服者为军队士兵的说法，参见Restall（2003: 27–37）。

12. 阿吉拉尔和马林钦在1号画中就已经出现，在背景画面里（但是光线很好）的讲述改宗主题的重要场景中（暗示入侵的目的，并将其合法化）。这个场景的标题是"唐娜·玛丽娜和其他五个（女）人受洗"，这幅画中的高潮事件则是"他们（塔巴斯科人）求和，并且成了新西班牙的第一批基督徒"（*Entran en Tabasco las nuestros por la punta de los palmares; Bautisase D. Marina y otras cinco; Azen pazes y son los primeros cristianos desta nueva España*）。

13. 齐斯拉克2号和3号绘画都收录在本书插画当中。2号画作底部右边的卷边（后来加上的）翻译是："科尔特斯到达韦拉克鲁斯，并在那里停泊。当地的酋长和蒙特祖马的使臣来了，还带着金子和纺织品礼物。科尔特斯招待他们，玛丽娜和阿吉拉尔充当翻译。他和这些人一同就餐，随后让马儿奔跑（并让加农炮开火）。"其中关键性的标识有"科尔特斯–1号，贝尔纳尔（迪亚斯）–2号，赠送礼物的酋长–3号，使者（？）–4号，驾马之人–5号，炮兵–6号，玛丽娜–7号，其他人–8号"。最初的卷边已经磨损得非常严重，因此其对应的数字也可能变得模糊，最后被拙劣地重绘了（指代迪亚斯的"2"写在了海岸的石头上，同时由于科尔特斯本人已经被装裱到了画框外面，因此指代他本人的数字"1"写在了海面上）。3号作品的卷边可以翻译为："科尔特斯离开前往伊斯塔帕拉帕，他在那里发现了许多位于水面之上的城市，以及一条笔直的堤坝；蒙特祖马走出墨西哥城迎接他，并把自己脖子上佩戴的一串项链取下来送给他。科尔特斯想走过去拥抱他，但是被蒙特祖马的左右随从阻止了，因为这不符合当地的习俗。四位国王肩扛着他们的轿子。"

14. 齐斯拉克4号作品（本书亦有收录）的卷边上写着"眼见自己被包围在墨西哥城的宫殿里面，西班牙人便让蒙特祖马出现在屋顶之上，让他呼吁民众平静下来；但是一名印第安人朝他扔了石头，还有一些人向他射箭，并最终导致其死亡；这些印第安人还放火焚烧了宫殿"。

15. 齐斯拉克7号作品（本书有收录）的卷边题词写道："科尔特斯和手下夺取墨西哥城的最后一战发生在直通城内的三条堤坝和湖面的吊桥上，那里的印第安人战斗得非常野蛮。佩德罗·德·阿尔瓦拉多夺取了威齐洛波契特里神庙并且升起了西班牙国王陛下的旗帜。"本书没有收录8号作品。

16. 匿名作者（1522 [*Newe Zeitung*]）；匿名作者（1522 [*Ein Schöne Newe Zeytung*]）；Wagner（1929）；Martyr d'Anghiera（1521）。

17. *Newe Zeitung, von dem Lande, das die Spanier funden haben ym 1521 Iare genant Jucatan*，匿名作者（1522 [*Newe Zeitung*]）；因为尤卡坦半岛是西班牙探险队在16世纪第一个十年里最早发现的美索美洲土地，因此包括墨西哥在内的整个地区最早都被叫作尤卡坦（随后不久变成了"新墨西哥"）。引文来自匿名作者（1522 [*Newe Zeitung*]：未编号p. 6），翻译来自作者本人，并感谢Wagner（1929: 201）和Wolfgang Gabbert（私人通信，2014年1月）。

18. 这句名言出自吉尔伯特（Gilbert）和萨利文（Sullivan）创作于1885年的喜歌剧《天皇陛下》（*The Mikado*），被Brooks（1995: 167–68）用来形容科尔特斯关于蒙特祖马被抓的记录（XCV; 1632: ff. 74v–75），我在这里借用了这句话。

19. 匿名作者［1522（*Ein Schöne Newe Zeytung*）］，未编号p. 7；作者自己翻译，此处极为感谢Wagner（1929: 206）。

20. Calvo（1522; 1985）；他把这本小册子命名为《来自尊贵的国王舰队队长

新近发现的岛屿和大陆的消息》（*News of the Islands and the Mainland Newly Discovered in India by the Captain of His Caesarean Majesty's Fleet*）。引文源自：Calvo（1522: f. 5v；本人自翻1985: 24–25）。如果要更为详尽地分析1522年这些作品的创作时间，则必须讨论查理五世自身扩张和维护自己那成长中的欧洲帝国的努力。

21. 关于此观点，参见我本人作品中简要阐述的Restall的"会面"（2003: 77–82, 87, 92, 95–98）。

22. Wytfliet (1598: 57–58) 的著作就是一个精简版本的例子。索利斯的版本（1684: 220–27 [Bk. III, Chs. X–XI]; 1724: 59–64）则被18世纪和19世纪无数的著作抄袭或者引用。另可参阅Gómara (1552: Chs. 65–66; 1964: 140–42); Díaz LXXXIX–XC (1632: ff. 66–67v); Herrera (1601: 224–29; 1728, I: 400–4; Dec. II, Bk. VI, Chs. 5–6); Ruiz de León (1755: Canto VI, 166); Escoiquiz (1798, I: final stanzas); Prescott (1994 [1843]: 278–86)。请注意，如果用今天的标准和实践来评判的话，从戈马拉到索利斯，直至18世纪一系列的作品都可以看作剽窃的产物：他们所讲述的故事内容毫无二致，却让后世的历史学家误以为存在汗牛充栋般的证据，而非科尔特斯的谎言。其中荼毒后世最深的也许是迪亚斯，他的作品至今仍流传最广，并且最令人称赞，因为人们认为他用"事实"补全了戈马拉的"圣徒传记"（事实上，他基本上沿袭戈马拉的著作，甚至是稍加改动后的大段抄袭，有时甚至瞎编各种错误说法，参见Brooks 1995: 168–76）；或者认为他在对科尔特斯保持尊敬的同时也显得非常客观（事实上，他的著作不过是加长版的对科尔特斯的辩护以及对委拉斯开兹及其派系的攻击）；再或者认为他见证了一些列事件且记忆超群（他对于诸多历史事件所伪造的记忆和想象中的在场证明是以诸多的文献资料为基础的，参见Miralles 2008），难怪Duverger认为迪亚斯并不是他那本著作真正的作者（Duverger: 2013）。

23. 这本书的正式名称叫作《新西班牙事物通史》（*General History of the Things of New Spain*）。《佛罗伦萨手抄本》（我引用的时候都简写成FC）在16世纪时以手抄本的形式在墨西哥境内流传，但是直到19世纪才正式出版。萨阿贡的话援引自该书第一卷的介绍部分（FC, I: 9）；征服者叙事参见该书的第十二卷。秘鲁学者：Lamana (2008: 8 et al.)。

24. Durán LXIX, LXXIV（1967 [1581]；1994 [1581]：尤其是497–98, 530）。*Ixtlilxochitl*: Ix13: 19, 21。

25. 我是通过Sell和Burkhart（2004: 118–45；引自124–25）以及Burkhart（2008）的作品发现这部纳瓦人剧作的，但是我对于这部剧的分析观点和Burkhart的观点有些许不同。无论如何我还是要感谢她，本书此处和后面部分引用的剧作台词出自Sell和Burkhart的翻译（他们的纳瓦特尔语水平远高于我）。《佛罗伦萨手抄本》中蒙特祖马向使者咆哮的段落出自该书的第十二卷（FC, XII: 100–3）。

26. Aguilar (c.1560; J. Díaz et al. 1988: 179; Fuentes 1963: 147) (*gente barbada y armados*); Thomas (1857: 47 [Act III, Sc. 2]).

27. Carrasco (1992: 147).（原文中，"后征服时代的再加工"是用斜体表示的。）Carrasco关于这一证据的全面研究参见Carrasco（1982），尽管他所持的观点和我有所不同；关于我对羽蛇神的讨论，参见本书第三章。

28. Escoiquiz (1798, I: 309) (*persuadido / Estoy de que el gran Rey que os ha enviado / Desciende en linea recta del temido / Quezalcoal [sic], autor del dilatado / Imperio Mexicano*). 这部关于征服墨西哥历史的史诗是用意大利八行体（ottava rima）的形式创作的，这一体例最早是由Baccaccio于14世纪创立，并由意大利人广泛用于英雄史诗题材，这首诗用了整整114节的篇幅表现"会面"的主题（I, 292–331）。典型的阐释：Ranking（1827: 326–27）。关于蒙特祖马的眼泪的重要性的讨论，参见后续（本书第六章和Allen 2015）。

29. "显然"：Marks（1993: 129）。对话：Novo（1985: 49–59，翻译源自p. 51）（*MALINCHE. — ... Ellos aguardaban, por muchas generaciones atrás, el regreso de Quetzalcóatl. CARLOTA. —Y le creyeron llegado, con Cortés. MALINCHE. —Llegó en él. Para mí, al menos*）。我非常感谢Megan McDonie把我的注意力引到了Novo的对话（1904–74）上。

30. Cervantes de Salazar (1914 [1560s]: 274 [Bk. 3, Ch. LXIII]) (*Dioses deben ser estos, que vienen de do nasce el sol... Estos deben de ser los que han de mandar y señorear nuestras personas y tierra*); Herrera (1601: 226; Dec. II, Bk. VI, Ch. 5) (*sospira[n]do dezian: Estos*

deuen de ser los q han de mandar, y señorear nuestras personas y tierras, pues siendo tan pocos, son tan fuertes que han vencido tantas gentes).

31. Robertson（1777, II: 52, 53）; García（1729 [1607]: 164），他使用的是埃雷拉的著作（1601: 163; Dec. II, Bk. V, Ch. 12），而埃雷拉作品的来源则是戈马拉（1552: Chs. 66, 92; 1964: 140–42, 184–86）; Marks（1993: 129）。

32. FC, XII: 116–17; Monterde (lived 1894–1985)（1945: 30）(*Estaba anunciado que vendrías a tu ciudad, que regresarías a ella, y eso se ha realizado. Seas bienvenido; que descanse tu cuerpo. Nuestro señor ha llegado a su tierra.... Tranquilízate, señor: todos te amamos).*

33. Ogilby（1670: 86；同样段落参见258）。

34. 塞普尔韦达的引文近期经常被其他作品引用，如Pagden（1982: 117）; Clendinnen (1991b: 50 [2010 reprint: 65]), Restall (2003: 15), and Gillespie (2008: 25)。也可参阅 Elliott (1989: 36–41); Lockhart (1993: 17); Fernández-Armesto (1992: 296)。Gómara：
"蒙特祖马一定是个怯懦的小人"（1952: Ch. 89; 1964: 179; Schroeder et al. 2010: 222）(*hombre sin corazón y de poco debía ser Moteczuma*)。

35. Ix13: 25; FC, XII: 80, 84；特拉特洛尔科的记载有一份简要的翻译资料，并附有评论，参见Terraciano（2010; quote on 15）。

36. Muñoz Camargo (1892 [1592]: 215 [Bk. II, Ch. VI, opening paragraph]) (*nuestros españoles y los de Tlaxcala; tan gran victoria y tomado Cholula; el capitán Cortés fué muy bien recibido de parte del gran Señor y Rey Moctheuzomatzin y de todos los Señores Mexicanos).*

37. Gemelli (1704: 558–59).在这里，杰梅利和其他人一样，采信了蒙特祖马在第二次投降仪式上哭泣的说法，但是将其写进了第一次投降的情节中。对此可参阅我在第六章中的讨论（也可参阅Allen 2015）。

38. Lasso (1594: ff. 232r, 223r, 231r, 232r) (*A nadie es dada tal licencia... donde es recebido con grande aplauso del Rey Moteçuma, y su Corte... inuicto y alto... el gran Moteçuma poderoso).*

39. "从希腊"：我翻译的这段话源于一份手抄本的副本（JCB Codex Sp 63: f. 155r;

Chimalpahin n.d.），读者也可参阅戈马拉的著作（1552: 83; 1964: 171）（*nunca Griego, ni Romano ni de otra nacion despuez que ai reyes hizo cosa tan igual que fernando Cortes enprender a Muteczuma rey poderosisimo en su propria casa, en lugar fortisimo, entre infinidad de gente no teniendo sino quatro cientros, y cinquenta compañeros españoles, y Amigos*）。插图《西班牙人的感谢》展现的是"被束缚的蒙特祖马"，这幅画被许多从17世纪到18世纪的著作使用。本书插图所收录的版本来自《美洲旅行者》，这本书首版于1741年的伦敦，这是一本记录早期西班牙人在加勒比探险和征服的故事书，由于该书的记载截至1518年，因此结束的时候科尔特斯还没到达墨西哥。另一幅几乎完全一样但是没有题词的插图出现在索利斯著作的法语版本中（Solís 1704: facing vol. 1, p. 408）。此外，还有一个非常类似的版本是索利斯著作的1798年西班牙语版本。

40. Thomas (1857: 51–52 [Act IV, Sc. 1]).

41. Abbott (1904 [1856]: 36, 181–88). 关于"黑色传说"的说法，最早见于1914年，出自一场关于西班牙殖民主义的讨论中。参见我在第七章中的讨论和引述。

42. Dilworth (1759: 66–68; 1801: 85–88). Robertson（1777, II: 53; 前文已经引用过）几乎使用了相同的表述。

43. Dilworth (1759: 68–69, 80, 88–92; 1801: 89–90, 110, 115–18).

44. 两座纳瓦人城市：DC, I: 60–76（引自71；*las malicias del gran Montezuma se componía de que teniéndonos allí hospedados y haciendo falso cariño*）；这份文件的题目非常原始，但是体裁却像是科尔特斯给这两座小城的"恩典"（merced），目的为记录现时的交谈以及这两个小城的忠诚。

45. 从"充满"到"盟友"：Solís (1798, II: 201–2) (*por ambos lados poblada de innumerables indios; gritos y ademanes; sus mayores fiestas; victoreaban y bendecían á los nuevos amigos*)。从"一些"到"感情"：Aguilar（c.1560; J. Díaz et al. 1988: 179; Fuentes 1963: 142）；Díaz CXC（也被以下人士引用Thomas 1993: 251, 253）（*todos los principales le salieron a recibir con danzas y bailes y regocijos y mucho bastimento*）。

46. Vargas Machuca in Lane (2010 [1612]: 94) (also see Lane 2008).

47. "欢乐"：摘自索利斯著作的法文版序言（1704：未编号序言 p. 7）（*Cortez revint à Mexique, où il fut reçu par les Habitans, avec les mêmes démonstrations de joie, qu'ils auroient pû té- moigner pour un de leurs Empereurs*）。"胜利"：Escoiquiz（1798, III: 337 [original given in Ch. 3 epigraph note]）。

48. Valadés (1579: 105 [error for 205]).（由我翻译自拉丁语原文：*in cuius facti faelicisque victoriae memoriã ciues anniuersarium festum solemnesq; supplicationes celebrant*; also see a Spanish translation in Palomera 1988: 415。）对西班牙人而言，城市的入口的重大意义反过来也说明没有城门也是件大事。1530年3月，因为西班牙女王的命令（当查理五世本人不在西班牙的时候由女王执政），科尔特斯被禁止进入墨西哥城。这块新殖民地当时处于王室授权政府的管理下，当时新的审问院主席和一众同侪们正在前来就职的路上。当他们到达的时候，科尔特斯被告知："无论是你本人，还是您的夫人都不可以进入墨西哥城，也不可以靠近该城10里格距离以内。"蒙特祖马的投降和科尔特斯的成就已经变成根深蒂固的传说，即便他本人不被允许进城，也不禁让人联想到他在"会面"时以胜利者姿态进城时的场景，同时也是对后者的确认。（CDHM, II: 30; *vos ni la marquesa, vuestra mujer, no entreis en la cibdad de Mexico, ni os llegueis a ella con diez leguas alrededor.*）如果违反禁令，将被处以一万卡斯特亚诺金币的罚款。科尔特斯受领了该敕令，亲吻它并在当年8月自己身处特拉斯卡拉的时候将其放在自己的头上。围绕西班牙—阿兹特克战争的数百年西班牙历史中，充斥着各种胜利进城的例子，即便是科尔特斯在世的时候就有很多。例如，当他第二次胜利进军特诺奇蒂特兰的那一年（1526年），在葡萄牙和西班牙边境就举行了一场精心设计的"会面"仪式，双方分别是由大批西班牙贵族组成的使团和葡萄牙的女王伊莎贝尔，后者当时正准备嫁给查理五世。尽管此次入城的胜利并不是战争意义上的，但是这场婚姻却是一场外交胜利，双方都在伊莎贝尔进入西班牙的仪式上竭尽铺张和奢华之能，以契合伊比利亚文化中军队胜利入城的仪式。四个月后，这对新婚夫妇前往格拉纳达度蜜月，入城的时候再次受到了胜利进军般的欢迎仪式，仪式的尾声是两人在城门上精心设计好的挥手致意环节，城门是经过精心设计的拱门，四周是载歌载舞的摩尔人和斗牛表演（当然表演的人和斗牛各有伤亡）。

（Goodwin 2015: 54–56, 64, 68.）该仪式致敬查理五世祖父母1492年胜利入城的意图很明显，并且众人皆知，但是那一天显然也唤起了人们对胜利占领异教徒城市的回忆（例如阿兹特克人）。两年后，查理五世又搞了一次事先设计好的并且造价高昂的入城仪式，这次是在罗马，目的是强调他本人作为神圣罗马帝国皇帝的身份（当然，也是一次抚慰1524年因帝国军队洗劫该城所带来的战争伤痛的和平仪式）（Brandi 1980 [1939]: 370–71）。

49. RC; AGI Justicia 220 through 225; DC, II.

50. AGI Patronato 184, ramo 46 (old citation 2, caja 2, legajo 5); ENE, VII, #369: 31–36；同样出自本人翻译，也可参见Stabler and Kicza (1986); Las Casas (2003 [1552]) (*nos llama a los conquistadores tiranos y rrobadores y indinos del nonbre de xpianos... y en el senorio de V. Mag. Pone escrupulo y que sin liçença pasamos a esta ptes*)。

51. (*el justo titulo de V. Mag. en este nuevo mundo... y los murmuradores callen... ydolatrica... expurçissima y nefanda sodomia... no era legitimo senor... deshizo la compania hecha de sus pasados... todos los se- ñores de la tierra fueron con nosotros... les hazia libres de todo cautiberio y servidumbre de los mexicanos*).

52. Suárez de Peralta (1949 [1589]: 59) (*dijo estas palabras, según las cuentan indios viejos, a quien yo las oí, y al algunos conquistadores, especialmente a mi suegro Alonso de Villanueva Tordesillas, que era secretario de la gobernación del marqués del Valle, cuando lo fue; a quien de podía dar mucho crédito, por ser como era tan principal y honrado y muy hijodalgo, natural de Villanueva de la Serena*).

53. LCHI Bk. 3, Ch. 116.（Las Casas 1951 [1561], III: 227；Duverger也曾引用过，参见Duverger 2005: 367。）请注意费利佩·费尔南德斯–阿梅斯托那引人注意的观点（出自我与友人的私人通信，2017年1月），即科尔特斯可能暗指蒙特祖马是个篡位者，理由是他不是通过基督获得统治权的。

54. 理直气壮：比如在LCDT中：307–9（also partially quoted in León-Portilla 2005 [1985]: 18–19）。Alonso de Zorita法官在1562年写给国王的信中借鉴了拉斯·卡萨斯的指控，但是措辞更为温和（AGI Patronato 182, ramo 2；参见我在本书第八章中的引述和讨论）。辩论：LCHI, Bk. 3, quoted by Goodwin (2015: 17, translation

his); Gómara (1552); quote about Sepúlveda by Goodwin (op. cit.: 102), but also see Adorno (2007; 2011: 21–26, 38–42); Lane (2010: 10, 18–29); Clayton (2012: Ch. 12); Faudree (2015: 466–71)。费尔南德斯·德·奥维耶多的《西印度群岛历史》（*History of the Indies*）出版于1535年，1547年再版的时候正好是争论发生之时，这本书充斥着对原住民的负面描写，称他们是偶像崇拜者、爱发动叛乱的食人族（1547: e.g., Books V–VI; also see chapters throughout 1959 [1535]）。

55. "先遣官"：字面意思是"入侵者、征服者"，这一正式的头衔赋予许可证拥有者征服和定居的权利，也让他们强有力地声称自己是这些新获得土地的总督。（参见Restall 2003: 19–22, 38–40, 65–68。）讨论：参见Lane（2010: 10; 41–57 是塞普尔韦达对于拉斯·卡萨斯的12条"反对意见"，针对的是征服"印第安人"的合法性问题）。（冈萨雷斯使用的词是*escrupulo*、*senorio*和*este nuevo mundo*。）"致命行囊"：指的是和西班牙征服者及殖民者一同到来的疾病，还有各种形式的环境和文化上的毁灭行径，这个词借用自Sandine作品的题目（2015）。

56. Prévost (1746–59, XII [1754]: 327–28) (*renferme tout-à-la-fois beaucoup d'adresse & d'ingénuité; Quoique la plûpart de ces Pieces soient ordinairement fort suspectes, on a déja remarqué que celles ci paroissent d'un autre ordre, parce qu'elles tirent une espece d'autenticité, de leur resemblance dans tous les Historiens, qui doivent les avoir tirées d'une source commune*).

57. 近些年来的学术界，不乏对蒙特祖马讲话中的所谓"投降"倾向持怀疑态度的作品。汤森的作品是我最喜欢的一部："在对'投降'的说法深信不疑了许多年以后，西方历史学家变得比蒙特祖马本人更为无知。"（2006: 86）Gruzinski 的观点也很富有启发性："投降"发生得太突然了，以至于根本无法令人相信（Gruzinski, 2014: 114）。Villella认为蒙特祖马的讲话是科尔特斯炮制的"历史腹语"（historical ventriloquism）（Villella, 2016: 52）。经过多年来许多学者的努力，人们已经广泛相信讲话是西班牙人杜撰出来的，这些作品包括Frankl（1962），Elliott（1989 [1967]），Gillespie（1989: 180–82, 226–27; 2008）和 Brooks（1995），不过与此同时，Clendinnen、Hassig和León-Portilla在多本著作中都采取了一种介于完全否定和全盘接受之间的模棱两可的观点。而赞同科尔特斯有关蒙特祖马讲话和被抓捕说法的作者不胜枚举［最近的例子是Thomas的一份完整的学术研究（Thomas 1993: 280-85），还有一份更为简略的研究著作，参见Oudijk and Castañeda de la Paz 2017］。

58. Bacon (1973 [1612]: 158，第一段引文；Novum Organum [1620] in Burtt 1939: 36，第二、三段引文；Lockhart（1999: 30）。已故的詹姆斯·洛克哈特是我的博士生导师，所以我对他的这篇论文非常熟悉，但是最开始的时候我还没意识到这篇文章的重要性。因此，我要感谢Pablo Ibáñez，正是通过他在圣安德鲁斯大学2015年举办的一次研讨会，让我注意到这篇文章。关于历史和历史学家是如何依赖于人的记忆（尽管人类记忆通过想象歪曲和模糊真实历史）的批判性观点，参见费尔南德斯-阿梅斯托（2015: 167-81）。

59. 许多作品都对此进行了讨论，其中一个优秀的例子是Altman（2008: 2-9），他的主要参考文献来自Tzvetan Todorov和Edward Branigan。

60. 这一现象的例子不胜枚举，读者可以找到某些像DC一样出版了的例子，I: 60-75；Restall、Sousa和Terraciano（2005: 66-71）；Restall和Asselbergs（2007: 18-20, 83-85）。

61. 大量的：近期主要的研究包括Pérez-Rocha (1998); Chipman (2005); Martínez Baracs (2006); Connell (2011); Castañeda de la Paz (2013: 329-401); Villella (2016)。亦可见Pérez-Rocha和Tena（2000），被引作PRT。"效忠"：一封1546年的卡诺的信，见Pérez-Rocha（1998: 50）；Villella（2016: 57）。"皇家良知"：来自卡诺所谓的*Origen de los Mexicanos*（Vásquez 1991: 157）（*si V.M. manda favorecer a estos que son de linaje, parécenos que conviene a su real conciencia, especialmente a la dicha doña Isabel, pues que era subcesora de Moctezuma el que dio la obedencia e vasallaje a V.M.*）。

62. 纳萨雷奥在1556年时用拉丁文写了两封短信，在1566年3月17日时写了一封长信，这三封信都收录于AGI México 168（Zimmerman 1970年收录了摹本）。这里的引文来自1566年的那封信（f.2r of the AGI original; also reproduced in ENE, X: 89-129; and in PRT: 333-67, quote on 342）。我非常感谢Megan McDonie帮助我得到

了AGI原稿，也感谢Laurent Cases帮我翻译拉丁语（如果有错误，责任都在我身上）。（*nostri parentes dominus Moteucçuma nosterque pater dominus Iuanes Axayaca germanus dicti Moteucçumae facile primo omnium surrexerunt in favorem hispanorum qui primo peragrarunt has partes Indiarum, quippe qui propensissimo animo ceciderunt coronae regiae maxima reverentia, dando per manus Ducis capitanei sacrae catholicae Magestati infinita bona tantam quantitatem donorum muniliumque infinita genera ex puris auris confectorum in signum aut potius indicium quo recognoverunt verum dominium vicarium altitonantis Dei vivi, ut sit unus pastor atque unum ovile.*）关于纳萨雷奥的生平，参见Villella（2016: 73, 81-83）；关于这些信件的记录，也可参阅Laird（2014: 160-62）。方济各会关于这所学院最初几十年的简要记载（其中Antonio Valeriano作为明星学生被专门提到），参见Torquemada（1614, III: 129-32; Bk. 15, Ch. 43）。

63. 这里的引文来自Hajovsky对萨阿贡和杜兰的描写的总结（Hajovsky, 2015: 8）；读者也可参阅Durán LXIII, LXVII–LXIX, LXXIV–LXXV，以及Hill和MacLaury（1995），还有Gillespie（2007）。

64. FC; 这本书从最开始的一部分在西班牙出版，到最终全本被搬到互联网上，时间从19世纪80年代一直延续到21世纪第一个十年；关于相关讨论和引文，参见本书第三章。

65. Myers (2015: 17).

66. 莫林的一幅作品收录在本书的插图中（我们会在第七章中进行更深入的讨论）。关于帕契尼：Subirá in EC: 105-26。关于斯蓬蒂尼：BnF, département Musique, X-309 (score and libretto of the 1817 version); Spontini (1809); Lajarte (1883: 153-83); Subirá in EC: 117-18。关于战争：有一系列的文学作品涉及拿破仑入侵西班牙（1807—1814年半岛战争的一部分）这一主题，但是本书并未收录。关于科尔特斯童年居住房子被毁的说法，参见MacNutt（1909: 2, citing Alaman's Disertaciones）。

67. 大部分人可能已经忘记："在有关1847年战争的记忆中，最终获胜的是反战的力量"（Greenberg 2012: 274），但是美国人却选择庆祝革命的"正义"战争，完全忽视了尤里西斯·格兰特（Ulysses Grant）所说的话，即内战本身就是一场"邪恶的"战争，因为它是对我们"越轨"行为的"惩罚"（同上）。

68. 我在这里只是引用了Myers的话并做了改动，参见Myers（2015: 314, 315）。

第二部分

1. Sell和Burkhart（2004: 126–27）；Sell和Burkhart将这部原本无名的剧选取了《三王记》的题目也算是情有可原。我在此处使用了他们的剧本，并且在Christopher Valesey的帮助下，依据体例完善了翻译（此处并不是修改，因为他们对殖民时代纳瓦特尔语的精通程度无人可以指摘）。

第三章　社交礼仪和可怕的仪式

1. 题记来源分别为：Solís (1724: 206); Collis (1954: 65); Escoiquiz (1798, I: 318) (*Deseo estar en amistad unido / Con vuestro Rey, y aboliré contento / A su ruego en mi mesa la comida / De humana carne, de él aborrecida*); Prescott (*1994 [1843]: 42*); Clendinnen (*1991a: 2*)。

2. Gemelli (1704: 514–15).

3. Gemelli (1704: 547); Buccini (1997: 18–20). 凡尔纳的小说1873年于法国首次出版，之后在全世界取得了巨大的成果，席卷了从音乐剧院到电视屏幕的各种媒介，现在的我们也很难不通过凡尔纳的小说观察那些更早期的探险家和他们的作品——比如杰梅利。为了不落入当代社会对于现实感知转换的讨论陷阱当中，就需要强调一点，即杰梅利那些18世纪的读者和凡尔纳的现代社会读者是不同的，因为前者为之着迷的不只是主人公叙述的冒险经历，更在于一位旅行家亲眼见证过的世界奇观场景的再现。

4. Gemelli (1704: 523).

5. Terry Deary的"恐怖历史"系列1993年开始在英国出版，并且在20年的时间内以多种语言出版，卖出了超过2500万本。尽管这套书不可避免地带有人们对于阿兹特克人的固有成见（正如封面"愤怒的阿兹特克人"所传递的信息一样），Deary在作品中也接受了一些发展变化中的学术观点（"20世纪80年代的时候，聪明的教授认为阿兹特克人会举行盛大的食人宴会……到了90年代,聪明的教授会认为这一看法十分荒谬")(Deary 1997: 54)。

6. 故事:Ogilby (1670: 46, 62–63); Elliott (1970: 21–25); Pagden (1982: 10); Boone (1989: 55–56); Restall (2003: 103–7); Davies (2016: Chs. 1, 5–6)。委拉斯开兹:1518年10月23日在古巴的圣地亚哥写的命令(DC, I: 56; CDII, XII: 245)(*diz que hay gentes de orejas grandes y anchas y otras que tienen las caras como perros, y ansi mismo donde y a que parte estan las amazonas*)。

7. Whitehead (2011: 9–15, Las Casas引自15;源自*Apologética*: Las Casas 1909: 380; also see a variant in LCHI Bk. 3, Ch. 117 [e.g., 1971: 231]);亦可见于Grafton(1992: 244);Abulafia(2008: 125–30);两篇在同一期《民族史》(*Ethnohistory*)上发表的文章,Boruchoff(2015)和Keegan(2015);Davies(2016: Chs. 3–4, 8)和Stone(2017)。伴随着格里哈尔瓦探险开始的有关奇特偶像和活人祭祀的各种传说故事,在不断重复的过程中,常常会被加入同真实的玛雅和阿兹特克的建筑、文化或者宗教实践没有任何关系的古怪想象(例如,最知名的衍生示例是Montanus 1671: 73及其孪生示例Ogilby 1670: 77)。

8. "崇拜":匿名作者(n.d. [1556]);CDHM, I: 387, 398; Bustamante (1986: 129, 157) (*adoran el miembro que tienen los hombres entre las piernas*)。从"热衷于"到"酒鬼":匿名作者(n.d. [1556]);CDHM, I: 371, 374, 398; Bustamante (1986: 87, 97, 157–59) (*Solían tener grandes guerras y grandes diferencias entre ellos, y todos aquellos que capturaban en la guerra o se los comían o se les hacía esclavos; Y es la gente más cruel que pueda encontrarse en guerra, porque no perdonan ni a hermano, ni a pariente, ni a amigo, les quitan la vida aunque sean mujeres y hermosas, que a todas matan y se las comen; Todos los de esta provincia de la Nueva España, e incluso los de otras provincias de su alrededor comen carne humana, y la aprecian más que todas las demás comidas del mundo, tanto que muchas veces van a la guerra y ponen en peligro su vida para matar a alguien y comérselo, son como se ha dicho, en su mayor parte sodomitas, y beben desmesuradamente*)。现代早期著作中,认为"新西班牙的印第安人"是食人族的例子不胜枚举。例如,Jeronymo Girava Tarragonez的《宇宙学》(*Cosmographia*)摘

录（1575），其中描绘了他们忙于准备献祭活人并吃掉他们的场景，不过"他们只会吃敌人的血肉，自己的朋友则不会"（*no comian de la carne del enemigo: pero comian de la del enemigo*）。因为不吃友人是一条从来不会被打破的宗教铁律，即便在饥荒的时候也是如此（参见该书的附录）。同样可以参阅Ruy González在1553年写给查理五世的信（AGI Patronato 184, ramo 46 [old citation 2, caja 2, legajo 5]; ENE, VII, #369: 31–36; Stabler and Kicza 1986），以及本书第八章中所讨论的。迪亚斯对原住民食人行为的着迷众人皆知，不过需要注意的是他看上去也抄袭了这部1566年意大利语著作中的一些段落（也可能与该书有着同样的资料来源），例如CCVIII（1916, V: 262–63），也可参见Boruchoff（2015）。

9. Cervantes de Salazar (1953 [1554]: 74).

10. "心思和精力"：DC, I: 165；也可参阅RC；AGI Justicia 220, legajo 4: ff. 342–49，副本参见（我本人并未看到）AGN Hospital de Jésus cuad. 1: ff. 1–4 (*su principal motive e intencion sea apartar y desarraigar de las dichas idolatrias a todos los naturales destas partes*). "收到了很多报告"：DC, I: 260；原件位于墨西哥市政府档案馆，复本也被称为CC，文件5。

11. Adorno（2011: 35–41）；塞普尔韦达引自其1522年对拉斯·卡萨斯的"十二条反对意见"中的第七条（参见Lane 2010: 50；也可参见6–13）；Pagden（1982: 44–47）。

12. Villagrá（1610: f. 29v, f.30r；改编自1933年版本1933: 65，英文翻译出自我本人之手；原文为*el horrible infierno / Tuvo todos los años de tributo, / De mas de cien mil almas para arriba, / Que en solos sacrificios bomitava, / La gran Ciudad de Mexico perdida*）。这首诗主要是关于早期墨西哥历史的记录，但是也想在总体上把历史记载同对阿兹特克人战争的胜利以及征服者的荣耀等内容联系起来。

13. 这些引文按顺序分别为：Valadés (1579: 170); Palomera (1988: 374); Valadés (1579: 171) (拉丁语原文: *lachrymosum profecto & flebile spectaculum*); CDII, I: 470 (Zumárraga); Padden (1967: 96, 244); Palomera (1988: 375–76)。

14. 引自Ogilby（1670: 239, 275）；也可参见Montanus（1671）。

15. "活人祭祀"图参见本书插图，这幅图最早出现在Theodore de Bry的著作

Peregrinationes in Americam, Germanice, Pars IX(Frankfurt, 1601), 3rd part, Plate VIII（图片位于此处），1602年再次收录于他所著的 *Americae, Nona et postrema pars*，之后直到现在都出现在众多的出版作品中。Boone（1989: 73）注意到了它蕴含着的"不祥的和压抑的基调"，也可参阅Klein（2016: 275-80）。变体：例如埃雷拉的《通史》（1707年荷兰语版本）中收录了一幅插图，埃雷拉在旁边用大段文字详细记录了阿兹特克人祭的恐怖之处（Aa 1706-1708, vol. 10 [1707]: 185-204）。给我们传递的信息：Klein（2016: 293）。

16. Keen (1971b: 190-92): 70; Boone (1989: 57-67); Pagden (1990: 94-97); Elliott (2006: 241); Adorno (2011: 106-9; 2014); Laird (2014; 2016). 凯旋门的画作或者设计都没能保存到今天，但是西古恩扎出版了一部加以解释的小书（Sigüenza y Góngora 1680; 1928 [1680]: 1-148）。非常感谢Rolena Adorno，引起了我对西古恩扎的书的注意。参见Fernández（2014: 26-67）。

17. León y Gama (1792); Carrasco (2012: 10-12, from whom I borrow the León y Gama quotes); Adorno (2011: 117-21).

18. Nicholson (1961: 390); Hajovsky (2012; 2015: 119).

19. Campe（1784: 176-77）（本人翻译自该书的法语版本：*barbares superstitions; les portoient chez eux, & les mangeoient avec leurs amis; N'est-il pas vrai, mes enfants, que cela est horrible? Mais préparezvous à entendre quelque chose qui l'est encore beaucoup plus*）。

20. Ranking (1827: 366-67).

21. Cook (1946). 例如，Cook引用了Padden (1967: 73-74) 证明"大屠杀进行了四个日夜没有停歇，上万人死在了行刑台上"。

22. Prescott (1994 [1843]: 42); Morgan (1876: 286, 307, 308). 卡拉斯科的文献（2012: 12-13）引发了我对Morgan观点的注意；"有影响力的"是卡拉斯科的主观用词，他也曾引述这些资料。普雷斯科特的话也曾被Clendinnen引用（1991a: 3）。

23. Morgan（1876: 308）；Abbott（1904 [1856]: 64, 182）（虽然我在这里用的是1904年版，但是我也发现了更早的1884年版和1901年版；阿博特生活的年代在1805年至1877年间）。

24. Spinden (1928: 201).

25. Collis (1954: 51); Gibson (1966: 26); Padden (1967: 96, 97, 99); Harris (1977: 164); Coe（1984: 146；第一卷出版于1962年；第七版出版于2013年）；Clendinnen (1991a: 2); Pennock (2008: 15); MacLachlan (2015: 9, 68, 102, 220)。

26. Carrasco quote (2012: 61).

27. "种族灭绝的世纪"：Hobsbawn（1994: 12）；Levene（2000: 305, 307），也可参阅 Meierhenrich（2014）。Soustelle：（1964: 112）（我在这里引用的是1995年法语原版翻译成英语之后的版本）。Rowdon（1974: 10-16），在讲述阿兹特克的固有观念是如何适用于那些塑造了这种观念的人的某个早期例子中，我们看到作者认为"16世纪的时候，暴力成了基督徒生活的基础"以及"基督徒得以生存的基本条件"，由于他们"眼光狭隘"，不能对那些"自己不熟悉的人种"报以敬畏之心，并且以"冷血的态度"合法化那些针对"和基督徒看起来不一样的人"的屠杀行为，这样的"试图传播基督教文明的做法非常的荒谬"。描写16世纪西班牙、欧洲其他地方和早期大西洋世界暴力行为的文学实在太多，我在这里无法一一列举。（但是于我而言，最新的那些强调苏斯特尔观点的文章收录在如下文献中：*Journal of World History* 17:1 [March 2006]；也可参阅Barker 2005; Meierhenrich 2014; Madley 2015; 2016。）

28. 蒙田：引述及翻译借用自Elliott (1970: 46)。蒙田的散文最早出版于1580年。奥梅托钦：AGN Inquisición tomo 2, exp. 10（感谢Robert Schwaller与我分享了原始文稿的复印件）；也可参阅Don（2010: 146-76），援引自1910年发表的《宗教裁判所审讯过程》（"Proceso inquisitorial"）和Benton（2017: 39-45）。

29. Harris (1977: 147). 请注意这本书在学术出版界引发了"一场令人愤怒的争论"（引自卡拉斯科；1992: 126），然而哈里斯却让争论的焦点始终保持在为什么阿兹特克人是食人族这个主题上，正如迪亚斯在数个世纪前所做的那样（Díaz, 1632），显然这样的争论焦点一直存在着（哈里斯生活的年代为1927—2001年间）。

30. 佐里塔和巴尔加斯·马丘卡的引述来自Elliott（2006: 64）（参见Zorita 1994 [1566]; NCDHM, III: 71-227），也可参阅巴尔加斯·马丘卡《对西方征服的辩护和讨论》（*Defense and Discourse of the Western Conquests*）（Lane 2010），这实际上是一篇关于比较视角下的残忍和暴力的论战文章（也可参阅Lane 2008）；Las Casas（2003 [1552]: 29）。

31. Clendinnen (1991a: 89). 克兰狄能（1934—2016）是一位出色的并富有才华的作家，她留给我们的作品值得数代人细细品读。

32. Carrasco (2012: 61).

33. Carrasco (2012: 61); Graham (2011: 40–43). Also see Smith (2016: 6).

34. Ventura（2014）；哈里斯的书中，关于阿兹特克一章的标题为"食人王国"（"The Cannibal Kingdom"）（1977: 147–66）；Díaz XCII（1632年版，styled LXXXXII; 1632: ff. 69v–72v; 1910, II: 81; 2005, I: 241 *no se podrían contar porque heran muchos*）；塔皮亚（c.1545; Fuentes 1963: 42; J. Díaz et al. 1988: 105）也声称，另一位征服者贡萨洛·德·翁布里亚曾在特诺奇蒂特兰城中心广场的头骨架上数到过"13.6万个头颅，这个数字还不算那些被挂在塔上的"；戈马拉在自己的书里把这个说法照抄了过来（1552: Ch. 82; 1964: 167），从此成为传统叙事内容的组成部分。

35. 头骨架：2015年8月这个发现震惊了全世界媒体（参见Martínez Torrijos 2015，不过很多例子都在网上有存档）。"发现的证据"：参见Carrasco（2012: 62–63）。

36. "动摇信仰"：普雷斯科特（1994 [1843]: 42）。"不同的画面"：这是诸多阿兹特克学者以多种方式研究和呼吁的结果，这些学者包括Soustelle (1964 [1955]), Keen (1971b), Clendinnen (1985; 1991a), Hassig (1985; 1988; 2001a; 2016), Smith (1986; 2016: 5–7), Matos Moctezuma (1987; 2009), Boone (1989; 1992; 1994), Gillespie (1989), Carrasco (1992; 2000; 2012), López Luján (1994), Evans (1998; 2000; 2004), Burkhart (2008), Pennock (2008), Maffie (2014) 和Mundy（2015）（这里引述的作品都是他们诸多作品中的一部分），还有那些"阿兹特克学者站在肩膀上的大师"（Maffie 2014: xi），即Miguel León-Portilla和Alfredo López Austin。

37. "社会"：Carrasco（2012: 9）。"伟大成就"：Keen（1971b: 48）。

38. "缩影"：Boone（1989: 55）。Madariaga（1969 [1942]）有些反常地把这个神祇的名字叫作"巫狼"（"Witchy Wolves"）。本书的插图中收录了《威齐洛

417

波契特里：墨西哥人的主神》（"Uitzilipuztli: Principal Idol of the Mexicans"）（Prévost 1746-59, XII [1754]: facing p. 546），这个版本的神像在数个世纪间被不断地复制流传（这也是一个相当克制的版本，因为有些版本里面的神像还长有魔鬼的角、撒旦一样的羊腿和一张凶狠残暴的脸，例如Valadés 1579，Ogilby 1670和Montanus 1671；Mallet 1683: 5, 311；Boone的书中进行了复刻，1989: 82，埃雷拉著作1707年的荷兰语版本，Aa 1706-1708, vol. 10；以及索利斯著作1724年的汤森译本）。这些图片，连同那些对阿兹特克神祇和可怖的祭祀仪式的可怕描述，代表了欧洲三个世纪以来有关阿兹特克的迷信构建史。在普雷沃斯特撰写历史著作的那个年代里，用注脚的方式标注作品所引用文献的做法才刚刚起步；这位修道院院长已经事先声明他的观点并不是少数观点或者带着过分的想象，而是基于他所阅读的汗牛充栋的现代早期资料所进行的创作，而正是这些资料最终造就了关于阿兹特克人、蒙特祖马和这个帝国灭亡等的传统叙事（参见他作品的前言部分或"Avant-Propos"以及对于Benzoni, Cortés, Díaz, Gómara, Herrera, Las Casas, Ogilby, Fernández de Oviedo, Martyr d'Anghiera, Solís等人的注释；1746-59, XII [1754]: v-xiii）。

39. 我们不应该把所有事情都归因于科尔特斯：他写给国王的信中很可能重复了许多其他西班牙人的讲述或者著作，不过后者都已经遗失了（CCR 1522: f. 16v; 1960: 65; 1971: 107）。关于这一细节的描写最早似乎出现于1521年6月征服者胡安·阿尔瓦雷斯在古巴的证词，他声称这些玉米面团里面有"人血，以及被献祭的印第安人的心脏"（*maíz mollido con sangre de hombre e de corazones de los indios que habían sacrificado*）（DC, I: 170-209, quote on 207）。"童男"：Tapia（c.1545; Fuentes 1963: 41; J. Díaz et al. 1988: 103）（*con sangre de niños e niñas vírgines*）；Boone（1989: 46-49）。Wanger的书中认为（1944: 190），塔皮亚1543年在西班牙专门为戈马拉撰写简要的记录，这样的看法目前仍是可信的（也可参见Nicholson 2001a: 87; Roa-dela-Carrera 2005没有评论；但可参阅Martínez Martínez 2010）。给科尔特斯和其他西班牙人的面包：García（1729 [1607]: 301）。有关玉米面团含血故事的另一个例子参见Torquemada（1986 [1614], III: 380, 404-6; also see 1614, I: 87, 90, 620-21; Bk. 2, Chs. 1-2; Bk. 4, Ch. 100）。

40. 可见：Jorge Gurría Lacroix（1978: 23–34）持这个观点；Boone（1989: 47）对这一论调持怀疑态度。

41. 正如Boone观察到的（1989: 49–51）；Díaz XCII（1632年版., styled LXXXXII; 1632: ff. 70v–72v; 1908, II: 76–77; 2005, I: 236–41）。迪亚斯常见的对戈马拉的抄袭之作——用Brooks的话来说就是他"拙劣的剽窃"（1995: 173）——目前被学者们广泛记录（e.g., Adorno 1992; Roa-de-la-Carrera 2005; Miralles 2008; Duverger 2013）。

42. Acosta (2002 [1590]). 虽然这本书常常被叫作《托瓦尔手抄本》（Codex Tovar），它的书名实际上是 *Relacion del origen de los Yndios que havitan en esta Nueva Espana segun sus historias* (Tovar 1585)。

43. Montanus (1671: 73, 74, 82, 220–21 inter, 223); Ogilby (1670); Boone (1989: 4).

44. 石像没有存世：这可能是因为威齐洛波契特里的形象从来没有出现在石头上，但是也要注意，它在阿兹特克万神殿里的雕像，以及环绕在它的雕像周围作为装饰的漂亮石像，常常会立刻引起西班牙人的洗劫、分解和毁坏（Boone 1989: 2）。手抄本：《特莱里亚诺-雷曼西斯手抄本》中的插图收录于本书插图集中（"神像"），手抄本原件在法兰西国家图书馆，图片f. 5r，这是1901年的复印版（现在已经属于公有领域）。该手抄本创作于16世纪的墨西哥（后来被兰斯大主教Le Tellier获得，因此这本书的题目用法语写就，目前也藏于巴黎）。"特奥卡利"：1926年在蒙特祖马宫殿的原址附近发现，"特奥卡利"（纳瓦特尔语中"神庙"的意思）现在藏于墨西哥城内的国家人类学博物馆。它所刻画的威齐洛波契特里和蒙特祖马的双像出现在如今一个人形大小的阿兹特克神庙石像的靠背上，它很有可能曾经是一个宝座，雕刻于蒙特祖马统治时期。威齐洛波契特里位于一个太阳形状圆环的左边，蒙特祖马在右边。读者很容易就能在出版物或者网络上找到图片。

45. 修洛特尔：《修洛特尔手抄本》藏于法国国家图书馆（手抄本，东方区，墨西哥1.1）；参见Boone（1989: 31）。在法国国家图书馆收藏的另一部文献《阿兹卡蒂特兰手抄本》（Codex Azcatitlán）中，威齐洛波契特里神的形象只是一个简化的穿着蜂鸟羽制品装束、拿着矛和盾牌的人而已。特奥卡利：Boone (1989: 16–17)；

Hajovsky (2015: 101–2, 109–13)。

46. Boone（1989: 31–37）；参见宾夕法尼亚州立大学John F. Schwaller在2016年2月9日的研讨会上的交流发言。

47. FC, I and XII (Boone 1989: 37 cites the original MS as Med. Palat. 218, f. 10r; 220, f. 437v).

48. "最典型的"：Boone（1989: 86）。

49. Boone (1989: 86); Nicholson (2001a: 291); Carrasco (2000: 63–103; 2012: 29–30, 91).

50. 请注意，把阿兹特克的神祇特征化，认为其掌管特定领域（如"雨神"等等）的做法，反映了欧洲人对于我们如何看待阿兹特克宗教这件事的影响。埃赫卡特尔：Nicholson（2001a: 266–91）。乔卢拉奎查尔科亚特尔神庙很早以前就被一座献给圣母的教堂取代了，但是金字塔大部分保存完好，如今仍是一个朝圣地（Carrasco 2012: 31–32）。圣托马斯：Durán（1971 [1579]: 57–69）；Lafaye（1976: 177–208）；Nicholson（2001a: 101, 105）。

51. 乔卢拉：Tapia（c.1545; Fuentes 1963: 34; J. Díaz et al. 1988: 92）；Nicholson（2001a: 88）。塔皮亚曾短暂地担任过乔卢拉的监护人（这意味着他有权在当地拥有宅院，并且收取当地人提供的贡赋和劳动），因此看上去他可能在当地听说过这一神祇的名字（他称其为克察尔奎特"Quezalcuate"）。"萨阿贡"：FC, II。从萨阿贡开始，无数编年史家和历史学家都频繁引用"科尔特斯是羽蛇神化身"这个说法，就好像这个说法是众人皆知的一样；在少数标明了出处的文献里，没有一处来源早于萨阿贡。例如当多明我会的修士格雷戈里奥·加西亚在他1729年版的《新世界印第安人的起源》（*Origin of the Indians of the New World*）中声称"蒙特祖马和他的群臣们认为埃尔南多·科尔特斯就是奎查尔科亚特尔"时，这一说法不过是在引述托尔克马达和萨阿贡的说法而已（García 1729 [1607]: 143）。托尔克马达的书出版于1614年，比加西亚著作的初版晚了七年，而后者的书反过来又成为托尔克马达的资料来源之一；托尔克马达的引用后来被1729年版本的编辑补充了进去，这样的闭环为萨阿贡小说的真实性提供了支撑。蒙特祖马的孙辈之一费尔南多·阿尔瓦拉多·特佐佐莫克（Fernando Alvarado Tezozomoc）在1598年的时候写了一部《墨西哥编年史》（*Mexican Chronicle*），他在书的结尾同样复述了这样的故事。书中写道，当西班牙人首次踏上海岸土地上的时候，蒙特祖马就总结道："他就是我们一直以来等待的奎查尔科亚特尔。"（1878 [1598]: 687）（*es el dios que aguardamos Quetzalcoatl*）但并不是所有同时代的学者都认同这样的说法：例如胡安·德·托瓦尔在他写于1585年的《关于新世界印第安人起源的记录》（*Account of the Origins of the Indians of this New Spain*）中，在提到奎查尔科亚特尔的时候就完全没有使用上述说法（1585; 1878 [1585]: 119-20）（同样可参见Charnay 1903）。

52. 门多萨：费尔南德斯·德·奥维耶多在他写作的《通史》（1959 [1535], IV: 245-48）中复述了门多萨德信札的内容（Nicholson 2001a: 88-91引用了一个不同的版本）。方济各会修士：卡拉斯科（2012: 112）注意到萨阿贡的说法"引发了无休止的争论"，究竟是他编造了这种说法，还是1519蒙特祖马的群臣真的相信这个说法。支持蒙特祖马或者阿兹特克人总体上相信这个说法的学者包括Nicholson（2001a: 32-39; 2001b）和MacLachlan（2015: 108-9）；Elliott（1989 [1967]: 36-38）和Hassig（2006: 55）的态度模糊，卡拉斯科持一种怀疑性的中性态度（2000: 205-40），反对这一说法的人包括Frankl（1962: 10-12）、Parry（1977: 319）、Lockhart（1993: 235）、Thomas（1993: 185）、Restall（2003: 114-15）、Townsend（2006: 47-50）和Villella（2016: 130-31）。某种程度上，这一论题和时间有关：卡拉斯科认为奎查尔科亚特尔的回归"并非是为了解释阿兹特克帝国那难以置信的政治崩溃所进行的'后殖民时代虚构'，而是符合原住民传统的后征服时代创作"（1992: 145-47）；而我本人则更倾向于认同前一种说法。"墨西哥和美国的许多拉美人"坚持认为奎查尔科亚特尔"会在将来的某一天以一种强大的符号性和政治性形式回归"（Carrasco 2012: 112），从这个角度看，萨阿贡坚持认为奎查尔科亚特尔回归的说法不是真实存在的（"人们虽然很期待他，但是这种说法不是真的，是虚构出来的"；FC, I），是讽刺的。"选择"：在一部已经遗失了的，被杜兰、托瓦尔、特佐佐莫克（1949: 90）等称为Crónica X的文献，以及一些16世纪晚期到17世纪早期的著作中，奎查尔科亚特尔是"我们所有人都在等待的神，他将会穿越天堂之海回归"（Charnay 1903）。也可参阅Chimalpahin（1997: 180-83; Nicholson 2001b: 12-13; "他还活着，拥有不死之身，他未来将回归并再次统治。"）。

53. Boone (1989: 86–88); Pagden (1990: 96–102). Pagden认为克拉维杰罗知道科尔特斯和奎查尔科亚特尔之间的联系是萨阿贡虚构出来的，但是这种关系对于他努力想让奎查尔科亚特尔成为"混血人的宗教的独特性象征"（102）的说法非常有利，以至于他不得不使用；也可参阅Lafaye（1976: 187–90）。

54. Howard和Dryden（1665）；Restall（2013）将之与2013年马德里的一部半歌剧表演联系起来。

55. 1668年曾在查理二世（Charles II）的宫廷中表演，参与表演者包括蒙茅斯公爵和夫人。我们只能猜测蒙特祖马是由公爵本人扮演的。在这部剧的结尾，蒙特祖马丢了皇位并且自杀。在现实世界里，1685年，公爵本人，即查理二世的私生子，在他的叔叔詹姆士二世继承王位时起兵反抗，并在失败后被送上断头台。Hutner (2001: 65–88); Thompson (2008).

56. 在公开出版的剧本的献词中，他重申自己"既没有完全遵循真实的历史，也没有全部抛弃历史；我利用诗人的自由作了增添、改动或者删减，因为我认为这是完善作品的最好方式"（这段话我也曾在前言部分引用过，Dryden 1668 [1667]：未编号的序言，pp. 26, 27）。

57. Dryden (1668 [1667]: 64).

58. 引自：Dryden（1668 [1667]: 68, 65），也可参见 Brown（2004: 71–73）。

59. "极不稳定的大厦"：Pagden（1990: 96）。

60. Rueda Smithers (2009: 290–91); Collis (1954: 65–66); on Frías, see Frías (1899–1901); Bonilla Reyna and Lecouvey (2015: 61–116).

61. "餐桌"：Ranking（1827: 345）。

62. Lasso书后的短文（1594: ff. 295–304; quotes on ff. 295v, 296r, 300r）（*los Indios de la nueua España no eran belicosos, sino cobardes, simples, ignorantes, sin ingenio ni habilidad, ni modo de biuir . . . tan flacos de coraço[n], y ta[n] afeminados (como algunos dizen) . . . muy dieztros en las armas . . . pelear valerosamente . . . el animo y fortaleza de los Indios . . . diminuye[n] el merito q Cortes gano en ve[n]cerlos; . . . el espantoso nimbre y poder de Moteçuma Rey de Mexico . . . ni en grandeza de Reyno, ni en numero*

de vassallos, ni en abundancia de riquezas）。

63. Ogilby (1670: 239). 参见本书插图"褶边羽毛"（"Ruffled Feathers"）（起这样的名字是受到2016年宾夕法尼亚州立大学毕业生Catherine Popovici的研讨会论文题目的启发），这幅画见于奥格尔比《美洲》一书的卷首。这部装帧精美的著作（包括蒙塔努斯翻译的荷兰语版本）里，地图的文字说明周围都有很多作为装饰的人物形象，其中就有穿着羽毛短裙和戴着头饰的原住民。在一个关于"墨西哥人的古代头饰"的插图说明段落里，奥格尔比评论到，"和新西班牙境内某些一丝不挂地四处招摇的野蛮民族不同"，阿兹特克人穿棉花织成的衣服，并且将精心制作的羽毛装饰品戴在头上、脖子上和脚踝上（1670:276-77）。我也收录了奥格尔比/蒙塔努斯书中的蒙特祖马肖像图，它用拉丁文冠以"墨西哥人的末代国王"（*Rex ultimus Mexicanorum*），这也是一幅非常个性化的肖像，细节上非常有特点。这幅画在几个世纪的时间内被多次复制，出现在很多欧洲出版物当中，通常不同版本会有少许变化，但是差别都不太大——例如可以拿某个德国出版物里的版本（Happel 1688: 101）和安特卫普出版的埃雷拉《通史》（西班牙语版本）中的图片进行比较（1728, I: 正对401页）。

64. 罗梅罗瓦尔加斯·伊图尔比德（1964: 21-26, 引自21-22, 24）（*un gran reformador y educador de su pueblo; el único gobernante de su tiempo en el mundo que exigiera la educación obligatoria de todos los miembros de la sociedad; curiosidad morbosa como pretendieron interpretar este hecho los españoles que tanto hablaban de caridad, tan mal la conocían y en nada la practicaban; de temperamento profundamente artístico; amado por su pueblo al grado de ser casi adorado*）。

65. 罗梅罗瓦尔加斯·伊图尔比德（1964: 27-57; 1963-64, III: 184-85）（*figura excelsa... héroe nacional... fue cogido por sorpresa y tomado prisionero... vejaciones, tormentos y martirios tanto físicos como morales... atormentado y reducido a la impotencia*）。

66. Restall (2003: 15, 100).

67. 我在这里化用了Hajovsky（2015: 8, 136-38, 142）的简要概述；也可参阅Gillespie（2008）。Hill和MacLaury（2010）使用了萨阿贡/《佛罗伦萨手抄本》关于蒙特祖马弱点的记载，用以证明MacLaury的优势理论（用颜色对不同的人进行分类的观念）可以被用在16世纪阿兹特克关于"人"的理解上。

68. Gemelli (1704: 513−14); Vaca de Guzmán (1778: 1, 6, 16) (*el terrible Motezuma; el Rey mas arrogante; su mortal letargo*); Ranking (1827: 314, 321, 318; italics in original).

69. 白人上帝：这是我本人翻译的法语书名；英文版本的书名是《征服者》，揭示的力度不够强；Descola（1957 [1954]: 101−228）。Valadés (1579); Palomera (1988: 31) (*leyenda preñada de presagios fatalistas influía poderosamente en el ánimo religioso de los mexicanos, especialmente en el espíritu supersticioso de Moctezuma*)。

70. Wolf (1959: 155−56); Todorov (1999 [1982]: 118−19); Tuchman (1984: 11−14); Le Clézio (1993: 10); MacLachlan (2015: 109, 191−92). 也可参见Restall（2003: 114−15, 134−35），和Fernández-Armesto（1992）、Gillespie（2008），以及Allen（2015: 479）一样，都引用了一些相同的文献来源。

71. 作为皇帝的身份本质：Hajovsky（2009; 2015）。

72. Hajovsky (2009: 338); Mundy (2011a: 175−76). 布恩（2017）近期的研究证明，Weiditz 1529年的那本介绍服装的书里，那个原本被人们认为是科尔特斯带回西班牙的阿兹特克人身上的羽毛装饰，事实上是结合了阿兹特克人、巴西的图皮南巴人（Tupinambá）和其他"东方"种族的羽毛服饰想象出来的混合物。到了1601年布莱《美洲游记》出版的年代，所有展示墨西哥的插图里都会有穿着羽毛短裙和戴着头饰的原住民君主——蒙特祖马的特殊身份则在插图标题页得以揭示（1601年；第三卷第三部分的标题）。Pieter vander Aa所翻译的埃雷拉《通史》二十八卷荷兰语版本里的一百多幅有关"印第安人"的插图中，几乎所有人都是赤身露体或者只穿着羽毛制品（Aa 1706-1708），索利斯和罗伯逊作品的其他语言版本的情况也差不多。

73. Hajovsky（2011）是研究特维特肖像画的权威（引言出自他本人的话，p. 336）；同时可参阅Hajovsky（2015）关于蒙特祖马肖像的更大范围的研究。

74. 参见美第奇家族收藏的蒙特祖马肖像图（虽然没有签名，但是被公认是来自罗德里格斯）：Escalante Gonzalbo (2004: 171−77); Hajovsky (2009: 350); Schreffler (2016: 14-17). 本书插图中也收藏了《征服墨西哥史》（*Istoria della Conquista del Messico*）里的这幅雕版画，名为"一位尊贵的野蛮人"（A Noble Savage），这

一索利斯《历史》的意大利语版本1733年出版于威尼斯，不过其中的雕版画早在1699年出版的意大利语版本中就已经收录；1698年，美第奇家族的科西莫三世收到了一位墨西哥艺术家绘制的蒙特祖马肖像（这幅作品至今仍悬挂在佛罗伦萨的美第奇家族珍宝库，也即银器博物馆当中），前述插图就是以此为基础的。画作的说明文字上写道："蒙特祖马肖像，根据墨西哥献给尊贵的托斯卡纳大公的原版雕刻而成。"Solís (1733: facing 243); Hajovsky (2009: 349−50); Alcalá and Brown (2014: 117).

75. Niles and Moore (1929: 128−29).

76. 科尔特斯常常描述：DC, I: 225, 230, et al.。数个世纪：Restall（2003: Ch. 4）。

77. 阿兹特克统治者：McEwan和López Luján（2009: 23）。"复仇"："阿兹特克的两步"（"The Aztec Two-Step"）和"蒙特祖马的复仇"（"Montezuma's Revenge"）似乎是第二次世界大战时期在英国兴起的流行术语流传到美国后的变体，不过也和早前几代的流行词有关，诸如"德里肚"（"Delhi Belly"）、"仰光快跑"（"Rangoon Runs"）、"开罗两步"（"Cairo Two-Step"）、"法老的复仇"（"Pharaoh's Revenge"），以及最新的变种"甘地的复仇"等。这些词似乎最早出现在20世纪50年代美国的出版物上（参见http:// phrases.org.uk/meanings/montezumas-revenge.html）。有许多网站上的说法称，科尔特斯把蒙特祖马赐给他的第一顿饭打翻扔掉，且随后外国佬的每一次反刍都是对最初的这一复仇献供的回声，这样的论断并没有任何现有证据的支撑。

第四章　帝国在他的手中

1. 题记出处分别为：杜兰（1967 [1581], II: 398；翻译出自本人之手，也可参见1994 [1581]: 389；我是在Hajovsky的启发下发现这段话的[2015: 23]）（*a quien todos de conformidad acudieron con sus votos, sin contradicción ninguna, diciendo ser de muy buena edad y muy recogido y virtuoso y muy generoso, de ánimo invencible, y adornado de todas las virtudes que en un buen príncipe se podían hallar; cuyo consejo y parecer era siempre muy acertado, especialmente en las cosas de la Guerra, en las cuales le habían visto ordenar y acometer algunas cosas que eran de ánimo invencible*）；Brian, Benton,

and García Loaeza（2015: 19-20）（我省略了引文中间的一句话）；Dryden（1668 [1667] 未编号的序言，p. 25）。

2. 1524年出版于纽伦堡的地图说明文字是拉丁语，1525年的威尼斯版本则是意大利语。参见Mundy和Boone关于地图上的原住民元素和欧洲元素的研究（Mundy 1998: 13-22; Boone 2011: 32-38），也见于本书的第一章。除了"市中心"外，从这一章节开始的图片聚类可参阅插图中的"原始文本"。

3. 原始版本一般被称为"纽伦堡地图"（参见Mundy 1998; 2011b）。其他的版本尽管存在不同之处，但显然都源自纽伦堡版本，不管是1528年版（意大利文，威尼斯出版）、1556年版（意大利文，威尼斯出版；参见Ramusio 1556）、1564年版（法文，里昂出版）、1575年版（拉丁文，安特卫普出版；Frans Hogenberg雕刻）、1576年版（意大利文，威尼斯出版；非木板雕刻）、1580年版（意大利文，威尼斯出版）、1631年版（德文，法兰克福出版），还是1634年版（拉丁文，法兰克福出版）（参见德·布莱1634, Part 13: 125）都是如此，所有这些版本都收藏于JCB图书馆并可通过网站jcb.lunaimaging.com查阅。这幅由众多岛屿组成的城市地图的众多版本中，一个很好的例子是普雷沃斯特书中的那幅（1746-59, XII [1754]：正对着325页）。Mundy（1998: 32）也举了一些从1524年到1612年在意大利和法国出版的书中的一些类似图片；同样参见Kagan（2000: 89-95）。意大利人Giovanni Battista Ramusio在1556年创作的地图版本后来被广为引用，长达数个世纪，且只做了些许改动；事实上，Ramusio对后世各种版本的直接影响远超过纽伦堡地图；Ramusio地图的一个较新的版本于1858年在墨西哥出版，见于CDHM, I: 390-91内。关于现代早期对特诺奇蒂特兰地图的"山寨模仿版本"，参见Kagan（2000: 89-90）。

4. 雕像：提出的理论如果太多的话，就会显得非常古怪（按照Boone的总结2011: 35）；我的猜测是雕刻者既受到了中世纪的许多无头野人图片的影响，也受到了阿兹特克雕塑中诸如Coatlicue和Coyolxauhqui等那些身首异处的神灵的影响。在此我非常感谢Laurent Cases和我探讨这些拉丁文图示。关于这些标签所指代的事物的列表清单，参见Mundy（1998: 32）。

5. 匿名作者（1522 [Ein Schöne Newe Zeytung] unnumbered pp. 7-8）；译文是我在Wolfgang Gabbert和Mitzi Kirkland-Ives的帮助下完成的，也可参阅Wagner（1929）。

6. CDHM, I: 362 (*Tenia Monteuzuma por grandeza una casa en que tenia mucha diversidad de sierpes e animalias bravas, en que habia tigres, osos, leones, puercos monteses, viboras culebras, sapos, ranas e otra mucha diversidad de serpientes y de aves, hasta gusanos; e cada cosa de estas en su lugar, e jaulas como era menester, y personas diputadas para les dar de comer y todo lo necesario, que tenian cuidado dello. Tenia otras personas monstruosas, como enanos, corcobados, con un brazo, e otros que les faltaba la una pierna, e otras naciones monstruosas que nacen ocasionadas*).

7. Zuazo: CDHM, I: 362–65 (Señora de la plata). Ordaz: Thomas (1993: 471); also see AGI Patronato 150, 5, 1: ff.4v–7v; Justicia 712 (old citation; Otte 1964). 传说：人们普遍认为，大神庙工程的发现打消了长久以来大众关于动物园的某些怀疑（例如Blanco et al. 2009; Ventura 2014）；我目前还未在墨西哥以外找到同样的现代怀疑主义的证据。

8. 有关送往西班牙的物品清单：DC, I: 232–49; FC, XII: 58–59; Gómara (1552: Ch. 39; 1964: 84–87; Schroeder et al. 2010: 124–27); Solari (2007: 253); Russo (2011: 7–8)。关于埋藏的物品，参见本章和上一章关于大神庙的注释。Amara Solari发表于2003年的硕士论文以及2007年在墨西哥公开出版的版本给了我启发，让我开始觉得蒙特祖马是一个收藏家，也因此支撑起了本章内容，并给予整本书的论证一个关键的线索链条。

9. 地图：纽伦堡地图中的*casa*（意大利文版）和*domus*（拉丁文版）同西班牙文文献中的*casa*是对应关系；现代早期的英文版本多将其翻译为house，有时也译为palace或者pleasure house（例如索利斯一书的汤森译本，1724: 75）。引文源自Ogilby（1670: 88-89）。关于阿兹特克宫殿的各种专属名词解释，参见Evans（2004）。

10. Sahagún (1997 [c.1560]: 207); Solís (1724: 78). 这些说法对后世的很多作家非常受用，比如Romerovargas Iturbide（1964），他就用这些作为阿兹特克社会福利系统存在的证据。

11. Gómara (1552: Ch. 73; 1964: 151; Schroeder et al. 2010: 197); Díaz XCI (in 1632 ed. styled as LXXXXI; 1632: f. 68; 1908, II: 67; 1984 [1632]: 169; 1963 [1632]: 229–30; 2005 [1632]: 232); Solís (1724: 76). 跟之前一样，尽管迪亚斯声称自己的报告是其

亲眼所见，但他都是抄袭戈马拉的说法，后者使用了同样的词汇来想象这些地狱般的动物噪声。（*Díaz: muchas viboras y culebras emponzoñadas, que traen en la cola uno que suena como cascabeles... cuando bramaban los tigres y leones, y aullaban los adives y zorros, y silbaban los sierpes, era grima oirlo y parecia infierno.*）

12. Solís（1724: 75）；Gómara（1552: Ch. 73; 1964: 150–51）；Schroeder et al.（2010: 196，"鹤"等引文是Chimalpahin对戈马拉文本的补充）；CCR（1524; 1960: 140; 1971: 223）*(otras que estaban junto a ellas, que aunque algo menores eran muy más frescas y gentiles, y tenía en ellas Mutezuma todos los linajes de aves que en estas partes había; y aunque a mí me pesó mucho de ello, porque a ellos les pesaba mucho más, determiné de les quemar, de que los enemigos mostraron harto pesar y también los otros sus aliados de las ciudades de la laguna)*。

13. "猎鹰"：Gómara（1552: Ch. 73; 1964: 151; Schroeder et al. 2010: 197）。《佛罗伦萨手抄本》：那幅"动物园守护者"的图片收录在我们的插图当中（FC, VIII: f. 30v in original MS）与Ch. 14 (41–45), Paso y Troncoso ill. #71一致。"体形极其庞大"：Motolinía（1951 [1541]: 269）（我在这里使用了Speck的翻译）。"绵羊"：Solís（1724: 75–76; 1733：正对81页的雕版画）：该雕版画收录于我们的插图中，是"描绘战争"中的一幅。请注意，早期有关蒙特祖马梦到自己的帝国将不可避免地丧失的殖民传说中，拖着鹰隼的阿兹特克人是个典型的形象，而如今墨西哥城圣伊波利特教堂中庭墙面上，前述索利斯作品中的图片作为石质的浅浮雕再次出现——一方面它留存至今并且吸引了众多的导游手册和在线解读，另一方面它也在慢慢颓坏（Durán LXVII; Sánchez 1886；我本人于2009年在墨西哥城进行的田野调查记录；第二章我也提到了圣伊波利特"大神庙"）。

14. 这个我注释成"豺"的词是*adive*；"它们从这片土地上呼喊"（*en esta tierra se llaman*），迪亚斯在这里所指的肯定是西班牙或者西属墨西哥，而不是原住民的墨西哥，因为这是个源自阿拉伯语的西班牙语词（Díaz XCI; 1632: f. 68r; 1984 [1632], 169; 2005 [1632]: 232; 1963 [1632]: 229, Cohen note）（*de tigres y leones de dos maneras: unos, que son de hechura de lobos, que en esta tierra se llaman adives, y zorros y otras alimañas chicas*）；Gómara（1552: f.44v; Ch. 73; 1964: 150）。

15. Ventura（2014）；事实上，这些绘画中的某些动物"形态上更像是狼"，而非土狼（引自Ximena Chávez Balderas的原话，她本人一直在对大神庙遗址上发现的骸骨进行重要研究工作）。

16. Tapia (c.1545; Fuentes 1963: 40; J. Díaz et al. 1988: 102) (*hombres monstruos y mujeres: unos contrechos, otros enanos, otros corcovados*)；Motolinía（1951 [1541]: 269）（我在此使用了Speck的译法）；Solís（1724: 76–77）。也可参见CCR（1522: f. 17; 1960: 67; 1971: 111）和Gómara（1552: f.44v; Ch. 73; 1964: 150），他所描写的白化病人也包含在其中。现代墨西哥历史学家：e.g., Romerovargas Iturbide (1964: 21–22) (*curiosidad morbosa; para que el estado cuidase directamente de ellos por espíritu humanitario*)。

17. 地位：阿兹特克妇女的地位一直以来是许多学者研究的重要课题，并且也催生了一种本书内容无法覆盖的文学类别（比较好的研究起点是Schroeder等人的散文，尤其是Louise Burkhart的那篇；Evans 1998; Kellogg 2005: 18–30; 以及Pennock 2008）。一夫多妻制：Hassig（2016; quote on p. 7）；也可参见Townsend（2014）。不同的居所内：e.g., Herrera (Dec. II, Bk. VII; 1728, I: 407)。

18. "3000": Herrera (Dec. II, Bk. VII; 1728, I: 40) (*Dormían pocos hombres en esta casa Real. Avía mil mugeres: aunque otros dizen que tres mil, y esto se tiene por mas cierto, entre señoras, criadas, y esclavas*)。同时参见Torquemada（1614, I: 250–51; Bk. 2, Ch. 89）。妻妾：Ogilby（1670: 239）（Herrera的评价是：*y assi dizen que úvo vezes que tuvo ciento y cinquenta preñadas à un tiempo: las quales à persuassion del diablo movían, tomando cosas para lançar las criaturas, para estar desembaraçadas, para dar solaz à Motezuma, ò porque sabían que sus hijos no avían de heredar*）。

19. CCR（1522; 1960: 68; 1971: 112）（*todas nuevas y nunca más se les vestía otra vez*），这种说法先是被戈马拉重复，后来又被迪亚斯再次错误地重复（参见Brooks 1995: 173）。

20. 作为西属尼德兰的主要城市之一，布鲁塞尔曾经是查理五世欧洲帝国的一部分。关于战利品、托托纳卡人和他们的行程的记载，参见Russo（2011）；van Deusen（2015a）。

21. DC, I: 242−49; Fernández de Oviedo (1959 [1535], IV: 10) (*que todo era mucho de ver*).

22. Solís (1724: 77).

23. FC, VIII (Sahagún 1954, VIII: 45); CCR (1522: f. 17v; 1960: 66; 1971: 108); Tapia (c.1545; Fuentes 1963: 40−42; J. Díaz et al. 1988: 101−5); Gómara (1552: Ch. 79; 1964: 161); Gemelli (1704: 513). 阿兹特克动物的各种小塑像如今收藏于各类博物馆中，如墨西哥国家人类学博物馆、哈佛大学皮博迪考古与民族学博物馆以及大英博物馆。

24. Las Casas（首次引用），见Boone（1992: 160）；Díaz XCI（1908, II: 67−68; 2005, I: 232）（*pintores y entalladores muy sublimados*）。从托瓦尔到阿科斯塔：Boone（2000: 29）；阿兹特克文字（跟玛雅文字系统一样）并不完全是象形的，大部分都是图片化的，带有一些表音元素和抽象的表意元素，这种方式使得该系统能够在不同语言中得到运用。关于这种说法，参见同上（28-63）。卡诺称有五个系列的著作，每个系列分别覆盖帝国征服的一个方面（Martínez Baracs 2006: 50）。关于贡品清单，参见Berdan（1987: 162-74）；Hassig（1985）；"伟大宫殿"：Díaz XCI（1632: f. 67v; 1910, II: 64; 2005, I: 230）（*y tenia destos libros una gran casa dellos*）。

25. Berdan（1987: 165）；Solari（2007: 254），他引导我找到López Luján（1994: 240−43）。

26. Gómara（1552: Ch. 66; 1964: 142）（*es verdad que tengo plata, oro, plumas, armas y otras cosas y riquezasen el tesoro de mis padres y abuelos, guardado de grandes tiempos a esta parte, como es costumbre de reyes*）（Russo 2011: 12引起了我对这段话的注意）；Ixtlilxochitl（1985 [c.1630]: 136）。奇马尔帕欣（Chimalpahin）增添了以下描写："根据皇帝的命令，人们饲养了1000种凶残的动物，这都是因为皇帝知道他的祖先也是这么做的。"（Schroeder et al. 2010: 196）关于内萨瓦尔科约特尔，参见Martínez（1972）；关于特斯科科的宫殿，参见Evans（2004: 24−29）。

27. Solari (2007: 248−51); Durán XXIII (1967 [1581], II: 192; 1994 [1589]: 189) (*la grandeza... la facilidad con que los mexicanos hacían todo lo que querían... que os calienta con su calor y fuego, señor excelente de lo criado*).

28. FC, IX. 关于这前四种获取手段的描述，参见Berdan（1987）。

29. "最棒的"：Díaz XCI（1908, II: 68−69）；Evans（2000）。"值得信任"：

Motolinía（1951: 268），quoted by Solari（2007: 251）。"捕鸟网"：Sahagún (1997 [c.1560]: 207)。

30. Tapia (c.1545; Fuentes 1963: 40; J. Díaz et al. 1988: 101) (*asaz de oro e plata e piedras verdes*); Gómara (1552: Ch. 93; 1964: 186); Solari (2007: 241–43, 247).

31. Cortés (CCR 1522: ff. 17v–18r; 1960: 67; 1971: 110–11); Solís (1724: 75–76; 1733: 81)。

32. "很厚的木材"：Cortés (CCR 1522: f. 18r; 1960: 67; 1971: 111) (*jaulas grandes de muy gruesos maderos muy bien labrados y encajados*); FC, VIII: 44–45。"疾病"：Solís（1724: 75）关于Cortés的版本（CCR 1522: f. 18r; 1960: 67; 1971: 110–11）。

33. Zuazo in CDHM, I: 362–65; Díaz XCI–XCII (1632: ff. 66–72); CCR (1522; 1960: 51–69; 1971: 85–113); Tapia (c.1545; Fuentes 1963: 39–44; J. Díaz et al. 1988: 100–8).

34. "尸体"：Gómara in Chimalpahin version (Schroeder et al. 2010: 197); Solís (1724: 76); Díaz XCI (1632: f. 68r; 1910, II: 67 and again in CCX, 1916, V: 274; 1963 [1632]: 229–30; 1983 [1632]: 169; 2005 [1632]: 232; *les davan a comer de los cuerpos de los indios que sacrificavan*)。从"蛇"到"恶魔"：Ranking（1827: 349–50）。最后一句：例如Marshall Sahlins和S. L. Washburn 1979年在发表于《纽约书评》的文章中推测，动物园的功能和阿兹特克的人祭传统有关，因为祭祀后的尸体可以用来喂养动物，参见http://www.nybooks.com/articles/archives/1979/nov/08。

35. "传统"：Solís（1724: 76）。

36. Impey and MacGregor (1984); Findlen (1994); Johnson (2011: quote here is hers, 231)。

37. CCR (1522: f. 17; 1971: 101; 1993: 230–32) (*otras que yo le di figuradas y el les mando hacer de oro*); Russo (2011: 10–18; 22n59) 将我引向Gómara (1552: Ch. 39) 和Las Casas (LCHI Bk. 3, Ch. 121 [e.g., 1876, IV: 486]); Johnson (2011: Chs. 3, 6)。

38. "死了"：Cortés 1527年写给他父亲的信（AGI Justicia 1005, No. 1: f. 3r；下文更全面地引述了这段话）。舆图：e.g., Harris（1705）被Restall转述（2003: xiv）；儿童读物：Herman-O'Neal（2013），同时参见Solari（2007）。

39. "达尔文"：Romerovargas Iturbide (1964: 25) (*tres siglos antes que Darwin mandó organizar parques zoológicos*)。欧洲社会植物园的发展看上去是16世纪40年代自意大利开始的，但是这一过程很有可能受到了阿兹特克园林综合体描述的影响，而

且肯定不只是巧合而已（Ian Mursell的观点，参见mexicolore.co.uk/aztecs/aztefacts/aztec-pleasure-gardens；也可参阅López Lázaro 2007: 18-26）。

40. AGI Justicia 1005, No. 1: f. 4r（1527年11月23日的信，这封信在一批1531年科尔特斯与他的表亲Francisco de Las Casas往来生意有关的文件中；这封信也见于DC, I: 480；非常感谢Megan McDonie为我收集到原版AGI文件的复印件）；注意"it is booty to be gifted [es *pieça para dar*]"使用了和西班牙人形容奴隶（原住民和非洲人，从战争中掠夺而来或者购买来的）同样的术语pieza (*aqui en my [sic] casa se a criado un trigre [sic] desde muy pequeno y ha salido el ma[s] ermoso anymal que jamas se a visto porque demas de ser muy lindo es muy manso y andaba suelto por casa y comya a la mesa de lo que le davan y por ser tal me parescio que podria yr en el navio muy seguro y escaparía este de quantos se han muerto sup[lic]o a vra mrd se de a Su magd que de verdad es pieça para dar*)。

41. Solari (2007: 240, 252).

42. "顶端"：Solari（2007: 260）。大神庙：Matos Moctezuma（1987）。

43. Hajovsky（2015: 131），他对肖像画的研究成果也巩固了笔者的讨论内容（2012; 2015: 118-36）；他给这些石刻留存至今的部分都拍了照片。他认为苏马拉加主教很有可能早就着手文化毁灭行为，这比18世纪的官方行动早了好几个世纪（源自我与他2016年12月的私人通信）。整个雕塑高度超过6英尺，光是蒙特祖马的身体遗迹就将近4.5英尺。

44. 引自Hajovsky（2015: 118），他在图画丰富性研究上做了非常出彩的工作，并在自己著作中用大部分内容描述了这个主题（参见2012和2015）。我也非常感谢他慷慨地和我分享了他所作的肖像画。

45. "标志"：Hajovsky（2012: 188）。

46. Durán LII (1967 [1581], II: 398; 1994 [1581]: 389) (*por su gran valor y excelentes hechos*); Codex Tovar (Tovar c.1585); Primeros Memoriales (Baird 1993: Figs. 48-49); Gillespie (1989: 96-120); Solís Olguín (2009); Matos Moctezuma (2009); Hajovsky (2015: 23); Hassig (2016: 48-59).

47. 换句话说，这位皇帝生前的名字叫伊尔维卡米纳，在他的曾孙蒙特祖马统治期间也被叫作蒙特祖马，而进入后殖民时期的几个世纪内逐渐被称作蒙特祖马·伊尔维卡米纳；而将第二位蒙特祖马称为蒙特祖马·索科约特辛（"年轻的"）更像是人们在生者去世后发明的称呼。关于这个说法（以及相反的观点），参见Gillespie（1989: 167-70）和Hajovsky（2015: 15, 23），也可参见Hassig（2016）。加冕石如今收藏于芝加哥艺术学院，参见McEwan的Elisenda Vila Llonch和López Luján（2009: 68-69）的摄影作品和评论，也可参见Hajovsky（2015: 114-15）。

48. Durán LIV (1994 [1589]: 407); Matos Moctezuma (2009); Hajovsky (2015: 23).

49. 提佐克：Durán XXXIX-XL（1994 [1581]: 296-308）；Gillespie 1989: 16。"尼加拉瓜"：Torquemada（1614, I: 193-215, 218; Bk. 2）。

50. Berdan和Anawalt（1992）；Lorenzana复制了科尔特斯书中的贡品清单（1770：插在"第二封信"和"第三封信"之间）。《门多萨手抄本》（藏于牛津大学博德利图书馆，不过影印本都已经出版并上线），f. 15v，展示了蒙特祖马统治期间征服的村镇和城邦国（首页和背页，f. 16，展示了另外28个被征服的城镇）。这些城镇按照名字的纳瓦特尔语音节排列，神庙顶部燃烧的烈火象征着它们已被击败。左边的蓝色区域是一份年历，当中加上了西班牙人入侵后的三年，覆盖了整个西阿战争期间（1519年或"1-芦苇"年；1520年或"2-燧石刀"年；1521年或"3-房屋"年）。套索：Berdan（2009: 191）。

51. 我一直不太愿意加入关于蒙特祖马形态和个性的描写，因为它们都出自殖民时代的文献，对我来说基本上都是想象出来的。但是有一种比喻的方式来形容他的性格，这种比喻的方式我曾在有关这一话题的讲座中使用过：以下的这些形容词出自一份1522年的资料，可以较有把握地用来形容蒙特祖马：非常强壮（*gran fuerça*），勇敢的（*mucho animo*），平静的（*assentado*），虔诚的（*devoto*），诵经者（*rezador*），无论战争还是和平时期都能适应（*tuvo en la guerra buen lugar, y en paz*），非常喜欢女人（*muy dado a mugeres*），顽固而好辩（*rezio porfiando*），他穿着整齐而不过分夸张，是一个非常干净的人（*vestia mas polido, que rico, y assi era ombre limpissimo*），他非常喜欢大的房间和大的家庭（*deleitavase de tener mucha casa y familia*），他摆出一副高傲而庄重的样子（*tratavase muy de señor, y*

con tanta gravedad），当他还年幼的时候就被告知，他将会征服很多土地并会成为一位伟大的君主（*le dixeron siendo muchacho, como avia de ganar muchas tierras, y ser grandissimo señor*）。令人纠结的地方在于，所有这些都是戈马拉对于科尔特斯的描写，而不是蒙特祖马（1552: f. 139v [Ch. 252]。这些翻译出自我本人之手，对于一些少许不同的翻译，参见1964: 409），这也反映出这两位人物是多么迅速地成了"对方的怪物替身"（正如Sayre所说2005: 51），同时也暗示了更正传统叙事方式错误的一种做法是转换其中的刻板印象和叙述。

52. 关于这些预兆，以及它们在让蒙特祖马成为替罪羊的过程中扮演的角色，以及它们是如何在战争后被发明出来的证据，参见Gillespie（1989: Ch. 6）；Fernández-Armesto（1992）；以及Restall（2003: 114, 137, 183n36）；Carrasco（2000: 236–40）持的是较为怀疑的态度。

53. 直到今天：例如2005年历史频道的一期关于"科尔特斯"的节目就和传统叙事的口吻一致，节目里面蒙特祖马试图通过向科尔特斯送礼行贿的方式阻止西班牙人前进，他要求"派遣魔术师过去阻止他们"，并且命令乔卢拉的居民（Chololteca）"暗杀"他——与此同时却相信"科尔特斯是位神灵，他是不朽的，不能被杀死的"（Bourn 2005）。"规模很大的蒙特祖马的军队"：Aguilar（c.1560; J. Díaz et al. 1988: 166; Fuentes 1963: 143) (*Motecsuma, según pareció, tenía puesto el los caminos un gran ejército aunque no le vimos más de por la relación que nos fue hecha*)。

54. Tapia (c.1545; Fuentes 1963: 33; J. Díaz et al. 1988: 90) (*los desbarataran en breve y fenecieran la guerra con ellos; e así yo que esto escribo pregunté a Muteczuma y a otros sus capitanes, qué era la cabsa porque tiniendo aquellos enemigos en medio no los acababan en un día, e me respondien: Bien lo pudiéramos hacer; pero luego no quedara donde los mancebos ejercitaran sus personas, sino lejos de aquí: y también queríamos que siempre oviese gente para sacrificar a nuestros dioses*).

55. Hassig (2006: 93).

56. *Caxtillan or castillan tlaca* is used in CA: 274–77 and in the Historia Tolteca-Chichimeca (Lockhart 1993: 282–87); *caxtilteca* or *castilteca* in the Annals of Cuauhtitlan (op. cit.:

280–81）；同时参见op. cit.: 14, 21。

57. 阿兹特克历法是美索美洲那些已经使用了千年之久的、相似的诸多历法之一（例如玛雅人的历法就和"太阳历"类似）。关于这个主题的作品非常多，但是重要的著作包括Broda（1969）、Florescano（1994）和Hassig（2001a）。我发现DiCesare（2009）的作品也非常有意义。第十五月：Schwaller（参见p. 401n46）认为该节日是献给威齐洛波契特里神以及商人在节日中扮演中心角色等内容，与该节日从15世纪开始在特诺奇蒂特兰城庆祝的方式是不一样的。

58. "鹿"：FC, XII: 160。

59. FC, I: Ch. 18; II: Ch. 21; *Primeros Memoriales* (Baird 1993: Figs. 14, 21); Clendinnen (1985); Carrasco (1995; 2012: 75–77); Hajovsky (2015: 31–33).

第三部分

1. 题记来源分别为：Using the translation of Carvajal in Jáuregui (2008 [1557]: 111) (*Como! Y piensan de estorbar / que las gentes no pasasen / a las Indias a robar?*); Thevet (1676: appendix p. 78); Young (1975)。

第五章　最伟大的事业

1. 题记来源分别为：Cervantes de Salazar (1953 [1554]: 47); Robertson (1777, II: 3); Fernández de Oviedo (1959 [1535], III: 149 [Bk. XVII, Ch. XIX])。

2. Mendieta (1870 [1596]: 174–75) (*meter debajo de la bandera del demonio á muchos de los fieles... el clamor de tantas almas y sangre humana derramada en injuria de su Criador... infinita multitud de gentes que por años sin cuento habian estado debajo del poder de Satanás*).

3. Valiant Cortés: Lasso de la Vega (1588; 1594: Canto XXIII, f. 259r). 请读者原谅我对下列诗句那完全没有诗意的翻译：*Sin dar noticia alguna a Rey Christiano, / Hasta que este varon al mundo vino, / Que fue en el año mismo que Lutero, / Monstruo contra la Iglesia horrible y fiero. Saavedra*: Saavedra (1880 [1599]: 85); Martínez（1990: 107）吸引我找到这段诗句。这首诗的名字叫《印第安朝圣者》（*The Indiano Pilgrim*,

这里的Indiano指的并不是"印第安人",而是去往西印度群岛,并在那里居住、发财或者成就一番事业,最后又非常典型地返回西班牙的西班牙人——归国之后,他们有可能因此被敬称为"印第安人")。日期的问题:Torquemada(1614, I: 374; Bk. 4, prologue)。典型的例子有Nicolás Fernández Moratín的"Las naves de Cortés"(Martínez 1990: 108)和Juan de Escoiquiz的"México Conquistada: Poema Heroyca"(Escoiquiz 1798)。根据David Boruchoff的说法(2015年5月他在罗德岛的约翰·卡特·布朗图书馆所做的一份报告论文),到了17世纪中叶时,已经有超过30位天主教作家在出版物中声称科尔特斯和路德是天意般地出生于同一年的同一天。

4. "散文":Adorno(2011: 46),他一直都在热情地研究戈马拉的行程,以及这本书是如何玷污了后人的记录的;这本书被重印多次,翻译成了多种语言,在国际上非常畅销,也就是通过这种方式,"科尔特斯和戈马拉迷惑了整个世界"(出自拉斯·卡萨斯的原话,他谴责这本书充满了扭曲和编造);也可参见Roa-de-la-Carrera (2005)。随从:Las Casas(1561: f. 623v; 1951 [1561], II: 528)(来自1561 MS: *no escrivio cosa sino lo quel mismo Cortes le dixo*)。看上去更像是:Martínez Martínez(2010)强烈认为戈马拉和科尔特斯的亲密关系被夸大了,实际上和戈马拉关系密切的人是科尔特斯的儿子。

5. 原文是"*buena señal... milagro*"(Gómara 1552: f. 2v);早期的英文翻译版本则是"a myracle and good token... some sayd ye God had sente the Dove to comforte them"(1578: 4)。耶稣直到30岁的时候才开始传教(Luke 3:23),科尔特斯直到33岁的时候才将基督教带给墨西哥原住民,戈马拉有可能不是有意忽略这样的类比,而是因为如果公开挑明这一点就有可能会背上渎神的骂名。

6. Gómara(1552: f. 2r;翻译出自笔者之手,但是更为松散的翻译参见1964: 7-14)(original: *harto, o arrepentido de estudiar... mucho peso a los padres con su ida, y se enojaron... era bullicioso, altivo, traviesso, amigo de armas... era muy buen ingenio, y habil para toda cosa... determino deirse por ay adelante... mucho oro*);Gómara(1578: 2);匿名创作的"Life of Ferdinand Cortés,"于16世纪50年代写成,用了同样的逸事和主题(就像Icazbalceta所说,可能引自戈马拉)(Anonymous 1858 [1550s]; CDHM, I: 312-17)。"法文版本"指的是特维特的著作,我在这里的引文使用的

是现代的英文翻译（1676: 76）。

7. Cervantes de Salazar (1914 [1560s]: 95–96 [Bk. 2, Ch. XV]) (Fue Hernado [sic] *Cortes, a quien Dios, con los de su compañia; tomo por instrumento para tan gran negoçio... muy habil*).

8. Díaz XIX–XX (1632: ff. 12v–14r); Solís (1684, et al.); Robertson (1777, II: 3).

9. Robertson (1777, II: 4).

10. Robertson（1777, II: 3, 3–6, 6–134）；Thevet（1676: 76）（我在此处使用的是1676年的英文版，而非翻译法文版的原文）。

11. 对科尔特斯在加勒比的岁月一笔带过，并认为这一时期是他的蛰伏期，为了等待属于自己的时刻到来而学习各种必需的技艺，这是从戈马拉时代（Gómara 1552: f. 2）开始一直延续到当代的叙事传统（例如Elliott 2006: 7–8）。

12. 关于济慈十四行诗"On First Looking into Chapman's Homer"的最后四句，读者可查阅网站http://poetryfoundation.org/poem/173746。

13. 一些支持科尔特斯的资料称，他是因为帮助奥万多总督平息了一场原住民的叛乱而赢得了监护征赋制下的特权，但是当西班牙人镇压了所谓的阿纳卡奥娜（Anacaona）的反叛并在哈拉瓜（Xaragua）屠杀中将其绞死，还将其他原住民首领活活烧死，这些事件发生在科尔特斯到达伊斯帕尼奥拉一年前；至于科尔特斯"现场表演了很多有名的武器技能，提前给人们展现了他未来的力量"的说法，则没有任何证据能够证明（*ejecutó en esta campaña muchos y muy notables hechos de armas, dando yaanuncios de su futuro esfuerzo*）（佚名，1858 [1550s] in CDHM, I: 318）。

14. 哈土依：LCHI Bk. 3, Ch. 25；有很多其他的来源。"肥胖"：这一点也的确反映了1519年开始后的数十年间乃至这两人去世后的很长时间内，因为两个派系之间的争执而引发的各种诽谤言论。引自无名氏1858[1550s] in CDHM, I: 320 (*por su obesidad*)，也可参见Thomas（1993: 75–80）。

15. 腿伤：Cervantes de Salazar (1914 [1560s]: 98 [Bk. 2, Ch. XVI]); Thomas (1993: 132); Duverger (2005: 98)。"探险"：戈马拉并没有在他的《征服墨西哥》一书的开篇描述那些科尔特斯很明显缺席的战役，而是用另外的一本名为《印第安人的历史》（*La Istoria de las Yndias*）单独描写它们（1552b: ff. 18–26）（有些出版商将这两本书打包一同售卖）。有关18世纪时西班牙人在1504—1518年间活动的描写（当时科尔特斯还在加勒比地区，缺席了上述的大部分活动），参见Prévost（1746–59, XII [1754]: 132–251）和Robertson（1777, I: 177–245），这两本书大部分都基于戈马拉和埃雷拉的作品（后者的描写都在Dec. I, Libro VI和Dec. II, Libro III里面，e.g., Herrera 1728: 129–217）。一些来自AGI的原始来源参见CDII, I: 1–365，包括"监护征赋制"，给西班牙定居者分配伊斯帕尼奥拉群岛上的原住民居民群落等。也可参见Fernández de Oviedo（1959 [1535], I: Bks. I-V; II: Bks. XVI-XVIII）。关于现代学术报道，见Mira Caballos（1997）；Livi Bacci（2008）和Stone（2014: 128–207; 2017）。《美洲旅行者》：佚名（1741）；该书的第二页或者内题页（p. 97）上有一幅雕版画，上面是年轻的、蓄满胡子的科尔特斯，他全副武装但却戴着一顶软帽并拿着军棍。这幅图被用作《美洲旅行者》的卷首插图，该书于1741年在伦敦出版。

16. "尼加拉瓜"：Berry and Best（1968: 123）。科利斯：Collis（1954: 23–24）。

17. 奥丘拉：DCM: #720; WWC: 99–100; Schwaller and Nader（2014: 236–37）；"阿尔瓦拉多兄弟"：本条注释引用的著作里面包括了很多传记性质的细节描写，但是读者最好是从DCM: #s40–44开始阅读；贝穆德兹：DCM: #130; WWC: 169; Schwaller和Nader（2014: 193）；索普尔达：DCM: #969; WWC: 237; Schwaller和Nader（2014: 196）。

18. Mira Caballos（1997: 391–99）；Livi Bacci（2008）；Stone（2014；"印第安人"的"收成"包含在这篇论文的标题之中；2017）；Reséndez（2016: 34–45, 325）。来源文献包括AGI Contaduría 1017，当中包含将被奴役的泰诺人从伊斯帕尼奥拉拢掠至哥斯达黎加的详细描写（在此我非常感谢Scott Cave所做的引用和总结）；其他数不尽的引用参见ENE, I。

19. Gómara（1552: f. 3v; 1964: 13）(*Diego Velazquez temio por ver le armado, y a tal ora. Rogo que le cenasse, y descãsasse sin recelo; su amigo y seruidor; Tocaronse las manos por amigos, y despues de muchas platicas se acostaron juntos en una cama. Donde los hallo la mañana Diego de Orellana, que fue al ver el gouernador y al dezir le como se*

auia ido Cortes).

20. Gómara (1552: f. 3v; 1964: 14) (*Por semejantes peligros y rodeos corren su camino los muy escelentes varones hasta llegandoles esta guardada su buena dicha*); Madariaga (1942: 66).

21. 参见本书插图中的"科尔特斯以智取胜"（"Cortés Outwits"）和"科尔特斯拒绝接受"（"Cortés Renounces"）。"科尔特斯以智取胜"的变体版本在许多版本的科尔特斯故事里面都有重复（例如Abbott 1904 [1856]: 47）。这个形象来自Dalton（1862: 61）。

22. Gómara (1552: ff. 5r, 3r, 56r, 57r; 1964: 19, 12, 192, 196) (*el era demasiado mugeril; muy enojado de fernando Cortes; etaua mal anojado e indignado*). 迪亚斯（1632; etc.）在自己的著作里经常提到委拉斯开兹——以厌恶或者批评的方式；的确他一直都站在委拉斯开兹一派的对立面（正如迪维尔热所指出的那样，他一直都认为科尔特斯是迪亚斯作品的影子作者；2013: esp. cf. 191）。

23. 第一、第二段引文分别来自：LCHI Bk. 3, Ch. 27（1561: f. 624r–v; 1951 [1561], II: 528–29）。第三段引文来自：LCHI Bk. 3, Ch. 21 (1951 [1561], II: 506) (*era muy gentil hombre de cuerpo y de rostro, y asi amable por ello; algo iba engordando, pero todavía perdía poco de su gentileza; era prudente, aunque tenido por grueso de entendimiento; pero engañólos con él*); Bk. 3, Ch. 27 (1561: f. 624v; 1951 [1561], II: 529).

24. Martínez in DC, I: 45n1; Thomas (1993: 75–78); Mira Caballos (1997); Stone (2014: 91–98, 135–44). 阿纳卡奥娜是在她的家族和随从遭到屠杀后被绞死的，罪魁凶手是由奥万多率领的探险队，不过这支队伍里委拉斯开兹却扮演主导者角色。名义上哥伦布的儿子迭戈·科隆仍然是古巴总督，委拉斯开兹是副总督，但是科隆已于1515年返回西班牙，因此无法行使任何权力。委拉斯开兹和丰塞卡的姻亲关系是戈马拉声称的（1964 [1552]: 327）；Elliott（1971: xiv）接受了这种说法，但是托马斯却称其是一个"热带笑话"（委拉斯开兹一厢情愿的想法），同时也详细叙述了这两个人之间的私人和庇护关系（1993: 78, 84, 115, 136, 337）。

25. 奴役：化用自Reséndez（2016: 42）。伤口：Gómara（1552: 3v; 1964: 14）(*iendo por indios; discubrio a Yucatan; aun que no truxo sino heridas del descubrimiento, traxo*

relacion como aquella tierra era rica de oro, y plata, y la gente vestida）。这一概述在接下来的数个世纪内被不断地重复，相互之间只有些许的不同（e.g., Solís 1684: 13 [Bk. I, Ch. V]）。尤卡坦的地名源于玛雅人与来到科苏美尔岛上的西班牙人对话时的发音ma natic a than，即"我们不懂你们的语言"，或者"我们不懂你们在说什么"；抑或如方济各会修士Diego de Landa所说的那样，*ci u than*，"有趣的谈话"或者"滑稽的语言"（参见Restall et al., n.d.，或者Landa任何一个版本的*Relación de las cosas de Yucatán*）。

26. 胡安·迪亚斯的著作首版于16世纪20年代，见于CDHM, I: 282–308（有西班牙文和意大利文两个版本，后者是目前存世的最早版本），参见Díaz等（1988: 37–57）（西班牙文版）和Fuentes（1963: 5–16）（有个较为泛泛的英文译本）。16世纪20年代的意大利文和拉丁文版本见于JCB，也可参见Martyr d'Anghiera（1521）。

27. 嗤之以鼻的：CDII, XXVII: 307（托马斯也曾引用过1993: 114）。"落下了泪"：Gómara（1552: f. 4r; 1964: 15）（*llorava por que no querian tornar con el*）。"傻瓜"：Juan de Salcedo曾被派往圣多明哥，贡萨洛·德·古兹曼和贝尼托·马丁曾前往西班牙（Thomas 1993: 97，引述自Díaz；参见XVII）。先遣官：参见第二章中关于本术语的介绍。

28. 岛屿：巴斯克斯·德·塔皮亚在多年之后写书称，他们"收到了有关这座伟大的墨西哥城市的消息（*tuvimos noticia de la gran ciudad de México*）"（Díaz等，1988: 133），但是他肯定是如马后炮般地把这些细节强加进了1518年的西班牙人意识里面；胡安·迪亚斯的记载更为可靠，他的书中指代的并不是一片内陆，而是一系列的岛屿，其中最大的即尤卡坦和乌鲁亚。小岛乌鲁亚（至今仍叫这个名字）正对着今天的韦拉克鲁斯［1519年那个最早的韦拉克鲁斯在1521年的时候迁移到了一个新的地点，如今被称为拉安提瓜·德拉·韦拉克鲁斯（La Antigua de la Vera Cruz），到了1599年时迁移到今天的位置；关于"三个韦拉克鲁斯"更为引人入胜的介绍，参见Myers 2015: 39–76］。胡安·迪亚斯修士：Díaz in CDHM, I: 306–7 *(habitan en casas de piedra, y tienen su suyes y ordenanzas, y lugares públicos diputados a la administración de justicia); Díaz? [anon.] 1972 [1519]; Martyr d'Anghiera (1521: 32). Handcrafted: Gómara*（1552: f.4; 1964: 15–17）。一点关系都没有：关于"委拉斯开兹让征服墨西哥成为可能，但是科尔特斯却占据了所有的功劳"的说法可以想见地在委拉斯开兹的请愿书和诉讼书中被重复了很多次。费尔南德斯·德·奥维耶多也指出了这一点（参见本章题记部分）。托马斯（1993: 97–115）总结说格里哈尔瓦的探险时，有很明显地引述之前的贝尔纳尔·迪亚斯（VIII）、胡安·迪亚斯和巴斯克斯·德·塔皮亚等人的作品，也可参见Solís（1684: 14–26 [Bk. I, Chs. V–VIII]）。有关埃尔南德斯和格里哈尔瓦探险的简短的想象式的总结（当中有关于玛雅人祭祀的虚构想象），参见Ogilby（1670: 76–79）。

29. "贪婪"：Gómara（1552: f. 5r; 1964: 19）（*Tenia poco estomago para gastar, siendo codicioso*）。巴尔塔萨和另外两位贝穆德兹家族的成员奥古斯丁和迭戈也加入了队伍：迭戈战死，剩下的两位于1520年返回古巴（DCM: #s129–130; Thomas 1993: 450; WWC: 169; Schwaller and Nader 2014: 193）。"忠诚"：匿名作者（1741: 391）。"热情"：Solís（1684: 27 [Bk. I, Ch. IX]）（*un hombre de mucho corazon, y de poco espiritu*）。

30. 参考DCM；WWC中的人物传记和索引；Schwaller和Nader（2014: 160–240）。

31. "嫉妒"：Robertson（1777, II: 6–8）。"人格"：Palomera（1988: 28）的讨论几乎完全基于迪亚斯的著作（1632; etc.）（Palomera's original: *la personalidad superior de Cortés*）。

32. Ogilby (1670: 90). 关于现代作家们对加雷事件的简介，参见Thomas（1993: 583–85）；Duverger（2005: 263–65）。关于纳瓦埃斯的探险：AGI Patronato 180, ramo 2。

33. 1520年的证词参见DC, I: 170–209。这四位官员分别是Alonso de Estrada, Gonzalo de Salazar, Rodrigo de Albornoz和Pedro Almindez Chirinos。

34. "邪恶"：CCR（Letter of October 15, 1524; 1960: 202; 1971: 332）（*pienso enviar por el dicho Diego Velázquez y prenderle, y preso, enviarle a vuestra majestad; porque cortando la raíz de todos males, que es este hombre, todas las otras ramas se secarán*）。
"坟墓"：Elliott (1971) in Cortés (1971: xxxvi)。本人关于科尔特斯和委拉斯开兹之间恩怨的总结很多来源于艾略特的著作（1971），也可参见Duverger（2005: 227–29, 269–70）。关于庞塞·德·莱昂和科尔特斯，参见AGI Patronato 16, no. 1, ramo 4 (first item, 1526)。

35. 科尔特斯的父母：Martínez Martínez（2006）。和这场争执相关的很多档案资料都见于AGI Justicia 49（Velázquez residencia）和220–225 (RC, or Cortés residencia); México 203 (conquistador probanzas etc.); AGN Hospital de Jesús; DC, I: 91–101, 129–209; and II。

36. "兄弟"：安第斯混血族人Guaman Poma在1615年写过安第斯人对于征服者的态度（引自Lamana 2008: 34）；我并不是想说美索美洲人和安第斯人的态度是一样的，而是说在美洲的西班牙人的观点是一样的。

37. 此处前后段落中关于征服者团伙的叙述来源于多种文献里记载的细节，包括CCR; Díaz (1632); DCM; Thomas (1993; WWC)，但尤其是Schwaller和Nader（特别是2014: 119–44）。

38. DCM: #975; Díaz CXCV (1632: f. 224v; 1916, V: 142; 2005, I: 723–24); Thomas（1993: 626–27，关于波多黎各卡雷罗和科尔特斯的亲属关系）；Gardiner（1961）；Scholes（1969）。尽管发生了劫掠，西班牙王室得到了自己的一部分，但是桑多瓦尔的父母也获得了超过8000金比索（足够他们整个晚年都能过上富足的生活）——这些桑多瓦尔通过监护征赋制收入和淘金等取得的战利品，都是以原住民的无偿劳动为代价取得的（AGI Patronato 65, no. 1, ramo 19: ff. 1–23，这是1562年桑多瓦尔的一个侄子给他开的验收证明；AGI Justicia 1005, no. 2, ramo 2，这是1532年的一份诉讼书，也是科尔特斯那位被谋杀的表亲罗德里戈·德·帕斯数不清的财产处置的文件之一，此人和桑多瓦尔家族有牵连。可以参见Justicia 1017，里面的文件很多，但尤其要注意no. 5 [1530]; Scholes 1969: 198）。

39. 安德烈斯·德·塔皮亚和他的亲戚贝尔纳迪诺·巴斯克斯·德·塔皮亚以及阿隆索·德·塔皮亚以及许多其他征服者一起，与科尔特斯共同出资，于1524年在蒙特祖马的动物园的原址上修建了方济各修道院（NCDHM, I: 187–93）。

40. 同乡和亲属关系把委拉斯开兹一派团结在一起，这一点也适用于其他派系：还有一些来自奎利亚尔的征服者没有参与西班牙—阿兹特克战争，但是在更大范围的历史事件中发挥了作用，他们是贝穆德兹团伙成员之一的胡安·德·格里哈尔瓦（该团伙的成员有的在墨西哥战斗，有些人没有参与）、胡安·德·奎利亚尔；"红胡子"潘菲洛·德·纳瓦埃斯来自纳瓦尔曼扎诺（Navalmanzano）附近的村庄（Thomas 1993: 151）。关于奥尔达斯：AGI Patronato 150, 5, 1; Justicia 712 (old citation; Otte 1964)。

41. Elliott (1971) in Cortés (1971: xxxvii).

42. DC, IV: 267-70 (*Pensé que el haber trabajado en la juventud, me aprovechara para que en la vejez tuviera descanso, y así ha cuarenta años que me ocupado en no dormir, mal comer y a las veces ni bien ni mal, traer las armas a cuestas, poner la persona en peligros, gastar mi hacienda y edad, todo en servicio de Dios, trayendo ovejas a su corral muy remotas de nuestro hemisferio... sin ser ayudado de cosa alguna, antes muy estorbado por nuestros muchos émulos e envidiosos que como sanguijuelas han reventado de hartos de mi sangre... por defenderme del fiscal de Vuestra Majestad, que ha sido y es más dificultoso que ganar la tierra de los enemigos... no se me siguió reposo a la vejez, mas trabajo hasta la muerte... no es a culpa de V. M.... magnánimo y poderoso rey*)。"首相"（他使用了很多头衔名称，我在这里用英语的惯用说法进行了简化）指的是弗朗西斯科·德洛斯·科沃斯（Francisco de los Cobos，他写道*No hay que responder*）。

43. 普雷斯科特对1544年信件节选的翻译（1994 [1843]: 640-41）让科尔特斯显得比实际中更为雄辩（大多数科尔特斯作品的翻译都会产生这种效果）。其他人可能会联想到普雷斯科特对于1544年那份请愿书的文学化解读，例如Madariaga（1942: 391, 393, 473-82），他将自己传记的最后一部分起名为《自我征服》（"Self-Conquest"），开篇章节名为《征服者被自己所征服的事物征服了》（"The Conqueror Conquered by his Conquest"），结尾是《可怜的科尔特斯！》（"Poor Cortés!"）。

44. "典型"：Clendinnen（1991b: 62）；她在作品中对科尔特斯那"控制自己和他人的热情和才华"表现出既赞赏又批判的态度（60）。"作品"：参见前述注释中引用的请愿书里对科尔特斯的描写（DC, IV: 268）（*esta obra que Dios hizo por mi medio es tan grande y maravillosa*）。"练习"：我在这里引用和化用了艾略特关于科尔特斯的说法（基于比喻的目的，可能不是很准确）（1971: xii）。

45. 酒店：Myers（2015: 67）。

46. 很有可能……知道：胡安·庞塞·德·莱昂曾于1513年从佛罗里达返回古巴的途中在墨西哥或者尤卡坦的海岸偶然停留；1515年，一位巴拿马的西班牙法官声称自己曾在翻译的帮助下和一位受过教育的美索美洲商人或者逃犯交谈过（Thomas 1993: 57），因此很有可能这些信息和知识也是通过同样的方法在16世纪的第一个十年抵达特诺奇蒂特兰。早在埃尔南德斯·德·科尔多瓦1517年远征的时候，坎佩切（Campeche）南部的玛雅人就已经和这些新来者们（他们自称卡斯蒂兰人）很熟悉了，因为当远征队靠近的时候，这些玛雅人会喊出"卡斯蒂兰人！"（出自Díaz III; 1908, I: 19）。

47. "等待中的"：Gruzinski（2014: 76）。

48. 6月20日的请愿书被Schwaller和Nader发现并出版（2014），此处的讨论主要资料来源便是基于此；引文段落为作者本人对副本和抄本的翻译（70-71），但主要还是归功于上述二人的翻译（103）。另外两份分别写于1519年7月第一周内和7月10日的文件见于DC, I: 77-85和Cortés（1971: 3-46）。

49. AGI Indiferente General 145, I, legajo 15: f. 1r; DC, I: 102 (*cuatrocientos hombres... poblaron allí... una villa... y así poblada, la dicha gente eligieron e nombraron entre sí alcaldes e regidores e otros oficiales del Consejo y nombraron al dicho Hernando Cortés por gobernador e justicia mayor de la dicha tierra*).

50. Díaz XLII（1908, I: 156）（"*Tu me lo ruegas y yo me lo quiero*" Maudslay将这句话注释为"You are very pressing, and I want to do it" and as "You ask me to do what I have already made up my mind to do" by Prescott 1994 [1843]: 165）。

51. LCHI Bk. 3, Ch. 115 (1876 [1561]: 453–54; 1971 [1561]: 229–30, quote); Bk. 3, Ch. 123 (1971: 243–45, on Vera Cruz).

52. Ogilby (1670: 258–59).

53. CCR (1522; 1960: 32–33; 1971: 51–52) (*tuve manera como, so color que los dichos navíos no estaban para navegar, los eché a la costa por donde todos perdieron la esperanza de salir de la tierra; se me alzarían con ellos; ver los pocos españoles que éramos; por ser criados y amigos de Diego Velázquez*). 现代西班牙语中缺少criado这个词的同类词，我在此将其翻译为"依附者"（dependent），它有时也被翻译为

"仆人"（servant）；现代早期英语中，它的同义词是"物种"（creature）。也可参见本书插图中的"科尔特斯下令"。

54. "令人称道的"：Prescott（1994 [1843]: 186）。"不愿意"：Gómara（1552: Ch. 42; 1964: 90）。"英雄的"：Díaz LIX（1908, I: 210）；唱：Sessions（1965: 14–16, 4）。"英雄"：Filgueira Valverde（1960: 93–94）（*Las palabras del capitán encendieron fulgores de triunfo y de codicia sobre las pavesas de los rotos maderos. Hízose esperanza de la desesperación. Y todos se sintieron barro de historia, moldeado por las manos fortísimas de un Héroe*）。"片段"：Gardiner（1956: 28）也注意到了随着时间的变化，文献资料中描述的科尔特斯的行为越发的夸张，并引用了很多早期的编年史和研究资料。

55. 在我之前的许多人：Gardiner（1956: 29）将该虚构的源头追溯到了Suárez de Peralta（1949 [1589]）；Elliott（1989 [1967]: 41）注意到一位西班牙历史学家（指F. Soler Jardón）的说法可能是对的，即塞万提斯·德·萨拉萨尔在1546年虚构了这种说法，目的是强调经典的类推法，后来才改成了船只搁浅的版本（1914 [1560s]: 180–82 [Bk. 3, Ch. XXII]）；Thomas（1993: 223）认为塞万提斯·德·萨拉萨尔在征服者证词中可能把quebrar误读成了quemar（前者的意思是"毁坏"，后者的意思是"焚烧"）。也可参见Restall的论述和更多引用（2003: 19, 166n63–65）。尤利安：尤利安在公元363年发动一次东征行动前烧毁了一千多条船，将这一事件与科尔特斯进行类比是普雷斯科特（1994 [1843]: 186）想出来的，并且在之后重复了很多次。数个世纪的编年史作家：Gardiner（1956: 30n38）引用了一系列的文献资料，从拉斯·卡萨斯，到莫托利尼亚、埃雷拉，从索利斯和克拉维杰罗，到班克罗夫特（Bancroft）和阿拉曼，但是更早期的文献来源于戈马拉，参见Gómara（1964: 89–91），事实上他承认自己撰写这一片段的目的是模仿"像奥米奇·巴巴罗萨 [Omich Barbarossa] 这一类伟大人物的功业"；Aguilar（Fuentes 1963: 138–39）；Tapia（1963: 25–26）；Cervantes de Salazar（同上，他坚持说科尔特斯的功绩超过了巴巴罗萨，帮助戈马拉让世人相信他的虚构是事实）；以及Díaz LVII–LX（1908, I: 206–15）。

56. 埃斯卡兰特：Gómara (1964: 91) and Díaz LVII–LVIII (1908, I: 208–9)。拉科鲁尼

亚：April 29, 1520 (AGI Patronato 254, no. 3, 1, ramo 1; MacNutt 1909: 112-13)。"无
法航行"：Tapia（1963: 26）。"知识"：Díaz LIX（1908, I: 210）。

57. Bourn (2005).

58. 马基雅维利式的：Mizrahi（1993: 107）；Carman（2006: 49-50）；他们两位
都引用了那些认为科尔特斯是马基雅维利主义者的学者的作品。"华丽的"：
Clendinnen（1991b: 54）关于"会面"的描写。

第六章　主要的劫掠者

1. 题记引言分别出自：Thevet (1676: 77); Las Casas, LCDT: 307 (León-Portilla 2005
[1985]: 18 led me to this passage) (*Tan pronto pudo entender el rey Moctezuma nuestro
idioma como para comprender las estipulaciones de ese citado primer salteador, en las que
se les pedia la renuncia al reino o la cesión de todo su estado real? No es verdad que sólo
son válidos aquellos contratos en que las partes contratantes de entienden mutuamente?*);
Krauze (2010: 69) (*una misteriosa convergencia los unió desde el primer momento:
querían pensarse, descifrarse mutuamente*)。

2. 以蒙特祖马之死为主题或者为重心的剧作和文学作品不胜枚举（在"会面"之后，
皇帝的死和"悲痛之夜"可能是最常见的故事重点了），但是以一本书的长度就这
一主题进行专门研究的著作中，典型的便是Romero Giordano（1986）（也可参阅本
章稍后部分对于以蒙特祖马为主题的歌剧的介绍）。

3. CCR（1522: f. 20v; 1960: 79; 1971: 132）（*Y el dicho Mutezuma, que todavía estaba
preso, y un hijo suyo, con otros muchos señores que al principio se habían tomado, dijo
que le sacasen a las azoteas de la fortaleza y que él hablaría a los capitanes de aquella
gente y les harían que cesase la guerra. Y yo le hice sacar, y en llegando a un pretil que
salía fuera de la fortaleza, queriendo hablar a la gente que por allí combatía, le dieron una
pedrada los suyos en la cabeza, tan grande, que de allí a tres días murió*）；与前一个段
落中"碉堡"（*la fortaleza*）的引用相同。

4. Ogilby (1670: 89). 同样地，在杰梅利的笔下，"印第安人"用力地投掷了"很多
的石头和箭"，造成了蒙特祖马"头部、胳膊和腿部多处受伤，他不久便死了"

（1704: 560）。关于蒙特祖马的死亡有很多种讨论，当我试图基于自己阅读的文献向读者呈现一种观点的时候，我觉得下列作品对我在很多方面大有裨益，即MacNutt（1909: 266-71）；Hassig（2006: 113只有一段，但是215n21-22列举了十多种时间更早的资料）；Johansson（2010）；Castañeda de la Paz（2013: 339-43）；Graulich（2014: 450-59）。

5. Solís (1724: 206-12; quote on 211). 这一认为阿兹特克人把蒙特祖马叫作"娘娘腔"（"effeminate [*afeminado*]"）的说法最早可以追溯至Torquemada（1614, I: 543-44; Bk. 4, Ch. 70; "*bellaco afeminado, nacido para texer, y hilar, essos perros te tienen preso porque eres una gallina*"）、Ixtlilxochitl（1985 [c.1630]: 226, 229），一直到Cervantes de Salazar, 1953 [1554]; 1914 [1560s]: 478 [Bk. 4, Ch. CXII], Torquemada抄袭了他的说法，删去了"鸡奸者"（"sodomite" [*cuilón*]）和"你是他们的侍妾"（"you are their concubine" [*te tienen por su manceba*]; op. cit.: 481 [Bk. 4, Ch. 114]："他是你的小老婆" [*fué vuestra manceba*]）等侮辱之词；参见Castañeda de la Paz（2013: 339-40）和Graulich（2014: 453-54）。

6. Escoiquiz (1798: II, 255) (*la funesta Piedra; le abrió sangrienta herida*). 关于这一论断，有个有趣又稍有不同的版本来源于拉斯·卡萨斯，他在自己作品的空白部分评论说，人民是无法被迫接受一个身处远方的统治者的，这也是为何阿兹特克人要朝蒙特祖马丢石头的原因（LCDT f. 69; 1958: 178-79; JCB中的MSB中的旁注）。当然，这种说法又和他在其他地方的说法相矛盾，即认为科尔特斯是通过窃取的手段而非合法地征服或者接受蒙特祖马赠予的方式得到了墨西哥。也可参见本章章前插图"一个悲哀的结局"。

7. Robertson (1777, II: 90-91).

8. Dryden (1668 [1667]: 64); Cervantes de Salazar (1914 [1560s]: 478-79 [Bk. 4, Chs. CXII-CXIII]) (*ni quiso comer ni ser curado... el corazón se me hace pedazos... tú no tenías herida para morir della; mueres de pesar y descontento*); Herrera (Dec. II, Bk. X, Ch. 10; 1728: I, 476-77); Díaz LXXXVIII-CXXVII (1632: ff. 65-105; with death in CXXVI-CXXVII). 到今天：例如托马斯认为西班牙人"不太可能"对蒙特祖马的死负责，后者"要么拒绝接受治疗，要么根本不想活得长久"（1993: 402, 404）。

9. 关于阳台上的蒙特祖马类似"戴荆冠的耶稣"的图像描绘，可参见1698年《征服墨西哥》（*Conquest of Mexico*）场景32–33中，冈萨雷斯兄弟用油彩和珍珠母所作的画作：原图位于马德里的普拉多国家博物馆，复制品则有很多（例如Alcalá and Brown 2014: 41）。关于某位艺术史学家暗示17世纪屏风（*biombo*）里夸乌特莫克是率先向蒙特祖马投掷石块的阿兹特克人这一说法，参见Mundy（2011a: 166–67）。

10. Sessions (1965: 446–71, quotes on 450, 465–66, 471). 作品完成于1962年，剧本和音乐分别由Borgese和Sessions创作，该歌剧1964年首演于柏林。该作品是现代歌剧零星地向科尔特斯和蒙特祖马主题回归的系列作品的一部分，在此之前的著名作品来自维瓦尔第（1733年，意大利语），另有其他人（按照年代顺序）如：Karl Heinrich Graun（德语），Francisco di Majo（意大利语），Agustín Cordero（西班牙语），Josef Mysliveček（捷克人，剧本则由一位意大利人创作），Giovanni Paisiello（意大利语），Antonio María Gasparo Sacchini（意大利语），Nicola Antonio Zingarelli（意大利语），Fermín del Rey（两部歌剧，都是用西班牙语创作），Giuseppe Giordani（意大利语），Mariano de Bustos（西班牙语），Marcos Antonio Portugal（作者是葡萄牙人，用意大利语创作），Gaspare Spontini（法语，1809年），Henry Rowley Bishop（英语），Ignaz Xavier Seyfried（德语），Giovanni Pacini（意大利语），Ignacio Ovejero（1848年，西班牙语）。我猜想，上述的这份名单只是其所处的年代里有关这一主题的一小部分作品。关于上述作品的某些细节，参见Subirá in EC: 105–26。

11. Acosta (2002 [1590]: 3); Durán LXXVI (1994 [1581]: 545); Tovar (1878 [1585]: 144–45) (*y no faltó quien dijo que porque no le viesen herida le habían metido una espada por la parte baja*); Ixtlilxochitl (1985 [c.1630]: Ch. 88); Thevet (1676: 77, "brains"); Chimalpahin (1997: 158–59). "趁着夜色"：引自Johansson（2010）。《蒙特祖马手抄本》：这张带有纳瓦特尔语文字的图片（藏于墨西哥城的国家人类学和历史博物馆）存在于这本16世纪的手抄本中，它一直被解读为蒙特祖马被扼死或者——关于一位死在地上且腰间裹布的阿兹特克人——被西班牙人用剑捅死的象征。尽管有关这位皇帝是如何死亡的结论可能是准确的，但是这幅画所传递的信

息更像是表明，蒙特祖马已经是西班牙人的阶下囚的处境（这一点和其他殖民时代手抄本中的图画类似，如*Lienzo de Tlaxcala*展示了西班牙人用一条绳子或者锁链控制住了蒙特祖马，而这位阿兹特克人的领袖正站在屋顶上讲话）。

12. Chavero关于Muñoz Camargo的脚注 (1892 [1592]: 217 [Bk. II, Ch. VI]) (*no es cierto que Moteczuma muriera de la pedrada: está bien comprobado que lo mandó matar Cortés*); Romerovargas Iturbide (1964: 20) (*fue asesinado por los españoles*)。

13. 参见本书插图，出自《佛罗伦萨手抄本》中的"火葬"（"Burned"）；Johansson（2010）。

14. 参见本书插图"火葬"，出自《佛罗伦萨手抄本》XII: ff. 40r, 41r; Magaloni Kerpel（2003: 34-42）。蒙特祖马与基督之间的联系又引出了另一个矛盾之处，即这位皇帝究竟是"已经受洗，以基督徒的身份去世"，还是相反？这个疑问Muñoz Camargo在400年前就已经提了出来（1892 [1592]: 217 [Bk. II, Ch. VI]）（*fué bautizado y murió cristiano*）。尽管从Torquemada（1614, I: 544; Bk. 4, Ch. 70）到MacNutt（1909: 270）以及Castañeda de la Paz（2013: 341-42）都持肯定态度，但是这样的说法几乎可以是证伪的，不过显然这个疑问也将仍然成为世人持续讨论的话题。

15. 很多作品对行凶者有相应的讨论，较有代表性的作品包括LCHI Bk. 3, Ch. 25; Lamana（2008: 92-95）；Restall和FernándezArmesto（2012: 23）。

16. AGI Patronato 55, no. 3, ramo 4; PRT: 104-9. 上述引文段落出自f. 4r（PRT: 108）（*los truxo e guyo e amparó por todos los camynos por do benyeron, hasta entrar en esta çibdad de Mexico con muchas astuçias e maneras para que no los mataron los pueblos que estaban por los camynos, los quales estaban alborotados con la venida de los dichos cristianos*）。Vi llella（2016: 83-84）让我注意到这份存于PRT的文件（这是一本研究贯穿18世纪的阿兹特克王朝婚姻传统的专著）；op. cit.: 84, 94, 153是关于Itztlolinqui；这份1556年写给国王的信件参见ENE, XVI: 64-66 and PRT: 199-200（*húmilmente suplicamos V.M. nos señale al Obispo de Chyappa don fray Bartholomé de las Casas para que tome este cargo de ser nuestro protector... por los muchos agravios y molestias que reçebimos de los españoles por estar entre nosotros y nosotros entre ellos*）。请注意，

这里有一张存在于如今已经佚失了的、很有可能是伪造的《卡尔多纳手抄本》（Codex Cardona）中的伊兹特洛林奇头像画（Bauer 2009: 91）。

17. AGI Patronato 55, no. 3, ramo 4: f. 19v; PRT: 104（*como a esclavos... muchos açotes, palos y coçes y teniendonos en cárceles, çepos y cadenas como a los mayores captivos del mundo*）；该简报理论上是给夸乌波波卡特尔的美德证明（*probanza de mérito*），当中有证据（*información*）（ff. 3–18）支持伊兹特洛林奇的请求（ff. 1–2, 19）。

18. 夸乌波波卡特尔，在殖民时代的文献中被称为夸乌波波卡（Quauhpopoca or Quaupupuca），一直以来人们都把他和奎乌波波卡（Qualpopoca）弄混（后者在特诺奇蒂特兰的"虚假抓捕"中被活活烧死，我们后续将会讨论）；见Pagden的Cortés（1971: 469n43）；见卡卡马：Ix13: 21; Hassig（2006: 100）；见伊希特利霍奇特尔的游记：Ixtlilxochitl（1985 [c.1630]: LXXX）。

19. AGI Patronato 55, no. 3, ramo 4: ff. 6r, 9r, 13v–14r, 16v, 11v–12r; PRT: 110, 113, 118, 120, 115–16 (I changed Tlilançi to Tlilantzin: *los puso en salbo en esta dicha ciudad de Mexico sin peligro ni riesgo nynguno y esto que lo sabe porque lo bido; Atenpenecatl: ques la mytad del camino desde la Beracruz a esta çibdad... el dicho Quaupupuca traya a los dichos cristianos por buenos caminos y los guardón hasta metelos en salvo en esta dicha çibdad*; I changed Gueytecoçi to Hueytecotzin: *muchas flores... quando el dicho Quaupupuca entró a ver el dicho Monteqsuma le echó las dichas flores delante*. I changed Guytecotle to Cuitecotle: *presente a la plática... sus mantas... le dio un collar de margaritas*).

20. 笔者关于纳瓦人对西班牙人的观念的评论都要归功于Lockhart（1993: 16–21）。

21. Clendinnen（1991b: 63）。

22. CCR（1522; 1960: 39; 1971: 62）(*maté mucha gente; ... en otro pueblo tan grande, que se ha hallado en él, por visitación que yo hice hacer, más de veinte mil casas, y como los tomé de sobresalto, salían desarmados, y las mujeres y niños desnudos por las calles, y comencé a hacerles algún daño*).

23. 关于特拉斯卡拉人派系政治斗争，参见Hassig（2001b）；关于三方联盟，参见Hassig（1988）、Carrasco（1999）和Lee（2014）；关于"阿兹特克帝国只是名义上存在"，以及"大部分都是埃尔南·科尔特斯以及受到他启发的历史学家编造出来的"是该争论的一个例子（"所以，是'墨西卡帝国'？——还是摇摇欲坠的纸牌屋？……也许某天会出现一个名副其实的帝国"），参见Gruzinski（2014: 14–16）。

24. 笔者关于9—10月间发生的一系列事件的讨论主要基于Hassig（2006 [1994]: 128–40）和Ixtlilxochitl（1985 [c.1630]: 248–59 [LXXXV–LXXXVII], "invention" quote on 251）（*fue invención de los tlaxcaltecas y de algunos de los españoles*）。征服者的作品包括塔皮亚和阿吉拉尔（参见Fuentes 1963: 33–37, 143）。从探险到"会面"的历史，传统叙事的早期作品有Díaz VIII–LXXXVII（1632: ff. 6–65）和Torquemada（1614, Bk. 4）。

25. 参见第四章中有关动物园是"地狱"的引述和注释。

26. 关于"虚假战争"和*drôle de guerre*的起源，维基百科英文版和法文版的注释条目非常精彩（字面意义上，"funny war"是因为一位法国记者误认为"phoney"是"funny"的意思）。难怪这个词从20世纪40年代开始被用在了其他地方，但我不知道它还应用于西班牙—阿兹特克战争的这段插曲之上。

27. Vásquez de Tapia (1546 in J. Díaz et al. 1988: 143) (*Otro día, entramos en México y estuvimos en él ocho meses, poco más o menos, hasta la venida de Pánfilo de Narváez, en el cual tiempo pasaron grandes cosas que, por no alargar, las dejo*).

28. CCR (1522; 1960: 32; 1971: 50) (*lo habría, preso o muerto, o súbdito a la corona real de vuestra majestad*). 科尔特斯声称自己抓捕蒙特祖马的原因，是对征服者来说，抓住原住民的首领并将他们囚禁是标准操作。过去我曾受此误导，以为不仅西班牙人的队长想要这么做，而且他们也确实在特诺奇蒂特兰这么做了（Restall 2003: 25）。

29. Abnett (2007: 6–7).

30. CCR (1522; 1960: 60; 1971: 99) (*todos juntos y cada uno por sí prometían, y prometieron, de hacer y cumplir todo aquello que con el real nombre de vuestra majestad les fuese mandado; acudir con todos los tributos y servicios que antes al dicho Mutezuma hacían y eran obligados; lo cual todo pasó ante un escribano público y lo asentó por auto en forma*).

31. Gómara (1578: 231). Allen（2015）非常有说服力地指出不能将蒙特祖马的眼泪仅

仅看作是陈腔滥调的证据（我在第二章中所说的"懦夫蒙特祖马"），因为不管是在阿兹特克人还是西班牙人的文化中，关于眼泪在宗教、政治和仪式上的含义的解释都非常复杂。请注意在过去的20年中，有关哭泣和眼泪在欧洲文化（而非美索美洲）中的研究已经非常多了。雕刻：插图"蒙特祖马交出权力"中就包括了传统叙事中那些震惊的、饱含眼泪的阿兹特克贵族的形象——以便为最有可能是编造出来的场景提供明显的真实感。这张图片和许多稍加改动的同类图片出现在自17世纪到20世纪出版的诸多版本的征服者作品中（这张图便是出自索利斯1733年作品的第313页）。到了18世纪和19世纪，关于这一虚构时刻的夸张绘画越来越流行，今天最广为流传的复制品之一是藏于美洲博物馆里的一幅油画。

32. CCR (1522; 1960: 65; 1971: 107) (*yo... sabría las cosas que debían tener y creer mejor que no ellos; que se las dijese e hiciese entender, que ellos harían los que yo les dijese que era lo mejor*); Brooks (1995: 155)；笔者关于这一部分的分析，以及对很多早前资料的温故知新，都要特别感谢Brooks的文章。

33. *Ab initio*是拉丁语，意为"从开始"，目的是给科尔特斯幻想中的原住民大规模投降一些合法性意味；CCR (1522; 1960: 69; 1971: 113) (*muchos secretos de las tierras del se ñorío de este Mutezuma;... y todo con tanta voluntad y contentamiento del dicho Mutezuma y de todos los naturales de las dichas tierras, como si de ab initio hubieran conocido a vuestra sacra majestad por su rey y señor natural*); Cervantes de Salazar (1914 [1560s]: 479); Brooks (1995: 160)。

34. "趋同"：Krauze（2010: 69；参见本章开始时的题记部分引述）。斯德哥尔摩综合征：Kris Lane向我提供了与综合征相关的建议（个人沟通，August 14, 2016）。18世纪：Dilworth（1759: 72–79, 122; 1801: 104–10, 158）；Campe（1800: 170）。有关早期西班牙人对"订婚"和"和谐一致"等概念的理解影响了以科尔特斯—蒙特祖马之间关系为主题的绘画（从"会面"开始）的研究，参见Cuadriello（2001）和Hernández-Durán（2007）。

35. Thevet (1676: 76).

36. 西古恩扎–贡戈拉（1928 [1680]: 130）（我在这里把*hacer merced*翻译成"给予帮助"，但是实际上其字面意思更像是"展示帮助"，因为其意义是国王或者主教们给予恩赐庇佑）（*Era este Rey con los Castellanos tan affable, y amoroso, que jamás pasó dia en que no hiziesse merced á alguno*）；Filgueira Valverde（1960: 108）（*Hubo días casi felices en que el señor azteca y el capitán español, convivieron familiarmente, entre mutuos servicios y pruebas de amistad, y horas alegradas por los azares del juego, los lances de la caza, los finos cánticos y el grato humor del rey preso, siempre generoso con sus guardas y servidores*）。

37. "浪漫"：Gruzinski（2014: 88）。Díaz's story XCVII（1910, II: 105; 1942 [1632]: 137; 2005, I: 256–57）："蒙特祖马和科尔特斯有时会一起玩'托托洛奎'游戏，游戏的名字是他们取的，用的是为游戏特制的黄金做的特别光滑的小球"；蒙特祖马的侄子会给皇帝一方计分，阿尔瓦拉多则给科尔特斯计分，"不过阿尔瓦拉多总是会给科尔特斯多记一分，蒙特祖马发现这一点的时候，他非常礼貌地笑道，他不喜欢Tonatiuh（这是他们给佩德罗·德·阿尔瓦拉多起的名字）继续给科尔特斯计分了，因为他在计分的过程中做了非常多的yxoxol，这个词在他们的语言中的意思是'作弊'"；这个时候科尔特斯和所有其他征服者也都大笑起来，因为他们都了解阿尔瓦拉多的"脾气"。

38. Thomas (1993: 312, quote on 315).

39. Brooks同样对西班牙人处决了奎乌波波卡的说法感到怀疑，无论是这一说法还是卡卡马的故事都"充满了荒诞不经"（1995: 165）。本章后面部分会介绍《特拉特洛尔科年鉴》里用纳瓦特尔语写的一个不同的故事版本。

40. "国王"：来自早期戈马拉作品的英文版（1578: 230）。关于卡卡马事件：Brooks（1995: 165–66）和我一样都是持怀疑态度，也可参见Hassig（2006: 106–7）。

41. MacNutt (1909: 441).

42. "权利"：Brooks（1995: 161）。"神话"：Thomas（1993: 284）。"很难"：Durán（1967 [1581]: 293–94; also quoted by Brooks op. cit.: 177）。

43. AGI México 203, 5: ff. 1–4; AGI Patronato 73, 1, 2: ff. 46, 63; DC, II: 331–48; DCM: #s311, 549, 1009, 1060, 1102; WWC: 55–58, 123, 135–36; Schwaller and Nader (2014: 171, 177, 182, 219, 226).

44. 在"虚假抓捕"的几个月间，某些身处西印度群岛的西班牙人所写的资料留存至今，其中包括一些写于墨西哥的资料（e.g., DC, I: 105-8），但是那些在特诺奇蒂特兰写的资料都未能保存下来（如果这些资料当时真的存在的话）。

45. "看上去是"：MacNutt（1909: 204）。"自由"和"自由的"：Brooks（1995: 176, 163）；CCR（1522; 1960: 55-56; 1971: 90-92）（*vinieron muchos señores; cuando menos con él iban pasaba de tres mil hombres que los más de ellos eran señores y personas principales*）；Díaz XCVI, XCVII（1910, II: 96, 108-14; 2005, I: 250-51, 259）。

46. Gómara (1964: 174).

47. Abbott (1904 [1856]: 194) 注意到蒙特祖马"被华丽地囚禁了"，事实上更准确地来说，被囚禁的是西班牙人。征服者对于这座城市宫殿群的描写显示出，他们以及他们的奴隶和仆人都受到了很好的招待；这些"属于贵族大人们的漂亮得无与伦比的房子非常之大，有无数的房间、独栋建筑和花园等"，以至于某个不知名的征服者"四次进入这位皇帝的某个房间，目的仅仅是好好看看，每次都要走很远很累，但是我从来没有能够看完里面的东西"（Anonymous [n.d. (1556)]; CDHM, I: 395; Bustamante 1986: 151）（*muy bellas y buenas casas señoriales, tan grandes y con tantas estancias, aposentos y jardines... yo entré más de cuatro veces en una casa del gran señor no para otra cosa sino verla, y cada vez caminé tanto por ella que me cansé, y nunca la acabé de ver completa*）。尽管某些文献中称（这也是某些历史学家们的猜测）这些数量大约250人的西班牙人和他们的特拉斯卡拉盟友在一起（例如塞万提斯·德·萨拉萨尔称有6000名"来自被他们平定的城市中的印第安人盟友"[*indios amigos de los pueblos que habia pacificado*] 也进入了城市；1914 [1560s]: 272 [Bk. 3, Ch. LXIII]），但是这样的说法没有证据支撑并且看上去也不太可能是真的。

48. 把"干涸月"大屠杀怪罪在阿尔瓦拉多身上似乎已经成了普遍的认知，唯一的分歧之处在于这一阿兹特克人的阴谋究竟是他想象出来的（他通过给被抓获的阿兹特克人上酷刑得到确认）还是真实发生的（例如Torquemada就声称阿兹特克人已经竖起了许多巨大的铁锅用来煮死这些西班牙人；MacNutt 1909: 247）。最近关于"干涸月"大屠杀的研究成果出自Scolieri（2013: 90-126）。

49. 出自《特拉特洛尔科年鉴》，见于Lockhart（1993: 256-73；引自256, 258; on its

dating, 37–43；我只对Lockhart的翻译进行了少许的调整）。这份文献相对早的创作时间、使用的语言和作者的身份不仅让其在本质上比其他资料（无论是西班牙人的还是纳瓦人的）都更为准确和可信，其重要性也不能低于同时期征服者们的记录。

50. Ezquerra in EC: 561–79. 2013年，这些雕像的复制品或者原作被转移和放置于马德里皇宫外面的第一层。蒙特祖马的雕像身处98位西班牙国王雕像丛之中（蒙特祖马和阿塔瓦尔帕都是如此，因为他们的帝国都被西班牙所征服），雕像制作于18世纪晚期，后来就在皇家花园和宫殿里面被经常挪动（因此我不太能确定在那张旧照片里，我究竟是站在阿兰胡埃斯花园里还是在另一个花园中）。

51. Myers (2015: 231, 260).

52. 大屠杀：按照FBI的定义，屠杀指的是在某个连续的行动中，在同一个地点杀死的人数超过四人；尽管这些杀戮行径发生在战时，但是这些统治者已经被俘甚至有可能被上了锁链（大多数资料都是这么说的），因此可以说是符合FBI的定义的。参见fbi.gov/stats-services/publications/serial-murder。

53. Díaz CXXVI (1632: f. 104v; 1910, II: 238) (*Y Cortés lloró por el y todos nuestros Capitanes y soldados: e hombres huuo entre nosotros, de los que le conociamos y tratavamos, que tan llorado fue, como si fuera nuestro padre*); Prescott (1994 [1843]: 399–400, 410–15, quote on 400); MacNutt (1909: 267). 关于迪亚斯和阿齐拉尔（1988 [c.1560]: 191）的著作，巴斯克斯（1991: 11）下了一个惯常的判断结论，即这些优柔寡断的老兵没有理由撒谎，因为"他们不欠科尔特斯或者西班牙王室任何东西"（*debían nada a Cortés o la Corona*），因此他们所叙述的故事版本"反映的是纯粹的事实"（*reflejaron la verdad pura*）。也可参见本章开篇时的插图"一个悲哀的结局"。

54. Clavigero, quoted by MacNutt (1909: 268).

第四部分

1. 题记分别出自：Jaúregui（2008 [1557]: 74–77）（我稍微调整了一下原文的翻译，目的是强调其想表达的主题，因此在诗歌技法上稍有损失）（*Qué campos*

no están regados / con la sangre, que a Dios clama, / de nuestros padres honrados, / hijos, hermanos, criados / por robar hacienda y fama? / Qué hija, mujer, ni hermana / tenemos que no haya sido / mas que pública mundana / por esta gente tirana / que todo ha corrompido?）；Keegan（1993: 3）。

.

第七章　史诗级战士

1. 题记出处分别为：Solana (1938: 425) (el caso de C y de C, difiere; fué el púgil épico, y luchó por su rey; fué el cruzado místico, y luchó por su Dios; fué el galán quijote, y adoró a su dama); Solís (1704: 未编号序言p. 2) (Il est certain que Cortez avoit ses défauts, comme tous les autres hommes: il n'étoit peut-être pas si delicat en Politique, ni si reflexif que Solis nous le dépeint); Duverger (2005: 27) (Antes que hombre, Cortés es un mito, un mito con facetas que siempre se han disputado escuelas de pensamiento concurrentes e ideologías rivales, de tal manera que cada una de ellas pudo concebir a "su" Cortés: semidiós o demonio, héroe o traidor, esclavista o protector de los indios, moderno o feudal, codicioso o gran señor...); CDII, 13: 293–301；翻译出自笔者之手，但主要归功于Kevin Terraciano in Restall, Sousa, and Terraciano（2005: 66–71），也适用于Restall和Asselbergs（2007: 18–19）。

2. 半身像的确是于1823年被人用船运到了意大利（交给了科尔特斯一位住在巴勒莫的远亲后代），并在当地保存至今；复制品留在基督医院当中。阿拉曼写给西班牙当局的信的时间通常被认为是1836年和1843年。本人关于科尔特斯遗骨的历史故事取材于迪维尔热（2005: 21–26, 368–71, App. V）；Martínez Ahrens（2015）（这段引文来自El País [Uno de los grandes misterios históricos de América; el mayor enigma de Hernán Cortés]；感谢Kris Lane发给我这篇文章的链接）；以及我本人参访基督医院所作的记录。

3. Carvajal (2010) (la glorificación cruel y arrogante del genocidio y un insulto al pueblo de México; falta de conocimiento; homenaje a un hijo de esta villa).

4. 尽管偷盗马丁雕像的行为是一份设想中的政治宣言，但从历史的角度看也是合适的：当马丁5岁或者6岁的时候，他被送回西班牙作为腓力亲王的男侍从，从此再也没见过自己的母亲（Lanyon在2003年的著作中也指出了这一点，他在2001年的时候曾见到过马丁的雕像）。本部分内容也参考了我2009年和2016年造访墨西哥城的田野记录，Krauss 1997。墨西哥境内其他的科尔特斯雕像也可能像这样藏在不起眼的角落，却仍然能够激起义愤。例如20世纪30年代矗立在库埃纳瓦卡城（Casino de la Selva）酒店花园的一座雕像就曾遭到罗梅罗瓦尔加斯·伊图尔比德的谴责（1964，III: 186），他认为移动雕像的行为是"对墨西哥人民的侮辱"（*es burla para el pueblo mexicano*）；该酒店于世纪之交被拆毁，让位于一座Costco商场和一座连锁超市，科尔特斯的雕像被酒店的最后一任主人挽救下来，但再也没有出现在公众视野（Martínez Baracs 2011: 85-87；个人通信，2016年1月和2016年6月）。罗梅罗瓦尔加斯·伊图尔比德也同样要求把卡洛斯四世（又名*El Caballito*）的骑马像换成蒙特祖马的雕像，前者位于革命大道往南，较稍早前提及的"夸乌特莫克街心花园"较远处的位置；卡洛斯四世雕像如今位于城市中一个较小的广场内；但是革命大道中心却并没有建造蒙特祖马的街心花园。

5. 见于他本人写作的*History of the Indians of New Spain*，该书首版于1541年，即科尔特斯去世前六年。Motolinía（1951 [1541]: 273）我在这里使用了Steck的翻译。该章部分段落的不同版本见于Restall（2016a; 2016b）。

6. 关于科尔特斯传记和主题著作那篇幅长达一整页的注脚，从Gómara（1552）开始一直延续到Sandine（2015），参见Restall（2016a: 33-34）。"神话"：Duverger（2005: 27），参见本章题记引文。关于戈马拉，已有许多精通文学的学者留下了大量精彩的作品（e.g., Roa de la Carrera 2005; Carman 2006; Adorno 2007）。

7. 我非常感谢Michael Kulikowski为我翻译了这句格言（2014年5月5日的私人通信）。约瑟夫斯的《犹太战史》以公元70年第一次犹太—罗马战争中耶路撒冷陷落并被毁为高潮，这本书的拉丁语版本是戈马拉可以读到的，也为他那本《征服墨西哥》的结尾部分提供了格言出处（1552: f. 139v; 1964 [1552]: 410）。关于西班牙人和古代人：例如Francisco de Jerez（他曾在南美战斗）在1534年的时候写道，相较于古罗马人的军队，西班牙人斩获更多、面对的困难也更大；曾在16世纪末撰写著作的征服者老兵Bernardo de Vargas Machuca也同样认为，西班牙人取得的成功较希腊人和罗马人全盛时期所取得的更甚（Vargas Machuca 1599: ff. 25v-26v; 2010 [1612]:

92–96; Restall 2003: 1, 27–28）。17世纪时，这样的类比非常常见（e.g., Juan de Solórzano's 1631 *Discurso y alegación en derecho* in JCB, Codex Sp 26: ff. 7r, 76）。

8. Lupher (2003: 8–42).

9. Gómara (1552b: 26v) (*por quanto el hizo muchas, y grandes hazañas en las guerras que, alli tuuo, que sin perjuycio de ningun español de Yndias, fueron las mejores de quantas se han hecho en aquellas partes del nuevo mundo, las escrivire por su parte: a imitacion de Polivio, y de Salustio que sacaron de las istorias Romanas q[ue] juntas, y enteras, hazian, este la de Mario y aquel lo de Scipion*).

10. Gómara (1552b: 2, 58)."官方史"：Kagan（2009: 160）。Kagan非常经验老到地观察到，当戈马拉开始写书的时候，他还正在为科尔特斯效劳（不过可能并不是后者的秘书兼神父，就像Martínez Martínez在2010年时说的那样），书完成的时候，这位征服者老兵刚去世没几年；但是委托其写作的人，其实是科尔特斯的儿子（合法继承人）唐·马丁。马丁希望这本书能够让国王有所感悟，从而恢复其父亲曾经拥有的某些特权。而在戈马拉看来，《历史》是一份详尽的工作申请，他希望能借此获得国王的任命，成为帝国官方的编年史家（西印度群岛编年史家）。马丁也给戈马拉写信，支持他的雄心壮志，因为只有这位作家的成功能够帮助他实现自己的目的。不过最后他们两人都未能成功，但是戈马拉对科尔特斯的颂扬，以及对秘鲁征服战争的批判态度影响了之后数个世纪的文学创作——无论是学术界还是大众文学都是如此。

11. Cervantes de Salazar（1546: f. 4r）（也可参见Elliott 1989: 41; Restall 2003: 15; Lyons 2015: 133–230）。我的翻译来自Villagrá（1610: f. 16v; 1933: 54; block quote from 1610: ff. 30v–31r; but also see 1933: 65）。

12. Díaz CCXII (1916, V: 291; also quoted by Lupher 2003: 14). "古代的"：这里引用的是一部早年的英语版本：Solís（1724: unnumbered first page of Preface）。索利斯的著作早前非常流行，后来其流行地位部分被18世纪70年代罗伯逊的作品所取代，而在普雷斯科特的著作于19世纪40年代出版后则被完全取代（Kagan 2009: 268–73）。"不列颠的"：Dilworth（1759: title page; 1801：关于不列颠的青年男女的评价不在扉页上）。

13. E.g., Vasconcelos (1941); Alcala (1950); Lyons (2015); to some extent Benito (1944). "战士"：Solana (1938: 425) (*el púgil épico; el cruzado místico*).

14. "恺撒·博尔吉亚"引自阿根廷小说家和文学批评家Enrique Anderson Imbert（1962: 33），另外一些引用出自墨西哥学者José Valero Silva（1965: 40），这两处都曾被Mizrahi引用（1993）。也可参见Carman（2006: 49–50）。《君主论》的一个早期版本曾流行于1512年，不过是以拉丁文手稿的形式，而且当时科尔特斯已经在加勒比地区待了八年时间。有可能（也许可能性很大）最接近《君主论》主旨的、有关政治行动的理念在16世纪第一个十年的时候就已经广为流行，以至于身处古巴的科尔特斯也能接触到这些思想（Mizrahi在1993年时就曾暗示过）；不过作家们并没有将这一可能性置于更大范围上的、1520年前的西属加勒比世界的知识界，反而用在了特定的科尔特斯和马基雅维利的联系上，目的显然是要强化科尔特斯的独特性、基础性乃至传奇性的叙事传统。

15. Alcalá（1950: 168）；Mizrahi（1993: 109–11）（感谢Russell Lohse发给我文章链接）。

16. Valadés（1579: 204–105 [sic]）；笔者经拉丁文原文翻译（*Nolim deprimere magnanimitatem Romanorum... Sed maioribus praeconiis nouaque maiestate verborum efferenda est inaudita fortitudo Ferdinandi Cortesii & religiosorum qui nouos illos orbes adierunt... cum ea parte Indiarum, quae in nostras manus venit: haec infinitis partibus amplior est... Hic itaq suâ virtutem exercuit bonus ille Cortesius... sacrificiisq illorum diabolicis... maxime heroicum*）（also see a Spanish version in Palomera 1988: 413–14）。

17. Valadés于1533年出生于特拉斯卡拉；他的*Rhetorica Christiana*（1579）一书全文都是用拉丁语写作，这本书也是美洲原住民血统后代在欧洲出版的第一本著作。他的父亲是征服者Diego Valadés，他于1520年与纳瓦埃斯一同来到美洲，活到战争结束，在特拉斯卡拉与原住民生了一个儿子，并且因为战争中的英勇行为而被授予盾形纹章。关于这位修士的特拉斯卡拉人母亲，她本人的意愿和所受到的待遇，我们一无所知；并且无论是Diego Valadés还是他的儿子，都没有提到过她。DCM: #1070; AGN and AGI被Diego Valadés证实了，孩子的父亲，in Palomera（1988: 153–59）。广为流传的观点：见Torquemada（1614, III: 191–97; 1986 [1614]: 3,

166- 69; Bk. 16, Ch. 13）；墨西哥大主教Lorenzana大力宣扬这一叙事版本；Wood（2003: 85-94）；Pardo（2004: 20-24）。

18. Muñoz Camargo (1892 [1592]: 189-205; 1998 [1592]: 195-205) (*nos llamamos cristianos, porque lo somos por ser hijos del verdadero Dios; no hay más de un solo Dios verdadero*); also see Gibson (1952: 28-31); Pardo（2004: 23，他注意到诸如1520年的特拉斯卡拉会面之类的故事有着"给历史转折点一种不可避免性的奇怪品质"）；Martínez Baracs (2008); Cuadriello (2011)。

19. Mendieta（1870 [1596]: 210-11见科尔特斯对"十二人"的支持）；Phelan (1970: 92-102); Pardo (2004: 2-4); Restall and Solari (2011: 67-89)。

20. Mendieta (1870 [1596]: 174-75) (*meter debajo de la bandera del demonio á muchos de los fieles... infinita multitud de gentes que por años sin cuento habian estado debajo del poder de Satanás... el clamor de tantas almas y sangre humana derramada en injuria de su Criador... como á otro Moisen á Egipto*). 有关更进一步的讨论和引用，参见第五章。

21. Mendieta (1870 [1596]: 174-75). 更进一步的证据是如下事实，即正如上帝赐给摩西一位翻译，使得他能够和埃及的法老对话一样，上帝也为科尔特斯"奇迹般地提供了"翻译（马林钦或玛琳切，以及赫罗尼莫·德·阿吉拉尔）。征服者队长所到之处都展现出"巨大的热忱"和"尽职尽责"，"为了上帝的荣耀，为了服务上帝，也为了拯救灵魂"；他推倒偶像，竖起十字架，宣扬对主即唯一真神的信仰（op. cit.: 175-77, 182-84, 211-12, 228）（*Cortés elegido como otro Moisen para librar el pueblo indiano... sin alguna dubda eligió Dios señaladamente y tomó por instrumento á este valeroso capitan D. Fernando Cortés, para por medio suyo abrir la puerta y hacer camino á los predicadores de su Evangelio es este nuevo mundo... comenzó Lutero á corromper el Evangelio... á publicarlo fiel y sinceramente á las gentes que nunca de él habian tenido noticia... proveido miraculosamente... se confirma esta divina eleccion de Cortés para obra tan alta en el ánimo, y extraña determinacion que Dios puso en su corazon... este su negocio... tan buen celo como tuvo de la honra y servicio de ese mismo Dios y salvacion de las almas... derrocase los ídolos... levantase*

cruces y predicase la fe y creencia de un solo Dios verdadero）。

22. Saavedra (1880 [1599]); Vecchietti (n.d.); García (1729 [1607]: 94) (*Y aunque la reverencia, i postracion de rodillas que aora hacen los Indios de Nueva-España à los Sacerdotes, se la enseñò D. Fernando Cortès, Marquès del Valle, de felice memoria*).

23. 从"狂热"到"耶稣"：Abbott（1904 [1856]: 44），尽管这一观点从18世纪70年代的罗伯逊到20世纪都有某些程度的微妙不同。从"虔诚"到"动摇"：MacNutt in Cortés (1908: I, 207)。"在宗教方面"到"信仰"：Braden（1930: 80）。

24. Valadés (1579: 205 but "105" erroneously printed as the page number). Villagrá (1610: f. 18r, f. 16; using the translations in 1933: 55, 54). 请注意Manuel Martín-Rodríguez从2009年到2014年出版了三卷关于Villagrá的研究著作，但是我在此并没有使用。

25. 档案资料：很明显的例子是征服者在AGI Justicia和AGI México 203中提供的证据（*probanza*），不过一些不那么明显的例子包括藏于JCB的Codex Sp 138, f. 6中鲜为人知的文件。该文件中出现了官方报告中很少见的讽刺语调，作者是José Ignacio Flores de Vergara和Ximénez de Cárdenas，前者是18世纪80年代早期在玻利维亚任职的西班牙高级官员（他的头衔为查尔卡斯审问院主席）。由于他在镇压1781年Tupac Amaru起义中所扮演的角色，使他获得了"秘鲁和平使者"（*el Pacificador del Perú*）的称号，不过他也受到一位被派来调查主席行为的皇家听审官（*an oidor*）的攻击。在辩护过程中，Flores de Vergara嘲笑说这位听审官甚至都想让科尔特斯本人声誉扫地。这位主席写道，为了达到这个目的，听审官可能会贬低科尔特斯烧船的行为只是个"微薄的壮举"，他进入墨西哥城的行为也同样只是为了"不损失仅剩的为数不多的手下"。无疑，当科尔特斯离开特诺奇蒂特兰与纳瓦埃斯的远征军会面，并留下佩德罗·德·阿尔瓦拉多掌权时，他肯定会把科尔特斯叫作"疯子"，并且觉得他花费这么长时间围攻这座城市是"愚蠢和懒惰"的行径。Flores de Vergara并不是将自己与科尔特斯相提并论，他坚持并补充说"我没有那么自负"（*poca Asaña; sin haver perdido mas que mui pocos hombres; loco; tonto y floxo*）。史诗：Lasso de la Vega (1588; 1594); Saavedra (1599; 1880 [1599]).

26. Lasso de la Vega (1601); Weiner (2006: 93–120).

27. Lasso de la Vega (1588: f. 4v) (*Con Dulce son, de nuevo se derrama / De mi invencible Abuelo la grandeza / Los trabajos, peligros, y braveza / Con que tiene ganada eterna fama*). 赫罗尼莫是唐·马丁的儿子，后者从他的父亲那里袭承了"谷地侯爵"的头衔。

28. 不可战胜的：Saavedra（1880 [1599]: 20, 33）（*Con animo invencible y fortaleza / del gran Cortés*）。拉索：参见本书插图"作为老者的征服者肖像画"（"Portrait of the Conqueror as an Old Man"）。关于科尔特斯的诸多想象的肖像中，有很多来源于他生前的两幅画像。其中由 Weiditz Medallion 创作的一幅一直流传到今天（并且经常被复制），另一幅早已经佚失，但是肯定曾被挂在科尔特斯曾捐助设立的医院教堂里；该画像中的侯爵一定目光虔诚，双膝跪地祈祷。后世很多科尔特斯的画像即来源于这幅已经遗失的画像。其中一些画像中的科尔特斯摆着炫耀的宗教姿势，但是大部分画像中，都是他微微露出虔诚目光的头像的形象，要么是全身像（如至今仍悬挂在基督医院里的全身像），要么是半身像——如拉索·德拉维加在自己那三本赞颂科尔特斯的著作里所使用的雕版画，拉丁语配图文字写道："费尔南多·科尔特斯，战无不胜的领袖，享年63岁"（Lasso de la Vega 1588: f. 2r）。另一幅"作为老者的征服者肖像画"是罗伯逊的《美洲史》（1778年意大利文版）的卷首插图，配图文字可以被翻译成"翻刻自他刚取得征服墨西哥胜利时创作的一幅原版画作"（Robertson 1778, III: frontispiece）。这幅图很有可能是拉索的诗歌作品里使用的插图衍生而来的众多画像之一。关于科尔特斯的肖像画：Romero de Terreros (1944: 19, and figures following 36); Duverger (2005: "Álbum de Fotos" following 440). Valiant: Vargas Machuca (2010 [1612]: 92, 96); Díaz (1632: unnumbered prefatory material, p. ii, by fray Diego Serrano, head of the Mercedarians; *el ilustre y esforçado Cauallero*); Mendieta (1870 [1596]: 173). Torquemada 的 *Monarquia Indiana* 大部分取材于门迭塔的作品（用现在的标准来说就是剽窃），在他作品的第四册前言中使用了同样的词汇（Book 4, 1614: I, 373; *el famosísimo y venturosísimo capitan D. Fernando Cortés [que despues fué meritísimo marqués del Valle]*）。另一个让诗人们难以拒绝的词是"彬彬有礼的"（"courteous"），因为这个词和征服者的姓氏有一语双关（因为两个词的发音相似）的作用（例如 Thevet 1676: 75），尽管这个词并不能够明显地体现出其军事品质，这一点 Luis de

Vargas Manrique在他的十四行诗最后的几句中有所体现，这首诗出现的时间比拉索·德拉维加（1594）的作品要早："He is the son of courtesy, and of courage, and although the son of both, he chose his mother's surname [*Este es el hijo de la cortesia, / Y del valor, y aunque de entrâbos hijo, / Escogio de la madre el apellido*]。"有可能拉索被这个笑话给逗乐了，因为这种无力的赞扬反而会对科尔特斯的形象造成伤害，但是这个词的效果太微弱了，以至于唐·赫罗尼莫·科尔特斯本人并没有感到太多困扰。（非常感谢Miguel Martínez和我讨论这些话，让我受益匪浅。）

29. 从16世纪晚期开始到18世纪中叶，科尔特斯的书信集都没有新的版本出版，但是洛伦扎纳的作品却在几年之内接连有法文、德文和荷兰文新版问世（Cortés 1770; 1778; 1779; 1780）。González Barcía（1749）汇编的资料收录了科尔特斯四封信的早期版本，这也有很大的帮助。当18世纪70年代图书新版本风潮开始，直至20世纪，欧洲各地经常会重印旧版或发行新版（参见Cortés 1843: iii–iv and Pagden in Cortés 1971: xxxixlx）。埃斯科伊基斯（1798）：参见本章题页插图："胖版科尔特斯"肖像，公认版本是Paul Methuen为索利斯作品（1724年英文版）所设计的雕版画（可能也是源头于此）；该肖像在18世纪时也出现过很多次，包括埃斯科伊基斯书中出现的这种截图版本，以及1798年马德里出版的某版本的索利斯作品（可能不是偶然为之的）。戴着软帽的、肥胖绅士般的科尔特斯形象与征服者大部分肖像画中的粗犷战士形象相去甚远；不过，这样的形象某种程度上也确实反映了他人生大部分时候的生活状态。

30. Ruiz de León (1755). 诗歌的副标题是*Triumphos de la Fe, y Gloria de las Armas Españolas. Poema Heroyco. Conquista de Mexico, Cabeza del Imperio Septentrional de la Nueva-España. Proezas de Hernan-Cortes, Catholicos Blasones Militares, y Grandezas del Nuevo Mundo*。

31. Nicolás Fernández de Moratín and Joseph María Vaca de Guzmán, in 1765 and 1778, respectively (*Las Naves de Cortés Destruidas*); Vaca de Guzmán (1778: 1, 9, 8) (*El Héroe grande; Del nuevo Cid, del Espa-ñol Aquíles; Ese el teatro, donde el mar de Atlante / Al Castellano veneró triunfante*); Escoiquiz (1798).

32. "黑色传说"这个词是Julián Juderías和Loyot于1914年创造的；有关10世纪中叶在

美国历史学家Charles Gibson、Lewis Hanke、Benjamin Keen和William Maltby之间的争鸣，参见Keen（1969; 1971a）；关于前述讨论最新的研究总结、引述和更新等内容，参见Cárcel（1992）、Hillgarth（2000），以及Villaverde Rico和Castilla Urbano（2016）。

33. Thomas Nicholas in Gómara（1578 [1552], Nicholas trans.: i-ii）；原文为斜体。

34. 尼古拉斯简短地回忆了自己在离开托雷多的路上和一位70岁左右的征服者的谈话。这位参加过"秘鲁内战"的征服者老兵名叫Zárate，然而他并没有满足于享受自己的桂冠和在秘鲁拥有的"肥沃土地和财产"，而是前去请求国王授予其新的许可，以便能够"探索和征服印度的某个特定区域，这个地区和巴西接壤并且是秘鲁帝国的一部分"。"你这样做并不明智，"尼古拉斯很直白地跟他说，"这样的话你能得到什么呢？现在的情况还不能让你满足吗？还是说你也想要在自己暮年的时候坐上皇帝的宝座呢？"这个年迈的在美洲发了财又回到西班牙的人则是用一番高尚的讲话进行了回应，他说自己既没有发疯，也不是贪恋权力，他只不过是个毫无私心的绅士，把身心都献给了"上帝和国王陛下"。Zárate说，一个真正的基督徒生来就是要帮助他人，"而不是为了自己个人的财富和满足而活"。他想要用自己余生最后的日子继续扩张"国王的皇家版图"并且向那些"勇敢的，年轻的绅士们"展现自己艰辛付出和为国效劳的美好品质。Nicholas in Gómara（1578 [1552], Nicholas trans.: ii-v）；原文是斜体。尼古拉斯口中的Zárate，如非完全虚构，很有可能是受到Agustín de Zaráte的启发，此人在16世纪40年代的时候曾短暂地在秘鲁担任王室官员的职位，人们知道他主要也是因为他关于征服秘鲁的记载，该书首版于1555年。

35. Solís（1724: unnumbered first page of Dedication）.

36. Vasconcelos（1941: 172）.

37. 本书第二章曾专门讨论过斯蓬蒂尼和莫林。On Spontini: BnF, département Musique, X-309 (score and libretto of the 1817 version); Spontini (1809); Lajarte (1883: 153-83); Subirá in EC: 117-18G. 斯蓬蒂尼的歌剧曾在巴黎多次上演，巴黎也是莫林居住的城市，而这两位成年后的数十年都在巴黎度过（他们去世的时间在1850—1851年间，相去不过数月）（也可以参见佚名策展人有关马德里美洲博物馆里莫林雕版画副本的评论，可以通过以下网址查询：mecd.gob.es/museodeamerica）。我本人最早是在萨克拉门多的加州州立图书馆接触到莫林的两幅雕版画的（CSL-Sac, Rare Prints #2001-0019）（*Se place fièrement sur le trône; ton empire est détruit, je suis seul maître ici, et tu vas subir le sort qui t'est réservé; il en coute la vie pour résister à Cortès; ton coeur est noble, Cortés, il sera généreux aussi, et ce moment va décider si c'est un héros magnanime où un soldat barbare à qui j'ai donné mon amour*）。

38. 引用来源依次为：MacNutt（1909: xii, v）（他因"作为政治家和将军的卓越品质"获得这样的评价）；Descola (1957 [1954]: 227); Madariaga (1969 [1942]: 108 et al.); Schurz (1964: 112); Elizondo Alcaraz (1996: 11) (*luces y sombras; en verdad extraordinaria; un personaje apasionada*); Berry and Best (1968: 134)。

39. 这部电影由Darryl F. Zanuck与20世纪福克斯联合出品，导演Henry King，主演Tyrone Power，是根据Samuel Shellabarger在1945年出版的小说的前半部分改编的（Zanuck and King 1947）（请注意在制作完这部电影后，Power买下了科尔特斯的一处旧庄园；Bauer 2009: 99）。查理帝王：这部由Oriol Ferrer执导、Diagonal TV为西班牙国家电视台RTVE出品的电视剧里，科尔特斯在第七集中掐死了自己的妻子卡塔利娜·苏亚雷斯（Ferrer 2015）。本书第八章的开篇部分也将重温这个段落。这部电视剧是现代社会对"征服墨西哥"这一历史事件加以运用和再创作的代表，这段历史引发了无数歌剧（参见第六章和题记部分的相关讨论和引述）、戏剧和小说的创作（如Dryden 1668, Planché 1823, Bird 1835, Thomas 1857, García Iglesias 1946, Thomas 1998, Spinrad 2005, Aguirre 2008），但是以此为主题的电影却很少。（基于我在过去30年间与来自洛杉矶和墨西哥的六位电影制作人的聊天，以及近期和Stuart Schwartz的谈话交流）我推测以此为主题的电影很多已经在计划当中，但是最终未能完成的原因还是在于重建以及摧毁1519—1521年的特诺奇蒂特兰城花费非常高昂且面临巨大的后勤挑战；不过我也认同存在另外一个障碍，即人们意识到历史的准确性和传统叙事的种族主义和浪漫主义是难以调和的。

40. RC（AGI Justicia 220–225），参见法庭的许多补充文件（e.g., in 1004, in 1005, and in 1018）、Patronato和México；相关文件均见于DC的全四卷本。仅仅是16世纪30

年代，科尔特斯就卷入了超过50件诉讼案当中。

41. 手稿：LCDT; LCHI。"错误的"：Krauze（2010: 59）。Also see Fernández（2014: 103-72）。

42. "强盗"：Romerovargas Iturbide（1964：依次引自186, 184）。

43. 壁画家：里维拉的版本出现在国家宫的众多壁画之中（Palacio Nacional，1945年完成）；奥罗斯科在1926年创作的湿壁画位于圣伊德尔丰索学院（Colegio de San Idelfonso），两处地点都位于墨西哥城内。正如克劳泽所写的那样（2010: 72），墨西哥城内最早体现科尔特斯的公共纪念物是稍早前我们提及的1887年街心花园（glorieta）建筑。帕斯：Paz（1987）；关于奥罗斯科创作的科尔特斯和玛琳切的湿壁画解读，帕斯认为其并不是代表了和平的起源，而是征服历史中引发性暴力的导火索；参见Hernández（2006: 87）。古兹曼：古兹曼在20世纪40年代到50年代为了出版一部科尔特斯的书信集进行了一番斗争，因为该书包含了对科尔特斯所声称内容的致命性批判——显然这样的行为"过于超前于时代"，并且和该书体现的精神不一致。有关上述历史，以及古兹曼对于1949年人们发现乌特莫克陵墓是伪造的及围绕此事件的争论的影响，参见Gillingham（2011: 51-69, above quotation on 52）。"具有争议性的"：Felipe Solís在历史频道的纪录片《科尔特斯》中接受的采访（Bourn 2005）；Benjamin Keen in Zorita（1994 [1566]: 19）。"绅士和冒险家"：Keen in Zorita（1994 [1566]: 19）。

44. Young (1975); also see the liner notes to Decade (Warner Bros. 1977), on which "Cortez the Killer" was included; Manrique (2012).

45. Candelaria (2011: 6).

46. "叛乱"：Francisco Cárdenas和Valencia修士有关玛雅人抵抗西班牙人侵略尤卡坦北部的记载（见于Relación historial: BL, Egerton MS 1791: f. 14v）。本人关于"完成的神话"的解释参见第四章Restall（2003）。

47. Prescott (1994 [1843]); Gómara (1552; 1964); Carrasco in Díaz (2008 [1632]: xiv, xxvinn3-4). 迪亚斯的书（1632）有214章，特诺奇蒂特兰陷落见于第156章，该书读者最多的企鹅出版社版本在此结束（1963 [1632]）；Maudslay最早的五卷版本收录了全文（1908-16 [1632]），不过删节版（曾多次被不同出版商出版，例如

1942 [1632]）也同样结束于1521年。

48. 将1550年作为战争结束的时间点是个柔性处理方式，因为16世纪40年代时西部、北部和南部等多个地区的战事已经逐渐平息（也有人将结束的时间点设定为1547年，这样我们就可以起另一个"三十年战争"或者"美索美洲三十年战争"的名字，只不过非常不幸的是科尔特斯在当年去世）。有关这一新加利西亚战争，也即Ida Altman认定时间为1524—1550年的战争，参见Altman（2010）；有关1521年后前阿兹特克帝国居民继续战斗的叙述，参见Matthew和Oudijk（2007）以及Oudijk和Restall（2014）；有关玛雅战争的记载，参见Restall（1998; 2014）；Restall and Asselbergs（2007）；Graham（2011）。

49. Ix13; CA: ff. 42r–45v；这两部不同的特拉特洛尔科文献分别叫作《年鉴》（1993: 256–73）和the List of Rulers（参见Terraciano 2010: 15–18）；FC, XII（请注意该模式的例外是这里对1520年前事件的关注，占整个篇幅的三分之一，Lockhart 1993: 16–17认为这个部分"非常反常"）。

50. 没有被阅读的报告：这些是上文提到的"美德证明"（*probanzas de mérito*），经历了数百年后保存至今，大部分见于AGI；Richard Conway让我注意到这点（2016年12月7日私人通信）。

51. "耀眼的"：Palomera（1988: 34; *brillante victoria*）。纳瓦埃斯远征：AGI Patronato 180, ramo 2. Usagres: DCM: #s1067–68; Díaz CXVII, CXXII, CLXIV（1910, II: 181, 206; 1912, IV: 272）。

52. 本段内容取材自Díaz CXXXVII–CLVII（1912, IV: 1–203）；Ix13: 27–59；Townsend（2006: 109–25）和Hassig（2006: 131–75）；也可参见公认的派系成员Gardiner（1961）；AGI里关于双桅帆船的来源包括Escribanía 178A, no. 4。斗牛场：a line of Fernández-Armesto's in Restall and Fernández-Armesto（2012: 82）。"懦夫"：Ix13: 22.（这几乎是公开出版物里科尔特斯第一次被叫作懦夫；委拉斯开兹早在1519年11月时就如此指责他了；DC, I: 99）。我在一个不太可能的地方发现了关于这个主题的变体，即拉索·德拉维加写于1594年的史诗*Mexicana*里（献给科尔特斯肖像的十四行诗，本章的尾注部分引用过），其中暗示科尔特斯自己选择了那个更为女性化的朝臣版本，而非传奇英勇的战士形象。

53. "名副其实的": Benton（2017: 4）；笔者有关特斯科科的讨论大部分都基于Bradley Benton的研究成果，他在作品尚未成书的时候就让我拿到了全部内容；其他对我有帮助的内容见于Ix13, Ixtlilxochitl（1985 [1620s-30s]）；Offner（1983），以及Lee和Brokaw（2014）。

54. Benton (2017: 25-28); Hassig (2016: 107-9, 132-33); Ixtlilxochitl (1985 [1620s-30s]: 220-23)；正如后者所观察到的那样，特斯科科统治权的分裂并没有阻止其参与到16世纪第一个十年后期阿兹特克成功的征服战役当中。

55. 关于这位兄弟（名叫Nezahualquentli）究竟是先被某个西班牙人队长殴打、之后被科尔特斯处决或是被卡卡马绞死，不同的文献记载各有出入。Ix13: 21-24; Ixtlilxochitl (1985 [1620s-30s]: 248-56). Also see Díaz C-CVI (1910, II: 115-46; 2005, I: 264-82); Benton (2017: 29-33).

56. CDII, XXVII: 243-47, 385, 519; Díaz CXXXVII (1912, IV: 6-7).

57. Ix13: 28.

58. 关于特拉斯卡拉，参见Martínez Baracs（2008: 37-69）和Cuadriello（2011）。关于伊希特利霍奇特尔的记录，参见1985 [1620s-30s]; Ix13; Bradley Benton（e.g., 2014; 2017）精心创作的著作以及Amber Brian（例如2010; 2014，尤其是206—207页关于和Wallace的小说*The Fair God* [Wallace 1873] 的联系）；García Loaeza（2014）和Kauffmann（2014）同样如此。

59. 关于绞死曾经的三方联盟中三位被废的特拉托阿尼的内容，参见Ix13: 89-94; Restall（2003: 147-57）；Terraciano（2010）；后世关于这一事件的众多一手和二手资料来源都基于前述文献。

60. Ix13: 31-32.

61. 有关这几个月战事的一个精妙总结（虽然基于传统叙事，但也并非完全没有批判态度），参见Hassig（2006: 131-175; also 2001b）。有关伊希特利霍奇特尔领导整个战役和围城战，其中来自扩大了的特斯科科领土的战士数量一度是西班牙盟军的1000倍，以及伊希特利霍奇特尔在每个关键点帮助倒霉的科尔特斯（甚至在战斗当中挽救了他的性命）等内容的总结，参见Ix13: 31-59。

62. 彻底终止：化用自Benton（2017: 20; also see 36-39）。一群：Hassig（2016:

48–59）。

63. Benton (2014; 2017: 48–105). 唐·安东尼奥·皮门特尔·特拉乌伊托尔钦是内萨瓦尔皮利第八个当过特拉托阿尼的儿子，如果算上特科科尔以及另外那个在某些西班牙文献中所说的在特科科尔和伊希特利霍奇特尔之间短暂在位过的兄弟的话，则是第十个（参见王朝家谱树）。只有另一个值得注意的继承纠纷：内萨瓦尔皮利的另一个儿子唐·卡洛斯·奥梅托奇钦（Carlos Ometochtzin，即Chichimecatecuhtli），在16世纪30年代的时候煽动要继承哥哥唐·佩德罗的王位。唐·佩德罗死后，唐·卡洛斯想要按照阿兹特克的习俗娶自己的嫂子为第二任妻子，由于这位嫂子和唐·卡洛斯本人的原配妻子都是基督徒，于是两人将其告到了宗教裁判所，裁判所的调查也让其在面对敌人的其他指控时陷入不利的境地。苏马拉加主教也跳出来进行了一项指控——"通奸"——于是唐·佩德罗去世后仅两个月，唐·卡洛斯就在特诺奇蒂特兰/墨西哥城被活活烧死。尽管在此事件中，信仰的冲突（参见Don 2010: 146–76）和政权颠覆（参见Ruiz 2014）的主题都显然非常重要，但是Benton（2014; 2017: 39–45）却非常有说服力地指出，这也是内萨瓦尔皮利儿子之间的王位继承冲突最后一次出现（也可参见AGN Inquisición, tomo 2, exp. 10；这里要再次感谢Robert Schwaller和我分享他的原始书稿）。关于强力推行一夫一妻制是如何改变了阿兹特克帝国，以及在帝国的崛起中一夫一妻制是如何"扮演了关键的角色"的论述，参见Hassig（2016: 123–47, quote on 142）。

64. Las Casas (1697: unnumbered prefatory p. v) (*un grand Empire, dont Montezume fut le dernier Roi. Fernand Cortez y entra l'an 1519, prit ce Prince, & conquit tout son Païs*). 汤森翻译的索利斯作品（1724, V: 151–52）。索利斯著作的1724年英文版页数有567页之多。

65. Vargas Machuca (2010 [1612]: 96). 我只是稍微改动了Johnson的翻译。

66. 索利斯著作的汤森译本（1724, V: 152）；Abnett（2007: 21）；该书前几页的一幅插图（2007: 6–7）也收录于本书的插图中，同样捕捉到传统叙事的几个要素：聪明的科尔特斯抓住了被动的蒙特祖马，愉快地参与他自己的操纵；暴躁易怒的佩德罗·德·阿尔瓦拉多注定要破坏和平等。

67. 刀：Johnson（1975: 160）。战士：Matthew和Oudijk（2007）；Oudijk和Restall

（2014）。几艘船：van Deusen（2015b: 285）。早期特拉特洛尔科关于两位前往西班牙王室使者的记载（马林钦告诉他们，他们两个都会死在卡斯蒂利亚，这也刺激了其中的一人从甲板上跳了下去），参见Terraciano的翻译总结（2010: 15-18）。

68. 神话：Mundy（2015: 72; quotes Motolinía on 73）；当引用这座城市的"生"与"死"的时候，我也暗指Mundy作品的标题。蹒跚而行：Díaz CLVI (1912, IV: 187; 2005, I: 510) (*algunos pobres mexicanos que no podian salir; tan flacos y amarillos y suzios y hidiondos que era lastima de los ver*); FC, XII: 248-49; *Annals of Tlatelolco* in Lockhart (1993: 268-69)。

69. 本部分以及我有关16世纪20年代至30年代特诺奇蒂特兰城的讨论，大部分都是基于Mundy的作品（2014; 2015: 72-113）；也可参见López（2014）。

70. 《奥宾手抄本》：插图中的标题为"一劳永逸"。第一个条目，底部左边位置，代表"2-燧石刀"年（1520）的象形文字的后面，纳瓦特尔语的意思可翻译为"第十位国王奎特拉瓦钦，在'扫路月'即位。他只统治了80天，之后在'珍奇羽毛月'快结束的时候死于天花，当时卡斯蒂利亚人已经出发前往特拉斯卡拉"。下一个条目，顶部右边位置，出现了三间房子的象形图（1521），可以翻译为"第十一位国王夸乌特莫克在闰月和第1月期间即位。当时是墨西哥特诺奇蒂特兰陷落的日子，也是西班牙人一劳永逸地进入这个城市的时刻"。1523年条目页下半部分描绘了"西乌阿科阿特莉·特拉科钦的样子，他以统治者的身份坐在那里"（CA: ff. 44v-45r; 我本人研究了位于墨西哥博物馆里的原本，但仍要感谢Lockhart 1993: 278-79）。

71. CA: f. 76; Chimalpahin (1997: 166-73); Mundy (2015: 77-84). 科尔特斯在担任总督和总队长期间做了很多的行政文书工作。的确，用今天的眼光来看，16世纪20年代从他的书桌上签发的各种法令和行政命令等似乎能够支持他拥有某种程度上的行政眼光的说法——这也被他的传记作家们解释为虔诚的、所谓爱国的或带有"梅斯蒂索人"视角的行为（Vasconcelos 1941; Duverger 2005）。事实上，当中的大部分都是欺骗人的障眼法，旨在让西班牙法院对他的行政敏锐度和成就留下深刻印象——这样既符合要求，也符合正当程序。他反对阿兹特克人"偶像"的态度是完全能够预料到的，他对方济各会的支持也是政治上的权宜之计；他在1524

年时上书请求国王派遣更多的"宗教人士"来到墨西哥，并没有显示出过分的虔诚态度，而是说明他充分理解与教会建立联盟、向国王展现适当的定居承诺的必要性（CDII, V: 556–59；信件写于特诺奇蒂特兰，时间是1524年10月15日）。奥格尔比（1670: 92）用牵强附会而简洁的句子总结了16世纪20年代的西班牙人和科尔特斯：在皇家官员到来之前，"这些西班牙军官们总是兵戈相向"，并且"最终，尽管为西班牙王室付出了很多，科尔特斯和副总督唐·安东尼奥·门多萨产生不和，并在那个时候非常不满意地被派回了西班牙"。

72. CA: ff. 76v77r; the *Primeros Memoriales* (Sahagún 1997 [c.1560]: 193); Castañeda de la Paz (2013: 251–57); Mundy (2015: 99–117). 关于瓦尼钦生前和死后该家族在墨西哥的统治及地位的延续的话题，可参见Castañeda de la Paz发表的多篇文章（e.g., 2009）。

73. AGI Patronato 21, no. 2, ramo 4 (old citation 16, ramo 4): quotes all f. 1; also published in Mathes (1973: 101–5)，我沿用了他的译本。非常感谢Megan McDonie帮我找到了最原始的文稿。

74. AGI Mapas y Planos, México 6 (and referenced in AGI Patronato 21, no. 2, ramo 4: f. 7); also reproduced in Mathes (1973: 102).

75. Edict of 1529: AGI Patronato 16, no. 2, ramo 19, quote on f.1r; also published in Mathes (1973: 107–14).

76. Cortés to Oñate: AGI Patronato 16, no. 1, ramo 15, quote on f.1r; also published (including facsimile of the letter) in Mathes (1973: 115–18). 毫无价值的西班牙殖民地：Sebastián Vizcaíno（AGI Patronato 20; Mathes 1968）建立殖民地的时候取名为拉帕斯（La Paz），这个名字一直保留到今天。也可参阅León-Portilla（2005 [1985]: 117–22）。

77. Biographers: Madariaga (1969 [1942]); Martínez (1990; DC).

78. CCR (Letter of May 15, 1522; 1960: 170; 1971: 277); Mathes (1973: 17).

79. Mathes (1973: 18–19).

80. DC, I: 439–75 (quotes, in sequence, on 459, 467, 445) (*quiso preferir... que por su bondad quiso le fuse emperador del universe... ocho o diez cartas en latín, los nombres*

en blanco... porque como lengua mas general en el universo... que halleis judios o otras personas que las sepan leer); Mathes (1973: 18–19); Gruzinski (2014: 202); León Portilla (2005 [1985]: 68–84).

81. Decrees in DC, III: 49–58 (four of July 6), 59–62 (two of July 27) (also see AGN Hospital de Jesús legajos 123 and 124; CC: 125–39; González-Gerth 1983: 85).

82. 前两个段落内容主要根据DC, I: 439–75, 491–503（documents of 1527–28，大部分摘录自AGI and AGN）；also see Mathes（1973: 20）；Gruzinski（2014: 203–7）；León-Portilla（2005 [1985]: 123–65）。胡安的亲戚之一埃尔南多·德·格里哈尔瓦在1520年时参加了墨西哥的战事，并且在此后一直效忠于科尔特斯。

83. Gruzinski (2014: 207).

84. Conversations: Martínez Martínez (2010). Mediterranean: Goodwin (2015: 108).

85. 笔者显然无意用诗意的话语翻译瓦卡·德·古兹曼的原句（1778: 7）（*Si quieres ver el ánimo valiente, / Que tanta gloria á tu Nacion ha dado, Prevenido en los riesgos, y prudente, / Resuelto en las empresas, y arrestado, / Un General de la Española gente, / Cuyo valor el mundo ha respetado, / En el grande Cortés lo verás todo, / En el grande Cortés, mas de este modo: ...*）。

86. "床上"：Duverger（2013: 25）（*Es el único de los conquistadores en morir en su cama*）。勋章：Yoeli and Rand（2015: "Sunday Review," 10）.

第八章　毫无仁慈，漫无目的

1. 题记出处依次为：CA: f. 42v（所用译文见于Lockhart 1993: 274–75）；ENE, XVI: 64; PRT: 199 (*por los muchos agravios y molestias que reçebimos de los españoles por estar entre nosotros y nosotros entre ellos*); Gopnik（2015: 104）（我在"事情"和"惊恐"之间省略了五句话）；Candelaria（2011: 6）。

2. 这一场景出现在电视剧的第七集，这部剧于2015年首播（感谢哥伦比亚的Jorge Gamboa和哥斯达黎加的Enrique Gomáriz让我注意到这部剧）。（*Soy vos tu esposo, soy el gobernador de la Nueva España; tengo un mundo entero a mis pies, yo aqui soy un dios, un dios; un demonio, un demonio loquecido.*）

3. 正如Fernández del Castillo（1980 [1929]: 37）指出的那样，科尔特斯的敌人Nuño de Guzmán和Ortiz Matienzo的签名事件、和西班牙的Cobos（皇家大臣和委拉斯开兹后期的支持者）的联系、唐娜·卡塔利娜的母亲恰到好处的诉讼指控以及弹劾调查的启动等，都强烈地显示出这是一次有组织和预谋的指控行动（这并不意味着指控的内容是不真实的）。

4. Juan de Salcedo也在证词中说她的"子宫疾病非常严重"；WWC: 386-88；关于卡塔利娜死亡弹劾案的证词，RC; AGI Justicia 220, no. 5; 221, part 4; 222, parts 3 and 5; DC, II: 53-54, 59, 75-101。

5. "没有被确切地证明"：Abbott（1904 [1856]: 304; italics his）。"不良行为"：Townsend（2006: 138）。唐娜·卡塔利娜的一位侍女称，当得知全城人"都在说他杀死了自己的妻子"时，科尔特斯回应说"她倒下去的时候并没事，醒来的时候死了"，如果这是真的话，的确可以支持人们对于他是一个足够冷血到可以杀死妻子的人的印象（参见1529年Ana Rodríguez的证词；DC, II: 83）（*dicen que mataste a vuestra mujer; ella se echo buena e amaneció muerta*）。在无数作家和历史学家所作的这些评判中，20世纪20年代在墨西哥出版的两本著作给出了截然相反的两个结论（无罪判决见于Fernández del Castillo 1980 [1929]；有罪判决见于Toro 1922）；也可参见Solana（1938: 22, 161-74）；Martínez（1990: 382-94）；Thomas（1993: 579-82, 635-36; WWC: 385-89）；Miralles（2008: 144, 189, 203）。《卡尔多纳手抄本》中收录了一幅图画，其中科尔特斯把一只手放在卡塔利娜的棺椁上，饶有兴致地暗示——如果这份已经佚失且很可能是伪造的文件重现人间的话——总会有一些东西可以激发人们对这些谜团的兴趣（Bauer 2009: 3）。

6. 这份谈话的记录者是科尔特斯的管家Isidro Moreno；见AGI Justicia 220, no. 5: ff.336-43; CDII, XXVI: 338-40; DC, II: 87-89 (quotes 88-89) (*Vos, Solís, no queries sino ocupar a mis indios en otras cosas de lo que yo les mando e no se face lo que yo quiero; Yo, señora, no los ocupo, ahí está su merced que los manda e ocupa; Yo vos prometo que antes de muchos días haré yo de manera que no tenga nadie que entender con lo mío; Con lo vuestro, señora? Yo no quiero nada de lo vuestro*); also quoted by Martínez (1990: 383-84) and Thomas (1993: 580; WWC: 386)；科尔特斯残酷的双关

语并不像人们想象的那样经常被发现：Pérez Martínez注意到了，并称其为"恶意[*malévola*]"（2014 [1944]: 204）；更充分的阐述见于Townsend（2006: 138）。

7. 卡塔利娜·苏亚雷斯和她的母亲、兄弟和姐妹们，在1509年或1510年时共同来到伊斯帕尼奥拉，并在委拉斯开兹征服古巴后定居于此（后者声称爱上了她姐妹中的一位）。按照戈马拉的说法，苏亚雷斯的姐妹都很"漂亮"（1552: f. 3r），当时的西班牙人为了博她们的欢心互相争斗，"科尔特斯向卡塔利娜求爱，并最终娶了她，不过刚开始的时候他们在婚姻上存在争执，科尔特斯也曾因此入狱，因为他并不想把卡塔利娜当自己的妻子，但是后者把他告上法庭，要求其信守诺言"（1552: f. 3r; 1964: 11）（*las festajavan muchos, y Cortes a la Catalina. Y en fin se caso con ella. Aun que primero tuuo algunos pendencias, y estuuo preso. La no la queria por muger. Y ella le demandaba la palabra*）。同时参见Fernández del Castillo（1980 [1929]: 10–43）；Duverger（2005: 104-8）。关于迪亚斯对这次意外之旅的错误看法，并声称科尔特斯派唐娜·卡塔利娜的兄弟去古巴接她，见WWC: 385-86。关于女儿卡塔利娜的命运和她父亲的遗嘱，见DC, IV: 313–41; Conway（1940）; Johnson（1975: 220）。关于她母亲，见Leonor and Salcedo: DCM: #940; Thomas（1993: 635）。

8. Rodríguez: CDII, XII: 255; DC, II: 81-83；她及塔皮亚的话也见于Thomas（翻译上有少许不同；respectively WWC: 387; and 1993: 765n50）（*don Fernando festejaba damas e mujeres que estaban en estas partes; era celosa de su marido*）。另一位征服者：Antonio de Carvajal in DC, II: 58（*vido en casa del dicho don FC a muchas fijas de señores desta tierra*）。

9. "家庭事务"：这是一张源自《科兹卡钦手抄本》（Codex Cozcatzin）的图片，其标题写道："唐·阿隆索·德·阿尔瓦拉多娶了蒙特祖马的女儿唐娜·伊莎贝尔·蒙特祖马为妻，她是唐·佩德罗·特拉卡科潘（Pedro Tlacaquepan）的妹妹，后者已经去了西班牙。他们两人都是墨西哥皇帝蒙特祖马的儿女。"Hajovsky（2015: 52）和Mundy（2015: 192-93）都曾对这幅图进行过讨论，后者也对该图进行了复制；手抄本原件藏于BnF, Ms. Mexicain 41–45。杰梅利访问：Gemelli（1704: 544）。

10. DC, II: 44。莱昂诺尔生了一个女儿，取名为唐娜·伊莎贝尔·德·托洛萨·科尔特斯·蒙特祖马（Isabel de Tolosa Cortés Moctezuma），她后来嫁给了胡安·德·奥尼亚特（Juan de Oñate），此人是新墨西哥的第一任总督。西班牙人有几代都宣称拥有阿兹特克王室血统的地位，当然知道其起源的"征服"情况（读者可以从诸如Villagrá吹嘘新加利亚的征服者克里斯托瓦尔·德·奥尼亚特是科尔特斯和蒙特祖马的后裔这样的字里行间看到："伟大的谷地侯爵生了个女儿 / 她的母亲也是位公主，是蒙特祖马的三个女儿之一"；Villagrá 1610; Goodwin也曾引用2015: 255）。关于唐娜·伊莎贝尔·蒙特祖马·特奎奇波，参见Chipman (2005), Martínez Baracs (2006), Castañeda de la Paz (2013), and Villella (2016)；她的故事启发了多部小说的创作（如Haggard 1893; García Iglesias 1946; Aguirre 2008）。

11. "尽人皆知"：Vásquez de Tapia in DC, II: 41−42 (*muy publico en este pueblo e fuera dél que se echó con dos o tres hermanas hijas de Motunzuma [sic]... por amiga, e que teniendola*); also DC, II: 44, 45 (Vásquez de Tapia again, and Gonzalo Mejía, both in 1529)。Modern historian: Townsend (2006: 106). *Cuéllar*: DCM: #249。

12. Thomas (1993: 765n52; WWC: 386). 我之前曾认为（2003: 83）从马林钦怀孕的时间点可以看出，科尔特斯在战争结束之前都没有向其提出性要求，因为她作为翻译的角色非常重要，不能因为怀孕或者生育等受到伤害或者损失（这个想法可能是我在和Frances Karttunen的私人通信中形成的，不过我对此并没有过多引用）；Townsend（2006: 139）认为这种说法给了科尔特斯太多的信任，而且事实上她在战争期间的"饮食不良、睡眠不足和心理紧张"更有可能阻止了受孕——这个观点更为人们接受。

13. "在古巴"：这一指控在弹劾文件中十分常见，例如Vásquez de Tapia in DC, II: 41 (*con primas e con hermanas; " habiendo tenido a mi hija públicamente en Cuba"*; etc.); Juan de Burgos in DC, II: 53−54; Antonio de Carvajal in DC, II: 58; and Gonzalo Mejía in DC, II: 45。"侄女"：Ibid.（*se echaba el dicho don Fernando con Marina, en quienes hubo ciertos hijos, que era mujer de la tierra, e con otra sobrina suya*）。

"玛丽娜的女儿"：Alonso Pérez in DC, II: 62（*don Fernando Cortés se ha echado carnalmente con dos hermanas fijas de Motezuma [sic] e con Marina, la lengua, e con una fija suya e demas deste vido este testigo dos o tres indios ahorcados en Cuyoacan [sic] en un árbol dentro de las casa del dicho don Fernando Cortés... los habia mandando ahorcado porque se habian echado con la dicha Marina*）。

14. Townsend（2006: 200），Townsend（op. cit.: 153）也翻译和引用了Herren（1992: 141）：“如果真的有人爱过玛丽娜，那这个人肯定不是埃尔南·科尔特斯。”人们也可以继续补充，如果科尔特斯真的爱过什么人，那肯定是他的莱昂诺尔和卡塔利娜。

15. Thomas (1857: 39–40 [Act III, Sc. 1]).

16. 从“出身高贵”到“基督教”：Ronkirg（1827: 320），他详细阐述了Clavigero对迪亚斯的几处评论进行的解释。从“卓尔不群的”到“同盟”：Abbott（1904 [1856]: 80）。

17. Abbott (1904 [1856]: 81); Novo (1985: 52) (*Yo lo sentía soñar sus sue-ños de oro; sus sueños pueriles e inagotables de riqueza y poder. Pero yo acariciaba el oro vivo de sus cabellos. Era mío el tesoro de su cuerpo que respiraba, que vivía. Por conservarlo junto a mí, le habriá abierto las puertas de cien ciudades*).

18. 本书插图中的“仁慈的科尔特斯”是同系列的另外一幅版画（CSL-Sac, Rare Prints #2001-0008）；9世纪上半叶时，莫林居住在巴黎（参见第二章和第七章的讨论）（*Cortès accepta l'inappréciable cadeau du chef Cacique, et ce jour fut le premier d'une passion qui jeta quelque douceur sur les sanglans triomphes du vainqueur du Mexique*）。

19. “叛徒”：这个词是Townsend使用的（2006: 2），他指出以这种方式解读的文学作品里，时间最早的一部是佚名的那部（1999 [1826]）。

20. “象征”：一段由Jean Franco写于1999年的话，由Townsend引用（2006: 3）；也可参见Hassig（1998）。

21. Richmond (1885: 158); Abbott (1904 [1856]: 81).

22. Díaz CCIII (1632: f. 238r); Thomas (1993: 622); Abbott (1904 [1856]: 31, 38, 80–81). “性情”：MacNutt（1909: 448）。从“新的”到“种族”：Solana（1938: 19, 21）（*un tipo nuevo en el ser humano... El pasaje del amor carnal de Don Hernando Cortés, Marqués del Valle de Oajaca, tiene toda la magnitud de un versílico bíblico*

donde Jehová bendecía la fecundidad, tantas veces incestuosa, de los patriarcas porque ella continuaba la especie）。

23. "情欲"：Benito（1944: 127）（*los lances amorosos de aquel conquistador de reinos y de damas*）。参见插图中的"仁慈的科尔特斯"，以及尾声标题前页的插图"作为熔炉的征服"。

24. "异教徒"：*residencia* testimony in DC, II: 41（*pero que otras cosas tenía más de gentílico que de buen cristiano especialmente que tenía infinitas mujeres dentro de su casa*）。

25. 我本人对唐娜·卡塔利娜死因的判断基本上和Hugh Thomas的判断一致；他同样研读了所有弹劾调查案中的全部证词，并且推测认为尽管"科尔特斯有谋杀的能力"，但是卡塔利娜很有可能是在两人起争执并被科尔特斯推开的时候"突发心脏病死的"（1993: 582）。

26. Prévost (1746–59, XII [1754]: 265) (*le prétexte qi les fit recevoir; main il est certain que Cortez prit de l'inclination pur une de ces Femmes, qu'il fit batiser sous le nom de Marina, & dont il fit la Maîtresse. Elle étoit, suivant Diaz, d'une beauté rare & d'une condition relevée*). 参见本章开篇的图片"作为礼物的妇女"（Anonymous 1760–61, 2 [of 20 volumes]: facing p. 19）以及插图"把谷物做成面包"（Prévost 1746–59, XII [1754]: 265）（*le Cacique de Tabasco fit accepter à Cortez vingt Femmes indiennes, pour faire du pain de Maïs à ses Trouppes*）。其他18世纪出版的普雷沃斯特作品中的图像都只是左右调转了方向而已。

27. 关于拉斯·卡萨斯的下落：Orique (2017); Clayton (2012: 342–47). Edict: CI, IV: 369–70; CC #88: 312–14; DC, IV: 342–43（*entre otros cargos que fueron hechos... nadie con buena conciencia y título pueda tener los dichos indios por esclavos... los pongais en libertad y ansi mismo a todos los hijos y descendientes de las mujeres que quedaron pos esclavos de la dicha razón... que habia tomado de paz... don Hernando habia hecho apartar de los dichos indios cuatrocientos hombres que eran para pelear, y los habia hecho matar todos y los otros que habian quedado, que eran mujeres y niños en cantidad de hasta tres mil, los habia hecho herrar por esclavos... estando los indios del dicho pueblo y pueblos a él sujetos de paz, dio en los dichos indios y mató a muchos*

dellos y prendió a otros y a mujeres y los trajo al dicho pueblo de Tezcuco... y los habia hecho herrar por esclavos y vendídolos... habían hecho herrar más de quinientos ánimas por esclavos... quando el dicho don Hernando fue de Guerra sobre la ciudad de Chulula... cuatro mil indios, poco más o menos... sin causa alguna habia mandado a los dichos españoles que les matasen y que así habia muerto muchos dellos y hechos esclavos otros）。

28. RC; AGI Justicia 224, 1: f. 294; Justicia 223, 2: f. 227; CDII, XXVII: 28, 231–32; DC, I: 208; Thomas (1993: 435–38); also CCR; Díaz CXLIII, CCXIII（1912, IV: 54; 1916, V: 306–7）（"残花败柳"引自Díaz），以及Cervantes de Salazar（1914 [1560s]: 523–33 [Bk. 5, Chs. IX–XVI]），关于特佩阿卡大屠杀和奴役。

29. "诉讼"：科尔特斯的遗嘱已经被出版了很多次（e.g., Conway 1940; DC, IV: 313–41）；关于1548年在塞维利亚大教堂台阶上拍卖科尔特斯家居用品的记录，参见 DC, IV: 352–57；关于用科尔特斯庄园里近乎93千克的金银首饰偿还1549年的债务的事件，参见DC, IV: 358–61。"贫困"：引述自一位墨西哥裔美国电影制作人和大学生表达一个共同看法时的话语，参见Myers（2015: 309）；关于科尔特斯晚年事迹的神话可以追溯到18世纪，并且人们非常直白地把他和哥伦布进行对比（例如"这位伟大并且功勋卓著的人，如今发现自己生命终结时的境遇与哥伦布类似，不得不向忘恩负义的国王和恶意的大臣伸张正义"；Campe 1800: 269，作者甚至把科尔特斯的寿命缩短了17年，让他死于1530年的西班牙）。清单：AGN Hospital de Jesús 28; DC, IV: 364–432（quote on 393）（*una prisión de esclavo, con cuatro eslabones de hierro*）；也可参见AGN Hospital de Jesús 398; Riley（1973）。

30. DC, IV: 370–415. 我把胡安·希特尔的职务从*formero*改成了*hornero*，意为他从事的工作和熬糖用的熔炉或者烤炉有关，不过也许我是错的（*Juan Ucelote, indio, natural de Ecatepeque, de edad de cincuenta años, e así lo parecía... Isabel Siguaquesuchil, india, natural de Tlaxcala, de edad de cuarenta y tres años... Juan Xitl, indio, natural de Guaxaca, de edad de cuarenta e un años, e dijo ser formero... Cecilia, esclava india, condenada por veinte años, natural de Tepexi, de edad de cuarenta años... Cristóbal, indio natural desta Nueva España, e dijo que no sabe de dónde es natural, porque vino pequeño a poder de*

españoles, de edad de treinta e cinco años poco más o menos）。

31. "容忍"：MacNutt（1909: xi）。"令人憎恶"：Johnson（1975: 176）。"最富有的"：Reséndez（2016: 66）。

32. 有关这些主题的文学作品汗牛充栋，但是从15世纪晚期到19世纪，沦为奴隶并被贩运到美洲的非洲人数量是1000万～1500万；近期关于美洲原住民被奴役历史的研究显示，前述同时期内，原住民奴隶的数字为250万～500万（参见Reséndez著作中巨大的资料表2016：324）。巴斯克斯·德·塔皮亚给出的数字2万是很可疑的（这是个不错的总数，并且在科尔特斯的弹劾案中他也不是位友善的证人），但是这样的数字打着科尔特斯的名义通行于市场也是情有可原的。

33. Díaz CCXIII (1908–16, V: 306; 2005, I: 833) (*diesen liçença para que de los indios mexicanos y naturales de los pueblos que se avian alçado y muerto españoles, que si los tornásemos a requerir tres vezes que vengan de paz, y que si no quisieren venir y diesen guerra, que le pudiésemos hazer esclavos, y echar un hierro en la cara que fue una 'g' como esta*).

34. 关于Garrido，参见Restall（2003: 44, 55–63）（关于他非法叛卖一名纳瓦人到西班牙的经过，参见van Deusen 2015b: 289–92）。

35. "奴役"：Reséndez的用词，经常被使用（e.g., 2016）；同时参见Seijas（2014: 215–21）；Stone（2014）；van Deusen（2015b: 296）。

36. "面色"和"气候"：引自Earle（2014: 143–44）。当1528年桑多瓦尔回到西班牙不久即突然染疾死亡时，他的财产中还包括两名"印第安人"，遵照桑多瓦尔的遗嘱，这两个奴隶获得了自由。文献中没有提到为他们提供物资，所以大概率他们身无分文地被放逐在西班牙南部，并最终流离失所（AGI Justicia 1005, no. 2, ramo 2; Scholes 1969: 189）。

37. 弗朗西斯科·曼努埃尔：case in AGI Justicia 1007, no. 1, ramo 1; and Justicia 1022, no. 1, ramo 2；专业的总结来自van Deusen（2015b: 298–300）。

38. Melgarejo: ENE, VIII, #s447, 454, 461, 478: 128–30, 145–46, 182– 84, 245–46; also see VI: 120–23, 208–9; VII: 270–72; IX: 102–6; Reséndez (2016: 72–74) (*ni he podido abogar por los que tienen indios por esclavos y bastaría aunque esto cesara para no venir*

a mí la gran enemistad común que me han tenido... mi odioso trabajo... de peor condición que los dichos indios esclavos que se han libertado).

39. AGI Santo Domingo 99, ramo 1, no. 17（非常感谢Scott Cave和我分享并帮我抄录这份资料）（*de la mucha cantidad de yndios que se sacaron en las armadas que para ello se hizieron que quando esta ysla muy despoblada y ansi mismo rrescivio mucho daño... a otras algunas personas eçesivos repartimientos... todos los demas vecinos de la ysla y se fueron muchos della de la nueva españa llevando consigo muchas de las naburias y yndios que les fueron encomendados e los demas vendian e barataban*）。

40. 虐待：CCR（1971: 57–58）。Ávila: DC, I: 170–209（quote on 201）（*los españoles truequen con los indios caribes los indios que traen de las entradas pos gallinas e por otras cosas, e este testigo ha visto trocar muchos de los dichos indios publicamente a los españoles*）。

41. AGI Patronato 2, caja 1, legajo 1, no. 1, ramo 13; ENE, II, #107: 127–31; WWC: 170–71. 关于委拉斯开兹滥用原住民奴隶法规的指责，参见Justicia 49, e.g., 1, 1: ff.98–127。关于墨西哥奴隶市场，e.g., RC; AGI Justicia 222, no. 3: ff. 61–68（每个原住民奴隶的售价在20比索到30比索之间）；也可参阅ENE中的很多条目，I–III；在墨西哥殖民时代早期的手抄本里（如Azcatitlan和Vaticano A）都有指代原住民奴隶的文字或者图画（参见Castañeda de la Paz and Oudijk 2012: 74–76）。

42. ENE, VII, #391: 183–84 (letter of 1554, original in Simancas, not accessed by me) (*en tiempos pasados se llevaron muchos de los naturales de aquella provincial a las islas y otras partes y con lo que le dan en tributo no se puede sustentar por ser de poco provecho). Also see ENE, I, #78: 153–66*，当中有一份1529年的请求书，其要求用船将原住民奴隶从墨西哥运往这些岛上以换取马匹和其他生活物资。

43. 无论上到西班牙国王本人，还是下到位阶最低的征服者，他们都相信价值数万比索（相当于数百万美元）的"（蒙特祖马）国王的黄金和财富"（*el oro del rey; todo el oro e joyas de Su Majestad; etc.*），都已经在"悲痛之夜"中遗失。数十年来，诸如巴斯克斯·德·塔皮亚之类的征服者声称，某些科尔特斯的密友从特诺奇蒂特兰秘密运走了特定数目的财富；反过来，科尔特斯的支持者们则坚持说蒙特祖马已经在1520年时揭示了"这片土地的秘密"以及这片土地"富饶和多样的财富，尤其是蕴藏的银矿"（*los secretos de la tierra... muchas riquezas de diversas maneras, especialmente las minas de plata*）：DC, I: 114–28, 156–63（quote on 156）；Conway（1943）；数百份存于RC中的证词（*Cortés residencia*: RC; AGI Justicia 220–225; DC, II: 29, 43, 46, 48, 51, 56, numerous in 145–362）（例如针对弹劾案中的第47个问题：巴斯克斯·德·塔皮亚声称阿尔瓦拉多在城市周围三四个地方埋藏了"价值超过百万的蒙特祖马的财宝 [*un millón e más el thesoro que huvo de Motezuma*]"）。

44. Mira Caballos (1997: 288–89); van Deusen (2015a; 2015b); Reséndez (2016: 50–51).

45. Hoig (2013: 4, 21). Also see Goldwert (1983); Alves (1996: 213–31).

46. González: Schwaller and Nader (2014: 179). Vásquez: DCM: #1102; Schwaller and Nader (2014: 176–77). Suárez: DCM: #1025; Schwaller and Nader (2014: 210–11); AGN Inquisición 37: f. 1; Díaz CCV (1916, V: 233–34).

47. *Sopuerta*: DCM: #969; WWC: 237; Schwaller and Nader (2014: 196). *Granada*: DCM: #414; WWC: 64; Schwaller and Nader (2014: 188–89). *Sedeño*: DCM: #991; Schwaller and Nader (2014: 213).

48. *Gutiérrez*: DCM: #434; Schwaller and Nader (2014: 214). *Galingo*: DCM: #972; Schwaller and Nader (2014: 215). *Sánchez*: ENE, XV, #842; DCM: #959; Schwaller and Nader (2014: 216–17). *Pérez*: DCM: #793; Schwaller and Nader (2014: 235–36).

49. "患上"：Cervantes de Salazar (1914 [1560s]: 98 [Bk. 2, Ch. XVI]) (*Decían sus amigos que eran las bubas, porque siempre fué amigo de mujeres, y las indias mucho más que las españolas inficionan a los que las tratan*)。"痛苦"：DC, I: 439–49（引自第449页；1527年于特诺奇蒂特兰写给Saavedra Cerón的书信）（*los naturales de aquellas partes son muy celosos e de ninguna cosa reciben mayor pena que de tratarles con sus mujeres*）。

50. Díaz CXL, CXLII, CXLIV, CXLVI, CLXII, CLXXV, CLXXVIII, CLXXXIV (1912, IV: 25, 50, 51, 67, 69, 90, 265; 1916, V: 12, 38, 41, 42, 66–67; 2005, I: 407, 422, 433, 434, 448, 561, 639, 655, 657, 658, 675) (*en buscar una buena india o aver algún despojo;*

muy buenas pieças de indias; aqui se ovieron muy buenas indias e despojo; dimos muy de presto en la casa y prendimos tres indios y dos mugeres moças y hermosas para ser indias y una vieja; treinta gallinas y melones de la tierra... y apañamos... tres mugeres, y tuvimos buena Pasqua; le enbiaron muchas indias y gente menuda）. 请注意迪亚斯在此处以及其他注释条目中所引用的资料绝不可能是此类引用的完整列表。

51. Díaz CXLIII, CXLVI (1912, IV: 54–55, 90; 2005, I: 424–25, 448) (*para capitanes, y si heran hermosas y buenas indias las que metiamos a herrar las hurtavan de noche del montón; qual tratavan bien a las indias y naborias que tenian, o qual as tratava mal; de presto les desaparesçian y no las vian mas*).

52. CA: f.42v（引自Lockhart的翻译1993: 274–75）。

53. FC, XII: 248–49; *Annals of Tlatelolco* in Lockhart (1993: 268–69) (*ninguna cosa otra tomauan sino el oro y las mugeres moças hermosas*).

54. Díaz CLXXX (1916, V: 51–52; 2005, I: 664) (*las mugeres tomadas; a rogar a Cortés; çiertas joyezuelas de oro; todos los indios de aquel pueblo; dan una buen mano de vara y piedra y flecha a Cortés y a sus soldados, de manera que hirieron al mismo Cortés en la cara y a otros doze de sus soldado*s).

55. Díaz LI, LII (1908–16, I: 185, 191; 2005, I: 124, 127).

56. DC, IV: 401. 若读者想要在一个更大范围的背景下审视这些女性原住民奴隶的命运，可参阅van Deusen（2012）。

57. Motolinía quote by Reséndez (2016: 62); *residencia* charge in DC, II: 114 (*don Hernando Cortés, con la gente que con él iba, mató muchos indios e fizo herrar a más de quinientas animas por esclavos*).

58. "少数的"引自：Maudslay, in Díaz (1942: xv); the great J. H. Plumb in Johnson (1975: xii); Ballentine in Ixtlilxochitl（1969: ix）。也可参阅序言部分的引用，以及Restall（2003: Ch. 1）。

59. 此处关于征服者人数的讨论主要依据Hassig的研究成果（2006: 58, 62, 71, 74, 76–77, 84, 86, 93, 100, 104, 107, 111–12, 119–20, 122, 124, 135, 165, 175, 176），这些都和阿齐拉尔、科尔特斯、迪亚斯（例如CCX; 1916, V: 274–75给出的总数超过

3000）、杜兰、戈马拉和萨阿贡等给出的数字不一致。最早的450人里，35人在波通昌命丧玛雅人之手（或者死于后续的伤病和感染）。1519年夏，新到来的十几个人补充进了这个幸存的415人的队伍，但同时又有相当多的人跟着船一起返回了西班牙。同年8月，300人到达特拉斯卡拉，在韦拉克鲁斯又留下了将近100人。与特拉斯卡拉人的战斗又折损了50人或者更多，因此当11月西班牙人到达特诺奇蒂特兰的时候，应该只有约250人（同时留守在韦拉克鲁斯的队伍也因为内讧、伤病以及可能的对外战斗而减员）。因此，1519年底人数应该是第一次陷入低谷。1520年早期另一小股新来者的加入让特诺奇蒂特兰城内西班牙人的数量增加到350人，等到4月的时候，纳瓦埃斯率领的1100人的队伍刚刚登陆海岸。到了6月，首都城内的西班牙人应当约有1500人（战时的最高点），不过可能不久后就有900人在城内被杀，另有大约100人死于行军返回特拉斯卡拉的途中。因此，人数的第二次低谷是在1520年夏末，当时西班牙人的数量已经不到500人，很有可能和最早的450人数量持平。1521年，又有数百名西班牙人到来（数字可能在500～600人左右），因此即便西班牙人在围城战中损失人数超过100人，等到8月特诺奇蒂特兰城陷落的时候，墨西哥谷的西班牙人数仍然将近有1000人。

60. "秘密"：Bourn（2005）。准则：Hassig comments in ibid.（also 2006 [1994]）。

61. Brooks (1993: 1–12); Hassig (2006: 123–25, 187–89); Sandine (2015: 153–59).

62. Motolinía (1950: 38); point made by Brooks (1993: 8–10, 22–23) and Sandine (2015: 156)。"在很大程度上"：McNeill (1979: 192), quoted by Brooks (op. cit.: 8).

63. Brooks (1993: 15–29); Hassig (2006 [1994]: 125); Sandine (2015: 153–59).

64. 这两个数字都来源于Luis de Cárdenas于1528年在马德里写的针对科尔特斯的告发书（因此我推测有很大的夸张成分），in AGI Patronato 1, 1, 2; CDII, XL: 370；以及DC, III: 19（*así hizo capitán a Pedro de Alvarado de los cincuenta mil indios, cuando fue sobre Francisco de Garay y le mató los trescientos cristianos en una noche, por mandado de Hernando Cortés*）。

65. 1512—1519年，三方联盟的权力天平已经开始朝着有利于阿兹特克人的方向发展，因为特拉斯卡拉人在1512—1516年期间失去了三个盟友之一的韦霍钦戈，之后又在很短时间内丢掉了乔卢拉。这也放大了1519—1521年权力的钟摆对特拉斯卡拉人的影响。关于这一点和"鲜花战争"，参见Carrasco（1999）和Hassig（1988; 2006 [1994]）的不同叙述。我使用"全面战争"（这是个极具争议的概念，并且主要适用于20世纪）这个词的时候很随意，并且带有比喻的意思。

66. "普通人"：这个词指代的是Browning著作的标题（1998），他书中的"普通人"指的是20世纪40年代早期被卷入波兰大屠杀的德国警察。我非常感谢Garrett Fagan给我介绍Browning的这本书。

67. 出自González: RC; AGI Justicia 223: f. 22ff; Justicia 237; Patronato 2, caja 1, legajo 1; DC, II: 195, 285; ENE, II, #81: 6–8; VII, #369: 31–36。他那1530年的表扬信（ENE, II, #81）翻译出自笔者之手（*la provincia de Tepeaca donde pasastes muchos peligros y trabajos peleando muchas veces con los indios*），ENE, VII, #369中的书信也是，不过也参考了Stabler and Kicza（1986）；引文中的最后一个词（"其他地区"）事实上由于文件被损坏已经遗失，是笔者加上去的（Paso和Troncoso推测这个词应当是"意大利"；ENE op. cit.）。Also Grunberg (2001: 208–10) (*la guerra y conquista deste rreynos no parezca ta Reuirosa y sin razon, como algunos con sus pocas letras lo afirmaban y prueban que esta gentc cra barbara ydolatrica sacrificadora, matadora de ynoçentes, comedora de carne humana, expurçissima y nefanda sodomia, y si me quiere dezir que tales y tantos pecados diños son de guerra y de perdamjo de rreyno, mas que en la guerra se tuvo modo eçesivo y grandes ynadvertençias y notables desordenes y pecados y ansi lo creo, paguenlo los que los cometieron, y no todos; castiguen a aquellos, y no perdamos nosotros o que tan bien y con tanto trabajo y en sevicio de dios y de V. Mag. Ganamos y a la verdad despues que la Guerra se comiença aunque sea muy justa y en gente muy xriana no creo que podra ser menos que desordenes, como consta de la guerras de francia y rroma e...*).

68. Todorov (1999 [1982]: 145).

69. Las Casas（2003 [1552]）；Gardiner（1961）（on Sandoval）；Butterfield（1955）（on Aguilar）；Anonymous（1999 [1826]: 119）（我只查阅了这部精美的英文版小说，它首先在费城出版，不过出版语言却是西班牙语，而且几乎可以肯定是由一个墨西哥人出版的; op. cit.: 1–2）。

70. Martínez's comments in Bourn (2005).

71. Mendieta (1870 [1596]: 177) (*tanta multitud de enemigos, unos claros y otros ocultos... tan pocos compañeros... tan cobdiciosos del oro... Y aunque él mismo pronunciase la sentencia de muerte en causa no justificada, diciendo: ahorquen á tal indio, quemen á este otro, den tormento á fulano, porque en dos palabras le traian hecha la informacion, que era un tal por cual, que hizo matar españoles, que conspiró, que amotinó, que intentó, y otras cosas semejantes, que aunque él muchas veces sintiese que no iban muy justificadas, habia de condescender con la compañia y con los amigos, porque no se le hiciesen enemigos y lo dejasen solo*).

72. Robertson (1777, II: 48).

73. Ibid.; Prescott (1994 [1843]); MacNutt (1909: 168). Thomas（1993: 434–39）的著作中也有对于1520年大屠杀的精彩总结。Grotius quoted by Carr (2003: 78–79).

74. "心中"：Myers（2015: 124）。"叛徒"：Isabel Sánchez de García speaking c.2006 to Myers（op. cit.）。"原谅"和"发生"：Hersh（2015: quotes on 56, 59）。

75. DCM: #41; #44; WWC: 5–12; Schwaller and Nader (2014: 160–62).

76. DCM: #141; WWC: 170–71; Díaz CLX (1912, IV: 240–41); Thomas (1993: 99, 358, 360,377–78, 437, 450, 554); Schwaller and Nader (2014: 169–70).

77. DCM: #820; RC; AGI Justicia, 223: f. 18; NCDHM, II: 217–19. Schwaller和Nader（2014: 196）推测Portillo可能就是1519年在韦拉克鲁斯签署"第一封信"的"Diego Enos"。迪亚斯（CCV; 1916, V: 243）声称"他能施展奇迹，他几乎就是个圣人"——这句诗是Maudslay的翻译；原文是*fue de santa bida*（"他过着圣洁的生活"）（2005, I: 788）。

78. 研究大屠杀的学者：Browning（1998: 160）。

79. Paz: AGI Justicia 1018, no. 1, ramos 1 and 2（帕斯家族成员的诉讼，包括帕斯遭到拷问、水刑和烧足刑罚的细节。例如，"绳索、绞索、水和热砖的多种酷刑 [*muchos generos de tormentos de cordeles, garrotes, de agua, fuego de ladrillos*]" in Justicia 1018, no. 1, ramo 1: f.2）；迪亚斯的著作CLXXXV（1916, V: 77–78）中几乎没有关于帕斯那恐怖的缓慢死亡的描写。García de Llerena：此人是参加了西班牙—阿

兹特克战争的一位老兵，也是科尔特斯的忠实拥护者，他在16世纪20年代后期的时候充当过科尔特斯的法律代表人之一，并于1529年在特诺奇蒂特兰的针对科尔特斯的弹劾调查指控中进行了首次辩护。作为报复，皇家法官们对其实施抓捕，不过一位神父将其藏了起来；这位神父后来被绞死并分尸，García de Llerena则被判处100下鞭刑并被斩足（Martínez in DC, I: 80–81）。斩足实际上只是砍掉了几个脚趾，因此受害者自己仍然能够行走，但只能是用令人羞愧的一瘸一拐的姿势，这也是西班牙社会一项常见的"处罚手段"；据说科尔特斯也曾借参与委拉斯开兹派阴谋的罪名让Gonzalo de Umbría致残（DC, II: 42; Díaz LVI）。

80. "麻木"：Browning（1998: 160）。

81. 近期的研究：e.g., Woolford, Benvenuto, and Laban Hinton（2014）；Madley（2015; 2016）。"官方政府的政策"：Browning（1998: 161）。在笔者看来，有关种族灭绝的定义能够支持我的如下建议，即我们可以借此看出西班牙—阿兹特克战争及其后续历史事件中事实上的种族灭绝和小范围种族灭绝的时刻。有关这一论断的讨论，可参阅Woolford, Benvenuto, and Laban Hinton (2014: 2), and Madley（2016: 4–5）。Meierhenrich（2014）作品内长达150页的内容显示，自20世纪90年代开始，围绕在种族屠杀这一概念的定义及其适用范围的争论，最终让该研究领域变得更有活力；如果诸如Todorov（1999 [1982]: 127–45）、Stannard（1993）、Madley以及其他学者的观点能够继续被探讨，如果该术语与欧洲在美洲的殖民化的相关性仍然是"一个经验上有争议的问题"，那么将会对"征服史"研究更有助益（Meierhenrich 2014: 30）。

尾声　蒙特祖马的大厅

1. 题记出处依次为：Thomas（1857: 47–48 [Act III, Sc. 3]）；Navarra，即Pedro de Albret，他是一位来自纳瓦拉的具有人文关怀的主教，参见Martínez（2016: 84），笔者使用了他的手稿，对他的译文进行了少许改动；Matos Moctezuma（1987: 199），他在书中描写了阿兹特克人对他们的大神庙的理解；MacNutt（1909: 173）；Grafton, *V Is for Vengeance*（New York: G. P. Putnam, 2011: 432）。

2. 有关马林钦儿子马丁的生平记载，参阅Lanyon（2003）的精彩作品；也可参阅

Townsend（2006: 151–52, 188–213）。有关腓力亲王青年时代及所受教育的内容，参见Parker（2014: 8–31）。

3. Letter of April 1, 1562（AGI Patronato 182, ramo 2；部分誊抄内容出自Romerovargas Iturbide 1964, II: 229–30）。

4. Trueba y Cosio (1829: 342).

5. 现代历史学家：Butterfield（1955: 1）。某些历史学家们声称"征服墨西哥"更像是"一首史诗或者骑士罗曼史"，这种说法可以追溯至19世纪早期（我在这里引用的是Chevalier的话1846: 83），并在之后获得了很多呼应的声音，并且经常出现在对"少数冒险家"的"奇迹"和"惊人"成就的惊叹之外（参见Restall 2003: Ch. 1；以及我在本书前言和第八章中的讨论）。

6. "误传"：Lane（2010: ix）。

7. Brooks（1995: 149）计算的总时间是27年和27天。

8. Díaz CCXIII (1919, V: 301–11; 2005, I: 830–36).

9. Op. cit.: block quote: 308; 834; "pride": 310; 836 (*nos preçiamos de aver hecho tan buena obra*).

10. 关于阿兹特克人的胜利传统：Mundy（2015: 95）。

11. 参见Sell和Burkhart著作中的纳瓦特尔语原文和英语译文（2004: quote on 124–25）（也可参阅本书第二章的讨论）。

12. "优雅的拉丁语"：CDII, II: 149–50（also quoted in Gruzinski 2002: 94）。旧金山：苏特罗图书馆（Sutro Library）：Mathes（1985）的书中详细记录了特拉特洛尔科图书馆的藏品是多么丰富以及遭受了多大的不幸。反过来，在无数次动荡和灾难中遗失了如此多的书卷后，幸存下来的收藏数量仍然达到了令人惊叹的程度（包括遭受了1906年洛杉矶大地震），这些故事是多么的令人着迷。我非常感谢苏特罗图书馆的Angelica Illueca在2014年7月时非常慷慨地和我分享这些藏品。

13. Carochi (2001 [1645]: 253).

14. 位于本书插画中的"理想中的墨西哥城"，是屏风的正面，展现的是西班牙人在原址上建设的城市，当然是以某种程度上的理想化和神圣化的形态。尽管当中的很多建筑至今仍可以在墨西哥城区找到，这个殖民时代中期的大都市与特诺奇蒂特兰更为接近，并与其相互融合——图中展现了位于湖中的位置、占主导地位的中央广场、运河、渡槽和方济会建筑群（它们是蒙特祖马动物园主要景点之一的前景）。这一场景的背面是关于"征服墨西哥"的描绘，以特诺奇蒂特兰的风格化视图的形式突出显示战争期间发生的九个重大事件。这幅完整的地图根据多种不同的使用方式被复制，有关地图的简短讨论参见Kagan（2000: 153-59）；Rivero Borrell M. et al.（2002: 83-87）；Schreffler（2007: 22-24）；Terraciano（2011: 76-77）；Alcalá and Brown（2014: 113-15）。我非常感谢Janet Purdy帮我制作这张地图和图示。

15. Reprinted in his *Obras*: Sigüenza y Góngora (1928: 271–346).

16. "被诅咒的名字"：Krauze（2010: 72-73）（*Ninguna calle, ninguna estatua, ninguna ciudad, apenas algunos sitios que marcan su itinerario [el Mar de Cortés en California, el Paso de Cortés entre los volcanes, el Palacio de Cortés en Cuernavaca] se atreven a mencionar el nombre maldito*）。

17. Nelson和Nelson（1892: 142-43, 198-99）；Tom Price，波尔克总统之家和博物馆的策展人，2016年7月19日的私人通信（我非常感谢他的帮助，因为他给我发来了一张1891年波尔克家入口大厅的照片，当中很明显能够看到挂在墙上的科尔特斯肖像作品）；也可查阅白宫历史协会的网页whitehousehistory.org/a-portrait-of-spanish-conquistador-hernan-cortes（文字出自博物馆馆长John Holtzapple），以及Greenberg（2012: 268, 275, et al.）（我非常享受与Amy Greenberg在和波尔克有关的事情上的交谈，并从中收获颇多）。

18. 有关特诺奇蒂特兰命名在16世纪20年代到40年代间的转变，参见Mundy（2015: 132-33）。这一混凝土纪念碑（收录于本书插图中）的彩色瓷砖替代品是对17世纪日本屏风所描绘的会面场景和"征服历史"的再现；不过事实证明，截至笔者行文时，这些艺术品对蓄意破坏者和政治抗议者并没有太大的吸引力。

19. 关于这座已经半毁的宫殿的迷人视觉记录，可参阅Cristóbal de Vallalpando创作于1695年的绘画作品，这张画也经常被复制（e.g., Kagan 2000: 163 and dust jacket; and with important discussion in Schreffler 2007: 32-35）。

20. 从"国旗"到"懦弱的"：Kendall（1851: 45-46; lithograph facing p. 45）。关于

索卡洛（宪法广场）较早的印刷版画在19世纪30年代和40年代出现过两次；如今，这两个版本都能在出版物或者网上很容易地找到。也可参阅Johannsen（1985: 228-29, 259）。

21. Thomas (1857: 4 [unnumbered], 47-48 [Act III, Sc. 3], 74).

22. 普雷斯科特：Prescott（1994 [1843]）；Gardiner（1959: 10-12, 213, 243）。占领：Myers（2015: 51-53）。军歌：开篇部分剩下的句子是"我们是正义与自由的先锋队／我们为高尚的荣耀奋斗终生／我们庄严而自豪地宣称／我们是美利坚海军陆战队"（这首军歌在网络上和出版物中很常见，但是我找到的最早的带有配乐的版本是Niles and Moore 1929: 72-74）。

23. "被忘记的"：title to Kurutz and Mathes（2003）；也可参见Johannsen（1985）；Greenberg（2012）。

24. Vivaldi（1733）；Lajarte（1883）；Subirá（1948）；Riding（2005）；与Máynez的访谈录，载于墨西哥杂志*Proceso*，2006年11月10日出版，读者可以通过以下网页获取proceso.com.mx/223158/maynez-reescribe-en-nahuatl-moctezuma-de-vivaldi (*inventó un romance amoroso bastante trivial; una bazofía, absurdo, una farsa tragicómica*); Ng (2009).

25. 到1529年时，方济各会在旧动物园的原址上建立了足够多的建筑，于是他们在运河对面向西朝向湖边的位置（以及现在的Palacio de Bellas Artes所在位置的正南）获得另一块土地，并在那里为"生病的土著男孩"建造了一家医院（*muchachos naturales de esta tierra... enfermos*）；这座建筑群的一部分至今仍然矗立着（这座城市颁布的《卡尔比多法案》副本藏于芝加哥的纽伯里图书馆；Ayer MS 1143, v.2: f. 11r，感谢Scott Cave找到并与我分享这份资料）。

附录　语言和标签，人物和王朝

1. Lockhart (1993: 13).

2. 关于在墨西哥作战的征服者群体传记学的研究，以百科全书和词典的形式呈现，见DCM; WWC; Díaz CCVI（1916, V: 252-59）；以及Schwaller和Nader（2014）。本书中的传记是基于以上四个来源与全书所引各种档案及其他材料的结合。